行政法研究 2

現代行政의 作用形式

鄭 南 哲 著

法 文 社

머리말

行政法學은 정체되어 있지 않고, 늘 變貌하고 발전한다. 근래에 들어와서 "公法과 私法의 交錯", "公法의 私化" 등으로 인해 公法은 중대한 危機를 맞고 있다. 독일을 비롯한 歐洲에서 행정법학은 일련의 구조변화를 경험하고 있다. 행정과제의 民營化 내지 私化로 인해 국가의 역할은 변하고 있고, 행정법 도그마틱(Dogmatik)에 중대한 변화가 생기고 있다. 이러한 변화의 과정에서 행정소송의 개혁이 추진되고 있다. 독일에서는 "操縱學(Steuerungswissenschaft)"으로서의 행정법학이 강조되고 있고, 行政課題의 民營化(私化)로 야기된 문제점을 극복하기 위해 '規制'의 성격도 변하고 있다. 이러한 행정법학의 구조변화를 체험하면서 행정작용에도 적지 않은 변화가 생기고 있다. 法形式(Rechtsformen)에 기초한 행정작용에서 점차 非法形式의 행정작용으로 확대되고 있는 것이다. 이에 따라 대표적인 법형식인 '행정행위'나 '행정계약'뿐만 아니라, 환경법 분야에서는 이미 오래전부터 비공식적 행정작용이 활용되고 있는 것이 사실이다. 또한 고속도로 · 공항· 원자력발전소 · 폐기물처리시설 등 大規模 公共事業의 실시와 관련하여, 행정계획의 중요성이 강조되고 있다. 더불어 私人에 의한 公的 課題의 遂行이 중요해지고 있다. 行政作用論은 행정법 도그마틱의 支柱이다. 본서의 구성은 크게 3편으로 되어 있다. 제1편에서는 행정법학의 구조변화에 따른 歐洲의 최근논의를 다룬 논문들을 포함하고 있다. 제2편에서는 대표적인 행정작용으로서 행정행위, 행정입법, 행정계획 및 행정계약 등에 관한 논문들을 수록하였다. 제3편에서는 私人의 행정과제 참여와 민관협력(공사협력) 등 최근에 부각된 주요쟁점들을 다루고 있다.

본서는 2013년에 처음 출간한 『行政救濟의 基本原理』(行政法研究 1)에 이은 두 번째 연구서이다. 본서의 출간구상은 수년 전에 있었으나, 迂

餘曲折 끝에 이제서야 세상의 빛을 보게 되었다. 무엇보다『行政救濟의 基本原理』의 개정판을 내는 작업으로 인해 지연된 점도 있으나, 전적으로 著者의 무능과 게으름 때문이다. 본서의 출간에 앞서 감사의 인사를 드리고 싶은 분들이 계신다. 먼저 학문과 인생의 航路에 있어서 어두운 밤의 燈臺와 같이 늘 正道를 가르쳐주시는 恩師 李尙圭 선생님(법무법인 세아 고무변호사, 前 高麗大 法大 교수)께 감사의 인사를 드린다. 또한 부족한 글에 대해 비판과 격려를 해주시는 행정법학계의 은사님들, 그리고 先・後輩, 同僚 교수님들께도 감사드린다. 더불어 저 멀리 독일에서 公法學에 관한 최신 논문을 보내주시고 행정법학의 새로운 동향에 대해서도 큰 깨달음을 주시는 Ulrich Battis 교수님(Humboldt 대학교 명예교수)께도 깊은 감사의 말씀을 드린다. 그 밖에 바쁜 일정 중에도 연구와 강의에 도움을 준 淑明女子大學校 大學院의 서누리 孃(법학석사), 김지윤 孃(석사과정), 신호은 孃(석사과정)에게 지면으로 감사의 인사를 대신하고자 한다. 특히 본서의 출간에 교정은 물론 아낌없는 조언을 해 주고, 늘 인내심을 가지고 연구에 몰두할 수 있도록 배려해 준 아내 善雅, 그리고 삶의 自畵像이자 원동력인 宰珢에게 고마운 마음을 전한다.

마지막으로 어려운 출판사정에도 불구하고 本書의 출판을 흔쾌히 수락해 주시고 物心兩面으로 큰 도움을 주신 법문사 관계자 여러분께도 진심으로 謝意를 표한다. 특히 기록적인 暴炎 속에서도 신속하게 훌륭한 編輯을 맡아 주신 법문사 편집부 노윤정 차장님, 그리고 출간기획에 큰 도움을 주신 기획영업부 유진걸 선생님께 깊이 감사드린다.

2016년 8월

베를린 훔볼트(Humboldt) 대학교에서
著 者 씀

차 례

第1編 行政法學의 構造變化와 現代的 課題

第2編 現代 行政作用의 體系와 形式

第3編 私人의 公行政

現代行政의 作用形式

[行政法研究 2]

第1編　行政法學의 構造變化와 現代的 課題

제1장　行政法學의 構造變化와 行政判例의 課題 [한국법학원(편),『저스티스』 통권 제154호(2016. 6), 153～188면 所載]

제2장　行政法學의 公益論 [유럽헌법학회(편),『유럽헌법연구』 제19호(2015. 12), 407～443면 所載]

제3장　行政法學의 構造變化와 保障行政의 登場 [법조협회(편),『법조』 통권 제717호(2016. 6), 173～227면 所載 (原題: 생존배려영역에서의 민영화와 보장책임)]

第2編　現代 行政作用의 體系와 形式

제1장　明確性原則의 判斷基準과 司法審査의 限界 [법조협회(편),『법조』 통권 제624호(2008. 9), 108～134면 所載]

제2장　法令補充的 性格의 行政規則의 整備方向과 委任範圍의 限界 [한국행정판례연구회(편),『행정판례연구』 제12집(2007. 6), 100～137면 所載]

제3장　行政處分基準의 現況 및 整備方向에 관한 小考 [법제처(편),『법제』 통권 제604호(2008. 4), 53～75면 所載]

제4장　行政立法에 대한 統制 [한국공법학회(편),『공법연구』 제44집(2016. 6), 69～98면　所載 (原題: 行政立法에 대한 行政的·立法的 統制: 특히 協力的 規範制定의 構築方案을 위한 摸索을 중심으로)]

第3編 私人의 公行政

第 1 編

行政法學의 構造變化와 現代的 課題

第 1 章

行政法學의 構造變化와 行政判例의 課題

Ⅰ. 行政法學의 構造變化와 行政判例의 對應

근년에 自由化(Liberalisierung), 民營化(Privatisierung), 그리고 유럽화(Europäisierung) 등의 영향으로 인해 독일의 행정법학에도 구조변화의 바람이 불고 있다. 종전에는 법적용에 기초한 '해석법학'이 행정법학의 핵심적 요소를 이루고 있었으나, 최근에는 "法制定을 지향하는 行爲學 내지 決定學(rechtsetzungsorientierte Handlungs- und Entscheidungswissenschaft)"이 강조되고 있다.[1] 행정법학에 있어서 '操縱(Steuerung)'은 중요한 화두가 되고 있으며, "操縱學으로서의 行政法學(Verwaltungswissenschaft als Steuerungswissenschaft)"이 주목받고 있다.[2] 지금까지 법치국가원리(특히 법률유보원칙)에 따라 행정은 주로 권력적이고 수직적인 방향으로 영향을 미치는 것을 전제로 하여 법률에 기속되었다. 그러나 오늘날에는 행정과 사적 주체 사이의 '협력'이 강조되고 있으며, 행정은 상호작용적이고 수평적인 방향으로 영향을 미치고 있다. 그리고 행정작용의 법적 의미도 사법적 통제의 관점에서만

1) 이에 대해서는 Voßkuhle, in: Hoffmann-Riem/Schmidt-Aßmann/Voßkuhle (Hrsg.), Grundlagen des Verwaltungsrechts, Band I, § 1 Rn. 15 ff. 참조.
2) Schmidt-Aßmann, Verwaltungsrechtliche Dogmatik, 2013, S. 18 ff.; ders., Das allgemeine Verwaltungsrecht als Ordnungsidee, 2006, S. 18 ff.

파악되는 것이 아니라, 행정부의 '행위'라는 관점에서도 고찰되고 있는 것이 사실이다. 나아가 고권적인 작용 외에 '私法的' 수단이, 고권적인 결정 외에 '협상'이, 그리고 공식적인 수단뿐만 아니라 '비공식적'인 수단이 고려되고 있다.[3)] 그 밖에 公法의 '私化'로 인하여 공법의 '정체성'이 중대한 위기에 직면하고 있고, 민영화 내지 규제완화의 문제점이 부각되면서 새로운 國家像이 강조되고 있다. 오늘날 세계화 내지 글로벌화(Globalization, Globalisierung)는 경제현상을 배제하고 논할 수 없다. 1980년대 초부터 정부의 개입에 반대하는 분위기가 조성되어, 규제완화 내지 탈규제, 민영화 등이 전 세계적으로 확산되었다. 그러나 이러한 脫規制에 대해서는 경제학의 분야에서도 비판의 목소리가 높다.[4)] 최근 독일의 보장국가(Gewährleistungsstaat)나 영미의 규제국가(Regulatory State)에서 국가의 '규제'[5)]는 보다 중시되고 있다. 그러나 이러한 규제는 종래에 지배적이던 전통적인 명령과 통제(command and control)의 방식에 의한 규제가 아니라 '私的' 주체에 의한 공적 과제의 수행을 확보하고 보장하기 위한 '규제'이다.[6)] 또한 이러한 규제는 직접적 통제가 아니라 일응의 기준을 설정하고 공적 목적과 관련된 행위에 대해 動因을 제공하는 것과 관련이 있다.[7)] 앞으로 이러한 현상과 행정법학의 구조변화는 행정판례에도 적지 않은 영향을 미칠 것이다.

한편, 2006. 6. 22. 한국법학원은 창립50주년을 기념하여 "韓國法의 世界化"란 대주제로 학술대회를 개최한 바 있다. 여기에서 朴正勳 교

3) 이에 대해서는 Schmidt-Aßmann, Das allgemeine Verwaltungsrecht als Ordnungsidee, S. 18.
4) 장하준(지음)/이종태 · 황해선(옮김),『국가의 역할』, 부키, 2006, 338면 이하.
5) 최근 '대형마트 영업규제' 사건에서 '규제'에 관한 법리를 검토하고 있다(대법원 2015. 11. 19. 선고 2015두295 전원합의체 판결). 그러나 '규제'의 개념은 다의적이고 포괄적인 의미를 담고 있으며, 헌법 제119조의 해석에 따라 규제의 강도와 범위는 달라질 수 있다. 대법원은 이러한 부분에 관한 깊이 있는 논의를 전개하지 않고 있다.
6) Schuppert, Der Gewährleistungsstaat-modisches Label oder Leitbild sich wandelnder Staatlichkeit?, in: ders., (Hrsg.), Der Gewährleistungsstaat, 2005, S. 38.
7) A. Giddens, The Progressive Manifesto, 2003, p. 13.

수는 "행정법 영역에서 '한국법의 세계화'는 일차적으로 우리나라의 행정소송·행정심판·행정절차의 발전과정과 현황을 살펴보고 세계 속에서 특징과 위상을 확인하는 데에 있다"고 주장한 바 있다. 즉 한국법의 '세계화'는 '韓國化'를 전제로 하며, 한국행정법의 모델을 정립하는 것이라는 점을 강조하고 있는 것이다.[8] 한국법의 세계화는 한국법의 독창적 발전을 전제로 하는 것이 사실이나, 고유한 '韓國法'의 발전 없이는 이러한 법의 '世界化'에 관한 논의는 무의미함은 물론이다. 오늘날 우리는 時·空을 초월한 '글로벌(global)' 시대를 살고 있지만, 규범적인 측면에서 '글로벌화' 내지 '세계화'를 논의하기는 쉽지 않다. 무엇보다 한 국가의 법체계를 '세계화'한다는 것은 현실적으로 쉽지 않고, 일정한 한계가 있을 수밖에 없다. 왜냐하면 '법'은 사회현상을 반영한 것이므로, 그 사회의 전통과 문화를 바탕으로 발전할 수밖에 없기 때문이다. 그러나 법의 '세계화'는 획일적으로 적용되는 하나의 통일된 규범을 제정하는 것이 아니라, 독자적인 '국내법'의 발전과 상호보완적 관계에 서 있어야 한다. 독일·프랑스 등의 대륙법계 국가나 영국·미국 등의 보통법(Common Law) 국가의 경우에도 일부 영역이나 개발도상국이나 후진국 등 법제의 정비가 늦은 국가에 대하여 지대한 영향을 미치고 있는 것이 사실이다. 그러나 이러한 현상을 법의 '세계화'라고 볼 수 있을지는 의문이다. 글로벌시대의 행정법학은 국가의 주권을 초월해서 보편타당하게 적용될 수 있는 행정법의 일반원리와 행정법 도그마틱(Dogmatik)[9]을 수용하고 발전시키면서, 국제적인 차원에서 學術的·司法的 교류를 통해 조화와 통일을 모색해 나가는 것을 목표로 해야 한다. 지금까지 민주주의원리, 법치국가원리 내지 법의 지배(rule of law), 그리고 법치국가원리에서 파생된 비례의 원칙이나 신뢰보호원칙 등이 그러

---

8) 朴正勳, "世界 속의 우리나라 行政訴訟·行政審判·行政節次: 法治行政 三倫의 相互關係(實質的 行政訴訟으로서의 憲法訴願審判을 포함하여)", 저스티스 통권 제92호(2006. 7), 306면 이하.

9) Schmidt-Aßmann 교수는 '도그마틱'을 "規範的 表明의 構造物(Gefüge normativer Aussagen)"이라고 정의하고 있다(Ders., Verwaltungsrechtliche Dogmatik, S. 16).

한 사례에 해당한다. 오늘날 대륙법계 국가와 영미법계 국가는 서로 영향을 주고받고 있는데, 전통적으로 실체법 위주의 국가인 독일에서도 절차적 기본권이 강화되고 있다는 사실이 그러한 점을 보여주고 있다. 유럽법의 변화도 주목되는데, 이러한 유럽법은 유럽연합의 회원국법에 적지 않은 영향을 미치고 있다. 앞으로 이러한 현상은 더욱 확대되어 나갈 것이다. 따라서 행정법학의 발전을 위해서는 선진법제를 가진 국가들과의 학술적 교류를 활성화시키는 것뿐만 아니라, 고유한 행정법의 이론을 형성하고 발전시키는 노력을 병행하여야 한다.

행정판례의 근간이 되는 행정소송법은 1984년 전면개정이 있은 후 수차례 개정논의가 있었으나 답보상태에 있다.[10] 한국 행정판례의 형성과 발전은 1984년 전면개정을 기점으로 이루어졌다고 볼 수 있으나, 행정판례에 대한 비판과 평석도 이 시기에 본격화하기 시작하였다. 그러나 변화된 행정법학의 구조와 기능에 비추어 행정판례의 대응은 부진한 것이 사실이다. 이러한 부진의 주요한 원인으로는 행정소송법의 개혁 부진, 행정재판의 전문성 부족, 그리고 독자적 행정판례 이론의 부재 등에서 찾을 수 있다. '글로벌'시대에 행정법학의 구조변화에 대응할 수 있는 행정판례의 대응과 발전이 절실히 요구된다. 이러한 상황에서 본고에서는 행정작용, 행정절차, 국가책임(손해전보), 그리고 행정소송으로 구분으로 우리 행정판례의 현황과 문제점을 살펴보기로 한다. 또한 이를 바탕으로 행정소송의 문제를 중심으로 하여 행정판례의 개혁과 향후 과제 등을 고찰하기로 한다.

---

10) 졸고, "행정소송법 개정안의 내용 및 문제점: 특히 행정소송의 개혁과 발전을 위한 비판적 고찰을 중심으로", 법제연구 제44호(2013. 6), 283면 이하.

Ⅱ. 行政判例의 現況과 問題點

1. 行政作用

(1) 포기할 수 없는 도구로서의 '行政行爲' — 效力과 類型區分

독일의 대표적 행정법학자인 슈미트 아스만(Schmidt-Aßmann) 교수는 "행정법의 改革은 처음부터 행정법 도그마틱(verwaltungsrechtliche Dogmatik)의 개혁이다"라고 강조한 바 있다.[11] 이러한 도그마틱은 행정이나 司法이 법률텍스트에 따른 법적용을 함에 있어서 基層을 이루고 있는데, 행정법 도그마틱은 개별사안에서 구체적 판단을 하는 判例와 이론적으로 체계화 작업을 하는 學說 사이에 상호작용의 所産이다.[12] 그럼에도 불구하고 우리의 현실을 되돌아보면, 행정법 도그마틱과 판례이론의 발전은 정체된 상황이다. 행정작용 중 행정행위가 이러한 행정법 도그마틱의 핵심을 이루고 있음은 부인할 수 없는 사실이다. 행정행위는 행정법 도그마틱의 중심을 이루는 고전적인 제도로서, 학설에 의해 창안되어 발전되어 왔다. 즉 독일행정법의 國父인 오토 마이어(Otto Mayer)가 정의한 행정행위의 개념이 독일의 학계 및 실무계에 큰 영향을 미친 것이 그러하다.[13] 행정소송과 행정심판, 그리고 행정절차는 행정작용과 마찬가지로 중요한 영역에 속하지만, 이러한 영역들은 대체로 기술적·정책적 성격을 가질 뿐만 아니라 행정법 도그마틱의

---

11) Schmidt-Aßmann, Verwaltungsrechtliche Dogmatik, S. 3.

12) Schmidt-Aßmann, Verwaltungsrechtliche Dogmatik, S. 3.

13) 즉 오토 마이어(Otto Mayer)는 행정행위의 형성에 대해 매우 결정적 기여를 하였다. 그는 행정행위를 "개별사례에 있어서 臣民에 대하여 옳은(적법한) 것을 결정하는 行政當局의 意思表明"(ein der Verwaltungs zugehöriger obrigkeitlicher Ausspruch, der dem Unterthanen gegenüber im Einzelfall bestimmt, was für ihn Rechtens sein soll)이라고 정의를 내린 바 있다(Otto Mayer, Deutsches Verwaltungsrecht, Bd. I, 1895, 3. Aufl., 1924, S. 93). 독일 행정절차법 제35조 제1항은 행정행위를 "행정청이 공법분야의 개별사례에 적용되고 외부에 직접적 법효과를 지향하는 모든 처분, 결정이나 기타 고권적 조치"라고 정의하고 있다.

형성과 발전에 있어서도 일정한 한계가 있다. 행정절차는 기본적으로 행정결정의 사전적 참여와 협력의 과정이라는 점에서 행정작용과 밀접한 관련을 가지는 것이 사실이다. 행정절차법이 행정작용의 실체적 규정을 담고 있는 것도 그러한 사실에서 연유한다. 특히 행정판례에서 구체적 타당성에만 치중하는 경우에 행정법의 이론적 발전은 매우 위태로울 수 있다. 행정행위는 오늘날에도 여전히 포기할 수 없는 중요한 도구로서 기능하고 있다. 행정행위는 민주적 법치국가에서 낙후된 도구가 아니라, 법적 명확성에 기여할 뿐만 아니라 책임의 소재를 명확히 하는 데에도 도움을 주는 유용한 도구이다.[14] 판례에서는 행정행위의 효력에 관한 논의가 충분하지 않다. 행정행위의 '공정력'과 '불가쟁력'에 관하여 언급한 판례도 있으나, 그 수는 많지 않다.[15] 다만, 행정행위의 공정력은 일본에서 유래된 개념인데, 매우 포괄적인 효력을 담고 있다. 오늘날 행정행위의 효력은 存續效(불가쟁력과 불가변력), 要件所與效 내지 構成要件的 效力(Tatbestandswirkung) 그리고 확정효 등으로 세분화되고 있다. 따라서 고전적인 '공정력'의 개념을 계속 유지할 필요가 있는지에 대해 숙고할 필요가 있다.[16]

행정행위의 유형구분도 매우 낙후된 점이 적지 않다. 예컨대 학설은 행정행위의 유형을 민법의 법률행위론에 기초하여 법률행위적 행정행위와 준(準)법률행위적 행정행위로 구분하고 있다. 이러한 구분은 일본의 고전적 행위형식론(법률적 행정행위와 준법률행위적 행정행위의 구분)의 영향을 크게 받은 것이다.[17] 그러나 일본에서도 公法・私法二元論을

---

14) Schmidt-Aßmann, Verwaltungsrechtliche Dogmatik, S. 69.

15) 즉 대법원은, "행정행위는 공정력과 불가쟁력의 효력이 있어 설혹 행정행위에 하자가 있는 경우에도 그 하자가 중대하고 명백하여 당연 무효로 보아야 할 사유가 있는 경우 이외에는 그 행정행위가 행정소송이나 다른 행정행위에 의하여 적법히 취소될 때까지는 단순히 취소할 수 있는 사유가 있는 것만으로는 누구나 그 효력을 부인할 수는 없고 법령에 의한 불복기간이 경과한 경우에는 당사자는 그 행정처분의 효력을 다툴 수 없다"고 판시하고 있다(대법원 1991. 4. 23. 선고 90누8756 판결).

16) 拙稿, "國家賠償訴訟과 先決問題: 특히 構成要件的 效力, 旣判力 그리고 違法槪念을 중심으로", 저스티스 제116호 (2010. 4), 103면 이하; 拙著, 行政救濟의 基本原理, 제1전정판, 3면 이하.

배경으로 행정법의 특수성을 강조하면서, 전통적 행위형식론에 비판론이 대두하고 있다.[18] 국내학설 중에도 이러한 행정행위의 유형구분에 대한 비판적 견해가 유력하다.[19] 이러한 행정행위의 유형구분은 효용성도 적을 뿐만 아니라, 행정처분의 판단에도 도움을 주지 않는다는 점에서 향후 개편하는 것이 바람직하다. 이론적으로는 명령적 행정행위, 형성적 행정행위 그리고 확인적 행정행위로 분류해서 파악하는 것이 타당하다. 예컨대 준법률행위적 행정행위의 하나인 '통지'에 해당하는 대집행의 계고는 작위하명으로 볼 수 있다는 견해가 유력하다.[20] 등록도 특정한 사실관계나 법률관계의 존재를 공적으로 증명한다는 점에서 확인적 행정행위에 속하거나, 일정한 신청을 전제로 등록을 하는 경우에는 허가에 가까운 효력이 발생하는 경우가 적지 않다. 오히려 판례는 이러한 부분에 대해 유형구분보다는 행정처분의 판단을 통해 항고소송의 대상을 판단하고 있을 뿐이다. 다만, 최근 대형마트 영업규제 사건(2015두295)에서 대법원은 구 유통산업발전법상 대규모점포의 개설 등록을 "수리를 요하는 신고로서 행정처분"에 해당하는 것으로 파악하고 있다. 등록이 수리를 요하는 신고인지, 등록 그 자체가 행정처분에 해당하는 것인지, 또는 수리를 요하는 신고가 행정처분인지 이해하기 어렵다. 무엇보다 '수리를 요하는 신고'라는 유형은 후술하는 바와 같이 신고의 본질에 부합하는 것이 아니다.[21] 신고와 허가의 이분법적 접근은 오늘날 독일의 건축법령에서도 점차 사라지고 있다.[22] 특히 대법원

17) 畠山武道, 行政介入の形態, 行政法の新構想 Ⅱ(磯部 力・小早川光郎 芝池義一 編). 有斐閣, 2008, 5면.

18) 畠山武道, 前掲書, 6면.

19) 金南辰, 行政法의 基本問題, 신판, 1994, 195면 이하; 金重權, 行政法基本硏究Ⅰ, 법문사, 2008, 318면 이하.

20) 김남진, 행정법의 기본문제, 204면.

21) 한편, 학계에서도 '수리를 요하는 신고'의 문제점에 대해 비판하는 견해가 유력하다(金重權, "이른바 '수리를 요하는 신고'의 문제점에 관한 소고", 행정판례연구 제8권, 2003, 63면 이하; 同人, 행정법기본연구Ⅰ, 123면 참조).

22) 이에 대해서는 졸고, "건축신고제도의 법적 문제: 간소화제도의 개선방안을 위한 모색을 중심으로", 법제 제657호 (2012. 12), 58면 이하.

은 인·허가의제의 효과를 가진 건축신고에 대해서 "일반적인 건축신고와 달리", '수리를 요하는 신고'라고 판단하였다.[23] 그러나 이 판결의 직전에 전원합의체에 의한 판결 변경을 통해 건축신고의 반려에 대해 '처분성'을 인정하였다.[24] 이러한 판례에 의하면 '일반적인' 건축신고는 수리를 요하지 않는 신고로 해석될 수 있다. 판례의 중대한 오류이다. 근원적으로는 수리를 요하는 신고와 수리를 요하지 않는 신고의 구별기준은 폐기되어야 한다. 양자를 구별할 수 있는 명확한 기준이 없을 뿐만 아니라, 수리를 요하는 신고와 허가를 구별하기도 어렵다. 따라서 소위 "수리를 요하는 신고"라는 유형을 인정할 필요가 있는지 의문이다. 이러한 신고의 유형구분은 실제 유용하지 않으며, 신고 제도의 본질에 부합하는 입법적 개선이 시급히 요구된다고 하겠다.

(2) 재량하자의 심사기준과 판단여지

한편, 재량행위의 구분에 있어서도 기속재량과 자유재량의 구분을 포기하고 있음은 일응 타당하고 볼 수 있겠다.[25] 이러한 재량행위의 구분은 Otto Mayer, Walter Jellinek 등이 주창한 독일의 학설을 반영한 것인데,[26] 기속재량행위의 모호성으로 인해 구분의 실효성은 비판을 받아온 것이 사실이다. 오늘날 독일에서는 결정재량과 선택재량의 구분이 일반화되어 있으나, 아직 우리 판례는 이러한 논의를 반영하고 있지 않다. 다만, 근래에 들어와서 판례는 세부적인 구별 없이 '재량행위'라는 개념만 사용하고 있다.[27] 재량의 하자는 재량의 유월, 흠결, 그리고 남

---

23) 대법원 2011. 1. 20. 선고 2010두14954 전원합의체 판결.

24) 대법원 2010. 11. 18. 선고 2008두167 전원합의체 판결.

25) 중대한 공익상 필요가 있는 경우에 예외적으로 거부를 할 수 있다는 이유에서 '기속재량'의 개념이 여전히 필요하다는 견해도 있다(박균성, "행정판례 30년의 회고와 전망 - 행정법총론 I", 행정판례연구 제19집 제2호(2014. 12), 391-394면 이하).

26) 예컨대 W. Jellinek, Verwaltungsrecht, Neudruck der 3. Aufl. mit Nachtrag 1950 und Vorwort von Bachof, 1966, S. 28 ff. 참조.

27) 한편, 최근 대형마트 영업규제 사건에서 판례는 '선택재량'이라는 표현을 사용하고 있다. 즉 "구 유통산업발전법 제12조의2 제1항, 제2항, 제3항도 영업시간 제한 및 의무휴업일 지정의 규제가 일반적·통상적 시장상황 아래에서는 공익 목적 달성에 유효적

용으로 구분된다. 그러나 판례는 종래 "이러한 재량권의 일탈·남용 여부에 대한 심사는 사실오인, 비례·평등의 원칙 위배, 당해 행위의 목적 위반이나 동기의 부정 유무 등을 그 판단 대상으로 한다"고 하여, 재량권의 일탈·남용에 관한 심사에 있어서 비례원칙이나 평등원칙의 위배 여부 등 행정법의 일반원칙을 결합하고 있다.[28] 그러나 이론적으로 재량의 남용은 재량을 수권한 법률규정의 목적이나 취지를 따르지 아니한 경우에 문제가 되므로, 기본권, 헌법 또는 행정법의 일반원칙 등의 위배 여부는 별도로 심사하는 것이 타당하다.[29]

대법원판례는 아직 재량행위와 판단여지를 명확히 구분하지 않고 있다. 이에 반해 헌법재판소는 구 택지개발촉진법 위헌소원사건에서 "법률은 행정행위의 요건을 규정함에 있어 추상적·불확정적 개념을 사용하거나, 행정청에 재량권을 부여하고 있는 경우가 적지 않다"고 하여,[30] 재량행위와 판단여지를 구분하고 있다. 다만, 최근 의료기술시행중단명령처분의 취소를 구하는 사건에서, 판례는 신의료기술의 안전성이나 유해성 평가나 신의료기술의 시술로 국민보건에 위해가 발생하거나 발생할 우려가 있는지에 대하여 한 전문적인 판단은 존중되어야 한다고 보았다. 그러나 대법원은 이러한 전문적인 판단에 기초한 지도와 명령 등의 제재처분의 선택에 관한 판단을 '재량행위'로 판단하고 있다.[31] 후자의 경우에는 재량행위로 볼 수 있으나, 소위 국소적 결막절

절한 수단이 될 수 있다는 정책적 판단에 따라 이루어진 규제 입법에 해당하고, 구 유통산업발전법 제12조의2 제1항, 제2항, 제3항은 행정청에게 사실상 매우 제한된 범위 내에서 규제 수단의 선택재량을 부여하고 있다. 따라서 행정청은 규제가 이루어지는 지역 시장상황의 특수성으로 인하여 구 유통산업발전법 제12조의2 제1항, 제2항, 제3항에 따른 규제가 전혀 실효성이 없다거나 불필요하다는 등의 특별한 사정이 없는 한, 대체로 유사한 내용의 규제에 이를 수밖에 없다"(대법원 2015. 11. 19. 선고 2015두295 전원합의체 판결)고 판시하고 있다. 그러나 이 판례만으로 결정재량과 선택재량의 구분을 채택하였다고 단정하기는 이르지만, 이러한 구분은 충분한 논의의 가치가 있다고 생각한다.

28) 대법원 2001. 2. 9. 선고 98두17593 판결.

29) Maurer, Allgemeines Verwaltungsrecht, 18. Aufl., § 7 Rn. 22 f.

30) 헌재 2007. 10. 4. 2006헌바91, 판례집 19-2, 396.

31) 대법원 2016. 1. 28. 선고 2013두21120 판결.

제술과 관련하여 신의료기술평가위원회에 의한 신의료기술의 안전성·유해성에 관한 전문적인 판단은 '判斷餘地(Beurteilungsspielraum)'로 해석하는 것이 타당하였다. 의료법 제59조 제1항에서는 "보건복지부장관 또는 시·도지사는 국민보건에 중대한 위해(危害)가 발생하거나 발생할 우려가 있으면 의료기관이나 의료인에게 필요한 지도와 명령을 할 수 있다"라고 규정하고 있다. 여기에서 "국민보건에 중대한 위해가 발생하거나 발생할 우려"와 관련된 신의료기술의 안전성과 유해성에 관한 판단은 사실상 신의료기술평가위원회의 전문적인 판단과 달리 결정하기가 쉽지 않다. 법효과에 있어서 보건복지부장관의 지도나 명령 등 재량행위보다 그 요건 부분에 있어서 전문적인 판단이 보다 중요하고 결정적이기 때문이다. 판단여지이론이 유래한 독일에서도 이에 대한 비판적 견해가 제기되고 있는 것이 사실이나, 여전히 압도적 다수의 견해와 판례는 권력분립원칙, 불확정개념과 재량의 차이 등을 근거로 이러한 이론을 인정하고 있다.[32] 오늘날에는 판단여지도 원칙적으로 전면적인 사법심사가 가능하나, 예외적으로 특별한 결정상황이나 특별한 사항의 경우에 사법심사가 제한될 뿐이다.[33] 이러한 사법심사의 제한성에 대한 비판은 規範的 授權論(normative Ermächtigungslehre)에 의해 해결될 수 있다.[34] 즉 행정의 최종결정권은 개별 법률에서 도출될 수 있고, 법원에 의해 사법심사를 할 수 없거나 제한된 사법심사가 가능한 영역은 입법자에 의해 결정될 사항이다.[35]

(3) 行政計劃의 特性과 特殊法理 — 衡量命令과 衡量瑕疵論

대법원은 최근 4대강사건(한강사건)[36]에서는 새만금사건과 달리 '형량

32) Maurer, a.a.O., § 7 Rn. 55 ff.
33) Maurer, a.a.O., § 7 Rn. 62.
34) 이에 대해서는 졸고, "明確性原則의 判斷基準과 司法審査의 限界", 법조 통권 제624호(2008. 9), 108면 이하 참조.
35) BVerfGE 129, 1. 한편, 우리 헌법재판소는 위 구 택지개발촉진법 위헌소원사건에서, 부분적이기는 하나 '규범적 수권론'을 인정하고 있다(상세는 졸고, "명확성원칙의 판단기준과 사법심사의 한계", 109-111면 참조).

하자'의 문제로 접근하고 있다.[37] 이러한 점은 매우 당연하고 타당한 접근이라고 평가할 수 있다. 대규모국책사업의 경우에는 행정계획의 법리가 적용되며, 형량명령과 형량하자론에 따라 구속적인 행정계획결정의 위법성을 판단할 수 있다. 그러나 우리나라의 판례에서도 형량명령(Abwägungsgebot)의 법리를 도입한지는 오래되었으나, 이론적 발전은 微微한 것이 사실이다. 개별 사건에서 형량의 하자가 구체적으로 어떠한 단계에서 문제가 되는지를 명확히 설명하고 있는 판례는 아직 없다. 단순히 기계적으로 공식화된 형량하자의 이론만 적용할 뿐이다. 특히 판례가 형량하자의 3단계로 파악하고 있는, "이익형량을 하였으나 정당성과 객관성을 갖추지 못한 경우" 부분이 형량의 과정에 관한 것인지, 아니면 형량의 결과에 관한 것인지도 명확하지 않다. 특히 4대강사건에서 대법원은 원심이 형량하자와 재량하자를 명확히 구분하고 있지 않았음에도 불구하고, 사실심 법원의 自由心證으로 판단하여 원심을 그대로 수긍하고 있음은 납득하기 어렵다.[38]

판례는 행정주체가 구체적인 행정계획을 입안·결정할 때에 형성의 자유를 가진다는 점을 인정하면서도, 완충녹지지정의 해제신청에 대한 거부회신의 위법성을 판단함에 '형량명령'의 법리를 적용하고 있다.[39] 또한 최근에 대법원은 공원용지해제거부처분 취소사건에서, 거부처분의 위법성을 판단함에 있어 형량을 통해 피고 행정청의 공익적 필요성이 우월하다고 판단하고 있다.[40] 이러한 법리의 적용은 형량명령의 법리에 대한 오해이며, 타당하지 않다. 또한 판례는 원칙적으로 계획변경청구권을 부정하면서도,[41] 그 예외를 매우 광범위하게 확대하고 있다. 이러

---

36) 대법원 2015. 12. 10. 선고 2011두32515 판결.

37) 새만금사건(대법원 2006. 3. 16. 선고 2006두330 판결)의 이론적 문제점에 관해서는 졸고, "환경소송과 인인보호: 소위 새만금사건과 관련하여", 환경법연구 제28권 1호(2006. 5), 239면 이하.

38) 상세는 졸고, "4대강사건의 법적 쟁점과 문제점에 관한 비판적 고찰", 토지공법연구 제73집 제1호(凡界金海龍敎授停年記念號), 2016. 2, 153-154면.

39) 대법원 2012. 1. 12. 선고 2010두5806 판결.

40) 대법원 2016. 2. 18. 선고 2015두53640 판결.

한 판례의 경향은 권리구제를 위해 허용하고 있다고 볼 수 있으나, 법리적으로 중대한 문제점을 가지고 있다. 이러한 사안은 대부분 변경의 대상인 행정계획결정에 대한 제소기간을 도과하여 계획변경청구권을 주장하는 경우가 적지 않다는 점에서 행정처분의 불가쟁력을 형해화하고 법적 안정성을 침해할 수도 있다. 이러한 문제는 권리구제를 위해 실효의 법리나 손실보상의 가능성 등에 의해 해결하는 것이 바람직하다.[42] 그 밖에 이러한 법리를 허용할 경우 행정주체의 계획재량이나 지방자치단체의 계획고권 등을 제약할 수 있다. 또한 계획변경청구권을 주장하는 경우에 대부분 영업적 이익을 목적으로 하는 경우가 적지 않은데 공익(공공복리)이나 환경이익 등의 관점에서도 문제가 야기될 수 있다. 최근 대법원은 구 도시공원법상 도시자연구역에 해당하는 토지 위에 골프연습장을 설치하는 내용의 공원조성계획 변경입안 제안신청을 거부한 사건에서도 반려의 처분성 인정을 전제한 후 소의 이익을 판단하고 있다.[43] 다만, 대법원은 피고 X시장의 반려처분 후 제소 전에 해당 토지를 포함한 공원 부지 전부에 대한 도시계획시설결정이 폐지되고 도시자연공원구역으로 지정되어 공원조성계획의 대상이 되는 공원이 아니라는 이유로 소의 이익을 부정하였다. 그러나 골프장 건설을 내용으로 하는 도시계획변경입안신청의 거부에 대해 처분을 인정하는 것 자체가 법리적으로 타당하지 않다.

(4) 行政立法 – 소위 '법규성' 개념의 혼란과 사법적 통제, 형식과 실질의 교차

오늘날 법제정은 의회의 전유물이 아니라, 집행부도 그 일부를 담당하고 있다고 보는 견해가 유력하다.[44] 즉 입법부과 집행부의 '협력적'

---

41) 대법원 2002. 11. 26. 선고 2001두1192 판결.
42) 이에 대한 비판으로는 졸고, "계획변경청구권의 법적 문제: 도시계획변경신청권의 예외적 인정에 대한 비판적 고찰", 토지공법연구 제48집(2010. 2), 49-68면.
43) 대법원 2015. 12. 10. 선고 2013두14221 판결.
44) Schmidt-Aßmann, Verwaltungsrechtliche Dogmatik, S. 72.

법제정이 강조되고 있다. 그러나 우리 판례는 행정입법과 관련하여 이론적 혼란과 오류를 그대로 방치한 채 종전의 입장을 답습하고 있다. 우리 판례는 소위 '법규성' 개념, 즉 법규적 효력에 대해 다소 오해를 하고 있는 점이 적지 않다.[45] 헌법재판소는 초창기 판례부터 행정규칙에 대해 — 비록 예외적이라고 하나 — 헌법소원의 대상을 '적극적'으로 인정하고 있다. 첫째, "법령에서 행정관청에 법령의 구체적 내용을 보충할 권한을 부여한 경우에는 그것이 상위법령의 위임한계를 벗어나지 아니하는 한, 상위법령과 결합하여 대외적인 구속력을 갖는 법규명령으로 기능하는 경우"[46]이다. 이 경우는 소위 '법령보충적 행정규칙'에 해당할 때 인정된다. 둘째, "재량권 행사의 준칙인 행정규칙이 그 정한 바에 따라 되풀이 시행되어 행정관행이 생기면 행정기관은 그 상대방에 대한 관계에서 그 규칙에 따라야 할 자기구속을 당하게 되어 대외적 구속력을 가지는 경우"[47]에 헌법소원의 대상이 인정된다. 후자의 경우는 소위 '행정의 자기구속의 법리'에 해당한다. 행정의 자기구속의 법리는 행정규칙의 법규적 효력이 부인되는 것을 전제로 논의되며, 행정규칙이 아니라 평등원칙을 매개로 하여 인정되고 있다. 따라서 이러한 법리를 매개로 법규적 효력을 인정하는 것은 타당하지 않다.[48] 또한 법령보충적 행정규칙에 대해서도 헌법소원의 대상을 인정하고 있으나, 독일에서는 일반적인 행정규칙은 물론, 법규성이 인정되는 규범구체화행

45) 일본에서도 행정입법의 설명에 있어서 다소 혼란이 있는 것이 사실이다. 특히 행정규칙이나 行政基準의 설명에 낭비하였다고 비판하면서, 행위형식론으로서보다는 법령의 일부로서 '法源論'에서 다루는 것이 타당하다는 견해도 있다(畠山武道, 前揭書, 13면). 특히 행정기준이나 처분기준의 법적 성질에 대해 논란이 있다. 이를 '행정규칙'으로 전제하여 그 법적 성질을 검토하는 것은 혼란만 야기할 뿐이다. 판례는 부령 형식의 제재처분기준에 대해 행정규칙을 보고 있는 바, 일본의 사례를 통해 교훈을 얻을 필요가 있다.

46) 헌재 2007. 8. 30. 2004헌마670, 판례집 19-2, 297, 305; 헌재 2002. 7. 18. 2001헌마605, 판례집 14-2, 84, 94.

47) 헌재 2005. 5. 26. 2004헌마49, 판례집 17-1, 754, 761; 헌재 1990. 9. 3. 90헌마13, 판례집 2, 298.

48) 이러한 점은 대법원 판례와 대비되고 있다. 즉 대법원 판례는 신규건조저장시설사업자 인정신청 반려처분 취소소송에서 '대외적 구속력'이라는 표현을 생략하고 있다(대법원 2009. 12. 24. 선고 2009두7967 판결 참조).

정규칙(normkonkretisierende Verwaltungsvorschriften)을 곧바로 헌법소원의 대상으로 인정한 경우를 발견하기는 쉽지 않다.[49] 또한 법령보충적 행정규칙에 대하여 학설이 첨예하게 대립하고 있는데, '고시'에 법규적 사항을 담고 '위임'의 법리를 적용하는 것은 법치국가원리에 비추어 문제가 있다고 하지 않을 수 없다.[50] 예외적으로 행정규칙의 법규적 효력을 인정하기 위해서는 안전기술법의 영역과 같이 제한된 영역에서 법령(규범)을 보충하기 위한 경우에 인정할 필요가 있다. 법령보충적행정규칙의 법리를 인정한 이후 행정실무에서는 중요한 법규적 사항을 대부분 '고시'에서 정하고 있는 것이 현실이다.[51] 행정편의주의의 문제 외에도 헌법적으로도 법률유보의 원칙, 권력분립원칙 등의 관점에서 문제가 있다. 행정규칙에 위임의 법리를 적용하는 것은 그 자체로 모순이며, 행정규제기본법 제4조 제2항 단서는 그러한 점에서 개정될 필요가 있다. 최근 독일에서도 행정규칙에 대하여 차별화된 구속력을 가진 '법형식(Rechtsform)'으로 인정하고, 규범구체화행정규칙에 한하여 외부적 법률관계에 있어서도 법규범의 성질을 가진다는 견해가 유력하다.[52] 그러나 행정규칙은 법관이 기속되는 '법률', 즉 독일 기본법 제97조 제1항에서 말하는 '법률'에는 속하지 않는다고 보고 있다.[53]

최근 대법원은 호봉정정신청거부처분취소 사건에서, 구 지방공무원보

49) 독일에서는 헌법소원의 대상이 되기 위해 두 가지 제한이 있다. 즉 '외부효(Außenwirkung)'를 가진 공권력이어야 하고, 또한 '독일'의 공권력행사에 해당하여야 한다. 전자의 경우에는 행정의 내부영역에 속하는 작용은 기본권의 자기관련성을 충족시키지 못한다고 한다(Schlaich/Korioth, Das Bundesverfassungsgericht, 9. Aufl., Rn. 213 f.; Benda/Klein, Verfassungsprozessrecht, 3. Aufl., § 19 Rn. 536).

50) 이에 대해서는 졸고, "법령보충적 행정규칙의 정비방향과 위임범위의 한계", 행정판례연구 제12집(2007. 6), 100-137면.

51) 법제처가 발간하는 『법령입안 · 심사기준』에서는 "행정규칙은 원칙적으로 법규성을 지니지 못한다고 할 것이지만, 행정규칙의 유형 중에는 사실상 준법규성이나 법규성이 인정되는 것도 있다고 보는 것이 타당할 것이다"고 설명하고 있다(법제처, 『법령입안 · 심사기준』, 2012, 700면). 이러한 점은 행정실무에서 법규적 사항을 행정규칙에 포함시키고 있음을 역설적으로 보여주고 있는 것이다.

52) Sauerland, Die Verwaltungsvorschriften im System der Rechtsquellen, 2005, S. 190 ff.; Schmidt-Aßmann, Verwaltungsrechtliche Dogmatik, S. 75 f. m.w.N.

53) Schmidt-Aßmann, Verwaltungsrechtliche Dogmatik, S. 76.

수업무 등 처리지침(2014. 8. 8. 안전행정부 예규 제104호로 개정되기 전의 것) [별표 1] “직종별 경력환산율표 해설”이 정한 민간근무경력의 호봉 산정에 관한 부분은 “지방공무원법 제45조 제1항과 이 사건 보수규정 제8조 제2항, 제9조의2 제2항, [별표 3]의 단계적 위임에 따라 행정자치부장관이 행정규칙의 형식으로 법령의 내용이 될 사항을 구체적으로 정한 것”이라고 판시하고 있다.[54] 이 처리지침은 구 지방공무원법(2014. 11. 19. 법률 제12844호로 개정되기 전의 것) 제45조 제1항의 위임에 따라 제정된 구 지방공무원 보수규정(2014. 11. 19. 대통령령 제25751호로 개정되기 전의 것) [별표 3]의 “연구직공무원의 경력환산율표”에 관련된 것이다. 여기에서 연구직공무원의 경력환산율표의 구체적인 내용은 ‘안전행정부장관’이 정하도록 하고 있다. 위 대법원 판결에서 ‘구체성’과 ‘명확성’을 갖춘 위임이 아니라 소위 ‘단계적’ 위임에 따라 고시에 법규적 사항을 정하도록 하는 것은 헌법 제75조 및 제95조에 비추어 법리적으로도 문제가 있다. 안정행정부장관이 정하도록 할 뿐, 구체적인 형식도 지정하고 있지 않다. 또한 대법원은 주민의 권리제한 또는 의무부과에 관한 사항을 법률로부터 위임을 받은 후 다시 지방자치단체의 장이 정하는 규칙이나 고시 등에 재위임하는 경우에도 헌법상 포괄위임금지의 원칙이나 복위임금지의 원칙에 위배되지 않는다고 판시하고 있다.[55] 이 사건에서 문제가 된 ‘군위군 가축사육 제한지역 지정 고시’를 법령보충적 행정규칙으로 판단하고 위임의 법리를 적용하고 있다. 그러나 이 고시에 관한 위임을 한 ‘군위군 가축사육제한에 관한 조례’에서는 단순히 “가축 사육제한에 관하여는 군수는 가축사육이 금지되는 일정한 지역을 미리 지정하여 고시하여야 한다”고 규정하고 있다. 이러한 규정은 ‘군수’가 지정・고시하는 것을 제외하고 구 가축분뇨의 관리 및 이용에 관한 법률(2014. 3. 24. 법률 제12516호로 개정되기 전의 것)의 내용과 거의 동일하게 규정하고 있을 뿐이다. 따라서 지방자치단체의 규

54) 대법원 2016. 1. 28. 선고 2015두53121 판결.
55) 대법원 2015. 1. 15. 선고 2013두14238 판결.

칙이나 고시를 법규범으로 파악할 수 있는지도 의문이고, 이러한 유형에 대해 재위임의 법리를 확대하는 것은 납득하기 어렵다.

한편, 판례는 부령 형식의 제재처분기준에 대해서는 법규적 효력을 부정하면서도,[56] 시행령에 규정된 제재처분기준에 대해서는 법규적 효력을 인정하고 있다.[57] 그러나 시행령과 시행규칙 모두 법규명령에 해당함에도 이를 납득할 수 있는 논거의 제시 없이 여전히 그 법적 성질을 차별화하고 있다. 제재처분을 규정한 부령(시행규칙)의 내용을 조항별로, 또한 그 성질을 개별적으로 검토하여 법적 성질을 판단하는 것은 법리적으로 타당하지 않다. 법적 명확성, 권리구제, 그리고 법치국가원리 등의 관점에서 '형식'을 기준으로 법적 성질을 판단하는 것이 타당하다고 생각한다.

법규명령에 대한 효과적인 통제수단은 사법적 통제이다. 그러나 헌법재판소와 법원은 규범통제권의 관할을 두고 다투고 있다. 헌법 제107조 제2항의 해석과 관련하여, 구체적 규범통제제도를 취하고 있다고 보는 견해가 지배적이다.[58] 대법원도 "헌법 제107조 제2항의 규정에 따르면 행정입법의 심사는 일반적인 재판절차에 의하여 구체적 규범통제의 방법에 의하도록 명시하고 있으므로, 당사자는 구체적 사건의 심판을 위한 선결문제로서 행정입법의 위법성을 주장하여 법원에 대하여 당해 사건에 대한 적용 여부의 판단을 구할 수 있을 뿐 행정입법 자체의 합법성의 심사를 목적으로 하는 독립한 신청을 제기할 수는 없다"고 판시하고 있다.[59] 최근 세무조정반 지정신청 거부처분을 한 사안에서, 대법원은 부수적 규범통제를 통해 (거부)처분의 무효를 인정하고 있다.[60] 즉 거부처분이 무효인 시행령 및 시행규칙에 근거하여 이루어진 것이

56) 대법원 1994. 3. 8. 선고 93누21958 판결; 대법원 1995. 10. 17. 선고 94누14148 판결; 대법원 1995. 12. 12. 선고 94누12320 판결.
57) 대법원 1997. 12. 26. 선고 97누15418 판결; 대법원 2001. 3. 9. 선고 99두5207 판결.
58) 헌재 1990. 10. 15. 89헌마178, 판례집 2, 365.
59) 대법원 1994. 4. 26. 자 93부32 결정.
60) 대법원 2015. 8. 20. 선고 2012두23808 전원합의체 판결.

어서 무효라고 판시하고 있다. 이 사건에서 외부세무조정제도가 국민의 기본권 실현에 본질적인 사항이어서 적어도 적용대상 및 세무조정업무를 맡게 될 '외부'의 범위 등에 관한 사항을 직접 규정해야 함에도 불구하고, 모법 조항의 위임 없이 제정된 시행령이나 시행규칙 모두 위법·무효라고 판단된다. 다만, 대법원은 "시행령 조항은 모법조항의 위임 없이 규정된 것이거나 모법조항의 위임범위를 벗어난 것으로서 무효이고, 시행령 조항의 위임에 따른 시행규칙 조항 역시 무효(이다)"라고 판시하고 있다. 법률유보의 원칙 또는 의회유보의 원칙을 검토하면서, "무효인 시행령 조항의 위임에 따른 시행규칙은 무효"라는 판단은 법리적으로 문제가 있다고 여겨진다. 또한 이 거부처분의 직접적 근거조항은 시행규칙(구 법인세법 시행규칙 제50조의3 및 구 소득세법 시행규칙 제65조의3)이라는 점에서 이러한 판례의 입장은 설득력이 약하다.

법규명령에 대한 사법적 통제와 관련하여, 명령·규칙을 행정소송(특히 항고소송)으로 실현할 수 있다는 견해도 있다.[61] 이에 대해 2003년 대법원의 행정소송법 개정안과 관련하여, 명령·규칙을 행정소송의 대상으로 삼는 것에 대해 위헌이라는 비판도 제기되고 있다.[62] 헌법 개정을 통해 법률하위규범(법규명령, 조례)에 대한 추상적 또는 주위적 규범통제제도를 도입하는 것을 적극적으로 검토할 필요가 있다. 이 경우 규범통제와 관련하여 헌법재판소와 법원의 역할 분담이 필요하다. 규범통제권은 주로 헌법재판소가 담당하는 것이 바람직하나, 법규명령이나 조례 중 일부에 대한 규범통제를 행정소송으로 제기할 수 있는 방안을 모색할 필요가 있다. 지방자치단체의 장이 제기하는 조례안무효확인소송은 추상적 규범통제의 성격을 부분적으로 가지고 있는데, 대법원에서 단심제로 처리하고 있다(지방자치법 제107조 제3항 참조). 이러한 단심제

61) 행정입법도 '구체성'의 요건을 충족할 수 있어, 항고소송의 대상인 처분에 해당할 수 있다는 견해도 있다(朴正勳, 행정소송의 구조와 기능, 박영사, 72면).

62) 김하열, "행정소송법 개정안에 관한 의견", 2004 행정소송법 개정안 공청회 자료집(2004), 170-172면; 同人, "명령·규칙에 대한 헌법소원", 헌법재판 주요선례연구 I (2012. 4), 헌법재판소 헌법재판연구원, 406-407면.

는 현실적으로 부담스러운 측면도 있는데, 공정거래 사건과 같이 二審制를 채택하는 것도 고려해 볼 수 있다. 이러한 조례에 대한 규범통제 외에 부령에 대한 사법적 통제는 법원에서 담당할 수도 있다. 독일에서도 도시계획조례나 일부 법규명령에 대해 고등행정법원의 관할로 하고 있음은 주지의 사실이다(독일 행정법원법 제47조 제1항).

행정입법부작위에 대한 소송을 헌법소송으로 다루고 있으나, 독일에서는 이러한 소송을 행정소송으로 제기하고 있다. 그러나 행정입법부작위에 대해 항고소송설과 당사자소송설이 대립하고 있다. 항고소송설은 시행명령제정신청에 대한 부작위로 직접 구체적으로 권익침해를 당한 경우에 부작위위법확인소송을 제기할 수 있다는 견해[63]와 행정입법 자체에 의해 개별적·직접적·구체적 이익이 침해될 때에는 침해적 처분을 기다리지 않고 행정입법 자체에 대한 취소소송을 제기할 수 있다는 견해[64]로 구분된다. 그러나 취소소송을 주장하는 견해는 행정입법의 취소소송과 같은 맥락에서 주장하고 있으나, 행정입법의 '부작위'에 대한 취소소송은 성립하기 어렵다. 또한 우리 행정소송법상 부작위위법확인소송은 '처분'의 부작위에 한정하고 있다는 점에서 부작위위법확인소송도 인정하기 어렵다. 판례도 행정입법의 부작위에 대해 부작위위법확인소송을 부인하는 입장이다.[65] 법률에서 시행령 또는 시행규칙에 위임한 사항을 제정하지 않아 손해를 입은 자가 법률의 위임에 의한 시행령 또는 시행규칙의 제정의무가 인정될 수 있다. 이러한 행정입법부작위에 대해 손해를 입은 자는 시행령 또는 시행규칙의 제정을 요구하는 공권이 있다. 이러한 공권을 실현하는 효과적인 방법은 규범제정의 이행을 요구하는 소송이겠지만, 적어도 이러한 규범제정을 요구하는 공권과 이에 상응하는 규범제정의무가 있다는 확인을 구하는 소송은 가능하다.

---

63) 박균성, 행정법론(상), 제15판, 226-227면; 박균성, "행정입법부작위에 관한 고찰", 인권과 정의 제224호 (1995. 5), 77면.

64) 朴正勳, "행정입법부작위에 대한 행정소송: 독일법과 우리법의 비교, 특히 처분 개념을 중심으로", 판례실무연구 Ⅵ, (2003. 8), 192-193면.

65) 대법원 1992. 5. 8. 선고 91누11261 판결.

이러한 소송은 공권과 규범제정의무라고 하는 공법상 법률관계를 확인하는 소송이라는 점에서 항고소송보다는 확인소송과 이행소송의 성질을 모두 가지는 '당사자소송'이 보다 적합하다고 판단된다.[66] 이러한 당사자소송설에 대하여 "규범제정과 같은 권력적 행위는 당사자소송의 대상이 될 수 없다"는 비판이 있다.[67] 그러나 당사자소송설은 이러한 권력적 행위를 당사자소송으로 다투는 것이 아니라, 규범제정을 요구할 권리와 그 제정의무에 관하여 공법상 법률관계의 '확인'에 초점을 맞추고 있다. 우리 행정소송법상 소송형식이 제한되어 있다는 점에서 항고소송에 편중된 논의보다는 당사자소송을 최대한 활용하는 것이 보다 국민의 권익구제에 기여하는 방안일 것이다.

2. 行政節次

(1) 처분이유의 제시와 하자의 정도

행정절차는 참여와 협력을 통하여 '민주주의원리'를 실현하는 기능을 가지는 반면, 이를 통해 사전적 권리구제절차로서도 기능한다는 점에서 '법치국가원리'와도 밀접한 관련을 가진다. 판례는 절차의 하자에 대해 비교적 엄격한 입장을 취하고 있다. 이러한 점은 실체법 위주의 대륙법계에 비해 영미법계에 가까운 입장이라고 볼 수 있다. 그러나 근래에는 절차상 하자에 대해 대체로 취소사유로 보는 경향에 있다. 청문이나 공청회 등을 결한 경우에는 대체로 이를 취소사유로 보고 있다.[68] 대법원은 주택조합설립인가취소처분의 취소를 구하는 소에서 청문절차를 결여한 처분은 취소사유에 해당한다고 보고 있다.[69] 또한 독촉절차 없는 압

---

66) 상세는 졸고, "행정입법부작위에 대한 사법적 통제: 당사자소송에 의한 규범제정요구소송의 실현가능성을 중심으로", 저스티스 통권 제110호(2009. 4), 194면 이하.

67) 박균성, 행정법론(상), 227면.

68) 대법원 1983. 6. 14. 선고 83누14 판결; 대법원 1986. 8. 19. 선고 86누115 판결; 대법원 1990. 1. 23. 선고 87누947 판결.

69) "행정절차법 제22조 제1항 제1호에 정한 청문제도는 행정처분의 사유에 대하여 당사자에게 변명과 유리한 자료를 제출할 기회를 부여함으로써 위법사유의 시정가능성을 고

류처분에 대하여 무효사유가 아니라 취소사유로 판시하고 있다.[70)]

행정청이 행정처분을 함에 있어서 처분의 근거와 이유를 제시하여야 하지만(행정절차법 제23조 제1항), 구체적으로 어느 정도의 근거와 이유를 제시해야 하는지에 대해 명시하고 있지 않다. 또한 이러한 처분의 근거와 이유를 제시하지 않은 경우에도 대체로 취소사유로 보고 있다. 즉 세액의 산출근거를 제시하지 아니한 납세고지서에 의한 부과처분은 취소사유로 보고 있다.[71)] 또한 종래 대법원은 처분의 상대방이 처분 당시에 그 취지를 알고 있었다거나 그 후 알게 되었다고 하여도 그 하자가 치유될 수 없다고 보았다.[72)] 그러나 근래에는 처분서를 전체적으로 판단하여 처분의 근거와 이유를 알 수 있을 때에는 위법이 아니라고 판시하고 있다.[73)] 또한 코스닥상장법인 A주식회사가 자산의 양수에 대하여 신고를 하면서 신고서류에 허위기재를 하였다는 등의 이유로 증권선물위원회가 A주식회사에 대해 과징금을 부과한 사안에서도 동일한

려하고 처분의 신중과 적정을 기하려는 데 그 취지가 있으므로, 행정청이 특히 침해적 행정처분을 할 때 그 처분의 근거 법령 등에서 청문을 실시하도록 규정하고 있다면, 행정절차법 등 관련 법령상 청문을 실시하지 않아도 되는 예외적인 경우에 해당하지 않는 한 반드시 청문을 실시하여야 하며, 그러한 절차를 결여한 처분은 위법한 처분으로서 취소사유에 해당한다"(대법원 2007. 11. 16. 선고 2005두15700 판결).

70) 대법원 1987. 9. 22. 선고 87누383 판결.

71) 대법원 1984. 5. 9. 선고 94누116 판결.

72) 종전에는 이유제시의 흠결에 대해 비교적 엄격한 입장을 유지하고 있었다. 즉 "허가의 취소처분에는 그 근거가 되는 법령이나 취소권유보의 부관 등을 명시하여야 하고 나아가 처분을 받은 자가 어떠한 위반사항에 대하여 당해 처분이 있었는지 알 수 있을 정도의 사실의 적시를 요한다고 할 것이고 이와 같은 취소처분의 근거와 위반사항의 적시를 빠뜨린 하자는 피처분자가 처분당시 그 취지를 알고 있었다거나 그 후 알게 되었다고 하여도 이로써 치유될 수는 없다고 할 것이다"라고 판시하고 있다(대법원 1987. 5. 26. 선고 86누788 판결).

73) "행정절차법 제23조 제1항은 행정청이 처분을 하는 때에는 당사자에게 그 근거와 이유를 제시하도록 규정하고 있고, 이는 행정청의 자의적 결정을 배제하고 당사자로 하여금 행정구제절차에서 적절히 대처할 수 있도록 하는 데 그 취지가 있다. 따라서 처분서에 기재된 내용과 관계 법령 및 당해 처분에 이르기까지 전체적인 과정 등을 종합적으로 고려하여, 처분 당시 당사자가 어떠한 근거와 이유로 처분이 이루어진 것인지를 충분히 알 수 있어서 그에 불복하여 행정구제절차로 나아가는 데에 별다른 지장이 없었던 것으로 인정되는 경우에는 처분서에 처분의 근거와 이유가 구체적으로 명시되어 있지 않았다고 하더라도 그로 말미암아 그 처분이 위법한 것으로 된다고 할 수는 없다"(대법원 2013. 11. 14. 선고 2011두18571 판결).

입장을 보이고 있다. 다만, 이 사건에서 대법원은 원심의 판단을 수긍하면서, 이 사건의 처분통지서에 처분의 근거가 되는 3가지 위반사유에 대해 각 위반사유별로 구분하여 과징금 부과의 근거 법령이 구체적으로 기재되지 않았고, 사전통지서에 과징금 산정의 산출근거가 대략적으로 제시되었음에도 불구하고 원고가 그 처분에 불복하여 행정구제절차로 나아가는 데에 지장이 없으므로 절차상 위법이 없다고 판시하고 있다.[74] 위 두 사건에서 보는 바와 같이, 법원은 처분에 대한 불복절차 내지 행정구제절차로 나아가는 데에 지장이 없는 점을 결정적 기준으로 삼고 있다. 이러한 이유제시는 형식적 적법성을 판단함에 있어서 매우 중요한 요소이며, 독일 행정절차법 제39조 제1항 제2문에는 행정청이 행정결정을 함에 있어서 고려한 중요한 사실적·법적 사유(wesentliche tatsächliche und rechtliche Gründe)를 제시하도록 하고 있다.[75] 여기에는 원칙적으로 법적 근거에 관한 언급이 포함된다.[76] 이유제시는 무엇보다 행정의 '자기통제'에 기여하고 있는데,[77] 대법원 판례는 이러한 점을 간과하고 있다. 이와 관련하여 유력한 견해는 "처분의 근거·이유제시가 어느 정도로 행하여지는가는 국민에게 주는 영향에 엄청난 차이를 가져오게 될 뿐만 아니라 부적절한 근거·이유 제시는 국민에게 매우 위험하다"고 하여, 판례의 문제점을 적확하게 지적하고 있다.[78] 처분의 근거와 이유제시에 관한 판례는 법치주의의 관점에서 중대한 취약성을 보이고 있다. 근래에 행정의 공적 과제가 다른 공공단체(공공기관 포함)나 사적 주체에게 위임·위탁되거나 민영화되는 경우가 적지 않은데, 이러한 판례의 입장은 국민의 기본권을 중대하게 제한할 수 있다는 점에서 심각한 문제점을 야기할 수 있다.[79]

---

74) 대법원 2014. 9. 4. 선고 2012두12570 판결.

75) Ule/Laubinger, Verwaltungsverfahrensrecht, 4. neubearbeitete Aufl., § 52 Rn. 3; Maurer, a.a.O., § 10 Rn. 13.

76) Kopp/Ramsauer, VwVfG, 13. Aufl., § 39 Rn. 18.

77) Ule/Laubinger, a.a.O.

78) 金鐵容, "처분의 근거·이유제시의 정도", 行政判例評選(한국행정판례연구회 편), 박영사(2011), 373면.

(2) 처분이유의 추완과 처분사유의 추가 · 변경

처분의 이유는 쟁송제기 이전까지 추완(보완)될 수 있다는 견해가 다수설이다. 그러나 독일에서 이러한 처분이유의 追完(Nachholung der Begründung)은 행정절차에 있어서 절차적 · 형식적인 측면에서 흠결된 이유를 보완하는 것이라는 점에서, 행정소송에서 행정행위의 발급시에 이미 존재하던 처분의 사유를 추가하거나 변경하여 실체적 적법성을 보완하는 제도인 처분사유의 추가 · 변경(Nachschieben der Gründe)과 구별된다.[80] 또한 이러한 입장이 독일의 다수설이다.[81] 이러한 처분사유의 추가 · 변경 제도는 직권탐지주의의 원칙, 소송경제 및 실체법적 · 법치국가적 관점 등에서 인정되는 바,[82] 권리구제나 행정통제 그리고 해명 내지 명확화기능 등을 내용으로 하는 처분이유의 제시와는 그 목적 · 기능에 있어서도 차이가 있다. 나아가 독일에서는 처분이유의 추완을 행정소송의 사실심 종료시까지 할 수 있다는 점에서 처분사유의 추가 · 변경과 시간적으로 겹쳐질 수 있다. 그럼에도 불구하고 양자는 서로 구별된다고 보는 것이 지배적이다(독일 행정절차법 제45조 제2항 참조).[83] 독일 행정절차법 제45조 제1항 제2호에서는 처분이유의 추완에 관한 규정을 명문화하고 있다. 이러한 처분이유의 추완은 대체로 행정결정의 해명을 목적으로 하며 누락되거나 부족한 사유를 보완하는 것이 중요하고 처분이유의 교체는 허용되지 않는다고 보고 있다.[84]

---

79) 이에 대해서는 졸고, "사인의 행정과제 참여와 공무위탁- 특히 공무위탁의 범위와 한계를 중심으로", 법조 통권 제681호(2013. 6), 106-110면.

80) 졸고, "정보공개 거부결정과 처분사유의 추가 · 변경", 행정판례연구 제18집 제1호(2013. 6), 114-115면 참조.

81) Maurer, a.a.O., § 10 Rn. 40; Würtenberger, Verwaltungsprozessrecht, 2. Aufl., § 33 Rn. 617; Schmitt Glaeser/Horn, Verwaltungsprozeßrecht, 15. Aufl., § 13 Rn. 529. 한편, 처분의 이유(Begründung)와 처분의 사유(Gründe)의 구별에 대해 회의적인 견해도 있다(홍준형, "행정절차와 행정소송의 연계와 분리", 공법연구 제44집 제2호, 220면 각주 4).

82) Schmitt Glaeser/Horn, a.a.O., § 13 Rn. 532.

83) BVerwGE 64, 358; 80, 96; Kopp/Ramsauer, a.a.O., § 45 Rn. 18.

84) Kopp/Ramsauer, a.a.O., § 45 Rn. 18 f.

우리나라의 경우에는 처분이유의 '추완'과 처분사유의 추가·변경은 시간적으로도 구별되며, 이론적으로도 양자가 반드시 연결된다고 보기도 어렵다. 다만, 판례는 하자의 치유에 대해 매우 소극적인 입장이다. 즉 무용의 절차반복을 피하고 당사자의 법적 안정성을 위해 국민의 권리와 이익을 침해하지 않는 범위에서 예외적으로 허용하고 있다.[85] 그러나 처분이유의 '추완'이 어떠한 경우에, 그리고 어느 정도의 범위에서 허용될 것인지에 대해서는 여전히 의문이 남는다. 이에 대해서는 앞으로 판례에서 보다 구체적으로 검토되어야 할 것이다.

(3) 환경영향평가의 하자와 사법심사의 한계

한편, 환경영향평가의 하자는 일반적으로 절차상 하자와 같이 다루어지고 있는 것이 보통이다. 주로 문제가 되는 것은 환경영향평가의 내용에 있어서 하자, 즉 환경영향평가가 부실하게 이루어진 경우이다. 판례는 환경영향평가의 부실의 정도가 환경영향평가제도를 둔 입법취지를 달성할 수 없을 정도이어서 환경영향평가를 하지 아니한 것과 다를 바 없는 정도에 이를 경우에 한하여 위법이라고 보고 있다. 그러나 판례는 어느 정도의 부실이 이러한 경우에 해당하는지는 명확한 기준을 제시하고 있지 않다. 또한 환경영향평가가 부실하게 이루어진 경우에는 곧바로 위법이 되지 않더라도 형량의 심사에서 다시 고려되어야 한다. 이러한 심사를 하지 않는 경우 대규모공공사업에서 환경영향평가가 다소 부실하여도 그 위법성을 인정하기가 쉽지 않다. 전술한 대법원의 4대강 판결(2011두32515)에서도 이러한 점이 전혀 고려되지 않았고, 환경문제와 관련된 대규모공공사업에 대한 사법적 통제의 한계를 여실히 드러

85) 대법원은 "하자있는 행정행위의 치유나 전환은 행정행위의 성질이나 법치주의의 관점에서 볼 때 원칙적으로 허용될 수 없는 것이지만, 행정행위의 무용한 반복을 피하고 당사자의 법적 안정성을 위해 이를 허용하는 때에도 국민의 권리와 이익을 침해하지 않는 범위에서 구체적 사정에 따라 합목적적으로 인정해야 할 것이다"이라고 판시하고 있다(대법원 1983. 7. 26. 선고 82누420 판결). 이러한 입장은 그 이후의 판례에서도 그대로 유지되고 있다(대법원 2002. 7. 9. 선고 2001두10684 판결; 대법원 2001. 6. 26. 선고 99두11592 판결 등).

내고 있다.[86)]

3. 國家責任(損害塡補)

(1) 국가배상판결의 주요쟁점과 법리적 문제점

국가배상소송에 관한 판결은 독일 민사판결의 영향을 강하게 받아 대위책임제의 기본구조가 여전히 남아 있다. 특히 대법원은 전원합의체 판결을 통해 공무원의 위법행위 고의·중과실에 기인한 경우에 대해서는 기관행위로서의 품격을 상실하여 국가 등에게 책임을 귀속시킬 수 없다고 보고 있다.[87)] 근본적으로 독일의 대위책임제적 구조에서 탈피하여 국가책임(자기책임)의 관점에서 그 본질을 파악하는 것이 선행되어야 한다. 또한 국가배상법상 공무원 개념의 재검토가 필요하다. 근래에 다양한 형식으로 공무위탁이 이루어지고 있다는 점에서 행정보조인, 사인 등도 망라할 수 있도록 하되, 이에 관한 법리를 개발할 필요가 있다. 이에 대해서는 독일의 판례에서 발전된 (수정된) 도구이론을 참고할 만하다.

한편, 국가배상법상의 '위법'개념에 대해서도 논란이 있으나, 위법성과 책임의 관계를 어떻게 파악할 것인지가 관건이다. 판례의 주류는 행위불법설의 입장이나, 행위 자체의 위법뿐만 아니라, 피침해이익의 성질이나 가해행위의 태양 등을 고려하는 소위 '상대적 위법성'을 따른 것으로 소개되는 대법원 판례[88)]도 있다. 이러한 점은 위법과 과실개념의 연결 여부에 달려 있다. 일본에서도 위법 개념을 둘러싸고 유사한 학설상 다툼이 있다. 즉 違法性一元說(직무행위기준설)과 違法性二元說의 대립이 그러하다.[89)] 생각건대 국가배상법상 위법개념은 법령 위반,

---

86) 상세는 拙稿, "4대강사건의 법적 쟁점과 문제점에 관한 비판적 고찰", 149-152면 참고.

87) 대법원 1996. 2. 15. 선고 95다38677 전원합의체 판결.

88) 대법원 2000. 5. 12. 선고 99다70666 판결.

89) 상세는 塩野宏, 行政法 II(行政救濟論), 第五版補訂版, 324-325면; 大橋洋一, 行政法 II(現代行政救濟論), 2008, 344면 이하; 神橋一彦, "行政救濟法における違法性", 行政法の新構想 III(磯部 力·小早川光郎 芝池義一 編). 2008, 239면 이하. 違法性二元說은 위법

또는 헌법 내지 행정법의 일반원칙을 기준으로 판단할 필요가 있으며, 이를 지나치게 확대하는 것은 타당하지 않다. 이러한 해석에 의할 경우 행정소송과 국가배상소송을 달리 판단할 이유는 없다. 다만, 판례는 부작위에 대한 국가배상책임을 판단함에 있어 '법령 위반'을 형식적 의미의 법령을 위반한 경우뿐만 아니라, 국가가 초법규적, 일차적으로 그 위험 배제에 나서지 아니하면 국민들의 생명, 신체, 재산 등을 보호할 수 없을 경우에도 작위의무가 도출될 수 있다고 보고 있다.[90] 그러나 이러한 해석은 타당하지 않다. 국민의 생명, 신체, 재산 등에 대하여 절박하고 중대한 위험상태가 발생하였거나 발생할 우려가 있는 경우에는 행정개입청구권의 법리에 의해 개입의무를 도출할 수 있으며, 이러한 법리는 '법령 위반'에 관한 것이 아니라 '부작위'와 관련된 것이다. 또한 이러한 부작위에 사익보호성을 연결하여 이해하는 것도 그러한 이유에서 법리적으로 타당하지 않으며, "직무상 의무" 개념은 독일의 입법례에서 연유하고 있을 뿐 우리 법령에는 이에 관한 규정이 없다.[91]

(2) 공용수용의 법리 부재와 보상금소송

헌법재판소의 결정과 달리 대법원에는 공용수용에 관한 법리가 낙후된 편이다. 독일의 연방통상법원(BGH)이 주도적으로 수용유사 및 수용적 침해이론을 통해 보상의 법리를 획기적으로 발전시킨 것에 대비된다. 이러한 판례의 발전이 정체된 배경에는 재결전치주의를 강조하고, 재결의 위법성에 치중한 판결을 해 오고 있는 것에서 찾을 수 있다. 다

성과 과실을 구분하고, 국가배상의 위법과 취소소송의 위법과 동일하게 파악하고 있다는 점에서 '違法性同一說'과 일치한다. 반면, 위법성과 과실을 엄별하지 않고 직무상 요구되는 주의의무를 충족하였는지 여부를 기준으로 판단하는 '違法性一元說(職務行爲基準說)'은 국가배상과 취소소송의 위법을 구별하고 있다는 점에서 소위 '違法性相對說'과 일치한다. 위법성상대설은 우리나라의 상대적 위법성설과 상응하고 있다.

90) 대법원 2001. 4. 24. 선고 2000다57856 판결; 대법원 2005. 6. 10. 선고 2002다53995 판결.

91) 이에 관한 상론은 拙稿, "국가배상법의 현안과 과제", 행정법학 제8호(2015. 3), 17-21면 참조. 이러한 '직무상 의무'는 일본에도 영향을 미치고 있는데, 이러한 직무의무를 '注意義務'로 파악하고 있다(塩野宏, 前揭書(II), 323면).

만, 수용권의 남용에 관한 몇 건의 판례만 있을 뿐이다.[92] 대법원은 보상 여부의 판단과 관련하여 "특별한 손실"[93] 또는 "특별한 희생"[94]이라는 표현을 사용하고 있으나, 그 의미나 기준에 대해서는 명확히 밝힌 바가 없다. 이러한 판례의 입장을 두고 '특별한 희생(Sonderopfer)'을 기준으로 판단하는 경계이론을 채택하고 있다고 단정하기 어렵다. 특히 대법원은 위 99다27321 판결에서 공공사업의 사업시행지(기업지) 밖에서 발생한 간접손실에 대하여 보상규정이 없는 경우, 피해자가 공공용지의취득및손실보상에관한특례법 시행규칙상의 손실보상에 관한 규정을 유추적용하여 보상청구를 할 수 있다고 판시하고 있다.[95]

한편, 판례는 보상금소송에서 재결전치주의를 지나치게 강조하고 있다. 그러나 이러한 접근방식은 소송형식을 이유로 권리구제를 중대하게 제한하고 다양한 소송형식으로 소를 제기할 수 있는 길을 원천적으로 봉쇄하고 있다. 예컨대 대법원은 잔여지감가보상에 대해 재결을 거치지 아니하고 곧바로 당사자소송을 제기할 수 없다고 판시하였고,[96] 영업손

---

92) "공용수용은 헌법상의 재산권 보장의 요청상 불가피한 최소한에 그쳐야 한다는 헌법 제23조의 근본취지에 비추어 볼 때, 사업시행자가 사업인정을 받은 후 그 사업이 공용수용을 할 만한 공익성을 상실하거나 사업인정에 관련된 자들의 이익이 현저히 비례의 원칙에 어긋나게 된 경우 또는 사업시행자가 해당 공익사업을 수행할 의사나 능력을 상실하였음에도 여전히 그 사업인정에 기하여 수용권을 행사하는 것은 수용권의 공익 목적에 반하는 수용권의 남용에 해당하여 허용되지 않는다"(대법원 2011. 1. 27. 선고 2009두1051 판결).

93) "공유수면의 어업자에게 공공사업의 시행으로 인한 손실보상 또는 손해배상을 청구할 수 있는 피해가 발생하였다고 볼 수 있으려면 그 사업시행에 관한 면허 등의 고시일은 물론이고 사업시행 당시에도 적법한 면허어업자·허가어업자 또는 신고어업자로서 어업에 종사하고 있어야 한다. 위 사업시행의 면허 등 고시 이후에 비로소 이루어진 어업허가나 어업신고는 그 공유수면에 대한 공공사업의 시행과 이로 인한 허가 또는 신고어업의 제한이 이미 객관적으로 확정되어 있는 상태에서 그 제한을 전제로 한 것으로서, 그 이전에 어업허가 또는 신고를 마친 어업자와는 달리 위 공공사업이 시행됨으로써 그렇지 아니할 경우에 비하여 그 어업자가 얻을 수 있는 이익이 감소된다고 하더라도 손실보상의 대상이 되는 특별한 손실을 입게 되었다고 할 수 없으므로 이에 대하여는 손실보상 또는 손해배상을 청구할 수 없다"(대법원 2011 7. 28. 선고 2011두5728 판결).

94) 대법원 1999. 10. 8. 선고 99다27231 판결.

95) 이 판례에 대한 평석은 박윤흔, "간접손실의 보상가능성", 행정판례평선, 박영사(2011), 597-611면 참조.

96) 대법원 2008. 7. 10. 선고 2006두19495 판결.

실에 대해서도 동일한 입장을 견지하고 있다.97) 「공익사업을 위한 토지 등의 취득 및 보상에 관한 법률」(이하 '토지보상법'이라 한다)에는 이러한 재결전치주의를 명문으로 규정한 조항을 찾을 수 없다. 대법원은 위 2009두10963 판결에서 "영업손실에 대한 보상을 받기 위해서는 구 공익사업법 제34조, 제50조 등에 규정된 재결절차를 거친 다음 재결에 대하여 불복이 있는 때에 비로소 구 공익사업법(주: 토지보상법) 제83조 내지 제85조에 따라 권리구제를 받을 수 있을 뿐, 이러한 재결절차를 거치지 않은 채 곧바로 사업시행자를 상대로 손실보상을 청구하는 것은 허용되지 않는다"고 판시하고 있다. 판례가 재결전치주의의 법적 근거로 제시하는 토지보상법 제34조와 제50조는 재결의 형식과 절차에 관한 규정이다. 우리 헌법에는 명문의 규정은 없으나 실질적 법치주의를 실현하기 위한 규정을 보장하고 있다(헌법 제10조와 제37조 제2항, 제107조 제2항, 제27조 등). 이러한 실질적 법치주의를 실현하기 위해서는 공권력에 의해 권리가 침해될 경우 다양한 권리구제수단을 강구하여야 한다. 그럼에도 불구하고 우리 행정소송법에는 매우 제한된, 그리고 고전적인 소송형식만 담고 있다. 항고소송 위주의 권리구제에는 일정한 한계가 있다. 이러한 상황에서 다양한 소송형식의 제기가능성을 적극적으로 검토하고, 권리구제를 위한 판례이론의 구성을 시도해야 한다. 최근 대법원은 사업인정 고시 후 3년 이상 토지를 사용하였음을 이유로 토지보상법 제72조 제1호에 근거하여 지방토지수용위원회에 수용을 청구하여 기각된 사건에서, 이러한 소송은 보상금의 증감에 관한 소송에 해당한다고 판단하여 부적법 각하판결을 내린 바 있다.98) 그러나 이러한 소송의 형식을 보상금증감소송에 제한할 이유가 없으며, 또한 잔여지수용청구와 동일한 유형으로 파악하는 것도 납득하기 어렵다. 이러한 판례의 입장은 결과적으로 당사자에게 매우 가혹한 결과를 초래하고 있다. 향후 법원은 소송형식에 관하여 개방성과 다양성을 고려하여 판단할

97) 대법원 2011. 9. 29. 선고 2009두10963 판결.
98) 대법원 2015. 4. 9. 선고 2014두46669 판결.

필요가 있다.

4. 行政訴訟

(1) '행정처분' 개념의 모호성과 확대경향

특히 판례가 항고소송의 대상에 관한 판단기준을 확정하지 아니하고 '처분성'을 인정하는 것은 행정작용을 항고소송의 주머니에 모두 담으려고 하는 것을 의미한다. 이러한 경우에 행정법 도그마틱의 근간이 되는 행정작용의 유형구분은 무용지물이 될 수도 있다. 행정판례에서는 행정처분의 해당 여부만 판단하고, 그 개념의 핵심적 요소인 학문적 의미의 '행정행위'와의 관계를 명확히 규명하고 있지도 않다. 단지, 행정처분의 개념을 "행정처분은 행정청이 공권력의 주체로서 행하는 구체적 사실에 관한 법집행으로서 국민의 권리의무에 직접적으로 영향을 미치는 행위"라고 정의하고 있다. 국민의 권리의무에 직접적으로 영향을 미치는지 여부에 초점을 두고 있는 것이다.[99] 이러한 쟁송법상 처분개념의 모호성과 불명확성으로 인해, 종래 사실행위의 영역에 속하던 행정

99) 예컨대 대법원 2007. 6. 14. 선고 2005두4397 판결. 판례는 세무조사결정의 처분성을 판단함에 있어서 납세자의 권리의무에 직접 영향을 미치는 행위인지 여부를 결정적 기준으로 판단하고 있다. 즉 대법원은 "부과처분을 위한 과세관청의 질문조사권이 행해지는 세무조사결정이 있는 경우 납세의무자는 세무공무원의 과세자료 수집을 위한 질문에 대답하고 검사를 수인하여야 할 법적 의무를 부담하게 되는 점, 세무조사는 기본적으로 적정하고 공평한 과세의 실현을 위하여 필요한 최소한의 범위 안에서 행하여져야 하고, 더욱이 동일한 세목 및 과세기간에 대한 재조사는 납세자의 영업의 자유 등 권익을 심각하게 침해할 뿐만 아니라 과세관청에 의한 자의적인 세무조사의 위험마저 있으므로 조세공평의 원칙에 현저히 반하는 예외적인 경우를 제외하고는 금지될 필요가 있는 점, 납세의무자로 하여금 개개의 과태료 처분에 대하여 불복하거나 조사 종료 후의 과세처분에 대하여만 다툴 수 있도록 하는 것보다는 그에 앞서 세무조사결정에 대하여 다툼으로써 분쟁을 조기에 근본적으로 해결할 수 있는 점 등을 종합하면, 세무조사결정은 납세의무자의 권리·의무에 직접 영향을 미치는 공권력의 행사에 따른 행정작용으로서 항고소송의 대상이 된다"고 판시하고 있다(대법원 2011. 03. 10. 선고 2009두23617 판결). 이러한 입장은 또 다른 조세소송에서 결손금 소급공제 환급결정의 처분성을 판단하는 경우에도 동일한 기준을 적용하고 있는데, 즉 환급결정을 "납세자의 권리·의무에 직접 영향을 미치는" 행정처분으로 판단하고 있다(대법원 2016. 2. 18. 선고 2013다206610 판결).

작용이 처분개념에 포함되고 있는 것은 사실이다. 예컨대 전술한 세무조사결정 외에 국가인권위원회의 성희롱결정 및 시정조치권고(대법원 2005. 7. 8. 선고 2005두487 판결), 지적공부의 지목변경(대법원 2004. 4. 22. 선고 2003두9015 판결), 불문경고(대법원 2002. 7. 26. 선고 2001두3532 판결) 그리고 건축물대장 직권말소행위(대법원 2010. 5. 27. 선고 2008두22655 판결) 등이 그러하다. 나아가 경기도 두밀분교에 관한 조례에 대해 처분성을 인정하는 것도 행정소송의 유형이 제한적이고 헌법재판소와 법원 사이의 경쟁관계를 의식한 측면도 있겠으나, 법리적으로는 매우 무리한 판단이라고 보지 않을 수 없다.[100] 또한 지방자치단체 사이의 '건축협의 취소'를 행정처분이라고 판단하고 있는데,[101] 이 경우 건축협의를 건축허가와 동일시하고 그 취소를 처분으로 판단한 것은 문제가 있다.[102] 판례는 전술한 바와 같이 처분개념의 결정적 표지로서 "국민의 권리의무에 직접적으로 영향을 미치는 행위"라고 파악하고 있는데, 이 부분에 관하여는 아무런 언급을 하고 있지 않다. 또한 이러한 강원도 양양군수의 건축협의 취소가 서울특별시(원고)에 대한 공권력 행사라고 보기 어렵다. 나아가 서울특별시의 원고적격에 관한 문제에 있어서도 구체적으로 어떠한 '권리' 내지 '법률상 이익'을 침해하였는지 알기 어렵고, 지방자치단체의 '자치권'이 침해되었다고 볼 수도 없다. 이러한 소송은 당사자소송과 같은 '이행소송'의 형식으로 다투는 것이 바람직하다.

---

100) 대법원 1996. 9. 20. 선고 95누8003 판결. 이 판례에서 조례의 무효확인소송을 제기하면서 조례의 제정주체인 '지방의회'가 아니라 집행기관인 '지방자치단체의 장(시·도교육감)'을 피고로 삼고 있는 것은 특기할 점이다. 조례제정과 관련하여, 시·도교육감은 단지 지방교육에 관한 조례안의 공포권이 있을 뿐, 구체적인 집행행위에 개입한 바 없다.

101) 대법원 2014. 2. 27. 선고 2012두22980 판결.

102) 최근 대법원은 중소기업 정보화지원사업에 따른 지원금 출연을 위하여 중소기업청장이 체결하는 협약은 공법상 계약에 해당하고, 협약의 해지 및 그에 따른 환수통보는 공법상 계약에 따라 행정청이 대등한 당사자의 지위에서 하는 의사표시라고 판시하고 있다(대법원 2015. 8. 27. 선고 2015두41449 판결).

(2) 원고적격의 확대와 국가기관의 포함 여부

한편, 국가·공공단체 내부의 기관이 동일한 행정주체나 다른 행정주체에 소속된 기관과의 다툼에서도 공권력의 행사를 '처분'으로 판단하고 항고소송으로 다툴 수 있는지가 문제되고 있다. 대법원은 경기도 선거관리위원회 위원장이 국민권익위원회의 조치요구의 취소를 구하는 소를 제기한 사건에서, 국가기관인 경기도 선거관리위원회 위원장도 비록 제한된 경우이기는 하나 항고소송의 당사자능력 및 원고적격을 가진다고 판시하고 있다.[103] 그러나 이 사건에서는 경기도 선거관리위원회 위원장을 '자연인'으로 이해할 경우에 원고적격이나 대상적격의 문제가 쉽게 해결될 수 있다. 실제 「부패방지 및 국민권익위원회의 설치와 운영에 관한 법률」에는 조치요구의 불이행에 대해 과태료(제91조 제1항 제3호)뿐만 아니라 형사상 제재(제90조)를 할 수도 있다. 따라서 국가기관에 대한 형사제재는 그 자체 모순이며, 경기도 선거관리위원회 위원장을 국가기관으로 해석하는 것은 타당하지 않다. 독일에서는 이러한 '기관간의 쟁송(Organklage)'은 독자적인 소송유형으로 이해하지 않고 있어 학설의 대립이 있는 것이 사실이다. 그러나 독일의 다수설은 대체로 취소소송이나 의무이행소송이 아닌, 일반이행의 소가 적합한 소송형식이라고 보고 있다.[104] 다만, 보충성이 충족될 경우에는 일반확인의 소도 가능하다고 보고 있다.[105] 기관 사이의 소송에 있어서 취소소송이나 의무이행소송 등 항고소송이 인정되지 않는 이유는 기관 사이에 행정행위가 존재하지 않기 때문이라고 보고 있다.[106]

---

103) 대법원 2013. 7. 25. 선고 2011두1214 판결. 한편, 헌법재판소는 최근 강원대학교 법학전문대학원에 대한 교육부장관의 '정원삭감조치'에 대해 인정한 바 있다. 헌법재판소는 종전에도 공법인이나 국가기관인 국공립대학(총장)에 대해 기본권 주체성을 인정한 바 있으나, 이러한 문제는 항고소송의 당사자능력이나 원고적격의 문제와 구별할 필요가 있다.

104) Schmitt Glaeser/Horn, a.a.O., Rn. 169; Würtenberger, a.a.O., § 38 Rn. 672.

105) Schmitt Glaeser/Horn, a.a.O.

106) 이에 대해서는 상세한 내용은 졸고, "항고소송에 있어서 국가기관의 원고적격", 저스

Ⅲ. 行政判例의 改革과 課題

1. 權利救濟 패러다임의 變化와 行政訴訟의 課題 - 권리구제모델의 조화와 균형

행정소송의 새로운 패러다임 변화로 인해 주관적 권리구제와 객관적 권리구제의 조화가 필요하다. 항고소송(특히 취소소송)은 '주관소송'으로서의 특성을 가진다는 점이 강조되었다. 이러한 점은 행정소송법 제1조의 목적조항 중 "행정청의 위법한 처분 그 밖에 공권력의 행사·불행사 등으로 인한 국민의 권리 또는 이익의 침해를 구제하고"라는 부분에서 분명히 드러나고 있다. 또한 원고적격에 관한 규정에서도 "처분 등의 취소를 구할 법률상 이익이 있는 자"가 제기할 수 있도록 규정하고 있다. 여기에서 '법률상 이익'은 "법적으로 보호된 이익"으로 이해하는 것이 지배적 견해인데, 주관적 권리침해를 전제로 하는 해석이다. 그러한 점에서 다수설 및 판례는 항고소송을 '주관소송'으로 이해하고 있다. 행정소송법 제1조 후단부에서는 "공법상의 권리관계 또는 법적용에 관한 다툼을 적정하게 해결함을 목적으로"하고 있다고 규정하고 있다. 이러한 규정을 근거로 '객관소송'으로 이해하는 견해도 있을 수 있으나, 위 후단부의 규정은 오히려 '당사자소송'("공법상의 권리관계")이나 '객관소송'("법적용에 관한 다툼")에 관한 내용으로 이해할 수 있다. 소송물이론을 근거로 취소소송이 '객관소송'이라고 주장이 제기되고 있다.[107] 판례는 취소소송의 소송물을 '처분의 위법성 일반'으로 보고 있다.[108] 그러나 우리 판례가 취하는 소송물이론은 매우 낡은 이론이며,

---

티스 통권 제140호, 345-346면 참조.

107) 朴正勳, 행정소송의 구조와 기능, 159-160면; 최계영, "항고소송에서 본안판단의 범위", 특별법연구 제13권 (2016), 3면 이하.

108) 대법원 1996. 4. 26. 선고 95누5820 판결; 대법원 1990. 3. 23. 선고 89누5386 판결; 대법원 1987. 3. 24. 선고 85누817 판결.

이러한 이론을 근거로 객관소송이라고 단정하기는 이르다. 주관소송의 구조를 취하고 있는 독일에서도 이러한 견해가 있었으나, 오늘날 이를 따르는 견해는 거의 없다.[109] 취소소송의 소송물은 실질적 확정력의 결정적 기준이자 소의 동일성 여부의 중요한 척도이지만, 본안심리의 대상이나 범위와 반드시 일치시켜야 할 필요는 없다.

항고소송을 객관소송으로 이해하는 견해(소위 객관소송설)는 본안판단의 대상이 처분의 위법성, 즉 객관적 위법성에 한정된다는 점을 강조하고 있다.[110] 이와 관련하여 우리 행정소송법에도 독일의 違法性牽聯性(Rechtswidrigkeitszusammenhang)을 인정할 것인지 여부를 둘러싸고 견해가 대립하고 있다. 이러한 견해의 대립은 취소소송의 본질 내지 기능과 밀접한 관련을 가지고 있다.[111] 객관소송설은 우리나라의 항고소송이 '권리침해'를 요소로 하지 않기 때문에 독일의 위법성견련성 이론을 인정할 수 없다는 입장을 제시하고 있다.[112] 이에 대해 "위법성견련성 부정은 항고소송의 객관소송화를 통해 법치국가원리는 물론, 그것이 가동되는 기왕의 공법체제까지도 붕괴시킬 트로이목마와 같다"고 反論을 제기하는 견해가 유력하다.[113] 독일에서는 모든 객관적 법위반이 곧 주관적 권리침해가 되는 것이 아니기 때문에 (객관적) 법위반과 권리침해 사이에 특별한 견련성이 필요하다는 점이 강조되고 있다.[114] 독일

109) 拙著, 行政救濟의 基本原理, 제1전정판, 2015, 19면 이하.

110) 최계영, 전게논문, 22면 이하.

111) 이러한 논쟁은 특히 4대강판결과 관련하여 국가재정법상의 예비타당성조사를 하지 않은 절차상 하자가 해당 사건의 처분의 위법으로 볼 수 있는지가 쟁점이 되었다. 부산고등법원은 예비타당성조사의 결여를 처분의 위법사유로 판단하여 사정판결을 내린 바 있다(부산고등법원 2012. 2. 10. 선고 2011누228 판결). 그러나 대법원은 4대강사업 중 한강사건에서 "예산의 편성에 절차상 하자가 있다는 사정만으로 곧바로 각 처분에 취소사유에 이를 정도의 하자가 존재한다고 보기 어렵다"고 판시하였다(대법원 2015. 12. 10. 선고 2011두32515 판결).

112) 朴正勳, 행정소송의 구조와 기능, 208면 이하.

113) 金重權, "第3者가 제기한 取消訴訟에서의 違法性牽聯性에 관한 小考", 특별법연구 제13권(2016), 89면.

114) Wahl/Schütz, in: Schoch/Schmidt-Aßmann/Pietzner, VwGO, Kommentar, § 42 Abs. 2 Rn. 48.

행정소송법에서는 "행정행위가 위법하고 원고가 이로 인해 자신의 권리가 침해된 경우에" 법원이 행정행위를 취소하도록 규정하고 있다(독일 행정법원법 제113조 제1항 참조). 독일 행정법원법에서 항고소송(취소소송)은 침해행위의 '위법성'뿐만 아니라 '권리침해(Rechtsverletzung)'를 요건으로 하고 있고, 종전에는 위법성보다는 '권리침해'가 핵심적 요소라는 점에서 철저한 주관소송의 구조를 채택하고 있다고 볼 수 있다. 그러나 '위법성'과 '권리침해'의 관련성을 내용으로 하는 위법성견련성 이론에도 다소 모호한 점이 있다. 즉 처분의 '위법성'과 '권리침해'라는 요건이 독립적인 것인지, 아니면 중첩적으로 충족해야 하는 경우, 양자가 어떠한 관계에 서 있는지도 명확하지 않다. 최근 독일의 유력설은 위법성견련성과 관련하여 소송경제의 관점에서 '법령의 위반'에 치중하고 있다고 한다.[115] 행정법원법 제113조 제1항의 규정에 비추어 주관적 권리침해는 법논리적으로 행정행위의 위법성을 전제로 하고 있는데,[116] 위법한 행정행위가 반드시 권리침해를 목적으로 할 필요는 없다.[117] 다만, 단체소송(Verbandsklage)이나 지방자치단체에 대한 감독처분을 다투는 소송, 감독처분소송(Aufsichtsklage)은 '권리침해' 요건에 있어서 예외이다.[118] 이러한 소송들은 제소사유에 의해 제한된다. 독일 행정법원법 제47조의 규범통제의 경우에도 객관적 법위반으로 충분하다고 보고 있다.[119]

우리 행정소송법에는 '권리침해'에 관한 규정이 없고 '처분의 위법성'만을 규정하고 있어 본안판단에서 처분의 위법성만을 심사하고 있다는 견해에는 동의하기 어렵다. 실무상 본안판단에 있어서 '권리침해'를 배제하고 처분의 위법성만 검토하는 경우는 사실상 많지 않다. 또한 독일

115) Schmidt-Aßmann, Verwaltungsrechtliche Dogmatik, S. 121.
116) Kopp/Schenke, VwGO, 18. Aufl., § 113 Rn. 5.
117) Hufen, Verwaltungsprozessrecht, 7. Aufl., § 25 Rn. 48. 그러한 이유에서 이 견해는 행정법원법 제113조 제1항에 규정된 위법과 권리침해를 연결하는 "이로 인해(dadurch)"의 개념을 하찮은 것으로 보고 있다.
118) Kopp/Schenke, VwGO, § 42 Rn. 181.
119) Schmidt-Aßmann, Verwaltungsrechtliche Dogmatik, S. 121.

의 '위법성견련성' 이론을 매개로 항고소송의 본질을 다툴 필요는 없으며, 이러한 이론이 적용되지 않음을 이유로 하여 우리나라의 항고소송(취소소송)을 '객관소송'이라고 단정할 수는 없다. 이러한 위법성견련성은 제3자의 보호와 관련하여서도 고려될 수 있고, 본안판단의 범위와도 밀접한 관련을 가진다.[120] 따라서 행정소송의 본질과 기능, 원고적격, 본안판단의 범위 등과 관련하여, 위법성견련성 이론은 의미 있는 논의의 장을 만들어 준 것이 사실이다. 그러나 이를 엄격히 적용할 경우 '권리침해'를 전제로 하지 않은 취소판결(위법판단)이 어려울 수도 있다는 점에서 처분의 위법성을 유연하게 해석하는 것이 보다 권리구제에 효율적으로 기여할 수도 있다.

위법성견련성 이론의 적용 여부와 관계없이 우리 행정소송법의 해석에 있어서도 주관소송의 기본구조는 유지되고 있다고 해석할 수 있다. 이러한 주관소송의 구조는 '위법'과 '권리침해'가 유리된 것이 아니라 서로 밀접한 관련이 있음을 보여주고 있다.[121] 행정소송법 제1조에서는 "위법한 처분"과 "권리 또는 이익의 침해"를 내용으로 하여 행정소송의 권리구제 기능을 명확히 밝히고 있다. 또한 행정소송법 제1조의 목적조항 외에도 원고적격에 관한 행정소송법 제12조의 규정은 오히려 권리침해를 '처분성의 위법성'과 매개할 수 있는 중요한 연결점이다. 즉 "처분 등의 취소를 구할 법률상 이익이 있는 자"라는 부분은 주관적 권리구제의 支柱를 이루는 "법률상 이익" 개념 외에 처분의 '위법성' 개념도 내포하고 있다. 즉 법률상 이익은 원고적격의 판단기준일 뿐만 아니라 "처분 등의 취소"를 구하는 내용이어야 한다. 여기에서 처분의 '취소'는 처분의 '위법성'을 전제로 하는 것이다. 객관소송설이 주장하는

---

120) Schmidt-Aßmann, in: Schoch/Schmidt-Aßmann/Pietzner, VwGO, Kommentar, Einleitung, Rn. 168.

121) 판례에서는 '위법'과 '권리침해'가 서로 밀접한 상관관계에 있음을 보여주는 사례가 적지 않다. 예컨대 원고적격을 심사하면서, 처분의 위법성을 판단한 이후에 소의 이익을 검토하거나(대법원 2015. 10. 29. 선고 2013두27517 판결), 위법한 처분을 취소해도 원상회복이 불가능한 경우에 그 취소를 구할 소의 이익이 있는지 여부를 심사하는 경우가 그러하다(대법원 1997. 1. 24. 선고 95누17403 판결).

소송물의 내용인 처분의 위법성은 원고적격(법률상 이익)과 유리된 것이 아니라, 오히려 매우 밀접한 관련을 가지고 있다. 행정소송의 헌법적 근거조항의 하나인 헌법 제107조 제2항에 규정된 '처분'이 재판의 전제가 되거나 구체적 사건성이 될 수 있는 것은 '권리침해'를 전제로 하지 않고는 설명하기 어렵다. 원고가 주관적 권리침해의 주장 없이 적지 않은 소송비용을 부담하면서 공익을 위해 항고소송을 제기할 수 있는 것은 현실적으로 상정하기 어렵다. 행정소송에 있어서 원고적격은 소의 적법성 단계에서 萬人訴訟(Popularklage)을 제어하고 일종의 '여과기능(Filterfunktion)'을 수행한다.[122] 그러나, 본안심리의 단계에서 처분의 위법성을 판단함에 있어서 이러한 주관적 권리(법률상 이익)의 침해 여부는 여전히 중요한 기능을 수행하고 있다. 독일의 위법성견련성을 우리 행정소송법에 그대로 대입하는 것에 대해서도 논란의 여지가 있을 수 있지만, 이를 부정하여 객관소송설의 논거로 삼는 것은 타당하지 않다. 이러한 이론을 반드시 연결하지 않아도 전술한 바와 같이 우리 헌법과 행정소송법의 규정에서 항고소송이 '주관소송'이라는 논거는 충분히 도출될 수 있다.

근래에 독일에서는 행정소송법의 개혁 논의가 활발하다.[123] 전통적으로 독일에서는 '사익보호성'에 기초하여 소위 保護規範論(Schutznormtheorie)에 바탕을 둔 주관적 소송구조가 중시되었으나, 근래에 들어와서 유럽법의 강한 영향으로 객관법적 행정통제(objektiv-rechtliche Verwaltungskontrolle)가 강조되고 있다.[124] 현대행정의 분쟁은 다층적이고 복합적 구조로 형성되어 있다. 이러한 문제의 해결을 위해 원고적격의 범위를 확대하여 주관소송의 문제점을 극복할 수도 있으나, 여기에는 일정한 한계가 있다. 또 다른 방식은 '공공복리(공익)'의 실현을 고려한 소송제도의 도입

---

122) Schmidt-Aßmann, Verwaltungsrechtliche Dogmatik, S. 108.

123) Durner, Reformbedarf in der Verwaltungsgerichtsordnung, NVwZ 2015, S. 841 ff.

124) Durner, a.a.O., S. 843 f.; K. Rennert, Funktionswandel der Verwaltungsgerichtsbarkeit?, DVBl. 2015, S. 793 ff.

이다. 대표적으로 환경법 분야의 단체소송(Verbandsklage)이 그러한 예에 속한다. 이와 같이 최근 독일 행정소송의 개혁과 관련하여 객관적 행정통제가 강조되고 있기는 하나, 주관적 권리구제에 관한 기본구상이 포기되어서는 아니 된다는 견해가 유력하다.[125] 이와 같이 근래에는 주관적 권리구제와 객관적 권리구제의 조화를 이루는 형국으로 각국의 행정소송법의 이론이 발전하고 있다. 객관소송을 채택하는 대표적인 입법례는 프랑스의 행정소송제도이지만, 이러한 소송구조를 채택하는 입법례는 유럽에서도 찾아보기 힘들다. 오히려 주관적 권리구제와 객관적 통제의 조화를 추구하는 입법례를 참고할 필요가 있다. 유럽국가 중에는 영국,[126] 덴마크, 네덜란드 등이 이러한 절충형 시스템을 취하고 있다. 또한 주관적 권리구제시스템을 취하는 국가로는 독일, 오스트리아, 그리고 이탈리아 등을 들 수 있는데, 주관적 소송구조를 가진 대표적인 국가인 독일에서도 객관적 통제가 보완되고 있음은 주목할 사실이다.[127] 미국의 경우에도 행정작용의 광범위성 때문에 객관적 통제가 중시되고 있으나, 개인적 이해관계(personal stake)를 전제로 하고 있다는 점에서 주관적 권리구제가 절충되어 있다고 볼 수 있다.[128]

---

125) Rennert, a.a.O., S. 795.

126) 한편, 영국에서도 越權法理(ultra vires doctrine)에 의해 사법심사를 하고 있지만, 영국 최고법원법(SCA; Supreme Court Act) 제31조 제3항은 사법심사(judicial review)에서 原告適格(locus standi)으로 "充分한 利益(sufficient interest)"을 요구하고 있다. 즉 영국에서도 이익의 충분성(Sufficiency of interest)을 요건으로 하고 있는데, 최근 단체에 의한 공익소송이 논의되고 있다. 이에 대한 상세한 내용은 Paul Craig, Administrative Law (7rd. 2012), 769-801; 李尙圭, 英美行政法, 228-232면, 263면 등.

127) A. Epiney, Verwaltungsgerichtlicher Rechtsschutz im Umweltrecht im Rechtsvergleich, NVwZ 2014, S. 467 ff. 프랑스의 월권소송은 위법한 행정행위의 취소를 주된 대상으로 하기 때문에 원고적격을 넓게 인정하고 있지만, 이러한 월권소송도 민중소송을 방지하기 위해 직접성, 특정성, 개인관련성 등을 요구하고 있다 (Ders., a.a.O., S. 468).

128) 특히 미국 행정절차법 제702조에서는 원고적격(locus standi, standing)의 요건으로 행정작용에 의해 "不利益이나 이익의 침해를 받은 자(adversely affected or aggrieved)"라고 규정하고 있다. 나아가 환경소송에서는 '事實上 利益(injury in fact)'이 침해된 경우에도 원고적격이 인정되고 있다. 사법심사에서는 월권법리(ultra vires)에 따라 법령의 권한이나 그 한계를 유월하였는지에 초점을 두고 있지만(미국 행정절차법 제706조), 원고는 기본적으로 '개인적 이해관계'를 가지고 있어야 한다

2. 客觀的 行政統制의 補完과 訴訟形式의 多樣性 確保

행정소송의 기본구조는 주관적 권리구제를 유지하면서, 객관적 권리구제수단은 보완적으로 정비하는 것이 바람직하다. 객관적 행정통제는 독일 연방자연보호법 제64조의 단체소송에서 보는 바와 같이 별도로 규정하는 것이 바람직하다. 독일 연방자연보호법 제64조에서는 일정한 요건을 갖춘 단체가 자신의 권리 침해와 관련 없이 '환경이익'이라는 공익을 위해 소송을 제기할 수 있도록 보장하고 있다. 이러한 단체소송은 소위 超個人的 權利救濟(überindividueller Rechtsschutz)의 방식이라고 할 수 있다.[129] 다만, 일부학설은 民衆訴訟(Popularklage)이나 단체소송의 확대에 대해 우려하면서, 이러한 개인적 권리구제가 충분한 경우에 추가적인 단체소송은 필요하지 않다고 보는 견해도 있다.[130] 그러나 초개인적 권리구제수단은 주관적 권리구제수단에 대한 '보충적' 모델이라고 보아야 한다.[131] 고도의 전문성을 요구하고 입증책임의 난해성을 특징으로 하는 환경소송에서는 이러한 '공익소송'의 도입이 필요하다.[132] 대규모공공사업을 둘러싼 첨예한 갈등에서 이러한 필요성은 더욱 두드러지고 있다. 이러한 제도의 도입은 입법론적 과제라고 볼 수 있으나, 원고적격의 무리한 확대해석보다는 이러한 새로운 제도의 도입을 이제는 적극적으로 검토해야 한다.

한편, 소송형식의 협소성은 우리 행정소송법에 있어서 아킬레스건이

(Alfred C. Aman, Jr. & William T. Mayton, Administrative Law, 380-381 (2nd ed. 2001)). 이러한 점은 주관적 권리구제의 중요한 징표라고 볼 수 있다. 미국에서도 환경소송의 분야에서 代表訴訟(class action), 市民訴訟(citizen suit) 또는 公益訴訟(public action) 등을 도입하고 있음은 주지의 사실이다. 따라서 앞으로 우리나라에서도 특정한 권리구제제도에 편중되기보다, 주관적 권리구제방식을 기본으로 하면서 객관적 통제의 방식을 보완하는 방안으로 행정소송제도를 정비할 필요가 있다.

129) Schmidt-Aßmann, Verwaltungsrechtliche Dogmatik, S. 111 ff.

130) Klaus F. Gärditz, Verwaltungsgerichtlicher Rechtsschutz im Umweltrecht, NVwZ 2014, S. 1 ff.

131) Schmidt-Aßmann, Verwaltungsrechtliche Dogmatik, S. 112.

132) 상세는 졸고, "4대강사건의 법적 쟁점과 문제점에 관한 비판적 고찰", 144-145면 참조.

다. 행정소송법에 규정된 소송형식은 매우 고전적이고 후진적이다. 항고소송이라는 포대에 다양한 형식의 행정작용을 모두 담을 수는 없다. 행정소송법의 개정에 논의된 의무이행소송뿐만 아니라 새로운 소송형식의 도입을 적극적으로 고려할 필요가 있다. 근래에 '기관' 사이에 쟁송이 증가하고 있는데, 이를 항고소송으로 다투는 것은 법리에 맞지 않다. 독일에서 인정되고 있는 일반이행소송(allgemeine Leistungsklage)과 확인소송 등을 참고할 필요가 있다. 행정소송은 행정판례에 의해 구체적으로 형성되고 발전을 거듭하지만, 근본적으로는 '입법자'에 의한 행정소송법의 발전도 매우 중요하다고 볼 수 있다.[133] 소송형식의 제한성으로 인해 '당사자소송'의 활용을 적극적으로 주장하는 견해도 적지 않았으나, 행정판례는 아직도 이러한 주장을 충분히 반영하고 있지 않다. 행정소송법 개정논의에서도 당사자소송을 대체할 수 있는 다른 소송형식에 관한 논의는 충분하지 않았던 것으로 보인다.[134] 행정법학의 구조변화에 따라 '私法'의 형식으로 공적 과제를 수행하거나 사실행위나 비공식적 행정작용 등이 증가할 수 있다. 그러한 점에서 이러한 다양한 행정작용에 대한 사법적 통제수단을 강구할 필요가 있다.

3. 行政審判과 行政訴訟의 關係 - 재결전치주의

대법원은 보상금소송에서 보는 바와 같이 '재결전치주의'를 강조하고 있다. 행정소송의 지연과 소송비용 등을 고려하면, 신속하고 효율적인 권리구제가 매우 필요하다. 이러한 관점에서 행정의 자기통제, 신속한 권리구제 등을 특징으로 하는 행정심판은 여러 가지 측면에서 긍정적

133) 일찍이 Konrad Redeker는 입법자에 의한 행정소송법의 지속적 발전을 강조한 바 있다(K. Redeker, Fortentwicklung der VwGO durch den Gesetzgeber, DVBl. 1970, 233 ff.).

134) 다만, 당사자소송의 명칭변경에 관한 논의는 있었다. 예컨대 "공법관계소송", "공법관계에 대한 소송" 등으로 변경하는 것이 논의되었으나, 용어변경에 따른 혼란을 방지하기 위해 현행대로 유지하기로 하였다(상세는 정하중, "행정소송법 개정 논의경과", 법무부 행정소송법 개정 공청회 자료, 2012. 5. 24, 13면 참조.

인 점이 적지 않다. 또한 권력분립원칙에 비추어 행정청의 제1차적 판단권을 존중한다는 점에서도 행정심판은 순기능을 가진다고 볼 수 있다. 그러나 행정심판의 전문적 판단이 어렵고 권리구제의 가능성이 낮은 경우에도 행정소송을 제기하는 경우가 적지 않다. 이러한 경우에 소송형식이 적합하지 않다는 이유로 각하판결을 내리는 것은 문제가 있다. 특히 제1심과 원심에서 소송형식이 서로 엇갈리는 경우도 적지 않은데, 상고심에서 소송형식을 엄격히 판단하는 것은 권리구제에 취약성을 보이는 것이다.

우리나라의 행정심판제도는 제정된 지 30년을 넘는 동안 매우 괄목할 만한 성과를 이루었고, 지금은 새로운 전환기를 맞고 있는 것이 사실이다. 최근 독일에서는 행정심판법의 개혁이 논의되었고, 일부 주(란트)에서는 행정심판법의 (부분적) 폐지가 추진되었다.[135] 국민권익위원회의 홈페이지에 게재된 자료에 의하면, 전체 행정심판 사건 중 인용율은 2013년에 19.4%, 2014년에 17.3%, 그리고 2015년에 20.2%에 이르고 있다. 2015년에 인용율이 20%를 약간 상회하였으나, 2004년부터 2013년까지 10년 동안에 인용율은 20%미만 수준이다. 중앙행정심판위원회의 인용재결은 전체 행정심판 사건의 경우보다 낮은 수준이다. 즉 2013년에는 17.3%, 2014년에는 16.3%, 그리고 2015년에는 15.8%에 그치고 있다. 행정심판제도의 활성화가 필요한 점도 있으나, 인용율이 높지 않은 상태에서 다시 재결을 거치도록 강제하는 것은 권리구제의 효율성 측면에서 바람직해 보이지 않는다. 독일의 행정심판 개혁과 관련하여, 전심절차의 폐지에 대한 대안으로 임의적 전심절차(fakultatives Vorverfahren)가 유력하게 주장되고 있다.[136] 한국에서는 이미 1994. 7.

---

135) Ch. Steinbeiß-Winkelmann/Georg Ott, Abschaffung des Widerspruchsverfahrens-ein Fortschriftt?, NVwZ 2009, S. 686 ff.; Ulrike Rüssel, Zukunft des Widerspruchsverfahrens, NVwZ 2006, S. 523 ff.; H. Biermann, Das Widerspruchsverfahren unter Reformdruck, DÖV 2008, S. 395 ff.; Klaus Schönenbroicher, Leitziele und Kernpunkte der Reformen des Widerspruchsverfahrens, NVwZ 2009, S. 1144 ff. 최근 독일의 행정심판제도의 현황과 개혁 논의에 관하여는 金南辰, "위기의 독일 행정심판제도", 법연 제50호 (2013. 3), 한국법제연구원, 32면 이하.

27. 행정소송법의 개정을 통해 행정심판이 임의적 절차로 변경되었다(행정소송법 제18조 제1항 본문). 행정심판 전치주의를 폐지하고 임의적 절차로 변경한 주된 이유는 권리구제의 실효성 외에도 이를 강제할 경우 국민의 권익구제에 지장이 되고 비교적 단기인 행정심판청구기간의 도과로 권리구제가 어려워질 수 있다는 점 등에 있었다.137) 이러한 제도의 변화는 사법제도의 개혁 일환으로 실현되었고, 외국의 법제와 비교하여서도 선구적인 측면이 있다. 이러한 변화와 더불어 권리구제의 실효성을 감안하여 보다 적극적인 사법적 판단이 필요하다고 생각한다. 상고사건이 과다한 소송실무의 현실을 감안할 때 행정심판의 기능을 제고하여 법원의 부담을 경감함과 동시에 효율적인 권리구제에 기여해야 한다. 더불어 법원에서 직접 사법적 판단을 할 수 있는 사안에 있어서는 적극적으로 판결을 내리는 것이 바람직하다. 소송형식에 기속되어 본안심리에 나아가지 못하는 것은 행정재판의 실효성과 신뢰성을 떨어뜨리는 결과를 초래할 것이다. 법률의 전문가들도 소송형식의 적정성 여부를 두고 다투고 있는데, 이를 국민의 책임으로 전가시키는 판결은 너무 가혹하다.

Ⅳ. 行政判例의 展望과 進路

지금까지 행정법학의 구조변화와 최근동향, 행정판례의 현황과 문제점, 그리고 행정판례의 개혁과 과제 등에 대해 살펴보았다. 행정법 도그마틱은 판례와 학설의 상호작용에 의해 발전될 수 있다. 판례가 학설과의 진지한 소통 없이, 개별 사안의 해결에만 몰두하는 경우에는 이러한 행정법 도그마틱의 발전을 더 이상 기대하기 어렵다. 그동안 행정법학계가 주도적으로 행정법 도그마틱을 형성하고 발전시켜왔다는 사실은

---

136) Biermann, a.a.O., S. 403; Steinbeiß-Winkelmann/Ott, S. 919.

137) 宋永天, 註釋 行政訴訟法(編輯代表 金鐵容・崔光律), 470-471면; 李源, "행정심판과 행정소송의 관계", 제1회 행정심판 국제 심포지엄, 17면 참조.

부인할 수 없다. 이에 비해 행정판례는 아직도 '정체'상태이며 자체의 동력을 얻지 못하고 있는 실정이다. 이러한 상황에서 독자적인 한국의 행정법학을 형성·발전시키는 것은 어려운 점이 있다. 한국 행정판례의 발전은 '행정소송법'의 개혁에 달려 있다. 입법자에 의한 행정소송법의 개혁 없이는 행정판례의 발전은 없다. 행정소송은 전통적으로 주관적 권리구제의 구조를 유지해 왔으나, 외국의 입법례에서 보는 바와 같이 객관적 행정통제의 측면이 보완될 필요가 있다. 주관적 권리구제와 객관적 통제의 조화와 균형이 요구된다. 행정판례의 발전을 위해 필요한 것은 행정소송의 '전문성'을 제고하는 것이다. 행정법학은 패러다임의 전환을 통해 변화와 개혁을 목전에 두고 있으며, 행정판례도 30여년의 세월을 넘어 새로운 도약을 위한 중대한 岐路에 서 있다. 행정판례가 앞으로 나아갈 길은 과거의 판례이론에 안주하면서 정체의 길을 걸어가는 것이 아니라, 행정법학의 국제적 흐름을 照鑑하면서 이론적으로도 정치하고 독창적인 한국의 판례이론을 형성하고 발전시키는 것이다. 30여 년의 세월 동안 보여준 한국 행정판례의 역동적인 모습에 비추어 행정판례의 미래는 여전히 낙관적이며, 행정소송제도는 국민의 권익구제의 堡壘로서 희망의 등불을 멀리 비추면서 계속해서 발전해 나아가야 한다.

第 2 章

行政法學의 公益論

— 특히 公益槪念의 懸案과 課題를 중심으로 —

Ⅰ. 現代 行政法學의 特徵과 公益槪念의 混亂

公益(Öffentliches Interesse) 개념은 대륙법계국가의 國法學(Staatsrechtslehre)에 있어서 핵심적 개념이다. 공·사법 이원론에 대한 회의적 또는 부정적 견해가 없지 않지만,[1] 우리나라의 행정법학은 대륙법계국가의 영향을 받아 '공법'의 영역에 속한다.[2] 따라서 행정법학의 대상

1) 대표적인 견해로는 塩野宏, 行政法 I, 第6版, 有斐閣, 2015, 27면 이하; 大橋洋一, 行政法 I(現代行政過程論), 第2版, 有斐閣, 2013, 85-86면. 이러한 견해도 행정법학에서 공익개념이 행정과정의 모든 국면에서 중요한 의미를 가진다는 점을 부인하지 않으며, 공익에 합치되지 않는 경우에 행정행위의 철회나 재량통제 등이 이루어진다고 지적하고 있다(塩野宏, 前揭書, 44면). 그러나 근래에 일본에서는 소위 '公私協働論'의 등장에 의해 새로운 국면을 맞고 있으며, 공·사법이원론을 비판하는 견해에 대한 反論도 유력하다(藤田宙靖, 行政法 I(總論), 제4판, 青林書院, 2005, 37면 이하). 특히 高木光 교수는 자신의 저서에서 公·私法二元論의 復活을 주장하던 1980년대 중반에는 일본 학계의 異端의 학설로 취급을 받았으나, 행정소송법의 개정논의 중 '當事者訴訟活用論'과 관련하여 학계의 분위기가 바뀌고 있음을 기술하고 있다(高木光, 行政救濟論, 有斐閣, 2006, 92면 이하).

2) Common Law 국가인 美國이나 英國에서도 공법(public law)과 사법(private law)의 구별에 관한 논의가 있다. 특히 비록 행정법을 공법으로서 자리매김하는 노력이 실패하였다고 하여도 미국의 행정법이 공법의 개념에 의해 간접적으로 영향을 받고 있음은 인정하고 있다(Richard J. Pierce, Jr./Sidney A. Shapiro/Paul R. Verkuil, Administrative Law and Process, 2-6 (4th ed. 2004). 더불어 공·사법의 구별에 관한 사상사적 고찰로는 崔松和, "行政法學에 있어서 公·私法 區別論의 思想史的 檢

은 원칙적으로 公行政(öffentliche Verwaltung)으로서 넓은 의미의 국가의 행정을 다루고 있다.[3] 이러한 국가의 행정은 직접적 또는 간접적 국가행정을 망라한다. 독일의 유력한 견해는 행정법의 미래가 이러한 '공행정'의 발전에 달려있다고 보고 있다.[4] 행정은 이러한 국가의 목적을 실현하기 위한 작용으로서 '공익'에 기여하고 있다. 이러한 공익은 행정의 중요한 개념적 징표 중의 하나이지만, 대표적인 불확정개념에 속한다. 또한 이러한 공익개념은 고정된 개념이라기보다 시대의 변천에 따라 유동적인데,[5] "공공복리", "공공필요", "공공의 안녕과 질서" 등 다양하게 사용되고 있다.

한편, 행정은 私法의 영역, 경제적·사회적 영역에서도 존재할 수 있다. 이러한 '私'행정은 주로 사법의 영역이지만, 사행정의 주체도 '공익'에 기여하는 활동을 할 수도 있다. 이러한 논증에 의하면 행정은 공익을 지향하지만, 공익을 지향하는 것이 모두 행정이라고 단정할 수는 없다.[6] 또한 행정은 '사법'의 형식으로 공행정의 임무를 수행하기도 한다.[7] 오늘날 민영화나 민간위탁 등에 의해 사인이 공적 과제를 수행하는 일이 증가하고 있다.[8] 公法의 私(法)化(Privatisierung des Öffentlichen Rechts)는 심화되고 있으며, 공법이 母法(Mutterrecht)인 '私法'으로 歸還하는 法現象을 목격할 수 있다.[9] 이러한 현상의 횡단면에는

討", 韓國公法의 理論(牧村金道昶博士古稀記念論文集), 1992, 237-266면.

3) Maurer, Allgemeines Verwaltungsrecht, 18. Aufl., § 1 Rn. 10.

4) Battis, in FS für 200 Jahre Juristischen Fakultät der Humboldt-Universität zu Berlin, Grundmann/Kloepfer/Paulus/Schröder/Werle (Hrsg.), Geschichte, Gegenwart und Zukunft, 2010, S. 1315.

5) Maurer, a.a.O., § 1 Rn. 10.

6) 독일에서는 이익의 주체에 따라 공익과 사익이 구별될 수 없고, 공행정은 공익의 주요한 주체이기는 하나, 공익의 실현을 독점하는 것은 아니다고 보는 견해가 유력하다(Schmidt-Aßmann, Das allgemeine Verwaltungsrecht als Ordnungsidee, 2. Aufl., S. 151).

7) 사법형식으로 공행정을 수행하는 경우에 그 허용성과 한계에 관한 문제에 대한 상세는 Dirk Ehlers, Verwaltung in Privatrechtsform, 1984, S. 74 ff.

8) 拙稿, "私人의 行政課題 參與와 公務委託", 법조 제681호(2013. 6), 75-116면 참조.

9) Walter Leisner, „Privatisierung" des Öffentlichen Rechts, 2007, 序文.

공익과 사익이 交錯하고 있음을 알 수 있다. 이러한 현상을 앞으로 어떻게 해결해 나갈 것인지는 어려운 과제임에 틀림없다.

공법의 '私法化' 현상을 두고 행정은 '공익'을 지향하는 것을 포기한 것으로 이해할 수 있을까? 이러한 물음에 대해서 쉽게 동의하기는 어려울 것이다. 왜냐하면 규제적이고 비효율적인 '공법'의 형식이 아니라 보다 효율적이고 덜 규제적인 '사법'의 형식으로 공익을 추구할 수도 있기 때문이다. 종래 공행정은 조직적으로 완결된 단일체의 형식을 특징으로 하면서, 국가의 목적이나 과제를 효율적으로 수행하여 왔다. 그러나 이러한 과중한 공법의 규제를 피해 자유로운 '사법'의 형식으로 도피하기를 원하는 것이다.[10] 生存配慮(Daseinsvorsorge)와 밀접한 관련을 가지는 영역에서도 국가는 私法의 형식으로 수행하고 있는데, 이러한 경우에도 '공익'이 요청된다고 볼 수 있다.[11] 그러나 국가의 목적을 私法의 형식으로 실현하면서 공익을 추구하는 것이 실패한 경우에 국가가 이를 어떻게 감독하고 개입할 것인지를 연구하는 것이 행정법학의 새로운 과제 중의 하나로 등장하고 있다.[12] 예컨대 공공서비스의 민영화로 인해 해당 기업이 영리(사익)를 공익보다 우선시함으로써 달성하고자 하는 국가목적이 제대로 실현되지 못하고 공공서비스의 질이 저하되는 경우를 상정해 볼 수 있다. 이러한 문제에 대응하여 국가가 어떻게 책임을 질 것인가 하는 문제를 保障責任(Gewährleistungsverantwort) 이나 保障行政(Gewährleistungsverwaltung) 등과 관련하여 논의하고 있다. 그러한 새로운 국가상을 "保障國家(Gewährleistungsstaat)"라고

---

10) 私法으로 도피하는 현상에도 불구하고 공법적 규정이나 원칙 등에는 여전히 기속되어야 하는 것을 볼 수 있는데, 볼프(Hans J. Wolff) 교수는 이를 '行政私法' (Verwaltungsprivatrecht)이라고 명명한 바 있다(Wolff/Bachof, Verwaltungsrecht I, 9. Aufl., S. 108 f.; Maurer, a.a.O., § 3 Rn. 26). 이러한 현상에도 불구하고 독일에서는 여전히 공법과 사법의 구별이 존재하며, 행정법의 고유한 영역은 오히려 확대되고 있음을 보여주고 있다.

11) Leisner, a.a.O., S. 111.

12) 한편, 미국에서도 공법이 국가의 권력과 밀접한 관련이 있음을 인정하면서, 시장실패의 경우에 정부의 규제가 '공익'(public interest)에 기여하고 있다고 보고 있다. 이에 대해서는 Pierce/Shapiro/Verkuil, supra note 2, (Id.) at 10 참조.

부르고 있다.[13] 이와 같이 공법과 사법의 교착은 행정법학의 새로운 과제를 던져 주고 있으며,[14] 행정법학의 대상인 행정이 추구하는 '공익'개념이 무엇인지에 대해 숙고하지 않을 수 없다. 이러한 논의는 행정법학의 정체성을 찾기 위한 첫 걸음이기도 하다.

본고에서는 우리나라와 독일의 행정법학에 있어서 공익개념의 발전과 전개과정을 살펴보고, 공익개념의 유형과 개념을 파악하도록 한다(Ⅱ). 또한 공익개념은 구체적 사례에서 그 존재의 윤곽을 드러낸다. 따라서 이하에서는 공익개념의 윤곽을 정확히 파악하기 위해 행정과정과 행정구제로 구분하여 조망하도록 한다(Ⅲ, Ⅳ). 마지막으로 최근 행정법학의 변화와 공익론의 향후과제에 대해 살펴보기로 한다(Ⅴ).

Ⅱ. 行政法學에 있어서 公益論의 發展과 展開

1. 우리나라 公益論의 胎動과 展開

우리나라의 행정법학에서도 1980년대 중반부터 "공익"이나 "공공성"의 개념에 관한 관심이 제고되기 시작하였고,[15] 특히 2002년에는 崔松

13) Friedrich Schoch, Gewährleistungsverwaltung: Stärkung der Privatrechtsgesellschaft?, NVwZ 2008, S. 241 ff.; G. F. Schuppert, in: Schuppert (Hrsg.), Der Gewährleistungsstaat – Ein Leitbild auf dem Prüfstand, S. 13 ff.; Matthias Knauff, Der Gewährleistungsstaat: Reform der Daseinsvorsorge, 2004, S. 91 등 참조. 한편, 국내에서도 이에 관한 관심과 연구가 꾸준히 늘고 있다. 대표적인 문헌으로는 金南辰, 보장국가시대의 입법과 관련문제, 학술원 통신 제255호(2014. 10. 1), 2-6면; 조태제, "공사협동 시대에 있어서의 보장국가, 보장행정 및 보장행정법의 전개", 한양법학 제38집(2012. 5), 273-297면; 계인국, "보장행정의 작용형식으로서 규제: 보장국가의 구상과 규제의미의 한정", 공법연구 제41집 제4호(2013), 155-184면; 拙稿, "民官協力(PPP)에 의한 公的課題遂行의 法的 爭點", 공법연구 제37집 제2호(2008. 12), 341-364면; 拙稿 "生存配慮領域에서의 民官協力과 公法的 問題: 특히 公共水道의 民營化를 中心으로", 환경법연구 제32권 제2호(2010), 247-284면; 拙稿, "私人의 行政課題 參與와 公務委託", 법조 제681호(2013. 6), 75-116면.

14) 일찍이 국내에서도 공법과 사법의 융화현상을 언급한 문헌들이 있다(예컨대 石琮顯, "公과 私의 融化現狀에 관한 小考, 現代行政法學理論(佑齊李鳴九博士華甲紀念論文集), 1996, 71-88면).

15) 이 분야에 있어서 先驅的인 선행연구로는 徐元宇, "行政法에 있어서의 公益概念", 行政學의 諸問題(朴文玉博士華甲記念論文集), 1986. 9; 同人, "現代行政法과 公共性問題 – 公

和 교수의 『公益論』(서울대학교출판부)이 출간될 정도로 괄목할 만한 성과를 거두고 있다. 또한 2006년 8월 23일 서울대학교 법학연구소가 주최한 학술대회(晴潭 崔松和 교수 정년기념 학술대회)에서 '공익'에 관한 다수의 논문이 발표되었다.[16] 그 외에도 행정법 분야에서 '공익'에 관한 수편의 논문이 발표된 바 있으며,[17] 환경법이나 도시계획법, 공용부담법 등 개별 행정법 분야에서 공익과 관련된 문제(예컨대 형량의 문제) 등을 다룬 논문은 셀 수 없을 정도로 많다.

실제 공익의 문제는 헌법에서도 문제가 될 수 있는데, 우리 헌법에서는 공익과 유사한 개념으로 "공공복리", "공공필요" 등의 개념을 규정하고 있다. 헌법 제37조 제2항에는 "모든 국민의 자유와 권리는 … 공공복리를 위하여 필요한 경우에 한하여 법률로써 제한할 수 있으며"라고 규정하고 있다. 또한 헌법 제23조 제3항에는 "공공필요에 의한 재산권의 수용·사용 또는 제한 및 그에 대한 보상은 법률로써 하되"라고 규정하고 있다. 이러한 개념들은 주로 기본권 제한의 요건이나 공용수용의 요건으로 인정된다. 그러한 이유에서 '공공필요'나 '공공복리'의 개념은 헌법재판이나 행정소송 등에서 매우 중요한 개념이며, 구체적 사안에서 해석의 어려움을 주는 것이 사실이다. 최근에 헌법재판소는 민간기업(사기업)이 골프장 건설을 위해 수용하는 경우에 '공공필요'의 개념을 엄격히 해석하여 헌법불합치 결정을 내린바 있다(헌재 2014. 10. 30. 2011헌바129 등).[18] 종래 유사한 사건에서 합헌결정을 내린 것과 대

共性分析의 意義와 必要性", 월간고시 1985. 8; 同人, 轉換期의 行政法理論, 1997, 75-85면; 崔松和, "行政法上 公益概念의 展開와 意義", 現代行政法學理論(佑齊李鳴九博士華甲紀念論文集), 89-113면; 同人, "公益概念의 法問題化: 行政法的 問題로서의 公益", 법학 제40권 제2호, 1999. 8, 27-52면 등이 있다.

16) 박균성, "프랑스 행정법상 공익개념", 서울대 법학 제47권 제3호 (2006.9), 27-51면; 김유환, "영미에서의 공익개념과 공익의 법문제화", 서울대 법학 제47권 제3호 (2006.9), 52-88면; 이원우, "경제규제와 공익", 서울대 법학 제47권 제3호 (2006.9), 89-120면.

17) 은승표, "법의 기대목표로서의 공익-법의 이념과 신뢰보호원칙, 평등원칙, 과잉금지원칙", 유럽헌법연구 제11호, 2012. 6, 273면-314면; 최승원, "행정법과 공익", 행정법연구 제15호(2006. 5), 95-111면; 김광수, "글로벌 시대의 공익론", 행정법연구 제19호 (2007. 12), 99-123면.

18) 상세는 拙稿, "民間企業에 의한 公用收用의 違憲性 判斷과 '公共必要'의 概念解釋", 법

조되는 것인데, 헌법 제23조 제3항의 "공공필요"의 개념에 대해 '공공성'과 '필요성'(비례성)이 결합된 것으로 해석을 하고 있다는 점이 특징이다. 그러나 이러한 해석은 법리적으로 타당하지 않다. 그 문제점에 대해서는 후술하기로 한다.

이러한 공익의 문제는 행정작용에 의해 이익의 충돌이나 대립이 많은 행정법학에서 중요하게 다루어진다. 헌법 분야에서는 기본권의 가치를 중시하기 때문에 공익에 절대적 우위를 부여하기 쉽지 않지만, 개별분야에서 국가의 목적을 실현하고 공익에 기여하는 행정작용을 주로 다루는 행정법의 분야에서는 '공익'개념을 파악하는 것은 매우 의미가 있다. 그러한 이유에서 崔松和 교수는 "공익개념 일반이 가지는 법적 함의와 그와 관련된 문제의식이 가장 첨예하게 나타나는 분야는 역시 行政法 분야라고 할 수 있다"라고 적절히 지적하고 있다.[19] 이러한 공익 개념은 개별 행정법의 분야에서 이익의 충돌과 관련하여 구체적인 문제로 등장하고 있다.

한편, 金道昶 교수는 행정법의 특색의 하나로서 공익지향성을 설명하면서, '공익'개념을 헌법 제37조 제2항의 "공공복리"와 동일하게 이해하고 있다. 즉 헌법 제37조 제2항의 공공복리를 개인의 이익뿐만 아니라 대중의 이익이 되는 사업 또는 역무를 포함하는 것으로 이해하고 있다.[20] 여기에서 공공복리를 사회구성원 사이의 '이해조절의 원리'로 파악하고 있는 점이 특기할 만한 점이다.[21] 또한 공익과 행정목적을 명확히 구별하고 있지 않아, 공익개념을 넓게 파악하고 있다. 徐元宇 교수

률신문(2015. 4. 21), 12면.

19) 崔松和, 公益論, 서울대학교출판부, 2002, 4면.

20) 즉 헌법 제37조 제2항의 '公共福利'의 개념은 "① 법적으로 보호될 가치가 있는 개인의 이익(예컨대 개인의 자유·재산·건강·명예·행복·최저생활 등)의 보호 원리를 뜻하기도 하고, ② 많은 사회구성원 사이의 이해조절원리를 의미하기도 하며, ③ 대중의 이익이 되는 사업 또는 역무의 수행을 의미하기도 한다"라고 파악되고 있다(金道昶, 一般行政法論(上), 第4全訂版, 136면).

21) 한편, 공익개념과 관련하여 행정법의 일반원칙 중 비례의 원칙이나 신뢰보호의 원칙 등에서 이해조절적 접근이 필요하다는 견해도 있다(최승원, 전게논문, 98-99면). 이러한 문제는 후술하는 바와 같이 '형량'의 문제로 귀착된다.

는 독일의 경우를 소개하면서 공익개념을 사법적 통제의 한계와 원고적격과 연결해서 이해하기도 하고, 이를 의회의 유보나 본질사항유보설(본질성설)과 결부시키고 있다.[22] 그러나 법률유보이론 중 본질사항유보설은 기본권 실현에 본질적인 사항을 법률로 정해야 한다는 것으로서, 이를 공익개념과 연결하여 논의할 수는 없다. 다만, 입법자는 공익(공공복리)의 보호자로서 이를 법률에 반영할 수는 있다.[23] 金南辰 교수는 공익은 다의적 개념이므로 다원화된 사회에 있어서 무엇이 공익에 해당하는지 판단하기가 어려운 경우가 많고, 공익과의 충돌이 있는 경우에 관련된 제 이익을 비교·형량을 하여 구체적으로 결정해야 한다고 주장한다.[24] 무엇보다 주목되는 것은 공익을 법원칙으로 파악하는 견해이다. 즉 金鐵容 교수는 "공익의 원칙은 우리 실정법에 의하여 뒷받침되고 있는 원칙이다"라고 보고 있다.[25] 또한 행정기관의 공익판단이 법에 기속되는 객관적 합리성을 가지느냐의 여부에 관한 최종판단은 사법부에 맡겨져 있다고 주장한다. 이와 관련하여 판례가 "중대한 공익상의 필요가 있는 경우"라는 점을 이유로 수익처분의 거부사유로 판단하고 있다고 지적한다. 대법원은 행정청이 재량행위의 성질을 가지는 주택건설 사업계획 승인을 함에 있어 법규에 명문의 근거가 없어도 국토 및 자연의 유지와 환경보전 등 공익상 필요를 이유로 그 승인신청을 불허할 수 있다고 보고 있다.[26] 朴均省 교수는 공익이 "공동체(국가 또는 지방자치단체) 구성원 전체의 이익"을 의미한다고 보면서, "공익으로서의 공동체의 이익은 각 개인의 이익의 총합이 아니며 개인의 이익을 초월하는 이익"으로 파악하고 있다.[27] 공법학에서 공익개념에 관한 관

22) 徐元宇, "現代行政法과 公共福利問題", 韓國公法의 理論(牧村金道昶博士古稀記念論文集), 1992, 233-235면.
23) F. Ossenbühl, in: Erichsen/Ehlers (Hrsg.), Allgemeines Verwaltungsrecht, 12. Aufl., § 6 Rn. 66.
24) 김남진·김연태, 행정법 I, 제18판, 5면.
25) 김철용, 행정법 I, 제11판, 박영사, 53면.
26) 대법원 2007. 5. 10. 선고 2005두13315 판결; 대법원 2005. 4. 15. 선고 2004두10883 판결; 대법원 2002. 10. 25. 선고 2002두6651 판결 등 참조.

심이 최고조로 이어진 것은 '토지공개념'에 관한 논쟁이다. 사법과 공법 분야를 망라하여, 이 문제에 대한 관심은 절정이었다. 다만, 이에 관한 상론은 여기에서 제외하기로 한다.

2. 獨逸 公益論의 發展과 影響

우리나라 행정법학에 큰 영향을 미친 독일 행정법학의 공익개념을 탐구하는 것은 의미 있는 일이며, 우리나라의 공익개념을 파악하는 데에 도움을 줄 수도 있다. 독일 행정법의 國父인 오토 마이어(Otto Mayer)는 자신의 저서인 『獨逸行政法(Deutsches Verwaltungsrecht)』에서 공익개념을 사법과 구별하기 위한 징표로 사용하고 있는데, 국가가 공익을 위해 활동하고 있다는 점이 공행정의 특징이라고 보고 있다.[28] 이러한 공익개념은 공법의 중요한 구별기준이지만, '공권력(öffentliche Gewalt)'으로 볼 수 있는 경우에 간접적으로 작용하고 있음을 지적하고 있다.[29] 그러나 오토 마이어는 공익에 관한 명확한 설명을 하고 있지는 않다. 포르스트호프(Ernst Forsthoff)는 공익개념을 '가치개념'의 하나로 이해하고 있다.[30] 포르스트호프는 공익개념을 명확히 정의하고 있지 않지만, 공용수용과 관련하여 부분적으로 공익(공공복리)의 개념을 설명하고 있다. 즉 포르스트호프는 수용이 공공복리의 근거에서 허용되며 재정적 또는 기타 사적 목적을 위해 이용될 수 없다고 보았는데,[31] 여기에서 공공복리를 사익이나 기타 이익과 구별하고 있다.

한편, 한스 볼프(Hans J. Wolff)는 이익(Interesse)을 "대상에 대한 주체의 참여"라고 파악하고, 主觀的 利益(subjektvies Interesse)과 客觀的 利益(objektives Intersse)으로 분류하고 있다. 전자는 주관적·사

---

27) 박균성, 행정법론(상), 제14판, 9-10면.

28) Otto Mayer, Deutsches Verwaltungsrecht I, unveränderter Nachdruch der 3 Aufl., 1924, S. 116.

29) Otto Mayer, a.a.O., S. 15.

30) Forsthoff, Lehrbuch des Verwaltungsrechts, Bd. 1, 10 Aufl., S. 88.

31) Forsthoff, a.a.O., S. 339.

실적 이익으로서 특정한 주체가 특정한 대상에 대해 사실상 가지는 적극적 관련성을 의미하고, 후자는 주체가 객관적으로 특정할 수 있는 참된 이익이라고 보아 존재나 주관적 · 사실적 이익의 강도와는 독립된 것으로 보고 있다.[32] 볼프는 공익을 행정법의 해석 · 적용 및 형량을 위한 行政法의 原則(Grundsatz des Verwaltungsrechts)으로서 이해하고 있다. 즉 행정은 민주적 법치국가, 사회국가 및 환경국가에서 그 기능의 목적, 즉 공익이나 공공의 안녕의 준수와 후원에 기속된다고 보고 있다.[33] 무엇보다 볼프는 공익개념을 구체적으로 분류하고 정의내리고 있다. 볼프는 공익개념을 일반적 공익과 특수한 공익으로 분류한다. 전자는 다시 사실상의 공동이익과 진정한 공동이익으로 구분하고, 후자는 복합적 공익과 사실상의 특수한 공익으로 구별한다. 우선 一般的 公益(Allgemeine öffentliche Interessen)은 공공이익으로서 국가나 기타 공적 공동체의 이익으로 보고 있다. 여기에서 事實上의 公共利益(Tatsächliche öffentliche Gemeininteressen)은 행정주체 그 자체가 가지는 사실상의 이익을 말한다. 또한 眞正한 公共利益(Wahre öffentliche Gemeininteresseu)은 평화적인 사회질서의 존속, 인간의 존엄과 가치의 준수, 재산권, 교육의 장려 등을 지향하는 공동체의 이익을 말한다고 한다. 이에 반해 特殊한 公益(Besondere öffentliche Interessen)은 특정한 지역이나 기능적인 국가내부의 종합체의 공동이익을 말한다. 이러한 이익은 '복합적 이익(plurale Interessen)'으로서, 여기에는 一般公衆의 이익이나 단체의 이익 등 다양한 유형이 있다. 사실상의 특수한 공익이란 관련된 公衆을 형성하고 있는 사람들의 공통의 사실상의 이익을 말한다.[34] 사실상의 특수한 공익이란 관련된 공중을 이루는 사람들의 공동의 사실상 이익을 말한다. 나아가 볼프 교수는 진정한 공공이익이나 특수한 공익이 아니라 합법적인 권력보유자나 그 기관에 의해 헌법, 법률 또는 자치

32) Wolff/Bachof/Stober, Verwaltungsrecht I, 10. Aufl., § 29 Rn. 3 f.
33) Wolff/Bachof/Stober, a.a.O. § 29 Rn. 1 f.
34) 이에 대해서는 Wolff/Bachof/Stober, a.a.O. § 29 Rn. 1 f.

법규 등에 구속적으로 표현되고 확정되는 공익으로서 規準的 公益(maßgebende öffentliche Interessen)의 개념을 창안한다.[35] 이에 의하면 입법기관이나 기타 지방의회 등은 定義特權(Definitionsprärogative)을 가진다. 따라서 규범제정권자의 우월적 지위를 인정한 것으로 볼 수 있다.

볼프(H. J. Wolff) 교수에 의한, 일반적 공익과 특별한 공익의 구별은 국내에서도 많이 소개되었으나, 이러한 구별은 본래 헤겔(G. W. F. Hegel)의 이론까지 거슬러 올라갈 수 있다. 헤겔은 자신의 저서인『法哲學基礎(Grundlinien der Philosophie des Rechts)』에서 일반적 이익과 특별한 이익을 서로 구별하고 있다. 여기에서 헤겔은 "국가의 목적을 일반적 이익(allgemeine Interesse) 그 자체와 그 실체로서 특별한 이익(besondere Interesse)의 유지"라고 보았다.[36] 특별한 이익을 일반적 이익의 실체로서 파악하고 있다는 점이 특기할 만하다. 그러나 헤겔의 이러한 개념구분이 무엇을 의미하는지는 명확하지 않다. 그 밖에 독일에서는 공익개념을 一般公衆의 利益(Allgemeininteresse)과 구별하기도 한다. 즉 공익개념이 공중의 이익을 직접적으로 후원하는 것을 목적으로 하지만, 반드시 양자의 개념이 일치하는 것은 아니라고 보고 있다.[37] 그러나 국가공동체를 고려하는 공익은 一般公衆의 利益으로 발전하려는 경향을 가진다고 보고 있다.[38] 또한 公共福利(Wohl der Allgemeinheit)는 특별한 사익과 공익을 포함한 공동의 이익으로 이해하고 있다.[39] 그 밖에도 공익 개념 그 자체를 무조건 사익과 대치되는 개념으로 보아서는 아니 되고, 공중의 다수나 개인의 이익이 조우할 수 있다고 보는 견해도 유력하다.[40] 이와 같이 독일에서도 공익개념이 완

---

35) Wolff/Bachof/Stober, a.a.O. § 29 Rn. 13.

36) G. W. F. Hegel, Grundlinien der Philosophie des Rechts, § 270.

37) Schmidt-Aßmann, a.a.O., S. 151. 한편, 프랑스에서는 '공익'이라는 용어보다 一般利益(Intéret général)이라는 용어가 주로 사용되고 있다(상세는 박균성, 전게논문, 27-28면).

38) Schmidt-Aßmann, a.a.O., S. 151.

39) Wolff/Bachof/Stober, a.a.O. § 29 Rn. 15; Schmidt-Aßmann, a.a.O., S. 152.

40) Ehlers, a.a.O., S. 55.

전히 통일된 것이 아니라, 유동적이고 다의적으로 사용되고 있다.

3. 公益概念의 特性과 類型化의 問題

비록 로마의 법학자 울피아누스(Domitius Ulpianus)가 주장한 '이익설'이 오늘날 공·사법 준별의 결정적 기준이 되지는 못하지만, 적어도 다른 학설과 결부되어 여전히 공법과 사법을 구별하는 중요한 기준으로 사용되고 있다. 따라서 '공익'개념이 공법(특히 행정법)을 특징짓는 중요한 준거임은 부인할 수 없다. 그러나 위에서 살펴본 바와 같이 공익개념은 다의적이고 불확정개념이므로 이에 대한 통일적인 규율이나 해석은 쉽지 않다. 이러한 공익개념의 광·협은 각국의 사정이나 배경에 따라 달라질 수 있음을 알 수 있다. 이러한 문제는 후술하는 사인을 위한 공용수용의 문제에서 '공공필요'의 개념에 관한 해석을 둘러싸고 극명하게 드러나고 있다. 공익은 국가(정부)의 이익이나 이해관계에 한정되는 개념과는 구별되어야 한다. 공익개념은 국가공동체나 사회공동체의 이익으로서 명목상 국가이익을 넘어서 그 구성원인 국민의 이익을 망라하는 개념이어야 한다. 그러한 넓은 의미에서의 공익은 볼프(Hans J. Wolff) 교수가 말하는 '일반적 공익' 개념에 상응하는 것으로 볼 수 있다. 이러한 개념은 매우 포괄적이고 추상적이며, 국민의 안전이나 복리 등에 관련된 경우가 적지 않을 것이다. 국가의 경제발전을 위한 지역개발과 같은 공익도 이러한 넓은 의미의 공익에 속한다고 볼 수 있으나, 환경이익이나 개인의 재산권 또는 지방자치단체의 이익 등 좁은 의미의 공익과 충돌할 수도 있다. 이 경우 공익 사이의 우월 관계가 미리 결정되어 있는 것은 아니다. 다만, 경제개발의 공익은 다른 공익이나 사익과의 형량을 통해 해결될 수 있는데, 국민의 안전이나 복리에 관련된 공익보다 그 중요성은 상대적으로 낮다. 특정할 수 있는 인적·지역적 범위의 공익, 즉 지방자치단체의 이익이나 특정한 지역의 환경이익 등 좁은 의미의 공익개념은 볼프(Hans J. Wolff) 교수가 언급한 '특수한 공익'에 가깝다. 그러나 이러한 구분은 실제에 있어서는 큰 의미가 없다. 일반적 공익과 특수한 공익의 준별이 명확하지 않고, 그러한 구별은 상대적이다. 보다 중요한 것은 공익개념을 규범적으로 어떻게 구체적으로 규정할 것인지에 있다. 이 경우 공익을 우월하게 설정하기보다 사익을 제한하는 경우에 형량에 있어서 공익의 우월을 가능하게 할 수 있는 법률상 요건을 명확히 규정하는 것이 중요하다. 이러한 요건은 개인의 권익을 제한하는 것이므로 엄격하게 규율될 필요가 있다. 기본권을 제한하는 경우에는 이러한 점이 신중하게 고려되어야 하는데, 그 대표적 사례는 공용수용에 의해 개인의 재산권을 박탈하는 경우이다.

공익의 개념은 각 분야에 따라 다양하게 사용되고 그 공익의 경중도 다소 다를 수 있다. 국토공간계획법의 토지이용규제도 공익을 위해 수행하게 되는데, 「국토의 계획 및 이용에 관한 법률」 제1조의 입법목적에서 '공공복리'의 개념을 사용하고 있다. 즉 이 법률의 입법목적이 "국토의 이용·개발과 보전을 위한 계획의 수립 및 집행 등에 필요한 사항을 정하여 공공복리를 증진시키고 국민의 삶의 질을 향상시키는 것"에 있음을 규정하고 있다. 또한 토지의 수용 및 보상에 관한 일반법인 「공익사업을 위한 토지 등의 취득 및 보상에 관한 법률」에서도 "공공복리의 증진과 재산권의 적정한 보호를 도모하는 것"을 목적으로 하고 있음을 밝히고 있다. 다만, 여기에서 협의취득이나 수용은 사유재산권을 박탈하는 것이므로 공익적 목적을 보다 구체적이고 엄격하게 규정할 필요가 있다. 이 법률에는 그러한 엄격한 수용의 요건이나 절차가 규정되어 있지 않다. 단지, 동법 제4조의 '공익사업'이 포괄적으로 열거되어 있는데, 이를 통해 '공익성'을 판단할 수 있을 뿐이다. 그러나 주지하다시피 동법 제4조 제3호에 규정된 '문화시설'의 건설을 위한 사업이 공익에 포함될 수 있는지가 논란이 된 바 있다.

한편, 경찰행정법의 분야에서는 공익과 유사한 개념들이 적지 않다. 예컨대 "사회공공의 질서", "공공의 안녕과 질서 유지" 등의 개념은 대표적인 공익개념의 하나라고 볼 수 있다. 이러한 공익은 위험방지라고 하는 전통적인 경찰작용의 목적 내지 근거가 되는 것이다. 독일의 유력설은 公共의 安全(Öffentliche Sicherheit)이라는 개념을 "객관적 법질서, 개인의 주관적 권리나 법익 또는 국가 그 밖의 高權力主體(Träger der Hoheitsgewalt)의 시설이나 조직 등의 불가침성"을 의미하는 것으로 해석하고 있다.[41] 이러한 공익개념은 개인의 권리나 법익을 포함하고 있다는 점이 특징이다. 이와 같이 공익개념은 본질적으로 사익개념을 배제하는 것이 아니라는 사실을 알 수 있다. 즉 특정한 개인이나 특정 가능한 단체나 집단의 이익 등도 공익의 개념에 포함될 수 있다. 공익개념은 行政의 諸過程이나 行政訴訟 등 구체적인 단계에서 사익과의 관계를 통해 보다 그 윤곽이 드러난다는 사실을 알 수 있다. 이하에서는 '행정과정'[42]이나 '행정소송'에 따른 공익개념을 순차적으로 살펴보기로 한다.

Ⅲ. 行政過程과 公益概念

1. 行政法의 一般原則과 公益

(1) 信賴保護의 原則

공익개념은 행정과정의 전체를 관통하는 중요한 가치개념이다. 이러한 공익개념은 행정법의 일반원칙에 있어서도 적용된다. 우선 신뢰보호의 원칙이란 행정기관의 공적인 견해표명에 대한 신뢰를 법적으로 보호하기 위한 행정법의 일반 원칙의 하나이며, 법적 안정성을 위한 제도적 장치로서 법치국가원리의 파생원칙으로 보고 있다.[43] 신뢰보호의 원

41) Götz, Allgemeines Polizei- und Ordnungsrecht, 15. Aufl., § 4 Rn. 3.
42) 행정과정의 개념을 '동태적'으로 사용하는 경우도 있는데, 일본의 소위 '行政過程論'이 그러하다(예컨대 塩野宏, 前揭書, 58면). 그러나 本稿에서는 편의상 '행정과정'의 개념을 行政活動의 諸過程으로 이해하여, 행정작용·행정절차 및 행정강제 등을 포함한 개념으로 사용하기로 한다.

칙이 인정되기 위해서는 일정한 요건을 충족하여야 하나, 이러한 요건을 충족한다고 하여 항상 상대방의 신뢰가 보호되는 것은 아니다. 즉 신뢰보호의 요건이 충족되는 경우에도 상대방의 신뢰이익(사익)과 서로 형량을 하여야 하며, 이러한 형량에 의해 공익이 상대방의 신뢰보다 우선하는 경우에는 개인의 신뢰는 보호될 수 없다.[44] 이 문제는 소위 신뢰보호의 限界에 관련된 것이다. 행정절차법 제4조 제2항에서도 "행정청은 법령 등의 해석 또는 행정청의 관행이 일반적으로 국민들에게 받아들여졌을 때에는 공익 또는 제3자의 정당한 이익을 현저히 해칠 우려가 있는 경우를 제외하고는 새로운 해석 또는 관행에 따라 소급하여 불리하게 처리하여서는 아니 된다"고 규정하고 있다.

(2) 比例의 原則

비례의 원칙은 법치국가원리에 근거하고 있는데,[45] 기본권 침해의 헌법적 정당성은 비례성 심사에 의해 좌우된다. 넓은 의미의 비례원칙 내지 과잉금지의 원칙은 적합성의 원칙, 필요성의 원칙 및 상당성의 원칙으로 세분된다. 비례의 원칙을 위반하지 않기 위해서는 행정청이 취한 수단이 그 의도하는 목적을 달성하는 데에 적합하여야 하고, 행정목적을 달성하기 위해 필요한 것으로서 최소 침해의 것이어야 하며, 행정목적의 달성과 수단 사이에 적절한 비례관계에 있어야 한다. 여기에서 의도하거나 달성하려는 (행정)목적은 대체로 공익과 관련된 경우가 적지 않다. 비례의 원칙은 초창기에 경찰행정법에서 기원하여 행정법의 일반원칙으로 발전하였고, 근년에 들어와서는 헌법의 일반원칙으로 기본권 침해의 제한원리로서 중요한 역할을 수행하고 있다. 경찰관직무집행법 제1조 제2항에서는 "경찰관의 직권은 그 직무 수행에 필요한 최소한도에서 행사되어야 하며 남용되어서는 아니 된다"고 규정하여, 비례의 원

---

43) 헌재 1995. 10. 26. 선고 94헌바12 결정; 헌재 1997. 7. 16. 선고 97헌마38 결정 등 참조.
44) 대법원 2008. 10. 9. 선고 2008두6127 판결.
45) 장영수, "헌법의 기본원리로서의 법치주의", 안암법학 제2집, 1994, 162면 이하.

칙을 규정하고 있다. 또한 헌법 제37조 제2항에서는 "국민의 자유와 권리는 국가안전보장·질서유지 또는 공공복리를 위하여 필요한 경우에 한하여 법률로써 제한할 수 있으며, 제한하는 경우에도 자유와 권리의 본질적인 내용을 제한할 수 없다"라고 규정하고 있는데, 이는 과잉금지의 원칙에 대한 헌법적 근거로 이해되고 있다. 공익(공공복리)의 목적을 위해 기본권이 제한되거나 침해되는 경우가 적지 않지만, 비례성심사를 통해 기본권 침해가 정당화될 수 있는지 여부를 판단해야 한다.[46]

(3) 行政의 自己拘束의 法理

행정의 자기구속(Selbstbindung der Verwaltung)의 법리는 통상적으로 재량준칙을 일정기간 동안 적용함에 있어서 일정한 행정관행 내지 선례가 형성되고 행정청이 이러한 행정관행이나 선례에 대해 자기구속을 당하게 되는 것을 말한다. 특히 재량준칙(행정규칙)은 원칙적으로 직접적·대외적 구속력을 갖지 아니 하나, 행정청이 재량권의 행사를 통해 일정한 행정선례가 형성된 경우 평등원칙을 매개로 한 '자기구속'의 법리에 의해 처분의 위법성을 인정할 수 있다.[47] 그러나 재량준칙에 규정된 사안이나 행정관행이 성립된 사안과 동일한 사안의 경우에도 다른 결정을 해야 할 높은 '공익적 요청'이 있는 경우에는 자기구속의 법리가 적용되지 아니한다.[48] 특히 독일에서도 재량준칙 내지 사무처리준칙 등 행정규칙이 존재한다고 하더라도 행정청은 반드시 동일한 조치

---

46) Sebastian Kluckert, Die Gewichtung von öffentlichen Interessen im Rahmen der Verhältnismäßigkeitsprüfung, JuS 2015, S. 116 ff.

47) 우리나라의 판례에서는 평등의 원칙 외에 신뢰보호의 원칙을 매개로 하여 처분의 위법성을 도출하고 있으나, 독일의 통설은 신뢰보호원칙을 제외하고 있다. 또한 헌법재판소는 행정의 자기구속의 법리를 통해 행정규칙의 법규적 효력을 인정하고, 이에 대해 헌법소원의 대상을 인정하고 있다(헌재 1990. 9. 3. 90헌마13). 그러나 이는 명백한 법리적 오해이며, 행정규칙(재량준칙)의 법규성이 부인되므로, 행정의 자기구속의 법리를 통해 행정처분의 위법성을 인정하는 것이다. 이러한 점을 고려하여 대법원은 신규건조저장시설사업자 인정신청반려처분취소소송에서 자기구속의 법리를 보다 정확히 명시하고 있다(대법원 2009. 12. 24. 선고 2009두7967 판결).

48) 박균성, 행정법론(상), 48면.

를 할 필요는 없으며 불평등한 취급을 할 이유가 있다면 경우에 따라서는 차별적인 조치가 허용될 수 있다고 보는 견해가 유력하다.[49] 이와 같이 공익은 행정의 자기구속의 법리에 대한 한계와 관련하여 논의될 수 있다.

2. 行政作用과 公益

(1) 裁量의 行使 및 統制

종래에는 재량행위를 自由裁量(공익재량, 편의재량)과 羈束裁量(법규재량)으로 구분하는 것이 일반적이었다. 여기에서 자유재량 내지 공익재량은 행정상 편의성이나 합목적성 등이 있는지 여부에 관한 재량으로 이해하였다.[50] 또한 기속행위와 재량행위의 구별기준으로 '요건재량설'과 '효과재량설'이 대립하고 있으며, 후설이 통설이다. 다만, 요건재량설은 행정법규가 수권규정만 두고 처분의 요건에 대해서는 공백규정을 두는 경우나 종국적 목적으로 공익상 필요만을 요구하는 경우에는 공익재량에 속한다는 견해가 그러하다.[51] 비록 위에서 언급한 재량행위의 구분에 관한 학설은 오늘날 설득력을 상실하고 있으나, 공익이 재량의 통제와 밀접한 관련을 가진다는 사실은 부인할 수 없다. 재량의 하자에는 재량의 유월이나 재량의 흠결(해태), 그리고 재량의 남용이 있다. 이 중에서 공익과 가장 밀접한 관련이 있는 것은 裁量의 濫用(Ermessensmißbrauch)이다. 재량의 남용 또는 誤用(Ermessensfehlgebrauch)이란 행정청이 단지 재량규정의 취지나 목적에 따르지 않은 경우를 말한다. 행정청이 재량권을 수권한 법률상의 목적에 위배하여 행사하는 경우가 여기에 해당한다. 이러한 재량권의 수권 목적은 대부분 공익과 관련된 경우로 볼 수 있다. 예컨대 식품위생법상의 행정처분은 재량행위에 속하는데, 행정청

49) Gusy, Der Gleichheitssatz, NJW 1988, S. 2509.
50) 김도창, 전게서, 380면.
51) 김도창, 전게서, 383면.

은 재량권을 행사함에 있어서 공중의 위생이나 보건 등을 고려해야 한다. 다만, 우리나라의 판례나 학설은 재량행위가 평등원칙 및 비례성원칙 등을 위반한 경우도 재량의 남용에 해당한다고 보나, 이는 재량의 남용 그 자체에 의한 것이 아닐 뿐만 아니라 행정법의 일반원칙에서 비롯되는 것이다. 독일에서는 재량의 남용과 행정법의 일반원칙 위반을 서로 구분하고 있다.[52]

(2) 行政計劃과 衡量命令

행정계획은 통상의 재량행위와 구별되며, 계획재량 또는 형량명령이 중요한 의미를 가진다. 즉 행정재량(법효과재량)과 계획재량은 규범이론 내지 규범구조적인 관점에서 근본적인 차이를 가진다. 일반 법효과재량은 包攝(Subsumption)의 문제로서 조건프로그램의 형식을 가지지만, 계획재량은 目的프로그램을 특징으로 하며, 또한 미래지향적이다. 이와 같이 계획재량은 목적프로그램(Finalprogramm)과 衡量의 原則과 관련이 있다. 다원화된 현대사회에서 신공항·고속전철·고속도로 및 폐기물처리시설 등 大規模公共事業(Großprojekt)의 건설에서는 私益間 또는 公益間 그리고 사익과 공익사이에서 이익충돌이 발생하고 있다. 이러한 이익갈등을 해결하기 위한 수단으로서 독일에서는 오래 전부터 衡量命令(Abwägungsgebot)이 건축·계획 및 환경법분야에서 중요한 역할을 하여 왔다. 독일의 호페(W. Hoppe) 교수는 일찍이 이러한 형량을 모든 "計劃의 本質的 要素"로 파악하였다.[53] 행정계획과 관련된 공익의 문제는 형량명령을 통해 구체화되고, 형량의 하자에 의해 행정계획결정의 위법성이 인정된다. 이러한 특징을 반영한 國家像을 흔히 "衡量國家(Abwägungsstaat)"라고 부르기도 한다.[54] 독일 건설법전 제1조

52) Maurer, a.a.O., § 7 Rn. 23.

53) W. Hoppe, Die Bedeutung von Optimierungsgeboten im Planungsrecht, DVBl. 1992, S. 853.

54) Thomas Würtenberger, Rechtliche Optimierungsgebote und Rahmensetzugen für das Verwaltungshandeln?, VVDStRL 58 (1999), S. 141.

에 이를 명문화하여 이익갈등의 조정메커니즘에 큰 기여를 하고 있다. 또한 독일에서는 형량명령의 실현과 관련하여 이익충돌의 해결수단으로 最適化命令(Optimierungsgebot)을 논의하고 있다.[55] 이와 같이 공익과 사익의 갈등을 해결할 수 있는 법리를 계속해서 발전시킬 필요가 있다.

(3) 行政行爲의 撤回와 職權取消

행정행위에 흠이 있으면 행정의 법률적합성의 원칙에 따라 제거되어야 한다. 여기에는 먼저 이해관계인이 법원에 해당 행정행위의 제거를 구하기 위한 소를 제기할 수 있으며, 또한 행정청이 스스로 이러한 흠 있는 행정행위의 폐지할 수 있다. 전자는 爭訟可能性(Anfechtbarkeit)의 문제이고, 후자는 廢止可能性(Aufhebbarkeit)의 문제이다. 爭訟可能性은 시민의 입장에서 판단하여 위법한 행정행위에 대한 권리구제수단(이의신청이나 취소소송 등)을 강구하는 것이고, 廢止可能性은 행정청 또는 행정법원의 입장에서 법적 효력을 제거하고 위법한 행정행위를 폐지하는 것을 말한다. 쟁송취소는 결국 행정행위의 효력을 제거하는 폐지를 목적으로 한다.[56] 이러한 폐지가능성의 수단으로는 취소(爭訟取消 또는 職權取消)와 撤回가 있다. 이 중에서 행정행위의 철회는 적법하게 성립한 행정행위가 그 효력을 존속시킬 수 없는 새로운 사정이 발생하여 장래에 향하여 그 효력을 소멸시키는 행정행위이다. 이러한 철회사유에는 사실관계의 변화 내지 사정변경, 철회권의 유보된 사실의 발생, 부담의 불이행, 중대한 공익상의 요청, 법령에 명시된 철회사유의 발생, 그리고 근거법령의 개폐로 인해 더 이상 행정행위를 존속시킬 수 없는 경우 등이다. 이 중에서 공익상의 요청이 있는 경우에는 적법하게 성립한 행정행위도 장래에 향하여 그 효력을 소멸시킬 수 있다. 대법원은 구 병역법(1989. 12. 30. 법률 제4156호로 개정되기 전의 것)에는 특례보

55) 상세는 졸고, "이익충돌의 문제해결수단으로서 계획법상의 최적화명령", 공법연구 제31권 제5호(2003. 06), 289-306면 참조.

56) Maurer, a.a.O., § 10 Rn. 26.

충역편입제한사유로만 규정되어 있지만, 귀국지연을 행정처분(편입처분)의 철회사유로 보고 있다. 즉 국비유학생으로 선발되어 지방병무청장에 의해 학술특기자로 특례보충역에 편입된 후 유학사유로 국외여행허가를 받아 출국한 후 그 여행허가기간이 만료되어 국외체재기간연장신청을 하였으나 그 신청이 불허되었다. 그럼에도 불구하고 귀국치 아니하다 2차에 걸친 귀국최고 및 기한연장 후에서야 귀국한 경우에 이와 같은 귀국지연이라는 사유는 사정변경 또는 중대한 공익상의 필요가 발생한 경우로 보아 별도의 법적 근거 없이 행정처분(편입처분)을 취소(철회)하였다.[57] 이와 같이 판례는 행정행위를 한 처분청이 적법한 처분 후에 이를 취소할 별도의 법적 근거가 없다 하더라도 원래의 처분을 존속시킬 필요가 없게 된 사정변경이 생겼거나 또는 중대한 공익상의 필요가 발생한 경우에는 그 효력을 상실케 하는 별개의 행정행위로 이를 취소할 수 있다고 보고 있다.[58] 그러나 수익적 행정행위의 철회는 비례의 원칙을 준수해야 하며, 신뢰의 이익이나 기득권, 또는 법적 안정성 등과의 형량이 필요하다.[59]

한편, 행정처분에 하자가 있어 처분의 발급 후 행정청이 이를 '취소' 해야 할 경우에도 취소를 해야 할 공익상 필요와 상대방의 신뢰이익이나 법적 안정성을 서로 비교·형량해야 한다. 판례도 이러한 입장을 취하고 있다. 즉 "일정한 행정처분으로 국민이 일정한 이익과 권리를 취득하였을 경우에 종전 행정처분에 하자가 있음을 전제로 직권으로 이를 취소하는 행정처분은 이미 취득한 국민의 기존 이익과 권리를 박탈하는 별개의 행정처분으로, 취소될 행정처분에 하자가 있어야 하고, 나아가 행정처분에 하자가 있다고 하더라도 취소해야 할 공익상 필요와 취소로 당사자가 입게 될 기득권과 신뢰보호 및 법률생활안정의 침해

57) 대법원 1995. 2. 28. 선고 94누7713 판결

58) 대법원 1986. 11. 25. 선고 84누147 판결; 대법원 1988. 12. 27. 선고 87누1068 판결; 대법원 1989. 4. 11. 선고 88누4782 판결; 대법원 1992. 1. 17. 선고 91누3130 판결 등 다수.

59) 대법원 1987. 9. 8. 선고 87누373 판결; 김남진·김연태, 행정법 I, 352면.

등 불이익을 비교·교량한 후 공익상 필요가 당사자가 입을 불이익을 정당화할 만큼 강한 경우에 한하여 취소할 수 있는 것이며, 하자나 취소해야 할 필요성에 관한 증명책임은 기존 이익과 권리를 침해하는 처분을 한 행정청에 있다"라고 판시하고 있다.[60]

(4) 行政行爲의 附款

행정행위의 부관은 행정행위의 목적에 위배되지 아니하여야 한다. 이러한 목적은 대체로 공익과 밀접한 관련을 가진다. 행정처분을 함에 있어서 행정목적과 실질적인 관련성이 없는 부관을 붙이는 것은 부당결부금지의 원칙(Koppelungsverbot)에 위배된다. 실제 대법원은 주택사업계획승인을 함에 있어서 그 주택사업과 무관한 토지를 기부채납을 하도록 하는 부관을 붙인 것에 대하여 부당결부금지의 원칙에 위배된다고 판시한 바 있다.[61] 재량행위와 관련하여 부관은 공익과 밀접한 관련이 있다고 볼 수 있다.

3. 行政節次와 公益

행정법에 있어서 공익은 행정절차에서 발전을 거듭하고 있는데, 특히 공중의 참여절차나 공익주체로서 행정청의 참가 등을 통해 공익과 관련된 모든 이익이 조정과 절충의 과정을 거치게 된다(독일 건설법전 제3조 및 제4조 참조).[62] 그러나 우리나라 행정절차법에서는 공익을 반영할 수 있는 규정이 없고, 공익이 행정절차를 생략하거나 제한할 수 있는 사유를 규정하고 있는 경우도 있다. 즉 공공의 안전 또는 복리를 위하여 긴급히 처분을 할 필요가 있는 경우에는 처분의 사전통지를 생략할

60) 대법원 2014. 11. 27. 선고 2014두9226 판결.

61) 대법원 1997. 3. 11. 선고 96다49650 판결.

62) 이에 대해서는 Schmidt-Aßmann, a.a.O., S. 151. 국내에서도 공익실현과 관련하여 절차의 중요성을 강조하는 견해가 있다. 대표적으로 "절차는 공익의 도출을 위한 형식적인 기계가 아니라 공익 구체화의 메커니즘이자 공익 정당화의 수단이 되어야 한다"고 강조하는 견해가 그러하다(김광수, 전게논문, 120면).

수 있으며(행정절차법 제21조 제4항 제1호), 공익 또는 제3자의 정당한 이익을 현저히 해칠 우려가 있는 경우에는 청문을 공개하지 아니할 수 있다(동법 제30조 단서). 그리고 예고함이 공공의 안전 또는 복리를 현저히 해칠 우려가 있는 경우에는 행정상 입법예고나 행정예고를 하지 아니할 수 있다(행정절차법 제41조 제1항 단서 제5호 및 同法 제46조 제1항 단서 제1호 참조).

한편, 개별 법령에는 공익을 반영할 수 있는 공중참여절차를 두는 경우가 적지 않다. 예컨대 전원개발촉진법 제5조의2에서는 대상사업의 시행으로 영향을 받게 되는 지역의 주민 및 관계 전문가 등의 의견을 듣도록 하고 있고, 주민 등의 의견이 타당하다고 인정할 때에는 이를 실시계획에 반영하도록 규정하고 있다(동조 제1항 및 제2항). 또한 방사성폐기물 관리법 제6조의2에서는 이해관계인·일반시민 또는 전문가 등으로부터 광범위한 의견을 수렴하기 위해 '공론화'절차를 거치도록 하고 있다. 그 밖에 대규모공공사업은 주로 지방자치단체와 이해관계를 가지는 경우가 적지 않은데, 관련 지방자치단체가 사전에 행정절차에 참여하는 것이 필요하다. 그러나 개별 법률에는 대체로 관계 행정기관과의 협의절차만 두고 있다(수도권 신공항건설 촉진법 제4조 제3항, 국토의 계획 및 이용에 관한 법률 제30조, 전원개발촉진법 제3조 제4항 등). 그러나 대규모국책사업과 같이 정부의 정책이 확고한 경우에는 지방자치단체의 의견이 간과되는 경우가 적지 않다. 이러한 문제점을 해결하기 위해서는 단순한 협의절차를 규정하는 대신에 개별 법률에서 지방자치단체의 의견이나 입장, 또는 이의신청 등이 실질적으로 반영될 수 있는 규정을 도입해야 한다. 주민투표에 근거한 지방자치단체의 동의절차도 고려할 수 있다. 더불어 이러한 절차를 소홀히 하거나 간과하여 대규모공공사업을 강행하는 경우에는 사법부에 의한 절차적 통제를 강화해야 한다. 법원은 지방자치단체의 의견을 배제한 대규모공공사업의 실시계획 승인에 대해 절차적 하자를 이유로 위법을 인정할 필요가 있다.

4. 行政强制와 公益

행정강제는 행정목적을 실현하기 위해 사람의 신체 또는 재산에 실력을 가하는 작용이라는 점에서 공익에 기여하고 있다. 행정대집행법 제2조에서는 대집행의 요건으로 "불이행을 방치함이 심히 공익을 해할 것으로 인정된 때에는"이라고 규정하고 있다. 이러한 요건은 불확정개념이기는 하나, 그 요건에 관한 판단은 행정청의 재량사항으로 볼 수 있다.

또한 목적의 급박한 위해를 제거하기 위해 발해지는 즉시강제는 더욱 공익적 성격이 강하다. 예컨대 경찰관직무집행법에는 대인적 강제수단(예컨대 보호조치, 경고, 무기사용 등)을 규정하고 있는데, 대부분 국민의 안전과 사회공공의 질서를 유지하기 위한 즉시강제의 수단으로 볼 수 있다. 이러한 즉시강제는 비례의 원칙을 준수할 필요가 있다. 또한 「감염병의 예방 및 관리에 관한 법률」 제47조 제1호의 일시적 폐쇄나 일반 공중의 출입금지, 동조 제3호의 강제격리 등은 국민의 건강과 안전, 보건 등의 공익을 위해 긴급하게 취해지는 조치들이다. 지난 메르스(MERS) 사태는 감염병의 예방 및 관리를 위한 즉시강제의 수단들이 적절히 취해지지 않고 안이한 대처를 하는 경우에 얼마나 큰 피해가 발생할 수 있는지를 분명히 알게 해 주었다.

Ⅳ. 行政救濟와 公益概念

1. 行政訴訟과 公益優先的 制度

공익개념은 행정청의 재량행사에 있어서도 고려가 되지만, 법원에 의한 사법적 통제에 있어서도 고려되고 있다. 위에서 언급한 바와 같이 법원은 행정청에 재량이 부여된 경우에 중대한 공익적 요청에 의해 수익처분의 거부가 허용된다고 판시하여, 위법성을 부인하는 요소로서 공익을 고려하고 있다. 또한 전술한 바와 같이 행정법의 일반원칙을 통해 행정처분의 위법성을 판단하면서, 그 한계에서 공익적 요소를 고려하고 있다. 이와 같이 행정작용에 대한 사법적 통제에서 공익은 중요한 기능과 역할을 수행하고 있다.

한편, 우리나라의 행정소송법에는 사익에 비해 공익을 우월적으로 고려하는 제도를 보장하고 있다. 그러한 제도에는 사정판결과 집행부정지원칙 및 직권심리주의(직권탐지주의) 등이 있다. 우선 원고의 청구가 이유 있다고 인정하는 경우, 즉 행정처분이 위법한 경우에도 이를 취소하는 것이 "현저히 공공복리에 적합하지 아니하다고 인정하는 때"에는 법원이 원고의 청구를 기각할 수 있다(행정소송법 제28조 제1항). 이러한 '事情判決'은 공익성과 관련된 대규모공공사업의 경우에 두드러진다. 예컨대 私人의 토지를 수용하여 댐, 고속도로 내지 新國際空港을 건설하는 경우에 있어, 그 토지수용재결이 위법하다고 판단될지라도, 이를 돌이키는 것이 社會經濟的 측면에서 큰 손실을 가져오는 경우에 공익적 측면을 고려하여 그 재결의 취소소송을 기각할 수 있다. 그러나 이러한 사정판결은 법치주의의 예외에 속한다는 점에서 매우 신중하게 판단되어야 한다. 대법원도 법학전문대학원의 예비인가취소소송에서 "사정판결의 적용은 극히 엄격한 요건 아래 제한적으로 해야 한다"고 판시하여, 동일한 취지의 판결을 하고 있다.[63] 그러나 대법원은 이러한 사정판결제도가 행정청이 속하는 국가 또는 공공단체를 상대로 손해배상 등 적당한 구제방법의 청구를 당해 취소소송 등이 계속된 법원에 청구할 수 있는 점 등에 비추어 위헌적 제도는 아니라고 보고 있다. 또한 판례는 그 요건인 현저히 공공복리에 적합하지 아니한지 여부를 판단

63) 즉 "행정처분이 위법한 때에는 이를 취소함이 원칙이고 그 위법한 처분을 취소·변경하는 것이 도리어 현저히 공공의 복리에 적합하지 않은 경우에 극히 예외적으로 위법한 행정처분의 취소를 허용하지 않는다는 사정판결을 할 수 있으므로, 사정판결의 적용은 극히 엄격한 요건 아래 제한적으로 하여야 하고, 그 요건인 '현저히 공공복리에 적합하지 아니한가'의 여부를 판단할 때에는 위법·부당한 행정처분을 취소·변경하여야 할 필요와 그 취소·변경으로 발생할 수 있는 공공복리에 반하는 사태 등을 비교·교량하여 그 적용 여부를 판단하여야 한다"(대법원 2009. 12. 10. 선고 2009두8359 판결).

함에 있어서는 위법한 행정처분을 취소·변경해야 할 필요성과 그로 인하여 발생할 수 있는 공공복리에 반하는 사태 등을 형량해서 판단해야 한다고 밝히고 있다.[64] 사정판결을 함에 있어서 처분의 위법성사유와 이로 인한 취소의 필요성, 그리고 그 취소로 인해 공익에 반하는 상황 등을 종합적으로 고려해서 판단하고 있는 것이다.

행정소송법은 집행부정지를 원칙으로 하면서도 예외적으로 집행정지를 인정하고 있다. 즉 당해 처분 등의 효력이나 그 집행 또는 절차의 속행으로 말미암아 회복하기 어려운 손해를 예방하기 위하여 긴급한 필요가 있는 경우에는 예외적으로 집행정지를 인정하고 있다. 그러나 처분의 집행정지가 공공복리에 중대한 영향을 미칠 우려가 있는 경우에는 집행정지를 할 수 없다. 집행부정지원칙 그 자체가 개인의 권익구제보다 행정의 효율성이라고 하는 공익을 우위에 두는 제도인데, 집행정지가 인정되는 경우에도 공익을 이유로 집행정지를 부인할 수 있다. 이 경우 공공복리(공익)에 대한 영향이 얼마나 중대한지 여부는 개별·구체적으로 판단할 사항이나, 개발이익과 환경이익이 충돌하는 대규모 국책사업의 경우에는 그러한 판단이 쉽지 않다. 실제 새만금사건[65]의 제1심에서는 집행정지가 인정되었으나, 제2심에서 이를 기각된 바 있다.

그 밖에 우리 행정소송법 제26조에서는 공익상 필요한 경우에 원고의 청구범위를 유지하면서 당사자가 주장하지 아니한 사실에 대해서도 판단할 수 있다고 규정하여, 직권심리주의를 규정하고 있다. 이러한 직권심리주의는 변론주의의 예외이므로 법원이 아무런 제한 없이 당사자가 주장하지 않은 사실을 판단할 수 있다고 보아서는 아니 된다. 이와 관련하여 대법원은 "행정소송에서도 당사자주의나 변론주의의 기본 구도는 여전히 유지된다고 할 것이므로, 새로운 사유를 인정하여 행정처분의 정당성 여부를 판단하는 것은 당초의 처분사유와 기본적 사실관계에 있어서 동일성이 인정되는 한도 내에서만 허용된다"라고 보고 있

64) 대법원 2009. 5. 28. 선고 2008두13828 판결; 대법원 1995. 6. 13. 선고 94누4660 판결.
65) 대법원 2006. 3. 16. 선고 2006두330 전원합의체 판결.

다.[66] 판례 및 다수의 견해는 이를 변론주의의 보충으로 이해하고 있다. 그러나 위 규정을 보다 적극적으로 해석하여 소위 직권탐지주의(Untersuchungsgrundsatz)가 첨가되거나 보완된 것으로 보는 견해가 유력하다.[67] 즉 독일 행정법원법 제86조 제1항에서는 "법원이 직권으로 사안을 조사한다"라는 규정을 두고 있는 바, 이를 '직권탐지주의'라고 부르고 있다. 이러한 직권탐지주의는 판결의 정당성에 대해 '공익'이 관련된 경우에 법원이 사안을 직접 조사한다.[68] 변론주의 보충설(직권심리주의)이나 직권탐지주의는 큰 차이가 없을 뿐만 아니라, 입법정책이나 법원의 입장에 따라 직권심리의 범위나 정도에 차이가 있을 뿐이다. 또한 심리는 조사를 전제로 한다는 점에서 양자의 차이는 상대적이라고 볼 수 있다. 다만, 위 2008두6394 등의 판결은 새로운 사유를 주장하는 경우에는 상대방의 신뢰보호와 법적 안정성을 위해 "기본적 사실관계의 동일성"이라는 한계를 설정하고 있다. 생각건대 우리 판례도 기본적으로 "행정소송에 있어서 법원이 필요하다고 인정할 때에는 당사자의 명백한 주장이 없는 사실에 관하여서도 일건기록에 나타난 사실을 기초로 하여 직권으로 판단할 수 있다"고 이해하여,[69] 직권탐지주의가 인정되고 있다고 볼 수 있다. 또한 이러한 직권심리를 제대로 하지 않는 경우에는 파기환송되는 경우가 적지 않다.[70]

---

66) 대법원 2009. 5. 28. 선고 2008두6394 판결. 이와 관련하여 대법원은 국가유공자비해당결정처분취소사건에서 "처분청이 공무수행과 사이에 인과관계가 없다는 이유로 국가유공자 비해당 결정을 한 데 대하여 법원이 그 인과관계의 존재는 인정하면서 직권으로 본인 과실이 경합된 사유가 있다는 이유로 그 처분이 정당하다고 판단하는 것은 행정소송법이 허용하는 직권심사주의의 한계를 벗어난 것으로서 위법하다"고 판시하였다(대법원 2013. 8. 22. 선고 2011두26589 판결).

67) 김남진·김연태, 전게서, 843면; 홍정선, 행정법원론(상), 868

68) Schmitt Glaeser/Horn, Verwaltungsprozeßrecht, 15. Aufl., Rn. 541; Kopp/Schenke, VwGO, § 86 Rn. 1.

69) 대법원 1989. 8. 8. 선고 88누3604 판결.

70) 즉 "행정소송에서 기록상 자료가 나타나 있다면 당사자가 주장하지 않았더라도 판단할 수 있고, 당사자가 제출한 소송자료에 의하여 법원이 처분의 적법 여부에 관한 합리적인 의심을 품을 수 있음에도 단지 구체적 사실에 관한 주장을 하지 아니하였다는 이유만으로 당사자에게 석명을 하거나 직권으로 심리 판단하지 아니함으로써 구체적 타당성이 없는 판결을 하는 것은 행정소송법 제26조의 규정과 행정소송의 특수성에 반하므

2. 土地收用과 公益(公共必要)

토지수용에 있어서 공익개념은 매우 중요한 역할을 한다. 헌법 제23조 제3항에는 수용의 요건으로 "公共必要"의 개념이 사용되고 있는데, 이 개념은 전형적인 불확정법개념으로서 단순한 공익 또는 공공복리와 구분된다. 특히 헌법 제37조 제2항의 공공복리나 헌법 제23조 제2항의 공공복리와도 구별될 필요가 있다. 헌법상 공용수용을 허용하기 위해서는 '특별한' 공익이 요구된다. 왜냐하면 헌법상 재산권은 개인의 인격권과도 밀접한 관련을 가지는 중요한 기본권의 하나이기 때문이다. 헌법 제37조 제2항에 규정된 '公共福利'는 기본권제한의 한계요건으로 사용되고 있는데, 헌법 제23조 제3항의 '공공필요'와 동일하다고 보거나 이를 넓게 해석하는 견해도 있다.[71] 또한 헌법 제23조 제3항의 "공공필요"는 중요한 기본권 중의 하나인 재산권의 박탈을 위한 요건이라는 점에서 단순한 공익이나 국가의 이익 이상의 중요한 공익으로 보아야 한다. 이와 관련하여 "특정한 공익사업과 연관하여 특정인의 재산권침해가 불가피한 高揚된 공익개념(qualifiziertes öffentliches Interesse)"으로 보는 견해도 있다.[72]

공공필요의 개념을 엄격히 해석해야 하는 것은 민간기업(사기업)에 의한 공용수용을 하는 경우에 두드러진다. 헌법재판소는 「산업입지 및 개발에 관한 법률」 제11조 제1항 등 위헌소원 사건에서 민간기업이 지역경제의 발전을 위해 수용을 하는 것이 공공필요의 요건을 충족한다고 보아 합헌결정을 내린 바 있다.[73] 또한 「국토의 계획 및 이용에 관

로 허용될 수 없다. 따라서 위 각 법리에 비추어 보면, 원심이 기록에 나타난 자료에 의하여 소외 천계준의 신청지로부터 일반지역을 포함하여 자연주유소까지의 거리가 2km 이상이라는 사실을 인정하고서도 일반지역을 포함하여 이 사건 변경고시 제3조 제2항의 요건을 갖추었는지 여부를 판단할지에 대하여 심리·판단하지 않은 데에는 필요한 직권심리를 다하지 아니한 잘못이 있다"(대법원 2006. 9. 22. 선고 2006두7430 판결).

71) 이에 관한 문헌은 拙著, 行政救濟의 基本原理, 제1전정판, 101면 참조.

72) 金性洙, 一般行政法, 제7판, 707면.

한 법률」 제2조 제6호 등 위헌소원 등 사건에서 회원제 골프장의 건설을 위한 토지계획시설사업이 공공필요성의 요건을 결하거나 비례의 원칙을 위반하여 재산권을 침해한 것은 아니라고 보았다.[74] 다만, 이 사건에 「국토의 계획 및 이용에 관한 법률」 제2조 제6호 라목 중 "체육시설" 부분이 포괄위임금지원칙에 위반된다고 결정한 바 있다. 이러한 판례에 대해서는 수차례 비판을 제기한 바 있고, 사인을 위한 공용수용에 있어서는 공익의 개념을 엄격하게 판단해야 한다고 주장한 바 있다.[75] 그 후 다행스럽게도 헌법재판소의 입장에 변화가 생겼다. 최근 민간기업인 A주식회사가 고급골프장의 건설을 위해 토지를 수용하는 경우에는 공공필요의 개념을 엄격히 판단하면서, 심판대상인 구 「지역균형개발 및 지방중소기업 육성에 관한 법률」 제19조 제1항의 '시행자' 부분 중 '제16조 제1항 제4호'에 관한 부분에 대하여 헌법불합치 결정을 내린 바 있다. 특히 헌법재판소는 "이 사건 법률조항은 공익적 필요성이 인정되기 어려운 민간개발자의 지구개발사업을 위해서까지 공공수용이 허용될 수 있는 가능성을 열어두고 있어 헌법 제23조 제3항에 위반된다"고 결정하였다. 이 사건에서 헌법재판소는 헌법 제23조 제3항의 '공공필요'의 개념을 "국민의 재산권을 그 의사에 반하여 강제적으로라도 취득해야 할 공익적 필요성"이라고 이해하고, 이를 '공익성'과 '필요성'이라는 요소로 구성되어 있다고 판단하고 있다.[76] 공공필요의 개념은 그러한 가분적(可分的) 개념이 아니며, 비례성(필요성)은 공용수용의 '한계'와 관련된 문제이다. 각국의 입법례에서는 공용수용의 요건으로서 '공익'에 관한 다양한 개념을 사용하고 있다. 즉 독일 기본법 제14조 제

---

73) 헌재 2009. 9. 24. 2007헌바114.

74) 헌재 2011. 6. 30. 2008헌바166 등.

75) 拙稿, "私人을 위한 公用收用의 違憲性判斷", 憲法論叢 제17집(2006), 373면 이하; 拙著, 전게서, 137-139면 등.

76) 이러한 문제점에 대해서는 拙稿, "民間企業에 의한 公用收用의 違憲性 判斷과 '公共必要'의 概念解釋", 法律新聞 2015. 4. 20.자, 12면. 이 평석에서는 대상판결에 대해 "이러한 결정은 우리 수용법의 발전에 희망을 보여주었다는 점에서 매우 鼓舞的이며, 공용수용권의 남용에 警鐘을 주는 진취적인 결정이라고 평가할 수 있다"고 평석을 한 바 있다.

3항에서는 公共福利(Wohl der Allgemeinheit)라는 개념을,[77] 미연방헌법 제5조에서는 公的 使用(public use)이라는 개념을 규정하고 있다.[78] 또한 일본 헌법 제29조 제2항에서는 "公共을 위해 使用하는 것"이라고 규정하고 있다. 이러한 개념의 해석은 각국의 판례 및 학설에서 여전히 다투어지고 있는 실정이다.

생각건대 공용수용은 국민의 재산권을 박탈하는 제도이다. 따라서 그 요건을 법률로써 보다 구체적으로 규율할 필요가 있다. 독일 건설법전 제87조 제1항에서는 "공공복리를 위해 필요하고 수용목적이 다른 수인할 수 없는 방법으로 달성할 수 없는 경우"에 허용된다고 규정하고 있다. 독일 기본법 제14조 제3항의 공공복리의 개념을 보다 구체화하여 수용의 요건을 명확히 규정하고 있는 것이다. 그러한 점에서 볼프(Hans J. Wolff) 교수가 언급한 '규준적 공익'개념이 중요하며, 규범의 제정을 통해 공익개념을 보다 구체화하는 작업이 필요하다.

Ⅵ. 行政法學의 變化와 公益論의 課題

현대행정법학에서는 행정법상 법률관계의 구조도 복잡해지고 있으며, 다원적 법률관계에서 공익과 사익, 공익과 공익 사이의 갈등과 충돌이 발생할 가능성이 높아지고 있다. 또한 '私法'의 형식에 의한 공행정이 증가하고 있어, 공익과 사익이 혼재하는 일도 늘고 있다. 국가는 공익을 실현하기 위한 행정과제를 수행하고 있는데, 이러한 공익은 流水와 같이 행정과정의 전체를 貫流하고 있다. 이러한 공익은 행정과정의 里程標이기도 하다. 그러나 오늘날 공익은 개인이나 단체의 이익과 遊離된 국가공동체나 사회공동체만의 이익을 추구하지 않고, 이러한 이익들

77) 이러한 收用의 요건인 "公共福利"의 개념에 관한 단행본으로는 Michael Frenzel, Das öffentliches Interesse als Voraussetzung der Enteignung, 1978; Hans Schulte, Eigentum und öffentliches Interesse, 1970. 등이 있다.

78) 미국의 경우에는 Kelo v. City of New London 사건(545 U.S. 469)에서 공적 사용의 개념해석이 문제가 되었다. 이에 대해서는 拙著, 전게서, 2143-215면 참조.

과 遭遇하면서 조화를 모색해야 한다. 이러한 현상은 대규모공공사업의 경우에 두드러진다. 최근 일본의 후쿠시마에서 발생한 원전사고로 인해 독일 연방정부는 제2차 원전폐쇄결정을 내린 바 있고, 원전의 안전성에 대한 우려가 높아지고 있다. 이러한 상황에서 방사선폐기물처리장 또는 사용후 핵연료의 저장 또는 처리시설 등의 설치는 국가의 이익과 지방자치단체의 이익, 환경보전, 그리고 지역주민의 권리 등이 서로 충돌할 수 있다. 그러한 측면에서 대립·충돌하는 이익을 조절할 수 있는 법리를 도입해야 한다. 그러한 법리의 하나로 '형량명령'을 들 수 있다. 이러한 형량명령은 명문의 규정이 없어도 법치국가원리에서 파생될 수 있다고 보고 있으나, 이를 국토계획법제에 도입하여 환경이익이나 다른 중요한 공익과 조절할 수 있는 법리로 정착시킬 필요가 있다. 특히 공익이 상대적 우위에 있는 것이 아니라, 관련된 공익과 사익에 대하여 "정당한 형량(gerechte Abwägung)"을 할 수 있도록 규정해야 한다. 독일도 초창기에는 판례를 통해 이러한 법리를 인정하였으나, 지금은 이를 개별법에 명문화하고 있다(독일 건설법전 제1조 제7항). 특히 독일 건설법전 제1조 제6항에서는 고려해야 할 이익들을 매우 상세하게 규정하고 있다.

현대행정법학은 전통적으로 법치국가원리가 강조되었으나 점차 민주주의의 원리가 강조되고 있다. 대륙법계국가인 독일이나 프랑스에서는 법치국가원리가 지배하였으나, 최근에는 유럽법의 영향으로 '민주주의원리'가 강조되고 있는 것이 사실이다. 특히 독일에서는 제2차 세계대전 이후 과거사의 반성으로 인한 역사적 반작용으로 '인권'을 매우 중시하고 행정법의 '주관화'가 강조되었으나, 근래에는 종래의 관료제적 사고에서 탈피하여 대의제에 기초한 민주주의적 모델을 새로이 정립하자는 견해가 유력하다.[79] 이러한 새로운 경향은 '공익론'에 있어서도 예외가 아니다. 공익의 개념은 실체적으로 파악하기가 쉽지 않기 때문에

79) Battis, a.a.O., S. 1332.

'절차'를 통해 반영될 수 있도록 그 제도적 장치를 마련해야 할 필요가 있다.

오늘날 공법의 '私法化' 현상으로 행정법을 비롯한 공법은 그 독자성을 상실할 수 있는 危機의 국면을 맞고 있다. 행정작용의 민영화, 민간위탁 그리고 공사협력(민관협력) 등으로 인해 공법으로서의 독자적 위상이 동요하고 있으며, 공법적 법리도 점차 사법의 도그마틱(Dogmatik)에 의해 침식당할 우려가 있다. 환경법이나 안전기술법 등의 영역에서는 私的인 영역의 自律規制(Selbstregulierung)가 강조되고 있다. 오늘날 독일이나 일본에서는 행정법은 종래 전통적인 법도그마틱의 이해에서 벗어나 '조종학'의 이해에 기초한 새로운 행정법학 방법론이 등장하고 있다. 최근 독일에서는 사회학의 영향을 받아 "操縱學으로서의 行政法學(Verwaltungsrechtswissenschaft als Steuerungswissenschaft)"이 강조되고 있다.[80] 이와 관련하여 독일 연방헌법재판소장 포스쿨레(Voßkuhle) 교수는 새로운 행정법학의 특징을 "(법)적용과 관련된 解釋學(anwendungsbezogene Interpretationswissenschaft)에서 법제정에 정향된 行動(作用)學 및 決定學(rechtsetzungsorientierte Handlungs- und Entscheidungswissenschaft)"으로 발전해야 한다는 점을 역설하고 있다.[81]

이러한 新行政法學(Neue Verwaltungsrechtswissenschaft)의 경향은 행정법학의 새로운 도전인데, 이러한 새로운 시도가 어느 정도까지 성공할 수 있을지 여부는 예단하기 어렵다. 공법으로서의 행정법이 독자적 영역을 유지할 수 있는 소재의 하나는 '공익'개념이다. 공익 그 자체가 행정법학에서 독자적인 법원칙으로 기능할 수 있을지는 미지수이다. 다만, 공익개념은 行政作用의 準則이 될 수 있으며, 행정작용의 위법성 판단과 관련하여 司法審査의 尺度로서 작동하고 있음은 부인할 수 없

---

80) Schmidt-Aßmann, a.a.O., S. 18 ff.

81) Voßkuhle, in: Hoffmann-Riem/Schmidt-Aßmann/Voßkuhle (Hg.), Grundlagen des Verwaltungsrechts, Bd. I, § 1 Rn. 15 ff.

다. 그러나 무엇보다 공익개념의 다의성을 고려하여, 각 분야의 입법과정에서 '規範的' 의미의 공익개념을 정립하는 노력을 경주해야 한다. 이러한 노력은 새로운 行政法學의 挑戰에 대한 應戰이다. 개인의 권리나 이익을 침해할 우려가 높거나 중대하게 침해할수록 공익의 강도는 더욱 높아져야 한다(소위 Je-desto-Regel). 즉 기본권을 제한하거나 침해할 우려가 큰 경우에는 "중대한 공익적 요청", "현저히 중요한 공익" 및 "특별한 공공복리의 필요성" 등과 같이 다양한 유형 또는 다양한 강도의 공익개념을 개발해야 한다. 나아가 이러한 개념을 바탕으로 공익의 중요성이 보다 분명하게 제시되어야 한다. 이러한 요건을 구체적으로 규정할 수 있는 경우에 개인의 권리를 제한하는 행정작용이 형량을 통해 정당화될 수 있다. 따라서 법문에서 공익의 개념이 구체적이고 자세히 규율되고, 그 규정의 해석을 통해 공익개념의 윤곽을 분명히 할 수 있어야 한다. 이러한 과정을 통해 충돌하는 이익을 효율적으로 조정하고, 참여와 협력을 통해 공익과 사익이 조율될 수 있도록 해야 한다. 행정법의 위상변화에도 불구하고 그 독자적 위상을 확보하기 위해 '공익' 개념은 여전히 행정법학의 중요한 話頭임에 틀림없다.

第 3 章

行政法學의 構造變化와 保障行政의 登場

- 특히 生存配慮領域에서의 民營化와 保障責任을 중심으로 -

Ⅰ. 序 論

21세기 초 독일에서는 새로운 國家像 내지 指導形象(Leitbild)의 하나로서 '보장국가론'이 부상하고 있다.[1] 보장국가(Gewährleistungsstaat)는 변천하는 국가의 역할을 상징하는 징표로 이해되고 있다. '보장국가'의 개념은 1998년 Martin Eifert의 法學博士學位論文에서 처음으로 사용되었는데, 그는 보장국가를 "변천하는 국가의 역할에 대한 暗號(Chiffre)"로서 파악하고 있다.[2] 보장국가에서는 국가에 의한 공적 과제의 수행이 아니라 사인에 의해 과제의 수행을 가능하게 하는데, 여기에 고권적으로 설정된 규제적 지침(목표설정, 절차규율, 조직모델 등)이 중요한 의미

1) A. Voßkuhle, Der Dienstleistungsstaat: Über Nutzen und Gefahren von Staatsbildern, Der Staat 40 (2001), S. 498 f.; W. Hoffmann-Riem, Modernisierung von Recht und Justiz: Eine Herausforderung des Gewährleistungsstaates, 2001, S. 15 ff.; Gunnar F. Schuppert, Der Gewährleistungsstaat - modisches Label oder Leitbild sich wandelnder Staatlichkeit?, in: ders. (Hg.), Der Gewährleistungsstaat, 2005, S. 11 ff.; Schoch, Gewährleistungsverwaltung: Stärkung der Privatrechtsgesellschaft?, NVwZ 2008, S. 241.

2) Martin Eifert, Grundversorgung mit Telekommunikationsleistung im Gewährleistungsstaat, 1998, S. 18 ff.; W. Hoffmann-Riem, Das Recht des Gewährleistungsstaates, in: Schuppert (Hg.), Der Gewährleistungsstaat- Ein Leitbild auf dem Prüfstand, S. 89. m.w.N.

를 가진다.[3] 이러한 현상은 인간의 생존에 필요한 기본적 수요의 충족을 위한 전기·수도·가스 등의 제공이나 공급과 같은 전통적인 生存配慮(Daseinsvorsorge)의 영역에 국한되지 아니하고, 환경문제(폐기물처리나 하수처리 등)나 안전문제(항공기안전)에도 영향을 미치고 있다. 독일에서는 우편·통신·고속도로 등 국가의 사회기반시설(Infrastruktur) 등의 영역에서도 이러한 현상을 목격할 수 있다.[4] 보장국가에서는 공적 과제의 수행을 보장하지만, 국가(하부기관 포함)가 스스로 모든 과제를 수행하는 것이 아니라, 제3자(私人)와 서로 협력해서 수행한다는 점이 특징이다.[5] 그러한 '과제완수의 확보'가 보장국가의 핵심이라고 볼 수 있다. 보장국가에서는 사적 주체의 활성화를 특징으로 하고 있는데,[6] 이러한 '사적' 영역의 강화가 소위 私法社會(Privatrechtsgesellschaft)로 전환되는 것은 아닌지에 대해 우려의 시각도 있다. 이러한 영향으로 국내에서도 '보장행정(Gewährleistungsverwaltung)', '보장책임(Gewährleistungsverantwortung)' 등에 관한 논의가 활발하게 전개되고 있다.[7] 생존배려의 개념에 대한 논란과 더불어, 생존배려의 영역에서 보장책임론이 전개되고 있는데, 오늘날 행정법학에서는 이러한 문제를 어떻게 이해해야 하는지에 관하여 상세한 고찰이 요구된다.

특히 생존배려의 영역에서는 종래 국가가 주도하는 '公行政'이 중심을

3) Schoch, a.a.O., S. 241.
4) Schoch, a.a.O., S. 242.
5) Schuppert, in: ders. (Hg.), Der Gewährleistungsstaat (Fn. 1), S. 38.
6) Schoch, a.a.O., S. 242.
7) 金南辰, "보장국가시대의 입법과 관련문제", 학술원통신 제255호(2014. 10. 1), 2-6면; 同人, "자본주의 4.0과 보장국가·보장행정론", 법률신문(2011. 10. 17), 同人, "보장국가의 정착과 구현", 법률신문(2012. 11. 15); 김유환, "민간의 참여와 협력에 의한 행정과 국가의 보장책임", 행정법학 제7호(2014. 9), 1-30면; 김현준, "공공갈등과 행정법학 - 保障國家에서의 갈등해결형 행정법 序說", 서강법학 제11권 제1호(2009. 6), 261-269면; 同人, "행정개혁의 공법적 과제", 공법연구 제41집 제2호(2012. 12), 155-185면; 拙稿, "민관협력(PPP)에 의한 공적과제수행의 법적 쟁점", 공법연구 제37집 제2호(2008. 12), 341-364면; 조태제, "공사협동 시대에 있어서의 보장국가, 보장행정 및 보장행정법의 전개", 한양법학 제23권 제2집(2012. 5), 273-297면; 박재윤, "보장국가론의 비판적 수용과 규제법의 문제", 행정법연구 제41호(2015. 2), 191-212면; 계인국, "보장행정의 작용형식으로서 규제", 공법연구 제41집 제4호(2013. 6), 155-184면 등.

이루었으나, 1990년대에 들어와서 民營化 내지 私化(Privatisierung)[8]가 확대되자 새로운 법적 접근방식이 요구되었다.[9] 국가 주도의 생존배려는 민영화를 통해 사적 주체에 의해 실현되기 시작되었는데, 이와 관련하여 국가의 기능과 역할에 관한 논의가 행정법학에서도 활발히 전개되었다. 국가의 독점사업이었던 생존배려영역이 위임・위탁, 민영화, 공사협력 내지 민관협력(PPP) 등의 방식에 의해 수행됨으로써 공공서비스의 부실 내지 불충분, 공공요금의 인상, 국민의 안전보장 등의 문제가 등장하였다. 생존배려의 民營化(私化)로 인해 공익과 사익이 교착하고 있으며, 공익지향적인 행정이 간과되고 사익추구적인 운영으로 인하여 여러 가지 문제가 발생하기 시작하였다. 이러한 현상은 교통・통신・우편 등 전통적인 공공서비스의 영역뿐만 아니라 도로・공항・수도 등 사회기반시설 분야, 그리고 환경 분야에서도 나타났다. 이에 新自由主義에 기초한 脫規制 내지 규제완화가 아니라, 국가의 規制(Regulierung, regulation)가 오히려 필요하다는 사고가 주목을 받기 시작하였다.[10] 이와 더불어 국가의 책임을 어떻게 다각적으로 파악할 것

---

8) W. Leisner, „Privatisierung" des Öffentlichen Rechts, 2007, S. 54. 한편, 민영화의 개념에 대해서는 다양한 분류가 가능할 수 있다. 그러나 민영화의 정도를 기준으로 대체로 형식적 민영화, 기능적 민영화 및 실질적 민영화로 분류할 수 있다(Jan Ziekow, Öffentliches Wirtschaftsrecht, S. 130 ff.). 그러나 本稿에서 사용하는 '민영화'의 개념은 – 특히 경제행정법의 영역에서 – 국가 또는 공기업 등의 민영화에 제한되지 아니하고, 행정주체의 공적 과제를 사인(사경제주체)에 맡겨 수행하는 것을 망라하는 개념으로 사용하기로 한다. 그러한 점에서 '민영화' 외에 '私化'라는 용어를 병행하여 사용하기로 한다. 독일에서도 'Privatisierung'의 개념을 "공적 과제나 그 수행을 전면적 또는 부분적으로 사적 영역에서 또는 사적 주체에게 이전하는 것"을 의미한다고 보고 있다(Ziekow, a.a.O., S. 130).

9) J. H. Klement, Auf der Suche nach dem öffentlichen Zweck: Kommunale Energiewirtschaft zwischen Daseinsvorsorge und Energiewende, Die Verwaltung 48 (2015), S. 55.

10) 애초에 보장국가라는 용어를 처음으로 사용한 Eifert는 국가 활동의 변화와 관련하여 영미문헌에서 사용되는 '규제국가(regulatory state)'의 개념과 비교하고 있다. 여기에서 英美의 규제국가는 주로 행위형식의 변화와 같이 도구적 차원에 머무르고 있지만, 보장국가는 행위형식과 과제정의를 모두 포괄하고 있다고 보고 있다(Eifert, a.a.O., S. 19). 한편, '제3의 길'을 제창한 영국의 사회학자 앤서니 기든스(A. Giddens)는 유럽연합(EU)이 직면한 경제적 위기를 분석하면서 사회적 모델로서 복지국가가 사회투자국가(social investment state)로 전환되고 있으며, 이러한 사회투자국가에서는 소극적인

인지를 규명하고, 보장책임의 문제를 다각적으로 논의하게 되었다. 本稿에서는 주로 생존배려의 영역에서의 민영화를 중심으로 독일 및 歐洲에서 전개되는 '보장책임론'의 문제를 다루고자 한다. 이하에서는 우선 '생존배려' 개념의 역사적 변천과 현대적 의미, 그리고 민영화를 통한 생존배려의 실현과 문제점을 조망한다(Ⅱ). 이를 바탕으로 생존배려를 특징으로 하는 급부행정에서 보장책임으로 발전하는 과정에서 보장책임의 기본구조(근거, 내용 및 한계 등)를 고찰하도록 한다(Ⅲ). 그리고 행정의 협력이 강조되는 행정법학의 구조변화에 따라 보장책임을 구체적으로 어떻게 실현할 수 있는지 여부에 대해 검토하기로 한다. 특히 보장책임론에 관한 국내학설의 현황과 개별법 분야에서의 보장책임론의 실현가능성을 고찰하기로 한다(Ⅳ).

Ⅱ. 生存配慮의 變遷과 公的 課題의 民營化

1. '生存配慮' 槪念의 誕生과 發展

독일에서 유래된 '생존배려'의 개념은 본래 철학분야에서 인식되기 시작하였으나, 포르스트호프(E. Forsthoff) 교수가 이를 처음으로 법적 개념으로 사용하였다고 보는 것이 일반적이다.[11] 특히 포르스트호프는 생존배려를 급부행정의 핵심개념으로 파악하고 있었다.[12] '생존배려'의 개념은 철학분야에서 그 흔적을 찾을 수 있는데, 헤겔(G. W. F. Hegel)은 이러한 생존배려의 발전에 이론적 초석을 놓았다는 평가를 받고 있다.[13] 그는 자신의 대표저서인 『法哲學基礎(Grundlinien der Philosophie des

복지가 아니라 적극적인 복지로 이전하고 있다고 지적한다(A. Giddens, Turbulent and Mighty Continent, 2014, pp. 92ß 219).

11) Peter Badura, Daseinsvorsorge als Verwaltungszweck der Leistungsverwaltung und der soziale Rechtsstaat, DÖV 1966, S. 625.

12) Forsthoff, Lehrbuch des Verwaltungsrechts, Bd. 1, Allgemeiner Teil, 10. Aufl., S. 370.

13) Matthias Knauff, Der Gewährleistungsstaat: Reform der Daseinsvorsorge, S. 23.

Rechts)』에서 시민사회의 세 가지 요소를 들고 있는데, 그 중의 하나로 모든 시스템에 남는 우연성에 대한 "사전배려(Vorsorge)"를 언급하고 있다.[14] 또한 실존주의 철학자인 칼 야스퍼스(Karl Jaspers)도 『시대의 정신적 상황(Die geistige Situation der Zeit)』이라는 저서에서 생존의 한계와 관련하여, "생존구호(Daseinsfürsorge)"라는 용어를 사용하고 있다.[15] 포르스트호프의 생존배려 개념에 가장 직접적인 영향을 미친 것은 야스퍼스의 철학사상이다. 그는 당시 급속한 산업화와 기술화를 경험하고 있던 시절에 '생존구호'를 생존에 필수적인 수요를 체계적으로 충족시키는 것으로 이해하였다.[16] 그리고 또 다른 실존주의 철학자인 하이데거(Martin Heidegger)도 생존(Dasein)을 사실상 존재하는 것으로 파악하고 있었으며, 존재론적 해석(onthlogische Interpretation)에 의해 '생존'과 '사전배려(Vorsorge)'의 관련성에 주목하고 있었다.[17] 그 밖에 독일의 행정학자인 로렌츠 폰 슈타인(Lorenz von Stein)도 포르스트호프가 사용하기 이전에 행정의 생존배려 기능을 이미 창안하였다고 한다.[18]

이러한 철학적·사상적 논의를 바탕으로 포르스트호프는 생존배려의 개념을 법학분야에서 발전시켰다. 포르스트호프의 '생존배려' 개념은 당시 독일의 혼란스러운 정치적 격동기를 거치면서 다양한 변용을 경험하게 된다. 1920년대에 포르스트호프는 청년보수주의자로서 바이마르공화국에 대한 비판적 입장을 견지하고 있었고, 1933년에는 『全體主義國

14) G.W.F. Hegel, Grundlinien der Philosophie des Rechts, § 188. 여기에서 헤겔은 시민사회의 세 가지 요소로 노동을 통한 개인의 필요와 만족을 매개시켜 필요를 충족시키는 것, 자유의 실현과 권리구제를 통한 재산의 보호를 하는 것, 그리고 모든 시스템에 남는 우연성에 대한 사전배려와 공동의 것으로서 특별한 이익을 보호하는 것을 들고 있다.
15) Karl Jaspers, Die geistige Situation der Zeit, S. 31, 33.
16) Jaspers, a.a.O., S. 41 ff.; Knauff, a.a.O. (Fn. 13), S. 26. m.w.N.
17) M. Heidegger, Sein und Zeit, 9. Aufl., S. 180 ff.
18) 이에 대해서는 Christian-Friedrich Menger, Lorenz von Steins wissenschaftliches Werk, in: Schleswig-Holsteinische Landesregierung (Hg.), Lorenz von Stein, 1966, S. 25 (35); Lorenz von Stein, Handbuch der Verwaltungslehre und des Verwaltungsrechts, Einleitung des Herausgebers 재인용.

家(Der totale Staat)』를 출간하면서 생존배려의 문제를 정치지도자에 전적으로 맡겨 놓으려고 하였다.[19] 그러나 포르스트호프는 1935년부터 나치정권과 거리를 두기 시작하였고, 또한 헌법문제와 결별하고 행정법에 헌신하였다.[20] 그 후 1938년에는 『給付主體로서의 行政(Die Verwaltung als Leistungsträger)』이라는 얇은 단행본을 출간하였는데, 여기에서 처음으로 '생존배려'를 현대행정의 과제로 정의하고 법적 개념으로 발전시켰다.[21] 그는 생존배려가 행정의 과제이며 정치의 문제가 아니라고 보았고, 나아가 국가중심주의(Etatismus)의 입장에서 점차 거리를 두기 시작하였다.[22] 이 당시에 포르스트호프는 산업혁명을 통해 사회적 공간의 변화에 주목하고, 효과적인 생활공간의 확대에 관심을 가지고 있었다. 그는 생존에 필요한 수요를 충족시키지 못하는 흠결을 생존배려를 통해 메울 수 있다고 보고 있었다.[23] 포르스트호프는 1940년 초부터 학문적 활동이 중단되었으나 1952년에 들어와서 하이델베르크(Heidelberg) 대학에 초빙되면서 다시 연구 활동을 재개하였다. 이 당시 그는 자신의 대표적인 행정법교과서(Lehrbuch des Verwaltungsrechts. Bd. I: Allgemeiner Teil)에서 생존배려의 개념을 다시 정비하기 시작하였다. 여기에서 종전과 다소 다른 점은 생존배려의 개념을 제한적으로 정의하려고 노력하지 않았는데 전통적인 헌법상을 따르고 있던 포르스트호프는 생존배려의 개념이 社會國家의 機能(Sozialstaatsfunktion)을 보충한다고 본 것이다.[24] 그는 생존배려의 개념을 전기·수도·운송 등 현실적으로 필요한 급부나 재화에 제한하여 이해하였으나, 나중에는

---

19) Kersten, Die Entwicklung des Konzepts der Daseinsvorsorge, Der Staat 44 (2005), S. 546.
20) Kersten, a.a.O., S. 551 f.
21) Hartmut Maurer, Allgemeines Verwaltungsrecht, 18. Aufl., § 1 Rn. 16a; Carsten Doerfert, Daseinsvorsorge - eine juristische Entdeckung und ihre heutige Bedeutung, JA 2006, S. 317.
22) Kersten, a.a.O., S. 552 f.
23) Knauff, a.a.O. (Fn. 13), S. 38 f.
24) Kersten, a.a.O., S. 556.

경제적・사회적・문화적 영역에서 인간의 의미 있는 생존에 필요한 급부나 재화로 확대하였다.[25] 그리고 포르스트호프는 사회국가를 생존배려의 국가로 이해하였고, 기본권의 해석에 있어서도 생존배려의 정의나 기본권(특히 시민이 참여권) 등을 통해 사회국가적 성격을 강조하였다.[26] 나아가 기본권보장, 의회의 우위, 강력한 사법권의 지위 등을 규정한 독일기본법의 제정에 실망하였고, 1949년에는 다른 헌법의 제정을 원하고 있었다.[27] 포르스트호프는 1871년의 제국헌법의 모델을 염두에 두고 있었다. 또한 反의회주의의 입장을 견지하고 있었으나, 지방자치단체의 생존배려에 무게를 두었다는 점도 특기할 만하다.[28]

한편, 포르스트호프의 '생존배려' 개념은 독일의 학계로부터 신랄한 비판을 받았다. 그 이유는 포르스트호프는 의회주의에 반대하였고, 이러한 그의 사상은 전체주의국가나 권위주의국가의 이론으로 이해될 수 있었기 때문이다.[29] 이와 같이 포르스트호프의 생존배려 개념은 자유주의적 국가관에 일치되지 않았을 뿐만 아니라, '생존배려'의 개념이 법적 개념으로 파악될 수 있는지가 논란이 되었다. 나아가 생존배려 개념의 범위를 어떻게 劃定할 것인지도 難題에 속한다.[30]

2. 유럽연합(EU)법에 있어서 '生存配慮'의 개념

독일 학계의 비판에도 불구하고 '생존배려'의 개념은 오늘날에도 여전히 급부행정의 핵심개념으로 인식되고 있으며, 특히 유럽법의 차원에서도 이 개념이 중요하게 부각되었다는 점이 주목된다. 특히 1996년과 2000년에 유럽집행위원회(Kommission)가 발간한 公報(Mitteilung)의 독일어판에는 "유럽에서의 생존배려의 이행(Leistungen der Daseins-

25) Maurer, a.a.O., § 1 Rn. 16a.
26) Knauff, a.a.O. (Fn. 13), S. 43.
27) Kersten, a.a.O., S. 557.
28) Kersten, a.a.O., S. 558 f.
29) Knauff, a.a.O. (Fn. 13), S. 44.
30) Peter Badura, a.a.O., S. 627 f.

vorsorge in Europa)"이라고 표현되어 있었다.[31] 실제 유럽법에 관한 연구논문 중에는 특히 경제행정법의 분야에서 생존배려와 관련된 논의가 늘고 있음을 확인할 수 있다.[32] 이러한 생존배려의 개념은 유럽연합과 회원국 및 사적 주체 사이에 책임분할의 윤곽을 위해 도입된 것인데, 포르트스호프가 1938년에 주장한 생존배려의 개념에 착안한 것이라고 한다.[33] 그러나 이러한 생존배려의 개념은 포르스트호프가 사용한 개념과는 차이가 있다고 보고 있었으나, 2003. 5. 21. 발간된 유럽집행위원회의 "일반이익 서비스에 대한 녹서(Grünbuch zu den Dienstleistungen von allgemeinem Interesse)"에서는 '생존배려'의 개념을 회피하고 있다.[34] 이 녹서에서 독일의 '생존배려' 개념에 상응하는 프랑스의 '공공서비스(service public)' 개념을 사용하지 않고, '일반이익'의 개념을 사용한 것도 특기할 만하다.[35] 녹서의 제정목적은 공동체 차원에서 공공복리를 지향한 서비스(gemeinwohlorientierte Dienstleistung)의 제공에 관한 기본조건을 논의하기 위함에 있다.

한편, 2009년 발효된 리스본조약에 의해 새로이 제정된 '유럽연합의 기능(작용)에 관한 조약(AEUV; Vertrag über die Arbeitsweise der Europäischen Union, 이하 "유럽연합기능조약"이라 한다) 제106조 제2항 및 제14조에서는 '일반적 경제이익의 서비스(Dienstleistung von allgemeinem wirtschaftlichem Interesse)'라는 용어를 사용하고 있다. 특히 유럽연합기능조약 제14조에서는 "유럽공동체와 회원국은 유럽공동체조

---

31) ABL. C 281 v. 26.09.1996, S. 3; ABl. C 17 v. 19.01.2001, S. 4.

32) Jürgen Schwarze, Daseinsvorsorge im Lichte des europäischen Wettbewerbsrechts, EuZW 2001, S. 334; Wolfgang Weiß, Öffentliche Daseinsvorsorge und soziale Dienstleistungen: Europarechtliche Perspektiven, EuR 2013, S. 669 ff.; Carsten Jennert, Finanzierung und Wettbewerb in der Daseinsvorsorge nach Altmark Trans, NVwZ 2004, S. 425 ff.; J. Henrik Klement, Auf der Suche nach dem öffentlichen Zweck: Kommunale Energiewirtschaft zwischen Daseinsvorsorge und Energiewende, Die Verwaltung 48 (2015), S. 55 ff. (67 ff.).

33) Kersten, a.a.O., S. 566.

34) 이에 대해서는 Jens Kersten, a.a.O., S. 565 f.

35) 한편, 독일의 일부견해 중에는 '일반이익 서비스'의 개념을 프랑스의 '공공서비스'개념을 수정한 것으로 보고 있다(이에 대해서는 Kersten, a.a.O., S. 565 참조).

약의 적용범위의 각 권한 범위 내에서 일반적 경제이익의 서비스가 기능하는 것에 대한 원칙과 조건을 만들어 그 임무를 수행할 수 있도록 배려해야 한다"고 규정하고 있다. 이 조항은 유럽공동체조약(EGV) 제16조에서 규정한 것과 대체로 동일하다. 또한 유럽연합기능조약 제106조 제2항에서는 '일반적 경제이익의 서비스'가 위탁된 '공기업'에 대해서도 원칙적으로 보조금규정, 차별금지규정 등이 적용된다는 규정을 두고 있다. 여기에서 '일반적 경제이익의 서비스'의 개념이 독일의 '생존배려'의 개념과 동일한지 여부가 문제되고 있다. 조약에는 '일반적 경제이익의 서비스'에 관한 정의규정이 없다. 이에 대해 독일의 학설은 대립하고 있다. 일부견해는 '일반적 경제이익의 서비스'와 '생존배려'가 매우 친밀하고 가까운 것으로 보고 있다.[36] 즉 2003년 발간된 유럽집행위원회의 "일반이익 서비스에 대한 녹서"에서는 유럽공동체조약의 '일반적 경제이익의 서비스'에서 '경제적(wirtschaftlich)'이라는 부분을 포기하였는데, 이는 지금까지 특정한 유럽공동체법을 통해 규율하는 범위를 넘어서는 것을 포함하고 있다고 보고 있다. 또 다른 견해는 유럽연합기능조약 제106조 제2항에서 언급한 '기업'의 범주는 독일의 생존배려 영역이나 프랑스의 공공서비스의 개념과 밀접한 관련을 가진다고 보고 있다.[37] 이에 반해 유력한 견해는 '일반적 경제이익의 서비스'를 "시장과 관련된 활동"으로만 파악하고, 여기에 에너지공급, 교통서비스, 통신, 우편, 방송, 수도공급, 폐기물처리 등이 속한다고 보고 있다.[38] 이 견해는 '생존배려'에는 시장과 관련되지 않은 활동(예컨대 치안, 사법행정

---

36) Reiner Schmidt, Liberalisierung der Daseinsvorsorge, Der Staat 42 (2003), S. 228 f.; Knauff, Das Grünbuch der Kommission über Dienstleistungen von allgemeinem Interesse, EuZW 2003, S. 453. 국내에서도 이러한 견해에 찬동하는 견해가 있다. 즉 "국가가 국민 일반에 대하여 서비스를 제공하는 기능을 한다는 점에서는 양자의 개념이 거의 흡사하다고 볼 수 있다"는 견해가 그러하다(길준규, "포르스트호프의 생애와 생존배려사상", 공법연구 제37집 제4호, 2009. 6, 277면 각주 84).

37) Thomas Oppermann, Europarecht, 3. Aufl., § 15 Rn. 36; Matthias Herdegen, Europarecht, 16. Aufl., 2014, § 22 Rn. 41.

38) Pernice/Wernicke, in: Grabitz/Hilf (Hg.), Das Recht der Europäischen Union, Art. 16 EGV, Rn. 2.

등)도 포함될 수 있어 행정에 특정한 공익적 의무를 부과할 수 있다고 보고, '일반적 경제이익의 서비스'와 '생존배려'는 서로 구별된다고 보고 있다.[39] 그 밖에 독일의 '생존배려'와 프랑스의 '공공서비스' 개념이 유럽연합기능조약 제106조 제2항이나 제14조에서 규정한 '일반적 경제이익의 서비스' 개념보다 넓다고 보는 견해도 있다.[40]

3. 生存配慮의 現代的 意味와 再解釋

생존배려의 개념은 여전히 독일 공법학의 문헌에서 자주 사용되고 있다. 그러나 위에서 살펴본 바와 같이 19세기 후반 급부국가 내지 사회적 법치국가를 바탕으로 탄생한 '생존배려'의 개념을 법적 개념으로 파악할 수 있는지에 대해 견해가 대립하고 있다. 또한 포르스트호프의 생존배려 개념은 자유민주주의의 관점에서 볼 때 적지 않은 문제점을 가지고 있다. 이러한 포르스트호프의 이론은 오토 마이어(Otto Mayer)나 발터 엘리네크(W. Jellinek) 등 전통적인 자유주의적 행정법이론에 도전하기 위한 것으로 이해되고 있다. 당시 자유주의적 행정법이론에서는 행정의 경제적 활동 등 국고작용은 행정법학의 범주 밖에 있었으나, 포르스트호포의 이론은 생존배려를 통한 집행부의 작용을 행정법의 영역으로 견인할 수 있었다.[41] 그러나 포르스트호프의 이론이 반(反)의회주의에 근거하고 있었고, 포르스트호프가 국가사회주의(Nationalsozialismus)에 협력한 전력 때문에 독일의 공법학계는 포르스트호프의 '생존배려' 개념에 대해 신랄한 비판을 하고 있는 것이 사실이다. 최근 유럽연합(EU)법에서도 근래에는 이러한 점을 의식하여 '생존배려' 개념 대신에 '일반이익 서비스'라는 개념으로 대체하고 있다. 유럽법에서 '일반적 경제이익의 서비스', '일반적 이익의 서비스' 등의 개념이 사용되고 있는데, 독일식 '생존배려'와 동일한 개념인지 여부에 관한 논란은 계속될

---

39) Pernice/Wernicke, in: Grabitz/Hilf (Hg.), a.a.O., Art. 16 EGV, Rn. 2.
40) Oppermann/Classen/Nettesheim, Europarecht, 6. Aufl., § 21 Rn. 46.
41) 이에 대해서는 金南辰, 行政法의 基本問題, 신판, 802-804면.

수 있다. 비록 양 개념이 완전히 일치하기는 어렵다고 하더라도 상당한 부분에 있어서 중첩적인 것은 부인할 수 없다. 포르스트호프가 급부행정의 이론적 바탕이 되는 생존배려의 개념을 법학에서 처음 사용하였고, 이 개념의 형성과 발전에 큰 영향력을 미친 것은 부인하기 어렵다. 그러나 그의 이론은 애초에 국가사회주의의 사상적 토대를 제공하였고, 자유주의적 국가관이나 의회민주주의에 배치된다는 점은 부인하기 어렵다. 오늘날 독일의 공법학자들도 그와 거리를 두고 생존배려의 개념을 새롭게 해석하고 재조명하고 있는 것이 사실이다. 또한 생존배려의 개념은 독일 공법학에 있어서 — 특히 급부행정의 영역에 있어서 — 여전히 중요한 위치를 차지하고 있으며, 유럽법의 차원에서도 생존배려의 개념을 대입하고 있다. 그리고 독일뿐만 아니라 유럽연합에서도 경제분야 중 생존배려의 영역에서 국가가 어떠한 역할을 해야 하는가는 계속해서 중요한 정치적 쟁점의 하나가 될 것임에 분명하다.[42]

생존배려의 개념은 연혁적으로도 헤겔을 비롯하여 야스퍼스 등 독일의 철학사상을 배경으로 탄생된 것이다. 생존배려를 법적 개념이 아니라 사회학적 개념으로 이해하는 견해도 그러한 점에서 수긍할 수 있다.[43] 따라서 '생존배려'의 개념은 포르스트호프의 이론에 제한될 이유가 없으며, 현대적 의미로 재해석될 수 있다. 적어도 생존배려는 역사적으로 독일 공법학에 터전을 둔 급부행정의 대명사로 이해되기에 충분하다. 오토 마이어(Otto Mayer)는 프랑스의 공공서비스개념에서 '영조물(Anstalt)' 개념을 창안하였으나, 생존배려의 개념은 급부행정에 있어서 '영조물'의 개념보다 개방적이고 '열린' 개념으로 파악할 수 있다.[44] 생존배려는 오늘날 프랑스의 '공공서비스(service public)'에 상응하는 독일 공법학의 고유한 개념으로 이해할 수 있다.[45] 다만, 이러한

42) Oppermann/Classen/Nettesheim, a.a.O., § 21 Rn. 40.
43) Ossenbühl, Daseinsvorsorge und Verwaltungsprivatrecht, S. 517.
44) D. Scheidemann, Der Begriff Daseinsvorsorge: Ursprung, Funktion und Wandelungen der Konzeption Ernst Forsthoffs, Göttingen/Zürich 1991, S. 53; Knauff, a.a.O. (Fn. 13), S. 46. m.w.N.

생존배려의 개념은 포르스트호프가 주장한, 국가가 주도하는 공적인 손의 급부나 영조물에 국한되는 것은 아니며, 사인에 위탁하거나 민영화나 민관협력 등을 통해 실현될 수 있는 것으로 볼 수 있다. 근래에 생존배려영역에서의 民營化(私化)는 擴大一路에 있다. 이 때문에 독일에서는 "公法과의 訣別(Abschied)"에 관한 우려가 높지만, 이러한 현상을 두고 공법학의 후퇴(Rückzug)로 단정하기는 이르다. 독일의 유력한 견해는 공적 과제가 사라지거나 공적 과제가 '사화'되는 것도 아니며, 새로운 협력의 방식으로 통합될 것이라고 분석하고 있다.[46] 이와 관련하여 전 연방헌법재판소 재판관 디터 그림(Dieter Grimm) 교수는 공법의 正體性(Identität)에 관해 자세히 논구하고 있다. 여기에서 그는 공권력(öffentliche Gewalt, public authority)이 초창기 공법의 중요한 특징이라고 전제하면서, 오늘날에는 "지배력행사(Herrschaftsausübung)"라고 표현되고, 이러한 '지배력'의 개념이 국가가 아닌 다른 주체(예컨대 사경제주체)에게로 확대되어야 한다고 보고 있다.[47] 그러나 그림(Grimm) 교수는 결론에서 독일의 전통적인 공법과 사법의 구분에 기초한 문화와 전통이 있는 한, 지배력과 관련된 '법' 소재의 지붕으로서 공법을 옹호하고 있다.[48] 한편, 포르스트호프는 생존배려의 영역에서는 공법과 사법이 어느 정도 교차할 수 있다고 보고 있었다.[49] 그가 독일 기본법에서도 생존배려가 산업화·기술화의 과정을 통해 행정에 부여된 것이지

45) 한편, 독일의 '생존배려' 개념과 프랑스의 '공공서비스' 개념이 일치하는지에 대하여 논란이 있는데, 유력한 견해는 독일의 생존배려 개념이 급부행정에 제한되는데 반해, 프랑스의 공공서비스 개념은 급부행정뿐만 아니라 침해행정을 포함하는 개념으로 파악하고 있다. 이에 대해서는 Kay Waechter, Verwaltungsrecht im Gewährleistungsstaat, S. 90 참조.

46) Thomas Vesting, Zwischen Gewährleistungsstaat und Minimalstaat: Zu den veränderten Bedingungen der Bewältigung öffentlicher Aufgaben in der „Information- oder Wissensgesellschaft", in: Hoffmann-Riem/Schmidt-Aßmann (Hg.), Verwaltungsrecht in der Informationsgesellschaft, S. 119.

47) D. Grimm, Das Öffentliche Recht vor der Frage nach seiner Identität, 2012, S. 66.

48) D. Grimm, a.a.O., S. 72.

49) Forsthoff, a.a.O., S. 368, 410.

만 유일한 공법의 사무만은 아니라고 보았고, 경제활동이 아니라 여전히 '공행정'의 영역에 속한다고 보고 있었음은 주목된다.[50] 오늘날 사인에 의한 공적 과제의 수행, 즉 공적 과제의 '私化'는 필연적인 점도 있으나, 여기에는 여러 가지 문제가 수반되고 있는 것이 사실이다.

4. 民營化를 통한 生存配慮의 實現과 問題點

20세기 후반에 들어와서 독일을 비롯한 歐洲에서는 '작은 국가(schlanker Staat)', '자유화', '민영화', 그리고 '유럽화(Europäisierung)' 등 변화의 바람이 불었고, 이에 생존배려의 영역도 큰 타격을 받아 새로운 위기에 직면해 있는 것이 사실이다.[51] 이와 관련하여 프란치우스(C. Franzius)는 자신의 교수자격논문(Habilitionsschrift)에서 "生存配慮의 改造(Umbau der Daseinsvorsorge)"라고 표현하고 있다.[52] 종래 생존배려의 영역을 중심으로 한 급부행정은 국가에 의해 주도적으로 수행되었으나, 국가나 공기업 등이 수행하는 공적 과제는 경직되고 관료화된 조직과 비효율적인 운영으로 인해 공공서비스의 질이 저하되었다. 이에 행정주체의 부담경감, 전문적・기술적 지식의 필요성, 그리고 재정조달 등의 이유로 국가 등 행정주체의 사무가 점차 사경제의 주체에게 위탁되고 있는 것이 사실이다.[53] 그러나 행정과제의 '민영화' 내지 '사화'로 인해 생존배려가 실현되는 것이 아니라, 수수료나 공공요금의 인상과 같은 부작용 내지 역기능을 초래하기도 한다.[54] 민영화를 통한

---

50) 이에 대해서는 Knauff, a.a.O. (Fn. 13), S. 41.

51) Doerfert, a,a.O., S. 317.

52) C. Franzius, Gewährleistung im Recht, 2007, S. 364.

53) Wolff/Bachof/Stober, Verwaltungsrecht, Bd. 3, 5. Aufl., § 90 Rn. 2. 그 밖에 민영화의 목적으로서 사경제주체의 공(公)서비스섹터의 구축 및 확대, 민주적 정당성의 증대 등을 제시하기도 한다. 이 가운데에서 사경제주체의 서비스섹터의 구축 및 확대는 양질의 노동력을 새로이 창출하기 위해 필요하다고 보고 있다. 이에 대해서는 Voßkuhle, Neue Verwaltungsrechtswissenschaft, in: Hoffmann-Riem/Schmidt-Aßmann/Voßkuhle (Hg.), Grundlagen des Verwaltungsrechts, Bd. 1, § 1 Rn. 59 참조.

54) 특히 '안전' 분야의 민영화는 독일에서는 논란의 대상이 되고 있으며, 완전한 실체적 민

생존배려는 법률유보나 법치국가원리의 관점에서도 심각한 문제점을 노정하고 있다. 무엇보다 사경제주체에게 공적 과제를 위탁하는 경우에 그 법적 근거가 불확실하여 공법적 규제나 司法的 統制를 하는 것이 어려운 경우도 있다. 나아가 경우에 따라서는 '私法으로의 逃避'를 허용할 수도 있다. 독일에서는 질서행정이나 급부행정 외에 '보장행정'이 새로운 행정의 영역으로 부상하였다. 즉 국가가 생존배려의 활동을 수행해 왔으나, 보다 효율적으로 공적 과제를 수행하기 위해 이를 사경제의 영역에 맡기면서 一般公衆의 이익을 위해 필요한 경우에는 적절한 조치를 강구하여 사기업이 충분하고 적절한 방식으로 공적 과제를 수행하도록 하는 것이다.[55] 이러한 행정을 소위 '보장행정'이라고 한다.

Ⅲ. 生存配慮와 保障責任

1. '給付行政'에서 '保障責任'으로의 발전

오늘날 급부행정의 주체로서 국가가 주도하거나 공기업에 의한 생존배려는 점차 퇴각하고, 생존에 필요한 서비스나 급부의 공급에 대한 규제나 감독이 중요한, 소위 '보장책임'이 강조되고 있다.[56] 보장행정의 등장과 발전은 행정법학에 있어서 간과할 수 없는 사실이며, 점차 중심적 논제가 되고 있다. 독일을 비롯한 歐洲에서는 생존배려에 근거한 급부국가가 점차 '보장국가'로 옮겨가고 있는 것이다.[57] 행정법학은 더 이상 국가나 행정에 의한 공적 과제의 수행에 제한되지 아니하고, 사경제주체와 행정의 협력이 요구된다. 그러나 생존배려의 영역이 '사법'의 형

영화는 허용되기 어렵다는 견해가 유력하다(R. Stober, Privatisierung öffentlicher Aufgaben, NJW 2008, S. 2301 ff. (2308)).

55) Maurer, a.a.O., § 1 Rn. 16b. 특히 독일의 대표적인 행정법교재인 Maurer 교수의 교재에서도 행정의 과제와 목표설정에서 종래의 행정 유형 외에 '보장행정'을 추가하고 있음은 주목할 사실이다. 이러한 사실은 一般行政法(總論)의 영역에서도 '보장행정'에 대한 관심이 높아지고 있음을 의미한다.

56) P. Badura, Wirtschaftsverfassung und Wirtschaftsverwaltung, 2. Aufl., Rn. 148 f.

57) Schoch, a.a.O., S. 243.

식에 의해 실현되는 경우에도 국가의 스마트한 '규제'는 더욱 필요하게 될 것이다. 이러한 규제는 고권적이고 일방적인 규제가 아니라 사경제 주체의 자율적 규제를 전제로 한다. 따라서 이러한 규제를 '과잉규제'로 이해하여서는 아니된다. 그러한 점에서 보장행정에서는 "規制된 自律規制(regulierte Selbstregulierung)"가 강조되며,[58] 보장행정은 규제행정(Regulierungsverwaltung)이기도 하다.[59] 특히 독일 연방헌법재판소장인 포스쿨레(A. Voßkuhle) 교수는 "규제된 자율규제"를 문제해결의 핵심개념(Schlüsselbegriff)이라고 보고 있다.[60] 따라서 보장국가에서는 국가의 규제가 중요한 역할을 수행하기 때문에 "순수한 私法國家"로 돌아갈 수 없고, 또한 '최소국가(Minimalstaat)'의 모습을 띠고 있다고 보기도 어렵다.[61]

국가의 규제와 사적 부문의 자율적 규제는 서로 조화를 이룰 수 있도록 해야 한다. 보장국가에 있어서 국가는 모든 법을 스스로 제정하는 것이 아니라 제3자(사경제주체)로 하여금 '공익친화적인' 법제정을 하도

58) Matthias Schmidt-Preuß, Verwaltung und Verwaltungsrecht zwischen gesellschaftlicher Selbstregulierung und staatlicher Steuerung, in: VVDStRL, Bd. 56 (1997), S. 160 ff. (169). 이러한 自律規制의 대표적 사례는 환경법 분야이다. 예컨대 기업 내의 자율적 감시나 環境監査(Umwelt-Audit), 또는 規範代替的 契約(normersetzende Verträge) 등이 여기에 해당한다(상세는 Schmidt-Aßmann, in: Die Verwaltung, Beiheft 4/2001, S. 256 참조).

59) Franzius, Vom Gewährleistungsstaat zum Gewährleistungsrecht, in: Schuppert (Hg.), Der Gewährleistungsstaat, S. 61; Schulze-Fielitz, Grundmodi der Aufgabenwahnehmung, in: Hoffmann-Riem/Schmidt-Aßmann/Voßkuhle (Hg.), Grundlagen des Verwaltungsrechts, Bd. 1, § 12 Rn. 57 ff.

60) Voßkuhle, Regulierte Selbstregulierung - Zur Karriere eines Schlüsselbegriffs, in: Regulierte Selbstregulierung als Steuerungskonzept des Gewährleistungsstaates, Die Verwaltung, Beiheft 4/2001, S. 197 ff.

61) Schoch, a.a.O., S. 247. 한편, 국내학설 중에는 보장국가가 '작은 국가'를 지향한다고 보면서도, 사경제에 대한 국가의 간섭은 오히려 더 증대하였다고 보는 견해도 있다(김현준, "공공갈등과 행정법학", 264면). 그러나 보장국가는 '작은 국가'에 정렬될 수 없고(계인국, 전게논문, 167면), 보장국가에서는 규제의 양적 증대나 강화보다는 사적 주체의 자율적 규제를 바탕으로 한 국가의 '규제'나 '조종'이 보다 중요하다. 또 다른 견해도 보장국가론이 '복지국가'나 '최소국가'에 대립되는 국가개혁의 모델이라고 지적하고 있다(박재윤, 전게논문, 198면). 독일의 유력설도 '작은 국가'와 '보장국가'가 원칙적으로 상반된 것은 아니지만 많은 영역에서 상반되고 있고, '작은 국가'에서는 실질적 민영화가 가능하다고 보고 있다(Knauff, a.a.O. (Fn. 13), S. 69).

록 보장하는 것이다.[62] 국가의 보장책임은 사적 주체에게 자율적 규제를 완전히 맡겨 놓는 것이 아니라, 입법자의 골격지침이나 법률의 규율범위 등을 통해 국가 외의 사경제주체가 공익친화성을 확보하는 것이다.[63] 이것이 바로 '규제된' 자율적 규제의 내용이고, 보장국가의 법제정시스템에 있어서 핵심적 요소이다. 오늘날 "협력적 법창출(kooperative Rechtserzeugung)"[64]이 강조되는 것도 그러한 이유에서이다.

보장국가의 모델에서는 "사적 세력의 활성화"[65]가 특징인데, 생존배려의 영역에서 공적 과제의 실현을 위해서는 공익을 보장하는 규율구조를 구축할 필요가 있다. 이와 관련하여 쇼흐(Friedrich Schoch) 교수는 보장국가의 가장 큰 매력이 "국가의 영역과 경제적 · 사회적 영역의 조합(Kombination)"에 있으며, 이를 통해 국가의 과도한 부담, 국가재정의 과도한 요구, 부가적인 관료주의의 해체 및 행정의 집행결함 증가, 그리고 국가의 새로운 지식이나 정보 부족 등의 제 문제를 피할 수 있다고 보고 있다.[66] 나아가 그는 사경제주체에 의한 주도권(Initiative)이나 혁신, 고객에 대한 사경제주체의 친근성과 탄력성 등이 활용될 수 있다는 장점도 가진다고 강조하고 있다.[67] 이러한 보장국가론은 대표적인 규제행정의 하나인 통신법 분야에서 중요한 의미를 가지고 등장하였다.[68]

2. 保障責任論의 展開와 特徵

(1) 보장책임에 관한 논의를 전개하기 위해서는 그 법적 근거를 살펴볼 필요가 있다. 독일기본법 제87f조 제1항에서는 우편 및 통신행정과

62) Schuppert, in: ders. (Hg.), Der Gewährleistungsstaat (Fn. 1), S. 35.
63) Schuppert, in: ders. (Hg.), Der Gewährleistungsstaat (Fn. 1), S. 36.
64) Schuppert, in: ders. (Hg.), Der Gewährleistungsstaat (Fn. 1), S. 37.
65) Schoch, a.a.O., S. 242.
66) Schoch, a.a.O., S. 242.
67) Schoch, a.a.O., S. 242.
68) Eifert, a.a.O., S. 139 ff.; Franzius, Vom Gewährleistungsstaat zum Gewährleistungsrecht in: Schuppert (Hg.), Der Gewährleistungsstaat, S. 55.

관련하여 보장행정의 헌법적 근거를 두고 있다. 여기에서 "연방참사원의 동의가 필요한 연방 법률의 척도에 따라 연방은 우편 및 통신의 영역에서 전 영토에 걸쳐 상당하고 충분한 서비스를 보장해야 한다"고 규정하고 있다. 이 규정은 생존배려의 급부와 관련된 패러다임의 변화로서, "사회국가성이나 경제헌법의 변화"로 이해하고 있다.[69] 여기에서 "상당한"이란 공공서비스의 '질'을 의미하고, "충분한"이란 공공서비스의 '양'을 의미한다.[70] 그러나 '보장'의 개념은 모호하기 때문에 그 구체적인 보장의 의무는 입법자의 형성여지(입법재량)에 맡겨져 있고, 연방의 법률을 통해 구체화될 수 있다.[71] 이 규정은 우편·통신에 대한 기본공급에 관한 내용이지, 최적의 사회기반시설 확대를 의미하는 것은 아니다.[72] 보장행정의 구체적 사례로는 철도(Bahn), 우편, 통신 등이 있다. 종래 독일에서는 철도를 행정청의 형식으로 수행하였으나, 철도개혁에 의해 1993년 독일 기본법 제87e조에 최소한의 지분 매각을 규정하여 형식적 민영화의 의무를 규정하고 있고, 연방의 철도를 사경제주체가 사법의 형식으로 운영할 수 있도록 규정하고 있다(동조 제3항). 또한 기본법 제87e조 제4항에서는 보장책임을 확정하고 있는데,[73] 이 규정은 대체로 정치적 책임뿐만 아니라, 비록 모호할지라도 법적 의무를 규정한 것으로 이해하고 있다.[74] 그리고 우편 분야에서도 1994년 우편개혁(Postreform) II 에 의해 독일 기본법 제87f조에 보장책임이 규정되었다. 1989년에 들어와서 우편개혁 I 에 의해 독일 연방우정국(Deutsche Bundespost)은 우편서비스(Postdienst), 우체국은행(Postbank), 통신(Telekom)으로 구분되었으나, 우편개혁 II 에 의해 세 공기업을 민영화(형식적 민영화)시켰다.[75] 유력설은 전기 분야에서 보장책임의 헌법적 근거를

69) Möstl, in: Maunz/Dürig, GG, Art. 87 f Rn. 73.

70) Jarass/Pieroth (Hg.), GG, 10. Aufl., Art. 87 f, Rn. 4.

71) Jarass/Pieroth (Hg.), a.a.O.; Reinhard Ruge, Die Gewährleistungsverantwortung des Staates und der Regulatory State, 2004, S. 177.

72) BT-Drs. 12/7269.

73) Ruge, a.a.O., S. 175.

74) Pieroth, in: Jarass/Pieroth, GG, Art. 87e Rn. 7.

국가목표조항으로 사회국가원리(독일기본법 제20조 제1항)와 환경국가원리(독일기본법 제20a조), 인간의 존엄(기본법 제1조), 기본권조항, 입법권한(기본법 제74조 제1항) 및 행정권한(기본법 제83조 이하) 등에서 찾고 있다.[76]

(2) 보장책임은 '책임분할'을 특징으로 하는데, 이러한 책임분할은 공익책임의 분할가능성을 요건으로 하고 있다.[77] 이러한 점은 종래 국가가 공익을 독점하던 것과 차이가 있으며, 사인에 의해 공적 과제를 수행하는 경우에도 공익을 추구할 수 있음을 의미한다. 즉 공행정이 공익의 실현을 모두 독점하는 것은 아니라는 견해가 유력하다.[78] 공적 과제의 수행과 관련된 행정책임은 완수책임(Erfüllungsverantwortung), 예비책임(Auffangverantwortung) 및 보장책임 등으로 구분되고 있다.[79] 완수책임은 국가(하부기관 포함)가 법률의 집행을 비롯한 기타 행정목적의 실현을 위해 자신에 부여된 권한과 의무를 가지고 행정사무를 스스로 수행하고, 그 공적 과제의 완수에 대해 책임을 지는 것이다. 이에 반해 예비책임은 완수책임의 대척점에 서 있는데, 행정의 저장기능(Reservefunktion)을 위해 인정되는 것이다. 즉 민영화된 생활영역에서 사인이 공적 과제를 전혀 수행하지 않거나 제대로 수행하지 못하는 경우에 작동하게 된다.[80] 이러한 예비책임은 "잠재적인 완수책임"으로 이해된다.[81] 그리고 보장행정의 핵심인 '보장책임'은 완수책임과 예비책임의 중간영역에 속하는데, 국가가 스스로 과제를 수행하는 것이 아니라 사인에 의한 과제수행이 공익(공공복리)을 추구하는 목적과 일치하는지 여부

75) Ruge, a.a.O., S. 177.
76) Ruge, a.a.O., S. 218 ff.
77) Schuppert, in: ders. (Hg.), Der Gewährleistungsstaat, S. 23.
78) Schmidt-Aßmann, Das allgemeine Verwaltungsrecht als Ordnungsidee, 2. Aufl., S. 151.
79) 이하의 행정책임의 유형에 대해서는 Schuppert, in: ders. (Hg.), Der Gewährleistungsstaat, S. 25 f.; Schoch, a.a.O., S. 244 참조.
80) 완수책임을 "이행책임"으로, 예비책임을 "보충책임"이라고 부르는 견해도 있다(박재윤, 전게논문, 195면).
81) Ruge, a.a.O., S. 173.

를 확인하고 조정하는 책임이다. 그 밖에 국가의 통일 내지 공동체의 통합 등의 관점에서 이른바 사회기반시설책임(Infrastrukturverantwortung)이 소개되고 있는데, 이러한 사회기반시설책임은 보장책임으로 이해되고 있다.[82] 보장책임에서는 국가가 법률의 범위 내에서 사인이 공적 과제의 수행에 있어서 공공복리(공익)를 정향하도록 알려주고 조정하는 것이 중요한 의미를 가진다. 따라서 오늘날에는 "조종학으로서의 행정법학(Verwaltungswissenschaft als Steuerungswissenschaft)"이 부각되고 있는데,[83] 보장행정은 이러한 '조종학'의 논의와도 밀접한 관련이 있다. 이와 관련하여 사경제주체의 개입이 강화될 경우 국가의 조종력이 상실될 수 있다는 비판이 있을 수 있으나, 이 경우에도 국가는 '결과보장'에 대한 의무를 진다.[84] 바두라(Badura) 교수는 오늘날 보장책임이 점차 급부책임이나 완수책임을 대체하고 있다고 보고 있다.[85]

(3) 보장행정은 전술한 바와 같이 규제행정법이라고 이해되며, 규제가 중요한 역할을 하고 있다. 그러나 보장행정법에서 규제는 자유를 제한하는 것이 아니라 자유를 보호하고 가능하게 하는 것으로 보고 있다.[86] 쇼흐(F. Schoch) 교수는 규제행정법의 특징을 열거하고 있다. 즉 규제행정법에는 공법의 행위형식과 사법의 형성수단이 혼재되어 있을 뿐만 아니라, 사인에 의한 급부제공의 '질'과 '결과'를 보장하는 도구를 포함하고 있다. 또한 민간부문에서 협력파트너의 자격과 선발에 대한 절차를 설정하고 제3자(경합자, 소비자, 이용자 등)의 보호를 위한 규정을 마련하고 있으며, 유도 및 통제 도구를 준비하고 있다고 한다. 나아가

---

82) Georg Hermes, Gewährleistungsverantwortung als Infrastrukturverwaltung, in: Schuppert, (Hg.), Der Gewährleistungsstaat (Fn. 1), S. 35; Ruge, a.a.O., S. 174. m.w.N.

83) Ivo Appel/Martin Eifert, Das Verwaltungsrecht zwischen klassischem dogmatischen Verständnis und steuerungswissenschaftlichem Anspruch, VVDStRL 67 (2007), S. 226-333; Schmidt-Aßmann, Das allgemeine Verwaltungsrecht als Ordnungsidee, S. 18 ff.

84) Schoch, a.a.O., S. 245 m.w.N.

85) Badura, a.a.O., Rn. 149.

86) Schoch, a.a.O., S. 245.

사인에 의한 공적 과제의 수행이 제대로 이루어지지 않는 경우에는 효과적으로 국가의 사업의 회수를 선택할 권리, 즉 사업회수권(Rückholoptionen)을 가지고 있다고 한다.[87] 그 밖에 보장행정법의 주요한 도구로서 기능적 민영화, 보편적 서비스(Universaldienste)의 모델, 재정적 조정, 공과금, 신용 및 공증 등을 열거하고 있다.[88]

한편, 슈페르트(Gunnar Folke Schuppert)는 보장행정론의 발전에 견인차 역할을 하였는데, 보장국가에 있어서 행정은 사인이 공익에 기여할 수 있도록 설정하여 그 과제수행을 확실히 하는 것이라고 보고 있다. 그는 "과제수행의 확보(Sicherstellung der Aufgabenerfüllung)"가 바로 '보장(Gewährleistung)'이라고 강조한다.[89] 슈페르트도 보장국가에서 '규제'가 필요하다고 이해하면서, 이러한 규제가 규제완화가 아니라 "再規制(Re-Regulierung)"라고 강조하고 있다.[90] 또한 제3자에 대한 지침을 통해 공사협력 내지 민관협력(PPP)의 경우에는 수행과정 전체의 규제와 감독이 필요하다고 보고 있다.[91] 따라서 보장책임의 효과적인 수행을 위해서는 규제를 위한 적합한 조직과 인적 자원, 평가시스템, 그리고 법이나 재정지원시스템 등이 필요하다.[92] 그리고 슈페르트는 보장행정에서 직업공무원제도를 폐지하는 것이 아니라 강화해야 한다고 보고 있다. 즉 국가의 '조종'을 효율적으로 수행하기에 적합한 국가의 인적 조직이 필요하다고 보고 있다.[93] 그 밖에 포스쿨레(Voßkuhle) 교수는 보장행정법 도그마틱(Dogmatik)의 기초 내지 초석으로서 결과보장, 사적 행위자(서비스를 제공하는 사경제주체)의 선발과 자격(전문성, 신뢰성 및 이행을 위한 자산 등), 제3자의 보호, 誘導(Lenkung)와 統制, 평가와 학습, 그리고 효과적인 국가의 사업회수권 등을 소개하고 있다.[94]

87) 이에 대해서는 Schoch, a.a.O., S. 245.
88) Schoch, a.a.O., S. 247.
89) Schuppert, in: ders. (Hg.), Der Gewährleistungsstaat, S. 38.
90) Schuppert, in: ders. (Hg.), Der Gewährleistungsstaat, S. 39.
91) Schuppert, in: ders. (Hg.), Der Gewährleistungsstaat, S. 39.
92) Schuppert, in: ders. (Hg.), Der Gewährleistungsstaat, S. 41 ff.
93) Schuppert, in: ders. (Hg.), Der Gewährleistungsstaat, S. 46 ff.

3. 保障責任의 限界 및 問題點

보장책임에 있어서도 '적법성통제'의 문제는 그대로 고수되어야 하며, 급부를 제공하는 사경제주체도 이러한 점을 존중하여야 한다.[95] 보장책임에 대한 비판적 견해는 '법률유보'가 아킬레스건이라고 지적한다.[96] 종래 급부행정에서도 법률유보원칙의 적용여부가 문제되고 있다. 즉 19세기 입헌주의에서는 침해유보설이 유력하였고, 급부행정의 영역에는 법률유보의 원칙이 적용되지 않았다. 그러나 20세기 사회적 법치국가에서는 침해유보설은 진부한 이론으로 여겨졌고, 모든 국가영역으로 법률유보원칙이 확대되어야 한다는 전부유보설이 등장하였다. 그러나 이러한 전부유보설은 비현실적인 것으로 비판을 받게 되었다. 근래에는 본질성설 내지 본질사항유보설이 유력해지고 있는 상황인데, 급부행정에 반드시 법률의 근거가 필요한지에 대해서는 논란이 있다. 독일 연방행정법원은 보조금과 관련하여 예산에 근거한 경우에 의회의 의사표시가 있는 것으로 보아 가능하다고 보고 있다.[97] 다만, 이러한 급부행정이 평등의 원칙이나 신뢰보호의 원칙 등의 관점에서 다른 제3자의 권리를 침해할 수 있는 경우에는 법률유보의 원칙이 적용되어야 한다. 한편, 독일에서는 소위 "규제된 자율적 규제"와 관련하여 制度的 法律留保(institutioneller Gesetzesvorbehalt)가 논의되고 있다. 즉 자율적 규제시설에 대한 재정적 지원을 하는 경우에 제3자의 기본권을 제약하게 되는데, 이를 사실상 기본권 침해에 해당한다고 보고 있다.[98] 일본에서도

---

94) Voßkuhle, Beteiligung Privater an der Wahrnehmung öffentlicher Aufgaben und staatliche Verantwortung, in: VVDStRL 62 (2003), S. 310 ff.

95) Badura, Wirtschaftsverfassung und Wirtschaftsverwaltung, Rn. 149.

96) Franzius, in: Schuppert (Hg.), Der Gewährleistungsstaat, S. 56 m.w.N.

97) BVerwGE 6, 282 (287 f.).

98) 이에 대해서는 Schmidt-Aßmann, in: Die Verwaltung, Beiheft 4/2001, S. 267. 그러한 이러한 '제도적 법률유보'는 연방국경방호청(Bundesgrenzschutzbehörde)이나 경찰정보센터 등 시설의 설치와 관련된 것이므로, 통상의 '법률유보'와 구분된다(Ibler, in: Maunz/Dürig, GG, Art. 87 Rn. 76).

공사협력(공사협동)에 법률유보의 원칙이 적용되는지가 논의되고 있다.[99] 우편·통신의 보장책임에 관한 독일 기본법 제87f조를 비롯하여 항공 및 철도에 관하여 규정한 기본법 제87d조 및 제87e조에서는 '보장'의 실체를 구체적으로 규정하고 있지 않다. 이와 관련하여 유력설은 국가의 보장의무나 보장책임의 내용 등을 구체화하는 개별법 영역의 저편에서는 기본권 보호의무(grundrechtliche Schutzpflicht)가 '보장(Gewährleistung)'에 관한 기초를 형성한다고 보고 있다.[100] 이러한 기본권 보호의무는 제3자(사인)의 자유권 침해에 대해 보호할 의무를 의미한다는 것이 독일의 지배적 견해이며,[101] 급부를 제공하는 사경제주체가 다른 사인의 자유권을 침해하는 경우에 이러한 기본권 보호의무가 중요한 의미를 가지게 된다. 그러나 입법자는 기본권 보호의무에 근거하여 특정한 행위를 이행시킬 의무를 도출할 수 없다.[102] 이러한 점이 보장책임의 또 다른 문제점 중의 하나이다.

4. 獨逸 學界의 反響과 批判論

앞에서 상술한 바와 같이 민영화, 유럽화 그리고 국제화 등의 영향으로 보장책임에 관한 논의가 활발하게 진행되고 있다. 특히 새로운 행정법학의 담론에서, 그리고 행정법의 개혁에 관한 논의에서 '보장국가'는 핵심개념 내지 국가의 지도형상으로서 다루어지고 있는 것이다.[103] 또

---

99) 高校明男, "保障國家における法律の役割", 岡村周一・人見 剛(編著), 世界の公私協働 - 制度と理論, 日本評論社, 2012, 163면.

100) Schoch, a.a.O., S. 244.

101) Battis/Gusy, Einführung in das Staatsrecht, § 9 Rn. 366; Peter Badura, Staatsrecht, 3. Aufl., S. 107. 한편, 이러한 기본권 보호의무의 이해는 협의에 해당하고, 넓은 의미로는 "누구에 의해서든 그리고 어떤 원인에 의해서든 항상 자유권적 법익이 침해받고 있는 경우에" 국가가 개입하는 것이라고 보는 견해가 있다(계희열, 헌법학(중), 신정판, 2004, 106면).

102) Franzius, in: Schuppert (Hg.), Der Gewährleistungsstaat, S. 59.

103) A. Voßkuhle, Neue Verwaltungswissenschaft, in: Hoffmann-Riem/Schmidt-Aßmann/Voßkuhle (Hg.), Grundlagen des Verwaltungsrechts, Bd. 1, § 1 Rn. 40 ff.

한 보장행정은 질서행정이나 급부행정 이외에 독자적인 행정의 유형으로서의 위상을 차지하고 있다.[104] 나아가 국가의 부담과중으로 인해 사인과의 협력이 필요하며, 보장국가의 길로 가야 함을 주장하는 견해도 있다.[105] 새로운 환경의 변화와 국가의 과제에 대한 새로운 이해는 새로운 국가상으로서 보장국가론을 등장시켰다. 종전에도 국가의 기능변화와 관련하여 다양한 국가상이 소개된 바 있다. 예컨대 配慮國家(Vorsorgestaat) 내지 豫防國家(Präventionsstaat), 協力的 國家(kooperativer Staat), 작은 국가(schlanker Staat) 등이 그러하다.[106] 보장국가론은 변화하는 국가의 모습 내지 국가의 공적 과제에 대한 이해의 변화를 반영하는 것이라고 볼 수 있다. 이와 더불어 보장국가론에서는 보장책임을 실현할 수 있는 방안을 모색하고 있다. 예컨대 보장을 실현할 수 있는 법, 행정조직, 인적 자원 및 재정적 지원 등의 방안이 그러하다.[107] 그 밖에도 전기, 에너지, 교통 등의 개별 분야에서 보장국가, 보장책임 등에 관한 논의가 활발하다.[108]

이에 대해 보장책임에서 말하는 국가의 보장의무가 무엇인지를 구체화해야 한다고 비판하는 견해도 있다.[109] 대표적인 비판론자인 프란치우스(C. Franzius)는 독일 기본법에서 "보장(Gewährsleistung)"이라는 용어를 여러 곳에서 사용하고 있으나, 그 의미가 무엇인지에 대해서는 정해져 있지 않다고 지적한다.[110] 그는 보장책임론의 등장배경으로 국가과제의 민영화, 유럽의 통합, 그리고 통신 분야의 자유화 등으로 이해하고,[111] 민

104) E. Schmidt-Aßmann, Das allgemeine Verwaltungsrecht als Ordnungsidee, S. 172 ff.
105) W. Hoffmann-Riem, Modernisierung von Recht und Justiz (Fn. 1), S. 19.
106) Voßkuhle, Der Staat 40 (2001), S. 498 f.; Knauff, a.a.O. (Fn. 13), S. 68 ff.
107) Schuppert, in: ders. (Hg.), Der Gewährleistungsstaat, S. 41 ff.
108) R. Ruge, Die Gewährleistungsverantwortung des Staates und der Regulatory State, 2004; Christian Bauer, Die Energieversorgung zwischen Regulierungs- und Gewährleistungsstaat, 2014; Knauff, a.a.O. (Fn 13), S. 293 ff.
109) Franzius, Der Gewährleistungsstaat - Ein neues Leitbild für den sich wandelnden Staat?, Der Staat 42 (2003), S. 493 ff.
110) Franzius, a.a.O. (Fn 106), S. 496.
111) Franzius, a.a.O. (Fn 106), S. 498 ff.

영화에 있어서는 규제완화가 중요하지만 보장행정에 있어서는 '규제'가 보다 중요한 의미를 가진다고 지적하고 있다.[112] 그리고 보장행정에 있어서 국가의 '규제' 내지 '조정'이 중요한 의미를 가지는데, '보장'이 조정의 주체를 가지고 있는가라고 반문하고, 현대사회는 더 이상 조정의 객체가 아니라고 비판하고 있다.[113] 이 견해는 보장국가의 함의와 관련하여서도 보장책임의 내용이 정해진 바가 없다고 한다. 즉 국가나 사인을 통한 공적 과제의 실행과 관련하여 – 특히 경쟁(Wettbewerb)을 목적으로 하는 내용의 형성에 있어서 – 정해진 바가 없다고 보고 있다.[114] 프란치우스는 보장국가가 "市民社會의 國家(Staat der Zivilgesellschaft)"가 될 것이며,[115] 행정협력법(Verwaltungskooperationsrecht)만으로 표출될 것이라고 한다.[116] 그 밖에 국가의 보장책임을 형성함에 있어서 행정을 집행하는 국가의 변화는 책임분산적인 규율구조(verantwortungsteilender Regelungsstrukturen)를 창출하는 것이 필요하다고 비판하고 있다.[117] 그 밖에 퓌트너(Püttner) 교수는 2004년 독일 국법학자대회에서 보장국가론은 공법학자들에게 誤導될 수 있으며, 또한 공공서비스를 사적 영역에 맡기고, 민영화를 하거나 사기업이 이를 하는 경우에 '공적인 손'은 더 이상 서비스를 보장할 수 없다고 지적하고 있다.[118]

5. 小　結

오늘날 복잡다기한 현대행정에서 생존배려의 영역을 국가가 전담하

112) Franzius, a.a.O. (Fn 106), S. 499.
113) Franzius, a.a.O. (Fn 106), S. 503 f.
114) Franzius, a.a.O. (Fn 106), S. 499.
115) Franzius, a.a.O. (Fn 106), S. 493. 이에 대해 G. F. Schuppert 교수는 보장책임은 私的 勢力을 포함한 國家의 操縱責任(Steuerungsverantwortung)이며, 市民社會의 거버넌스(Governance) 역할을 강조하고 있다(Schuppert, in: ders. (Hg.), Der Gewährleistungsstaat (Fn. 1), S. 21).
116) Franzius, a.a.O. (Fn 85), S. 512.
117) Franzius, a.a.O. (Fn 85), S. 517.
118) 이에 대해서는 Peter J. Tettinger/Jens-Peter Schneider, Verwaltungsrechtliche Instrumente des Sozialstaates, in: VVDStRL 64 (2005), S. 277 참조.

여 효율적으로 감당하기는 현실적으로 어려워졌다. 그러한 점에서 공적 과제를 사경제주체가 담당하고, 생존에 필요한 기본적 수요(전기 · 가스 등)를 효율적으로 충족시키는 것이 늘고 있다. 이러한 현상은 우편이나 통신뿐만 아니라 환경 및 안전 등을 넘어 사회기반시설의 영역까지 확대되고 있다. 그러나 민영화를 통한 생존배려는 전술한 바와 같이 역기능을 가지고 있음을 부인하기 어렵다. 이러한 급부행정의 민영화로 인해 국가의 역할이나 기능이 완전히 배제되거나 放棄되어서도 아니된다. 오히려 종전의 일방적이고 수직적인 통제가 아니라 효율적인 현명한 규제가 더욱 필요한 것이다. 이러한 의미에서 보장행정의 '규제'는 규제완화 내지 탈규제와 구분되며, 사경제주체에 의한 생존배려의 실현이 확대되고 있는 상황에서 공공서비스나 급부의 '보장'을 보다 효율적이고 합리적으로 달성할 수 있어야 한다. 그러한 이유에서 국가의 보장책임론은 우리의 현실에서도 충분히 논의할 가치가 있다. 유력한 비판론이 지적하고 있는 바와 같이 보장국가론은 그 실체가 분명하지 않고 '열린' 상태에 있는 것이 사실이며, 법률에서 구체적으로 보장책임의 내용을 담아야 하는 문제점을 가지고 있다. 또한 보장책임은 법치국가원리의 관점에서도 취약점을 보이고 있다. 그럼에도 불구하고 독일 연방헌법재판소장 포스쿨레 교수는 2002년 갈렌(St. Gallen)에서 개최된 독일공법학자대회에서 보장행정법의 도그마틱(Dogmatik)을 발전시키는 것이 "우리 시대의 召命(Beruf)"이라고 강조한 바 있다.[119] 보장행정은 그 불명확성과, 또한 아직 구체적으로 정해진 것이 없는 상태임에도 불구하고, 새로운 행정법학의 중요한 話頭가 되고 있음은 부인할 수 없다.

119) Voßkuhle, in: VVDStRL 62 (2003), S. 328.

Ⅳ. 行政法學의 構造變化와 保障責任의 實現可能性

1. 現代行政의 機能變化와 國家의 役割 - 行政의 '協力'과 國家의 '操縱'

행정과제의 이해는 시대의 상황에 따라 점차 변화하고 있다. 국가가 생존배려의 영역을 포함한 급부행정을 독점하던 시대는 終焉을 告하고, 歐美를 비롯한 선진국에서는 1990년 초반부터 사경제주체와 국가의 협력, 그리고 민영화 내지 민간위탁 등의 방향으로 가고 있다. 그러나 이러한 현상이 국가와 사회의 '단절' 내지 '절연'을 의미하는 것이 아니며, 비록 국가와 사회의 이원화를 전제로 하더라도 양자가 '협력'의 시대를 謳歌하고 있는 것이다. 그러나 공적 과제를 협력해서 수행한다는 것은 과제의 기능적 수행만이 아니라, 이에 대한 행정책임의 '분산'을 의미하는 것이기도 하다. 이와 같이 보장책임은 '책임분산적인' 규율체계에 근거하고 있으나, 국민의 생존에 필수적인 기본적 수요를 충족시키는 생존배려의 영역에서 공적 과제의 민영화가 실패하는 경우에는 심각한 사회적 문제를 초래할 수 있다. 이러한 시장실패의 리스크(Risiko)를 경감하기 위한 방안이 필요하며, 자율규제도 그 '리스크'로부터 자유롭지 않다.[120] 바로 여기에서 국가의 보장책임은 실천적으로 중요한 의미를 가지며, 이를 실현하기 위한 현명한 국가의 '규제' 내지 '조종'이 필요하다.[121] 이러한 국가의 '操縱'이 현명하고 효율적으로 작동하지 않을 경우, 즉 국가가 사경제주체에 대한 操縱力(Steuerungskraft)을 상실하는

120) W. Hoffmann-Riem, Modernisierung von Recht und Justiz (Fn. 1), S. 19.

121) 한편, 기든스(A. Giddens)는 보장국가(the Ensuring State)의 구상은 국가에게 시민에 대한 배려와 보호 의무가 있고, 그 의무는 보증(guarantee)으로서 제공되어야 한다는 점을 인식하는 것에 있다고 강조하고 있다. 또한 그는 보장국가에서 '규제'가 직접적 통제가 아니라, 기준을 설정하여 공적 목적과 관련된 행위에 대해 동기부여를 하는 것이라고 주장하고 있다(A. Giddens, Neoprogressivism, in: The Progressive Manifesto, 2003, p. 13).

경우에 생존배려의 영역을 비롯한 공공서비스 분야에서 국민의 기본적 수요는 심각한 타격을 입게 된다.

산업화를 거쳐 점증하는 국가과제로 인하여 국가의 규제는 실로 위기에 직면하고 있으며, "시장실패(Marktversagen)"에 빗대어 "국가실패(Staatsversagen)"라고 부르기도 한다.[122] 오늘날 "과도하게 요구되는 국가(überforderter Staat)", 즉 공적 과제의 과부하로 인해 국가의 기능은 난관에 부딪치게 되었고, 규제완화와 민영화로 인해 국가의 과제영역은 점차 후퇴를 하게 되었다. 독일에서는 이러한 상황에서 더 이상 복지국가 내지 개입국가를 고수하기는 어렵게 되었으며, 이를 가능하게 하는 '보장국가'로 대체되고 있다.[123] 근래에는 "새로운 행정법학(Neue Verwaltungswissenschaft)"이 강조되고 있는데, 포스쿨레는 "법을 적용하는 해석법학"의 범주를 벗어나 "법제정을 지향하는 행동학 내지 결정학"으로 전환되고 있다고 지적하고 있다.[124] 이와 같이 행정법학의 방법론에 있어서도 새로운 변화의 바람이 불고 있는데, 이러한 변화는 동아시아의 국가에도 적지 않은 영향을 주고 있다.

2. 保障責任에 관한 國內學界의 反應과 論議現況

근래에 국내의 학계에서도 보장국가론에 대한 관심이 높아지고 있는 것이 사실이다. 국내에서는 2008년에 "보장책임", "보장국가" 등의 용어가 처음으로 등장하기 시작하였으나, 수년 전부터 보장국가에 관한 본격적인 논의가 활발하게 전개되고 있다. 국내에서는 처음에 "보장책임"이나 "보장국가" 등의 개념은 기능적 민영화, 특히 민관협력 내지 공사협력(PPP)에 관한 독일 및 유럽연합의 논의를 소개하면서 등장하였다.[125] 이러한 점은 일본에서도 유사한데, 우연의 일치가 아니다.

122) W. Hoffmann-Riem, Modernisierung von Recht und Justiz (Fn. 1), S. 15.
123) W. Hoffmann-Riem, Modernisierung von Recht und Justiz (Fn. 1), S. 24.
124) Voßkuhle, Neue Verwaltungswissenschaft, in: Hoffmann-Riem/Schmidt-Aßmann/Voßkuhle (Hg.), Grundlagen des Verwaltungsrechts, Bd. 1, § 1 Rn. 15.

2009년에 발간된 日本의 法律時報에서 "公私協働의 最前線"이라는 주제로 連載를 하였는데, 여기에서 야마다(山田 羊) 교수는 "保證國家란 무엇인가(保證國家とは何か)"라는 논문을 발표하면서, 독일의 보장국가론을 상세히 소개하고 있다.[126] 다만, 여기에서 보장책임을 "生活에 不可缺한 서비스의 공급 등을 시민에 '保證'하는 국가의 책임"이라고 파악하고, 폐기물처리를 민간업자에게 위탁하는 경우를 사례로 들고 있다.[127] 그 후에도 일본에서는 소위 '公私協働論'과 관련하여 보장국가에 관한 논의가 활발하다.[128] 이와 같이 보장국가론에 관한 관심은 비단 독일을 비롯한 유럽연합에 국한된 것은 아니며, 한국이나 일본에도 영향을 미치고 있다.

국내에서 보장국가론을 적극적으로 주장하는 대표적 견해는 "보장행정이나 보장국가 등은 오늘날 거의 모든 문명국가에서 볼 수 있는 형상"이라고 보면서, 공적 과제의 私化가 본래의 목적을 달성하기 위해 보장국가적 규제가 필요하다고 역설하고 있다.[129] 또 다른 견해도 "보장행정법이라는 도그마를 계속 발전시키는 것이 우리 시대의 사명"이라고 강조하면서, "제3의 구조로서 보장행정법은 현상의 다양성에도 불구하고 일정한 문제점들이 반복되기 때문에 필요하다"고 보고 있다.[130]

---

125) 拙稿, 전게논문, 346, 350면.

126) 山田 洋, 公私協働の最前線(13) 「保証国家」とは何か, 法律時報, 第81巻 第6號(2009), 104-107면.

127) 山田 洋, 前揭論文, 104면. 다만, 이러한 개념정의는 다소 정확하지 않은 점이 있다. 보장책임에서는 단순히 국가가 급부를 보장하는 것이 아니라 사경제주체에 공적 과제를 위탁이나 공사협력 내지 민관협력(PPP) 등 민영화(私化)를 한 후에 사경제주체가 공적 과제의 수행을 적정하게 수행하도록 하는 국가의 책임을 말한다. 그러한 점에서 보장책임론에서는 국가의 '조정'이나 '규제'가 중요한 의미를 가지는 것이다.

128) 高校明男, 保障國家における法律の役割, 法律時報 제81권 11호(2009. 10), 107-111면; 板垣勝彦, 保障國家における私法理論, 行政法硏究(2013. 12), 77-136면; 三宅雄彦, "保障國家と公法理論: トイツ規制緩和における國家任務の位置", 社會科學論集 第126号(2009. 10), 31-65면; 岡村周一・人見 剛(編著), 世界の公私協働 - 制度と理論, 日本評論社, 2012 등 참조. 최근 일본에서는 "保證國家"란 용어보다는 "保障國家"란 용어를 더 많이 사용하고 있다. 또한 일본에서 전개되는 '公私協働'에 관한 논의는 매우 포괄적이다.

129) 김남진, "보장국가시대의 입법과 관련문제"(각주 8), 2-3면.

130) 조태제, 전게논문, 290면.

한편, 보장행정의 작용형식으로서 '규제'의 개념에 대해 독일의 논의를 바탕으로 깊이 있게 조망하는 견해가 있다. 즉 '보장국가'를 "분업적 공동선 기여를 조정하고 그 실현절차를 구조화한다는 국가의 행위전략"으로 정의하고, '보장행정'을 이에 상응하는 행정으로 파악하고 보장행정에서의 '규제'를 "다원적 법률관계의 조율을 목표로 하는 구조적 조정"으로 파악하는 견해도 있다.[131] 이 견해는 그러한 의미에서 보장행정의 작용형식으로서의 규제가 양적 변화로 한정하는 '再規制(Re-Regulation)'와 구별되어야 한다고 주장한다.[132] 그리고 이 견해는 공동선의 목적 실현과 관련하여 종래 국가의 독점 영역이었던 생존배려와 관련된 영역에서도 "사적 급부제공의 효율성과 혁신이 필요하다"는 점을 강조하고 있다.[133]

이에 반해 보장국가론이 우리나라의 행정법체계에 상당한 파급력을 가질 것으로 보면서도, 그 수용에 대해서는 비판적 수용의 입장을 취하는 견해도 있다. 이 견해는 "특히 보장국가론이 갖는 정치적 기능에 경도되어 함부로 기존 국가상과 행정법의 법리를 모두 대체하는 이념으로 제시하는 것은 조심스러울 수밖에 없다"고 기술하고 있다.[134] 또한 우리 헌법질서에서 보장국가로 이해하는 것에 대해서는 유보적 입장을 취하면서도, "참여와 협력에 의한 행정"의 관점에서 국가의 보장책임론은 수용할 수 있다는 입장도 있다.[135]

3. 保障責任의 法的 根據와 具體的 實現

(1) 保障責任의 憲法的 根據

우리 헌법에는 독일 기본법 제87f조와 같이 '보장'에 관한 직접적 근

131) 계인국, 전게논문, 180면.
132) 계인국, 전게논문, 175면.
133) 계인국, "망규제법상 규제목적의 결합과 그 의의", 강원법학 제39권 (2013. 6), 93면.
134) 박재윤, 전게논문, 208면.
135) 김유환, 전게논문, 8면.

거조항은 없다. 다만, 사회국가원리의 근거가 되는 헌법전문, 사회적 기본권 제34조 이하의 규정, 경제헌법에 관한 제9장 등은 보장책임의 연결점이 될 수 있다.[136] 보장행정도 생존배려와 밀접한 관련이 있음을 부인하기 어렵다는 점에서, 사회국가원리를 헌법적 연결점으로 충분히 고려할 수 있다. 그러나 사회국가원리만을 보장책임의 헌법적 근거로 삼는 것에는 이론적 어려움이 없지 않다. 따라서 사회국가원리 외에도 인간의 존엄과 가치에 관한 헌법 제10조 및 기본권 조항 등도 보장책임의 근거로 함께 고려될 수 있다. 특히 헌법 제119조 제2항에서는 "경제주체간의 조화를 통한 경제의 민주화를 위하여 경제에 관한 규제와 조정"을 할 수 있다고 규정하고 있는데, 보장책임과 관련된 '규제'와 '조종'의 근거로 볼 수 있다. 이 조항은 경제활동에 참여하는 근로자와 사용자뿐만 아니라, 가계 또는 소비자와 기업, 대기업과 중소기업 등의 영역에도 확대하여 적용할 수 있다는 견해가 유력하다.[137] 특히 기업과 소비자의 관계는 사적인 영역에 속한다고 볼 수도 있으나, 급부행정과 관련하여 공공서비스를 제공하는 사기업과 공공서비스의 제공을 받는 국민의 관계를 포괄할 수 있다. 따라서 헌법 제119조 제2항의 규정은 생존배려와 관련된 급부행정의 영역에서 이를 적정하게 실현하기 위한 '규제'와 '조정'이라고 파악할 수도 있다. 이러한 해석에 의할 경우 경제에 관한 '규제'와 '조정'은 보장책임과 맥락을 같이 하고 있다고 볼 수 있다.

(2) 個別領域에서의 保障責任의 實現

전기·가스·철도·우편·통신 등 개별법의 영역에서도 공공단체나 민간주체에 위임·위탁을 하거나 민관협력 내지 공사협력(PPP), 민영화를 통해 사기업이 공공서비스를 제공하는 경우 보장책임의 이념에

136) 이와 관련하여 보장국가를 "헌법상 사회국가의 실현방식" 내지 "사회국가의 현대적 변용"으로 이해하는 견해로는 홍석한, "보장국가론의 전개와 헌법적 의의", 헌법학연구 제15권 제1호 (2009. 3), 518면 이하 참조.

137) 권오승, 경제법, 제5판, 54면 참조.

상응하는 규정을 찾을 수 있다. 먼저 수도공급은 전통적인 생존배려의 영역에 속한다. 수도사업은 국가, 지방자치단체 또는 한국수자원공사가 경영하는 것이 원칙이다. 이러한 수도사업은 일반수도사업과 공업용수도사업으로 구분되는데, 국가 또는 지방자치단체는 「사회기반시설에 대한 민간투자법」으로 정하는 바에 따라 수도사업에 드는 비용의 전부 또는 일부에 대하여 민간자본을 유치할 수 있다(수도법 제22조). 일반수도사업의 '인가'를 받아 경영하는 일반수도사업자는 수도관리업무를 '위탁'할 수 있다(동법 제23조 제1항). 수도공급은 원칙적으로 국가 등 행정주체가 '완수책임'을 지고 있으나, 민간자본을 유치하여 효율적인 사회기반시설을 확충할 수 있다. 그러나 이러한 민간자본의 유치가 완전한 민영화를 의미하는 것은 아니고, 일종의 '기능적 민영화'를 통해 실현될 수는 있다. 그러나 수도의 관리업무가 위탁된 후에도 국가는 수도시설의 운영이 제대로 작동할 수 있도록 보장책임을 실현할 수 있어야 한다. 수도공급의 서비스를 충분하고 상당하게 제공할 수 있는 사경제주체의 선발과 자격은 인가를 하는 경우에 충분히 검토되어야 하나, 수도법 제18조에는 구체적인 시설 기준에 관한 규정만을 두고 있다. 일반수도사업자가 수도관리업무를 위탁하는 경우에는 수탁자를 지도・감독하고, 수도시설의 운영・관리 등에 대한 실태를 점검한다(수도법 제23조 제4항 및 제23조의2). 일반수도사업자는 공급규정을 정하여 인가관청의 '승인'을 받아야 하며, 그 수돗물의 요금, 급수설비에 관한 공사의 비용부담 그 밖에 물의 공급에 관한 조건 등이 매우 부당하다고 인정되면 그 수도사업자에게 변경을 명할 수 있다(수도법 제38조 및 제65조). 이러한 내용은 급부서비스의 질이나 조건 등에 관하여 자율적 규제에 대한 국가의 '규제'를 규정하고 있는 것이다. 그 외에도 국고 보조, 부담금 등 재정적 지원에 관한 규정을 두고 있다(수도법 제75조 및 제71조 등). 그리고 보장책임에서 논의되는 제3자의 보호, 유도 및 통제, 재정지원 등이 투영되어 있다.

도시가스사업에는 산업통상자원부장관이나 시・도지사의 허가를 받아야 하며, 가스도매사업과 일반도시가스사업의 허가를 위해서는 소정의 기준에 적합하여야 한다(도시가스사업법 제3조 제1항, 제2항 및 제7항). 즉 사업이 공공의 이익과 일반수요에 적합한 경제 규모일 것, 사업을 적절하게 수행하는 데에 필요한 재원과 기술적 능력이 있을 것, 그리고 도시가스의 안정적 공급을 위하여 적합한 공급시설을 설치・유지할 능력이 있어야 한다. 이 조항들은 사적 주체의 자격요건에 관련된 규정이다. 따라서 도시가스사업의 '허가'는 예방적 금지를 해제하는 강학상 '허가'가 아니라, 설권적 행위로서 재량행위에 해당하는 강학상 '특허'에 가깝다. 도시가스사업법 제19조에는 도시가스사업자의 공급 의무에 관한 규정을 두고 있다. 재정적 지원과 관련하여 가스공급시설의 설치비용의 분담(도시가스사업법 제19조), 가스공급시설 설치비용의 지원(동법 제19조의3) 등이 규정되어 있다. 그리고 가스도매사업자는 도시가스의 요금이나 그 밖의 공급조건에 관한 공급규정을 정하여 산업통상자원부장관의 승인을 받아야 한다(도시가스사업법 제20조). 이러한 규정은 '규제된 자율적 규제'의 사례로 볼 수 있다. 또한 허가기준에 미달하게 된 경우, 고의나 과실로 공중 또는 사용자에게 현저한 위해를 끼친 경우 등에는 허가를 취소하도록 하고 있다(도시가스사업법 제9조). 이러한 제재수단은 사업회수권에 준하는 것이다.

전기공급과 관련하여 전기사업법에는 전기의 '보편적 공급'에 관한 규정을 두고 있다(전기사업법 제6조). 여기에서 보편적 공급과 관련하여 산업통상자원부장관의 지도・감독을 받도록 되어 있다(한국전력공사법 제18조 제1호). 또한 전기사업자는 산업통상자원부장관의 허가를 받아야 하며, 그 구체적인 허가기준으로 전기사업을 적정하게 수행할 수 있는 재무능력 및 기술능력 등에 관해 자세히 규정하고 있다(전기사업법 제7조 제5항). 또한 발전사업자 및 전기판매사업자로 하여금 정당한 사유 없이 전기공급을 거부할 수 없도록 규정하고 있다(전기사업법 제14조). 자율적 규제수단으로 전기의 공급약관을 작성하여 산업통상자원부장관의 인가를 받도록 하고 있다(전기사업법 제16조 제1항). 또한 전기요금,

전기품질의 유지 등에 관한 규정을 두고 있다(전기사업법 제17조 및 제18조). 이러한 규정들은 보장책임의 실현과 매우 밀접한 관련을 가지고 있다.

한편, 헌법재판소는 주택건설촉진법 제3조 제8호 등 위헌소원에서, 한국전력공사의 기본권 주체성을 인정하면서 한국전력공사의 법적 성격을 다루고 있다.138) 이 사건의 위헌의견(재판관 윤영철, 재판관 권 성, 재판관 김경일, 재판관 주선회, 재판관 이상경)은 한국전력공사가 생존배려적 공적 과제를 수행하는 법인이라는 점을 인정하면서도 전력의 수급이라는 공적 과제의 수행을 '행정'의 방식이 아닌 '영업'의 방식에 의하는 것이라고 이해하고 있다. 이 사건에서는 전기간선시설의 설치비용을 설치방법에 관계없이 그 설치의무자에게 부담시키는 주택건설촉진법 제36조 제3항이 설치의무자의 기업경영의 자유나 재산권 등 기본권을 침해하는지 여부가 쟁점사항 중의 하나이었다. 여기에서 위헌의견은 한국전력공사를 한국전력공사법 제4조에 따라 주식의 49%까지 민간투자가 가능한 "공사혼합기업"이라고 보면서, 전기간선시설의 설치 자체는 청구인의 의무로서 공적 과제에 속하지만, 그 의무의 수행방식과 비용의 부담문제를 결정하는 것은 청구인의 '영업'에 속하여 순수한 공적 과제라고 볼 수 없다고 보고 있다. 위헌의견은 의무의 수행방식이나 비용부담문제가 사법적 성격을 가진다고 보면서, 주택건설촉진법 제36조 제3항 제1문의 규정이 한국전력공사의 기본권 침해에 초점을 맞추어 계약자유의 원칙 및 영업의 자유를 침해한다고 보고 있다. 이에 반해 합헌의견(재판관 김영일, 재판관 김효종, 재판관 송인준, 재판관 전효숙)은 한국전력공사의 법적 지위를 "생존배려적 급부행정을 대행하는 지위"라고 보고 파악하고 있으며, 청구인이 전기간선시설의 설치비용을 부담함으로써 얻을 수 있는 공익은 청구인의 침해된 사익에 비하여 적지 않다

138) 헌재 2005. 2. 4. 2001헌바71 전원재판부, 판례집 17-1, 196. 다만, 이 사건에서 5인의 재판관이 위헌의견이어서 법률의 위헌선고에 필요한 정족수 6인에 미달하였고, 이에 헌법에 위반되지 않는다고 선고를 하였다.

고 보고 있다. 합헌의견은 한국전력공사가 생존배려의 공적 과제를 수행하고, 사실상 전기의 독점적 공급업자라는 점을 강조하고 있다. 나아가 이러한 비용부담의 제한이 전기의 공급이라는 공적기능을 일부 대행하는 청구인의 법적 지위를 고려할 때 불가피한 것이라고 보고 있다. 이 사건에서 주목할 점은 한국전력공사의 법적 지위와 관련하여 공법적 성격과 사법적 성격이 혼재하고 있다는 점이 부각되고 있으며, 이 점에서 합헌의견과 위헌의견 사이에는 차이가 있다. '생존배려'의 특성을 파악하고, 공적 과제의 '民營化(私化)'를 인식하고 있다는 사실이다. 한국전력공사(KEPCO)는 「한국전력공사법」에 의해 설립된 공법상 법인이며(제2조), 「공공기관의 운영에 관한 법률」에 따라 '시장형 공기업'이다.[139] 이 결정은 생존배려의 업무를 위탁받은 공기업의 법적 지위, 공기업의 (기능적) 민영화, 공사협력 내지 민관협력, 사회기반시설에 대한 책임 등과 관련하여 많은 시사점을 던져주고 있다. 또한 보장책임의 관점에서 바라보면, 이 사건의 쟁점인 전기간선시설의 설치비용은 사회기반시설책임(Infrastrukturverantwortung)과 관련된 것으로 이해할 수 있다. 향후 이 결정은 생존배려와 관련된 보장책임의 논의에서도 매우 의미 있는 사건으로 평가될 수 있다.

그 밖에 '통신'은 대표적인 민영화가 실현된 분야이다. 전신통신사업법에는 "보편적 역무"에 관한 규정을 두고 있다. 이러한 보편적 역무는 정보통신기술의 발전 정도, 전기통신역무의 보급정도, 공공의 이익과 안전, 사회복지 증진 및 정보화촉진을 내용으로 하고 있다(전기통신사업법 제4조). 기간통신사업을 경영하려는 자는 미래창조과학부장관의 허가를 받아야 하며, 그 허가를 발급할 때에는 기간통신역무 제공계획의 이행에 필요한 재정적 또는 기술적 능력, 이용자 보호계획의 적정성 그 밖에 기간통신역무의 안정적 제공에 필요한 능력에 관한 사항 등을 종

139) 한국전력공사의 주주구성은 2014. 12. 31. 기준으로 정부 21.17%, 한국산업은행 29.94%, 외국인 28.80%, 국민연금공단 6.93%, 기타 13.16%이다. 정부와 한국산업은행의 지분이 약 51%를 차지하고 있다.

합적으로 심사하도록 하고 있다.

(3) 保障責任의 具體的 實踐方案

헌법이나 개별법에 비록 명시적으로 '보장책임'에 관한 직접적 근거 규정을 두고 있지는 않으나 헌법전문, 사회적 기본권 제34조 이하의 규정 및 경제헌법에 관한 제9장 등에 바탕을 둔 사회국가원리, 인간의 존엄과 가치에 관한 헌법 제10조 및 기본권 조항 등을 바탕으로 생존배려와 관련된 보장책임의 헌법적 논의를 적극적으로 개진할 수 있다. 무엇보다 헌법 제119조 제2항에는 국가의 '개입' 내지 '규제'에 관한 규정을 두고 있다. 그러나 보장책임의 내용이 법률에서 구체화되고 이를 실현할 수 있는 도구를 마련하는 것이 보다 중요하다. 이와 관련하여 포스쿨레는 보장국가의 立憲化(Konstitutionalisierung)에 한계가 있음을 지적하면서, 사안에 따라 사적 행위자에게 특정한 내용적, 조직적 그리고 절차법적 의무를 부과하는 것이 필요하다고 보고 있다.[140] 그러나 우리나라의 개별 법률에도 보장책임의 이념에 가깝거나 이를 실현하는 규정들도 있다고 판단된다. 보장책임의 실현은 입법자의 형성적 자유에 맡겨져 있다고 볼 수 있는데, 이러한 이념을 실현하기 위해서는 과제수행의 확보 외에 민영화 내지 민간위탁을 한 후에 공적 과제가 적정하게 수행될 수 있도록 하는 보장책임의 도구를 법률에 구체화하는 작업이 중요하다. 보장책임의 실현과 관련하여 전기나 통신 분야에서 이미 "보편적 서비스"나 "재정적 지원" 등에 관한 규정을 발견할 수 있다. 또한 도시가스나 전기공급 등의 분야에서는 소위 "규제된 자율적 규제", 사적 주체의 자격기준(선발기준), 제3자의 보호, 재정지원, 사업회수권에 상응하는 허가취소 등에 관련된 규정도 있다.

생각건대 전기, 가스, 수도 등 생존배려와 관련된 개별 영역에서 보장행정의 실현에 필요한 주요한 도구가 이미 규정되어 있어, 보장책임

140) Voßkuhle, in: VVDStRL 62 (2003), S. 291 ff. (295).

론의 근거와 이론적 토대는 어느 정도 마련되어 있다고 볼 수 있다. 그러나 공적 부문과 사적 부문의 협력에 관한 점, 기능적 민영화의 실현,[141] 완수책임이 제대로 되지 않은 경우에 국가의 예비(보충) 책임 등은 여전히 미흡하다. 무엇보다 보장책임의 규제는 종전의 일방적이고 명령지시적인 규제가 아니라, 생존배려를 효율적으로 수행하고 공공성(공익)을 확보하기 위한 규제이다. 또한 이러한 규제는 공적 주체와 사적 주체의 협력에 기초하고 있는 것이다. 이러한 발상에 착안한 도구를 제도적으로 마련할 필요가 있다. 아직도 남아 있는 '과잉규제'는 줄이면서 협력에 기초한, 스마트한 규제로 전환해야 한다. 또한 공공서비스의 급부에 관한 책임을 민간부문에 전가시키는 것을 차단하기 위한 방안도 마련되어야 한다. 이러한 영역에서는 오히려 정부규제의 '부족' 내지 '방치'가 존재할 수 있고, 생존배려의 실현에 대한 국가의 책임을 민간부문에 전가할 우려가 있다. 따라서 책임분산의 명확성과 같은 透明性의 要請(Transparenzgebot)이 필요하다.[142] 보장국가론에 관한 논의는 여전히 관념적인 접근에 머무르거나, 피상적인 정책적 담론에 그쳐서는 아니된다. 슈페르트가 지적한 바와 같이 보장책임을 실현할 수 있는 제도적・법적 정비방안 외에도 정책적으로도 인력, 행정조직, 재정시스템이 정비될 수 있어야 한다.[143] 이러한 점에 대해서는 정책학, 행정학과의 학제적 연구도 병행해야 한다. 그리고 '私法理論'의 관점에서 보장국가의 문제를 조망하는 것은 물론, 보장책임론에 관한 다각적인 연구를 위해서는 비교법적 고찰이 계속되어야 한다. 일본에서는 사법의 관점은 물론, 소위 '公私協働論'과 연계하여 보장국가론을 세부적으로 연구하고 있다. 나아가 "새로운 行政法學", "操縱學으로서의 行政法學" 등도

141) 機能的 民營化는 '公的인 손'이 급부제공에서 후퇴하고 '私的 主體'가 급부를 제공하게 되지만, 이러한 급부주체의 변화에도 급부제공이 보장되는 것을 말하는 것으로서, 보장국가와 밀접한 관련을 가진다(Knauff, Öffentliches Wirtschaftsrecht, § 8 Rn. 431).

142) Schmidt-Aßmann, in: Die Verwaltung, Beiheft 4/2001, S. 256 참조.

143) Schuppert, in: ders. (Hg.), Der Gewährleistungsstaat (Fn. 1), S. 37.

이제 법학방법론의 범주에 포함시켜 논의할 필요가 있다.[144] 보장국가의 등장과 관련하여, "거버넌스체제를 법학적으로 다룰 것인지가 행정법의 중요한 새로운 임무"[145]라는 주장도 맥락을 같이 한다고 여겨진다.

V. 展望과 課題

이제 우리는 변모하는 국가의 지도형상이나 국가의 과제 변천에 상응하여 행정법학의 변화와 발전을 모색할 상황에 직면해 있다. 19세기의 낡은 전통적인 법학이론만으로 오늘의 당면문제를 해결할 수 없다. 사회의 급격한 변화로 인해 국가과제의 수행방식이 비효율적이고 국가의 기능은 후퇴를 하고 있다. 이러한 문제점을 극복하기 위해 사적 주체에게 이양이나 위탁을 하는 등 변모를 거듭하고 있으나, 공적 과제의 민영화(사화)는 또한 여러 가지 병폐와 부조리를 가져다 준 것도 사실이다. 이로 인해 공법은 전례 없이 '위기'의 상황에 처해 있으나, 이러한 위기는 또 다른 '기회'이기도 하다. 보장국가론이나 보장책임론은 그러한 기회를 제공할 수 있는 논제가 될 수 있다. 이러한 이론들은 우리에게 완전히 생소한 것이라고 볼 수는 없다. 지금까지 국가의 기능변화와 관련하여 다양한 국가상이 소개된 바 있는데, 그러한 변화하는 국가상의 연장선에서 이해될 수 있다. 결국 보장국가론에 관한 논의도 국가의 과제에 대한 이해의 변화를 반영한 것이며, 이러한 새로운 논의가 우리에게 무의미하지 않다. 최근 국가의 과제가 점차 다른 행정주체나 사인에게 위임·위탁되는 경우가 적지 않고, 민영화(私化)가 급격히 증가하는 경우가 늘고 있는 것이 사실이다. 그러나 이러한 과정에서 현대적 의미의 '생존배려'가 충분하고 적절하게 실현되고 있는지에 대하여 회의적인 시각도 적지 않다. 보장책임론은 공공성을 지향하는 급부를

144) 朴正勳, "한국 행정법학의 방법론의 형성·전개·발전", 공법연구 제44집 제2호(2015. 12), 161 ff. 참조.

145) 金重權, 김중권의 행정법, 제2판, 5면.

확보하기 위한 방안이다. 보장책임론에 대한 필요성은 바로 여기에 있다. 종래 국가가 독점하던 생존배려의 과제가 민간주체에 의해 적절하고도 상당하게 수행되지 않는 경우에 그 책임을 누가, 그리고 어떻게 부담할 것인지는 매우 어려운 문제이다. 또한 생존배려의 영역에서 국가의 '조종' 내지 '규제'가 제대로 작동하지 않는 경우에 어떠한 방식으로 국가의 보장책임을 물을 수 있는지도 의문이다. 나아가 보장책임의 범위는 어느 정도에서 실현되어야 하는지, 그리고 보장책임에 대해 구체적으로 국가배상이나 손실보상의 방법으로 권리가 실현될 수 있는지도 앞으로 해결해야 할 과제이다. 이러한 영역에 대한 물음에 대해서는 입법을 통해 구체화될 수 있어야 하겠으나, 그 이론적 기초를 마련하고 발전시키는 것이 매우 중요하다. 이러한 논의는 정책적이고 추상적인 담론에 그치지 아니하고, 개별 분야를 중심으로 구체적이고 체계적으로 전개될 필요가 있다. 보장책임의 개념은 여전히 불명확하고 논란의 여지가 있으나, 이러한 논의들이 우리 행정법학에도 새로운 활기와 변화의 바람을 불어넣고 있음은 부인할 수 없는 사실이다. 보장국가가 새로운 국가상으로서 핵심개념(Schlüsselbegriff)으로 인식되고 있으나, 모든 공법적 과제를 해결하거나 종전의 국가상을 완전히 대체할 수 있는 '만능열쇠'가 아님은 물론이다. 향후 우리의 법제에서도 공익성(공공성)을 담보하는 생존배려의 실현을 위해 보장책임론이 충실히 전개되기를 바라며, 학계의 성숙한 논의가 계속될 수 있기를 기대해 본다.

第 2 編

現代 行政作用의 體系와 形式

第 1 章

明確性原則의 判斷基準과 司法審査의 限界

Ⅰ. 論議의 背景

헌법재판소는 구 택지개발촉진법 위헌소원사건[1]에서 명확성원칙의 위배여부를 판단하면서, 이른바 "規範的 授權理論(normative Ermächtigungslehre)"을 적용하고 있다. 즉 행정의 독자성을 전제하고 행정부에 대한 입법자의 규범적 수권 내지 재량을 인정하고 있다. 당해 사안에서 구 주택법 제7조 제1항의 규정에 의한 택지수급계획이 정하는 바에 따라 택지를 집단적으로 개발하기 위하여 필요한 지역을 예정지구로 지정할 수 있도록 규정하고 있는 구 택지개발촉진법 제3조 제1항[2]의 위헌여부가 다투어졌다. 이 사안에서 청구인은 특정의 공익사업을 예정함이 없이 다만 주택공급을 위하여 필요하다는 정도의 추상적인 필요성만을 기초로 택지개발예정지구 지정처분이 가능하도록 규정하고 있는 것은 헌법상의 명확성원칙에 위배된다고 주장하고 있다. 이에 대

1) 헌재 2007. 10. 4. 2006헌바91, 판례집 19-2, 396.

2) 구 택지개발촉진법(2003. 5. 29. 법률 제6916호로 개정되고, 2005. 5. 26. 법률 제7517호로 개정되기 전의 것, 이하 '구 택지개발촉진법'이라 한다) 제3조(예정지구의 지정 등) ① 건설교통부장관은 주택법 제7조 제1항의 규정에 의한 택지수급계획이 정하는 바에 따라 택지를 집단적으로 개발하기 위하여 필요한 지역을 예정지구로 지정할 수 있다.

해 헌법재판소는 "오늘날의 행정은 질적·양적으로 확대·다양화되어 있어서 행위여부 또는 행위의 내용에 관하여 행정청에 일정한 한도의 독자적 판단권을 인정하는 것이 공익의 적정한 실현을 위하여 요청되기도 한다. 그에 따라 법률은 행정행위의 요건을 규정함에 있어 추상적·불확정적 개념을 사용하거나, 행정청에 재량을 부여하고 있는 경우가 적지 않다"고 결정하였다. 즉 행정의 독자적 판단영역을 인정할 필요성이 있음을 강조하고 있는 것이다. 나아가 당해 사안의 지정처분조항에 대해 "그 규율대상이 지극히 다양하거나 수시로 변화하는 성질의 것이어서 입법기술상 일의적으로 법률에서 그 요건을 규정하는 것은 사실상 불가능하며 바람직한 것도 아니다. 오히려 입법부보다 많은 경험과 전문성을 가지고 구체적인 행정문제에 보다 가까이 있는 행정청으로 하여금 책임 있는 결정을 내리도록 하는 것이 요망되는 경우에 속한다"고 하여, 권력분립의 원칙에 비추어 행정의 전문성·책임성이 인정되는 독자적 영역이 존재함을 인정하고 사법심사의 강도가 감축될 수 있음을 시사하고 있다.

규범적 수권이론에 의하면 행정에 대한 사법적 통제밀도가 약화되는 영역이 존재하며, 행정청의 결정에 대한 사법적 통제에도 일정한 한계가 있다고 한다.[3] 이와 관련하여 독일 연방헌법재판소는 헌법상 포괄적 권리구제(독일기본법 제19조 제4항)가 보장되는 경우에도, 입법자가 행정에 規範的 裁量(normatives Ermessen)을 부여하여 재량, 형성의 자유 및 판단여지를 인정하는 것을 처음부터 배제할 수 없다고 결정하였다.[4] 이러한 최종결정권에 대한 집행부의 수권은 개별 법률의 규정에서 도출될 수 있다고 한다.[5] 우리 헌법재판소도 이러한 맥락에서 "행정청이 행정계획을 수립함에 있어서는 일반 행정재량의 경우에 비하여 더욱 광범위한 판단여지 내지는 형성의 자유, 즉 계획재량이 인정되는 바,

3) Schmidt-Aßmann, in: Maunz/Dürig, GG, Abs. 4 Art. 19 Rn. 185.
4) BVerfGE 61, 82 (111); 84, 34 (50).
5) BVerfGE 94, 307 (309 f); 100, 221 (225).

이 경우 일반적인 행정행위의 요건을 규정하는 경우보다 추상적이고 불확정적인 개념을 사용하여야 할 필요성이 더욱 커진다"고 하여, 처음으로 '計劃裁量(Planungsermessen)'의 개념을 인정하고 있다. 2006헌바91사건에서 밝히고 있는 바와 같이, 모든 법률은 법치국가의 원리에 비추어 행정과 사법의 법적용을 위한 기준으로서 가능한 한 명확하게 규율되어야 한다. 그러나 법률의 구성요건표지는 매우 다양한 규정성을 가지고 있을 뿐만 아니라, 명확성의 정도 내지 밀도의 차이가 존재한다. 물론 사물 그 자체의 특성이나 법률 또는 판례에 의해 개념이 명확하게 되는 경우도 있으나, 추상적이고 불확정한 개념을 사용해야 되는 불가피한 경우도 있다. 判斷餘地 내지 評價特權(Einschätzungsprärogative) 등의 논의가 전개되는 이유도 바로 여기에 있다.[6] 행정의 독자적 판단영역을 지탱하는 세 기둥으로 행정재량(법효과재량), 판단여지 및 계획재량을 들 수 있다. 즉 복잡다기한 현대행정의 특성 및 권력분립의 원칙에 비추어 전문성·기술성을 가진 행정의 독자영역의 좌표설정이 필요하다.[7]

이하에서는 명확성원칙과 법률유보, 명확성원칙의 법적 의미와 내용 등에 대해 기초적 논의를 하고(Ⅱ), 명확성원칙의 판단기준과 사법심사의 강도 등을 고찰하도록 한다(Ⅲ). 또한 독일의 "규범적 수권이론"과 행정의 최종권한, 계획재량과 사법적 통제 등에 대해서도 검토하도록 한다(Ⅳ).

---

6) 판단여지 및 평가특권에 관한 상세한 내용은 拙稿, "都市計劃決定과 司法審査基準", 現代公法學의 發見: 懸案과 爭點 (松潤姜求哲教授華甲紀念論文集), 2007, 611-614면 참조.

7) 이와 관련하여 독일에서는 소위 "行政留保(Verwaltungsvorbehalt)"가 강조된 바 있다. 이에 대해서는 Wolff/Bachof/Stober, Verwaltungsrecht I, 10. Aufl., 1994, § 24 Rn. 18; Erichsen, Die sog. unbestimmten Rechtsbegriffe als Steuerungs- und Kontrollmaßgaben im Verhältnis von Gesetzgebung, Verwaltung und Rechtsprechung, DVBl. 1985, S. 26 등 참조. 한편, 행정유보에 대한 비판적 견해도 유력하다(이상규, 행정쟁송법, 제5판, 2000, 12-13면). 다만, 행정유보가 강조된다고 하여 사법심사로부터 완전히 배제된다는 의미를 가지는 것은 아니며, 행정과 사법의 긴장관계에서 행정에 대한 사법심사의 강도 내지 사법적 통제밀도가 중요한 의미를 가진다. 이에 대한 상세는 拙稿, 전게논문, 605-608면.

Ⅱ. 明確性原則의 基礎的 論議

1. 明確性原則과 法律留保

명확성원칙은 법적 안정성과 관련하여 법치국가원리의 파생원칙으로 다루어지는 것이 보통이다.[8] 명확성원칙은 법률유보의 원칙과 밀접한 관련을 가진다. 법률유보의 원칙은 단순히 기본권침해에 대한 법률상 근거 내지 수권을 제공하는 것에 그치지 아니하고, 기본권실현에 있어서 본질적인 사항에 대한 결정을 의회 스스로 해야 할 것을 요구하고 있다(議會留保의 原則).[9] 그러한 이유에서 법률은 충분히 명확해야 한다.[10] 또한 의회유보의 원칙으로부터 委任禁止(Delegationsverbot)의 법리도 도출될 수 있다.[11] 형식적 의미의 법률이 어느 정도 범위내에서 명확하게 규율되어야 하는지는 규율내용에 따라 달라질 수 있으나, 기본권보호의 측면에서 本質事項留保說(Wesentlichkeitstheorie)에 따라 판단해야 한다.[12] 독일 연방헌법재판소는 명확성의 정도와 관련하여 규율의 효력이 중대하면 할수록, 형식적 의미의 법률에 규정된 지침은 더 정확해야 한다고 보고 있다(소위 Je-Desto-Regel).[13]

명확성원칙의 판단은 법률 그 자체의 해석·적용에만 한정되지 아니한다. 또한 복잡다기한 현대행정의 특성상 權限非委任의 原則(non-

---

8) Jarass/Pieroth, GG, Art. 20 Rn. 61. 물론 명확성의 요청은 法治國家의 原理에 제한되지 아니한다. 소수자의 보호와 관련하여 民主主義原理와도 밀접한 관련을 가진다 (Hesse, Grundzüge des Verfassungsrechts der Bundesrepublik Deutschland, 20. Aufl., § 8 Rn. 276).

9) BVerfGE 95, 267 (307); 98, 218 (251).

10) BVerfGE 57, 295 (320f); 80, 137 (161).

11) Maurer, Allgemeines Verwaltungsrecht, 16. Aufl., 2006, § 13 Rn. 8.

12) Jarass/Pieroth, GG, Art. 20 Rn. 54. 우리 헌법재판소도 한국방송공사법 제35조 등 위헌소원에서 텔레비전방송수신료의 금액에 대해 국회가 스스로 결정하지 않은 것이 법률유보원칙에 위반된다고 보면서, 본질사항유보설(의회유보원칙)을 채택하고 있다(헌재 1999. 5. 27. 98헌바70, 판례집 11-1, 633).

13) BVerfGE 49, 168 (181); 59, 104 (114); 86, 288 (311).

delegation principle)을 엄격히 적용하기는 어렵고, 행정입법(특히 법규명령)에 대한 위임이 불가피하다. 수권법률의 명확성원칙에 관한 헌법적 근거는 헌법 제75조 및 제95조에서 찾을 수 있다. 특히 헌법 제75조에서는 "대통령은 법률에서 구체적으로 범위를 정하여 위임받은 사항과 법률을 집행하기 위하여 필요한 사항에 관하여 대통령령을 발할 수 있다"고 규정하고 있다. 위 규정은 "법률의 명확성원칙이 행정입법에 관하여 구체화된 특별규정"으로 볼 수 있다.[14] 그러나 "구체적으로 범위를 정하여"가 무엇을 의미하는지, 그리고 어느 정도의 구체성과 명확성을 요구하는지가 문제된다. 다만, 학설은 일반적·포괄적 위임이 금지되며 구체성과 명확성을 갖추어 개별적·구체적으로 위임되어야 한다는 점에 대해서는 대체로 인식을 같이 하고 있다.[15] 국내학설 가운데에도 수권법률의 한계문제를 법률유보원칙(특히 본질사항유보설)과 접목해서 검토하는 견해가 유력하다. 즉 수권법률이 본질적 사항을 규율하고 있느냐의 여부와, 국회가 그 의무로서 규율책무를 다했다고 할 정도의 규율밀도를 갖고 있느냐의 여부에 따라 수권법률의 한계를 위배하였는지를 판단해야 한다는 견해,[16] 명확성의 정도는 사항에 따라 상이함을 인정하면서 기본권에 강하게 관련되면 될수록, 그리고 본질적인 사항에 관련되면 될수록, 입법자는 보다 정밀하게 규율하여야 한다는 견해,[17] 또는 질적·양적 판단기준으로 구분하면서 "질적인 측면에서 수권법률은 수권의 근거만 설정하여서는 안 되며 일정한 규율밀도를 가져야 한다(국회입법의 원칙 및 법률유보의 원칙인 중요사항유보설)"는 견해[18] 등이 그러하다. 특히 일부견해는 "위임명령의 한계 문제는 법률의 유보의 예외에 관한 문제가 아니라 오히려 법률의 유보를 전제로 하여

---

14) 헌재 1999. 4. 29. 94헌바37 등, 판례집 11-1, 289, 325.
15) 김도창, 일반행정법론(상), 제4전정판, 313-314면; 이상규, 신행정법론(상), 신판, 297면; 김남진·김연태, 행정법 I, 제12판, 148면; 김동희, 행정법 I, 제13판, 141면.
16) 김철용, 행정법 I, 제11판, 박영사, 157면.
17) 홍정선, 행정법원론(상), 제16판, 206면.
18) 박균성, 행정법론(상), 제6판, 169면.

제기되는 문제"라고 보고 있다.[19] 법률유보이론(본질사항유보설)을 위임명령의 실질적 한계 내지 규율밀도의 판단기준으로 이해하고 있다는 점에서 타당한 견해이다.

법률유보의 원칙에 비추어 권력적·규제적 성격의 행정작용은 법률의 수권을 요한다. 따라서 법률은 법집행을 위해 그 목적·내용 및 범위가 충분히 명확하게 확정되고 그 한계가 설정되어야 하며, 이를 통해 행정작용이 가늠되고 예견가능해야 한다.[20] 따라서 행정청의 자의적인 법적용이 있어서는 안 된다. 이러한 행정의 자의적인 법적용이 허용되면, 명확성원칙을 위반하게 된다.[21] 우리 헌법재판소도 "법률이 행정부에 대한 수권을 내용으로 하는 것이라면 수권의 목적, 내용 및 범위를 명확하게 규정함으로써 행정청의 자의적인 법적용을 배제할 수 있는 객관적인 기준을 제시하고, 국민으로 하여금 행정청의 행위를 어느 정도 예견할 수 있도록 하여야 할 것이다"고 하여, 이러한 취지의 결정을 하고 있다.[22]

2. 明確性原則의 法的意味

이미 언급한 바와 같이 헌법 제75조의 "구체적으로 범위를 정하여"가 최소한 포괄적인 白紙委任(Blanko-Ermächtigung)을 금지하는 것에는 공감하고 있으나, 어느 정도의 명확성과 구체성을 갖추어야 하는지를 판단하기는 쉽지 않다. 그 구체적인 의미나 내용은 해석이나 판례를 통해 판단해야 한다. 학설도 위임대상의 한정성과 기준의 명확성으로 이해하면서, 그 정도와 관련하여 일률적으로 말할 수는 없다고 할 것이고, 여러 가지 요소를 고려하여 다양한 관점에서 구체화하여야 한다고 보거나,[23] 또는 헌법 제75조의 규정은 헌법해석과 판례를 통해 구체적

19) 홍준형, 행정법총론, 제4판, 360면.
20) BVerfGE 56, 1 (12); 9, 137 (147).
21) BVerfGE 80, 137 (161).
22) 헌재 2004. 7. 15. 2002헌바47.

인 내용이 충전되어야 하는 일종의 개방적 공식으로 이해하고 있다.[24] 이와 관련하여 헌법재판소는 후술하는 바와 같이 "대통령령 하위법규에 규정될 내용 및 범위의 기본사항이 가능한 한 구체적이고도 명확하게 법률에 규정되어 있어서 누구라도 당해 법률 그 자체로부터 대통령령 등에 규정될 내용의 대강을 예측할 수 있음을 의미한다"고 결정한 바 있다. 즉 "구체적으로 범위를 정하여"는 구체성·명확성의 의미로 압축될 수 있으며, 그 판단기준은 대체로 '예측가능성'이라는 척도에 의하고 있다. 기본권보호와 관련하여 명확성의 원칙도 본질적인 사항에 대해서는 적어도 의회 스스로 결정하고, 구체성과 명확성의 정도는 기본권보호 및 법률유보의 원칙을 고려하여 판단해야 한다. 따라서 본질사항유보설에 비추어 기본권의 실현을 위해 본질적인 사항은 법률로 직접 규율되어야 한다.[25]

한편, 독일기본법 제80조 제1항 제2문에서도 "이 경우에 授權의 內容, 目的 및 範圍가 법률에서 확정되어야 한다"고 규정하고 있다. 따라서 법규명령의 발급을 위임하고 있는 수권법률은 부여된 위임의 목적, 내용 및 범위를 확정하고 그 경계를 설정하여야 한다. 이를 個別(特別)授權의 原理(Prinzip der Spezialermächtigung)라고 한다.[26] 요컨대 명확성원칙은 기본권보호 및 법률유보와 밀접한 관련을 가지고 있으며, 명확성·구체성의 의미 역시 일의적으로 판단될 수 없고 개별상황 및 규율내용에 따라 해석을 통해 판단되어야 한다. 이하에서는 명확성원칙의 판단기준과 사법심사의 강도에 대해 살펴보기로 한다.

---

23) 朴鈗炘, 최신행정법강의(상), 2004, 226면 이하; 석종현, 일반행정법(상), 제11판, 165면.
24) 金鐵容/洪準亨/宋石允, 委任立法의 限界에 관한 硏究, 憲法裁判硏究 제8권, 1996, 57면.
25) Hesse, a.a.O., Rn. 509; BVerfGE 47, 46 (79); 58, 257 (268). 한편, 위임입법의 범위와 한계를 판단함에 있어서 본질사항유보설을 접목하는 견해도 있다(許 營, 韓國憲法論, 全訂3版, 2007, 958면).
26) 洪準亨, 전게서, 358면.

Ⅲ. 明確性原則의 判斷基準과 司法審査의 强度

1. 法治主義의 保障과 司法審査의 限界

독일기본법 제19조 제4항에는 "공권력에 의해 자신의 권리가 침해된 자에게는 권리구제절차가 열려 있다"라고 규정하여, 포괄적 권리구제를 보장하고 있다. 즉 공권력의 행사에 의해 기본권이 침해되는 경우에 법원에 제소할 수 있는 사법적 권리구제를 명시적으로 보장하고 있다. 복잡다기한 현대행정의 특성상 다양한 행정작용이 등장할 수 있으며, 포괄적 권리구제는 소송유형의 다양화를 통해 구현될 수 있다. 독일 행정법원법에는 행정행위의 취소를 목적으로 하는 형성소송인 取消訴訟(Anfechtungsklage) 이외에 행정행위의 거부나 부작위에 대한 이행을 청구하는 義務履行訴訟(Verpflichtungsklage)을 규정하고 있다(동법 제42조 제1항 참조). 그 밖에 행정법원법에는 명시적인 개념설명은 없지만, 이행소송의 개별성을 규율하고 있는 행정법원법의 다양한 규정으로부터 一般履行의 訴(allgemeine Leistungsklage)를 인정하고 있다(행정법원법 제111조, 제113조 제4항, 제169조 제2항 및 제170조 등 참조). 특히 "訴의 종류에는 定員이 없다"라는 法諺도 이러한 사실을 대변해 주고 있다. 이러한 다양한 소송유형은 독일기본법 제19조 제4항의 포괄적 권리구제와 실질적 법치국가원리에 기초하고 있음은 물론이다.[27] 우리의 헌법에도 포괄적 권리구제에 관한 명문의 규정은 없으나, 헌법상의 관련규정(헌법 제10조 및 제37조 제2항, 각 개별기본권조항 및 헌법 제27조 제1항 등)의 목적론적·체계적 해석론을 통하여 적어도 기본권침해에 대한 사법적 권리구제가 헌법적으로 보장되어 있음을 확인할 수는 있다. 또한 형식적 법치주의가 아닌 실질적 법치주의의 관점에서 국민의 권익을 침해하는 행정작용(행정처분)이 기본권과 관련하여 본질적인 사항을 침

27) Schmidt Glaeser/Horn, Verwaltungsrprozeßrecht, 15. Aufl., Rn. 25 ff.

해하는 경우에는 반드시 법률의 근거가 필요하다고 본다. 이러한 관점에서 우리 행정소송법이 주관소송의 구조를 갖고 있음을 간과할 수 없다.[28)]

흔히 행정법은 具體化된 憲法이라고 부른다. 행정쟁송도 행정법질서의 일부를 이루고 있어 헌법의 이념에 충실하여야 하고, 또한 이를 구현하여야 한다. 헌법은 행정작용에 대한 사법심사를 규정하고 있다. 즉 헌법 제101조 제1항에서 "司法權은 법관으로 구성된 法院에 속한다"고 규정하고 있으며, 제107조 제2항에서도 "命令·規則·處分이 헌법이나 법률에 위반되는 여부가 재판의 전제가 된 경우에는 대법원은 이를 최종적으로 심사할 권한을 가진다"라고 규정하고 있다. 그리고 행정소송법 제1조에서는 "이 법은 행정소송절차를 통하여 행정청의 위법한 처분 그 밖에 공권력의 행사, 불행사 등으로 인한 국민의 권리 또는 이익의 침해를 구제"함을 목적으로 하고 있음을 명확히 밝히고 있다. 이와 같이 행정쟁송제도는 헌법에 투영된 기본권보호와 법치주의를 실현하는데 기여하고 있음을 알 수 있다.[29)] 또한 공권력의 행사 또는 불행사로 인해 기본권침해를 받은 경우에 기본권수호의 보루로서 헌법소원을 제기할 수 있도록 보장하고 있는 것도 동일한 맥락이다(헌법 제111조 및 헌법재판소법 제68조 참조).

그러나 포괄적 권리구제의 보장 내지 기본권침해에 대한 사법적 권리구제의 보장이 행정의 독자성(Eigenständigkeit)을 전면적으로 배제한다는 의미는 아니다. 독일에서는 판단여지와 규범구체화행정규칙이 밀접한 관련을 가지고, 후자에 대해서는 판례가 예외적으로 직접적인 대외적 구속력, 즉 법규(범)적 효력을 인정하고 있음을 주목할 필요가 있다. 특히 권력분립의 원칙, 행정의 공익실현성 등을 감안하면 행정의 독자성 인정의 필요성은 충분하다. 보다 중요한 의미를 가지는 것은 이러한 영역에서 행해진 위법한 행정작용에 대한 사법적 통제기준의 개

28) 이에 대한 비판적 견해로는 朴正勳, 행정소송의 구조와 기능, 159-160면.
29) 李尙圭, 행정쟁송법, 4면.

발 및 심사강도의 판단이다(이에 대해서는 Ⅳ. 2.에서 후술한다).[30]

2. 明確性原則 違背與否의 具體的 判斷基準

헌법 제75조에서 도출되는 구체성·명확성의 척도는 위임명령의 범위의 유월여부를 판단하는 중요한 사법적 기준이기도 한다. 이러한 명확성원칙의 내용과 관련하여, 헌법재판소는 어떠한 심사기준에 의하여 그 위헌여부를 판단하는지를 검토할 필요가 있다. 우리 헌법재판소는 택지소유상한에 관한 법률 제2조 제1호 나목 등 위헌소원에서, "합리적인 법률해석을 통하여 수권법률에 표현된 입법자의 객관화된 의사, 즉 위임의 내용, 목적과 정도가 밝혀질 수 있다면 위임입법의 한계를 일탈한 것이 아니다"라고 하여,[31] 법률해석을 통해 立法者의 客觀化된 意思가 확정될 수 있는지 여부를 사법적 판단기준으로 삼고 있다. 그러나 대체로 위임입법의 구체성과 명확성을 판단하는 심사기준으로 이미 언급한 바와 같이 豫測可能性의 공식을 접목하고 있는 것으로 보인다. 즉 헌법재판소는 산림법 제90조의3 제1항 등 위헌소원사건[32]에서 "법치국가원리에서 파생되는 명확성원칙을 충족시키는지 여부가 문제되는바, 법률이 행정부에 대한 수권을 내용으로 하는 것이라면 수권의 목적, 내용 및 범위를 명확하게 규정함으로써 행정청의 자의적인 법적용을 배제할 수 있는 객관적인 기준을 제시하고, 국민으로 하여금 행정청의 행위를 어느 정도 예견할 수 있도록 하여야 한다"고 결정하고 있다. 또한 헌법재판소는 일련의 결정에서 헌법 제75조에 규정된 "법률에서 구체적으로 범위를 정하여 위임받은 사항"의 의미를 "법률에서 이미 대통령령으로 규정될 내용 및 범위의 기본사항이 구체적으로 규정되어 있

30) 한편, Hoffmann-Riem 교수도 현대행정의 복잡한 규율구조 등으로 인해 상대적이기는 하지만, 입법 및 사법에 대한 행정의 독자성을 강조하고 있다. 이에 대한 상세한 연혁은 Hoffmann-Riem, in: Hoffmann-Riem/Schmidt-Aßmann/Voßkuhle(Hrsg.), Grundlagen des Verwaltungsrechts, Bd. I, 2006, § 10 Rn. 1 ff. 참조.

31) 헌재 1999. 4. 29. 94헌바37 등, 판례집 11-1, 289, 325.

32) 헌재 2004. 7. 15. 2002헌바47, 판례집 16-2(상), 43.

어서 누구라도 당해 법률로부터 대통령령에 규정될 내용의 대강을 예측할 수 있어야 함"을 의미한다고 강조하고 있다.33) 나아가 헌법재판소는 그 예측가능성의 유무는 "당해 특정조항 하나만을 가지고 판단할 것이 아니고 관련 법조항 전체를 유기적・체계적으로 종합 판단하여야 하며"라고 결정하고 있다.34) 대법원도 "위임명령은 법률이나 상위명령에서 구체적으로 범위를 정한 개별적인 위임이 있는 때에 가능하고, 여기에서 구체적인 위임의 범위는 규제하고자 하는 대상의 종류와 성격에 따라 달라지는 것이어서 일률적 기준을 정할 수는 없지만, 적어도 위임명령에 규정될 내용 및 범위의 기본사항이 구체적으로 규정되어 있어서 누구라도 당해 법률이나 상위명령으로부터 위임명령에 규정될 내용의 대강을 예측할 수 있어야 한다"고 판시하고 있다. 또한 이 경우 "그 예측가능성의 유무는 당해 위임조항 하나만을 가지고 판단할 것이 아니라 그 위임조항이 속한 법률이나 상위명령의 전반적인 체계와 취지・목적, 당해 위임조항의 규정 형식과 내용 및 관련법규를 유기적・체계적으로 종합판단하여야 하고, 나아가 각 규제대상의 성질에 따라 구체적・개별적으로 검토함"을 요한다고 판시하고 있다.35) 독일의 유력설 역시 명확성원칙에서 요구되는 명확성(Bestimmtheit)의 의미는 수권법률의 규정에서 명확히 도출될 수 있는 것이 아니고, 전체 법률의 기타규정 등을 종합적・체계적으로 해석하는 경우에만 가능하다고 보고 있다.36)

이와 관련하여 독일의 소송실무에서는 다양한 해석기준을 제시하고 있다. 즉 독일 연방헌법재판소는 豫見可能性의 公式(Vorhersehbarkeitsformel) 이외에 自己決定의 公式(Selbstentscheidungsformel)에 따라 법규명령

---

33) 헌재 1991. 7. 8. 91헌가4; 헌재 1995. 11. 30. 91헌바1 등; 헌재 2002. 6. 27. 2000헌가10.

34) 헌재 1994. 6. 30. 93헌가15등; 헌재 2000. 12. 14. 98헌바108. 대상판결도 이러한 입장에 서 있다.

35) 대법원 2002. 8. 23. 선고 2001누5651 판결.

36) H. Maurer, Allgemeines Verwaltungsrecht, 16. Aufl., § 13 Rn. 7; U. Battis, Allgemeines Verwaltungsrecht, 4. Aufl., § 7 Rn. 270.

을 통해 어떠한 문제가 규율되어야 하는지는 입법자 스스로 결정해야 한다고 보고 있다.[37] 따라서 그러한 규율의 범위 및 한계를 확정해야 하며, 그 규율의 제정목적이 무엇인지를 명확히 해야 한다.[38] 그 후 연방헌법재판소는 프로그램公式(Programmformel)[39]에 의하고 있는 바, 입법자는 수권규범에서 일정한 입법의도를 가지고 명령제정권자에게 법규명령을 통해 달성해야 할 지침 내지 프로그램을 설정해야 한다는 것이다.[40] 예컨대 명령제정권자에 위임된 권한의 윤곽을 프로그램에 따라 정확히 파악할 수 있어 수권규정으로부터 시민(사인)에 대해 무엇을 허용하는지를 인식하고 예견될 수 있다면 충분히 명확하다고 보고 있다.[41] 프로그램공식은 반드시 완화된 해석기준으로 보기는 어려우며 명확성원칙의 어떠한 요소를 보다 더 강조해야 하는지의 문제로 이해할 수 있다.[42] 물론 형사법규의 경우에는 보다 엄격한 요건이 요구된다.[43] 우리 헌법재판소도 의료법 제46조 제4항 등 위헌제청사건에서, 당해 법률조항이 "금지된 행위가 무엇인지, 처벌의 범위가 어떠한지가 불분명하여 예측가능성을 주지 못하므로 죄형법정주의의 명확성원칙에 위배" 된다고 결정하고 있다.[44]

---

37) BVerfGE 1, 14 (60); 5, 71 (76 f.); 23, 62 (72); 58, 257 (277); 80, 1 (20).
38) BVerfGE 2, 307.
39) BVerfGE 5, 71 (77); 80, 1 (20). 우리 헌법재판소 결정의 반대의견에서도 프로그램공식을 적용한 경우를 발견할 수 있다. 즉 변정수 재판관은 교육법 제8조의2 위헌소원심판에서 "우리 헌법 제75조도 위임의 범위와 한계에 관하여 … 한정하고 있다. 이는 법률에 이미 대통령령으로 규정된 내용과 범위와 목적이 명확히 규정되어 있어서 누구라도 당해 법률로부터 입법가가 의도한 목적과 구체적 계획 및 방법을 명확히 도출해 낼 수 있어야 함을 의미한다"고 반대의견을 제시하고 있다(헌재 1991. 2. 11. 90헌가27, 판례집 3, 11, 36).
40) 상세는 Lücke, in: Sachs, GG, Art. 80 Rn. 25.
41) BVerfGE 55, 207 (226). 이에 대한 자세한 내용은 Ossenbühl, in: Isensee/Kirchhof (Hg.), Handbuch des Staatsrechts III, 1988, § 64 Rn. 18 참조.
42) Lücke, a.a.O.
43) Maunz, in: Maunz/Dürig, GG, Art. 80 Rn. 30.
44) 헌재 2007. 7. 26. 2006헌가4.

3. 明確性原則의 適用對象과 審査强度

헌법재판소는 명확성원칙의 적용과 관련하여, 헌법 제75조의 규정이 위임입법의 근거와 한계에 관한 근거규정으로 보고 있다. 또한 법률의 명확성원칙이 행정입법에 관하여 구체화된 특별규정이라고 전제한 뒤, 합리적인 법률해석을 통하여 수권법률에 표현된 입법자의 객관화된 의사, 즉 위임의 내용·목적과 정도가 밝혀질 수 있다면 위임입법의 한계를 일탈한 것이 아니라고 결정하고 있다.[45] 그러나 給付(授益)行政의 領域에서는 침해행정의 영역보다 그 구체성·명확성의 요건이 완화될 수 있음을 시사하고 있다. 즉 위임입법에 있어서 위임의 구체성·명확성의 요구 정도는 규제대상의 종류와 성격에 따라서 달라진다고 보고 있는 것이다.[46] 대법원도 이와 유사한 입장을 취하고 있다.[47]

독일의 경우에도 프로그램공식에 따라 수권의 내용과 범위가 수권규범의 '프로그램'에 명확히 확정될 수 있는 경우에는 위임범위의 일탈·남용의 문제가 발생하지 않는다. 그러나 독일 연방헌법재판소는 형사법이나 조세법 등의 분야에서처럼 신체의 자유나 재산권 등 헌법상 보장되는 기본권에 대한 침해가 중대한 경우에는 보다 엄격한 요건이 요구되나,[48] 수익적 규율의 경우에는 엄격한 요건을 적용하지 않는다고 보고 있다.[49]

우리 헌법재판소도 교육법 제8조의2에 관한 위헌법률심판에서 중학교 의무교육의 단계적 실시와 관련하여, 규제대상의 종류와 성격에 따

45) 헌재 1999. 4. 29. 94헌바37, 판례집 11-1, 289, 325-326.
46) 헌재 1997. 12. 24. 95헌마390, 판례집 9-2, 817, 829.
47) 즉, 「법률의 위임이 있는지 여부를 판단함에 있어서는 직접적인 위임규정의 형식과 내용 외에 당해 법률의 전반적인 체계와 취지·목적 등도 아울러 고려하여야 하고, 규율대상의 종류와 성격에 따라서는 요구되는 구체성의 정도 또한 달라질 수 있으나, 국민의 기본권을 제한하거나 침해할 소지가 있는 사항에 관한 위임에 있어서는 위와 같은 구체성 내지 명확성이 보다 엄격하게 요구된다」(대법원 2000. 10. 19. 선고 98누6265 판결).
48) BVerfGE 14, 185.
49) BVerfGE 22, 180; 23, 73; 29, 198.

라 구체성과 명확성의 정도에 대해 차별적인 기준을 적용하고 있다. 즉, "위임의 구체성·명확성의 요구 정도는 규제대상의 종류와 성격에 따라서 달라진다. 기본권침해영역에서는 급부행정영역에서 보다는 구체성의 요구가 강화되고, 다양한 사실관계를 규율하거나 사실관계가 수시로 변화될 것이 예상될 때에는 위임의 명확성의 요건이 완화되어야 한다"고 결정하고 있다. 중학교 의무교육의 구체적인 실시시기와 절차 등을 하위법령에 정하는 경우에 무상교육의 수익적 성격과 규율대상의 복잡다양성을 고려하여 명확성의 요구정도가 완화된다고 보고 있는 것이다.[50] 이에 대하여 변정수 재판관은 중등의무교육의 실시에 관한 기본적이고 본질적인 사항을 대통령령에 위임하는 것은 법치주의의 원리(특히 법률유보)와 민주주의의 원리에 위배된다고 보았고, 이시윤 재판관은 의무교육의 실시를 국가의 시혜적 급부라는 전제하에서 위임입법의 범위를 확대하는 다수의견을 비판하면서 지나치게 광범위한 입법재량권을 부여하여 위임입법의 한계를 벗어난 것으로 헌법 제75조 및 제31조 제2항에 합치되지 않는다고 지적하고 있다.

위 결정의 반대의견에서 이시윤 재판관은 "위임의 범위가 한정적이고 명확할 것과 행정기관의 실질적인 재량의 여지를 넓게 남겨 놓지 않는 것을 뜻한다"고 하여, 명령제정권자의 형성적 자유를 매우 좁게 해석하고 있다. 그러나 이 견해는 법치주의를 지나치게 강조함으로써 권력분립원리, 행정의 공익실현기능 등 행정의 최종결정권 내지 독자적 영역의 인정필요성을 간과하고 있다. 명령제정권자는 법률에서 범위를 劃定하여 위임한 법제정의 임무를 자기책임하에 수행한다는 점에서 명령제정권자의 형성적 자유, 즉 命令裁量(Verordnungsermessen)을 고려할 필요가 있다.[51] 한편, 독일 연방행정법원은 명령제정권자의 規範的 裁量(normatives Ermessen)을 대체로 넓게 해석하고 있는 것으로 보인

50) 헌재 1991. 2. 11. 90헌가27, 판례집 3, 11, 30.

51) 이에 대해서는 Hill, in: Hoffmann-Riem/Schmidt-Aßmann/Voßkuhle (Hg.), Grundlagen des Verwaltungsrechts, Bd. II, 2008, § 34 Rn. 21 참조.

다.[52] 물론, 반대의견의 주장과 같이 급부행정이나 수익행정이라고 하여 무조건 완화된 요건을 요구하는 것은 타당하지 않다는 점에 대해서는 전적으로 동의한다. 따라서 개별사안에서 행정의 자의적 법적용가능성, 포괄위임여부 및 기본권의 본질적 사항의 침해가능성 등을 종합적으로 검토해서 판단해야 할 것이다.

독일의 법규명령(위임명령)에 관한 이해에도 다소 변화가 있는 것으로 보인다. 즉 종래 법규명령은 법률에서 傳來된 法制定權(abgeleitete Rechtssetzung)으로 보는 것이 압도적이었다. 그러나 기본권의 비본질적인 분야에 한정되지만, 始原的(또는 獨自的)인 命令權으로 이해하는 견해가 주장되며, 입법부와 정부 사이의 협력을 강조하여 協力的 法制定의 의미가 강조되기도 한다.[53]

Ⅳ. 規範的 授權理論과 行政의 獨自領域

1. 規範的 授權理論과 行政의 最終決定權限

規範的 授權理論은 사법심사의 통제강도, 사법심사의 한계 등과 관련하여 논의되었다. 즉 입법자가 포괄적 권리구제를 규정하고 있는 독일기본법 제19조 제4항에도 불구하고 행정에 선택의 여지를 부여할 수 있는지가 문제되었다. 독일 연방헌법재판소는 소위 자스바흐 決定(Sasbach-Beschluss)[54]에서 "유해한 환경영향(schädliche Umwelteinwirkung)"과 같은 기술적인 개념과 관련하여 규범적 수권이론을 인정한 바 있다.[55] 소위 "규범적 수권이론"은 Schmidt-Aßmann 교수에 의해 창안되어 연방헌법재판소의 결정에 도입되었다고 한다.[56] 규범적 수권이론

52) BVerwGE 80, 355 (370).

53) 이에 관한 상세한 내용 및 문헌소개는 Hill, a.a.O., Rn. 18 ff.

54) BVerfGE 61, 82.

55) 이에 대해 Wahl, Risikobewertung der Exekutive und richterliche Kontrolldichte, NVwZ 1991, S. 410 f.

56) 상세는 von Danwitz, Die Gestaltungsfreiheit des Verordnungsgebers, 1989, S.

에 의하면 입법권자는 행정에게 예외적으로 사법심사가 제한되는 평가특권 내지 판단여지를 인정할 수 있는지 여부를 스스로 결정해야 한다. 이와 관련하여 우리 헌법 제75조는 입법자에게 위임입법에 대한 규범적 수권을 한 것으로 보고, 판단여지를 뒷받침하는 근거가 되는 규범적 수권이론의 논증을 유추할 수 있다는 견해도 있다.[57)]

독일에서는 실체법이 행정에 최종결정권(Letztentscheidungsmacht)을 형성하는 한, 사법적 통제밀도가 약화되고 이에 상응하여 행정에 자유로운 선택의 여지가 인정될 수 있다는 命題가 학설 및 판례에 의해 인정되고 있다.[58)] 일부학설이 적절히 지적하는 바와 같이 입법자는 사법적 통제문제에 관하여 고려하지 않고 있으며, 오히려 이 문제를 학설과 판례에 맡겨 놓고 있을 뿐이다.[59)] 행정의 최종결정권을 통해 독자적인 자유여지를 인정하는 것은 입법자의 프로그램에 진로를 미리 확정해 준다는 의미에서 장점을 가지나, 이에 상응하는 지침을 입증하기 어려운 단점도 있다.[60)]

행정을 단순히 법집행작용으로 이해하여 사법적 통제의 대상으로 보는 것은 기능적·체계적 해석에 의하면 더 이상 타당하지 않다. 오히려 행정은 국가목적의 달성을 위한 독자적이고 자기책임적인 형성과 결정의 의미를 가진다.[61)] 우리 대법원은 법률의 구성요건에 사용되는 불확정법개념과 관련하여 판단여지이론을 부인하고 있다.[62)] 사법적극주의의 관점에서 재량이론에 기초하여 행정작용을 통제하고, 국민의 권익구제에 기여한다는 점은 부인하기 어렵다. 그러나 성질을 달리 하는 대상을

20.

57) 金鐵容/洪準亨/宋石允, 委任立法의 限界에 관한 硏究, 61면.

58) Ossenbühl, in: Erichsen/Ehlers (Hg.), Allgemeines Verwaltungsrecht, 12. Aufl., § 10 Rn. 33.

59) Ossenbühl, a.a.O.

60) Hoffmann-Riem, in: Hoffmann-Riem/Schmidt-Aßmann/Voßkuhle (Hg.), Grundlagen des Verwaltungsrechts, Bd. I, 2006, § 10 Rn. 78. 참조.

61) Hill, a.a.O., § 34 Rn. 1.

62) 대법원 1992. 4. 24. 선고 91누6634 판결; 대법원 1997. 11. 28. 선고 97누11911 판결.

동일한 잣대에 의해 심사하는 것은 타당하지 않은 것으로 보인다.[63] 법원이 판단여지론을 부인하는 基底에는 행정소송법 제27조에 명시된 재량행위의 사법적 통제에 관한 규정이 중요한 역할을 하고 있다. 그러나 판단여지와 통상적인 행정재량(법효과재량)의 사법적 통제밀도는 서로 다르며, 이를 구분하는 학설은 행정작용과 사법적 통제의 상호관계에서 점진적인 발전을 통해 탄생된 것이다.[64] 그 밖에 제한된 사법심사에 관한 논의의 연장선상에는 계획규범, 계획상의 형량(planerische Abwägung)[65]에 관한 법리가 있다.[66]

2. 計劃裁量과 司法的 統制基準

대상판결은 "행정계획에 있어서는 다수의 상충하는 사익과 공익들의 조정에 따르는 다양한 결정가능성과 그 미래전망적인 성격으로 인하여 그에 대한 입법적 규율은 상대적으로 제한될 수밖에 없다. 따라서 행정청이 행정계획을 수립함에 있어서는 일반 재량행위의 경우에 비하여 더욱 광범위한 판단 여지 내지는 형성의 자유, 즉 계획재량이 인정되는 바, 이 경우 일반적인 행정행위의 요건을 규정하는 경우보다 추상적이고 불확정적인 개념을 사용하여야 할 필요성이 더욱 커진다"고 보고 있다. 여기에서 계획재량과 불확정적인 개념 사용의 필요성을 명시하고 있다는 점이 특기할 만하다.

한편, 우리 대법원은 計劃裁量(Planungsermessen)과 관련하여, 오래전부터 계획규범의 특성과 형량명령을 인정하고 있다. 그러나 독일입법례의 영향으로 1980년대 후반에 국내에 도입된 계획재량 및 형량명령의 법리는 도입당시의 수준을 극복하지 못하고 오랫동안 踏步狀態에

63) 이에 대한 상세는 졸고, "도시계획결정과 사법심사기준", 611-614면 참조.
64) Wolfgang Hoffmann-Riem, in: Hoffmann-Riem/Schmidt-Aßmann/Voßkuhle (Hg.), Grundlagen des Verwaltungsrechts, Bd. I, 2006, § 10 Rn. 96.
65) 계획재량은 '재량'이란 명칭을 사용하고 있음에도 불구하고, 그 본질은 오히려 '형량(Abwägung)'에 있음에 주의할 필요가 있다(Hoppe, DVBl. 1992, S. 853).
66) 상세는 Schmidt-Aßmann, in: Maunz/Dürig, GG, Abs. 4 Art. 19, Rn. 208 ff.

있었다. 즉 종래 우리 대법원은 "도시계획법 등 관계 법령에는 추상적인 행정목표와 절차만이 규정되어 있을 뿐 행정계획의 내용에 대하여는 별다른 규정을 두고 있지 아니하므로 행정주체는 구체적인 행정계획을 입안·결정함에 있어서 비교적 광범위한 형성의 자유를 가진다고 할 것이지만, 행정주체가 가지는 이와 같은 형성의 자유는 무제한적인 것이 아니라 그 행정계획에 관련되는 자들의 이익을 공익과 사익 사이에서는 물론이고 공익 상호간과 사익 상호간에도 정당하게 비교교량하여야 한다는 제한이 있는 것이고, 따라서 행정주체가 행정계획을 입안·결정함에 있어서 이익형량을 전혀 행하지 아니하거나 이익형량의 고려 대상에 마땅히 포함시켜야 할 사항을 누락한 경우 또는 이익형량을 하였으나 정당성·객관성이 결여된 경우에는 그 행정계획결정은 재량권을 일탈·남용한 것으로서 위법하다"고 판시하고 있다.67) 즉 계획규범의 본질 및 특성을 인정하면서도 사법심사기준으로는 "裁量權의 일탈·남용으로 違法"이라는 도식을 되풀이해서 사용하여 왔다. 나아가 일부판례에서는 "위와 같은 용도지역지정행위나 용도지역변경행위는 전문적·기술적 판단에 기초하여 행하여지는 일종의 行政計劃으로서 裁量行爲라 할 것이지만, 행정주체가 가지는 이와 같은 계획재량은 그 행정계획에 관련되는 자들의 이익을 공익과 사익 사이에서는 물론이고 공익 상호간과 사익 상호간에도 정당하게 비교·교량하여야 하고 그 비교·교량은 비례의 원칙에 적합하도록 하여야 하는 것이므로, 만약 행정주체가 행정계획을 입안·결정함에 있어서 이익형량을 전혀 행하지 아니하였거나 이익형량의 고려대상에 마땅히 포함시켜야 할 중요한 사항을 누락한 경우 또는 이익형량을 하였으나 그것이 비례의 원칙에 어긋나게 된 경우에는 그 행정계획결정은 재량권을 일탈·남용한 것으로 위법하다"라고 판시하고 있다.68) 여기에서는 계획규범의 본질을 간

67) 대법원 1996. 11. 29. 선고 96누8567 판결. 동지판례: 대법원 2000. 3. 23. 선고 98두2768 판결.
68) 대법원 2005. 3. 10. 선고 2002두5474 판결.

과하고 '計劃裁量=行政(法效果)裁量'이라는 법리적 오류를 범하고 있다.

筆者는 행정계획의 특성을 도외시하고 되풀이해서 "행정재량"과 "계획재량"을 동일하게 판단하는 대법원판례에 대해 비판을 한 바 있다.[69] 다행스럽게도 우리 대법원은 울산도시계획시설결정 취소소송[70]에서 계획재량을 통상적인 재량하자론에 의해 사법적 통제를 하던 종래의 잘못된 법이론을 포기하고, 소위 "형량에 하자가 있어 위법"이라는 부분을 도입함으로써 어느 정도 법리적인 모순을 극복하였다고 평가할 수 있다. 물론 위 판례에 대해서도 아쉬움이 남는 부분이 있을 수 있다. 예컨대 형량하자는 3단계 또는 4단계로 구성되어 있다. 필자는 후자의 입장에서 형량불비례를 포함시키는 유형구분을 따르고 있다. 그 이유는 형량과정과 형량결과를 구분하고 있기 때문이다. 즉 형량하자는 계획결정을 함에 있어서 형량을 전혀 행하지 아니하거나(衡量의 不行使), 형량을 해야 할 요소 중 일부를 누락한 경우(衡量의 欠缺), 또는 관련된 제 이익을 잘못 형량한 경우(誤衡量) 그리고 형량의 결과가 결과적으로 비례의 원칙에 위반되는 경우(衡量不比例)로 구분할 수 있다.[71] 이러한 형량의 하자가 있으면 당해 (도시)계획결정은 위법하게 된다. 그러나 우리 대법원판례에서는 圖式化된 선행 판례를 되풀이하고 있을 뿐, 문제가 된 사안에서 구체적으로 어떠한 형량의 하자가 있는지를 규명하고

69) 拙稿, "利益衝突의 問題解決手段으로서 計劃法上의 最適化命令"-獨逸의 建築, 計劃 및 環境法에 있어서의 論議를 中心으로, 公法硏究 제31집 제5호, 2003. 6, 304-305면; 졸고, "도시계획변경결정의 위법성판단 및 사법적 통제기준", 법률신문 제3460호 (2006. 5. 22), 12-13면. 특히 2003두5426사건에서 처분의 근거조항인 구 도시계획법 제12조는 통상적인 행정재량을 의미하는 가능규정을 명확히 하고 있지 않다. 즉 동 조항은 "건설부장관이… 이를(도시계획을) 결정한다"라고 되어 있을 뿐이다. 당해 규정은 행정청(건설부장관)에 선택의 여지를 부여하는 재량(가능)규정으로 명시되어 있지 않다. 즉 건설부장관은 일정한 요건이 충족되면 자동적으로 어떠한 조치를 할 수 있는지 여부에 관한 결정 내지 선택여지를 부여받은 것이 아니다. 그러나 계획결정의 본질을 제대로 이해한다면, 이는 소위 包攝(Subsumtion)의 문제로 해결될 수 없다. 오히려 건설부장관은 도시계획결정을 함에 있어서 관련된 공・사 제 이익(예컨대 환경권, 재산권, 신체불훼손권 등)을 모두 형량해야 한다(소위 "형량명령").

70) 대법원 2006. 9. 8. 선고 2003두5426 판결. 동지판례: 대법원 2007. 4. 12. 선고 2005두1893 판결; 대법원 2007. 1. 25. 선고 2004두12063 판결.

71) 상세는 拙稿, "都市計劃決定과 司法審査基準", 617면 이하 참조.

있지 않다. 다만, 2003두5426 사건에서 우리 대법원이 20여년 동안 지속한 잘못된 표현과 법리를 정확히 수정하였다는 점에서 높이 평가할 만하다.[72] 이제 사법부는 그 수요가 증가일로에 있는 도시계획결정과 관련된 사건에서 개인의 권익보호를 위해 보다 다양한 실체적 위법성에 관한 판단기준을 개발해야 한다. 단순히 형량명령에 근거한 형식적이고 도식적인 위법성판단은 지양되어야 한다. 물론 형량명령이 법치국가적 요청에 의해 명문의 규정이 없이도 인정된다는 점이 일반적으로 용인되고 있으나,[73] 이러한 견해는 독일 연방행정법원의 초창기 판례를 그대로 답습한 결과이다. 오히려 독일 건설법전 제1조 제6항, 연방원거리도로법 제17조 제1항 제2문 등에서는 형량명령에 관한 명문의 규정을 두고 있으며, 최근에는 제3자의 원고적격과 관련하여 매우 의미 있는 규정으로 주목을 받고 있다.[74] 우리 국토공간계획과 관련된 법령이 큰 발전을 거듭하고 있음에도 아직 형량명령에 관한 명문의 규정을 두고 있지 못함은 매우 아쉬움으로 남는다. 한편, 절차적(형식적) 위법성 판단기준은 상대적으로 많은 성과를 거두었으나, 실체적 기준은 대단히 미흡하였다. 독일에서는 실체적 위법성기준이 큰 성과를 이루었다. 실체적 위법성판단기준으로 독일에서는 계획상의 형량(형량명령)이외에도 實體的 强行法規(소위 "計劃準則"),[75] 計劃正當性(Planrechtfertigung)[76]

---

72) 신봉기 교수도 한국행정판례연구회 제226차 월례발표회에서 "한국 행정판례에 있어서 衡量瑕疵論의 도입과 평가"라는 주제로 대법원판례의 입장을 정치하게 분석하면서, 2003두5426 판결에 대해 "처음으로 행정계획 통제방법의 전형인 형량하자론의 적용에 있어서 '형량하자는 곧 위법'이라는 입장을 밝히고 있어, 획기적인 판례의 변경이 아닌가 하는 기대를 하게 된다"고 평하고 있다.

73) BVerwGE 41, 67 ff.; 51, 111 (112).

74) 拙稿, "建築法上의 考慮命令과 隣人保護를 위한 法的 意味", 土地公法研究 제21집, 2004. 3, 445면 이하.

75) 종래 "計劃準則(Planungsleitsätze)"이라 용어가 통용되었으나, 그 용어의 불명확성으로 인해 포기되고 연방행정법원에 의해 "실체적 강행법규(zwingende materielle Rechtssätze)"라는 개념으로 대체되었다(BVerwGE 100, 370 (380)). 그 이유는 해석상 관련 규정의 내용이 강행규정의 의미를 담고 있는 반면, '준칙(Leitsätze)'이라는 용어는 비구속적 의미를 담기 때문에 비판이 제기되어 왔다.

76) 다만, 계획정당성에 대해서도 計劃確定(Planfeststellung)의 독자적 요건이 아니라 衡量의 영역에서 판단될 수 있다는 유력설이 최근에 제기되고 있다(Jarass, DVBl. 1998,

등이 거론되고 있다. 물론 실정법상의 규정을 바탕으로 이러한 논의가 전개되고 있다. 따라서 주먹구구식의 심사방식보다는 개별사안에 적합한 구체적인 심사기준 내지 법리의 개발과 적용이 요청된다.

V. 結 論

2006헌바91사건에서는 구 택지개발촉진법 제3조 제1항의 건설교통부장관의 택지개발예정지구의 지정처분에 대해 계획규범의 본질인 목적프로그램(目的·手段의 定式)으로서의 특성을 전제하여 행정청에 광범위한 형성의 자유를 인정하고 있다. 나아가 권력분립원칙, 행정의 공익실현요청 등을 근거로 행정의 독자적 판단권을 인정하여 명확성의 정도가 완화될 수 있음을 시사하고 있다. 이러한 헌법재판소의 입장은 소위 "규범적 수권이론"을 도입한 것으로 보인다. 그러나 이러한 행정청의 독자성의 인정이 사법적 통제를 전면적으로 부인하는 것을 의미하는 것은 아니며, 행정과 사법의 관계에 있어서 통제밀도나 심사강도의 문제로 귀착된다. 또한 명확성원칙과 기본권보호는 매우 밀접한 관계를 가지고 있으며, 법률유보의 원칙(특히 본질사항유보설)과 관련하여 구체성·명확성의 기준이 판단되어야 할 것이다. 또한 행정의 최종결정수권은 입법자가 판단하여야 한다. 즉 개별규정으로부터 행정의 최종결정권한이 도출될 수 있다. 다만, 2006헌바91사건에서는 명확성원칙의 완화와 사법심사강도의 감축 등을 인정하고 있으나, 행정의 독자적 판단영역을 보다 정치하고 구체적으로 규명하여 통제밀도의 차이를 분명히 하고 있지 않다. 일련의 결정에서 헌법재판소가 밝히고 있는 바와 같이 당해 개별 법률의 조문 하나만으로 명확성원칙이나 포괄위임금지의 원칙을 위배하였는지 여부를 판단하기 어려우며, 오늘날 관련된 법률조문의 체계적·종합적 해석을 통해 판단해야 함은 물론이다. 향후 우리 헌

S. 1204 f.).

법재판소는 행정의 독자성을 판단함에서 있어 개별 영역의 특성을 보다 면밀히 검토하고 이에 대한 사법적 통제기준을 보다 구체화하는 노력이 필요하다.

그 밖에 우리 헌법재판소가 '計劃裁量'의 개념을 인정한 것은 자못 의미가 크다고 생각된다. 또한 대법원이 2003두5426사건에서 재량하자론 대신 衡量瑕疵論을 도입하여, 論理一貫되게 판례이론을 수정 · 보완하고 있음도 매우 고무할 만한 사실이다. 그러나 대법원판례가 초기에 도입한 계획규범의 특성과 법리를 더 이상 발전시키지 못하고 단순도식화하여 스테레오타입(stereotype)으로 되풀이하고 있으며, 개별사안의 판단에서도 형량하자 중 어느 단계에서 형량이 위법한지 여부를 구체적으로 밝히고 있지 못한 점은 아쉬움으로 남는다. 기왕에 어렵게 도입된 계획규범과 형량명령의 법리를 더욱 발전시키기 위해서는 實務와 學界의 적극적인 노력이 필요한 것으로 보인다.

第 2 章

法令補充的 性格의 行政規則의 整備方向과 委任事項의 限界

Ⅰ. 論議의 背景 및 爭點

오늘날 議會立法의 原則에 대한 例外로서 行政立法의 증가는 불가피하며 複委任禁止의 原則(delegate potestas non potest delegari)을 엄격히 적용하기는 어렵게 되었다.[1] 특히 훈령ㆍ예규 등 행정규칙은 오늘날 행정현실에서 매우 중요한 기능을 수행하고 있다.[2] 실제 행정부처에서 발령하는 훈령ㆍ예규 등 행정규칙은 매년 2,200여건 이상에 달하고 있다. 그러나 행정규칙은 원칙적으로 상위법의 수권 없이 제정될 수 있을 뿐만 아니라 내용상의 통제나 공포절차 등을 필요로 하지 않기 때문에 국민들이 인식하지 못하는 사이에 법규적 사항을 담은 행정규칙을 발령하는 소위 "行政規則으로의 逃避現像"이 발생하고 있다.[3] 그

---

1) 이상규, 신행정법론(상), 신판, 288면; 김남진ㆍ김연태, 행정법 I, 제10판, 139-140면.

2) 루프(Hans Heinrich Rupp) 교수는 일찍이 행정규칙이 헌법적 그리고 행정법적 도그마틱에 있어서 독특하고 불확실하며 불분명한 위치를 차지하고 있으나, 傳統的인 法規範體系(헌법-법률-법규명령-조례)에 대하여 實務上 不可思議하게 중요한 意味(in geheimnisvoller Weise in der Rechtspraxis erhebliche Bedeutung)를 얻고 있음을 지적한 바 있다. Rupp, Die „Verwaltungsvorschriften" im grundgesetzlichen Normensystem, Zum Wandel einer verfassungsrechtlichen Institution, JuS 1975, S. 609 ff.

러한 의미에서 오늘날의 행정을 "行政規則에 의한 行政"으로 평가하기도 한다.[4)]

이러한 행정규칙은 행정기관 내부의 事務處理準則에 불과하고 일반 국민에 대하여 대외적 구속력(법규적 효력)을 가지지 않으나,[5)] 제재적 처분 등 재량권행사의 실질적인 지침이 된다는 점에서 중요한 의미를 가진다. 특히 훈령·예규 등 행정규칙의 적법성심사에 있어서 제재처분기준의 불명료성, 상위법과의 모순 및 제재처분과 관련된 처분양정의 불균형성 등 제반 문제점이 나타나고 있다. 이에 법제처는 상위법령의 위반사항 또는 법령의 위임범위를 일탈하거나 위임 없이 정한 법규적 사항은 삭제하고 필요한 내용의 경우 법령에서 직접 규정하거나 행정규칙에 위임근거를 명시하는 등 행정규칙을 일괄적으로 정비하고 있다.

특히 판례는 훈령·예규 등의 형식으로 발령된 행정규칙에 법규적 효력을 인정하고 있다. 이를 소위 "法令補充的 行政規則"[6)] 내지 "法令補充規則"[7)]이라 한다. 즉 대법원은 상위법령의 위임을 받거나 이를 보충하는 경우에 한하여 행정규칙의 법규적 효력을 인정하고 있다.[8)] 예컨

---

3) 김도창, 일반행정법론(상), 제4전정판, 269면.
4) 박균성, 행정법론(상), 제5판, 178면.
5) 대법원 1963. 4. 18. 선고 63누35 판결; 대법원 1983. 9. 13. 선고 82누301 판결; 대법원 1979. 7. 10. 선고 79누99 판결; 대법원 1987. 5. 26. 선고 86누96 판결 등.
6) 대법원 1996. 4. 12. 선고 95누7727 판결; 대법원 2000. 9. 29. 선고 98두12772 판결; 김남진·김연태, 전게서, 164면.
7) 김동희, 행정법 I, 제12판, 162면.
8) 法令補充的 行政規則의 대표적 사례는 國稅廳訓令으로 제정된 財産諸稅事務處理規程이다(대법원 1987. 9. 29. 선고 86누484 판결). 다른 한편, 판례는 법규명령의 형식으로 발령되었으나 그 내용이 제재처분기준에 해당하는 경우, 즉 法規命令 形式의 行政規則도 인정하고 있다. 그러나 대법원은 이러한 형식 가운데 시행령에 대해서는 법규성을 인정하면서, 시행규칙에 대해서는 이를 부인하고 있다. 즉 식품위생법 시행규칙 제53조에서 별표 15로 동법 제58조에 따른 행정처분의 기준을 정한 경우에 대외적 구속력을 부인한 바 있으며(대법원 1993. 6. 29. 선고 93누5635 판결), 部令으로 정한 도로교통법시행규칙 제53조 제1항이 정한 운전면허 행정처분기준에 대해서도 동일한 입장을 취하고 있다(대법원 1995. 4. 7. 선고 94누14360 판결). 다만, 대법원은 주택건설촉진법시행령 제10조의3 제1항 [별표 1]은 주택건설촉진법 제7조 제2항의 위임규정에 근거한 대통령령에 대하여는 법규적 효력을 인정하고 있다(대법원 1997. 12. 26. 선고 97누15418 판결). 이와 관련하여 법규명령에 해당하는 시행령과 시행규칙을 명확한 論據의 제시 없이 차별하는 판례는 법리적으로 타당하지 않다는 비판이 계속해서 제기되었다

대 대법원은 산업자원부장관이 「공업배치 및 공장설립에 관한 법률」 제8조의 위임에 따라 공장입지의 기준을 구체적으로 정한 산업자원부 고시 공장입지기준 제5조가 법규명령으로서의 효력, 즉 법규적 효력을 가진다고 판시하였으며,[9] 관세율표상 품목분류의 기준을 정한 관세청고시를 통일적인 해석기준 내지 적용기준으로 보면서 상위법령의 위임에 의하여 그 한계를 벗어나지 아니하는 한 그와 결합하여 대외적 구속력이 있는 법규명령으로서의 효력을 가진다고 판시하였다.[10] 이와 같은 대법원의 입장은 그 밖의 일련의 판례에서도 거듭 확인되고 있다.[11]

최근 사회적 쟁점이 되었던 "바다이야기" 사건과 관련하여, 게임제공업소의 경품취급기준에 관한 문화관광부고시의 내용 중 "(재)한국게임산업개발원에서 지정하는 상품권"으로 한정된 것이 어떠한 법적 효력을 가지는지가 문제되고 있다. 즉 위 고시는 당해 법률에서 예견하지 아니한 상품권 지정제를 채택하고 있고, 이러한 상품권 지정제는 국민의 권리·의무와 관련된 법규적 사항임에도 불구하고 고시의 형식으로 제정하고 있다. 나아가 법령의 위임 없이 상품권의 지정권한을 민간기관에 위탁하고 있는 등 여러 가지 법적 문제점을 내포하고 있다. 이와 관련하여 하급심판례 가운데에는 당해 告示의 법규적 효력을 否認하는 주목할 만한 판결이 나오고 있다.[12] 그 밖에 공정거래위원회, 방송위원회,

(김남진·김연태, 전게서, 164면; 정하중, 행정법총론, 제3판, 167면; 졸고, "독일의 보건행정분야 행정처분기준의 현황과 시사점", 보건행정분야 행정처분기준의 법적 과제 (한국법제연구원), 워크숍자료(2006. 5. 19), 84면). 한편, 시외버스운송사업의 사업계획 변경 기준 등에 관한 舊 여객자동차운수사업법 시행규칙 제31조 제2항 제1호, 제2호, 제6호의 법적 성질이 문제된 사건에서, 대법원은 동 시행규칙의 법적 성질을 "(법률의) 위임에 따라 시외버스운송사업의 사업계획변경에 관한 절차, 인가기준 등을 구체적으로 규정한 것으로서 대외적 구속력이 있는" 법규명령으로 판단하였다. 매우 타당한 판시이다. 나아가 대법원은 부령인 시행규칙의 형식으로 정한 제재적 행정처분에 관한 사건에서 "(시행)규칙이 법령에 근거를 두고 있는 이상 그 법적 성질이 대외적·일반적 구속력을 갖는 법규명령인지 여부와는 상관없이"라고 하여, 그 법적 성질에 관한 검토를 拋棄한 것으로 보이는 판시도 하고 있다(대법원 2006. 6. 22. 선고 2003두1684 판결 참조).

9) 대법원 2004. 5. 28. 선고 2002두4716 판결.

10) 대법원 2004. 4. 9. 선고 2003두1592 판결.

11) 대법원 1996. 4. 12. 선고 95누7727 판결; 대법원 1998. 6. 9. 선고 97누19915 판결; 대법원 2000. 9. 29. 선고 98두12772 판결; 대법원 2001. 12. 24. 선고 99두11141 판결 등.

영화진흥위원회 및 영상물등급위원회 등의 고시·규정 등이 문제가 되고 있다. 특히 공정거래위원회고시 가운데에는 상위법령의 효력을 배제하거나, 명확성이나 예측가능성을 缺한 규정을 포함한 경우가 적지 않다. 특히 법제처의 심사결과 대규모내부거래에 대한 이사회의결 및 공시에 관한 규정(공정거래위원회고시 제2003-4호) 제5조는 구 상법 제393조의2의 효력을 배제하고 있으며 과징금부과세부기준등에관한고시Ⅳ(공정거래위원회 제2005-15호)의 과징금의 산정기준은 매우 불명확하게 정하고 있어 일반 국민들이 어느 정도의 위반행위에 해당될지 여부를 전혀 예측할 수 없다고 개선의견을 제시한 바 있다. 또한 금융감독기관검사및제재에관한규정(금융감독위원회공고 제2005-59호) 제18조 및 제19조는 금융감독위원회와 금융감독원이 금융회사의 임·직원에 대하여 해임권고, 업무정지, 문책경고(면직, 정직, 감봉 등) 및 주의적 경고 등 제재수단을 행사할 수 있음을 규정하고 있다. 이와 같이 경제법 분야의 고시 등에 규정된 금융회사 임·직원에 대한 懲罰的 制裁手段은 불필요한 정부의 過剩規制(over-regulation)를 야기하고 있으며, 또한 고시의 형식으로 법규적 사항을 포함하는 것은 부적절하다는 비판이 제기될 수 있다. 그 밖에 방송위원회의 고시나 규정 가운데에도 시행령이나 시행규칙에 위임 없이 직접 법률에만 근거를 두고 발령되는 경우도 존재하고 있다.[13)]

요컨대 상위법령의 위임에 의해 훈령, 예규, 고시 등 행정규칙의 형식으로 제정된 것 가운데 법규적 효력이 인정되는 소위 법령보충적 행정규칙(법령보충규칙)은 행정실무뿐만 아니라 사법적 통제에 있어서 적지 않은 混線을 야기하고 있다. 따라서 법령보충규칙에 관하여 법이론적인 재검토가 요청되며, 또한 실무 및 판례에 의해 인정되는 법령보충

12) 창원지법 2006. 7. 20. 선고 2006구합253 판결. 현재 주무부는 위 고시의 규정 중 한국게임산업개발원이 지정하는 상품권 관련규정을 삭제하고, 부칙에서 2007. 4. 28. 까지 효력을 갖는 것으로 개정을 추진 중에 있다.

13) 예컨대 시청자미디어센터운영규정은 *放送法* 제42조(위원회규칙의 제정과 개정)에 근거하여 제정되었다.

적 행정규칙의 위임범위와 그 한계 문제는 행정규칙의 통일적 정비와 관련하여 어려운 과제를 던져 주고 있다.

이하에서는 법령보충적 행정규칙의 법적 성질에 관한 학설 및 판례의 입장을 검토하고(Ⅱ), 그 문제점 및 좌표를 파악하기 위해 외국의 입법례를 함께 고찰하도록 한다(Ⅲ). 또한 현존하는 법령보충적 행정규칙을 통제하기 위해 그 위임범위의 한계와 통제기준을 살펴보고(Ⅳ), 마지막으로 법령보충적 행정규칙의 정비방향을 제시하도록 한다(Ⅴ).

Ⅱ. 法令補充的 行政規則의 法的 性質

1. 學說의 現況 및 批判

법령보충적 행정규칙의 법적 성질을 둘러싸고 학설은 첨예하게 대립하고 있다. 우선 실질적 기준을 중심으로 판단하는 法規命令說은 비록 행정규칙의 형식으로 발령되었다 하더라도 법령을 보충하여 국민에 대하여 대외적 구속력을 미칠 수 있다고 본다는 것이 현재 다수설의 입장이다.[14] 그러나 이 설은 법규명령으로 제정되어야 할 사항을 엄격한 절차 및 형식을 피하여 행정규칙으로 제정되었다는 점에서 비판이 제기될 수 있으며, 행정편의주의에 의해 행정기관에 법규명령과 행정규칙 가운데 하나를 임의로 선택할 수 있는 기회를 준다는 점에서 문제점이 있는 것으로 보인다. 또한 이러한 주장은 독일의 오센뷜(Ossenbühl) 교수의 주장과 대체로 결론을 같이 하는 것으로 보인다. 즉 오센뷜 교수는 행정부에게도 소위 "固有한 執行部의 法", 말하자면 獨自的인 法制定權限이 부여되어 있음을 인정하고 있다. 이러한 견해는 행정규칙의 직접적 · 대외적 구속력을 인정하는 결론에 이르게 된다.[15] 그러나 이러

---

14) 김동희, 전게서, 162면; 김철용, 행정법 I, 제9판, 171면; 박윤흔, 최신행정법강의(상), 2004, 248-249면; 변재옥, 행정법강의(I), 1989, 215-216면; 이상규, 전게서, 295면; 장태주, 행정법개론, 개정3판, 2005, 354면; 홍준형, 행정법총론, 제4판, 403면.

15) Ossenbühl, in: Erichsen/Ehlers(Hrsg.), Allgemeines Verwaltungsrecht, 12. Aufl.,

한 견해는 법규적 사항을 행정규칙의 형식으로 제정함으로써 의회입법 원칙, 법률유보의 원칙, 독일기본법 제80조 제1항의 의미 및 권력분립 원칙에 위배될 수 있다는 비판에 직면하고 있다.[16] 또한 법규명령설은 법령보충적 행정규칙을 통하여 형식·절차가 복잡한 법규명령의 제정 대신 "行政規則으로의 逃避"를 활성화시킬 수도 있다.

한편, 국세청훈령으로 제정된 재산제세사무처리규정을 독일의 "規範具體化行政規則"으로 이해하는 입장도 제시되고 있다.[17] 이 설은 연방내무장관의 "배출공기 또는 지표수를 통한 방사성물질 유출에 있어서 방사선노출에 관한 일반적 산정기준"에 대하여 직접적인 대외적 구속력을 인정한 1985년 12월 19일자 독일연방행정법원의 빌(Whyl) 판결[18]에 근거하고 있다. 그러나 규범구체화 행정규칙은 그 본고장인 독일에서도 환경법이나 기술안전법 분야에서 제한적으로 인정되고 있으므로, 판례에 의해 擴大一路에 있는 법령보충적 행정규칙에 이를 그대로 적용하는 것은 타당하지 않은 것으로 보인다. 이러한 유형의 행정규칙은 법적 성질의 문제를 논의할 것이 아니라 헌법적 근거가 없는 위임입법으로서 위헌이라고 보는 違憲無效說[19]은 일견 법이론적으로 명쾌하나, 현실적으로 이러한 성질을 가진 모든 행정규칙을 위헌·무효라고 판단하기는 쉽지 않다. 또한 위헌무효설은 헌법상의 법규명령을 한정적으로 이해하고 행정규칙 형식의 법규명령이 허용되지 않는 것으로 보고 있다. 그리고 법정책적 관점에서 법령보충적 행정규칙의 필요성을 인정하면서, 법이론적으로는 법령의 수권여부에 따라 구분하여 이해하는 授權與否基準說이 주장된다. 즉 국민의 기본권을 제한하는 사항을 법령의

S. 152 ff. 이와 관련하여 국내에서도 더 이상 내부영역과 외부영역의 구분은 불필요하며, 행정규칙은 행정부의 기능영역에 있어서 독립적인 행정부의 법질서의 일부라고 보는 견해가 주장되고 있다. 崔正一, "行政規則의 法規性問題를 또 생각하며", 金東熙(編), 行政作用法, 2005, 574면; 同人, "獨逸에서의 行政規則의 法的 性質 및 效力 -특히 規範具體化 行政規則을 中心으로-", 서울大學校 法學博士學位論文, 1995, 92-93면 참조.

16) H. Maurer, Allgemeines Verwaltungsrecht, 16. Aufl., § 24 Rn. 25a.

17) 金南辰, 行政法의 基本問題, 제4판, 1994, 192면.

18) BVerwGE 72, 300(320 f).

19) 석종현, 일반행정법론(상), 제11판, 2005, 185면; 류지태, 행정법신론, 제9판, 245면.

위임 없이 고시나 훈령으로 발급하는 경우에는 행정규칙의 성질을 가지며, 위임이 있는 경우에는 법규명령이 된다는 것이다. 이 설의 법적 근거는 행정규제기본법 제4조 제2항 단서조항이다. 또한 당해 행정규칙이 수익적 사항을 포함하고 있는 경우에는 법규성을 인정하면서, 침익적 사항인 경우에는 상위법령의 수권여부에 따라 법규성을 판단하고 있다.[20] 생각건대 수권여부기준설은 기본적으로 판례의 입장에 가까우며 개인의 권익구제의 측면에서는 의미가 있다. 그러나 침익적 사항을 법령의 위임에 의해 행정규칙의 형식으로 제정하고 여기에 대외적 구속력을 인정한다면, 실질적 법치주의의 관점에서는 비판이 제기될 수 있다. 마지막으로 형식적 기준에 따라 판단하는 行政規則說이 주장된다.[21] 이 설은 법규명령이 의회입법원칙의 예외이므로 법규적 사항을 규율하기 위해서는 법률의 수권이 필요할 뿐만 아니라, 엄격한 절차 및 형식에 따라 제정되어야 한다고 주장한다. 따라서 行政規則形式의 法規命令(法令補充規則)은 허용되지 않는 것으로 본다.

결론적으로 형식적 기준에 따라 법규명령과 행정규칙이 구별되는 것이 타당하다고 본다. 오늘날에는 "法律의 洪水"를 넘어서 "行政立法의 洪水"로 전이되고 있을 정도로 행정규칙이 폭증하고 있다. 실제 法規範의 전체적 體系를 살펴보면, 형식적으로는 법률·시행령·시행규칙의 順으로 단계적으로 규율되고 있지만, 중요한 법규적 사항은 오히려 훈령, 고시 등 행정규칙에 의해 정해지는 것이 보통이다. 이러한 입법방식은 비효율적이고 불합리함은 물론이며, 헌법적으로도 상당한 문제점을 가질 수 있다. 특히 "고시" 등의 형식으로 법규명령을 인정함에 있어 법령의 위임이 있음을 강조하고 있으나, 정작 법규정에는 구체성과 명확성을 설시하여 위임을 하기 보다는 단순히 일정한 사항에 대하여 "…고시로 정한다.", "…을 고시할 수 있다." 내지 "……를 고시하여야

20) 홍정선, 행정법원론(상), 2006, 212-213면.
21) 김남진·김연태, 전게서, 166면. 다만, 일부견해는 法令補充的 行政規則이 허용된다고 보면서, 그 법적 성질은 행정규칙으로 보고 있다(박균성, 행정법론(상), 제5판, 198-200면; 崔正一, "行政規則의 法規性問題를 또 생각하며", 金東熙(編), 行政作用法, 616면).

한다." 등으로 규정하고 있는 경우도 적지 않다.[22] 특히 위헌가능성이 제기되는 행정규제기본법 제4조 제2항 단서도 "告示"形式의 法規命令을 허용하기는 하지만, 그 요건을 제한적으로 규정하고 있다.[23] 즉 "법령이 專門的·技術的 사항이나 경미한 사항으로서 업무의 성질상 위임이 불가피한 사항에 관하여 구체적으로 범위를 정하여 위임한 경우"로 비교적 구체적으로 규정하고 있다. 다만, 그 요건 중 "전문적·기술적 사항"에 대하여 위임에 의해 법규적 사항을 정하는 것은 이해될 수 있으나, 단순히 "경미한 사항으로서 업무의 성질상 위임이 불가피한 사항"의 경우에 위임에 의해 告示가 법규적 사항을 정하는 것은 타당하지 않은 것으로 보인다. 또한 告示의 형식으로 상위법에서 규율하지 않은 사항을 정하거나 그 범위를 일탈하여 법규적 사항을 정하는 경우에는 사법적 통제가 이루어져야 한다. 사견으로는 法令補充的 行政規則을 전문적·기술적 사항 등의 분야에서 매우 제한적으로 허용하는 것이 바람직하다고 판단된다. 이를 지나치게 일반화하여 행정규칙의 법규성을 인정하는 것은 법률의 수권을 요하지 않거나,[24] 또는 공고·공포 절차를 거치지 않는 행정규칙으로 하여금 법규적 사항을 제정하게 하

22) 예컨대 食品衛生法 제7조 제1항에서는 "식품의약품안전청장은 국민보건상 필요하다고 인정하는 때에는 판매를 목적으로 하는 식품 또는 식품첨가물의 제조·가공·사용·조리 및 보존의 방법에 관한 기준과 그 식품 또는 식품첨가물의 성분에 관한 규정을 정하여 고시한다"고 하여, 고시로 정해할 사항이 대체로 구체적이고 명확하다고 볼 수 있다. 그러나 獨占規制 및 公正去來에 관한 法律 제23조 제1항에서는 불공정거래행위를 열거하고 있으며, 제3항에서는 "(이를) 위반하는 행위를 예방하기 위하여 필요한 경우 사업자가 준수하여야 할 지침을 제정·고시할 수 있다"고 규정하고 있다. 즉 동법 제23조 제3항의 고시는 그 위임사항이 무엇인지가 명확하거나 구체적이지 않으며, 여기에서의 고시는 "公告"의 의미를 강하게 담고 있을 뿐이다.

23) 행정규제기본법 제4조 제2항 단서조항의 위헌성여부에 관하여는 拙稿, "'告示'形式의 法規命令의 內容 및 法的 問題點", 考試研究 2006. 7, 21-24면 참조. 이와 관련하여 規範과 現實의 乖離를 규범의 작위적 해석을 통해 애써 합법화시키려고 하는 것은 법적 명확성과 안정성 및 실효성을 위해 옳지 않다는 비판이 제기되고 있다. 高永訓, "行政上의 告示의 法的 問題點과 改善方向에 관한 研究", 公法研究 제29집 제1호, 285면.

24) 일부견해는 행정규제기본법 제4조 제2항 단서를 근거로 法律補充規則의 제정가능성을 一般的으로 인정하고 있다고 평가하나(金東熙, 전게서, 174면), 그 요건은 이미 언급한 바와 같이 세분화하여 검토하는 것이 바람직하다. 또한 동 조항을 지나치게 확대해석하여 법령보충적 행정규칙의 정당화의 근거로 보는 것은 再考되어야 한다.

는 것은 의회입법원칙, 권력분립원칙 등에 비추어 바람직하지 않으며, 명확성이나 예견가능성 등 법치국가원리에 비추어 국민의 법적 안정성을 해할 수 있다. 특히 행정청의 선택여부에 따라 제정형식이 결정되고 그 이후에 법원에서 개별규정의 법규적 효력 유무를 다투는 것은 실질적 법치주의에 위배된다고 판단된다. 이러한 논의는 결국 법제정기관인 議會가 아닌 법판단기관인 法院에 의해 행정규칙의 법규성이 결정되는 矛盾된 결과를 自招할 수 있다.

2. 判例의 立場 및 檢討

(1) 大法院의 判斷

대법원판례는 원칙적으로 행정규칙을 "상급행정기관이 하급행정기관에 대하여 업무처리지침이나 법령의 해석적용에 관한 기준을 정하여 발하는" 것으로서, 국민이나 법원에 대해 대외적 구속력을 가지지 않고 행정조직 내부에서만 효력을 가지는 것으로 이해하고 있다.[25] 다른 한편, 대법원은 예외적으로 行政規則의 法規性을 인정하고 있다. 그 嚆矢는 國稅廳訓令으로 제정된 財産諸稅事務處理規程 제72조 제3항이 양도소득세의 실지거래가액에 의한 과세의 법령상 근거가 될 수 있는지 여부에 관한 사건이다.[26] 이 사건에서 대법원은 당해 훈령을 행정규칙으로 판단한 원심과 달리, 법규적효력이 있다고 보고 있다. 즉 재산제세사무처리규정이 소득세법 제23조 제4항, 제45조 제1항 제1호에서 양도소득세의 양도차익을 계산함에 있어 실지거래가액이 적용될 경우를 대통령령에 위임함으로써 동법시행령 제170조 제4항 제2호가 위 위임규정에 따라 양도소득세의 실지거래가액이 적용될 경우의 하나로서 국세청장으로 하여금 양도소득세의 실지거래가액이 적용될 부동산 투기억

25) 대법원 1983. 6. 14. 선고 83누54 판결; 대법원 1984. 2. 28. 선고 83누551 판결; 대법원 1992. 9. 8. 선고 91누13670 판결; 대법원 1998. 6. 9. 선고 97누19915 판결 등.
26) 대법원 1987. 9. 29. 선고 86누484 판결.

제를 위하여 필요하다고 인정되는 거래의 유형을 열거하도록 하고 있다고 보았다. 이는 비록 위 재산제세사무처리규정이 국세청훈령으로 제정되어 있다 하더라도 이에 의한 거래지정은 소득세법시행령의 위임에 따라 그 규정의 내용을 보충하는 기능을 가지면서 그와 결합하여 대외적 효력을 발생하게 된다고 판시한 것이다. 또한 대법원은 이 사건에서 법령보충적 행정규칙의 단초를 보여주고 있다. 즉 "法令의 규정이 특정 행정기관에게 그 법령내용의 구체적 사항을 정할 수 있는 권한을 부여하면서 그 권한행사의 절차나 방법을 특정하고 있지 아니한 관계로 수임행정기관이 행정규칙의 형식으로 그 법령의 내용이 될 사항을 구체적으로 정하고 있다면… …행정기관에 법령의 구체적 내용을 補充할 권한을 부여한 법령규정의 효력에 의하여 法令의 구체적 내용을 補充하는 기능을 갖게 된다 할 것이므로, 이와 같은 행정규칙, 규정은 당해 법령의 受任限界를 벗어나지 아니하는 한 그것들과 결합하여 대외적인 구속력이 있는 法規命令으로서의 效力을 갖게 된다"고 판시하고 있다.

그 이후에 대법원은 일련의 판례에서 行政規則의 法規性[27)]을 인정하고 있다. 그러나 행정규칙의 법규성이 인정되는 법령보충적 행정규칙의 성립요건에 대하여 명확한 논거를 제시하고 있지 않다. 다만, 대체로 상위법령의 '위임'에 의해 그 법령규정을 '보충'하는 기능을 가지는 경우에 행정규칙의 법규성이 인정된다고 보고 있다.[28)] 다만, 법령보충적 행정규칙은 "예외적"으로 인정된다고 보며, 이러한 경우에도 그 규정 내용이 법령의 위임범위를 벗어난 경우에는 대외적 구속력이 부인되고 있다.[29)]

한편, 최근의 下級審判例는 '告示'와 관련하여 주목할 만한 판시를

27) 다만, 여기에서 행정규칙의 "法規性"이란 외부관계에 있어서 법규적 효력을 의미하는 것이다. 그러나 외부적 효력은 사실적·간접적 효력을 미치는 것과 직접적인 구속력을 가지는 경우로 구분할 수 있으며, 본연의 "法規性問題"는 裁判規範性과 관련된 것으로 후자의 문제에 제한되어야 한다.

28) 대법원 1995. 3. 10. 선고 94누8556 판결; 대법원 1996. 4. 12. 선고 95누7727 판결; 대법원 2004. 5. 28. 선고 2002두4716 판결.

29) 대법원 1999. 11. 26. 선고 97누13474 판결.

보여주고 있다. 즉 昌原地方法院은 "음반·비디오물 및 게임물에 관한 법률은 문화관광부장관에게 경품의 종류를 정하여 고시할 권한을 부여하였을 뿐 문화관광부장관에게 민간단체에 대한 사무위탁 권한을 부여하지는 않았고, 경품의 종류를 정하여 고시할 권한 속에 그 권한을 민간단체에 위탁하는 권한이 포함되어 있다고 볼 수도 없으며, 문화관광부장관이 그 고시로 경품의 종류를 구체적으로 정하면 그와 같이 정하여진 경품의 종류에 대하여는 상위법인 법률의 내용을 보충하고 법률과 결합하여 법령으로서의 효력은 있을지언정 문화관광부 고시인 '게임제공업소의 경품취급기준' 제2항 제4호 자체가 정부조직법 제6조 제3항, 행정권한의 위임 및 위탁에 관한 규정 제10조, 제11조 제1항에서 규정하는 '법령'이라고 할 수는 없다"라고 판시하였다. 또한 同法院은 일반게임장업자가 제공할 수 있는 상품권의 종류를 지정하는 사무는 지정되지 않은 상품권을 제공하는 경우 刑事處罰과 行政處分이 수반되는 점에 비추어 국민의 권리·의무와 직접 관계되는 매우 중요한 사무이므로 정부조직법 제6조 제3항, 행정권한의 위임 및 위탁에 관한 규정 제10조, 제11조 제1항을 근거로 하여서는 문화관광부장관이 그 사무를 민간단체에 위탁할 수 없다고 강조하고 있다. 이러한 점을 이유로 창원지방법원은 일반게임장업자가 제공할 수 있는 상품권의 종류를 지정할 권한을 민간단체에 위탁한 위 문화관광부 고시 제2조 제4호와 그 고시에 따라 민간단체가 한 상품권 지정은 무효라고 판시하였다.[30] 또한 서울行政法院도 문화관광부장관이 게임제공업소의 경품취급기준에 관한 고시에서 경품구매대장의 보관의무를 규정한 부분에 대해 법규적 효력을 부인하고 있다. 즉 게임제공업자에게 사행성을 조장하거나 청소년에

---

30) 창원지법 2006. 7. 20. 선고 2006구합253 판결. 한편, 헌법재판소(전원재판부)는 재판관 전원의 일치된 의견으로 음반·비디오물 및 게임물에 관한 법률 제35조 제1항 중 외국음반의 영리목적 국내제작에 대해 영상물등급위원회의 추천을 받도록 하고 이를 위반하면 처벌하도록 한 음반·비디오물 및 게임물에 관한 법률 제35조 제1항 중 외국음반의 국내제작에 관한 부분, 제50조 제6호 중 외국음반의 국내제작에 관한 부분이 헌법에 위반된다고 선고하였다(헌재 2006. 10. 26. 2005헌가14).

게 해로운 영향을 미치는 경품제공행위를 금지한 것 이외에 법의 위임 없이 그러한 금지행위의 저촉 여부를 쉽게 밝힐 수 있는 수단을 게임 제공업자 스스로 갖추도록 새로운 의무를 부과한 것이어서 상위법(음반·비디오물 및 게임물에 관한 법률 제32조 제3호)의 위임범위를 벗어나므로 법규정을 보충하는 효력이 없으며 일반국민과 법원을 구속할 수도 없다고 판시하고 있다.[31]

(2) 憲法裁判所의 判斷

헌법재판소도 역시 행정규칙은 원칙적으로 행정조직 내부에서만 효력을 가지며 대외적인 구속력을 가지지 아니하므로 憲法訴願의 對象이 될 수 없다고 보고 있다.[32] 그러나 법령의 규정에 의하여 행정관청에 법령의 구체적 내용을 보충할 권한을 부여한 경우나 재량준칙이 그 정한 바에 따라 일정한 관행이 확립되면 평등원칙이나 신뢰보호원칙을 매개로 대외적인 구속력을 가진다고 판단하고 있다.[33]

헌법재판소는 「정보통신망이용촉진 및 정보보호 등에 관한 법률」 제42조 등 위헌확인사건[34]에서 "청소년유해매체물의 표시방법"에 관한 정보통신부고시가 헌법소원의 대상이 된다고 결정하였다. 즉 이 사건 告示가 청소년유해매체물을 제공하려는 자가 하여야 할 전자적 표시의 내용을 정하고 있다고 보아 행정처분이 아니라 청소년유해매체물을 제공하려는 자가 하여야 할 전자적 표시 일반에 관한 일반적·추상적인 규정의 성격을 지닌 것이라고 판단한 것이다. 나아가 이 사건 告示를

---

31) 서울행법 2006. 4. 4. 선고 2005구합37540 판결.

32) 헌재 1991. 7. 8. 91헌마42. 朴鍾普, "法令에 대한 憲法訴願", 서울대학교 박사학위논문, 1994, 78-79면.

33) 헌법재판소, 헌법실무제요, 제1개정판, 2003, 163면. 즉 헌법재판소는 "행정규칙은 일반적으로는 대외적 구속력을 갖는 것이 아니며, 다만 행정규칙이 행정관청에 법령의 구체적 내용을 보충할 권한을 부여한 경우 또는 평등의 원칙이나 신뢰보호의 원칙에 따라 행정기관이 규칙에 따라야 할 자기구속을 당하는 경우에는 대외적 구속력을 갖게 된다"고 결정하였다(헌재 1990. 9. 3. 90헌마13).

34) 헌재 2004. 1. 29. 2001헌마894, 판례집 16-1, 114, 125.

법 제42조 및 시행령 제21조 제2항, 제3항의 위임규정에 의하여 제정된 것으로서 상위법령과 결합하여 대외적 구속력을 갖는 法規命令이라고 보고 헌법소원의 대상이 된다고 결정하고 있다.[35)]

또한 新聞業에 있어서의 不公正去來行爲 및 市場支配的地位濫用行爲의 類型 및 基準 제3조 제1항 등 위헌확인사건에서, 그 심판대상인 "新聞告示가 공정거래법과 동 시행령 규정의 위임에 따라 수임행정기관인 공정거래위원회가 법령내용을 보충하는데 필요한 구체적 사항을 정한 경우에 해당하고, 신문업에 있어서의 불공정거래행위의 유형과 기준을 한계 지움으로써 상위법령인 공정거래법과 동 시행령이 결합하여 일반국민에 대한 대외적 구속력을 가지는 일종의 法規命令的 性格을 함께 갖는다고 할 수 있다. 그렇다면 이 사건 告示는 행정조직인 공정거래위원회 내부에서만 효력을 가지는 것이라고는 볼 수 없으며, 이로 말미암아 직접 基本權을 침해받았다면 이에 대하여 바로 헌법소원심판을 청구할 수 있다"고 결정하였다.[36)] 그리고 공무원임용령 제35조의2 등에 대한 헌법소원사건에서도 "대우공무원 및 필수실무요원의 선발·지정 등 운영지침(總務處例規 제231호)이 공무원임용령 제35조의2 제3항의 위임에 따라 같은 해 6월 7일 제정되어 같은 해 7월 1일부터 시행되었으며, 위 법령과 시행에 따라 같은 날 제1차 대우공무원 선발이 있었음을 알 수 있다. 따라서 청구인이 위 法令과 例規의 관계규정으로 말미암아 직접 기본권을 침해받았다면, 이에 대하여 바로 헌법소원심판을 청구할 수 있다고 보아야 한다"고 하여, 위 例規의 헌법소원대상성을 인정하였다.[37)]

---

35) 다만, 위 결정에서 "청소년유해매체물의 심의·결정은 청소년보호법 및 그에 따른 구체적, 개별적인 행정처분(고시)으로 이루어지고 있는데"라고 설시한 부분이 있다(헌재 2004. 1. 29. 2001헌마894, 판례집 16-1, 114, 135 참조). 여기에서 심의·결정의 법적 성질을 행정처분으로 본 것은 타당하다고 볼 수 있으나, 이를 '告示'로 본 것은 법리상의 오해로 보인다. 졸고, "憲法訴願의 對象으로서 소위 법령보충적 행정규칙", 憲法論叢 제16집(2005), 454면.

36) 헌재 2002. 7. 18. 2001헌마605, 판례집 14-2, 84, 94.

37) 헌재 1992. 6. 26. 91헌마25, 판례집 4, 444, 450.

특히 헌법재판소는 金融産業의 構造改善에 관한 法律 제2조 제3호 가목 등 위헌소원사건[38]에서 "告示"형식의 법규명령(법령보충적 행정규칙)에 관한 중요한 결정을 내린 바 있다. 즉 헌법재판소의 다수의견은 위 결정에서 법률이 입법사항을 대통령령이나 부령과 같은 법규명령이 아니라, "고시"등 행정규칙 형식으로 위임하는 것이 헌법적으로 허용된다고 판시하고 있다. 또한 헌법 제75조, 제95조가 인정하는 위임입법의 형식은 "例示的"인 것으로 보고 있다. 다수의견은 "법령보충적 행정규칙이라도 그 자체로서 직접적으로 대외적인 구속력을 갖는 것은 아니다. 즉, 상위법령과 결합하여 일체가 되는 한도 내에서 상위법령의 일부가 됨으로써 대외적 구속력이 발생되는 것일 뿐 그 행정규칙 자체는 대외적 구속력을 갖는 것은 아니라 할 것이다"고 판단하고 있다.[39] 이와 같이 행정규칙만으로 직접적 대외적 구속력이 발생되는 것이 아니라 상위법령과 일체가 되는 한도 내에서 법규적 효력을 가짐을 거듭 밝히고 있다.

한편, 소수의견(재판관 권성, 재판관 주선회, 재판관 이상경)은 이러한 다수의견에 대하여 행정규칙에 법규사항을 위임하여서는 아니 된다고 보고 있다. 즉 "고시나 훈령·통첩과 같은 행정규칙들은 법규명령과는 달리 중앙 또는 지방의 행정기관들이 아무런 상위법의 수권도 받음이 없이, 제정과정에 있어서의 최소한의 심사절차도 거침이 없이, 경우에 따라서는 일반이 요지할 수 있는 정도의 공포절차도 없이, 손쉽게 제정될 수 있는 것이 사실이다. (…) 행정기관들이 '統制 없는 行政規則에의 逃避'의 유혹을 받는 것은 당연한 현상이고, 이는 국민의 권리·자유를 부당하게 침해하고, 行政權의 肥大化를 촉진하며, 나아가서 立憲主義와 法治主義를 훼손하는 결과를 초래하게 됨은 부인할 수 없는 일이다"고 지적하고 있다. 또한 소수의견은 "우리 헌법은 제40조에서 국회입법의 원칙을 천명하면서 例外的으로 법규명령으로 대통령령, 총리

38) 헌재 2004. 10. 28. 99헌바91, 판례집 16-2(하), 104면.
39) 헌재 2004. 10. 28. 99헌바91, 판례집 16-2(하), 117면.

령과 부령, 대법원규칙, 헌법재판소규칙, 중앙선거관리위원회규칙을 限定的으로 열거하고 있다"고 보고 있다. 나아가 특기할 만한 사항은 소수의견이 위임에 따른 행정규칙은 법률의 위임이 없이도 제정될 수 있는 "執行命令(헌법 제75조 후단)에 의하여 규정할 수 있는 사항" 또는 "법률의 의미를 구체화하는 내용"만을 규정할 수 있다고 보고 있다는 사실이다.[40]

(3) 批 判

한편, 국세청훈령인 財産諸稅事務處理規程에 대하여 법규적 효력을 인정한 대법원판례에 대하여 행정규칙의 법규적 효력을 일반화시켜 법규명령의 성질로 보거나,[41] 또는 독일의 "規範具體化 行政規則"(norm-konkretisierende Verwaltungsvorschrift)의 法理를 채택한 것으로 이해하는 견해[42]도 있다. 그러나 위 판례가 "위임"의 근거조항으로 보는 소득세법 시행령 제170조 제4항 제2호에는 위임의 구체성과 명확성을 제시하지 않고 있다. 이 조항은 단지 일정규모 이상의 거래 기타 부동산투기억제를 위하여 필요한 경우에 국세청장이 지정하는 거래에 있어서 양도 또는 취득 당시의 실지거래가액을 확인할 수 있는 경우를 규정하고 있을 뿐이다.

또한 대법원 및 헌법재판소는 위에서 언급한 바와 같이 법령보충적 행정규칙의 요건으로 "上位法令의 委任에 의한 경우"를 설시하고 있다. 그러나 판례가 제시하고 있는 "상위법령의 위임"은 단순히 법령에서 이를 정한 경우만을 전제로 한 것이다. 물론 複委任禁止의 原則을 엄격히 고수하기는 실제 용이하지 않은 것이 사실이다. 그러나 우리 헌법은 법률에서 법규명령에 위임하는 경우에는 적어도 "具體的으로 範圍를 정하여" 위임하여야 한다고 명시하고 있다(헌법 제75조, 제95조 참조).

40) 헌재 2004. 10. 28. 99헌바91, 판례집 16-2(하), 129-130면.
41) 김동희, 전게서, 172면 이하; 박윤흔, 전게서, 249면.
42) 金南辰, 行政法의 基本問題, 제4판, 192면.

그러한 위임사항은 국민의 권리 · 의무와 관련이 있는 법규적 사항이 대부분일 것이다. 따라서 법령규정의 흠결 내지 공백을 具體性과 明確性을 구비하지 않고 단순히 권한부여의 형식으로 규정하여, 이를 “위임”으로 해석하거나 법령보충적 행정규칙의 정당화 논거로 보는 것은 하나의 法理論的 虛構(Fiktion)에 불과하다. 이러한 논리의 극단은 “立法權의 抛棄”로 이어질 수 있으며, 또한 權力分立原則이나 議會立法原則에 정면으로 충돌할 가능성이 높다.

한편, 판례는 평등원칙이나 신뢰보호의 원칙에 따른 行政의 自己拘束의 原則에 의해 행정규칙의 대외적 구속력을 인정하고 있다.[43] 그러나 이를 행정규칙의 법규성을 인정하는 논거로 사용하는 것은 타당하지 않으며, 이를 “準法規說”로 표현하는 것도 법이론적인 오해를 초래할 수 있다.[44] 이는 전형적인 행정규칙의 사실적 · 간접적 구속력을 표현한 것이다.

마지막으로 金融産業의 構造改善에 관한 法律 제2조 제3호 가목 등 違憲訴願事件에서 헌법재판소의 다수의견은 “고시”형식의 법규명령에 대하여 規範과 現實의 乖離現像을 度外視하고 있다. 또한 소수의견의 지적과 같이 행정권의 비대화와 “통제 없는 행정규칙으로의 도피”를 허용함으로써 행정편의주의를 정당화시키고 법규적 효력을 가지는 행정규칙에 의해 국민의 권리와 자유를 침해할 수 있다. 그러나 이는 입헌주의와 법치주의를 훼손할 수 있도록 하였다는 점에서 비판을 받지 않을 수 없다. 특히 헌법상의 위임입법(법규명령)은 議會立法原則(헌법 제40조)에 대한 예외이다. 현대행정의 특성상 복위임금지의 원칙을 엄격히 적용하기는 불가하나 적어도 위임의 根據와 形式 및 制定權者 등이 명확히 규정되어야 한다. 또한 위임에 있어서도 그 범위와 기준은 구체성과 명확성의 요청을 충족하여야 한다. 나아가 우리 헌법은 권력분립원

43) 대법원 1987. 9. 29. 선고 86누484 판결; 대법원 1994. 4. 26. 선고 93누21668 판결; 대법원 1994. 3. 8. 선고 92누1728 판결 등.

44) 同旨見解: 홍정선, 전게서, 228면.

칙, 법치국가원리(법률유보원칙) 등에 의해 권력통합으로부터 개인의 권리와 자유를 보장하고 있으며, 이는 국가권력으로부터의 개인의 기본권 침해를 방지하기 위한 최소한의 안정장치이기도 하다. 따라서 위임입법에 대한 헌법상의 예외규정은 한정적으로 해석하는 것이 바람직하다. 다만, 다수의견은 헌법이 인정하고 있는 위임입법의 형식을 例示的으로 보고 "고시"형식의 법규명령을 인정하고는 있으나, 행정규칙에 의한 위임입법은 '制限的'으로 인정될 수 있음을 밝히고 있음에 주의해야 한다.[45)]

그 밖에 소수의견은 "執行命令(헌법 제75조 후단)에 의하여 규정할 수 있는 사항"에 대해서 법령보충적 행정규칙이 인정될 수 있다고 보고 있다. 다수의견의 논리라면 위임명령의 형식을 예시적으로 판단하였기 때문에 집행명령의 형식도 예시적으로 볼 수 있는지가 문제될 수 있다. 헌법 제75조 후단의 집행명령은 "헌법에 근거하여 법률을 집행하는 데 필요한 세칙을 정하는 명령"[46)] 내지 "법률 또는 상위명령의 규정의 범위 내에서, 그 법규의 시행에 관하여 필요한 세부적인 사항(주로 절차 및 형식 등)을 규정하는 법규명령"[47)] 등으로 이해되고 있다. 따라서 집행명령은 법규적 사항을 정할 수 없다는 것이 유력한 견해이다.[48)] 설사 법령의 집행을 위한 절차나 형식 등의 세부적인 사항을 집행명령이 아닌 행정규칙의 형식으로 정하는 경우에도 집행명령의 본질상 법규적 사항의 내용이 담겨져 있지 않으므로 법규명령의 성질, 즉

---

45) 헌재 2004. 10. 28. 99헌바91, 판례집 16-2(하), 119-120면 참조. 특히 多數意見은 "금융감독위원회의 告示와 같은 형식으로 입법위임을 할 때에는 專門的·技術的 사항이나 경미한 사항으로서 업무의 성질상 위임이 不可避한 사항에 限定된다 할 것이고, 그러한 사항이라 하더라도 포괄위임금지의 원칙상 법률의 위임은 반드시 具體的·個別的으로 限定된 사항에 대하여 행하여져야 할 것이다"고 결정하고 있다.

46) 權寧星, 헌법학원론, 개정판, 2005, 997면.

47) 李尙圭, 전게서, 293면.

48) 金哲洙, 헌법학개론, 2005, 1215면. 한편, 兪鎭午 博士도 집행명령을 "법률에서 위임을 받지 않고 법률을 시행하기 위하여 필요한 사항을 규정하는 명령"으로 해석하고, 위임명령과 달리 국민의 권리의무에 관한 사항을 정할 수 없다고 보고 있다. 또한 兪鎭午 博士는 집행명령은 영미국가에는 존재하지 아니하며 바이마르헌법 제77조 등에서 그 기원을 찾을 수 있다고 한다(兪鎭午, 新稿 憲法解義, 一潮閣, 196면).

법규적 효력을 인정할 수 없다고 판단된다.

Ⅲ. 比較法的 考察

1. 獨 逸

독일에서도 "法律補充的 行政規則(gesetzesergänzende Verwaltungsvorschrift)"이라는 용어를 발견할 수 있다. 그러나 독일에서는 입법자가 의도적으로 완전한 규율을 포기하고 철저히 규범화시키지 못하는 요소에 대하여 행정기관에 規範化의 餘地(Normierungsspielraum)를 남겨놓는 것을 전제로 하여 법률보충적 행정규칙이 인정되고 있다.[49] 그러한 불완전한 규율은 입법자의 목적에서 비롯된 것으로 보고 있다. 법률보충적 행정규칙은 1971년 4월 28일 노르트라인·베스트팔렌(Nordrhein-Westfalen) 州 法務長官의 일반처분과 관련하여 인정된 바 있다.[50] "법률보충적 행정규칙"을 행정규칙의 일종으로 보는 견해도 주장되나,[51] 이를 일반적인 행정규칙의 유형으로 제시하는 최근문헌은 그리 많지 않은 것으로 보인다.[52]

그 밖에 法令補充的 行政規則에 상응할 수 있는 것은 "規範具體化 行政規則"이다. 그러나 이미 언급한 바와 같이 독일의 규범구체화 행정규칙에 관한 논의는 매우 제한된 영역에서 허용되므로 이를 法令補充的 行政規則에 그대로 적용하는 것은 無理로 보인다. 독일의 통설·판례는 원칙적으로 행정규칙의 법규성을 부인하고 있으나,[53] 예외적으로

---

49) Wolf, Die Kompetenz der Verwaltung zur "Normsetzung" durch Verwaltungsvorschriften, DÖV 1992, S. 852; Ossenbühl, in: Isensee/Kirchhof, Handbuch des Staatsrechts III, § 65 Rn. 24.

50) BVerfGE 40, 237(255).

51) 崔正一, "行政規則의 法規性問題를 또 생각하며", 金東熙(編), 行政作用法, 615면.

52) Maurer, a.a.O., § 24 Rn. 8 ff.; Battis, a.a.O., S. 32 f.

53) U. Battis, Allgemeines Verwaltungsrecht, 3. Aufl. 2002, S. 34 f.; H. Maurer, Allgemeines Verwaltungsrecht, 16. Aufl. 2006, § 24 Rn. 22; Hans D. Jarass, Bindungswirkung von Verwaltungsvorschriften, JuS 1999, S. 108.

규범구체화 행정규칙에 대하여 직접적·대외적 구속력을 인정하고 있다. 즉 행정규칙은 원칙적으로 平等原則에 의한 行政의 自己拘束의 原則에 의해 간접적이고 사실적인 구속력만을 가지며,[54] 행정법원에 대해 재판규범성을 가지고 있지 않다. 예컨대 裁量準則(Ermessensrichtlinie)의 司法的 統制를 고려하면 쉽게 이해될 수 있다.[55] 물론 일부견해는 19세기 立憲君主政 당시의 라반트(Laband)式의 "法"概念을 전제로 하는 전통적인 입장, 즉 법은 인격주체 사이의 관계만을 전제로 하며 인격주체의 내부(내부법의 영역)에는 침투할 수 없다는 주장을 비판하고 있다. 이러한 견해는 소위 "固有한 執行部의 法"(originäres Exekutivrecht) 또는 독자적인 집행부의 법제정권한(exekutivische Rechtsetzungskompetenz)을 인정하여 행정규칙의 외부적 구속력을 인정하는 견해,[56] 또는 행정규칙을 헌법이 의도한 또는 헌법규범상의 "固有한 執行部의 法"이라고 이해하여 法源(Rechtsquellen)의 체계로 편입시킬 수 있다는 견해 역시 동일한 입장으로 이해된다.[57]

규범구체화 행정규칙은 위에서 소개한 바와 같이 1985년 12월 19일자 독일 연방행정법원의 뷜(Whyl) 판결[58]에 의해 인정되어 행정규칙의 법규성 논의에 큰 反響을 불러 일으켰다. 그 후 연방헌법재판소도 자스바흐(Sasbach) 판결[59]에서 규범구체화 행정규칙을 인정하였으나,[60] 이

54) Maurer, a.a.O., § 24 Rn. 21 ff.

55) Lange, Innenrecht und Außenrecht, in: Hoffmann-Riem/Schmidt-Aßmann/Schuppert(Hrsg.), Reform des Allgemeinen Verwaltungsrechts, 1993, S. 307 ff. 참조.

56) Ossenbühl, in: Isensee/Kirchhof(Hrsg.), Handbuch des Staatsrechts III, 1988, § 65 Rn. 39 ff.; ders., in: Erichsen(Hrsg.), Allgemeines Verwaltungsrecht, 12. Aufl., § 6 Rn. 53. 또는 이를 "特別한 種類의 規範"(Ule, Verwaltungsprozeßrecht, 9. Aufl., 1987, S. 162) 내지 "거의 法規와 같이"(Th. Würtenberger, Verwaltungsprozeßrecht, 1998, Rn. 447) 등으로 이해하는 견해 역시 동일한 입장이라고 여겨진다.

57) Thomas Sauerland, Die Verwaltungsvorschrift im System der Rechtsquellen, 2004, S. 512. 이러한 견해는 행정규칙의 規範評價(Normbewertung)와 規範意味(Normbedeutung)의 차이를 극복할 것을 강조하고 있다.

58) BVerwGE 72, 300(300 f.)

59) BVerfGE 61, 82(114).

60) 規範具體化行政規則에 관련된 文獻으로는 Vogel, Verwaltungsvorschriften zur Ver-

를 "원자력법의 특별한 경우"로 이해하고 있다.[61] 일부견해는 이를 급부행정법(예컨대 社會扶助), 조세법(예컨대 간소화규칙), 공무원법 및 공간계획법 등 다른 분야로 확대해야 한다고 주장한다.[62] 그러나 규범구체화 행정규칙의 근거는 判斷餘地(Beurteilungsspielraum)에 있으며,[63] 그 적용영역은 제한된 사법심사만 가능할 뿐이다. 따라서 근년에는 규범구체화 행정규칙이 "高度의 命令"이나 "法律이 정한 價値評價" 등을 고려해야 하는 環境法이나 技術安全法 분야에서 제한적으로만 허용되는 것으로 보는 견해가 유력하다.[64] 독일에서는 오래 전에 행정에 대한 사법통제가 헌법적으로 어느 범위까지 허용되는지가 論難이 되었다. 이와 관련하여 종래의 다수설은 規範的 授權論(normative Ermächtigungslehre)을 주장하고 있다. 이러한 규범적 수권론에 의하면 행정에 대해 예외적으로 사법심사가 제한되는 判斷餘地(Beurteilungsspielraum)나 評價特

---

einfachung der Sachverhaltsermittlung und „normkonkretisierende Verwaltungsvorschriften", FS für Thieme, 1993, S. 605 ff.; Wolf, a.a.O., S. 849 ff. 등 참조.

61) BVerfGE 78, 214(227).

62) Ossenbühl, in: Erichsen(Hrsg.), Allgemeines Verwaltungsrecht, 12. Aufl., § 6 Rn. 53; A. Leisner, Verwaltungsgesetzgebung durch Erlasse, JZ 2002, S. 219 ff. 한편, 행정규칙을 規範統制節次를 규정하고 있는 독일행정법원법 제47조 제1항 제2호의 "法規定"(Rechtsvorschriften)으로 다루는 견해도 있으나(Weyreuther, Über die Rechtsnatur und die Rechtswirkung von Verwaltungsvorschriften, DVBl. 1976, S. 853 (856)), 행정규칙이 비록 行政의 自己拘束의 原則을 매개로 하여 法規範(Rechtsnorm)과 유사한 효력을 미치기는 하나 그 효력방식에 있어 법적 성격이 서로 相異하다는 反論도 제기되고 있다(Kopp/Schenke, VwGO, § 47 Rn. 29; Schenke, Der Rechtsschutz des Bürgers gegen Verwaltungsvorschriften, DÖV 1979, S. 624; Wahl, Risikobewertung der Exekutive und richterliche Kontrolldichte-Auswirkungen auf das Verwaltungs- und das gerichtliche Verfahren; NVwZ 1991, S. 417).

63) 참고적으로 대법원은 일관되게 "判斷餘地"를 인정하지 않고 있다(대법원 1988. 11. 8. 선고 86누618 판결; 대법원 1992. 4. 24. 선고 91누6634 판결 참조). 한편, 대법원은 都市計劃決定의 위법성판단에 있어서 종래의 裁量瑕疵論이 아니라 衡量瑕疵論에 의해 판단하고 있다(대법원 2006. 9. 8. 선고 2003두5426 판결). 동 판례는 오랫동안 법이론적인 모순을 보여주고 計劃裁量과 行政裁量(법효과재량)을 명확히 구분하지 못하던 종래의 입장을 보완하고 學界의 批判을 진취적으로 수용한 것으로서, 計劃規範의 法理論的인 發展이라고 평가될 수 있다.

64) Sachs, in: Stelkens/Bonk/Sachs (Hrsg.), VwVfG, 6. Aufl. 2001, § 40 Rn. 219; Maurer, a.a.O., § 24 Rn. 25a.

權(Einschätzungsprärogative)의 인정여부를 입법자가 결정해야 한다고 한다.[65] 그러나 제한적 사법심사에 대하여 신랄한 비판이 계속해서 제기되고 있으며,[66] 그 적용영역은 좁게 인정되고 있다. 따라서 불확정법개념이 사용된 경우에 행정에게 판단여지가 인정되어 사법심사가 제한되는 규범구체화 행정규칙은 지나치게 확대되어서는 아니 된다는 견해가 유력하다.[67] 독일 연방헌법재판소는 실체법적 내용을 가진 행정규칙이 司法審査의 對象은 되지만 司法審査의 尺度는 될 수 없음을 명백히 확정한 바 있다.[68] 다른 한편, 연방헌법재판소는 組織規則(Organisationsvorschrift)이 법원에 대해 어느 정도의 구속력을 가진다는 것을 인정하였다.[69] 나아가 독일 연방행정법원은 원자력법에서 규범구체화 행정규칙을 인정한 후,[70] 행정규칙의 외부효가 문제가 된 대기정화기술지침(TA Luft)에 관하여 같은 입장을 취하였다. 즉 "先取된 專門鑑定人의 評價意見"(antizipiertes Sachverständigengutachten) 여부에 관한 종전의 유보적 입장[71]에서 태도를 바꾸어 이를 "規範具體化 行政規則"으로 본 것이다.[72] 최근에 들어와 환경법분야 등에서 유럽지침(EG-Richtlinie)의 회원국법으로의 전환 등과 관련하여, 行政規則의 법규적 효력의 인정여부에 대해 상당한 논란이 있는 것으로 보인다.[73]

---

65) 이에 대하여 Kopp/Ramsauer, VwVfG, 7. Aufl. 2000, § 40 Rn. 7; 金鐵容/洪準亨/宋石允, 委任立法의 限界에 관한 硏究, 憲法裁判硏究 제8권, 1996, 61면.

66) Kopp/Ramsauer, a.a.O., § 40 Rn. 8.

67) Maurer, a.a.O., § 24 Rn. 25a.

68) BVerfGE 78, 214(227). 反對見解: Th. Sauerland, a.a.O., S. 375.

69) BVerfGE 40, 237(255).

70) BVerwGE 72, 300(316 ff.).

71) BVerwGE, NVwZ 1984, S. 824.

72) BVerwGE 110, 216. 한편, 연방행정법원은 騷音防止技術指針(TA-Lärm)에 대해서도 규범구체화 행정규칙으로 보고 있다(BVerwGE 107, 338/341).

73) A. Leisner, a.a.O., S. 226; Th. Sauerland, a.a.O., 481 ff. 한편, 유럽사법재판소(EuGH)는 大氣淨化技術指針(TA-Luft)과 관련하여 유럽지침에서 요구하는 대기정화의 한계수치는 일반적으로 구속력이 있는 국내법규정으로 전환되어야 한다고 판시하였다. 이에 대한 상세는 Wolf, a.a.O., S. 850 참조.

2. 日 本

일본에서도 행정규칙은 원칙적으로 행정기관 내부에 대하여 구속력을 가지며 직접적 외부효(법규적 효력)를 가지지 않는 것으로 이해되고 있다. 즉 행정규칙은 "行政權이 정립하는 일반적인 규정으로서 法規로서의 성질을 가지지 않는 것"[74] 또는 "行政機關이 정립하는 규정이나 國民의 權利義務에 직접 관계를 가지지 않고, 요컨대 外部效果를 가지고 있지 않는 것"[75] 등으로 이해되고 있다. 또한 일본 최고재판소도 訓令, 通達 등은 일반적으로 행정기관을 구속하기 위한 것으로 직접 국민을 구속하는 것은 아니므로 抗告訴訟의 對象이 아니라고 보고 있다.[76] 그러나 예외적으로 행정규칙도 법규적 효력이 인정될 수 있음이 논의되고 있다. 이를 일본에서는 "行政規則의 外部化現像"[77]이라 한다. 예컨대 裁量準則에 근거하여 발급된 행정처분이 평등원칙이나 신뢰보호원칙 등을 위배하는 경우에 외부적 효력이 인정된다는 것이다. 생각건대 이러한 내용은 행정규칙의 효력의 일반적인 내용(事實的·間接的 效力)에 해당하는 것이며, 행정규칙의 법규성과 관련하여 특별한 의미가 없는 것으로 보인다. 다만, 告示, 訓令 및 通達 등 행정규칙 가운데 告示는 본래 행정기관이 결정한 사항을 公示하여 일반에게 알리는 것으로 國家機關의 고시는 官報에, 지방자치단체의 고시는 해당 地方自治團體의 公報에 게재된다. 즉 日本의 國家行政組織法 제14조 제1항은 "각 大臣, 각 委員會 및 각 省의 장관은 그 기관의 소관 사무에 대하여 공시를 필요로 하는 경우에 있어서는 告示를 발할 수 있다."고 규정하고 있으며, 이러한 고시는 행정권의 당연한 權能에 해당하여 별도의

74) 田中二郎, 新版行政法上卷, 全訂第二版, 1974, 166頁.
75) 塩野 宏, 行政法 I(行政法總論), 第四版, 2005, 91頁 以下.
76) 最判昭四三·一二·二四 民集 二二卷 一三号 三二四七 頁. 한편, 訓令은 직무운영의 기본에 관한 명령사항을 정하고 있는 반면, 通達은 직무운영의 세부적 사항이나 법령의 해석 및 운용방침 등에 관한 시달사항을 내용으로 하고 있다.
77) 塩野 宏, 前揭書, 92頁.

명문의 근거를 요하지 아니 하는 것으로 이해된다. 고시의 구체적 사례로는 國立公園·國定公園의 指定의 公示, 鑛區禁止地域의 指定의 告示, 生活保護基準의 告示 등이 있다.78) 그러나 告示는 일정한 경우에 법령과 결합하여 법령의 내용을 보충하며, 이 경우에 법규의 성질을 가지는 것으로 이해되고 있다.79) 오늘날 일본에서도 "通達에 의한 行政" 내지 "要綱行政" 등으로 불릴 정도로 행정규칙의 數가 증가하고 있음은 물론, 실무상 행정규칙이 중요한 기능을 수행하고 있음을 부인할 수 없다. 그러나 일부학설은 국민의 권리의무에 관한 사항, 즉 법규적 사항이 훈령·통달 등 행정규칙에 의해 이루어지고 있는 것에 대하여 法律에 의한 行政을 空洞化시키고 있다고 비판하고 있다.80)

3. 美　　國

미국에서는 행정규칙에 상응하는 것으로 "規則"(rule)이라는 개념이 사용되고 있다. 미국 행정절차법(APA: Administrative Procedure Act)에서는 규칙을 "法律이나 政策의 규율·해석 또는 시행을 위해 將來에 향하여 一般的 또는 特別한 사항에 대해 적용되는 行政廳의 意思表示의 全部 또는 一部(the whole or a part of an agency statement of general or particular applicability and future effect designed to implement, interpret, or prescribe law or policy)"라고 정의되어 있다.81) 그러나 규칙의 정의는 매우 광범위하며, 裁決(adjudication)과 規則制定(rulemaking)의 구별을 어렵게 한다는 비판이 제기되고 있다.82) 특히 "특별한 사항에 대한 적용가능성"을 규정한 것 역시 규칙의 성질과 모순되고 있으나, 이는 역사적인 배경을 그 이유로 하고 있다. 즉 공적 사용을 위해 집적된 關稅나 요금률표의 승인 등이 여기에 해당한다.83)

78) 兼子 仁, 行政法學, 岩波書店, 1997, 91頁.
79) 塩野 宏, 前掲書, 91-92頁.
80) 南 博方/原田尙彦/田村悅一(編), 行政法(1), 第3版, 有斐閣双書, 1996, 167頁.
81) 5 U.S.C.A. § 551 (4).
82) Richard J. Pierce, Jr., Administrative Law Treaties II, 4th ed. 2002, p. 302.

규칙은 대체로 구속력을 가진 法規的 規則(legislative rules)과 비구속력을 가진 解釋的 規則(interpretive rules)으로 구분된다. 이 가운데 법규적 규칙은 "법적인 힘과 효력"(the force and effect of law)을 가지고 있다. 한편, 미국 행정절차법 제553조 (d)항은 "법규적 규칙"이라는 개념 대신 "實體的 規則"(substantive rules)이라는 표현을 사용하고 있다. 이에 반해 해석적 규칙은 법적 권리를 변경시킬 의도를 가지고 있지 않고 현행법이 요청하는 것에 관한 행정청의 관점을 표명하고 있을 뿐이다.[84] 즉 해석적 규칙은 일반 공중에게 법령의 기준이나 이미 존재하는 규칙을 기술하거나 해명하며, 이를 환기시켜주는 것을 목적으로 하고 있다.[85] 이러한 해석적 규칙은 행위준칙을 포함하고 있는 것으로 우리의 행정규칙에 가까운 것으로 볼 수 있다. 그러나 해석적 규칙은 법규적 규칙과 달리 規則制定節次(rulemaking procedure)[86]에서 배제되어 있다.

한편, 法院은 법규적 규칙과 해석적 규칙의 구분을 授權與否에 의하거나,[87] 또는 실질적으로 이해관계인에게 영향을 미치는지 여부 등의 기준에 의해 판단하고 있다.[88] 원칙적으로 규칙에 대하여 사법심사가

---

83) Gellhorn/Levin, Administrative Law and Process, 3rd ed., 2003, p. 300.

84) Gellhorn/Levin, op. cit., pp. 302-305. 一部見解는 규칙의 유형을 實體的 規則(substative rules), 節次的 規則(procedural rules) 및 解釋的 規則(interpretive rules)으로 구분하고 있다. Bernard Schwartz, Administrative Law, 3rd ed., 1991, p. 180. 여기에서 節次的 規則은 행정청의 조직, 절차 또는 실무관행 등을 규율하고 있는 것으로, 통지 및 의견제출(notice and comment)을 필요로 하지 않는다(Alfred C. Aman, Jr./William T. Mayton, Administrative Law, 2nd ed., p. 78).

85) Alfred C. Aman, Jr./William T. Mayton, op. cit., p. 82.

86) 미국에서는 規則制定節次(rulemaking procedure)에 의해 규칙을 제정하고 있다. 즉 미국 행정절차법에 의한 연방행정청의 규칙제정절차는 대체로 免除的(適用除外的) 規則制定節次(exempted rulemaking procedure), 正式的 規則制定節次(formal rulemaking procedure) 및 非正式的 規則制定節次(informal rulemaking procedure)로 구분되고 있다. 그 밖에 混合形態의 規則制定(hybrid rulemaking), 交涉에 의한 規則制定(rulemaking by negotiation) 등이 등장하고 있다. 이에 대한 상세한 내용은 Gellhorn/Levin, op. cit., pp. 308-323; Jeffrey S. Lubbers, A Guide to Federal Agency Rulemaking, 3rd ed., 1998 참조.

87) Chrysler Copr. v. Brown, 441 U.S. 281, 302(1979).

88) 李尙圭, 英美行政法, 법문사, 2001, 154-157면.

미친다는 점은 인정되고 있다. 즉 규칙이 상위법령의 위임, 헌법규정 및 절차적 요건을 위배하는 경우에는 사법심사가 가능하다.[89] 또한 규칙이 "恣意的이거나 不規則的인" 경우에는 사법심사의 대상이 된다.[90] 생각건대 法規的 規則은 구속력 효력(binding effect)을 가진다는 점에서 法令補充的 行政規則에 比肩될 수 있으나, 그 효력에 있어서는 오히려 法規命令에 가까운 것으로 보인다.

4. 英 國

영국에도 다양한 형식의 規則(rule)이 존재하고 있다. 우선 1946년 제정된 法令文書法(Statutory Instruments Act)에 의한 "行政立法(statutory instruments)"이 존재한다. 법령문서법은 종래의 規則公布法(Rules Publication Act, 1893)을 대체한 것으로 위임입법이 불가피함을 주장한 도노모어(Donoughmore) 報告書에 의해 탄생되었다.[91] 두 번째 유형으로는 법령문서법의 규율대상에 속하지 아니하는 '규칙'을 제정할 수 있는 법령제정권에 의해 만들어지는 "法規命令(legislative documents)"이 있다.[92] 마지막으로 정부기관이 제정하는 규칙이 있다. 이러한 규칙들은 準立法(quasi-legislation), 行政規則(administrative rule), 行政指針(administrative guideline) 및 非正式規則(informal rules) 등 다양한 명칭으로 불리어지고 있다. 세 번째 유형의 규칙은 우리의 "行政規則"에 상응하는 것으로 볼 수 있다.

위임입법은 원칙적으로 사법심사의 대상이 되며, 대체로 越權法理(doctrine of ultra vires)에 의해 통제되고 있다.[93] 그러나 행정규칙은

89) Gellhorn/Levin, op. cit., p. 106.
90) 5 U.S.C.A. § 706 (2) (A).
91) P. P. Craig, Administrative Law, 3rd ed., 1994, p. 271.
92) 여기에는 再委任立法(sub-delegated legislation)이 속한다.
93) 越權法理는 청문·통지 등 절차적 요건의 위배여부에 의한 節次的 越權과 憲法原理나 상위법령의 위배여부 등에 의한 實體的 越權으로 구분되고 있다(Craig, op. cit., pp. 262-265).

그 특성상 사법심사의 대상이 되지 않는 것이 보통이다.[94] 다만, 근년에 들어와서 법원은 행정규칙의 합법성 여부에 관한 판단을 하고 있으며, 공적인 정책선언이나 견해표명 및 공적기록도 사법심사의 대상으로 보고 있다.[95] 한편, 영국의 "규칙"은 多種多樣하므로 이를 우리의 "法律補充的 行政規則"에 관한 논의와 병렬적으로 비교하는 것은 쉽지 않다고 판단된다.

Ⅳ. 法令補充的 行政規則의 委任範圍의 限界 및 統制基準

1. 法令補充的 行政規則의 委任範圍의 限界

(1) 法令補充的 行政規則의 成立要件

판례는 행정규칙의 직접적 외부효의 성립요건과 한계를 명확히 설시하고 있지 않고, 단지 법률상의 수권, 즉 "上位法令의 委任"만을 강조하고 있을 뿐이다.[96] 국내문헌 역시 법적 성질만 언급하고 있을 뿐, 법령보충적 행정규칙의 성립요건에 관한 상세한 논의는 거의 없는 것으로 보인다. 다만, 대법원은 부동산양도허가신청반려처분취소사건에 관한 1999년 11월 26일자 판결에서 소위 "고시"형식의 법규명령을 인정하면서 법령보충적 행정규칙을 형식적 기준이 아니라 실질적 기준에 따라 판단한다고 밝히고 있다. 즉 "일반적으로 행정 각부의 장이 정하는 告示라 하더라도 그것이 특히 법령의 규정에서 특정 행정기관에게 법령 내용의 구체적 사항을 정할 수 있는 권한을 부여함으로써 그 법령 내용을 보충하는 기능을 가질 경우에는 그 형식과 상관없이 근거 법령 규정과 결합하여 대외적으로 구속력이 있는 법규명령으로서의 효력을 가지는 것이나 이는 어디까지나 법령의 위임에 따라 그 법령 규

94) Craig, op. cit., p. 244.
95) 朴正勳, 행정소송의 구조와 기능, 2006, 655면.
96) 대법원 1987. 9. 29. 선고 86누484 판결; 대법원 1995. 3. 10. 선고 94누8556 판결; 대법원 1996. 4. 12. 선고 95누7727 판결; 대법원 2004. 5. 28. 선고 2002두4716 판결.

정을 보충하는 기능을 가지는 점에 근거하여 例外的으로 인정되는 효력이므로 특정 고시가 비록 법령에 근거를 둔 것이라고 하더라도 그 규정 내용이 법령의 위임범위를 벗어난 것일 경우에는 위와 같은 법규명령으로서의 대외적 구속력을 인정할 여지는 없다"라고 판시하고 있다.[97]

여기에서도 상위법령의 위임에 의해 이를 보충하는 기능을 가지는 경우에는 법규적 효력이 있음을 인정하고 있으나, 동시에 법령보충적 행정규칙은 '例外的'으로 허용된다고 판시하고 있음은 주목할 만한 점이다. 소위 "고시"형식의 법규명령의 제정근거는 行政規制基本法 제4조 제2항 但書에서 찾을 수 있다. 동 조항은 특히 행정규제와 관련된 법령보충적 행정규칙을 인정하는 通路를 마련하고 있다는 점에서 법이론적인 측면에서는 비판이 제기될 수 있으나, 법령보충적 행정규칙의 요건을 검토함에 있어서 참고가 될 만하다고 생각한다. 위 규정을 상세히 살펴보면 그 법령보충적 행정규칙의 성립요건은 매우 제한적인 것으로 보인다.[98] 즉 "법령이 專門的・技術的 事項……으로서 업무의 성질상 委任이 불가피한 사항"에 한하여 인정되는 것이다.[99] 여기에서 "전문적・기술적인 사항"이 무엇을 의미하는지가 논의되어야 할 것이다. 즉 법규적 효력이 인정되는 고시 등이 조세법이나 급부행정의 영역에까지 확대되어야 하는지가 문제된다. 또한 법규적 효력을 인정함에 있어서도 "구체적으로 범위를 정하여 위임한 경우"이어야 함을 규정하고 있다. 즉 구체성과 명확성의 요건을 구비한 위임이어야 하며, 포괄적 내지 일반적 위임은 허용될 수 없다.[100] 이러한 내용은 대체로 독일

---

97) 대법원 1999. 11. 26. 선고 97누13474 판결.

98) 同旨見解: 정하중, 행정법총론, 제3판, 169면.

99) 헌재 2004. 10. 28. 99헌바91, 헌법재판소 판례집 16-2(하), 104면 이하 참조. 다만, 동 조항의 규정 중 "경미한 사항"의 부분은 그러한 이유에서 재검토되어야 한다고 생각한다.

100) 대법원은 委任命令(法規命令)의 경우에도 이러한 취지의 판시를 하고 있다. "委任命令은 법률이나 상위명령에서 具體的으로 범위를 정한 個別的인 委任이 있을 때에 가능하고, 구체적인 위임의 범위는 규제하고자 하는 대상의 종류와 성격에 따라 달라지는 것이어서 일률적 기준을 정할 수는 없지만, 적어도 위임명령에 규정될 내용 및 범위의

의 규범구체화 행정규칙의 요건과 유사한 측면을 보이고 있다.

이와 관련하여 獨逸의 하급심판례의 내용은 참고할 만한 가치가 있다. 즉 바덴·뷔르템베르크(Baden-Württemberg) 행정법원은 規範具體化 行政規則에 관한 논의 이외에 그 內容과 機能에 따라 一般的인 法秩序를 보충하고, 일반적·추상적 규범의 형식으로 외부에 나타나서 客觀的인 法으로서 다루어지면 행정규칙의 법규적 효력을 인정할 수 있다고 판시한 사례가 있다.[101] 그러나 동 판결의 내용을 지나치게 일반화할 수는 없는 것으로 보인다.

(2) 委任範圍와 그 限界

대법원판례는 위에서 살펴본 바와 같이 행정규칙의 형식으로 발령되었다 하더라도 상위법령의 위임에 의해 이를 보충하는 기능을 하는 경우에 "法令補充的 行政規則"을 인정하고 있다. 이 경우 법원은 법령보충적 행정규칙에 대하여 법규명령에 대한 심사기준을 대체로 적용할 것으로 보인다. 즉 包括委任禁止, 再委任禁止 등 위임명령의 범위를 일탈하였는지 여부가 심사기준이 될 수 있을 것이다.[102] 그러나 國會專屬事項은 '告示' 등에 위임할 수 없으며, 법규적 성질이 인정되는 告示(소위 "告示"形式의 法規命令)라 하더라도 處罰規定의 委任이나 再委任은 허용되기 어려울 것으로 보인다. 한편, 行政的 統制와 관련하여 법제처는 법령보충적 행정규칙이 상위법령의 근거에 의해 제정되었는지, 또는 母法의 위임범위를 일탈하여 제정되었는지 등을 사전에 검토해야 할 것이다. 사견으로는 법령보충적 행정규칙의 규율내용 가운데 법규적

기본사항이 구체적으로 규정되어 있어서 누구라도 당해 법률이나 상위명령으로부터 위임명령에 규정될 내용의 대강을 예측할 수 있어야 하나, 이 경우 豫測可能性의 有無는 당해 위임조항 하나만을 가지고 판단할 것이 아니라 그 위임조항이 속한 법률이나 상위명령의 전반적인 체계와 취지·목적, 당해 위임조항의 규정 형식과 내용 및 관련 법규를 유기적·체계적으로 종합판단하여야 하고, 나아가 각 규제대상의 성질에 따라 구체적·개별적으로 검토함을 요한다"(대법원 2004. 7. 22. 선고 2003두7606 판결).

101) VGH Baden-Württemberg, NVwZ 1991, S. 91(92).

102) 대법원 1987. 9. 29. 선고 86누484 판결.

사항은 가능한 한 법제처의 심사단계에서 法令化(Verrechtlichung)하는 것을 적극적으로 검토하는 것이 바람직하다고 생각한다.

2. 法令補充的 行政規則의 統制基準

판례는 법령보충적 행정규칙을 인정하면서, 그 委任範圍의 限界를 逸脫하였는지 여부를 엄격히 심사하고 있다.[103] 즉 대법원은 법령의 위임범위를 벗어난 경우에는 법규적 효력을 부인하고 있다. 예컨대 구 전통사찰보존법 시행령의 위임에 의한 문화부고시 제9호 중 전통사찰의 부동산양도허가 신청서의 구비서류로 "종파단체 대표자 승인서"를 규정하고 있는 부분에 대하여 법규적 효력을 부인한 바 있다.[104] 또한 대법원은 舊 獨占規制 및 公正去來에 관한 法律 제23조 제3항의 위임규정에 따라 공정거래위원회가 제정한 「표시・공고에 관한 공정거래지침」중 공정거래위원회가 부담하고 있는 표시・광고내용의 허위성 등에 관한 입증책임을 전환하여 사업자로 하여금 그 반대사실에 관한 입증책임을 부담하도록 한 규정에 대해 법규적 효력이 부인된다고 판시한 바 있다. 즉 사업자에게 중대한 불이익을 부과하는 규정으로서 법령상의 명확한 위임근거가 있어야 하나 상위법령이 이러한 사항까지 위임하였다고 볼 수 없어 법령의 위임한계를 벗어난 것으로 보고 있다.[105] 한편, 헌법재판소는 당해 법령보충적 행정규칙이 공권력의 행사에 해당하여 기본권을 침해한다면 헌법소원의 대상이 될 수 있다고 결정하고 있으며, 그 심사기준으로 또한 위임범위의 일탈 여부를 고려하고 있다.[106]

법령보충적 행정규칙을 法規命令으로 이해하는 입장에서는 상위법령

---

103) 대법원 1987. 9. 29. 선고 86누484 판결; 대법원 1995. 3. 10. 선고 94누8556 판결; 대법원 1998. 6. 9. 선고 97누19915 판결; 서울행법 2006. 4. 4. 선고 2005구합37540 판결 등 참조.

104) 대법원 1999. 11. 26. 선고 97누13474 판결.

105) 대법원 2000. 9. 29. 선고 98두12772 판결.

106) 헌재 2002. 7. 18. 2001헌마605; 헌재 1992. 6. 26. 91헌마25 등. 拙稿, "憲法訴願의 對象으로서 소위 法令補充的 行政規則", 헌법논총 제16집, 454-455면 참조.

의 위임 및 그 위임범위의 일탈 여부 등을 사법적 통제기준으로 보고 있다. 위에서 살펴본 대법원 및 헌법재판소의 판례 입장도 大同小異하다. 이러한 경우에 당해 법령보충적 행정규칙이 위법(위헌)·무효인 경우에 이에 근거하여 발급된 개별·구체적 처분도 위법하게 된다. 다만, 현행법에서는 원칙적으로 구체적 규범통제만 인정되고 있으므로(헌법 제107조 제2항), 행정처분의 위법성을 다투면서 그 수권근거가 되는 법령보충적 행정규칙의 효력을 당해 사건에 대하여 부인할 수 있을 뿐이다. 그러나 법령보충적 행정규칙을 行政規則으로 이해하는 입장에서는 당해 법령보충적 행정규칙이 상위법령을 위배하면 무효이다. 따라서 법령보충적 행정규칙에 근거한 行政處分의 위법성을 다투어야 한다. 이 경우 행정의 자기구속의 원칙에 의해 평등·비례원칙 등이 위법성판단의 중요한 기준이 될 것이다.

V. 法令補充的 行政規則의 整備方向

법령보충적 행정규칙의 경우를 보면 점차 법규명령과 행정규칙의 경계가 불분명해지고 내·외부법의 장벽이 붕괴되고 있음을 목격할 수 있다. 그러나 법치국가원리, 권력분립원칙 등 헌법원리에 비추어 행정규칙의 法規(命令)化 現像을 어떻게 합리적으로 설명할 수 있는가? 행정규칙의 법규화현상은 행정부에 공인받지 못한 입법권한을 가지는 것을 허용하는 결과를 초래할 수 있다. 독일의 一部見解는 행정규칙의 입안에 있어 법률우위의 원칙뿐만 아니라 법률유보의 원칙이 준수되면 이러한 헌법적 문제가 해소될 수 있을 것으로 보고 있다.[107] 그러나 독일, 미국 및 일본 등 선진국의 입법례를 살펴보면 행정규칙의 節次的 要素(공고 내지 공포절차, 의견제출절차)를 강조하고 있는 것이 하나의 추세이다. 예컨대 美國은 전통적으로 규칙제정절차에서 통지 및 의견제

107) Th. Sauerland, a.a.O., S. 512.

출, 청문절차 등을 중시하고 있으며,[108] 獨逸에서도 행정규칙에 공포절차를 강조하고 있다.[109] 특히 日本은 최근 行政手續法의 개정을 통해 行政立法手續을 도입하여 의견제출절차 등을 강화하고 있다(제39조).[110] 이와 같이 행정규칙의 절차적 요건이 중시되고 제도적으로 보장된다면 이러한 주장을 충분히 긍정적으로 검토할 여지가 있다. 그러나 현재의 실무현황을 살펴보면 법제처의 전문 인력만으로는 방대한 행정규칙을 사전 또는 사후에 적정하고 효과적으로 통제하기 어렵다. 뿐만 아니라, 행정각부에서 입안된 행정규칙이 모두 법률우위의 원칙 또는 법률유보의 원칙을 준수하고 있다고 장담하기도 어렵다.

또한 판례는 법령보충적 행정규칙을 단지 상위법령의 위임과 그 범위한계의 일탈에 의해서만 판단하고 있다. 그러나 법령보충적 행정규칙은 제한적으로 이해되어야 하며, 이를 인정하기 위한 성립요건은 더욱 명확히 규명되어야 한다. 또한 법령보충적 행정규칙은 행정규칙의 형식으로 발급되고 여기에 법규적 효력이 인정된 것이므로 사법적 통제의 법리를 더욱 명확하게 전개하여야 한다. 이는 행정편의주의를 방지하기 위한 사법적 안전장치이기 때문이다. 요컨대 법원은 법령보충적 행정규칙을 인정함에 있어 더욱 신중할 필요가 있다. 특히 법령에는 단순히 "…고시로 정한다" 또는 "…고시로 정해야 한다"는 식으로 위임하고 있는 경우가 많다. 그러한 점에서 법규적 사항을 담은 고시 등 행정규칙에 대하여 그 위임의 명확성·구체성의 요건은 강화될 필요가 있는 것으로 보인다. 최근의 일부판례는 위에서 살펴본 바와 같이 이러한 심사를 강화하고 있는 것으로 보인다.

또한 법령보충적 행정규칙을 인정하기보다는 법제처의 입안심사단계에서 법률이나 법규명령 등으로 法令化시킬 수 있는지 여부를 면밀히

---

108) 琴泰煥, "行政立法節次"-美國 聯邦行政立法節次를 中心으로-, 金東熙(編), 行政作用法, 2005, 516면 이하.

109) Ch. Gusy, Die Pflicht zur Veröffentlichung von Verwaltungsvorschriften, DVBl. 1979, S. 720 ff.

110) 常岡孝好, 行政立法手續の法制化, ジュリスト No. 1304, 60頁.

검토하여야 한다. 사견으로는 행정규칙을 무리하게 법규명령으로 판단해야 할 이유는 없는 것으로 보인다. 왜냐하면 행정규칙도 사법심사의 대상이 될 수 있으며, 사법심사의 척도(재판규범성)가 부인될 뿐이기 때문이다. 더구나 구체적 규범통제절차를 취하는 현행법 하에서는 법규명령도 부수적 심사의 대상이 될 뿐이므로 행정규칙을 법규명령으로 무리하게 법리구성을 할 만한 실익도 크지 않다. 특히 최근 판례 가운데에는 행정규칙에 근거하여 발령된, 상대방에게 권리의무를 부과하거나 법적 효과를 발생하는 소위 법규적 사항을 담은 처분을 항고소송의 대상으로 인정한 사례도 있다.[111] 그러나 현대행정은 복잡한 행정수요를 충족하기 위해 다양한 행위형식을 요구하고 있다. 법령보충적 행정규칙의 확대는 행정편의주의적 발상을 정당화시켜줄 수 있을 뿐만 아니라, 국민의 예측가능성·명확성을 담보하지도 못한다. 따라서 法規的 事項은 원칙적으로 법령에 의해 규율되는 것이 실질적 법치주의의 관점에서 正道임은 自明하다.

111) 대법원 2004. 11. 26. 선고 2003두10251, 10268 판결.

第 3 章

行政處分基準의 現況 및 整備方向에 관한 小考

Ⅰ. 問題의 狀況

무릇 행정처분기준이란 일반적으로 행정사무처리의 준칙 내지 지침으로서, 종래에는 훈령·예규 등 행정규칙으로 정하는 것이 보통이었다. 그러나 오늘날에는 국민의 권익보장과 행정작용의 투명화·합리화 등을 위해 행정처분기준을 법규명령(대통령령, 부령)으로 정하고 있다. 주요선진국의 입법례를 살펴보면, 우리와 같이 법규명령에서 행정처분의 기준을 위반행위별로 상세히 규율하는 입법례는 매우 드물다. 대체로 중요한 법규적 사항은 법령에 기술하고, 상세한 세부지침은 행정규칙에 맡겨두는 것이 보통이다. 행정처분기준의 논의에 있어서 무엇보다 중요한 것은 처분기준의 범위와 형식을 확정하는 것이다. 물론 수익적 행정처분(예컨대 인·허가)의 경우에도 제3자 보호와 관련하여 법률이나 법규명령 등에 정하는 것이 의미가 있을 수 있으나, 실제 문제가 되는 것은 제재적 처분기준이다. 이러한 행정처분기준은 또한 법규명령(대통령령, 부령)에 규정되고 있으나, 부령의 경우에는 후술하는 바와 같이 대법원 판례에 의해 법규적 효력이 부인되고 있다. 이를 흔히 "法規命令 形式의 行政規則"이라고 부르고 있다. 최근 대법원은 시외버스운송사업의 사업계획변경기준 등에 관한 구 여객자동차운수사업법 시행규칙

第31조 제2항 제1호, 제2호 및 제6호의 법적 성질을 형식적 기준에 따라 "법규명령"으로 판시한 바 있다.[1] 다만, 대법원은 이를 제재적 처분기준은 아니라고 판시하여, 제재적 처분기준에 관한 종전 판례와 구분하고 있다.

지금까지 한국법제연구원이 수행하고 있는 「행정처분기준의 정비방안연구(I), (II)」에 따르면, 행정처분기준의 근거조항은 법률에 두면서, 행정처분의 세부기준은 원칙적으로 '부령'에 위임하여 정비하는 방향으로 가닥을 잡고 있다.[2] 이러한 행정처분기준의 법형식의 통일이 일관성을 유지한다는 점에서 의미가 있을 수 있으나, 현행 판례에 의하면 여전히 법규적 효력이 부인되어 행정처분기준의 정비의 본래의 목적이 다소 退色될 우려도 있다. 물론 후술하는 바와 같이 법규명령에 해당하는 대통령령과 부령을 구별하여 서로 다른 판단을 내린 대법원판례의 오류가 하루빨리 시정되고 '형식'을 기준으로 명확하게 처분기준의 법적 성질을 판단하기를 기대해 볼 뿐이다. 그러나 대법원 판례의 변경이 있기 전까지는 재량행위 투명화와 관련하여 행정처분기준의 실효성을 제고하기 위해 행정처분기준으로 정할 사항의 범위를 보다 명확히 劃定하는 것이 우선적으로 요청된다. 예컨대 국민의 권익을 중대하게 침해할 소지가 높은 법규적 사항에 대해서는 법률유보의 원칙을 고려하여 법률이나 법규명령 등에 규정하는 것이 타당하나, 기타 세부적·기술적 사항은 '행정규칙'을 충분히 활용할 수 있다고 판단된다.[3] 이는 행정의 효율성 및 탄력성의 관점에서 진지하게 고민할 필요가 있다. 처분기준의 지나친 '세부화'는 자칫 제재적 처분의 본질인 재량행위의 특

---

1) 대법원 2006. 6. 27. 선고 2003두4355 판결.

2) 예컨대 김재광/최철호/강문수, 행정처분기준 정비방안연구(I), 한국법제연구원, 2006, 137면 이하.

3) 경우에 따라서는 판단여지와 관련하여 일정한 영역, 예컨대 '산업안전기준'과 관련된 기술·안전법의 영역에서는 소위 "規範具體化 行政規則"의 법리가 충분히 접목될 수 있다. 다만, 필자는 일련의 대법원판례에서 인정하고 있는 "法令補充的 行政規則"의 무리한 확대에 대해서는 원칙적으로 반대한다. 이는 법리적으로 타당하지 않을 뿐만 아니라 법치주의적 관점에서 여러 가지 문제점을 드러낼 수 있다는 점에서 신중하게 접근할 필요가 있다.

성을 기속행위로 전환시킬 우려가 있으며, 구체적으로 제재적 처분을 적용하는 행정기관의 경우에게 책임회피의 기회를 마련해 줄 수도 있다. 이하에서는 행정처분기준의 의미와 범위(Ⅱ), 행정처분기준의 형식(Ⅲ), 개별분야의 처분기준의 현황(Ⅳ) 등을 살펴보도록 한다.

Ⅱ. 行政處分基準의 槪念 및 範圍

행정작용의 투명성과 공정성을 확보하기 위하여 행정처분의 기준이 강조되고 있으나, 이러한 처분기준은 행정기관의 재량권행사에 통일성과 일관성을 보장하며,[4] 행정의 효율성을 제고하기 위한 주요한 도구이다. 처분기준의 대상으로 '제재적 처분'이 주로 문제가 되며, 이러한 처분은 재량행위인 경우가 대부분이다.[5] 따라서 이러한 행정처분의 기준은 행정기관의 자의적인 재량권행사의 통제에도 기여할 수 있다. 특히 재량행위에 대한 사법적 통제와 관련하여, 종래 (자유)재량행위는 사법심사의 한계문제로서 다루어졌다. 그러나 오늘날에는 이러한 주장은 설득력을 가지기 어렵다. 현행 행정소송법 제27조도 재량행위의 일탈·남용에 대한 사법심사를 명시하고 있다.

그러나 실정법상 "處分基準"의 의미가 명확한 것은 아니다. 이와 관련하여 현행 행정절차법은 處分基準의 設定·公表를 규정하고 있다.[6]

4) H. Maurer, Allgemeines Verwaltungsrecht, 16. Aufl., § 24 Rn. 10.

5) 劉尙炫, "행정처분기준의 법규성", 공법연구 제31집 제1호, 513면 이하. 유 교수는 행정처분기준의 설정한 이유를 일선공무원들의 재량판단의 미숙성을 보완하고, 처분의 일관성·형평성의 유지 이외에 처분에 따른 부패와 부조리를 일소하기 위한 것에서 찾고 있다. 특히 처분기준을 훈령·예규 등 행정규칙 대신 법규명령으로 제정하는 것은 사법심사에 있어 재판규범성을 인정할 수 있는 현실적인 필요성이 있었기 때문이라고 보면서, 행정처분기준을 정한 법령의 법규성인정문제는 일련의 대법원판결을 통해 해결국면에 접어들었다고 분석하고 있다. 그러나 국민의 권익침해와 관련이 있는 행정처분기준은 가능한 한 법규범(법률, 법규명령)에서 정하는 것이 바람직하고, 설사 행정처분기준을 행정의 편의를 위해 행정규칙으로 정하였다고 하여도 간접적 효력과 관련하여 비례·평등원칙 등을 매개로 개별·구체적인 조치로서 재량처분의 위법성을 충분히 도출할 수 있다는 점에서 이러한 주장에 동의하기 어렵다.

6) 행정작용의 투명성·예측가능성을 제고하기 위한 처분기준의 공표제도의 기원은 이미

즉 동법은 행정청이 '필요한 처분기준'을 당해 처분의 성질에 비추어 될 수 있는 한 구체적으로 설정하여 공표하여야 한다고 규정하고 있다(제20조 제1항). 또한 동조 제2항에서는 처분기준을 公表하는 것이 당해 처분의 성질상 현저히 곤란하거나 공공의 안전 또는 복리를 현저히 해하는 것으로 인정될 만한 상당한 이유가 있는 경우에는 이를 공표하지 아니할 수 있다고 하여, 처분기준공표의 예외사유를 명시하고 있다. 한편, 독일의 행정절차법에는 "處分基準"에 관한 규정이 없으며, 처분기준제도는 대체로 일본입법례의 영향을 받은 것으로 보인다.[7] 다만, 독일에서는 처분기준인 행정규칙에 대한 정보제공청구권 등이 보장되고 있을 뿐이다.[8] 이러한 처분기준은 행정실무에 있어 法規命令(시행령, 시행규칙)이나 行政規則으로 정해지는 것이 보통이다. 처분기준이 법규명령으로 제정된 경우에도 그 내용이 대외적 구속력을 가지지 않는 행정규칙의 성질을 가지는 경우가 적지 않다. 이러한 경우에 당해 법규명령이 외부적 효력을 가지는지가 논란이 된다(소위 "法規命令 形式의 行政規則").

처분기준은 裁量準則(Ermessensrichtlinien), 解釋準則(Auslegungsrichtlinien) 내지 規範解釋規則(norminterpretierende Verwaltungsvorschrift) 및 簡素化規則과 같은 행정규칙의 형식으로 제정되는 것이 주류를 이루고 있었다.[9] 행정규칙으로 정해지는 재량준칙 내지 해석지

舊 行政規制및民願事務基本法 제11조에서 찾을 수 있다. 다만, 여기에서는 "처분기준" 대신 "심사기준"이라는 표현을 사용하고 있다. 홍준형/김성수/김유환, 행정절차법제정연구, 1996, 33면, 253면.

7) 裵柄皓, "수익적 행정처분에서의 행정절차", 金東熙(編), 행정작용법, 박영사, 2005, 826면.

8) 독일 연방행정법원은 이를 인정하고 있다(BVerwGE 61, 15). 이에 대하여 李翰成, "불이익처분의 절차", 金東熙(編), 『행정작용법』, 826면 참조. 독일의 경우에는 재량행위의 처분기준을 설정하는 것이 자칫 행정운영을 경직시킬 우려가 있으며, 절차적 통제보다는 실체적 통제에 치중하고 있기 때문에 이러한 처분기준을 별도로 규정하고 있지 않은 것으로 보인다.

9) 홍준형, 행정법총론, 제4판, 530면; Maurer, Allgemeines Verwaltungsrecht, 16. Aufl., § 24 Rn. 9 f; Fritz Ossenbühl, in: Erichsen/Ehlers(Hrsg.), Allgemeines Verwaltungsrecht, 12. Aufl., § 6 Rn. 1 ff. 참조.

침 등은 원칙적으로 법적 구속력을 가지지 않는다.[10] 그러나 재량준칙의 경우에는 행정처분의 발급 후 평등의 원칙, 신뢰보호의 원칙 등과 관련하여 '간접적'으로 법적 구속력을 인정할 수 있다. 이러한 재량준칙의 경우에는 그 내용이 불명확하거나 상위법과 모순을 가지는 경우가 많이 있으며, 이에 근거한 재량처분이 비례의 원칙을 위배하거나 처분양정의 불균형 등이 발생할 수 있다. 이는 결국 행정의 상대방인 국민이 권리나 이익을 침해받을 소지가 많다. 한편, 행정절차법은 당사자 등이 공표된 처분기준이 불명확한 경우 당해 행정청에 대하여 그 해석 또는 설명을 요청할 수 있다고 규정하고 있다(동법 제20조 제3항).

특히 보건행정분야에서 다수의 행정제재처분이 행해지고 있으나, 사안의 기술성·전문성 등으로 인하여 制裁處分基準의 不明確性, 상위법과의 矛盾 및 處分量定의 不均衡性 등의 문제가 발생하고 있다. 이러한 사정은 행정실무를 담당하는 일선 공무원이 구체적인 재량행사를 함에 있어서 고충을 주고 있음은 물론, 재량권행사를 통해 예측가능성과 명확성을 담보하지 못함으로써 일반 국민의 권익침해 등 법적 안정성을 해할 우려가 점증하고 있다. 특히 국민의 일상생활과 밀접한 관련을 가지는 분야에서 구체적인 처분기준을 체계화하여 행정의 투명성·공정성을 확보하는 것이 무엇보다 시급하다.[11]

10) 지배적 견해는 裁量準則을 '행정규칙'의 일종으로 취급하고 있으나, 일부견해는 재량준칙을 행정규칙과 구별하여 명령과 권고의 중간적 성질을 가진 것으로 본다. 李光潤, "행정처분기준의 종류와 문제점", 現代公法理論의諸問題(천봉석종현박사화갑기념논문집), 2003, 1227면. 다만, 이 견해는 행정규칙을 행정조직의 내부에서 강제적 법적 효력을 가지는 法規範으로 이해하나, 적어도 행정규칙의 직접적 외부효를 인정하지 않는 한 이를 인정하기는 어렵다. 또한 (재량)준칙을 강행규범이 아니라고 보면서(이광윤 교수는 이를 특히 "强行的 任意規範"이라 표현하고 있다), 법률보충적 또는 법률대위적인 기능을 하는 경우에 법규명령으로 보고 있다. 그러나 일반적인 행정규칙에서도 이러한 점은 충분히 인정될 수 있다.

11) 대통령자문 정부혁신지방분권위원회는 2003년 7월 행정개혁로드맵의 하나로 "재량행위의 투명성"을 선정하고, 소관부서로 법제처가 추진 중에 있다. 吳峻根, "재량행위의 판단기준과 재량행위의 투명화를 위한 법제정비방안", 법제 2005. 6(통권 제570호), 23면.

Ⅲ. 行政處分基準의 形式

행정처분기준에 관한 논의는 행정의 투명성과 공정성을 提高하여 행정의 適法性의 확보와 국민의 권익구제의 도모를 그 배경으로 하고 있다. 처분기준에 관한 논의는 일반적인 담론의 범주를 벗어나 개별 분야별로 심층연구를 하는 단계에 접어들고 있다. 이는 처분기준에 관한 논의가 상당히 면밀하게 이루어지고 있음을 의미하는 것이다. 현행 법령에는 "處分基準"의 개념이 명확하게 정의되어 있지 않으나, 그 개념의 기원은 대체로 日本 行政手續法에서 비롯하고 있다. 즉 日本 行政手續法 제12조 제1항은 "行政廳은 處分基準을 정하여, 동시에 이를 公表하려고 노력하지 않으면 안 된다"고 하여, 처분기준의 설정·공표를 규정하고 있다. 당해 조항은 우리 행정절차법 제20조의 도입에 직·간접적인 영향을 준 것으로 추정된다. 또한 行政手續法 제12조 제2항에서는 처분기준의 범위와 관련하여 "행정청은 처분기준을 정함에 있어서 不利益處分의 성질에 비추어 가능한 한 구체적으로 하여야 한다"고 규정하고 있다. 즉 日本 行政手續法은 처분기준을 "不利益處分", 즉 침익적 내지 부담적 행정행위에 한정하고 있다. 한편, 우리 행정절차법 제20조는 "처분기준"을 침익적 처분에 한정되지 아니하고, 授益的 處分에도 적용되는 共通事項으로 규정하고 있다고 이해된다.[12)]

처분기준의 법형식과 관련하여 해석규칙 또는 재량준칙 등의 行政規則에 제한된다는 견해,[13)] 원칙적으로 行政規則뿐만 아니라 法規命令으로 정할 수 있다는 견해,[14)] 그리고 法律이나 行政立法의 형식으로 가능할 뿐만 아니라 條例 등 自治立法의 형식으로도 가능하다는 견해[15)]

12) 김남진·김연태, 행정법 I, 제11판, 385-386면; 朴鈗炘, 최신행정법강의(상), 2004, 488면; 김동희, 행정법 I, 제13판, 379-382면; 석종현, 일반행정법(상), 제11판, 566면; 정하중, 행정법총론, 제3판, 384면; 박균성, 행정법론(상), 제6판, 526면.

13) 김동희, 전게서, 381면.

14) 김남진·김연태, 전게서, 162-163면; 정하중, 전게서, 165-167면.

도 주장된다. 생각건대 처분기준은 이론적으로 재량준칙, 해석지침 및 간소화규칙등과 같은 행정규칙의 형식으로 제정되는 것이 원칙이나,[16] 시행령·시행규칙 등 법규명령에 의해 행정처분(특히 제재적 행정처분)의 기준이 정해지고 있다. 또한 법규명령의 형식으로 제정된 제재적 처분기준의 법적 성질이 다투어지고 있다. 판례는 특히 제재적 처분기준을 시행령(대통령령)으로 정한 경우에 법규명령의 성질을 인정하면서, 施行規則(部令)의 경우에는 행정규칙으로 판시한 바 있다. 즉 대법원은 식품위생법 시행규칙(보사부령) 제53조 [별표 15] 처분기준[17]이나 도로교통법 시행규칙(행자부령) 제53조 제1항 [별표 16]의 면허 취소·정지 처분의 기준[18]에 대하여, 형식은 부령이나 그 내용은 事務處理準則에 불과한 것으로 행정규칙에 해당하는 것으로 보고 있다. 한편, 大統領令인 주택건설촉진법시행령 제10조의3 제1항 [별표 1]에 대하여는 법규명령의 성질을 인정한 바 있다.[19] 이러한 판례의 입장에 대해 학설은 시행령과 시행규칙 모두 법규명령의 성질을 가지고 있음에도 불구하고 합리적 기준이나 특별한 논거의 제시 없이 양자를 차별하고 있다는 점에서 비판의 목소리를 높이고 있다.[20]

한편, 環境·交通·災害등에관한影響評價法 施行規則 제10조 [별표 2]는 평가대행자에 대한 행정처분의 기준을 정하고 있는 바, 처분기준을 정하고 있는 형식은 시행규칙으로 部令이나, 그 법적 성질에 대해서는 논란이 있을 수 있다. 이와 관련하여 최근 대법원은 제재적 행정처분이 그 처분에서 정한 제재기간의 경과로 인하여 그 효과가 소멸되었

15) 金鐵容, 行政法 I, 제10판, 362면. 실제 일본에서는 처분기준의 작성·공표할 의무를 지방자치단체의 조례로 정하기도 한다. 예컨대 大阪市行政手續條例 제12조의 경우가 그러하다(宇賀克也. 行政手續法の解釋, 第二次 改訂版, 101면). 한편, 처분기준으로 法令과 行政規則이 있다는 주장도 제시된다(朴均省, 전게서, 526면).
16) 홍준형, 행정법총론, 제4판, 530면; 拙稿, 전게논문, 78면 참조.
17) 대법원 1993. 6. 29. 선고 93누5635 판결.
18) 대법원 1995. 4. 7. 선고 94누14360 판결.
19) 대법원 1997. 12. 26. 97누15418 판결.
20) 김남진·김연태, 전게서, 163-164면; 정하중, 전게서, 167면.

으나, 부령인 시행규칙 또는 지방자치단체의 규칙의 형식으로 정한 처분기준에서 제재적 행정처분을 받은 것을 가중사유나 전제요건으로 삼아 장래의 제재적 행정처분을 하도록 정하고 있는 경우, 선행처분인 제재적 행정처분을 받은 상대방이 그 처분에서 정한 제재기간이 경과하였다 하더라도 그 처분의 취소를 구할 법률상 이익이 있다고 판시하였다.[21] 이 판례에서 법원은 "제재적 행정처분의 가중사유나 전제요건에 관한 규정이 아니라 규칙[22]의 형식으로 되어 있다고 하더라도, 그러한 규칙이 법령에 근거를 두고 있는 이상 그 법적 성질이 대외적·일반적 구속력을 갖는 법규명령인지 여부와는 상관없이"라고 하여, 법적 성질에 관한 판단을 회피하고 있다. 특히 시행규칙도 부령으로 "법령"에 해당함에도 불구하고, 법령과 구분하는 모순을 보이고 있다. 또한 판례는 수권여부가 제재적 처분기준의 법규성을 판단하는 결정적 기준이 아님을 시사하고 있다. 그러나 이러한 판례의 다수의견의 문제점은 別個意見(이강국 대법관)에서 적절히 지적되고 있다. 즉, "다수의견은, 제재적 행정처분의 기준을 정한 부령인 시행규칙의 법적 성질에 대하여는 구체적인 논급을 하지 않은 채"라고 하여 다수의견의 문제점을 명확히 지적한 후, 위 시행규칙의 법적 성질에 대해 대외적 구속력을 가지는 '법규명령'이라고 판단하고 있다. 이러한 혼란은 '내용'을 기준으로 한 판례의 일관되지 못한 판단에 기인하는 측면도 적지 않으며, 법원이 입법부의 권한을 다소 월권해서 판단하는 것은 아닌지 매우 염려스럽다. 다만, 이미 언급한 시외버스운송사업계획변경인가처분취소사건[23]에서, 대법원은 근거법령인 舊 旅客自動車運輸事業法 施行規則(건설교통부령) 제31조 제2항 제1호, 제2호 및 제6호가 구 여객자동차 운수사업법 제11조 제4항의 위임에 따라 시외버스운송사업의 사업계획변경에 관한

21) 대법원 2006. 6. 22. 선고 2003두1684 판결.

22) 대법원판례는 "규칙"을 시행규칙(부령)과 지방자치단체의 규칙을 포함하는 견해로 이해하고 있다. 그러나 자치단체의 규칙의 법적 성질에 대해서도 논란이 있기 때문에 양자를 포함하는 개념으로 "규칙"의 개념을 사용하는 것은 타당하지 않은 것으로 보인다.

23) 대법원 2006. 6. 27. 선고 2003두4355 판결.

절차 · 인가기준 등을 구체적으로 규정한 것이므로 대외적 구속력을 가지는 法規命令이라고 판시하였다. 판례가 언급하고 있는 바와 같이 비록 부령으로 제정된 처분기준이 제재적 처분기준이 아님에도 불구하고, 형식적 기준에 의해 법형식을 확정하고 있다는 점에서 자못 의미가 큰 판례라고 판단된다. 또한 처분기준의 설정의무는 '裁量行爲'에 적용되는 것이 보통이지만, 기속행위의 경우에도 적용된다는 견해가 주장된다.[24] 이론적으로는 처분기준이 기속행위에도 적용될 수 있으나, 보다 중요한 의미를 가지는 것은 재량행위의 경우이다. 예컨대 대기환경보전법 시행규칙 제122조 제2항에서는 "환경부장관, 시 · 도지사 또는 국립환경과학원장은 위반사항의 내용으로 보아 그 위반정도가 경미하거나 기타 특별한 사유가 있다고 인정되는 경우에는 별표 33의 규정에 의한 조업정지 · 업무정지 또는 사용정지 기간의 2분의 1의 범위 안에서 그 행정처분을 경감할 수 있다"라고 규정하고 있다. 여기에서 감경처분의 가능성을 규정하고 있다. 이는 제재적 처분이 재량행위의 성질을 가지고 있음을 시사하고 있는 것이다.

한편, 재량행위인 경우에 행정처분을 처분기준과 다르게 발급하게 되는 것이 특히 문제가 된다. 이 경우 재량행위인 처분의 위법성은 평등원칙이나 신뢰보호원칙을 매개로 하여 재량의 일탈 · 남용의 법리에 의해 판단해야 할 것이다(소위 行政의 自己拘束의 原則). 대법원은 영업시간을 초과하여 영업을 하였고 3개의 밀실과 가라오케를 설치하여 식품위생법 제21조, 제31조를 위반하여 시설개수명령과 영업정지처분을 받은 사건에서, 식품위생법 시행규칙 제53조에 따른 [별표 15]의 행정처분기준에 대하여 비록 형식은 부령이나 행정기관 내부의 사무처리준칙을 규정한 것에 불과하다고 보아 행정규칙의 성질을 인정하였다. 또한 식품위생법 시행규칙 제53조 단서의 식품 등의 수급정책 및 국민보건에 중대한 영향을 미치는 특별한 사유가 없는 한 행정청은 당해 위반

24) 김동희, 전게서, 380면.

사항에 대하여 위 처분기준에 따라 행정처분을 함이 보통이므로 이에 따르지 아니하고 특정한 개인에 대하여만 위 처분기준을 과도하게 초과하는 처분을 한 것은 재량권의 한계를 일탈하였다고 보고 있다.25)

생각건대 처분기준을 무리하게 법규명령의 형식으로 제정하는 것은 사법심사와 관련하여 큰 실익은 없는 것으로 보인다. 처분기준이 행정규칙이라면 재판규범성이 인정되지 않기 때문에 행정처분 자체의 위법성 여부를 판단할 수는 없지만, 행정규칙에 근거한 행정처분의 위법성 여부를 재량권의 일탈·남용 여부 등에 의하여 판단할 수 있을 것이다. 또한 처분기준이 법규명령이라면 부수적 심사에 의해 선결문제로서 법규명령의 위법성을 판단할 수 있다. 헌법 제107조 제2항은 "명령·규칙 또는 처분이 헌법이나 법률에 위반되는 여부가 재판의 전제가 된 경우에는 대법원이 이를 최종적으로 심사할 권한을 가진다"라고 규정하여, 具體的 規範統制(konkrete Normenkontrolle)만 인정하고 있다. 따라서 개별사건에서 법규명령인 처분기준이 위법이라고 하더라도 당해 사안에만 적용이 되지 않을 뿐, 그 처분기준 자체를 일반적으로 위법·무효로 판단할 수 없다고 보는 것이 일반적이다.26)

Ⅳ. 個別分野의 處分基準의 現況 및 特徵

1. 保健行政分野의 處分基準

식품관련법령에는 보건복지부(현 보건복지가족부)가 관리하는 食品衛生法을 母法으로 하여 총 11개 부처에 30여개 법령이 산재하고 있었다. 예컨대 보건복지부의 경우에는 식품위생법 이외에 전염병예방법, 건강기능식품에관한법률, 유전자변형생물체의국가간이동등에관한법률,27)

---

25) 대법원 1993. 6. 29. 선고 93누5635 판결.

26) 김남진·김연태, 전게서, 154면; 김동희, 전게서, 149면.

27) 동법 제2조가 정의하는 "유전자변형생물체"(GMO: genetically modified organism)란 인위적으로 유전자를 재조합하거나 유전자를 구성하는 핵산을 세포 또는 세포내 소기

보건범죄단속에관한특별조치법 등 식품분야와 관련된 총 5개 법령이 있다. 그러나 개별법 간에 기준·규격, 위해평가, 검사 및 감시체계, 표시기준, 영업 및 품목허가관리 등 중복되는 영역이 다수 존재하고 있으며, 이를 위한 식품안전법령의 통합필요성이 대두되고 있다. 이와 관련하여 「食品安全基本法」에 관한 제정논의가 있다.[28]

식품위생 및 안전법령 중에서 가장 중요한 법률은 「食品衛生法」이다. 동법은 1962년 1월 20일 제정되어 5차례 개정을 거쳐 운영되던 중 1986년 5월 10일 법률 제3823호로 전면개정되었다. 그 후 수차례 개정을 거쳐 2008년 2월 29일 법률 제8852호로 일부개정되어 2008년 6월 22일 시행될 예정이다. 식품위생법은 "食品으로 인한 衛生上의 危害를 防止하고 식품영양의 질적 향상을 도모함으로써 국민보건의 증진에 이바지"함을 목적으로 하고 있다. 이러한 식품위생법은 식품위생과 관련된 危險防止(Gefahrenabwehr)를 목적으로 하는 衛生警察의 영역에 속한다고 볼 수 있다.[29] 식품위생법은 총칙 이외에 식품 및 식품첨가물, 기구와 용기포장, 표시, 食品 등의 公典, 검사, 영업, 조리사 및 영양사, 시정명령·허가취소 등 행정제재 등을 규율하고 있다. 특히 동법은 부정·불량식품 판매 등 금지(제4조), 병육 등의 판매 등 금지(제5조), 기준·규격(제6조, 제7조 및 제9조), 표시기준(제10조) 등을 규정하고 있다.

행정처분의 기준은 특히 식품위생법 및 동 시행령의 위임을 받아 '보

관으로 직접 주입하는 기술, 분류학에 의한 과의 범위를 넘는 세포융합으로서 자연상태의 생리적 증식이나 재조합이 아니고 전통적인 교배나 선발에서 사용되지 아니하는 기술과 같은 현대생명공학기술을 이용하여 얻어진 새롭게 조합된 유전물질을 포함하고 있는 생물체를 말한다.

28) 류창호, "식품안전법제의 체계화에 관한 연구", 한국법제연구원, 2004. 11, 47면 이하. 보건복지부, 농림부, 해양수산부와 국무조정실이 작성한 식품안전기본법제정안을 보면, 그 입법제안이유에 "식품안전과 관련하여 국가·지방자치단체 및 사업자의 책무를 명확히 하고, 분쟁조정제도를 도입하여 소비자의 피해구제를 강화하며, 식품안전정책의 수립·조정 등에 관한 기본적인 사항을 규정함으로써 국민들의 건강하고 안전한 식생활을 보장하기 위한" 것임을 밝히고 있다.

29) 식품분야 규제개혁과 관련하여 식품안전을 시장에만 맡기면 시장실패(market failure)의 가능성이 상존하므로 정부개입의 정당성이 도출된다는 주장도 제시된다. 최병선, 정부규제론, 1992, 66면 이하; 정기혜/윤시몬/최무현/김정선, "식품분야 규제개혁 정책에 관한 평가연구", 한국보건사회연구원·보건복지부, 정책보고서 2003-48, 45면 이하.

건복지가족부령'으로 제정된 同法 施行規則 제53조에 규정되어 있다. 즉 시정명령·허가취소 등 制裁的 處分의 기준을 [별표 15]로 상세히 규정하고 있다. 이미 언급한 바와 같이 大法院은 食品衛生法施行規則 제53조에서 [별표 15]로 같은 법 제58조에 따른 행정처분의 기준을 정하였다 하더라도, 이는 형식은 部令으로 되어 있으나 성질은 행정기관 내부의 事務處理準則을 규정한 것에 불과한 것으로 파악하였다. 또한 보건사회부장관이 관계 행정기관 및 직원에 대하여 직무권한행사의 지침을 정하여 주기 위하여 발한 行政命令의 성질을 가지는 것이지 같은 법 제58조 제1항의 규정에 의하여 보장된 재량권을 기속하는 것이라고 할 수는 없고, 대외적으로 국민이나 법원을 기속하는 힘이 있는 것은 아니라고 판단하고 있다.[30] 즉 당해 행정처분기준이 비록 형식은 部令으로 제정되었지만 그 내용이 事務處理準則에 불과한 것으로 보고 대외적 구속력을 부인하고 있는 것이다. 대법원은 묵시적으로 행정의 자기구속의 법리를 통해 처분기준을 위반한 행정작용이 재량권 남용으로 위법이 된다고 판시하고 있으나, 형식적 기준을 근거로 바로 시행규칙(법규명령)을 위반한 행정작용의 위법성을 인정하는 것이 법리적으로는 보다 타당하다.[31] 다른 한편, 대법원은 구 식품위생법 제23조의3 제4호에 근거한 식품제조영업허가기준(보건사회부고시)이 실질적으로 법의 규정내용을 보충하는 기능을 가지며 대외적 구속력을 가진다고 판시하였다.[32] 이러한 대법원의 상반된 입장은 매우 逆說的이지 않을 수 없다.

2. 環境行政分野의 處分基準

위에서 언급한 대기환경보전법 제84조에서는 "이 법 또는 이 법에 의한 명령에 위반한 행위에 대한 행정처분의 기준에 관하여 環境部令으로 정한다"고 하여, 행정처분의 기준에 관한 근거조항을 마련하여 상

---

30) 대법원 1993. 6. 29. 선고 93누5635 판결.
31) 同旨: 朴正勳, 행정법의 체계와 방법론, 박영사, 2005, 138면.
32) 대법원 1994. 3. 8. 선고 92누1728 판결.

세한 사항은 부령에 위임하고 있다. 대기환경보전법 제84조의 위임에 의하여 제정된 동법 施行規則 제134조 제1항은 “법 제84조의 규정에 의한 행정처분기준은 별표 36과 같다”고 하여, [별표 36]에 처분기준을 상세히 열거하고 있다. 우선 일반기준으로 위반행위가 2이상일 때에는 각 위반사항에 따라 각각 처분하도록 되어 있으나, 예외적으로 환경부장관, 시 · 도지사 또는 국립환경과학원장이 위반사항을 판단하여 그 위반정도가 경미한 경우에는 [별표 36]의 규정에 의한 조업정지 · 업무정지 또는 사용정지 기간의 2분의 1의 범위 안에서 감경처분을 할 수 있도록 규정하고 있다(동법 시행규칙 제134조 제2항 참조). [별표 33]에 규정된 행정처분기준은 대체로 제1차에서 제4차에 이르기까지 경미한 제재처분에서 점차 加重的인 제재처분으로 규정되어 있다. 또한 수질환경보전법 제71조 역시 유사한 규정을 두고 있으며, 처분기준을 施行規則에 위임하고 있다(수질환경보전법 시행규칙 제77조).

한편, 토양환경보전법 제26조의4는 “제23조의6 및 제23조의10의 규정에 의한 행정처분의 세부적인 기준은 그 위반행위의 유형과 위반의 정도 등을 참작하여 環境部令으로 정한다”고 규정하면서, 그 위임에 의해 토양관련전문기관 내지 토양관련업에 대한 제재적 처분기준을 시행규칙에서 규정하고 있다. 또한 폐기물관리법 제60조 역시 행정처분기준을 환경부령에 위임하고 있다. 이에 동법 시행규칙 제83조는 행정처분기준은 [별표 21]에서 규정하고 있으며(동조 제1항), 제2항에서 시 · 도지사 또는 지방환경관서의 장은 ① 위반의 정도가 경미하고 그로 인한 주변 환경오염이 없거나 미미하여 사람의 건강에 영향을 미치지 아니한 경우, ② 고의성이 없이 불가피하게 위반행위를 한 경우로서 신속히 적절한 사후조치를 취한 경우, ③ 위반행위에 대하여 행정처분을 하는 것이 지역주민의 건강과 생활환경에 심각한 피해를 줄 우려가 있는 경우 및 ④ 공익을 위하여 특별히 행정처분을 경감할 필요가 있는 경우에는 [별표 16]의 규정에 따른 영업정지 기간의 2분의 1의 범위 안에서 그 행정처분을 경감할 수 있다고 규정하고 있다.

3. 經濟行政分野의 處分基準

(1) 獨占規制法上의 處分基準

독점규제에 관한 대표적인 법률은 「獨占規制및公正去來에관한法律」이다. 동법은 "시장지배적지위의 남용과 과도한 경제력의 집중을 방지하고, 부당한 공동행위 및 불공정거래행위를 규제하여 공정하고 자유로운 경쟁을 촉진함으로써 창의적인 기업활동을 조장하고 소비자를 보호함과 아울러 국민경제의 균형있는 발전을 도모함"을 목적으로 제정되었다. 獨占規制및公正去來에관한法律은 ① 시장지배적지위의 남용(독과점 등), ② 기업결합, ③ 경제력집중, ④ 부당한 공동행위(카르텔 등) 및 ⑤ 불공정거래행위 등 독점규제법상의 위반행위별로 제재적 처분을 규정하고 있다.[33] 市場支配的地位의 濫用은 상품의 가격이나 용역의 대가를 부당하게 결정·유지 또는 변경하는 행위, 상품의 판매 또는 용역의 제공을 부당하게 조절하는 행위, 다른 사업자의 사업활동을 부당하게 방해하는 행위, 부당하게 경쟁사업자를 배제하기 위하여 거래하거나 소비자의 이익을 현저히 저해할 우려가 있는 행위가 여기에 해당한다(獨占規制및公正去來에관한法律 제3조의2). 이러한 시장지배적지위의 남용에 대해서는 가격인하·당해 행위의 중지·시정명령을 받은 사실의 공표 등 是正措置를 명하거나, 대통령령이 정하는 매출액에 100분의3을 곱한 금액을 초과하지 아니하는 범위 안에서 課徵金을 부과할 수 있다(동법 제5조, 제6조 참조). 한편, 시장지배적지위의 남용 이외에 기업결합제한 및 경제력집중의 억제, 부당한 공동행위의 제한 및 불공정거래행위금지 등에 위반하는 경우에도 是正措置나 課徵金賦課 등에 관한 유사한 규정을 두고 있다(동법 제16조·제17조, 제17조·제18조, 제21조·

---

33) 「독점규제 및 공정거래에 관한 법률」 제3장에서 규정하고 있는 경제력집중의 억제는 선진국과 달리 우리나라의 특유한 제도로서, 대규모기업집단에 의한 경제력집중을 억제하기 위한 노력의 일환으로 1986년 제1차 개정시 상호출자금지 및 출자총액의 제한 등과 같이 도입되었다. 상세는 권오승, 경제법, 제5판, 253면.

제22조, 제24조·제24조의2).

獨占規制및公正去來에관한法律은 과징금부과기준에 대하여 '大統領令'에 위임하고 있다(동법 제55조의3 제3항). 이에 의해 同法 施行令 제61조 제1항은 獨占規制 및 公正去來에 관한 法律 제6조(과징금), 제17조(과징금), 제17조의2(시정조치 등에 대한 특례) 제5항, 제22조(과징금), 제24조의2(과징금), 제28조(과징금), 제31조의2(과징금) 및 제34조의2(과징금)의 규정에 의한 과징금의 부과기준을 [別表 2]에 규율하고 있다. [별표 2]에는 과징금의 산정기준 獨占規制및公正去來에관한法律 제55조의3에서 정하고 있는 ① 위반행위의 내용 및 정도(위반행위의 중대성에 따라 구분), ② 위반행위의 기간 및 회수, ③ 위반행위로 인해 취득한 이익의 규모 등을 감안하여, 기본과징금·의무적 조정과징금·임의적 조정과징금·부과과징금의 순서에 따라 단계적으로 산정하도록 하고 있다. 다만, 시행령 제61조 제3항에서는 "이 令에 규정한 사항외에 과징금의 부과에 관하여 필요한 세부기준은 공정거래위원회가 정하여 고시한다"고 규정하고 있다. 현재 獨占規制및公正去來에관한法律 施行規則이 제정되어 있지 않기 때문에 세부기준을 '고시'로 정하고 있으나, 이를 "법령보충적 행정규칙"으로 보아야 할지는 다소 논란이 있을 수 있다. 사견으로는 '위임'으로 보기 어려우며 당해 고시의 법규적 효력을 부인하는 것이 타당하다고 판단된다.

(2) 消費者保護法上의 處分基準

소비자의 권익을 증진하기 위해 제정된 소비자기본법은 동법의 규정에 따라 국가가 정한 표시기준, 광고기준, 보호기준을 위반하거나 국가가 지정·고시한 행위를 한 경우에 행위의 중지 등 是正措置를 명할 수 있다(제80조 제1항). 또한 중앙행정기관의 장은 사업자에게 시정명령을 받은 사실을 公表하도록 명할 수 있다(제2항). 또한 소비자기본법 제86조 제1항 각호에서 정한 사항에 해당하면 3천만원 이하의 과태료를 부과할 수 있으며, 過怠料賦課基準은 大統領令에 위임하고 하고 있다(동조 제1항, 제3항). 이에 따라 소비자기본법 시행령 제69조 제3항은 과태료부과의 대상인 위반행위와 그 위반행위의 종류에 따른 과태료의 금액을 [별표 2]에서 정하고 있다. 다만 특기할 사항은 위 시행령 규정에 위반사항에 대한 과태료금액이 '特定'되어 있다는 점이다. 예컨대 소비자기본법 제20조의 소비자 권익증진 관련 기준을 준수하지 아니하면 1천만원의 과태료를, 동법 제37조의 유사명칭 사용금지규정을 위반한 경우에는 500만원의 과태료를 부과하도록 규정하고 있다. 그러나 단서 조항에서 부과권자는 위반행위의 정도, 위반횟수 및 위반행위의 동기와 그 결과 등을 고려하여 해당 금액의 2분의 1의 범위 안에서 이를 가중하거나 경감할 수 있되, 가중하는 경우에는 법 제86조 제1항에 따른 과태료금액의 상한을 초과할 수 없다고 하여 加重 내지 減輕의 여지를 부과권자인 행정청의 裁量에 맡겨놓고 있다.

한편, "전자상거래 및 통신판매 등에 의한 재화 또는 용역의 공정한 거래에 관한 사항을 규정함으로써 소비자의 권익을 보호하고 시장의 신뢰도제고를 통하여 국민경제의 건전한 발전에 이바지"하기 위해 제정된 「전자상거래 등에서의 소비자보호에 관한 법률」은 동법에 위반하는 행위를 하거나 동법의 규정에 의한 의무를 이행하지 아니하는 경우에는 是正勸告, 是正措置 및 課徵金賦課 등을 할 수 있다(동법 제31조, 제32조 및 제34조). 또한 동법은 제32조 제1항의 규정에 따라 공정거래위원회가 내린 시정조치에도 불구하고 위반행위가 반복되거나 시정조치에 따른 이행을 하지 아니한 경우에는 대통령령이 정하는 바에 따라 1년 이내의 기간을 정하여 그 영업의 전부 또는 일부의 정지를 명할 수 있도록 하고 있다. 위 규정에 의한 「전자상거래 등에서의 소비자보호에 관한 법률」施行令 제34조와 관련하여 [별표 1]에서 營業停止處分의 基準을 정하고 있다. 특히 위반행위의 횟수에 따라 加重的 制裁處分基準을 설정하고 있다. 예컨대 전자상거래 등에서의 소비자보호에 관한 법률 제5조 제2항의 규정에 위반하여 전자문서의 효력 등에 관하여 소비자에게 고지하지 아니한 경우에는 1차 영업정지 15일, 2차 영업정지 1

월, 3차 영업정치 3월, 4차 영업정지 6월로 규정되어 있다. 또한 제45조에서는 과태료부과처분의 근거를 두고 그 상한선을 직접 규정한 뒤, 시행령에서 과태료의 부과기준을 상한선의 범위 내에서 단계별로 가중하여 규정하고 있다. 또한 「約款의 規制에 관한 法律」은 개별위반행위에 대하여 직접 제재적 처분을 규정하고 있다. 예컨대 「약관의 규제에 관한 법률」에 규정된 표준약관, 조사 등에 관한 규정을 위반한 경우에는 명시된 과태료를 부과할 수 있도록 규정하고 있다(동법 제34조). 즉 표준약관과 다른 내용을 약관으로 사용하는 경우에 표준약관표지를 사용한 경우, 是正措置를 권고하거나 명하기 위해 필요하다고 인정되는 경우 및 약관의 심사청구를 받은 경우에는 약관이 위 법률에 위반된 사실이 있는지 여부를 확인하기 위하여 필요한 調査를 하는 경우에 그 조사를 거부·방해 또는 기피하는 자에 대해 5천만원 이하의 過怠料를 부과할 수 있다. 그리고 「할부거래에 관한 법률」도 법률에서 직접 제재적 처분기준을 정하고 있다. 「할부거래에 관한 법률」은 할부거래의 표시규정을 위반하는 경우, 할부계약의 기재사항을 모두 기재하지 않거나 허위로 작성하는 경우, 할부수수료의 실제연간요율의 최고한도를 위반하여 할부수수료를 받는 경우 및 지연손해금 산정시 적용하는 율의 최고한도를 위반하여 지연손해금을 받은 경우 등에는 500만원 이하의 過怠料를 부과할 수 있도록 되어 있다(동법 제14조).

방문판매, 전화권유판매, 다단계판매, 계속거래 및 사업권유거래 등에 의한 재화 또는 용역의 공정한 거래에 관한 사항을 규정하여 소비자의 권익을 보호하고 있는 「방문판매 등에 관한 법률」은 위반행위의 시정권고, 是正措置, 營業停止 및 과징금부과처분 등을 규율하고 있다(동법 제41조, 제42조 및 제44조). 또한 동법 施行令 제50조에서는 「방문판매 등에 관한 법률」 제42조 제4항의 규정에 의한 營業停止 및 登錄取消處分에 관한 基準을 [별표 1]에서 상세히 정하고 있다. 여기에서도 위반행위의 횟수에 따른 가중적 제재처분기준을 설시하고 있다. 또한 「방문판매 등에 관한 법률」 제44조에서는 특수판매업자가 동법 제42조에 의한 시정조치에도 불구하고 소비자피해의 방지가 곤란한 경우에 영업정지를 명하거나, 이에 갈음하여 '과징금'을 부과할 수 있도록 규정하고 있다(동조 제1항). 이 경우 과징금산정에 있어서 위반행위로 인한 소비자피해정도, 소비자피해에 대한 사업자의 보상노력 정도, 위반행위로 인하여 취득한 이익의 규모 그리고 위반행위의 내용·기간 및 횟수 등을 고려하도록 하고 있다(동조 제2항). 또한 동법 施行令 제58조도 過怠料賦課基準을 [별표 2]에서 규정하고 있다. 그 밖에 외국환거래법 제32조는 폐지신고를 하지 않는 경우, 합병·해산, 양도·양수 또는 폐지신고를 하지 아니한 경우 등의 경우에 500만원 이하의 과태료를 부과할 수 있도록 법률에서 직접 규정하고 있다.

4. 勞動行政分野의 行政處分基準

노동위원회는 구제명령(구제명령을 내용으로 하는 재심판정을 포함)을 받은 후 이행기한까지 구제명령을 이행하지 아니한 사용자에게 2천만원 이하의 이행강제금을 부과할 수 있으며, 그 위반행위의 종류와 위반정도에 다른 금액, 부과·징수된 이행금의 반환절차 기타 필요한 사항은 大統領令에 위임하고 있다(근로기준법 제33조 제1항, 제3항). 근로기준법 시행령의 이행강제금 부과기준은 [별표 3]과 같다. 다만, 구체적인 이행강제금의 금액은 위반행위의 종류에 따른 부과금액의 범위에서 반행위의 동기, 고의·과실 등 사용자의 귀책 정도, 구제명령 이행을 위한 노력의 정도, 구제명령을 이행하지 아니한 기간 등을 고려하여 결정한다. 그 밖에 근로기준법 시행령 제60조에서는 노동부장관이 過怠料를 부과함에 있어, 과태료의 금액을 정할 때 그 위반행위의 정도, 위반행위의 동기와 그 결과 등을 참작하여, [별표 7]에서 규정된 부과기준에 따르도록 규정하고 있다. 이와 같이 근로기준법에서는 제재적 처분기준을 대체로 施行令(대통령령)에 위임하는 특징을 보여주고 있다.

또한 「기간제 및 단시간근로자 보호 등에 관한 법률」 제24조에서는 과태료부과기준을 直接 규율하고 있다. 즉 동법 제14조의 규정(시정명령 등의 확정)에 따라 확정된 시정명령을 정당한 이유없이 이행하지 아니한 자에 대해서는 1억원 이하의 과태료를 부과하고, 정당한 이유없이 노동부장관의 이행상황 제출요구에 불응하거나 근로조건을 서면으로 명시하지 아니한 자에 대해서는 500만원 이하의 과태료에 처하도록 하고 있다(「기간제 및 단시간근로자 보호 등에 관한 법률」 제24조). 한편, 同法 施行令 제6조에서는 그 부과금액을 위반행위로 세분화화여 [별표 3]에서 규정하고 있다. 근로자파견사업의 허가신청에 대해 노동부장관은 일정한 요건을 충족한 경우에 허가할 수 있다. 이 경우 허가의 세부기준은 施行令에 위임하고 있다(파견근로자보호 등에 관한 법률 제9조). 또한 제재적 처분기준으로 과태료의 부과기준을 施行令에서 정하고 있다(동법 시행령 제7조 제3항 [별표 2]).

산업안전보건법에서는 동법 제72조 제1항 내지 제3항의 규정에 의하여 과태료를 부과하는 경우에 위반행위의 종별에 따른 과태료부과기준을 施行令에서 정하고 있다(동법 시행령 제48조 제3항, [별표 13] 참조). 시행령의 과태료 부과기준에서는 위반행위별로 과태료부과금액을 구체적으로 적시하고 있어 '재량'의 여지는 사실상 없는 것으로 보인다. 또한 산업안전보건법에서는 취소 및 정지의 기준을 施行規則(勞動部令)으로 정하도록 하고 있다(동법 제63조의2 제2항 참조). 즉, 동법 제63조의2 제2항의 규정에 의한 지정등의 취소 또는 업무등의 정지기준은 同法 施行規則 [별표 20]으로 정하고 있으며, 노동부장관 또는 지방노동관서의 장은 위 기준에 의하여 행정처분을 함에 있어서는 처분의 상대방의 고의·과실 여부 기타 정상을 참작하여 행정처분을 감경 또는 가중할 수 있도록 규정하고 있다(동법 시행령 제143조의2). 행정처분의 개별기준은 대체로 가중적 제재적 처분기준을 담고 있다. 예컨대 산업안전보건법 제15조의2와 관련하여 안전관리대행기관과 관련된 위반의 경우에 위반행위를 유형별로 구분하여 위반 횟수별로 제재적 처분기준을 가중적으로 규율하고 있다. 그 밖에 과징금부과처분기준의 법형식에 대해 대통령령으로 정하는 것이 바람직한지, 아니면 다른 행정처분기준과 마찬가지로 부령으로 정하는 것이 타당한지에 대해 논란이 있었다. 산업안전보건법에서는 업무정지명령에 갈음하는 過徵金, 소위 "변형과징금"의 부과기준에 대해 '대통령령'에 위임하고 있다(동법 제15조의3 제3항).

V. 行政處分基準整備의 問題點

이상에서 살펴본 바와 같이 처분기준의 범위와 형식, 그리고 처분기준의 법적 성질에 관한 대법원의 판례는 일관성이 없어 보인다. 행정처분기준과 관련하여 행정실무와 사법부의 입장 사이에는 혼선이 있는 것이 사실이다. 한편, 제재적 처분기준을 '告示'에 위임하는 경우도 있다. 예컨대 보건행정, 특히 식품안전의 분야에서는 처분기준을 시행규칙에서 규정한 경우에는 법규적 효력이 부인되고, 법령에 근거하여 '고시'로 제정된 식품제조영업허가기준에 대해서는 법규적 효력을 인정하고 있다. 판례는 식품제조영업허가기준이라는 고시는 공익상의 이유로 허가를 할 수 없는 영업의 종류를 지정할 권한을 부여한 구 식품위생법 제23조의3 제4호에 따라 보건사회부장관이 발한 것으로서, 실질적으로 법의 규정내용을 보충하는 기능을 지니면서 그것과 결합하여 대외적으로 구속력이 있는 법규명령의 성질을 가지는 것으로 판시한 바 있다.[34] 이러한 대법원의 상반된 입장은 모순이지 않을 수 없다. 그러나 법령보충적 행정규칙에 관한 논의는 좀 더 신중한 접근을 필요로 하며, 소위 '고시'형식의 법규명령은 많은 문제점을 내포하고 있다는 점에 주의할 필요가 있다.[35]

경제행정분야의 처분기준은 대체로 法律에서 직접 규율되거나, 또는 법률의 위임에 의하여 施行令(대통령령)에서 규율되는 것이 특징이라고

---

34) 대법원 1994. 3. 8. 92누1728 판결.

35) 拙稿, "法令補充的 性格의 行政規則의 整備方向과 委任事項의 限界", 법제처·한국행정판례연구회 공동주관 관학협동 Workshop 자료(2006. 12.) 참조.

볼 수 있다. 환경행정분야에서는 처분기준을 주로 '시행규칙'(환경부령)에서 규정하고 있다는 점에서 서로 비교된다. 그 이유는 경제행정분야의 제재적 처분은 "規制"의 성격이 강하고, 국민의 권익에 직접적으로 관련된 사항이 많다는 점에 기인하는 것으로 볼 수 있다. 그 밖에 판례의 영향도 간과할 수 없다. 즉 대법원판례는 施行令에 규정된 영업정지처분 및 과징금부과처분의 법적 성질을 대체로 '법규명령'으로 보고 있다. 예컨대 국민건강보험법 제85조 제1항, 제2항에 다른 동법 시행령 제61조 제1항 [별표 5]의 업무정지처분 및 과징금부과처분기준의 법적 성질을 법규명령으로 보고 있다.[36] 그러나 판례는 제재적 처분기준을 시행규칙(부령)에 정하는 경우에 법규적 효력을 부인하고 있다. 즉 당해 처분기준을 사무처리준칙으로 보아 행정규칙이라고 판시하는 것이 보통이다.[37]

노동행정과 관련된 법령은 대체로 근로자의 권리를 보호하기 위해 마련된 것이 대부분이므로 노동행정작용은 주로 국가(행정청)가 사용자에 대해 발해지는 경우가 대부분이다. 이 경우 처분의 기준은 허가기준과 같이 수익적 처분인 경우도 있으나, 과징금이나 이행강제금 등의 부과기준과 같이 제재적 처분기준을 정한 경우도 많다. 후자의 경우에는 대체로 법규명령(특히 대통령령)의 형식을 띠는 경우가 많다. 그러나 노동행정에 있어서 과태료부과처분의 기준은 대통령령으로 정하면서, 산업안전보건법의 경우처럼 그 보다 중한 제재적 성격을 가지는 허가의 취소 또는 정지는 시행규칙(부령)에 정하기도 하는 등 처분기준의 (법)형식을 원칙 없이 정하는 사례가 적지 않다.

---

36) 대법원 2006. 2. 9. 선고 2005두11982 판결.

37) 예컨대 도로교통법 시행규칙(행정자치부령) 제53조 제1항 [별표 16]의 면허취소·정지처분의 기준에 대해 행정규칙으로 판단한 사례가 대표적이다(대법원 1995. 4. 7. 선고 94누14360 판결).

Ⅵ. 結　論

시행령에 대해서는 법규명령의 성격을 인정하면서 시행규칙에 대해서는 이를 부인하는 판례의 영향으로, 행정실무에서는 '부령' 대신 '대통령령'에 사무처리준칙의 성격을 가지는 행정처분기준을 규율하는 경향이 눈에 띄게 늘고 있다. 필자는 이미 『법제』지에 기고한 논문에서 소위 "법규명령 형식의 행정규칙(론)"에 관한 판례의 태도에 대해, "이와 같이 법이론적인 일관성을 결한 대법원판결의 영향으로 법제정비의 현실적 어려움은 더욱 가중되고 있다"고 비판한 바 있다.[38] 사무처리준칙을 시행규칙이 아닌 시행령에 규정하고자 하는 경향은 참여정부 시절 법제처가 야심차게 추진한 "재량행위 투명화사업"과 무관하지 않다.[39] 생각건대 국민의 권리나 이익과 밀접한 법규적 사항은 법령을 통해 규율하는 것이 바람직하다(이른바 法令化의 문제).[40] 그러나 사무처리준칙에 해당하는 모든 규정을 위반행위의 유형별로 법규명령에 담는 것이 행정의 효율성에 비추어 바람직한지 여부는 再考될 필요가 있다. 그러한 의미에서 제재적 처분기준을 '부령'형식으로 제정하는 경우에 그 範圍의 劃定이 무엇보다 急先務이다.

또한 위에서 언급한 바와 같이 행정처분기준, 특히 제재적 처분기준의 경우에 모든 행위유형별로 세분화하여 처분기준을 설정하는 것은 지나치게 행정의 독자적인 영역, 특히 재량의 영역을 좁히고 행정의 탄력성을 둔감하게 하는 결과를 초래하는 것은 아닌지, 그리고 행정입법기술에 있어서 지나친 "形式의 過剩"으로 비경제적이고 消耗的인 것은

---

38) 졸고, "훈령·예규 등의 적법성제고를 위한 행정규칙 입안심사기준의 정비방안", 法制 2007. 4, 7면.

39) 이와 관련하여 오준근, 전게논문, 5면 이하.

40) 이러한 주장은 이미 법제처와 한국행정판례연구회가 2006. 12. 8.-9. 공동개최한 관학협동 Workshop에서 밝힌 바 있다(상세는 졸고, "법령보충적 성격의 행정규칙의 정비방향과 위임사항의 한계", 행정판례연구 XII, 2007, 박영사, 100면 이하 참조).

아닌지 하는 우려를 지울 수 없다. 실제 처분기준 가운데에는 행정청에게 선택의 여지를 부여하지 않고 '기속행위'와 같이 규정한 사례가 있다. 또한 가중 내지 감경규정을 두어 이러한 점을 보완하고 있기는 하나, 오히려 재량의 일탈이나 남용가능성이 더 높다는 느낌을 주기도 한다. 이미 주요선진국의 행정처분기준에 대해 살펴본 바와 같이, 법규명령에 사무처리준칙의 성격을 가지는 구체적인 처분기준을 획일적으로 규율하는 입법례는 매우 드물다. 오히려 행정규칙의 절차적 통제를 통해 행정작용에 대한 국민의 신뢰성·투명성을 제고하는 것이 주요선진국의 입법례이다.

행정규칙 보다 법규명령을 통해 제재적 처분기준을 정하는 것이 일견 국민의 권익보호를 위해 바람직하다고 주장할 수 있을지 모르나, 구체적 규범통제의 제도를 가진 우리의 입장에서는 무리한 '法規命令化'가 큰 의미를 가질 수 없다. 오히려 개별·구체적인 조치에 대한 행정쟁송을 통해 위법성판단이 충분히 가능하며, 항고소송의 대상적격도 비교적 넓게 인정되고 있다. 또한 행정규칙에 대해서도 법리적 모순을 보이면서도 법규성[41]을 인정하는 소위 "法令補充的 行政規則"을 확대해서 인정하는 실무의 관행도 역시 그러한 이유에서 신중하게 접근할 필요가 있다.

---

41) 필자는 법규개념의 모호성을 피하기 위해 "직접적 대외적 구속력"이라고 표현하고 싶다. 왜냐하면 간접적 대외적 구속력이란 행정규칙의 본질적인 부분으로 너무나 당연하기 때문이다. 간혹 이를 혼돈해서 사용하는 경우도 있는 바, 이를 구분해서 사용하는 것이 바람직하다고 생각한다.

第 4 章

行政立法에 대한 統制

Ⅰ. 序 說 - 懸案과 爭點

행정입법에 대한 통제에 있어서 최후의 보루는 사법적 통제이지만, 좋은 입법을 위해서는 행정내부의 통제, 의회에 의한 통제가 강화될 필요가 있다. 오늘날 우리는 "規範의 洪水" 속에 살고 있음을 실감하고 있다. 현대사회의 복잡다원화로 인해 법률수요가 늘고, 이에 따라 법규명령의 수도 대폭 증가하고 있다. 법제처의 홈페이지에 게시된 법령통계자료에서도 그러한 사실을 확인할 수 있다. 즉 2016년 3월 31일 현재 유효기간이 지난 법령을 제외하고 유효한 법률은 1,365건이며, 대통령령은 1,608건, 그리고 총리령과 부령은 각각 129건과 1,124건이다. 또한 법령 공포대장을 기준으로 대통령령은 2013년 1,518건에서 2015년 1,616건으로, 총리령·부령은 2013년 1,189건에서 2015년 1,253건으로 증가하였다. 현대사회의 법구조에 비추어 이른바 複委任禁止의 原則(delegata potestas non potest delegari)은 오늘날 더 이상 유지되기 어렵고, 이러한 법리는 역사적 의미만 가질 뿐이다. 그러나 행정입법의 증가는 특히 법치국가원리, 권력분립원칙 등의 관점에서 여러 가지 법적 문제를 야기하고 있다. 특히 국민의 기본권을 제한하거나 규제하는 내용 등을 하위법령에 위임하는 일이 증가하고 있으며, 그 위임을 고시·훈령 등으로 확대하고 있다.

우리나라를 비롯하여 일본에서는 '行政立法'이라는 용어가 일반적으로 사용되고 있지만, 독일에서는 "行政府의 法制定(administrative Rechtsetzung)" 내지 "執行部의 規範制定(exekutive Normsetzung)" 등의 표현이 자주 사용되고 있다. 여기에는 법규명령이나 자치법규(Satzung)가 포함됨은 물론, 근래에는 행정규칙도 포함하는 경향에 있다. 특히 행정규칙은 종래 내부법으로서 행정조직의 영역에서 다루어졌으나, 행정규칙의 구속적 효력(Bindungswirkungen)이 유력하게 주장되고 있음은 주목할 사실이다. 근년에는 법규(Rechtssätze) 개념의 변화로 인해 행정규칙을 '법'의 영역에 포함시키려는 경향이 있다. 특히 전통적인 법규개념(역사적·관습적 법규개념)과 달리 法理論的 法規概念(rechtstheoretischer Rechtssatzbegriff)은 법원론에서 제외되었던 행정규칙을 더 이상 非法(Nicht-Recht)의 영역에 남겨두지 않고, 법규개념을 외부법과 내부법을 모두 망라하는 것으로 이해하고 있다. 그러나 일반적인 행정규칙은 국가의 내부영역에 대한 목표설정을 주된 목적으로 제정된다는 점에서 여전히 法規範(Rechtsnormen)이 아니라고 보는 견해가 다수설이다.[1] 최근에는 행정규칙을 다양하고 세분화된 구속효(differenzierte Bindungswirkung)를 가진 법형식(Rechtsform)으로 이해하는 견해가 유력하다.[2] 예컨대 규범해석적 행정규칙(norminterpretierende Verwaltungsvorschriften)은 법규적 효력이 미약하고 법원을 구속하는 효력이 부인되지만, 規範具體化 行政規則(normkonkretisierende Verwaltungsvorschriften)은 구속적 효력을 가진다는 점이 인정되고 있다.[3] 다만,

---

1) Hartmut Maurer, Allgemeines Verwaltungsrecht, 18. Aufl., § 24 Rn. 3; Wolff/Bachof/Stober, Verwaltungsrecht I, 10. Aufl., § 24 Rn. 21; Battis, Allgemeines Verwaltungsrecht, 3. Aufl., S. 34; S. Detterbeck, Allgemeines Verwaltungsrecht, 13. Aufl., § 3 Rn. 100 ff.

2) Schuppert, Verwaltungswissenschaft, 2000, S. 268; Schmidt-Aßmann, Verwaltungsrechtliche Dogmatik, 2013, S. 75; Hill, in: Hoffmann-Riem/Schmidt-Aßmann/Voßkuhle (Hrsg.), GVwR II, § 34 Rn. 38; Schmidt-Aßmann, Verwaltungsrechtliche Dogmatik, 2013, S. 75 참조.

3) 이에 관한 상세는 Schmidt-Aßmann, Verwaltungsrechtliche Dogmatik, S. 75 f.

규범구체화 행정규칙은 그 자체가 법규적 효력(외부효)을 가진다는 점에 대해서는 異論이 없으나, 매우 제한적으로 인정되고 있음에 주의할 필요가 있다. 독일에서도 집행부의 시원적 법제정권한을 주장하고 법규적 효력(외부효)을 가진 행정규칙을 인정하는 견해가 있으나, 이에 대해 비판적 견해가 지배적이다. 이러한 행정규칙에 법규적 효력이 인정되면, 법규명령과 같은 발급요건 내지 절차적 요건을 충족하여야 하는데, 행정규칙의 외부적 효력이나 구속력 효력이 인정될수록 행정규칙은 행정법 도그마틱의 중대한 도전에 직면할 수 있다는 지적이 있다.[4] 나아가 이러한 과도한 요건들은 행정규칙의 본래적 기능인 탄력성을 잃게 만들 것이다. 우리 실무에서는 행정규칙에 법규적 효력을 인정하여 사법적 통제를 강화하려고 하였으나, 역설적으로 집행부에서는 고시・훈령 등에 법규적 사항을 정하는 현상이 증가하고 법규범의 체계에 있어서도 심각한 문제점을 보이고 있다. 현대 행정법학의 특성상 행정규칙의 법규성을 인정하는 경우에도 원자력법, 안전기술법 등의 특수한 영역에 제한할 필요가 있다. 법제처도 법규적 사항을 고시・훈령 등에 위임하지 않도록 하고, 가능한 한 시행령 또는 시행규칙의 범위에서 이를 구체적으로 규정할 수 있도록 노력하여야 한다.[5]

행정입법의 통제에 있어서 사법적 통제는 매우 중요한 역할을 수행하고 있다. 그러나 우리 헌법 제109조 제2항에서는 원칙적으로 구체적 규범통제를 보장하고 있다고 보는 것이 지배적 견해이고, 실무에 있어서도 행정입법에 대한 사법적 통제는 부수적 심사에 의해 이루어지고 있을 뿐이다. 그러한 점에서 행정입법에 대한 사법적 통제는 흠결 없는 규범통제제도를 갖고 있다고 보기 어려우며, 외국의 입법례에 비해 상대적으로 미약하다. 행정입법(특히 법규명령)에 대한 사법적 통제의 허

---

4) K. Groh, Verwaltungsvorschriften, in: Bultmann/Grigoleit/Gusy/Kersten/Otto/Preschel (Hg.), Allgemeines Verwaltungsrecht, FS für Ulrich Battis zum 70. Geburtstag, 2014, S. 237.

5) 졸고, “법령보충적 성격의 행정규칙의 정비방향과 위임사항의 한계”, 행정판례연구 제12집(2007), 100-137면.

용 여부를 둘러싸고 헌법재판소와 대법원 사이의 긴장과 갈등이 尙存하고 있는 상황이다. 또한 법무사법 시행규칙에 대한 헌법소원은 규범통제와는 다른 성격의 문제이었으나, 헌법재판소와 대법원은 관할권을 두고 첨예하게 대립하였다. 또한 소위 '처분적' 조례에 대해 항고소송을 허용한 것은 주위적 규범통제(prinzipale Normenkontrolle)의 흠결에서 연유하고 있지만, 그 배경에는 양 기관 사이의 관할권 문제도 내재되어 있다.[6] 나아가 헌법재판소는 행정규칙에 대해서도 헌법소원의 대상을 확대하기 위해 行政의 自己拘束(Selbstbindung der Verwaltung)의 법리를 매개하거나,[7] 또는 법령보충적 행정규칙을 근거로 하고 있다.[8] 그러나 행정의 자기구속의 법리는 법규적 효력이 부인되는 것을 전제로 하고 있다는 점에서 이러한 판례이론은 법리적으로 타당하지 않다. 또한 법령보충적 행정규칙은 행정규칙에 '위임'의 법리를 적용하고 있으며, 그 적용범위도 매우 넓은 편이다. 이러한 접근은 행정규칙의 본질에 반할 뿐만 아니라, 고시에 기본권의 본질적 내용을 규율하는 것은 법률유보원칙, 예측가능성이나 법적 안정성 등의 관점에서도 적지 않은 문제점을 가진다. 이러한 문제점에도 불구하고 행정입법에 대한 사법적 통제가 중심적 위치를 차지하고 있음은 부인할 수 없는 사실이다. 그러나 근래에는 행정입법의 통제와 관련하여, 권력분립원칙에 근거한 행정내부의 통제가 강조되고 있다. 종래 행정내부의 통제에 있어서는 감독청이나 다른 행정기관에 의한 통제 외에도 입안과정에서의 통제가 중

6) 소위 '처분적 명령'이나 '처분적 조례' 등의 법리적 문제점에 대해서는 김중권, "이른바 처분적 행정입법의 문제점에 관한 소고", 특별법연구 제12권(2015), 3-32면. 특히 처분적 명령을 인정한 것으로 소개되는 판례는 판결의 이유에서 언급되어 있을 뿐, 해당 대통령령은 법령의 효력을 가진 것으로 원칙적으로 행정소송법상 처분이라 볼 수 없다고 보아 각하 판결을 받았다(대법원 1954. 8. 19. 선고 4286행상37 판결). 이에 대해 유력설은 "위 판례는 실제로 명령에 대한 취소쟁송을 인정한 것이 아니며, 放論으로서 그의 가능성을 시사한 것에 지나지 않는다"고 비판하고 있다(김남진, 행정법의 기본문제, 신판, 163면). 이러한 판례를 근거로 처분적 명령을 인정하는 것은 법규명령의 본질에 반하여, 이에 대해 항고소송의 대상을 인정하는 것은 이론적으로도 타당하지 않다.

7) 헌재 2005. 5. 26. 2004헌마49.

8) 헌재 2002. 7. 18. 2001헌마605; 헌재 2007. 8. 30. 2004헌마670 등.

요한 역할을 수행하여 왔다. 이 경우 법제업무를 총괄하고 있는 법제처의 심사가 매우 결정적인데, 근원적으로는 법령입안의 전문성과 효율성을 제고할 수 있는 방안이 마련되어야 한다. 또한 규범제정의 입안단계에서 이해관계인의 참여를 적극적으로 보장하여야 한다. 그 밖에 독일에서는 행정내부의 규범통제와 관련하여, 행정에 의한 규범의 심사권 및 적용배제권이 논의되고 있다. 집행권이 위헌·위법의 의심이 있는 행정입법을 배제할 수 있는지가 다투어지고 있는 것이다.

한편, 국회는 지난 2015년 5월 29일 본회의에서 국회법 제98조2 제3항에 소관 상임위원회의 '수정요구권'을 규정하는 것을 내용으로 하는 '국회법 일부개정법률안'을 통과시켰으나, 개정법률안은 6. 25. 대통령의 거부권 행사로 결국 좌절되었다. 이러한 국회(상임위원회)의 '수정요구권'이 허용되는지 여부를 둘러싸고 정치권은 물론, 학계에서도 그 위헌성 여부에 관한 논의가 있었다(이에 대한 상세는 II. 3.에서 후술함).[9] 국회의 수정요구권에 대한 위헌성 논쟁으로 인해 행정입법에 대한 입법적 통제는 다시 주목을 받게 되었다. 이러한 문제는 법률과 법규명령의 관계를 검토하는 것에서 출발하여야 한다. 독일에서는 非本質的인 영역에서 법규명령에 대해 집행부의 始原的 法制定權을 인정할 수 있는지, 또한 입법자에 의해 법규명령의 변경이 허용되는지 여부가 논의되고 있다. 이에 관한 논의는 국회(상임위원회)의 수정·변경 요구권에 관한 문제에 해결의 실마리를 던져줄 수 있다. 더불어 근래에 독일에서는 규범제정에 있어서 입법과 행정, 그리고 사적 주체(이해관계인) 사이에 '협력'이 강조되고 있다. 이러한 규범제정의 협력은 다원적인 법률관계를 특징으로 하는 현대행정에 있어서 매우 유용한 모델이 될 것이다. 이하에서는 행정입법에 대한 행정내부의 통제(II)와 행정입법에 대한 국회의 통제(III)로 구분하여, 개별 쟁점에 대하여 詳論하기로 한다.

---

9) '국회법 일부개정 법률안'의 제정경과 및 심의과정 등에 대해서는 이인호, "국회의 행정입법 수정요구권에 대한 위헌논증", 공법연구 제44집 제1호(2015. 10), 206-211면.

Ⅱ. 行政立法에 대한 行政內部의 統制

1. 監督廳 또는 다른 行政機關에 의한 統制

행정입법에 대한 행정내부의 통제는 이론적인 측면에서 상대적으로 소홀히 취급되어 왔다. 국가의 기능분리, 행정의 효율성 및 권력분립원칙 등에 비추어 행정내부의 통제가 보다 강조될 필요가 있다. 행정입법에 대한 행정내부의 통제에는 다양한 유형이 있다. 여기에서는 편의상 입안절차와 직접 관련이 없는 감독청 또는 다른 행정기관에 의한 통제와 행정입법 입안과정에서의 통제로 구분하여 검토하기로 한다. 후자에는 관계기관과의 협의, 행정상 입법예고, 행정규제기본법에 따른 규제심사, 법제처의 심사 및 국무회의 심사 등이 있다. 전자에는 상급기관의 감독권 행사에 의한 통제, 중앙행정심판위원회의 법령개선요구, 그리고 국민권익위원회의 권고·의견표명 등이 속한다. 먼저 상급기관의 '감독권' 행사에는 대체로 상위명령에 의한 기준이나 범위의 설정, 수권철회나 위법한 법규명령의 폐지 등이 있다. 국무총리 또는 행정각부의 장은 대통령령의 위임 범위 내에서 총리령이나 부령을 제정하여야 한다(헌법 제95조 참조). 부령(시행규칙)이 대통령령(시행령)을 위반하거나 그 위임의 범위를 벗어난 경우에는 위법·무효이다.[10] 위헌·위법인

10) 한편, 대법원은 甲법무법인이 구 법인세법 시행규칙 제50조의3 및 구 소득세법 시행규칙 제65조의3에 근거하여 세무조정반 지정신청을 하였으나 관할 지방국세청장이 '법무법인'은 조정반 지정대상에 포함되지 않는다는 이유로 거부처분을 한 사안에서, 무효인 시행령 및 시행규칙에 근거한 거부처분이 무효라고 판시하고 있다(대법원 2015. 8. 20. 선고 2012두23808 전원합의체 판결). 다만, 대법원은 "무효인 시행령 조항의 위임에 따른 시행규칙이 무효"라고 판시하고 있으나, 이러한 논증은 법리적으로 타당하지 않다. 기본권의 본질적 사항을 법률로 정해야 하나 모법에 아무런 규정을 두지 않았고, 모법의 위임조항 없이 제정된 시행령 및 시행규칙은 법률유보원칙(의회유보원칙)을 위반하여 무효라고 판단하면 충분하다. 이와 유사한 사건인 화물자동차운행정지처분취소 사건에서 대법원은 "앞서 본 '많은'의 문언적 의미를 비롯하여 구 화물자동차법의 입법 목적, 규정 내용, 규정 체계 등을 종합하면, 구 화물자동차법 시행령 제6조 제1항 [별표 1] 제12호 (가)목에 규정된 '2인 이하가 중상을 입은 때' 중 '1인이 중상을 입은 때' 부분은 모법인 구 화물자동차법 제19조 제1항 및 제2항의 위임범위를 벗어난 것으로서

총리령이나 부령에 대하여 대통령은 해당 총리령이나 부령의 폐지를 명하거나, 그러한 내용을 담은 대통령령을 제정할 수 있다. 특히 대통령은 국무총리와 중앙행정기관의 장의 명령이나 처분이 위법 또는 부당하다고 인정되면 행정감독권을 행사하여 이를 중지 또는 취소할 수 있다(정부조직법 제10조 제2항 참조).

한편, 행정심판위원회는 대통령을 제외한 행정청의 처분이나 부작위를 대상으로 하므로 행정입법에 대하여 직접적 통제를 할 수 없다. 다만, 중앙행정심판위원회는 처분이나 부작위에 대한 행정심판을 함에 있어서 그 근거가 되는 명령이 법령에 근거가 없거나 상위 법령에 위배되거나 국민에게 과도한 부담을 주는 등 크게 불합리한 때에 관계 행정기관에 그 명령 등의 개정이나 폐지 등 적절한 是正措置를 요청할 수 있다(행정심판법 제59조 제1항). 이 경우 관계 행정기관은 정당한 사유가 없으면 이에 따라야 한다는 점에서 사실상 강제성을 가진다(같은 조 제2항 참조). 여기에서 '정당한 사유'가 무엇인지는 명확하지 않은데, 엄격히 해석해야 한다는 견해가 유력하다.[11] 정당한 사유는 대체로 법령의 근거 제시, 합헌성 내지 상위법령에의 일치, 국민에게 부담을 주는 규제의 공익적 필요성 등이 될 것이다. 또한 행정입법에 대한 중앙행정심판위원회의 개선요구는 사실상 강제성을 가지며, 행정입법에 대한 주위적 규범통제가 보장되지 않는 상황에서 행정부의 자율적 통제에 실질적으로 기여할 수 있다. 한편, 2016. 3. 29. 개정을 통해 행정심판법 제59조 제1항 단서조항에 "이 경우 중앙행정심판위원회는 시정조치를 요청한 사실을 법제처장에게 통보하여야 한다"라는 규정을 추가하였다. 추가된 단서조항에 대해 개정이유가 명확히 설시되어 있지 않다. 다만, 행정심판위원회 운영의 전문성과 효율성을 제고하기 위해 위원의

무효이다"라고 판시하고 있다(대법원 2012. 12. 20. 선고 2011두30878 전원합의체 판결 참조). 위 2012두238089 판결에서 "시행령의 위임 범위를 벗어난 시행규칙"의 문제로 다룬 점은 주목되나, 당해 사안의 핵심은 법률유보의 원칙에 비추어 "법률과 시행규칙의 관계"이다.

11) 홍정선, 행정법원론(상), 2015, 886면.

증원과 더불어 제도의 운영상 문제점을 개선·보완하기 위한 것이라고만 밝히고 있다. 불합리한 법령 개선과 관련하여 시정조치를 요청한 사실을 행정부 내의 법제총괄기관인 법제처에 알려주는 것은 매우 적절하고도 필요한 일이다(정부조직법 제23조 제1항 참조).

그 밖에 국민권익위원회도 부패방지와 관련하여 法規命令의 改善을 권고할 수 있다. 즉 국민권익위원회는 "법률·대통령령·총리령·부령 및 그 위임에 따른 훈령·예규·고시·공고와 조례·규칙의 부패유발요인을 분석·검토하여 그 법령 등의 소관 기관의 장에게 그 개선을 위하여 필요한 사항을 권고"할 수 있다(부패방지 및 국민권익위원회의 설치와 운영에 관한 법률 제28조 제1항). 이러한 부패유발요인에 대한 분석·검토(부패영향평가)는 부패유발의 가능성, 법령 등 준수의 용이성, 행정절차의 투명성, 그 밖에 부패유발 가능성의 존재 여부를 평가한다(부패방지 및 국민권익위원회의 설치와 운영에 관한 법률 시행령 제30조 제1항). 국민권익위원회의 부패영향평가는 법제처의 법령심사와 다소 중첩적일 수 있다. 그러나 국민권익위원회는 부패영향평가를 통해 법령의 수정이나 철회보다는 개선권고를 할 수 있는 반면, 법제처의 법령심사는 실질적 심사를 통해 법령의 직접적인 수정요구를 할 수 있다는 점에서 차이가 있다. 다만, 위에서 설시한 행정내부의 통제는 계층제로 구성된 행정조직의 특성에 비추어 인사조치(해임), 중지·취소 등 내부적으로 조정이 될 가능성이 높다. 실제로 문제가 되는 중요한 사안은 대부분 사법적 통제를 통해 해결될 것이다. 따라서 행정입법에 대한 행정내부의 통제와 관련하여 보다 중요한 의미를 가지는 것은 입안과정에서의 통제이다. 더불어 행정청이 구체적 사안에서 위헌·위법의 의심이 있는 법규명령을 심사하고 그 적용을 배제할 수 있는지가 문제된다.

2. 行政立法 立案過程에서의 統制

행정내부의 통제에 있어서 중요한 의미를 가지는 것은 법규명령 입안과정에서의 통제이다. 우리나라에서 대통령령은 관계 부처의 입안 → 관계기관의 협의 → 당정협의 → 행정상 입법예고→ 행정규제기본법에 따른 규제심사 → 법제처의 심사 → 차관회의와 국무회의의 심의 → 대통령의 재가 → 공포의 절차를 거쳐 제정된다. 총리령과 부령의 입안과정에서는 차관회의와 국무회의 심의, 대통령 재가 등의 과정이 생략된다. 학설은 이를 "절차적 통제"라고 부르기도 하나, 엄밀히 말하면 '행정절차'에 대한 통제가 아니라 '입안절차'에서의 통제를 의미한다. 이 가운데에서 대표적인 절차적 통제수단은 행정상 입법예고제도이다. 우선 법령 등을 제정·개정 또는 폐지하려는 경우에는 관보·공보나 인터넷·신문·방송 등을 통하여 '입법예고'를 하여야 한다(행정절차법 제41조, 제42조 참조). 다만, 행정절차법에는 국회법과 달리 '대통령령'을 입법예고하는 경우에만 국회 소관 상임위원회에 이를 제출하도록 규정하고 있다(행정절차법 제42조 제2항). 이해관계와 상관없이 누구든지 예고된 입법안에 대해 의견을 제출할 수 있으며, 의견이 제출된 경우에 특별한 사유가 없으면 이를 존중하여 처리하여야 할 뿐 아니라 의견을 제출한 자에게 그 제출된 의견의 처리결과를 통지하여야 한다(행정절차법 제44조 제1항).[12] 다만, 행정상 입법예고제도는 행정입법 입안과정에서 매우 중요한 의견수렴제도이지만, 행정내부의 통제라기보다는 의견수렴을 통한 '국민'에 의한 통제라고 보아야 한다.[13]

---

12) 한편, 미국에서는 免除的 규칙제정, 正式的 규칙제정, 非正式的 규칙제정, 혼합적 규칙제정 등 다양한 규칙제정절차(rulemaking procedure)가 보장되어 있다. 이 가운데에서 비정식적 규칙제정(informal rulemaking) 절차에서는 통지나 의견제출 등 이해관계인의 참여를 보장하고 있고, 행정청은 공중의 의견을 고려한 후 최종 규칙(final rules)을 발령할 경우 간략한 제정이유와 목적을 담은 제정이유서를 첨부해야 한다(5 U.S.C. § 553 (c)). 그 밖에 미국에서는 1990년 규제되는 섹터, 이익단체 및 행정청 사이에 의사소통이나 협력을 중시하는 協商에 의한 規則制定節次(Negotiated Rule-making)가 도입되어 있다(5 U.S.C. §§ 561~570). 이에 대해서는 Jeffrey S. Lubber, A Guide to Federal Agency Rulemaking 37-52 (3rd ed. 1998); Alfred C. Aman, Jr. & William T. Mayton, Administrative Law 46-48 (2nd ed. 2001). 美國의 行政立法節次에 관해서는 이미 방대한 선행연구가 축적되어 있다. 이에 대한 상세한 문헌 및 최근논의는 배병호, "미국 연방 행정입법절차에 관한 일고", 공법연구 제44집 제1호 (2015. 10), 547-579면 참조.

13) 박윤흔, 최신행정법강의(상), 2004, 241면.

한편, 법령안 주관기관의 장은 입안의 초기단계부터 관계기관간의 협의를 한다. 또한 재정적 부담이 수반되는 법률안 또는 대통령령안을 입안할 때에는 총리령으로 정하는 바에 따라 예상되는 재정소요비용에 관한 推計書를 작성하여 국무회의 상정안에 첨부하여야 한다(법제업무 운영규정 제11조 제1항 및 제3항). 법령안에 대해 법리적으로 異見이 발생하여 입법이 지연되는 경우에는 '정부입법정책협의회'에 상정될 수 있다(법제업무 운영규정 제11조의3). 정부입법정책협의회의 의장은 법제처차장이며, 위원은 기획재정부, 법무부, 행정자치부, 국무조정실, 공정거래위원회 및 법제처 소속의 고위공무원단에 속하는 일반직공무원(이에 상당하는 특정직·별정직공무원을 포함한다. 이하 이 조에서 같다), 그리고 법령안 주관기관, 의원발의법률안 소관기관 및 관계 기관 소속의 고위공무원단에 속하는 일반직공무원으로 구성된다(법제업무 운영규정 제12조의2 제3항 및 제4항).

법제적인 측면에서 행정입법에 대한 실질적 통제는 '법제처'가 담당한다. 법제처는 정부의 법제 업무를 총괄하는 기능을 수행하고 있으며, 법제처장은 정부에서 추진하는 법령안의 입법계획을 총괄·조정하고 있다(법제업무 운영규정 제4조). 각부 장관 및 대통령 또는 국무총리 소속의 법령안 주관기관의 장은 법령안에 관하여 소정의 입법절차를 거친 후 법제처장에게 그 법령안의 심사를 요청하여야 한다(법제업무 운영규정 제21조). 이 경우 법제처의 심사는 형식적 요건에 관한 심사뿐만 아니라 실질적 내용에 관한 심사를 한다. 즉 관계기관의 장과의 협의, 입법예고절차 또는 규제심사 등 입안절차를 거치지 아니한 경우뿐만 아니라, 헌법에 위반될 소지가 있거나 법리적으로 명백한 문제가 있다고 인정되는 법령안에 대해서도 심사를 한다(법제업무 운영규정 제21조 제4항 제1호, 제3호 참조). 그러나 법률안의 입안과 심사는 구분되어 있고, 법제처의 심사는 대체로 법령입안이 상당한 진행된 이후에 이루어지는 사후적 심사이다. 따라서 입법의 배경을 상세히 파악하기가 쉽지 않은 측면이 있고, 부처 간에 견해차이가 생기는 경우에는 실제 입법이

지연되고 있다. 또한 부처 간의 갈등이 심한 법령의 경우에는 '의원입법'의 형식으로 제출되기도 한다. 그리고 각 부처에서 법령입안을 담당하는 공무원들은 대부분 법제전문가가 아니고 일반 행정을 담당하면서 순환 보직의 형태로 담당하고 있다. 최근 법령 등의 명칭이 자주 변경되거나 조문의 구조나 순서 등을 빈번히 수정하는 경우가 적지 않은데, 법령 등의 입안의 단계에서 보다 신중한 접근이 필요하다. 따라서 입법절차의 전문성과 효율성을 제고하기 위한 제도적 개선방안이 마련될 필요가 있다. 이와 관련하여 법제처는 사법입법지원이나 법적 자문 등 법제지원과 법제교육을 강화하고 있다(법제업무 운영규정 제29조 및 제29조의2).[14] 그러나 선진법제를 위해 시급한 것은 우수한 법제전문가를 체계적으로 양성하는 것이다. 이와 관련하여 독일에서는 연방각부의 법률안이 제출되면, 연방법무부가 법체계나 법형식의 관점에서 이를 심사하고,[15] 프랑스에서는 국참사원(Conseil d'État)이 법률명령(ordonnance)이나 정령(décret) 등을 심사하고 있다. 독일 · 프랑스를 비롯한 주요선진국에서는 대부분 우수한 법률(법제)전문가들이 행정입법의 입안뿐만 아니라 심사에 참여하고 있다. 한편, 독일 연방정부는 2000년 7월 26일 법규명령에 대한 절차적 통제를 강화하기 위해 聯邦行政各部共通事務規程(GGO; Gemeinsame Geschäftsordnung der Bundesministerien)을 제정하여 운영 중이다. 이 규정은 1999년에 행정개혁의 일환으로 도입되었는데, 행정규정의 간소화, 불필요한 법령의 축소 및 행정의 투명성 등을 특징으로 하고 있다.[16] 연방행정각부공통사무규정에는 법규명령의 제정절차와 관련하여 연방참의원의 법규명령 발의, 연방참의원의 동의가 필요한 법규명령의 제출 등에 대해 상세히 규정하고 있다(독일 연방

14) 사전입법지원을 통해 행정입법을 통제하는 것이 효과적이라는 견해로는 한상우, "행정입법에 대한 법제처의 통제", 행정법학 제5호(2013. 9), 97면.

15) 심사조직은 6개의 국으로 구성되어 있고, 제1국은 민사법, 제2국은 형사법, 제3국은 상사법 및 경제법, 제4국은 공법(헌법, 행정법, 유럽법 및 국제법), Z국은 연방법무부의 법무행정, 그리고 R국은 사법절차, 법원의 행정 등에 관한 사무 등을 담당한다.

16) 이에 대해서는 졸고, "독일의 행정입법 통제", 유럽헌법연구 제5호(2009. 6), 155-157면 참조.

행정각부공통사무규정 제63조 및 제64조). 이와 같이 연방참의원의 동의권 유보를 전제로 한 법규명령의 변경, 연방참사원의 동의 등을 절차적 통제에 반영하고 있다.

그 밖에 중앙행정기관의 장은 규제를 신설하거나 강화하려면 규제개혁위원회에 심사를 요청하여야 하는데, 법령안에 대하여는 법제처장에게 법령안 심사를 요청하기 전에 하여야 한다(행정규제기본법 제10조 제1항). 또한 중앙행정기관의 장은 법제처장에게 신설되거나 강화되는 규제를 포함하는 법령안의 심사를 요청할 때에는 그 규제에 대한 규제개혁위원회의 심사의견을 첨부하도록 하고 있다(행정규제기본법 제16조 제2항). 이와 관련하여 미국에서는 예산관리처(OMB)에 소속된 정보규제국(OIRA; Office of Information and Regulatory Affairs)이 규제개혁과 관련하여 행정입법을 총괄적으로 심사하고 있다.

3. 行政內部의 規範統制와 規範의 適用排除權

행정권이 법규명령에 대하여 심사권을 가지는지, 그리고 위헌·위법인 법규명령의 적용을 배제할 수 있는지가 문제된다. 독일에서는 규범의 심사권 및 적용배제는 본래 司法의 영역에 속하나, 행정도 이러한 권한을 가질 수 있는지가 논의되고 있다. 이러한 규범의 심사권은 행정내부의 규범통제(verwaltungsinterne Normenkontrolle)로 이해되고 있다.[17] 행정은 법률에 따라 집행할 의무를 지므로, 그 준거가 되는 법률적 근거를 조사하고 고려해야 한다. 따라서 행정의 규범심사권은 대체로 인정된다고 보고 있다.[18] 오히려 문제가 되는 것은 행정에 의한 규범의 적용배제권이 허용되는지 여부이다. 일반적으로 위헌이나 위법이 명백하지 않는 경우에 행정청은 해당 법규를 그대로 적용해야 하나, 해당 법규가 위법하여 무효라고 인식되는 경우에 이에 대한 집행을 제외

17) Wolff/Bachof/Stober, Verwaltungsrecht I, § 28 Rn. 20.
18) 이에 대해서는 P. Gril, Normprüfungs- und Normverwerfungskompetenz der Verwaltung, JuS 2000, S. 1081.

해야 하거나 제외할 수 있는지가 문제된다. 행정에 의한 규범의 적용배제권의 허용 여부에 대하여 견해가 대립하고 있다.[19] 이와 관련하여 행정에는 원칙적으로 규범의 적용배제를 결정하는 권한이 없으므로 헌법 제93조 제1항 제2문이나 행정법원법 제47조의 규범통제에 의한 사법적 판단에 맡겨야 한다고 보는 견해가 있다.[20] 그러나 독일 연방헌법재판소는 행정에 의한 규범의 적용배제권을 제한적으로 인정하고 있다. 즉 연방헌법재판소가 동일하거나 유사한 사건에서 이미 위헌·무효라고 결정되어 해당 법규가 위헌의 의심이 명백한 경우에 행정은 해당 법규를 적용해서는 아니 된다는 것이다.[21] 이러한 제한된 경우에 한하여 행정에 의한 규범의 적용배제권이 인정된다. 그리고 개별 사건에서 구체적으로 문제가 되는 규범의 적용을 배제하는 소위 "부수적 적용배제권(inzidente Verwerfungskompetenz)"의 허용여부에 대해서도 견해가 대립하고 있다.[22] 이에 대해 종래 헌법체계의 이유를 근거로 부정적으로 해석하는 견해가 있었다.[23] 이와 달리 법률과 구별하여 적어도 법규명령에 대해서는 규범의 적용배제권이 인정된다고 보는 견해가 유력하다.[24] 그 밖에 조례의 적용배제권에 대해서도 논의되고 있다. 예컨대 건축감독청이 도시계획조례의 하자를 인식한 경우에 그 조례를 적용하지 않을 수 있는지가 그러하다. 조례의 적용배제권은 권력분립원칙이나 법치국가원리와 관련된 법적 안정성 및 평등원칙 등을 근거로 원칙적으로 부정적으로 보면서도 이미 판례에 의해 동일한 사안이 확정된 경우와 같이 매우 제한된 경우에 한하여 예외적으로 허용된다고 보고 있다.[25]

---

19) 이에 대해서는 Gril, a.a.O., S. 1081 f.
20) Gril, a.a.O., S. 1085.
21) BVerfGE 12, 186 f.
22) 이에 대한 상세는 졸고, "독일의 행정입법 통제", 158-159면 참조.
23) Wolff/Bachof/Stober, Verwaltungsrecht I, § 28 Rn. 21.
24) Ossenbühl, in: Isensee/Kirchhof (Hrsg.), Handbuch des Staatsrechts, Bd. V, 2007, § 103 Rn. 80.
25) Th. Schröer, Normverwerfungskompetenz der Bauaufsicht, NZBau 2007, S. 630

한편, 우리나라에서는 원칙적으로 구체적 규범통제만 인정되고 있는데, 부수적 심사를 통해 위헌·위법으로 판단된 법규명령의 효력에 대해 견해의 대립이 있다. 이에 대해 판례는 위법이라고 판단된 법규명령이 당해 사건에 대해서만 적용되지 않는다고 보고 있다. 즉 "당사자는 구체적 사건의 심판을 위한 선결문제로서 행정입법의 위법성을 주장하여 법원에 대하여 당해 사건에 대한 적용 여부의 판단을 구할 수 있다"고 판시하고 있다.[26] 행정의 법률에의 기속, 권력분립원칙, 법치국가원리 등에 비추어 행정에 의한 규범의 적용배제권은 원칙적으로 인정되기 어렵다. 그러나 법률하위규범(법규명령, 조례)의 경우에는 규범의 적용배제권을 제한적으로 인정할 필요가 있다. 동일한 사안과 관련된 법규명령이나 조례에 대해 이미 헌법재판소가 위헌결정을 내린 경우에는 이를 적용해서는 아니 되며, 부수적 규범통제를 통해 법원이 위법·무효라고 판결한 때에는 예외적으로 규범의 적용배제권이 인정될 수 있다. 부수적 심사에서 위법·무효로 판단된 법규명령은 당해 사건에 대해서만 적용되지 않을 뿐 형식적으로 여전히 유효한 상태라고 볼 수 있다. 따라서 다른 구체적 사건에서 행정기관이 집행을 함에 있어서 해당 법규명령의 적용을 배제해야 할 현실적 필요성이 있다. 이러한 범위 내에서 행정에 의한 규범의 적용배제권은 행정입법에 대해 내부적 통제의 기능을 수행한다고 볼 수 있다.

Ⅲ. 行政立法에 대한 國會의 統制

1. 委任의 法理와 派生的 法制定으로서의 法規命令

위헌·위법인 행정입법의 제정에 대한 국회의 정치적 통제수단으로는 국정감사·조사, 국무총리 또는 국무위원의 해임건의 등을 고려할

ff. (631).

26) 대법원 1994. 4. 26.자 93부32 결정.

수 있다. 이러한 방식은 매우 우회적이고 간접적인 통제방식이다. 직접적 통제수단에 관한 외국의 사례로는 미국의 입법적 거부(legislative veto)[27]나 영국의 의회제출절차(laying process),[28] 그리고 독일의 동의권유보(Zustimmungsvorbehalt)[29] 등이 있다. 우리나라에서는 직접적인 입법적 통제수단이 충분히 보장되어 있지 않다. 다만, 국회법 제98조의 2 제1항에서는 행정입법(훈령·예규·고시 등 포함)을 제정·개정 또는 폐지하는 경우에 소관 중앙행정기관의 장이 국회의 소관 상임위원회에 10일 이내에 제출하도록 규정하고 있을 뿐이다. 또한 상임위원회는 법규명령(대통령령·총리령 및 부령)이 법률의 취지 또는 내용에 합치되지 아니하다고 판단되는 경우에는 소관 중앙행정기관의 장에게 그 내용을 통보할 수 있도록 하고 있다(동조 제3항). 그러나 국회가 법률 외에 위임입법의 실질적 내용을 심사한다는 것은 현실적으로 쉽지 않다. 또한 집행부가 위헌·위법인 하위법령을 제정할 경우에 여소야대의 상황에서는 새로운 법률의 제정을 통제할 수 있으나, 집권당이 다수당인 경우

27) 미국에서는 1983년 소위 "차다 판결(Immigration and Naturalization Service v. Chadha)"에 의해 의회(특히 一院)에 의한 입법적 거부가 兩院制에 위배되어 위헌으로 결정되었으나(462 U.S. 919 (1983)), 1996년에 行政立法에 대한 議會審査制度(Congressional Review of Agency Rulemaking)가 도입되었다(5 U.S.C. §§ 801-808). 이에 의하면 행정청은 입안된 규칙(행정입법)의 기초가 되는 정보를 하원과 감사원장(comptroller General)에게 제출하는데, 이러한 정보에는 비용편익분석이나 경우에 따라서는 규제유연분석(regulatory flexibility analysis) 등이 포함되어야 한다. 또한 공동결의(joint resolution)의 형식으로 議會의 不承認節次(congressional disapproval procedure)가 보장되어 있다. 이에 대해 대통령은 의회의 공동결의에 대해 거부권을 행사할 수 있고, 이러한 대통령의 거부권 행사를 무효로 할 수 있는 기회가 의회에도 보장되어 있다. 이에 대해서는 Alfred C. Aman, Jr. & William T. Mayton, Administrative Law supra, at 593-595, 627; 김대현, "행정입법에 대한 의회통제에 관한 연구: 미국의 경우를 중심으로", 중앙대학교 법학박사학위논문, 2010, 101면 이하 참조.

28) 한편, 영국의 의회제출절차는 대체로 3가지 방식으로 한다. 첫째, 단순히 종속입법(subordinate legislation)을 의회에 제출하고 입법의 내용을 알리는 방식이다. 둘째, 의회의 적극적인 통제조치가 필요한데, 각 의회가 積極的 議決(affirmative resolution)을 해야 하는 방식이다. 마지막으로 의회가 否定的 議決節次(negative resolution procedure)를 진행하는 방식이다. 이 경우 위임입법의 제출 후 40일 이내에 이를 폐기할 수 있다. 이에 대해서는 Paul Craig, Administrative Law, 7th ed. (Sweet& Maxwell 2012), pp. 440-441.

29) 이에 관한 상세는 졸고, "독일의 행정입법 통제", 168-170면 참조.

에는 행정입법을 통제하는 것은 매우 어렵다. 이러한 입법적 통제의 문제를 이해하기 위해서는 '법률'과 '행정입법(법규명령)'의 관계를 먼저 검토할 필요가 있다.

독일에서는 전통적으로 행정입법을 실질적 의미의 법률로 이해하고, 형식적 의미의 '법률'과의 관계에서 접근하는 것이 일반적이었다. 그러한 의미에서 법규명령은 종래 '파생적 법제정(abgeleitete Rechtsetzung)'으로 이해되었다.[30] 이러한 접근방식에 의하면, 법률과 행정입법의 갈등·충돌의 문제는 위임의 법리와 행정의 법률적합성 원칙 등을 통해 견제와 통제를 하였다. 위임의 법리와 관련하여 헌법재판소와 법원은 대체로 헌법 제75조 및 제95조를 근거로 포괄위임금지원칙 내지 명확성원칙, 법률유보의 원칙 등을 통해 사법적 통제를 하여 왔다. 헌법재판소는 이러한 사법심사와 관련하여 주로 '예견가능성'의 공식을 적용하여 왔다.[31] 대법원도 대체로 동일한 입장이다. 즉 "당해 법률이나 상위명령으로부터 위임명령에 규정될 내용의 대강을 예측할 수 있어야" 한다고 보아 예견가능성의 공식을 적용하고 있다. 다만, 그 판단기준에 대해서는 "법률이나 상위명령의 전반적인 체계나 취지·목적, 당해 위임조항의 규정 형식과 내용 및 관련 법규를 유기적·체계적으로 종합적으로 판단하여야" 한다고 판시하고 있을 뿐이다.[32] 대법원은 건축불허가처분취소사건[33]에서도 종전의 판례와 동일한 입장을 취하고 있다. 이 사건에서 원고(甲 축산업협동조합)는 郡道로부터 100m 이내 지역에 위치한 축사의 건축에 대한 불허가처분을 다투고 있다. 이 불허가처분은 가축분뇨의 관리 및 이용에 관한 법률 제8조 제1항, 군위군 가축사육 제한에 관한 조례 제3조, 군위군 가축사육 제한지역 지정 고시에 근

30) Hill, in: Hoffmann-Riem/Schmidt-Aßmann/Voßkuhle (Hrsg.), GVwR II, § 34 Rn. 18.
31) 헌재 1991. 7. 8. 91헌가4; 헌재 2002. 6. 27. 2000헌가10 등; 헌재 2015. 5. 28. 2013헌가6.
32) 대법원 2002. 8. 23. 선고 2001누5651 판결.
33) 대법원 2015. 1. 15. 선고 2013두14238 판결.

거한 것이다. 대법원은 "이 사건 고시 조항은 상위법령의 위임한계를 벗어나거나 과잉금지원칙에 위배되어 법규적 효력을 인정할 수 없다"고 판시하고 있다. 이 사건 '고시' 조항이 기본권 제한과 관련하여 과잉금지의 원칙에 위배된다는 점을 검토하고 있으나, 헌법소원의 심사와는 구별할 필요가 있으며 이를 이유로 고시의 법규적 효력을 인정할 수 없다고 논증한 것은 이해하기 어렵다. 또한 주민의 권리제한 또는 의무부과에 관한 사항을 법률로부터 위임받은 후 다시 지방자치단체장이 정하는 규칙이나 고시 등에 재위임하는 경우에도 위임명령의 법리가 적용된다고 밝히고 있다. 이 사건에서 문제가 된 것은 고시('군위군 가축사육 제한지역 지정 고시')에 '군위군 가축사육제한에 관한 조례'의 재위임이 허용되는지 여부이다. 다만, 판례가 이러한 지방자치단체의 장(군수)이 정한 고시를 '법령보충적 행정규칙'의 법리로 이해하면서, '재위임'의 법리를 통해 가축 사육제한과 같은 기본권을 제한하는 규정을 두는 것을 허용하는 것은 이해하기 어렵다. 해당 조례에서는 가축사육제한에 관하여 군수가 가축사육이 금지되는 일정한 지역을 미리 지정하여 고시하도록 규정하고 있다(제3조 제1항 참조). 이에 따라 군수는 가축사육이 금지되는 지역을 일반처분의 형식으로 고시하면 충분하였는데, 조례에 없는 법규적 사항을 고시에 규율하고 있다.[34] 지방자치단체장의 고시에 대해서도 위임의 법리를 확대하는 것은 지나친 감이 있다.[35]

한편, 독일 연방헌법재판소는 예견가능성공식(Vorhersehbarkeitsformel) 외에도 자기결정공식(Selbstentscheidungsformel)이나 프로그램공식(Programmformel) 등의 법리를 다양하게 적용하고 있다. 특히 자

34) 이 사건 '군위군 가축사육 제한지역 지정 고시'(2011. 4. 27. 군위군 고시 제2011-10호) 제4조 제3호는 "도로(고속국도, 일반국도, 지방도, 군도)나 철도, 농어촌도로 경계선으로부터 가축사육시설 건축물 외벽까지 직선거리 200m 이내 지역(단, 한우는 100m 이내 지역)"을 가축사육 제한지역의 하나로 정하고 있다.

35) 이러한 문제점에 대해서는 졸고, "행정법학의 구조변화와 행정판례의 과제", 한국행정법학회 연합학술대회(2016. 4. 15), 발표문, 251면 참조.

기결정공식의 경우에는 법규명령에 규율할 사항을 입법자 스스로 결정해야 하는데, 이 경우 법률유보의 원칙(본질사항유보설)이 매우 중요한 의미를 가진다.[36] 위임입법에 있어서 '구체성'과 '명확성'의 정도는 규율대상에 따라 다양하다. 예컨대 조세행정이나 형벌규정의 경우에는 조세법률주의나 죄형법정주의의 관점에서 명확성의 강도가 높지만, 조례나 급부행정의 경우에는 완화될 수 있다. 따라서 직업의 자유, 재산권 등 기본권 침해와 관련된 위임입법의 경우에는 보다 더 명확하게 규율될 필요가 있으며, 위임입법이 수권의 한계를 유월하는 경우에는 입법과 행정의 갈등이 고조될 수 있다. 사법적 통제뿐만 아니라 입법적 통제의 필요성은 이러한 경우에 문제가 될 수 있다.

그 밖에 국회법 제98조의2 제1항에는 법규명령의 제정·개정 또는 폐지의 경우에 국회 소관 상임위원회에 제출된 사항에 대해 소관 상임위원회가 중앙행정기관의 장에게 통보할 수 있을 뿐, 행정입법의 부작위에 대한 국회의 통제수단은 전혀 마련되어 있지 않다. 즉 법률이 명백히 위임한 사항에 대하여 법규명령이 제정되지 아니하거나 법규명령이 불충분하게 제정된 경우에 대한 입법적 통제수단은 전혀 규정되어 있지 있다. 행정입법부작위에 대해서는 헌법소원[37]이나 국가배상[38] 등에 의한 사법적 통제만 이루어지고 있을 뿐이다. 법률에서 위임한 사항에 대해 법규명령을 전혀 제정하지 아니하거나 개정하지 않는 경우뿐만 아니라, 입법의 목적·취지 등에 부합하지 않는 행정입법을 제정하는 경우에 대하여도 국회의 통제가 필요하다.

---

36) 이에 대해서는 졸고, "명확성원칙의 판단기준과 사법심사의 한계", 법조 통권 제624호(2008. 9), 121-122면.

37) 헌재 1998. 7. 16. 96헌마246, 판례집 10-2, 283-311.

38) 대법원은 법률이 군법무관 보수의 구체적 내용을 시행령에 위임하였음에도 불구하고 행정부가 정당한 이유 없이 시행령을 제정하지 않은 것이 불법행위에 해당한다고 판시한바 있다(대법원 2007. 11. 29. 선고 2006다3561 판결). 그러나 공익법무관의 경우에는 이를 부인하였다(대법원 2009. 4. 9. 선고 2006다45206 판결).

2. 非本質的 領域에서 始原的 命令制定權에 대한 批判

전술한 바와 같이 종전에는 법규명령을 '파생적 법제정'이라고 보는 견해가 지배적이었으나, 학설 중에는 기본권의 실현에 있어서 '非本質的인(unwesentliche)' 영역에서는 집행권의 '시원적인(orginäre)' 명령제정권이 인정된다고 보는 견해가 있다.[39] 독일기본법 제80조 제1조 제2문에는 법규명령의 제정과 관련하여, 법률에 규정된 授權의 내용, 목적 및 범위가 명확하여야 한다고 규정하고 있다. 이 규정은 明確性原則(Bestimmtheitsgebot)을 규정한 것으로 이해하고 있으며, 독일기본법 제80조 제1항 제2문의 규정은 입법자에 의한 명시적인 수권이 없는 경우에 집행부의 법제정이 허용되지 않는다고 보고 있다.[40] 이를 소위 '遮斷效(Sperrwirkung)'라고 부른다. 입법자는 법률유보(의회유보)의 원칙에 의해 본질적인 사항에 대해서는 직접 규율해야 하고, 이러한 위임금지(Delegationsverbot)를 위반하여 법규명령에 수권하는 것은 위헌·무효라고 보고 있다.[41] 그러나 독일의 일부학설은 이 규정에 법률유보의 범위뿐만 아니라 의회의 법제정(입법권) 독점에 관한 규정이 없다고 보고, 본질사항유보설(본질성설)에 따라 비본질적인 영역에서는 시원적이고 독립적 명령제정권이 있다고 주장하고 있다.[42] 그러나 슈미트 아스만(Schmidt-Aßmann) 교수는 이러한 견해가 법률에의 '기속'을 특징으로 하는 법규명령의 본질에 반하여 타당하지 않다고 지적하면서, 법규명령은 시원적 법제정이 아니라고 비판하고 있다.[43] 또 다른 견해도

---

39) 이에 대한 상세는 Ossenbühl, in: Isensee/Kirchhof (Hrsg), Handbuch des Staatsrechts, Bd. V, § 103 Rn. 19; Hill, in: Hoffmann-Riem/Schmidt-Aßmann/Voßkuhle (Hrsg.), GVwR II, § 34 Rn. 19, 24.

40) Hill, in: Hoffmann-Riem/Schmidt-Aßmann/Voßkuhle(Hrsg.), GVwR II, § 34 Rn. 24.

41) Maurer, a.a.O., § 13 Rn. 8.

42) 대표적으로 Ossenbühl, in: Isensee/Kirchhof (Hrsg), Handbuch des Staatsrechts, Bd. V, § 103 Rn. 19 참조.

43) Schmidt-Aßmann, Aufgaben und Perspektiven verwaltungsrechtlicher For-

비본질적인 영역에서 시원적 명령제정권이 있다는 주장은 법규명령에 법적 근거를 명시하도록 한 독일기본법 제80조 제1항 제3문에 비추어 타당하지 않다고 보고 있다.[44)]

한편, 우리 헌법 제75조에 규정된 대통령령에는 법규적 사항을 정할 수 있는 명령인 '위임명령' 외에도 단순히 법률을 집행하는 내용을 정하는 명령인 '집행명령'이 있다. 執行命令은 법률 또는 상위명령의 범위 내에서 그 상위법령의 시행에 관하여 절차나 형식 등 세부적인 사항을 규정한다.[45)] 그러나 위임명령과 집행명령의 구분이 실무상 항상 명확한 것은 아니다.[46)] 위임명령의 경우에 일반적이고 포괄적인 위임은 의회입법원칙을 위반하는 것이므로 허용되지 아니한다. 다만, 이러한 집행명령을 집행부의 독립적인 법규명령으로서 시원적 명령제정권에 의해 제정된 것으로 이해할 수 있는지가 문제된다. 이와 관련하여 판례는 구 사법시험령(2001. 3. 31. 대통령령 제17181호로 폐지되기 전의 것)을 사법연수생이라는 별정직 공무원의 임용절차를 집행하기 위한 집행명령의 일종으로 파악하고, 사법시험령 제15조 제2항에 규정된 과락제도가 새로운 법률사항을 정한 것이 아니라고 보았다.[47)] 여기에서 법원은 사법시험령 제15조 제2항이 모법의 수권이 없거나 집행명령의 한계를 일탈한 것이 아니라고 판시하였다. 학설도 근거 법률이 소멸하면 집행명령도 소멸하고, 그 내용에 변경이 생기면 그 범위 내에서 집행명령의 효력도 변경된다고 보고 있다.[48)] 생각건대 이러한 집행명령도 법률의 범

---

schung, S. 153.

44) Bülow, Gesetzgebung, in: Benda/Maihofer/Vogel (Hrsg.), Handbuch des Verfassungsrechts, 2. Aufl., § 30 Rn. 56.

45) 한편, 兪鎭午 박사는 집행명령을 "법률에서 위임을 받지 않고 법률을 시행하기 위하여 필요한 사항을 규정하는 명령"으로 해석하고, 위임명령과 달리 국민의 권리의무와 관한 사항을 정할 수 없다고 보고 있다. 또한 집행명령은 英美國家에는 존재하지 않으며 바이마르헌법 제77조 등에서 그 기원을 찾고 있다. 이에 대해서는 兪鎭午, 新稿 憲法解義, 一潮閣, 1953, 196면 참조.

46) 李尙圭, 신행정법론(상), 293면.

47) 대법원 2007. 1. 11. 선고 2004두10432 판결.

48) 김철수, 헌법학개론, 제17전정신판, 1317면.

위 내에서 법률을 집행하는 내용을 담고 있으며, 법률이 집행명령의 효력에 영향을 미친다는 점에서 집행명령도 법률에 기속되어 있다. 따라서 집행명령은 명령제정권자의 '시원적' 법제정으로 보기는 어렵다. 또한 헌법 제95조의 총리령 및 부령발급과 관련하여 '職權'이라는 표현을 사용하고 있는데, 이를 '職權命令'이라고 부르고 있다. 총리령・부령으로서의 직권명령이 국민의 권리의무사항에 관한 이른바 입법(법규)사항을 규정할 수 있느냐가 문제된다. 직권명령은 법률 또는 상위명령의 구체적・개별적 위임을 근거로 하는 것이 아니라 법령에 의한 소관 사무를 수행하기 위하여 직권으로 발하는 법규명령이라고 파악하면서, 여기에 獨立命令과 執行命令이 포함된다고 보는 견해가 있다.[49] 그러나 다수설은 '독립명령'을 법률대위적 성격을 가지는 법규명령으로 이해하고 있으며, 그 구체적 사례로는 대통령의 긴급재정・경제명령 및 긴급명령(헌법 제76조) 등이 있다.[50] 직권명령에서 독립명령을 제외하면 집행명령과 대체로 일치한다고 볼 수 있다. 생각건대 법률대위적 법규명령은 예외적인 경우에 대통령령을 통해서만 발령될 수 있고, 총리령이나 부령에는 이에 대한 명문의 규정이 없다. 오히려 이러한 직권명령은 소관사무와 관련하여 그 권한의 범위 내에서 법률 또는 대통령령을 집행하기 위하여 직권으로 발령되며 새로이 국민의 권리・의무에 관한 규정을 설치할 수 없다.[51] 이는 대통령령인 집행명령과 유사한 것으로 이해되며, 마찬가지로 시원적 명령제정권으로 보기 어렵다.

---

49) 李尙圭, 신행정법론(상), 신판, 291면.

50) 독일에서도 법률대위적 법규명령(gesetzesvertretende Rechtsverordnungen)은 법률우위의 원칙에 의해 원칙적으로 허용되지 아니하나, 헌법에서 법률의 우위를 깨뜨리는 내용을 직접 규정하는 경우에는 예외이다. 또한 법규명령을 통해 형식적 의미의 법률과 다른 내용을 규정하거나 새로운 내용을 규정하는 소위 '법률변경적 법규명령(gesetze-ändernde Rechtsverordnungen)'도 허용되지 아니한다(Lücke, in: Sachs (Hrsg), GG, Art. 80 Rn. 8).

51) 兪鎭午, 전게서, 239면.

3. 立法者에 의한 法規命令 變更權의 許容與否

최근 위임명령에 대한 국회의 수정요구권이 위헌인지 여부가 논란이 되었다. 국회법 개정안 제98조의2 제3항에서 "상임위원회는 대통령령·총리령·부령 등 행정입법이 법률의 취지 또는 내용에 합치되지 아니한다고 판단되는 경우에 중앙행정기관의 장에게 수정·변경을 요구할 수 있다"고 규정하고 있다. 또한 같은 조항의 제2문에서는 "이 경우 중앙행정기관의 장은 수정·변경 요구 받은 사항을 처리하고 그 결과를 소관 상임위원회에 보고하여야 한다"고 규정하고 있다. 국회법 개정안 제98조의2 제3항 제2문의 내용은 대체로 동일하게 규정하고 있으나, 동조 제3항 제1문에 규정된 소관 상임위원회의 수정·변경 요구권이 행정부의 권한을 침해하는지가 문제되었다. 여기에서 말하는 행정부의 '권한'을 입법권으로 이해하는 주장도 있었으나, 행정입법권으로 이해하는 것이 정확하다. 현행 국회법 제98조의2 제3항에서 단지 '통보'만을 규정하고 있는 것에 비하면 수정·변경 요구권을 규정한 개정안은 행정입법에 대해 보다 강화된 통제수단이라고 볼 수 있다.[52] 이와 관련하여 위헌론은 대체로 두 가지 주요한 논거로 압축될 수 있다. 첫째, 위헌론은 행정입법 수정요구권이 權力分立의 原則에 위배된다고 주장하고 있다. 예컨대 "개정법률안의 수정요구권도 법률이 행정입법의 우위에 있다는 명분으로 정부의 행정입법권한과 기능을 대체하는 것이어서 권력분립원칙에 위배된다",[53] "헌법이론상 권력분립의 원리에 위반된다",[54] "상임위원회의 요구가 구속력이 있는 경우 헌법상 권력분립의 원칙 및 헌법이 부여한 행정입법권 등을 침해하는 위헌의 소지가 큰

52) 2000년 국회법 개정논의에서도 소관 상임위원회가 소관 중앙행정기관의 장에게 '시정요구'를 하도록 규정하려고 하였으나, 본회의과정에 지금과 같이 '통보'로 변경된 바 있다. 이에 대한 상세는 임종훈, 한국입법과정론, 박영사, 2012, 322면. Schuppert, Governance und Rechtsetzung, 2011, S. 61.

53) 이인호, 전게논문, 216면.

54) 차기환, "헌법조항에 정면 위배되는 위헌", 憲政 통권 제397호(2015. 7), 34면.

제도로 보는 것이 타당하다"[55] 등의 견해가 그러하다. 둘째, 위헌론은 법원과 헌법재판소의 違憲·違法 審査權을 침해한다고 주장한다. 즉 "국회(상임위원회가)가 행정입법에 대해 사후적인 위헌성 판단권한을 행사하는 것은 법원과 헌법재판소의 위헌·위법심사권을 잠탈하는 것"[56]이라고 보는 견해, "국회가 모든 행정입법의 법률에의 저촉 여부를 심사하겠다고 하는 것이므로 사법부의 행정입법심사권을 명백하게 침해한 것이다"[57]라는 견해가 그러하다. 이에 대해 합헌론은 국회 상임위원회의 수정요구권이 "행정입법에 대한 국회의 직접적 통제제도 내지 미약한 관여유보제도를 도입한 것"으로서 권력분립의 원칙에 위배되거나 행정입법권을 침해한다고 보는 위헌론은 전혀 근거가 없다고 비판한다.[58] 또한 이 견해는 이러한 통제제도의 도입이 헌법 제107조 제2항에 규정된 법원의 사법심사권을 전혀 방해하지 않는다고 반론을 제기하고 있다.

한편, 독일에서는 1990년대 중반에 입법자에 의한 법규명령의 변경이 허용되는지가 논의되었다. 이러한 논의는 우리나라의 '수정요구권'에 관한 논의와 매우 유사하게 전개되었다. 독일 기본법 제80조 제2항에는 연방참의원(Bundesrat)의 동의권유보가 보장되어 있으나, 연방의회(Bundestag)의 동의권에 관한 규정은 없다. 그러나 연방의회도 법규명령의 제정에 대하여 '협력권(Mitwirkungsrecht)'을 가진다고 보고 있다. 유력설은 법규명령이 연방의회의 '협력권'에 구속되는 것이 권력분립원칙에 반하지 아니하며, 이러한 '협력권'은 동의권과 법규명령발의권 등을 망라할 뿐만 아니라 이의를 제기하거나 법규명령을 저지하는 것도 연방의회의 권한으로 보고 있다.[59] 또한 바이마르헌법에는 독일기본법 제80조와 같은 규정을 두고 있지 않았으나, 제국의회(Reichstag)의 협력권

55) 박균성, "행정입법에 대한 국회의 수정요구제도", 법률신문 제4326호(2015. 6. 15.), 11면.
56) 이인호, 전게논문, 218면.
57) 차기환, 앞의 글, 35면.
58) 방승주, "국회의 시행령수정·변경요구(청)권의 위헌여부", 공법연구 제44집 제2집(2015. 12), 1-29면, 21면.
59) Maunz, in: Maunz/Dürig, GG, Art. 80 Rn. 61.

으로 청문, 동의권, 유보조항을 규정한 법규명령 발의권 및 사후폐지권 등이 고려되고 있었다.60) 연방의회의 동의권은 대부분 개별 법률에서 직접 규정하는 경우가 적지 않다.61) 이와 관련하여 루프(Hans H. Rupp) 교수는 입법자가 법규명령을 제정하는 것은 허용될 수 없을 뿐만 아니라, 입법자에 의한 법규명령의 변경은 기본법상의 법제정시스템에 수용할 수 없는 異物(Fremdkörper)이라고 비판하고 있다.62) 또 다른 견해는 입법자는 연방의회이고, 명령제정권자는 연방정부라고 보아 양자를 구별하는 견해도 있다.63) 그러나 독일의 입법실무에 있어서는 형식적 의미의 법률에 의해 법규명령을 변경하는 일이 종종 있다. 예컨대 환경영향평가, 통합적 환경오염방지 등 환경보전에 관한 유럽공동체법의 준칙(Richtlinie)을 국내법으로 전환하기 위한 법률을 제정하면서, 국내의 법규명령을 변경하는 경우가 그러하다.64) 독일의 다수설은 입법자에 의한 법규명령의 변경에 대해 '법률의 우위(Vorrang des Gesetzes)'에 근거하여 긍정적으로 보고 있다.65) 즉 법률에 의한 법규명령 변경을 긍정하는 견해는 입법자의 법제정권한 위임을 "보존적 위임(konservierende Delegation)"으로 이해하고, 입법자가 법률로 직접 규율하거나 명령제정권을 직접 행사할 수 있다고 보고 있다.66) 이와 관련하여 독일 연방헌법재판소는 입법자는 변경유보에 근거하여 법규명령을

60) Grupp, Zur Mitwirkung des Bundestages bei dem Erlaß von Rechtsverordnungen, DVBl. 1974, S. 177 ff.

61) Schneider, Gesetzgebung, 3., neu bearbeitete und erweiterte Aufl., 2002, § 9 Rn. 253 ff.

62) Hans H. Rupp, Rechtsverordnungsbefugnis des Deutschen Bundestages?, NVwZ 1993, S. 758 f.

63) Conradi, Deutscher Bundestag und Rechtsverordnungen, NVwZ 1994, S. 977 f.

64) 이에 대해서는 Ch. Külpmann, Änderungen von Rechtsverordnungen durch den Gesetzgeber, NJW 2002, S. 3436. 2001년 전반기에 입법자는 16개의 법률에서 59개의 법규명령을 변경하였다고 한다.

65) Jekewitz, Deutscher Bundestag und Rechtsverordnungen, NVwZ 1994, S. 956 ff. (957); Lücke, in: Sachs (Hrsg), GG, Art. 80 Rn. 7; Bülow, in: Benda/Maihofer/Vogel (Hrsg.), a.a.O., § 30 Rn. 56; Uhle, Verordnungsänderung durch Gesetz und Gesetzesänderung durch Verordnung?, NVwZ 2001, S. 241. m.w.N.

66) Uhle, a.a.O.(Fn. 37), S. 241.

변경할 수 있으며, 이러한 변경은 형식적 입법절차에 의해야 한다고 결정하였다.67) 나아가 1958년에 의회의 統制留保(Kontrollvorbehalte)를 인정하는 원칙적 결정을 한 바 있고, 그 후에도 이러한 입장을 확인할 수 있다.68) 이와 같이 독일에서도 의회에 의한 법규명령 변경에 관하여 비판적 견해도 유력하게 제기되고 있으나, 실무상 이러한 의회의 법규명령 변경권을 허용하고 있다. 독일의 통설 및 판례의 입장도 이와 동일하다. 특히 바두라(Peter Badura) 교수는 명령제정권이 국민의 대표기관인 의회의 수권에 의해 이루어진 파생된 법제정으로서, 이러한 명령수권(Verordnungsermächtigung)이 있었다고 하여 법률에 의해 법규명령을 변경하는 것이 방해되지 않는다고 보고 있다.69)

생각건대 국회법 개정안 제98조의2 제3항에 규정된 수정·변경 요구권은 독일에서 논의되었던 의회에 의한 법규명령의 변경보다는 완화된 형태로 이해할 수 있으며, 이를 반드시 법적 구속력을 가진 것으로 해석할 이유는 없다. 실제 4·13 총선 후 야당은 위헌성이 제기되었던 역사교과서의 국정화 폐기를 내용으로 하는 초·중등교육법 개정안을 추진하겠다고 발표한 바 있는데, 이러한 경우도 법률에 의한 법규명령 변경에 해당한다고 볼 수 있다.70) 종래 다수설은 상위법령에서 해당 법

67) Voßkule/Wischmeyer, Grundwissen – Öffentliches Recht: Die Rechtsverordnung, S. 312.

68) BVerfGE 8, 274 (321); 24, 184 (199). 이러한 연방헌법재판소의 입장에 대한 비판으로는 A. Uhle, Verordnungsgeberische Entscheidungsmacht und parlamentarischer Kontrollvorbehalt, NVwZ 2002, S. 16 f.

69) Badura, Staatsrecht, 3. Aufl., S. 548.

70) 초·중등교육법 제29조 제2항에서는 "교과용 도서의 범위·저작·검정·인정·발행·공급·선정 및 가격 사정(査定) 등에 필요한 사항은 대통령령으로 정한다"고 규정하고 있고, 같은 법 시행령 제55조는 "교과용도서의 범위 등에 관하여 필요한 사항"은 다시 '대통령령'에 위임하고 있다. 이에 따라 제정된 교과용도서에 관한 규정(대통령령) 제4조에서는 국정도서를 "교육부장관이 정하여 고시하는 교과용도서"라고 규정하고 있다. 이러한 교육부장관의 고시에 의해 국정도서가 지정되면, 학교의 장은 고시된 국정도서를 사용하여야 한다(교과용도서에 관한 규정 제3조 제1항 참조). 즉 법률에서 국정교과서의 사용을 강행하는 규정이 없음에도 불구하고, 교육부장관의 고시에 의해 국정교과서의 사용을 강제하는 결과를 가져온다. 이러한 규정은 포괄위임금지의 원칙 내지 명확성원칙에 위배된다. 또한 교육의 자주성이나 교육기본권 등을 중대하게 제한하여 본질적인 내용을 침해하고 있다는 점에서 헌법 제37조 제2항을 위반하고 있다. 나아가 교

규명령의 폐지를 명시적으로 규정하거나, 또는 해당 법규명령과 상충하는 내용을 규정하는 경우에 묵시적인 폐지가 인정될 수 있다고 보았다.[71] 또한 개정안에서는 "수정・변경을 요구할 수 있다"라고만 규정하고 있을 뿐, 해당 중앙행정기관의 장이 이를 이행하거나 복종할 의무는 규정하고 있지 않다.[72] 다만, 중앙행정기관의 장은 국회로부터 수정・변경 요구 받은 사항에 대한 '처리'와 그 '결과'를 보고해야 할 의무는 부담한다. 물론 현실적으로는 국회(상임위원회)의 요구에 따라야 할 사실상의 구속력을 가질 수는 있으나, 소관 중앙행정기관의 장이 국회의 수정・변경 요구를 따르지 않더라도 해당 법규명령이 위헌・위법이라는 규정은 명시되어 있지도 않다. 이와 관련하여 '요구'라는 표현보다는 '요청'이라는 표현으로 바꾸는 대안이 제안된 바 있는데,[73] 국회의 수정・변경 요구권이 강제적 구속력으로 오해될 수 있는 소지를 상당히 완화한 것으로 볼 수 있다. 法律의 優位의 관점에서도 법규명령권이 수권법률의 범위를 벗어나거나 상위법률에 위반되는 경우에는 수정・변경의 요구를 하는 것이 헌법에 위반된다고 볼 수 없다. 또한 우리 헌법 제40조에는 입법권이 국회에 속하고 있음을 명시하고 있고, 헌법 제75조 및 제95조에서는 "법률에서 구체적으로 범위를 정하여", "소관사무에 관하여 법률이나 대통령령의 위임"에 의해 법규명령을 제정할 수

육부장관의 고시로 이러한 기본권의 본질적인 내용이 제한된다는 점에서 법률유보의 원칙에도 위배된다. 고시의 법적 성질에 대해서도 견해대립이 있을 수 있으나, 교과용도서에 관한 규정 제4조의 규정에 비추어 구체성과 명확성의 요건을 구비하고 있지 않다.

71) 김도창, 일반행정법론(상), 제4전정판, 317-318면; 이상규, 전게서(상), 314면; 박윤흔, 전게서(상), 231-232면.

72) 이와 관련하여 국회의 수정요구권을 입법절차의 종료 후에 소관 상임위원회를 통해서 행정입법의 효력을 무효로 할 수 있다고 보고, 미국 연방의회의 거부권과 유사하다고 보는 견해가 있다(박해영, "행정입법에 대한 국회 직접통제권 부여에 관한 헌법적 고찰", 헌법학연구 제21권 제3호 (2015. 9), 511면). 그러나 이러한 견해는 위에서 언급한 바와 같이 수정요구권에 대한 과도한 해석이며, 미국의 입법적 거부와 동일하다고 보기도 어렵다.

73) 박균성, 전게논문, 11면 참조. 2015년 6월 15일 정의화 국회의장도 '요구'를 '요청'으로 변경한 중재안을 마련하고 자구를 일부수정해서 정부에 이송하였다. 다만, 이에 대해 "법적으로 '요구'와 '요청'의 규범적 차이가 있는지는 사실 의문이다"라는 반론이 제기되고 있다(이인호, 전게논문, 209면).

있다고 규정하고 있다. 우리 헌법은 법률의 우위나 법률의 유보를 전제로 한 규범체계를 형성하고 있다. 이러한 규정에 비추어 국회의 수정요구권을 규정한 것이 법치국가원리나 권력분립원칙 등에 위배된다고 단정할 수 없다. 다만, 이러한 권한을 의회가 남용하는 것은 현실적으로 행정부(집행부)의 법제정권한을 중대하게 제한할 우려가 있다. 그러나 이러한 수정요구권을 거부하더라도 법원이나 헌법재판소는 여전히 이에 대한 사법심사권을 행사할 수 있다고 해석해야 한다. 법원은 시행령 또는 시행규칙에 대한 부수적 심사를 통해 사법적 통제를 할 수 있을 뿐만 아니라, 헌법재판소는 법규명령에 대한 헌법소원을 통해 우회적으로 행정입법을 통제할 수 있다. 나아가 경우에 따라서는 국회(상임위원회)와 정부(대통령, 행정각부의 장 등) 사이에 권한쟁의심판의 가능성도 열려 있다. 사견으로는 수정·변경 요구권의 남용을 방지하기 위해 그 요건을 보다 엄격히 하는 것도 고려해 볼 수 있다. 예컨대 수정·변경 요구권의 행사요건을 "헌법이나 법률에 (명백히) 위반되거나 위반될 우려가 큰 경우"로 다소 엄격히 규정하는 것이 그러하다. 국회법 제98조의2에 규정된, "행정입법이 법률의 취지 또는 내용에 합치되지 아니한다고 판단되는 경우"라는 요건은 다소 포괄적이다. 그러나 보다 바람직한 것은 의회와 행정법의 '협력'에 의해 법제정을 실현하는 것이다.

Ⅳ. 行政立法에 대한 司法的 統制

1. 問題의 所在 - 規範統制의 權限과 形式

법규명령에 대한 가장 강력한 통제수단은 사법적 통제이다. 규범통제의 방식에는 두 가지 유형이 있다. 즉 행정입법 그 자체를 대상으로 삼는 추상적 규범통제의 방식과 구체적 사건의 법적용을 함에 있어서 스스로 해당 법규범의 유효 여부를 심사하여 그 법적용을 배제하는 구체적 규범통제의 방식이 있다. 독일에서는 후자를 부수적 규범통제

(inzidente Normenkontrolle)라고 하고, 전자를 주위적 규범통제(prinzipale Normenkontrolle)라고 부르고 있다.

한편, 우리나라에는 법원과 헌법재판소가 병렬적으로 존재하고 있어, 규범통제권의 관할을 둘러싸고 다툼이 있다. 우리 헌법 제107조 제2항에서는 "명령·규칙 또는 처분이 헌법이나 법률에 위반되는 여부가 재판의 전제가 된 경우에는 대법원은 이를 최종적으로 심사할 권한을 가진다"고 규정하고 있다(제107조 제2항). 이 조항의 해석과 관련하여 통설은 구체적 규범통제제도를 취하고 있다고 보고 있다. 또한 행정소송법은 항고소송의 대상을 "처분 등"에 한정하여 인정하고 있다(제19조, 제38조). 헌법재판소는 헌법 제107조 제2항의 해석과 관련하여 구체적인 사건에 있어서 법규명령의 위헌·위법성이 재판의 전제가 되는 경우에 한하여 그 사건의 심판을 위한 선결문제로서 다루어질 수 있을 뿐, 독립하여 법규명령의 효력을 소송에 의해 다투는 것은 허용되지 않는다고 보고 있다. 대법원도 헌법 제107조 제2항의 의미를 '부수적' 규범통제의 의미로 이해하고 있다.[74] 특히 헌법 제107조 제2항의 해석과 관련하여 학설이 첨예하게 대립하고 있으나, 해석론보다는 입법론에 의해 해결되는 것이 바람직하다. 이러한 입법론은 행정소송법뿐만 아니라 헌법의 개정을 포함하여 논의되어야 한다. 또한 행정입법에 대한 규범통제와 관련하여, 헌법재판소와 법원의 역할분담이 고려될 필요가 있다. 법률이나 법규명령 중 대통령령에 대한 규범통제권은 헌법재판소의 관할로 하되, 적어도 대통령령을 제외한 행정입법(총리령, 부령 등)과 자치법규에 대해서는 법원의 관할로 하는 것을 고려할 필요가 있다. 조례에 대해서는 조례안무효확인소송을 대법원에서 단심제로 통제하고 있으나,

---

74) 대법원은 "헌법 제107조 제2항의 규정에 따르면 행정입법의 심사는 일반적인 재판절차에 의하여 具體的 規範統制의 방법에 의하도록 명시하고 있으므로, 당사자는 구체적 사건의 심판을 위한 先決問題로서 행정입법의 위법성을 주장하여 법원에 대하여 당해 사건에 대한 적용 여부의 판단을 구할 수 있을 뿐 행정입법 자체의 합법성의 심사를 목적으로 하는 독립한 신청을 제기할 수는 없다"고 결정하였다(대법원 1994. 4. 26. 자 93부32 결정).

상고심의 부담을 감안하여 심급을 2심제로 조정할 필요가 있다.[75)]

2. 行政訴訟에 의한 統制

행정소송법 개정논의에 있어서 명령·규칙 등 법규명령을 행정소송(항고소송)으로 제기할 수 있는지에 대해 견해가 대립하였다. 이와 관련하여 행정입법도 '구체성'의 요건을 충족할 수 있어, 항고소송의 대상이 처분에 해당한다는 견해가 있었다.[76)] 이에 반해 이러한 주장은 위헌이라는 반론도 있었다.[77)] 이러한 논의와 관련하여 헌법 제107조 제2항 중 "裁判의 前提性"의 해석이 중심적 위치에 있다. 이를 민·형사사건의 선결문제로 보아 매우 제한적으로 이해하는 견해도 있을 수 있으나, 이러한 견해는 헌법 제107조의 전체적인 구조에 비추어 타당하지 않다. 판례는 위에서 본 바와 같이 재판의 전제성을 "재판의 대상이 된 경우"로 보고, 이를 先決問題로 좁게 이해하고 있다. 이에 대해 명령이나 규칙도 구체적 사건성이나 원고적격 등의 요건을 충족하는 경우에는 직접 항고소송을 제기할 수 있다는 견해도 있다. 즉 명령이나 규칙에 대한 위헌·위법 여부는 본안사유로서 재판의 전제가 될 수 있다고 보고, 헌법 제107조 제2항을 구체적 규범통제만이 아니라 행정소송 전반을 의미하는 것으로 보는 해석이 그러하다.[78)]

해석론으로는 재판의 전제성을 '具體的 事件性'을 의미하는 것으로 새길 수 있고, 이를 선결문제로 좁게 제한해서 이해할 필요는 없다. 또한 헌법에서 독일 기본법과 같이 명령·규칙에 대한 직접적 규범통제를 명시하고 있지 않기 때문에, 이 문제는 입법자의 형성의 자유에 의해 해결될 여지가 남아 있다. 따라서 명령·규칙에 대한 행정소송을 위

---

75) 이에 대해서는 졸고, "행정법학의 구조변화와 행정판례의 과제", 165-166면.

76) 朴正勳, 행정소송의 구조와 기능, 박영사, 72면.

77) 김하열, "행정소송법 개정안에 관한 의견", 2004 행정소송법 개정안 공청회 자료집(2004), 170-172면; 同人, 헌법재판주요선례연구, 명령·규칙에 대한 헌법소원, 헌법재판소 헌법재판연구원, 406-407면.

78) 박정훈, 행정소송의 구조와 기능, 176면.

헌으로 단정하는 것은 타당하지 않다. 그러나 우리 행정소송법은 항고소송의 대상을 "처분 등"에 한정하여 인정하고 있기 때문에(동법 제19조 및 제38조), 명령・규칙을 행정소송의 대상으로 삼기 위해서는 별도의 규범통제절차나 소송유형(규범폐지소송)을 마련하는 것이 바람직하다. 판례는 예외적으로 법규명령이 "처분"의 성질을 가지는 경우에는 그 처분적 명령에 대한 항고소송이 가능하다고 보고 있다.[79] 나아가 조례의 경우에도 구체적인 처분 없이 직접 대외적 효력을 미친다고 보아 항고소송의 대상을 인정하고 있다(소위 처분적 조례).[80] 그러나 이러한 무리한 이론의 구성은 오히려 규범통제의 본질을 왜곡할 수 있다. 바람직한 방안은 헌법과 행정소송법의 개정을 통해 규범통제권을 헌법재판소와 법원에 적정히 분배하는 것이다.

3. 憲法裁判所에 의한 統制(憲法訴願)

우리 헌법에는 행정입법에 대한 헌법재판소의 규범통제권을 명시적으로 규정하고 있지 않다. 따라서 헌법재판소는 행정입법에 대한 규범통제를 헌법소원을 통해 우회적으로 실현하고 있다. 그러나 규범통제제도는 헌법소원제도와 구별하여야 한다. 헌법은 명령・규칙에 대한 위헌・위법심사권을 법원에(헌법 제107조 제2항), 그리고 법률이 정하는 헌법소원에 대한 심판권은 헌법재판소에 부여하고 있다(헌법 제111조 제1항 제5호). 이를 근거로 법원에서는 명령・규칙에 대한 최종심사권이 대법원에 있음을 주장하고 있다. 그러나 헌법재판소는 法務士法施行規則(대법원규칙)이 헌법소원의 대상임을 인정하면서, "입법부・행정부・사법부에서 제정한 규칙이 별도의 집행행위를 기다리지 않고 직접 기본권을 침해하는 것일 때에는 모두 헌법소원의 대상이 될 수 있다"고 결정한 바 있다.[81] 그러나 규범통제권과 헌법소원의 문제는 별개의 제

79) 대법원 1953. 8. 19. 선고 4286행상37 판결.
80) 대법원 1996. 9. 20. 선고 95누8003 판결.
81) 헌재 1990. 10. 15. 89헌마178.

도이며, 독립적으로 고찰할 필요가 있다. 규범통제권의 인정 여부와 상관없이 헌법소원의 길은 열려져 있다.

4. 比較法的 考察 - 獨逸의 立法例

독일기본법에는 추상적 또는 주위적 규범통제가 보장되어 있다(기본법 제93조 제1항 제2호, 연방헌법재판소법 제13조 제6호 및 제7호). 연방헌법재판소는 기본법 제93조 제1항 제2호, 연방헌법재판소법 제13조 제6호 및 제76조에 근거하여 조례에 대한 추상적 규범통제도 인정하고 있다. 연방의 법규명령에 대한 규범통제권은 연방헌법재판소에 있다. 추상적 규범통제는 연방법이나 주법이 기본법과, 또는 주법이 기타 연방법과 형식적·실질적으로 일치하지 않는 경우에 이루어진다. 추상적 규범통제의 신청권자는 연방정부, 주정부 및 연방의회 의원의 1/3이다. 또한 헌법소원을 통해 법규명령을 통제할 수 있으나(기본법 제93조 제1항 제4a호, 연방헌법재판소법 제90조), 헌법소원을 통한 법규명령의 통제는 소원청구인이 법규명령에 의해 자신의 기본권 또는 基本權類似的權利(기본법 제20조 제4항, 제33조, 제38조, 제101조, 제103조 또는 제104조)[82]가 현재 그리고 직접 침해당하여야 한다. 또한 헌법소원이 적법하기 위해서는 보충성의 원칙을 충족하여야 한다(연방헌법재판소법 제90조 제2항 제1문). 우리는 주로 헌법소원을 통한 통제가 일반적이지만, 규범통제의 원칙적인 모습은 아니다. 나아가 행정입법에 대한 행정소송이 가능하다. 즉 행정법원법 제47조 제1항 제1호에서는 -비록 제한된 범위이기는 하나- 건설법전에 의거한 조례이나 건설법전 제246조 제2항에 의한 법규명령을 행정소송의 대상으로 삼고 있다. 건설법전에 규정된 도시계획조례 형식의 건축계획(Bebauungsplan)은 재산권침해를 가져올 우려가 높아 행정법원법에 특별히 규정한 것으로 보인다.[83]

---

82) 기본권유사적 권리에는 저항권, 국적권, 공무담임권, 선거권, 법관에 의한 재판청구권, 법적 청문권, 자유권박탈 등이 거론된다.

83) 상세는 拙稿, "독일의 행정입법 통제", 유럽헌법연구, 제5호 (2009. 6), 153면 이하.

한편, 憲法訴願을 통해서 법규명령을 통제할 수 있으나(기본법 제93조 제1항 제4a호, 연방헌법재판소법 제90조), 헌법소원을 통한 법규명령의 통제는 소원청구인이 법규명령에 의해 자신의 基本權 또는 基本權類似的 權利가 현재 그리고 직접 침해당하였음을 주장하여야 한다(자기관련성, 현재성, 직접성).[84] 그 밖에 헌법소원의 경우에는 補充性原則이 적용된다(연방헌법재판소법 제90조 제2항 제1문). 즉 행정법원법 제47조의 규범통제절차를 모두 거친 후, 해당 법규명령이 이해관계인의 기본권을 침해하는 경우에 비로소 헌법소원을 통해 권리구제를 구할 수 있다. 이러한 헌법소원의 대상은 '공권력'이므로 직·간접적인 국가권력의 조치가 모두 해당되며, 법률은 물론이며 법규명령도 가능하다. 유력설은 법률에 대한 헌법소원에서 해당 법률의 무효를 선언할 수 있음을 규정한 연방헌법재판소법 제95조 제3항을 유추적용하여 법규명령에 대해서도 무효를 선언할 수 있다고 한다.[85]

5. 小　結

행정입법에 대한 규범통제는 입법론적 해결이 가장 올바른 방법이다. 행정입법을 항고소송의 대상으로 삼는 입법례도 있으나, 규범통제는 헌법재판소와 법원이 협력해서 분담하는 것이 바람직하다. 쟁송법상 처분개념의 확대를 통해 행정입법을 포함시키는 방법은 행정작용의 형식론을 무용으로 만들 우려가 있다. 바로 이러한 점이 쟁송법적 이해와 실체법적 이해의 근본적 차이이다. 실무가들은 대체로 쟁송법적 이해에 익숙하여 행정법의 도그마틱의 중요성에 대해 망각하기 쉽다. 행정법의 이론은 행정판례의 동력원이다. 행정법 도그마틱의 붕괴는 행정판례의 침체를 초래한다. 오늘날 公法의 私化로 인해 공법이 위기에 직면해

84) O. Bachof, Zur Verfassungsbeschwerde gegen Rechtsverordnungen und Satzungen, NJW 1968, S. 1068.

85) Schlaich, Das Bundesverfassungsgericht, 4. Aufl., 1997, Rn. 205. BVerfGE 62, 117/119, 153; 65, 248/249 참조.

있는 것이 사실이다. 이러한 위기를 극복하기 위해서는 행정법 도그마틱의 근간이 되는 행정작용론을 더욱 발전시켜야 한다. 행정입법에 대한 항고소송의 허용 여부는 그러한 문제와 매우 밀접한 관련을 가지고 있다. 우리나라는 대통령제를 취하고 있고 헌법재판소와 대법원의 역학관계를 고려할 때 법률, 법률의 효력을 가지는 긴급명령, 긴급재정경제명령, 그리고 대통령령에 대한 추상적 규범통제권은 원칙적으로 헌법재판소의 관할로 하는 것이 바람직하다. 그러나 법규명령 중 총리령이나 부령, 그 밖에 법규적 효력을 가지는 규칙, 그리고 조례나 법규적 효력이 인정되는 지방자치단체의 규칙에 대해서는 대법원이 규범통제권을 행사하는 것이 바람직하다. 향후 헌법 및 행정소송법의 개정 논의에 있어서 기능분리에 기초한 규범통제의 방식으로 입법적 해결방안을 모색해야 한다.

V. 協力的 規範制定의 構築方案

1. 協力的 規範制定의 背景 및 特徵

독일에서는 권력분립원칙에 바탕을 두고 의회와 행정부 사이의 역할분담을 중시하는 "협력적 법제정(koopertative Rechtsetzung)"이 강조되고 있다.86) 종래에는 권력분립원칙과 관련하여 입법과 행정, 그리고 司法 사이의 견제와 균형을 통한 기본권 보호가 핵심적 요소이었으나, 오늘날에는 국가기관 사이의 '기능분리(Funktionentrennung)'에 보다 큰 비중을 두고 있다. 이에 따라 법제정에 있어서도 집행부와 입법부 사이의 협력에 기초하여 소위 '권력협력모델(Gewaltenkooperationsmodell)'이 부각되고 있다.87) 특히 법규명령은 형식적 의미의 법률을 구체화하고

86) Hill, in: Hoffmann-Riem/Schmidt-Aßmann/Voßkuhle (Hrsg.), GVwR II, § 34 Rn. 25 참조.

87) 이에 대해서는 Thomas von Danwitz, Die Gestaltungsfreiheit des Verordnungsgebers, 1988, S. 45 f. 이 견해는 독일 기본법 제80조의 규정을 "협력적 법제정관할의

보충한다는 점에서 不可分의 規律統一性(unlösbare Regelungseinheit)을 이루고 있는 것이다. 그러한 점에서 법규명령의 제정에 있어서 協力的 規範制定(kooperative Normsetzung)을 위한 法構造를 구축하고 이를 발전시켜야 한다. 한편, 독일에서 논의되는 협력적 법제정은 입법과 행정의 관계에 국한되지 아니하고, 사적 주체로 확대되고 있다. 즉 법제정은 국가만이 독점하는 것이 아니라, 일정한 분야에서는 私人과의 협력을 통해서도 실현될 수 있다는 것이다.[88] 예컨대 독일에서는 2002년에 소위 제1차 원전폐쇄와 관련하여 「전기의 영업적 생산을 위한 핵에너지이용의 단계적 종료에 관한 법률(Gesetz zur geordneten Beendigung der Kernenergie zur gewerblichen Erzeugung von Elektrizität)」이 제정되었다.[89] 당시의 법률안은 2000년 6월 14일 연방정부와 에너지공급업체 사이에 이루어진 합의에 기초하여 만들어졌다.[90] 의원내각제를 채택하고 있는 독일에서는 의회의 입법에 있어서 그 핵심을 정당국가에서 찾고 있는데, 집권여당이 다원적인 이해관계를 調律하는 것을 정치적 과제라고 이해하고 있다.[91] 집행부의 규범제정은 단순히 예외적인 현상이거나 집행기술적인 내용에만 국한된 것이 아니며, 환경법이나 안전기술법의 영역에서는 집행부의 법제정이 오히려 중요한 의미를 가진다.[92] 그러한 점에서 오늘날 연방의회의 입법과 집행부의 규범제정은 서로 협력하는 것이 중시되고 있다.

표현"으로 이해하고 있다(Ders., a.a.O., S. 48).

88) Schmidt-Aßmann, Das allgemeine Verwaltungsrecht als Ordnungsidee, 2. Aufl., S. 330 ff. 이와 관련하여 최근 독일에서는 "規制된 自律規制(regulierte Selbstregulierung)"가 강조되고 있다(Matthias Schmidt-Preuß, Verwaltung und Verwaltungsrecht zwischen gesellschaftlicher Selbstregulierung und staatlicher Steuerung, in: VVDStRL, Bd. 56 (1997), S. 160 ff. (169)). 이에 대해서는 졸고, "생존배려영역에서의 민영화와 보장책임", 법조 통권 제717호(2016. 6), 191면 참조.

89) BGBl I S. 2674. 이에 관한 상세는 졸고, "원전폐쇄와 재산권보호", 헌법논총 제25집(2014), 211-214면 참조.

90) Schuppert, Governance und Rechtsetzung, 2011, S. 60 ff. (63).

91) Schuppert, a.a.O., S. 61.

92) Schmidt-Aßmann, Aufgaben und Perspektiven verwaltungsrechtlicher Forschung, S. 149.

2. 役割分擔에 기초한 協力的 規範制定의 摸索

현대행정의 복잡성 · 전문성 등에 비추어 법제정에 있어서 의회와 행정부의 '협력'을 모색하고, 이를 전제로 협력적 규범제정의 시스템을 구축하는 것은 매우 실천적 의미가 있다. 이와 관련하여 독일에서 논의되는 새로운 '권력협력모델'은 우리의 입법 현실에도 유용할 수 있다. 따라서 이러한 새로운 협력모델을 우리나라의 법제에도 적용할 수 있는지에 대해 진지하게 고민할 필요가 있다. 국회의 '수정요구권'에 대한 위헌 논의에서 보는 바와 같이, 의회와 행정부의 갈등 · 대립 구조가 팽배한 현실에서는 결코 선진적인 법제를 이룩하기 어렵다. 국가기관 사이에 역할분담을 통해 협력적 규범제정을 할 수 있는 제도적 방안을 강구해야 한다.

이와 관련하여 우리의 입법현실에서도 입안과정에서 비록 미흡한 형태이지만 의회와 행정부의 협력이 이루어지는 경우가 있다. 즉 대통령령의 경우 행정부는 입안과정에서 '당정협의'를 통해 여당과의 협의나 조율이 이루어질 수 있다(당정협의업무 운영규정 제4조 제2호). 국무총리 훈령으로 제정된 「당정협의업무 운영규정」에 의하면, 행정부와 여당 사이에 정책협의 및 조정을 위한 '고위당정협의회'를 둘 수 있다(당정협의업무 운영규정 제7조 제1항). 국무총리는 당정협의업무의 총괄 · 조정을 할 뿐만 아니라 고위당정협의회의 운영도 총괄하고 있다(당정협의업무 운영규정 제3조 제1항 및 제7조 제2항). 또한 고위당정협의회에는 국무총리가 지명하는 관계 부 · 처 · 청 위원회의 장 및 관계 공무원과 여당의 원내대표, 정책위원회 의장, 그 밖에 여당의 대표가 지명하는 당직자가 참석한다(당정협의업무 운영규정 제7조 제3항). 그러나 당정협의는 엄밀한 의미에서 '의회'와의 협의라고 보기는 어렵다. 또한 정당이 입법과정에 참여하는 것은 매우 異例的이며, 이를 공식적인 입법절차의 하나로 다루는 것은 신중할 필요가 있음은 물론이다. 대통령령은 국회의 심의사항이 아니기 때문에 당정협의도 현실적으로 이루어지지 않고 있다고 한다.[93] 고위당정협의회는 운영하기에 따라 국회(특히 야당)의 의견을 전달하고 조정할 수 있다는 점에서 협력적 법제정을 위한 중요한 架橋가 될 수도 있다.

근래에는 국회도 행정입법에 대한 분석 및 평가를 점차 강화하고 있는 추세이다. 국회사무처 법제실에서 발간한 '2015년 행정입법 분석·평가 사례' 자료를 살펴보면, 2014년 1월부터 2015년 4월까지 상임위원회로부터 총 11,075건의 대통령령·총리령·부령에 대한 분석 및 평가를 의뢰받아 개정이 필요한 사항(45건)을 선별하고 있다. 현행 국회법 제98조의2 제1항에 따라 이러한 국회의 분석·평가를 소관 중앙행정기관의 장에게 통보하고, 중앙행정기관의 장이 소관 상임위원회로부터 통보받은 내용에 대해 적정한 처리를 하는 경우에 협력적 규범제정은 어느 정도 실현될 수 있을 것이다. 또한 소관 상임위원회로부터 통보받은 내용의 처리와 관련하여 소관 상임위원회에 대한 '보고'절차를 통해서도 행정입법에 대한 의회의 통제가 기능할 수 있다. 그러나 이러한 '통보'제도로는 행정입법에 대한 실질적인 입법통제를 기대하기 어렵고, 위헌·위법의 의심이 있는 법규명령의 수정에 대한 실효성을 담보하기에는 미약한 측면이 있다. 특히 입법부와 행정부가 서로 견해를 달리하는 사안의 경우에 더욱 그러하다. 행정입법에 대한 주위적 규범통제제도가 충분히 보장되어 있지 않고 행정입법을 담당하는 법제전문가가 여전히 부족한 상황에서 국회의 사전적 통제는 매우 중요하다. 이러한 국회의 통제는 행정입법의 질을 제고하는 데에 실질적으로 기여할 수 있다. 위헌·위법의 의심이 있는 법규명령의 수정·변경 문제를 해결하기 위한 제도적 장치로 국회사무처 법제실과 법제처 사이에 공식적인 '실무협의기구'를 두는 것을 고려해 볼 수 있다. 이 경우 국회사무처 법제실은 소관 상임위원회나 법제사법위원회의 의견을 수렴하여 전달하

---

93) 임종훈, 전게서, 316면.

고, 법제처와의 협의를 통해 문제가 있는 행정입법의 개선을 시도할 수 있다. 이러한 실무협의기구에는 각 부처의 법령입안담당자나 민간전문가도 참석시켜 의견을 조율할 수 있다. 이러한 '실무협의기구' 형식의 제도는 협력적 법제정을 실현하기 위한 중요한 교두보가 될 것이다.

나아가 협력적 법제정의 실현을 위해 여론수렴뿐만 아니라 이해관계인의 의견을 법령(특히 법규명령)에 반영할 수 있는 제도적 장치가 필요하다. 오늘날 법제정은 일면적인 고권적 행위가 아니라 다수의 이해관계인이 참여할 수 있는 포괄적인 협력 과정이며, 현대국가의 법제정은 법률과 법규명령의 이분법이 아니라 보다 복합적이고 업무분담적인 구조체계라고 볼 수 있다.[94] 행정절차법 제41조 이하에서 규정하는 행정상 입법예고를 통해 의견수렴을 할 수 있으나, 기본권 제한과 관련된 중요한 정책결정사항을 구체화하는 법규명령의 제정에 있어서는 이해관계 있는 당사자와의 합의나 협의가 실질적으로 중요하다. 예컨대 심각한 환경문제를 야기하고 다원적 법률관계를 전제로 하는 대규모공공사업이 그러하다. 이 경우 시행령이나 시행규칙에 규정되는 내용은 이해관계 있는 주민들의 권리를 중대하게 제한하거나 헌법이나 법률을 위반할 수 있다. 그러나 규범제정의 입안단계에서 이해관계인의 의견을 충분히 수렴하면, 공공분쟁의 가능성을 줄이고 사전에 위헌·위법의 의문을 해소하는 데에도 상당히 기여할 것이다.

Ⅵ. 評價와 課題

지금까지 행정입법에 대한 행정적 통제와 입법적 통제에 대해 고찰하였다. 현대행정의 다양화·복잡화로 인하여 행정입법의 증가는 불가피한 측면이 있으나, 행정입법의 過剩은 행정내부의 통제를 통해 조절될 필요가 있다. 법규명령과 행정규칙 사이에 법형식의 선택에 있어서

94) Armin von Bogdandy, Gubernative Rechtsetzung, S. 8.

도 신중하고 유연할 필요가 있다. 법규적 사항이나 기본권 제한 등에 관한 사항은 시행령이나 시행규칙에서 규정하고, 기술적이고 절차적인 사항 등 탄력적으로 운영해야 할 필요성이 있는 사항에 대해서는 고시 등 행정규칙에서 정하도록 해야 한다. 행정규칙은 탄력성・유연성을 본질로 하므로 기술적・절차적인 사항에 대해서는 보다 효과적인 도구가 될 수 있다. 위임명령과 집행명령을 포함한 법규명령에 대해 행정부에 시원적 명령제정권을 인정하기는 어렵다. 비본질적인 영역에서 시원적 명령제정권이 인정된다고 주장하는 견해가 있으나, 기본권과 관련된 내용들은 대부분 본질적이라고 보지 않을 수 없다. 이러한 점을 감안하면 시원적 명령제정권을 인정하는 것은 이론적으로도 사실상 어려운 점이 적지 않다. 또한 우리 헌법에는 행정의 법률적합성 원칙으로서 법률의 우위나 법률의 유보를 전제로 하고 있으며, 법규명령에 시원적 법제정 권한을 명시한 규정도 없다. 예컨대 헌법 제75조, 제95조 및 제107조 제2항에는 "법률에서 구체적으로 범위를 정하여 위임받은 사항", "법률을 집행하기 위하여", "법률의 위임", 그리고 "명령・규칙이 법률에 위반되는 여부" 등을 규정하고 있다. 이러한 규정들은 법규명령이 법률에 기속되어 있으며, 시원적인 명령제정권에 의한 것이 아님을 확인할 수 있다. 그러나 변화하는 행정법학의 특성에 비추어 법률과 행정입법의 경쟁관계의 구도보다는 협력적 규범제정의 법구조를 구축해야 한다. 국회와 행정부 사이에 협력적 규범제정을 위한 '실무협의기구'를 설치하는 것을 고려해 볼 수 있다. 나아가 규범제정과정에서 이해관계인을 참여시킬 수 있는 방안을 마련하는 것이 요구된다. 다만, 이해관계인과의 의견수렴과정에서 협상이나 협의가 정치적 거래의 대상이 되어서는 아니 되며, 법치국가원리의 한계를 준수하여야 함은 물론이다.

오늘날 행정내부의 자기통제가 강화되고 있으며, 사전적 통제의 중요성이 부각되고 있음은 주지의 사실이다. 이를 위해 법령의 입안단계에서 각 부처의 법령입안담당자들과 법제처의 공무원들이 함께 참여할 수 있는 제도를 만들 필요가 있다. 이러한 점은 기능분리에 근거한 권력분립의 원칙이나 행정의 효율성 측면에서도 매우 바람직하다. 그러나 이러한 행정내부의 사전적 통제를 강화하는 것도 중요하지만, 행정입법 입안의 전문성을 강화할 수 있는 제도적 방안이 더욱 중요하다. 정부입법을 총괄하는 법제처에는 다수의 우수한 법제전문가들이 있으나, 대부분의 일선 부처에서는 여전히 법제전문가가 매우 부족한 실정이다. 실제 입법현실에서는 법령의 개정이 빈번하고, 법령의 명칭뿐만 아니라 법령의 구조·체계 등이 자주 변경되고 있는데, 이러한 일들은 매우 우려스러운 점이 없지 않다. 법적 안정성이나 법제도의 발전을 위해 졸속입법이나 잦은 법령개정은 신중해야 한다. 행정입법에 대한 통제보다 중요한 것은 국민을 위해 '좋은 법(Good Law)'을 만드는 것이 선행되어야 하는 것이다. 이를 위해 법제정비의 전문성을 제고하고 선진입법을 지원할 수 있는 법제기구의 위상을 보다 강화할 필요가 있다. 마지막으로 행정입법에 대한 통제의 마지막 보루는 사법적 통제이다. 사법개혁을 통해 행정입법에 대한 규범통제제도를 새로이 정비할 필요가 있다. 이러한 규범통제제도의 개혁은 헌법의 개정을 포함하여 논의되어야 하며, 효율적인 규범통제를 위해서는 우리의 법문화에 적합한 방안을 마련하기 위해 더욱 고민해야 할 것이다. 이러한 고민에는 헌법재판소와 대법원 사이의 역할 분담도 함께 고려되어야 한다.

第5章

瑕疵承繼論에 관한 批判的 考察

- 소위 "規準力理論"에 관한 評價를 겸하여 -

Ⅰ. 問題의 狀況

복수의 행정행위가 연속해서 행해지는 경우에 선행처분이 쟁송기간의 도과로 더 이상 쟁송을 제기할 수 없게 되고, 그 이후의 후행처분에는 하자가 없어 그 선행처분의 위법을 다투는 것이 허용되는지가 문제되는데, 이를 瑕疵(흠)의 承繼라고 한다. 즉 선행처분과 후행처분이 서로 하나의 효과를 목적으로 하는 경우에는 비록 선행처분의 쟁송기간이 도과하여 불가쟁력이 발생하여도, 그 후행처분에 대한 취소소송을 제기하면서 선행처분의 하자(흠)를 승계할 수 있다는 것이다. 예컨대 체납처분절차에 있어서 독촉과 압류 사이, 대집행영장의 계고와 통지 사이 등이 그러하다. 그러나 우리 판례는 선행처분과 후행처분이 서로 독립하여 별개의 법률효과를 목적으로 하는 경우에도 예외적으로 하자승계를 인정하고 있다. 특히 문제가 되었던 개별공시지가결정과 과세처분의 하자승계 여부에 관한 사건[1]에서 양 처분은 서로 별개의 법률효과를 목적으로 하는 각 독립된 처분이지만 예외적으로 하자승계를 허용하고 있다. 즉 위법한 개별공시지가결정에 대하여 그 정해진 시행절차

---

1) 대법원 1994. 1. 25. 선고 93누8542 판결.

를 통하여 시정하도록 요구하지 아니하였다는 이유로 위법한 개별공시지가를 기초로 부과된 과세처분 등 후행처분에서 개별공시지가결정의 위법을 주장할 수 없도록 하는 것은 수인한도를 넘는 불이익을 강요하는 것이라고 보았다. 나아가 판례는 개별공시지가결정과 과세처분(양도소득세)이 문제가 된 또 다른 사건에서, 개별공시지가결정에 대하여 한 재조사청구에 따른 조정결정을 통지받고도 이를 다투지 아니한 경우에는 선행처분(개별공시지가결정)의 불가쟁력이나 구속력이 수인한도는 넘는 가혹한 것이거나 예측불가능한 경우에 해당한다고 볼 수 없다고 보아 하자승계를 부인하였다. 즉 원칙적으로 독립된 두 개의 행정처분에 대해서는 하자승계가 부인되나, 예외적으로 수인가능성을 이유로 하자승계를 인정할 수 있다고 보면서도, 당사자의 귀책사유가 인정되는 경우에는 수인가능성을 부인하는 결론에 이르고 있는 것이다. 이러한 판례의 입장은 하자승계론의 본질에 대한 성찰과 검토를 요한다고 볼 수 있다.

이러한 전통적인 하자승계론에 대하여 "선행행정행위의 후행행정행위에 대한 구속력 내지 규준력"(이하 "규준력이론"이라 한다)이라는 관점에서 접근하는 견해가 유력하게 대두되었다.[2] 즉 이 견해는 쟁송기간의 경과로 인하여 불가쟁력이 발생한 선행처분은 동일한 법적 효과를 추구하는 후행처분에 대하여 일정한 범위에서 규준력(Maßgeblichkeit) 내지 기결력(Präjudizialität)이 발생한다고 보고 있다. 규준력설의 등장 이후 하자승계론은 더욱 혼란과 이론적 난맥상을 보여주었고, 오늘날에도 여전히 팽팽히 대립하고 있는 형국이다. 이러한 견해의 대립을 어떻게 이해해야 하고, 판례의 문제점은 어디에 있는지를 고찰할 필요가 있다. 이를 위해서는 우선 하자승계론의 기원을 거슬러 올라가서, 그 본질은 어디에 있는지, 그리고 이러한 본질에 비추어 오늘날 학설 및 판례의 문제점은 무엇인지를 고찰할 필요가 있다. 또한 독일의 이론에 바탕을

2) 金南辰, 行政法의 基本問題, 제4판, 법문사, 1994, 283면 이하. 김남진, "행정행위의 하자승계론과 규준력이론", 행정법연구 제2권(1998), 행정법이론실무연구회, 125면 이하.

둔 규준력설의 내용과 하자승계론의 차이를 파악해야 한다. 이러한 고찰을 위해서는 하자승계론의 본고장인 일본의 입법례와 규준력설의 이론적 바탕이 되는 독일의 입법례를 비교해서 살펴볼 필요가 있다.

Ⅱ. 瑕疵承繼論의 淵源 및 本質

하자승계론은 일본으로부터 전래된 것으로 보는 것이 유력한데,[3] 일본에서는 "하자의 승계"보다는 "위법성의 승계"라는 표현이 보편적으로 사용되고 있다(이에 대해서는 후술하기로 한다). 하자승계론에 관한 법적 근거는 찾을 수 없다. 하지만 하자승계는 학설뿐만 아니라 판례에서 하나의 확고한 행정법이론으로 자리를 차지하고 있다. 일본과 달리, 국내의 학설은 하자승계론을 주로 행정행위의 하자와 관련하여 다루는 것이 보통이다. 종전의 통설은 하자(흠)의 승계를 "두 개 이상의 행정행위가 연속하여 발전적으로 행하여지는 경우에, 후행행위 그 자체에는 흠이 없어도 선행행위에 흠이 있으면, 그 선행행위의 흠을 이유로 후행행위의 효력을 다투는 것"[4]이라고 정의하고 있다. 이러한 정의는 후술하는 바와 같이 일본의 違法性承繼論과 거의 일치하고 있다. 한편, 하자승계의 본질 및 필요성을 명확히 언급한 문헌을 찾기는 쉽지 않지만, 일부문헌에서는 하자승계의 실익 내지 필요성을 언급하고 있다. 특히 김도창 박사는 선행처분에 불가쟁력이 발생한 경우에도 그 선행처분의 흠이 승계됨을 이유로 후행처분의 효력을 다툴 수 있는 실익이 있고, 이로써 법적 안정성과 권익보호라는 양 목적의 조화를 얻을 수 있다고 서술하고 있다.[5] 그러나 이 견해는 하자승계론이 법적 안정성과 권익구

---

3) 金南辰, 전게서(기본문제), 285면. 그 근거로 田中二郎의 문헌을 소개하고 있다. 이에 대해서는 후술하도록 한다. 한편, 우리 하자승계론의 기원이 프랑스 행정법학의 위법성 항변과 복합적 행정작용의 이론이라는 견해도 있다(선정원, 하자승계론의 몇 가지 쟁점에 관한 검토, 행정판례연구 제10집(2005. 6), 170면 이하).

4) 김도창, 일반행정법론(상), 제4전정판, 481면.

5) 김도창, 전게서, 481면.

제의 확대 중 어디에 비중을 두고 있는지를 명확히 언급하지 않았다는 점에서 다소 아쉬움이 있다. 보다 정확히 말하자면, 하자승계론은 '법적 안정성'의 희생위에 국민의 '권익보호'를 위한 제도이다. 즉 하자승계론은 제한된 쟁송기간(행정소송의 경우 처분 등이 있음을 안 날부터 90일 이내, 행정소송법 제20조 제1항 참조)의 도과로 인해 당사자에게 가혹한 결과를 초래할 수 있는 경우에 권리구제의 가능성을 확대시킬 수 있다. 그러나 '불가쟁력'의 의미를 退色시켜 법적 안정성을 위태롭게 할 수 있는 문제점도 가진다. 이와 관련하여 하자승계가 "행정행위의 不可爭力과의 관계에서 행정구제의 기회확대를 통하여 개인의 권익보호의 실효성을 도모하는 데 그 뜻이 있다"고 보는 견해가 있다.[6] 이 견해는 하자승계의 본질을 정확히 지적한 것으로 보인다. 하자승계론의 본질을 정확히 이해하는 것은 규준력이론과의 관계, 그리고 독일의 존속력과 선결적 효력(기결력) 등을 비교·고찰하는 데에 큰 도움을 줄 수 있다.

Ⅲ. 소위 規準力理論의 登場과 反響

1. 規準力理論의 登場

하자승계론은 위에서 언급한 바와 같이 이미 불가쟁력이 발생한 선행처분의 위법을 후행처분에서 다툴 수 있도록 한다는 점에서 권익구제의 확대를 도모할 수 있는 장점을 가진다. 그러나 전통적인 하자승계론은 연속하는 두 개의 행정행위가 서로 동일한 법적 효과를 목적으로 하는 것을 기준으로 판단하고 있으나, 그 '동일성' 기준이 형식적이고 단순하다는 비판이 제기되었다. 예컨대 조세부과처분과 그 실효성을 확보하기 위한 체납처분은 국가의 재정확보라는 관점에서는 서로 동일한 목적을 실현하고 있으나, 이를 세부적으로 보아 조세납부명령인 조세부과처분과 그 의무의 이행확보를 위한 강제집행의 수단으로 보는 경우

6) 李尙圭, 신행정법론(상), 428면.

에는 서로 다른 목적을 추구하고 있는 것으로 볼 수 있다는 것이다.[7] 또한 하자승계의 인정은 제소기간의 운영이나 불가쟁력의 제도적 취지 등에 비추어 적지 않은 문제가 있다. 이러한 점은 제소기간이나 불가쟁력 등을 통해 법적 안정성을 도모하는 것이 중대하게 제한될 수 있다는 것을 의미한다. 실제 규준력이론은 이러한 하자승계의 문제점을 날카롭게 지적하고 있다. 즉 "이것을 긍정하게 되면, 행정행위의 불가쟁력을 인정하는 제도가 무의미해지게 되며 행정의 실효성, 법률생활의 안정성은 크게 손상될 우려가 있다"[8]는 비판이 그러하다. 이미 불가쟁력이 발생한 과세처분을 후행처분이 체납처분절차에서 다투는 것은 개별사례에 있어서 소위 "실체적 정의"에 반한다는 것이다. 그러한 이유에서 규준력이론이 필요하다고 보고, 이와 관련된 독자적인 이론구성을 시도하였다. 이러한 규준력이론의 탄생에는 독일의 이론, 특히 행정행위의 효력 및 구속력이 영향을 주었음을 알 수 있다.[9]

실제 규준력이론은 행정행위의 효력, 보다 정확히는 존속력(Bestandskraft)과 관련이 있음을 알 수 있다. 독일에서는 선행처분에 의한 법효과가 후행처분에 대해 先決的 效力(präjudizielle Wirkung)을 미칠 수 있음이 논의되고 있다.[10] 이를 "旣決力"이라 부르는 견해도 있다.[11] 이러한 선결적 효력은 원래 판결의 효력에서 유래하는 것으로서, 특히 기판력과 밀접한 관련을 가지고 있다.[12] 그러나 선결적 효력은 행정소송뿐만 아니라, 행정절차에서 논의되고 있다. 이 경우 선결적 효력은 주로 실질적 존속력(materielle Bestandskraft)과 관계가 있다고 보는

---

7) 정하중, "행정행위의 공정력, 구속력, 그리고 존속력", 행정법의 이론과 실제, 법문사, 2012, 253면 참조.

8) 김남진, 행정법의 기본문제, 289면.

9) 김남진, 행정법의 기본문제, 285면.

10) Erichsen, in: Erichsen/Ehlers(Hrsg.), Allgemeines Verwaltungsrecht, § 13 Rn. 3.

11) 김남진, 행정법의 기본문제, 283면.

12) 이에 대해서는 Erichsen/Knoke, Bestandskraft von Verwaltungsakten, NVwZ 1983, S. 190; 拙稿, 국가배상소송과 선결문제, 저스티스 통권 제116호(2010. 4), 113-114면 참조.

것이 유력하다.[13] 즉 불가쟁력이 발생한 선행처분의 내용은 후행처분에 대해 결정적이고 다툴 수 없는 근거가 된다는 것이다. 그 구체적 사례로 거론되는 것은 신체등위판정처분(Musterungsbescheid)이 존속력을 발한 후에 징집소환처분을 내리는 경우이다. 이러한 경우에 선행처분이 후행처분에 선결적 효력 내지 기결력이 미친다고 보고 있다.[14] 그 밖에 존속력이 발생한 건축불허처분과 철거명령 사이, 존속력이 발생한 숙식업소의 허가취소처분과 폐쇄처분 사이 등도 문제가 되었다.[15] 이 가운데에서 특히 문제가 된 것은 형식적 존속력(불가쟁력)이 발생한 건축불허처분이 후행처분인 철거하명(Abbruchverfügung)에 대해 선결적 효력을 미치는가 하는 사건이었다.[16] 이 사건에서 독일 연방행정법원은 선결적 효력을 부인하였다.[17]

이러한 판결은 적지 않은 파장을 일으켰다. 선행처분의 존속력에 의해 후행처분의 적법성을 더 이상 다툴 수 없게 차단하는 결과를 초래할 수 있는데, 연방행정법원은 기본권보호와 권리구제의 관점에서 선결적 효력 내지 기결력을 부인한 것이다. 그러한 이유에서 독일에서는 선행처분의 후행처분에 대한 존속력의 한계를 논의하고 있다. 존속력의 '효력범위' 내지 '한계'에 관한 독일의 논의는 규준력이론에 적지 않은

---

13) Erichsen/Knoke, a.a.O., S. 190.

14) 류지태, "행정행위의 존속력성과 하자승계논의", 행정법의 이해, 78면; Braun, a.a.O., S. 22, 52.

15) Erichsen/Knoke, a.a.O.

16) 한편, 단계적 행정행위에서 부분허가나 예비결정이 후속처분(종국처분)에 대해 先取的 의미를 가지는 경우를 선행처분의 후행처분에 대한 규준력 내지 선결적 효력과 구별하는 견해가 있다(Erichsen/Knoke, a.a.O., S. 190). 즉 기결력 내지 선결적 효력에 관한 문제는 선행처분의 규율내용이 후행처분의 규율에 영향을 미치는 것이지만, 단계적 행정행위에서 부분허가나 예비결정은 후행처분인 최종결정(완전결정)에 대해 남아 있는 가능한 규율범위가 무엇인가 하는 것이라는 점에서 차이가 있다고 한다. 한편, 일부 견해는 예비결정 또는 부분허가와 본결정은 서로 종국적인 하나의 목적을 달성하기 위한 수단이나 중간단계의 의미를 가지므로, 양자는 서로 내부적 관련성을 가진다고 보고 있다(류지태, 전게서, 91면). 생각건대 위 두 가지 사례가 다소 다른 의미를 가질 수는 있으나, 선행처분의 후행처분에 대한 구속 내지 선결적 효력은 보다 강하게 작용할 수 있다. 건축법상 예비결정에 대해 존속력이 발생하면, 그 확정된 사실은 후행하는 건축허가에서도 수용되어야 한다.

17) BVerwGE 48, 271 ff.

영향을 미친 것으로 보인다. 특히 규준력이론에 결정적 영향을 미친 논문은 1981년에 간행된 Joachim Braun의 單行本 "存續力이 발생한 行政行爲의 先決的 效力(Die präjudizielle Wirkung bestandskräftiger Verwaltungsakte)"이다. 이 논문에서는 선결적 효력(기결력)의 주관적 한계, 객관적 한계 및 시간적 한계, 그리고 예견가능성 등이 논의되고 있다.[18] 규준력이론도 '규율대상'을 기준으로 한 객관적 한계, '수범자'를 기준으로 한 주관적 한계, 그리고 선행처분의 기초가 되는 '사실 및 법상태'를 기준으로 한 시간적 한계를 강조하고 있다.[19] 그 밖에 규준력이론은 "예측가능성"이나 "수인가능성"이라는 추가적 요건을 들고 있다. 이러한 추가적 요건을 근거로 직위해제처분에 대한 직권면직처분의 기결력(선결적 효력)을 부인하고 있다.[20] 이러한 사실은 규준력이론이 독일의 존속력의 범위나 한계에 관한 논의에 바탕을 두고 있음을 알 수 있다.

규준력이론은 불가쟁력이 발생한 선행처분이 후행처분에 대해 일정한 규준력 내지 기결력을 미칠 수 있다고 보고, 법적 안정성과 행정의 효율성을 강조하고 있다는 점에서 매우 참신한 이론이라고 판단된다. 다만, 규준력이론의 바탕이 되는 독일의 이론은 주로 행정행위의 효력, 존속력(실질적 존속력) 등과 관련하여 논의되는 것으로서, 행정소송에서 논의되는 위법성의 승계와 서로 관련이 있는가 하는 의문을 가지지 않을 수 없다. 특히 존속력이 발생한 선행처분이 후행처분에 대해 선결적 효력(소위 기결력)을 가질 수 있는가 하는 문제는 행정절차에서 논의될 수 있는 것이다.

---

18) J. Braun, Die präjudizielle Wirkung bestandskräftiger Verwaltungsakte, 1981, S. 42 ff.

19) 김남진, 행정법의 기본문제, 289-290면.

20) 김남진, 행정법의 기본문제, 291면.

2. 規準力理論에 대한 學界의 反響

(1) 規準力理論을 支持하는 見解

위에서 소개한 규준력이론이 발표된 후, 이에 관한 학계의 반향은 뜨거웠다. 이러한 규준력이론은 여전히 하자승계론과 병렬적으로 논의되고 있다는 점에서, 이에 대한 새로운 논의가 필요하다. 규준력이론의 중요한 기여 중 하나는 하자승계론 그 자체에 대해 근본적인 의문을 던졌다는 점이다. 예컨대 "하자의 승계를 인정하는 것은 결과적으로 불가쟁력을 인정하는 제도의 취지에 반하는 것으로 논리상 모순된다"[21] 라는 평가가 그러하다.

규준력이론에 대해 적극적으로 지지하는 견해도 등장하였다. 하자승계론을 대신하여 선행처분의 후행처분에 대한 구속력(규준력)이라는 시각에서 접근하자는 견해[22]가 그러하다. 또한 다른 견해는 "종래에 논해져 온 행정행위의 하자승계론도 내용에 있어서는 선행정행위의 후행정행위에 대한 구속력(규준력)을 탐구하려는 의도를 가지는 것이다. 그러한 이론적 노력을 '행정행위의 하자의 승계'라는 이름으로 부른다는 것은 적당한 호칭이라고 하기 어렵고 내용에 있어서도 불충분·불명확하다고 말할 수 있다"고 한다.[23] 나아가 종전의 하자승계론의 문제점을 비판하면서, 독일의 존속력이론에 바탕을 두고 새로운 이론에 적극적으로 동조하는 견해도 나타났다. 특히 이 견해는 "다행히도 이러한 다수설의 흠의 승계이론에 대하여 근래의 유력설은 비판을 제기하고 있다"고 지적하고 있다. 나아가 다수설(하자승계론)이 행정심판의 청구기간 내지는 제소기간을 도과한 후 발생한 행정행위의 존속력을 무력하게 할 수 있고, 법률효과의 동일성만으로 하자승계를 인정하는 다수설은

21) 석종현, 일반행정법(상), 제11판, 341면.
22) 박종국, "선행행정행위의 후행행정행위에 대한 구속력", 1996. 6, 159면 이하.
23) 신보성, "선행정행위의 후행정행위 구속력", 고시계 1991. 4, 102면.

논리적 빈약성을 드러내고 있다고 주장하고 있다.[24)]

(2) 規準力理論을 批判하는 見解

이에 대해 전통적 하자승계론에서 규준력이론의 문제점을 지적하는 목소리도 높았다. 이러한 견해들은 대체로 아래와 같이 규준력이론을 비판하고 있다. 첫째, 판결의 기판력이 발생하는 한계에 관한 논의를 선행처분의 후행처분에 대한 구속력의 한계에 관한 논의에 그대로 차용하고 있다. 一說은 규준력이론이 판결의 기판력의 내용을 행정행위에 차용하였다는 점을 비판하고 있다. 즉 "(규준력이론)은 충분한 이론적 근거 없이 판결의 기판력에 준하는 효력을 행정행위의 하자의 승계문제에 차용하고 있다는 점에서 문제가 있다"라고 지적하고 있다.[25)] 또 다른 견해도 "판결의 기판력을 그 모델로 하여 행정행위의 실질적 존속력을 근거지우려는 선행 행정행위의 구속력논거는 그 정당성을 주장하지 못하게 될 것이다"라고 주장한다.[26)] 이러한 비판은 독일에서 논의되는 규준력이 일부학설에 의해 실질적 존속력의 내용으로 다루어지고 있고, 행정행위의 존속력이 판결의 효력의 하나인 확정력과 비교되기 때문에 제기되고 있다.

둘째, 규준력이론에 대한 비판론자들은 규준력이론이 구체적 사례로 들고 있는 사례(예컨대 과세처분과 체납처분, 위법건축물의 철거하명과 대집행 등)들이 대체로 동일한 법적 효과를 목적으로 하는 것이 아닌 경우에 해당한다고 지적한다. 셋째 추가적 요건인 예측가능성과 수인가능성은 법치국가원리에서 파생되는 일반적 한계에 관한 것이라고 한다.[27)] 그 밖에 상대적으로 "국민의 권리주장의식이 낮은 우리나라에 독일의

24) 정하중, 전게서, 253면.

25) 이은기, "개발부담금부과처분과 행정행위의 하자의 승계: 대법원 2001. 6. 26. 선고 99두11592 판결을 중심으로", 현대공법학의 과제(청담 최송화교수 화갑기념논문집), 박영사, 2002, 550면.

26) 류지태, 전게서, 80-81면.

27) 예컨대 박윤흔, 최신행정법강의(상), 425면; 김동희, 행정법 I, 제18판, 344면.

구속력이론으로 하자승계를 대체하는 것은 국민의 권리구제의 관점에서 아직은 시기상조"라고 지적하는 견해[28]가 있다.

한편, 독일에서 건축허가 거부처분이 후행처분인 철거하명에 선결을 미치는 것이 문제가 된 사건에서 법적 안정성과 권리(기본권)보호가 서로 충돌하였는데, 연방행정법원은 그 우열에 있어서 양자는 대등하다고 보고, 존속력도 기본권(예컨대 재산권보장)의 테두리 내에서 머물러야 한다고 보았다. 이 사건의 항소심인 뮌스터 고등행정법원(OVG Münster)은 행정청 결정의 법적 안정성 내지 지속성에 바탕을 두고 행정결정의 존속력을 강하게 주장하였으나, 연방행정법원은 항소심을 파기하면서 행정행위의 존속력과 판결의 기판력 사이에는 본질적인 차이가 있음을 지적하였다.[29]

(3) 檢 討

통설은 비록 논거를 달리하기는 하나, 여전히 규준력이론의 도입에 소극적인 입장을 취하고 있다. 선행처분의 후행처분에 대한 구속력을 주장하는 견해(규준력이론)는 전통적인 하자승계이론이 무엇보다 행정쟁송의 제소기간과 불가쟁력을 무력화하고 법적 안정성을 해할 수 있음을 지적하였다는 점에서 매우 높게 평가할 만하다. 또한 규준력설은 독일의 존속력이론을 차용하여, 하자승계에 대한 새로운 대안을 제시하였다는 점에서 행정법학의 새로운 지평을 열었다고 볼 수 있다. 다만, 선행처분의 후행처분에 대한 구속력(규준력)이론을 하자승계논의에 접목시키는 것이 타당한지에 대해서는 신중한 논의가 필요하다. 이를 위해서는 하자승계와 규준력이론의 이론적 배경이 되는 일본과 독일의 비교법적 고찰을 통해 살펴볼 필요가 있다.

한편, 규준력이론에 대한 비판은 특히 선행처분의 후행처분에 대한 구속력(규준력)이 판결의 기판력을 차용하였다는 점에 집중되고 있다.

---

28) 박균성, 행정법론(상), 제11판, 387면.
29) BVerwGE 48, 271 ff.; Braun, a.a.O., S. 23 f.

물론 판결과 행정행위는 서로 구별된다는 점에서 이러한 비판은 어느 정도 수긍할 수 있다. 그러나 선행처분의 후행처분에 대한 구속력의 근거로 판결의 기판력이론을 차용하였다는 점만 가지고 규준력이론을 비판하는 것은 오늘날 설득력을 가지기 어렵다. 규준력이론의 근거는 대체로 행정행위의 '존속력'과 관련된 것이므로, 행정행위의 존속력 문제 그 자체를 논하고 이를 인정할 수 있는지 여부를 검토하는 것이 타당하다. 또한 동일한 법적 효과를 목적으로 하지 않는 사례를 들고 있다고 비판하고 있다. 그러나 이 부분은 판례가 제시하는 "법적 효과의 동일성"이나 "절차·과정의 연속성" 등의 기준이 모호하다는 反論을 제기할 수 있다. 마지막으로 수인가능성이나 예측가능성의 기준은 판례에서 가장 어려운 과제를 던져주고 있는데, 이러한 기준을 어떻게 해석해야 하는지는 대법원판례의 분석에서 검토하기로 한다.

Ⅳ. 理論的 背景에 대한 比較法的 考察

1. 獨逸 - 存續力과 先決的 效力

독일에서는 우리와 같은 하자승계론에 관한 논의가 없다. 다만, 위에서 언급한 바와 같이 행정행위의 존속력(Bestandskraft)과 관련하여, 선행행정행위의 후행행정행위에 대한 구속력(규준력) 내지 선결적 효력을 논의하고 있을 뿐이다. 즉 존속력이 발생한 선행행정행위는 후행행정행위의 선결문제에서 규준력을 가진다. 일부견해는 하자승계를 불가쟁력에 대한 예외로서 이해하고, 독일에서 하자(흠)의 승계를 존속력과 구속력의 연장선상에서 논의하고 있다고 보고 있다.[30] 이 견해는 특히 흠의 승계와 규준력(구속력)을 불가쟁력의 예외라는 점에서 용어상의 차이만 있을 뿐 근본적인 시각의 차이가 있는 것은 아니라고 보고 있다.[31] 그

30) 김성수, 일반행정법, 제5판, 295-296면.
31) 김성수, 전게서, 297면.

러나 후술하는 바와 같이 행정행위의 존속력과 규준력에 관한 논의는 하자승계론과 그 본질에 있어서 차이가 있다. 따라서 독일에서 논의되는 행정행위의 존속력, 선행행위의 후행행위에 대한 선결적 효력 등에 대해 살펴보기로 한다.

우선 행정행위의 효력(Wirksamkeit)은 受範者에게 통지될 때 발생하는데, 이러한 효력은 존속력과 구별될 필요가 있다. 이러한 존속력은 종래 판결의 효력에 해당하는 確定力(Rechtskraft)이라는 용어와 혼용해서 사용되기도 하였으나,[32] 오늘날에는 판결의 효력과 구별하기 위해 '존속력'이라는 말이 보편적으로 사용되고 있다. 이러한 존속력이라는 표현은 독일 행정절차법 제43조 이하의 제2절 표제로 사용되고 있을 뿐, 그 의미가 무엇인지를 알기 어렵다. 다만, 학설상 존속력은 형식적 존속력과 실질적 존속력으로 구분하고 있다. 형식적 존속력은 불가쟁력(Unanfechtbarkeit)을 의미하는데, 우리도 이를 강학상 "불가쟁력"이라고 부르고 있다. 즉 쟁송기간의 경과로 인해 권리구제의 수단을 모두 소진하여 관련 규정에 의해 사안이 더 이상 통상의 권리구제를 받을 수 없는 경우를 말한다. 이와 달리 실질적 존속력의 내용은, 특히 적용영역에 따라 판례나 학설에서도 통일되어 있지 않다.[33] 그러한 이유로 Forsthoff는 學說의 迷路(Labyrinth der Meinung)라고 恨歎할 만큼 실질적 존속력(확정력)의 내용을 정확히 파악하기 어렵다고 吐露하고, 그 기능과 목적을 확정함으로써 이를 파악할 수 있다고 지적하고 있다.[34] 실질적 존속력에 관한 학설은 各樣各色이나, 그 주요한 견해를 소개하면 다음과 같다. 우선 행정행위에 의해 결정되는 것의 拘束力(Verbindlichkeit), 즉 법원 및 행정청을 구속하는 힘이라고 보고 矛盾禁止(Abweichungsverbot)라고 보는 견해,[35] 內容的 規準力(Maßgeb-

---

32) 예컨대 김도창, 전게서, 443면. 한편, '존속력'과 '확정력'의 개념구별에 대해서는 Maurer, a.a.O., § 11 Rn. 280 f.

33) Erichsen/Knoke, a.a.O., S. 187.

34) Forsthoff, Lehrbuch des Verwaltungsrechts, 10. Aufl., 1973, S. 253 f.

35) Merten, Bestandskraft von Verwaltungsakten, NJW 1983, S. 1996.

lichkeit)라고 보는 견해,[36] 拘束效(Bindungswirkung)과 制限的 廢止(廢效)可能性(Aufhebbarkeit)으로 이루어져 있다고 보는 견해,[37] 또한 처분청과 수범자 및 이해관계 있는 제3자에 대한 구속(효)의 의미로 이해하는 견해,[38] 그리고 持續性과 不可廢性(Unaufhebbarkeit)과 관련이 있다는 견해[39] 등이 있다. 그러한 이유에서 독일에서는 실질적 존속력을 (내용상) 불가변력(Unabänderbarkeit)이라고 부르기도 한다.

국내학설은 존속력을 不可爭力과 不可變力으로 구별하고 있으며, 형식적 존속력은 불가쟁력과 일치하며 논란의 여지가 없다. 반면, 실질적 존속력은 불가변력과 가깝다고 볼 수 있으나, 그 내용에 있어서는 다소 차이가 있다. 一說은 불가쟁력과 불가변력의 관계에 대하여, 서로 무관하다고 보고 있다.[40] 이 견해는 불가쟁력은 행정행위의 상대방이나 이해관계인에 대해서 영향을 미치나, 불가변력은 주로 처분청 등 행정기관에 대해서만 영향을 미친다고 보고 있다. 국내 학설은 실질적 존속력의 一內容인 구속효를 별개로 다루고 있으나, 독일에서는 실질적 존속력의 하나로 다루는 견해가 유력하다. 또한 이러한 구속효는 상대방이나 이해관계인뿐만 아니라, 처분청에게도 영향을 미친다고 보고 있다.[41] 실질적 존속력도 법적 안정성을 위한 제도라는 점에서 행정청(처분청)도 당연히 구속될 수 있다. 또한 이 견해는 불가쟁력이 발생한 행정행위가 당연히 불가변력을 발생시키는 것은 아니기 때문에, 불가쟁력이 발생한 행정행위도 불가변력이 발생하지 않는 한 당해 행정행위의 취소·변경을 할 수 있다고 한다. 그러나 실질적 존속력은 형식적 존속

36) Braun, a.a.O., S. 13.
37) Maurer, a.a.O., § 11 Rn. 5 ff.
38) Erichsen/Knoke, a.a.O., S. 189 f.
39) Bumke, in: Hoffmann-Riem/Schmidt-Aßmann/Voßkuhle (Hrsg.), Grundlagen des Verwaltungsrechts, Bd. II, § 35 Rn. 49.
40) 김남진·김연태, 행정법 I, 제16판, 289면.
41) Maurer, a.a.O., § 11 Rn. 6. 다만, 이러한 구속은 처분내용 그 자체에 대해서만 영향을 미치고, 그 처분의 이유에 대해서는 영향을 미치지 아니한다(Kopp/Ramsauer, VwVfG, § 43 Rn. 32).

력을 요건으로 하며,[42] 형식적 존속력의 결과로서 실질적 존속력이 발생한다고 볼 수 있다.[43] 이러한 실질적 존속력은 '제한된' 취소가능성을 의미할 뿐, 취소나 변경을 배제하는 것이 아니다. 그 밖에 필자는 종래 '공정력'이라는 개념으로 소개된 내용들이 대부분 실질적 존속력의 내용 중의 하나인 "制限된 廢止(廢效)可能性"에 溶解될 수 있다고 생각한다.[44]

선행처분의 후행처분에 대한 선결적 효력은 실질적 존속력과 밀접한 관계를 갖는다고 볼 수 있다. 이러한 선결적 효력은 규준력이론의 모태가 되고 있다. 선행처분의 후행처분에 대한 선결적 효력이 인정되는 경우에 쟁송기간의 실효성과 법적 안정성을 도모할 수 있는 장점을 가질 수 있다. 그러나 이러한 선결적 효력이 지나치게 넓게 인정될 경우 후행처분의 위법성에 대한 항고쟁송의 기회를 제한할 수 있다. 그러한 이유로 독일에서는 선결적 효력의 범위나 한계(주관적, 객관적 그리고 시간적 한계 등)가 논의되고 있다. 즉 실질적 존속력과 관련하여 객관적(사항적) 한계로 규율내용을, 주관적 한계로 처분청과 절차참가인 및 제3자 등 이해관계인, 그리고 시간적 한계로 처분시의 기초가 되는 사실 및 법상태를 고려할 수 있다.[45] 그 밖에 권리구제의 기회가 협소해지는 것을 방지하기 위해 추가적 요건으로 明瞭性(Eindeutigkeit), 豫見可能性 내지 槪觀性(Überschaubarkeit)을 들기도 한다.[46] 이는 선행처분의 법효과를 이후 절차단계에서 충분히 인식할 수 있어야 한다는 것이다. 예컨대 신체등위판정처분에 의한 병역적합성의 확정이 후속처분인 징집소환처분을 예견할 수 있어야 한다는 것이다. 이러한 추가적 요건은 법

42) Kopp/Ramsauer, VwVfG, § 43 Rn. 31; Sachs, in: Stelkens/Bonk/Sachs (Hrsg.), VwVfG, § 43 Rn. 52.

43) Bumke, in: Hoffmann-Riem/Schmidt-Aßmann/Voßkuhle (Hrsg.), a.a.O., § 35 Rn. 49.

44) 拙稿, "국가배상소송과 선결문제", 105-107면.

45) Erichsen/Knoke, a.a.O., S. 190 f.; Sachs, in: Stelkens/Bonk/Sachs (Hrsg.), VwVfG, § 43 Rn. 53.

46) Erichsen/Knoke, a.a.O., S. 191.

적 안정성과 밀접한 관련을 가진다.

한편, 우리 행정절차법과 달리, 독일 연방행정절차법에는 재심사에 관한 규정을 두고 있다. 행정청은 일정한 경우 불가쟁력이 발생한 행정행위의 廢止(廢效), 변경에 대한 이해관계인의 신청에 대하여 결정을 내려야 한다(독일 행정절차법 제51조 제1항).[47] 행정행위의 취소・철회는 실체법적 요건에 관하여 논의하는 것인 반면, 행정처분의 재심사는 절차법적・소송법적 의미를 가진다는 점에서 차이가 있다.[48] 그러나 이러한 존속력에 의한 선행처분의 규준력에 대해서는 실체법상의 청구권을 행사할 수 없음은 물론, 절차법상으로도 재심사를 청구할 수 없다.[49]

2. 日本 - 違法性의 承繼

瑕疵承繼論은 일본에서 전래된 것으로 볼 수 있는데, 일본의 違法性承繼論과 어떠한 차이점이 있는지를 살펴보는 것은 의미 있는 일이다. 위법성승계의 문제를 "公定力의 限界(내지 例外)"의 문제로서 이해하는 견해,[50] 이와 별개로 완전히 "獨自的인 法現想"으로 보는 견해[51]가 대립하고 있다. 일본의 문헌에서는 "위법성의 승계"에 관한 논의를 대체로 행정소송(취소소송)에서 다루는 것이 보통이다.[52] 日本 行政法學界의 泰斗였던 田中二郎은 후행처분 자체에 위법이 존재하지 않는 경우에도 선행처분의 위법성을 승계할 수 있는지 여부를 검토하고 있다. 즉

47) 독일 행정절차법 제51조에는 다음과 같은 재심사유를 제시하고 있다. 즉 ① 행정처분의 기초가 되는 事實 또는 法狀態가 사후에 이해관계인에게 유리하게 변경된 경우, ② 당사자에게 유리한 결정을 가져올 수 있는 새로운 證據가 제출된 경우, 그리고 ③ 민사소송법 제580조의 재심사유(民訴法 451조)가 발생한 경우이다. 한편, 1987년에 제정된 우리 행정절차법안 제33조에도 독일 행정절차법의 규정과 유사하게 행정처분의 재심사에 관한 규정을 두었다.

48) Maurer, Allgemeines Verwaltungsrecht, 16. Aufl., § 11 Rn. 54.

49) Badura, Das Verwaltungsverfahren, in: Erichsen/Ehlers(Hrsg.), a.a.O., § 38 Rn. 49.

50) 小早川光郞, 行政法 上, 1999, 297-298면.

51) 藤田宙靖, 行政法 I(總論), 217-218면.

52) 공정력의 한계 내지 예외로 이해하는 견해도 행정소송에서 논해야 한다고 기술하고 있다(小早川光郞, 前掲書, 298면).

그는 자신의 著書에서 위법성승계와 관련하여, "선행행위와 후행행위가 상호 결합하여 하나의 효과의 실현을 지향하며 이것을 완성하는 경우를 원칙적으로 -선행처분에 대하여 특별히 위법성의 승계를 중단하는 취지의 규정이 있을 때에는 예외적으로 — 적극적인 해석을 해야 하나, 선행행위와 후행행위가 상호 관련을 맺고 있지만 각각 별개의 효과를 목적으로 하는 경우에는 소극적으로 해석해야 한다"[53]라고 기술하고 있다. 田中二郎은 하자승계가 부인되는 경우로서 조세부과처분과 체납처분, 市町村議會의 豫算議決과 市町村稅의 賦課 등을 들고 있고, 하자승계가 인정되는 경우로서 농지매수계획이 위법한 것을 이유로 이에 기한 매수처분의 위법을 주장하는 경우를 소개하고 있다.[54] 위법성승계에 관한 田中二郎의 견해는 이후 많은 학자들에게 적지 않은 영향을 준 것으로 보이고, 우리 학계의 하자승계론도 역시 그러한 영향을 직·간접적으로 받았다고 볼 수 있다.

한편, 하자(위법성) 승계에 관한 논의가 왜 필요하였는지에 대해서 살펴볼 필요가 있다. 우선 塩野 宏은 出訴期間(提訴期間)의 運營이 문제된다고 지적한 바 있다.[55] 또 다른 견해도 위법성승계를 인정하는 이유를 "구제기회의 확대"에서 찾고 있다.[56] 즉 취소소송의 배타성에 따르는 행위에 대해서는 제소기간의 제한이 수반되고, 이를 경과하게 되면 구제의 기회를 잃게 된다는 것이다. 일본에서 전개되는 위법성승계의 요건에 대하여 살펴보면, 다소 견해의 차이는 있으나, 대체로 다음과 같다. 일본의 학설은 첫째, 선행처분과 후행처분이 連續되는 一連의 節次를 이루고 있을 것, 둘째, 선행처분과 후행처분이 서로 결합하여 同一한 또는 하나의 法律效果의 발생을 목적으로 하여야 한다고 보고 있다.[57] 다만, 여기에서 주목할 점은 일본의 위법성승계 논의가 반드시

---

53) 田中二郎, 新版 行政法 上卷, 全訂第二版, 弘文堂, 327면 이하.
54) 田中二郎, 前掲書. 327-328면.
55) 塩野 宏, 行政法 I, 第四版, 135면.
56) 芝池義一, 行政救濟法講義, 第3版, 72면.
57) 田中二郎, 前掲書, 327면; 藤田宙靖, 前掲書, 218면; 芝池義一, 前掲書, 73면.

선행처분의 '불가쟁력'을 전제로 하지 않는다는 점이다. 물론 일부 견해는 위에서 언급한 바와 같이 공정력과 연결해서 이해하는 경우도 있고, 그 의미를 '불가쟁력'이 전제된 것으로 새길 수도 있다. 위법성(하자) 승계의 구체적 사례로 위에서 설시한 경우 외에도 사업인정과 수용재결,[58] 체납처분에 있어서 압류와 공매처분 사이 등에는 위법성의 승계가 인정되나, 행정처분과 강제집행행위 사이에는 위법성의 승계가 부인되고 있다.[59]

3. 比較檢討

지금까지 하자승계론에 영향을 미친 일본의 위법성승계론과 규준력이론에 영향을 준 독일의 존속력을 서로 비교·검토하여 보았다. 우선 일본의 위법성승계에 관한 논의는 대체로 행정소송에서 다루어지는 반면, 독일의 존속력은 행정절차와 행정행위의 효과, 구속력 등과 관련하여 논의되고 있다. 둘째, 위법성승계는 후행처분에 위법사유가 없는 경우에 선행처분의 위법을 승계하여 다툴 수 있다는 점에서 권익구제의 확대를 도모할 수 있는 제도이나, 규준력이론은 존속력이 발생한 선행행위의 규준력 내지 구속력을 통한 법적 안정성을 목적으로 하고 있다. 셋째, 독일의 학설 및 판례는 실질적 존속력의 내용에 대해 의견의 일치를 보지 못하고 있으며, 오늘날 실질적 존속력의 문제를 규준력 내지 선결적 효력(기결력)의 문제로 보는 견해는 거의 없는 것으로 보인다. 또한 일본의 위법성승계론도 불가쟁력 또는 실질적 존속력 등과 연결하여 논의되고 있지 않다는 점도 주목할 필요가 있다. 이러한 점에 비

---

58) 이와 달리 우리 판례는 사업인정과 수용재결의 하자승계를 부인하고 있다. 즉 대법원은 "건설부장관이 택지개발계획을 승인함에 있어서 토지수용법 제15조에 의한 이해관계자의 의견을 듣지 아니하였거나, 같은 법 제16조 제1항 소정의 토지소유자에 대한 통지를 하지 아니한 하자는 중대하고 명백한 것이 아니므로 사업인정 자체가 당연무효라고 할 수 없고, 이러한 하자는 수용재결의 선행처분인 사업인정단계에서 다투어야 할 것이므로 쟁송기간이 도과한 이후에 위와 같은 하자를 이유로 수용재결의 취소를 구할 수 없다"라고 판시하고 있다(대법원 1993. 6. 29. 선고 91누2342 판결).

59) 芝池義一, 前揭書, 73면.

추어 하자승계론과 규준력이론은 서로 다른 차원의 문제라고 평가할 수도 있다. 다만, 우리나라에서는 하자승계론도 선행처분에 불가쟁력이 발생할 것을 전제로 하고 있고, 규준력이론도 존속력을 내용으로 하고 있다고 볼 수 있다. 그러한 점에서 양 이론은 일정 부분에 있어서 교차 영역을 가진다. 생각건대 행정행위의 실질적 존속력에 관한 논의를 살펴보면, 규준력의 관점보다 구속효(처분청, 상대방이나 경우에 따라 이해관계인), 내용의 불가변성이나 지속성 등이 주요한 내용을 이루고 있다.

V. 大法院判例의 分析 및 評價

1. 草創期 判例의 內容 및 特徵

(1) 대법원은 4292행상73 사건에서, 課稅處分과 滯納處分 사이의 하자승계를 부인하였다. 여기에서 "일정한 행정목적을 위하여 독립된 행위가 단계적으로 이루어진 경우에 있어서는 선행행위에 있어서의 당연히 무효로 될 사유가 있는 경우를 제외하고는 선행행위에 대한 위법의 하자가 후행행위에 당연히 승계된다고 할 수 없다"라고 판시하고 있다.[60] 이 사건은 교육세의 부과에 있어 국세인 교육세를 부과할 것을 지방세인 교육세를 부과하였으나 이것이 이미 확정되어 체납처분을 한 경우, 그 선행행위인 과세처분에 대한 하자를 이유로 후행행위인 체납처분을 다툰 사건이다. 여기에서 판례는 일정한 행정목적을 위하여 독립된 행위가 단계적으로 이루어진 경우에 선행행위인 과세처분의 하자가 당연무효사유를 제외하고 집행행위인 체납처분에 승계되지 아니한다고 보고 있다. 4292행상73사건은 하자승계를 부인하고 있으나, 하자승계에 관한 오래된 판례 중 하나라고 볼 수 있다. 이러한 입장은 그 이후의 판례에서도 그대로 유지되고 있다.[61] 또한 職位解除處分과 免職

60) 대법원 1961. 10. 26. 선고 4292행상73 판결.

61) 대법원 1987. 9. 22. 선고 87누383 판결. 즉 "다만, 조세의 부과처분과 압류 등의 체납처분은 별개의 행정처분으로서 독립성을 가지므로 부과처분에 하자가 있더라도 그 부

處分 사이에서도 동일한 논리로 하자승계를 부인하고 있다. 즉 대법원은 "국가공무원법 제73조의2 제1항 제2호에 따른 직위해제처분에 대하여 동법 제76조 제1항에 따라 그 처분이 있은 것을 안날로부터 30일 이내에 소청심사위원회에 심사청구를 하지 않으면 당연무효 등 사유가 없는 한 다시 다툴 수 없고, 위 직위해제처분을 전제로 한 면직처분에 대한 쟁송에서도 당연무효 아닌 사유를 들고 다툴 수 없다"라고 판시하고 있다.62) 다만, 불가쟁력이 발생한 선행처분에 대해 적법성을 추정하고 있는 경우도 있다. 예컨대 무허가 건물철거명령에 대한 쟁송제기기간을 도과하여 후행행위인 대집행계고처분에서 무허가건물이 아닌 적법한 건축물이라는 원고의 주장을 받아주지 아니하였다.63) 이 사건에서 대법원은 "법률에 의한 행정청의 무허가 건물철거명령에 대한 소구절차를 거치지 아니하였다면 이미 선행행위가 적법인 것으로 확정되었다 할 것이다"라고 판시하고 있다. 하자승계를 인정한 판례들을 살펴보면, 하자승계의 부인에 있어서 주요한 논거는 '불가쟁력', 또는 경우에 따라서는 종전의 '공정력'이론이라고 볼 수 있다. 다시 말하면, 판례는 적법한 구제절차를 거치지 아니하고 쟁송제기기간을 도과한 경우에, 이미 선행처분은 그 적법성이 확정되었으므로 후행처분에서 선행처분의 위법을 다툴 수 없다고 보고 있다. 이러한 판례의 입장은 흥미롭게도 규준력이론의 내용과 유사한 점도 있다. 즉 행정행위의 불가쟁력 내지 형식

과처분이 취소되지 아니하는 한 그 부과처분에 의한 체납처분은 위법이라고 할 수는 없지만, 체납처분은 부과처분의 집행을 위한 절차에 불과하므로 그 부과처분에 중대하고도 명백한 하자가 있어 무효인 경우에는 그 부과처분의 집행을 위한 체납처분도 무효라 할 것이다"라고 판시하고 있다.

62) 대법원 1971. 9. 28. 선고 71누96 판결. 또한 직위해제처분과 면직처분의 하자승계를 부인하는 기본적인 입장은 유지하면서, 동일한 절차 내지 단계적인 절차이기는 하나 별개의 법률효과를 목적으로 하는 처분이라는 특이한 논리를 전개하는 판례도 있다. 즉 "구 경찰공무원법 제50조 제1항에 의한 직위해제처분과 같은 제3항에 의한 면직처분은 후자가 전자의 처분을 전제로 한 것이기는 하나 각각 단계적으로 별개의 법률효과를 발생하는 행정처분이어서 선행직위 해제처분의 위법사유가 면직처분에는 승계되지 아니한다 할 것이므로 선행된 직위해제 처분의 위법사유를 들어 면직처분의 효력을 다툴 수는 없다"라고 판시하고 있다(대법원 1984. 9. 11. 선고 84누191).

63) 대법원 1975. 12. 9. 선고 75누218 판결.

적 존속력에 의해 그 내용의 불가변성 내지 지속성(실질적 존속력)이 발생하였다고 보는 것이다.

(2) 다음은 하자승계를 인정한 초창기의 판례를 살펴보도록 한다. 학설은 귀속재산 임대처분과 후행 매각처분에 관한 사건도 하자승계가 인정된 경우로 소개하는 것이 보통이다. 이 사건에서 대법원은 "소청제기기간이 경과하여 소청이 제기된 경우라 할지라도, 귀속재산 소청심의회에서 그 소청을 일단 수리하여 심의·판정하고 처분청이 그 심의판정서에 따라 처리한 경우에는 소청이 제기기간을 경과하여 제기되었다는 이유만으로 처분청의 처리가 위법하다고 할 수 없다"고 판시하고 있다.[64] 이 경우는 하자승계에 관한 문제라기보다, 제소기간의 도과 후 처분청의 수리에 의해 후속처분의 적법성을 인정한 경우로서 제소기간의 예외를 인정한 사례로 보는 것이 적절하다.

한지의사시험자격인정과 한지의사면허처분도 하자승계가 인정된 사례로 소개되고 있다. 이 사건은 원고가 사위의 방법으로 응시자격인정결정을 받고 취득한 한지의사면허처분취소가 적법한지 여부를 다투는 사건이다. 이 사건은 행정청(보건사회부장관)이 사위의 방법으로 응시자격인정의 결정을 얻고 이에 의하여 취득한 한지의사면허처분을 취소하였다는 점이 주목할 만하다. 일반적으로 하자(위법성)의 승계는 원고가 주장하지만, 이 사건에서는 피고 행정청에 유리한 논거로서 하자승계를 인정한 것이다.[65] 마찬가지로 이 판례에서도 하자승계의 요건에 대하여 상세히 언급하고 있지 않다.

요컨대 초창기의 판례에서는 하자승계에 관한 명확한 개념정의나 요건에 대해 언급하고 있지 않으며, 하자승계를 명확히 인정한 사례도 찾기가 쉽지 않다. 선행처분과 후행처분의 관계, 하자승계의 요건(동일한 절차 내지 법적 효과의 동일성 등)과 관련하여, 판례에는 1990년대에 들어와서야 비로소 지금과 같은 하자승계에 관한 논의가 언급되고 있다

64) 대법원 1963. 2. 7. 선고 62누215 판결.
65) 대법원 1975. 12. 9. 선고 75누123 판결.

고 볼 수 있다. 이하에서는 하자승계가 인정된 사례를 중심으로, 하자승계의 요건을 살펴보도록 한다.

2. 瑕疵承繼가 인정된 大法院 判例의 分析

(1) 선행처분과 후행처분이 同一한 法的 效果를 목적으로 하는 경우

하자승계를 인정하면서, 그 요건을 보다 명확히 설시하고 있는 사건은 안경사면허취소처분의 취소사건[66]이다. 이 사건에서는 국립보건원장의 안경사 시험합격 무효처분과 보건사회부장관의 안경사면허 취소처분 사이에 하자승계가 인정될 수 있는지가 문제되었다. 대법원은 "동일한 행정목적을 달성하기 위하여 단계적인 일련의 절차로 연속하여 행하여지는 선행처분과 후행처분이 서로 결합하여 하나의 법률효과를 발생시키는 경우, 선행처분이 하자가 있는 위법한 처분이라면, 비록 하자가 중대하고도 명백한 것이 아니어서 선행처분을 당연무효의 처분이라고 볼 수 없고 행정쟁송으로 효력이 다투어지지도 아니하여 이미 불가쟁력이 생겼으며 후행처분 자체에는 아무런 하자가 없다고 하더라도, 선행처분을 전제로 하여 행하여진 후행처분도 선행처분과 같은 하자가 있는 위법한 처분으로 보아 항고소송으로 취소를 청구할 수 있다"고 판시하였다. 이 판결은 당시 하자승계의 요건을 매우 상세히 설시하고 있다는 점에서 주목된다. 판례는 여기에서 하자승계가 인정되기 위한 요건을 열거하고 있다. 즉 첫째, 동일한 행정목적을 달성하기 위한 일련의 절차로 연속하여 행해질 것, 둘째, 선행처분과 후행처분이 서로 결합하여 하나의 법률효과를 발생시킬 것, 셋째, 선행처분에 대한 불가쟁력이 발생하여 그 효력을 다툴 수 없을 것 등을 제시하고 있다.[67] 선

66) 대법원 1993. 2. 9. 선고 92누4567 판결.

67) 이러한 하자승계의 요건은 후술하는 양도소득세등부과처분취소사건에서 보다 분명히 제시되어 있다. 즉 대법원은 "두 개 이상의 행정처분이 연속적으로 행하여지는 경우 선행처분과 후행처분이 서로 결합하여 1개의 법률효과를 완성하는 때에는 선행처분에 하자가 있으면 그 하자는 후행처분에 승계되므로 선행처분에 불가쟁력이 생겨 그 효력을 다툴 수 없게 된 경우에도 선행처분의 하자를 이유로 후행처분의 효력을 다툴 수 있는

행처분과 후행처분이 연속된 절차의 경우는 물론, 서로 독립된 별개의 처분인 경우(과세처분과 체납처분 사이)에도, 선행처분이 무효이면, 후행처분도 당연히 무효가 된다. 따라서 선행처분이 무효인 경우에 후행처분의 무효인지 여부는 하자승계의 논의와 별개이며, 여기에서는 제외할 필요가 있다.

이어서 하자승계가 인정된 것은 동일한 절차 내에 있는 선행처분과 후행처분의 사례이다. 예컨대 조세체납처분의 절차(독촉, 압류, 매각 및 충당), 그리고 행정대집행의 절차(계고, 대집행영장의 통지, 실행 및 비용징수) 등이다. 대법원은 대집행계고와 비용납부명령,[68] 대집행계고와 대집행영장통지처분[69] 사이에 각 하자승계를 인정하고 있다. 이러한 경우는 적어도 연속되는 일련의 절차에서, 선행처분과 후행처분이 동일한 효과를 지향하고 있다고 볼 수 있다. 다만 대집행계고와 비용납부명령 사건에서는 "대집행의 실행이 이미 사실행위로서 완료되어 계고처분의 취소를 구할 법률상 이익이 없게 되었으며"라고 판시하여, 쟁송기간의 도과('불가쟁력') 대신에 "소익의 상실"을 이유로 제시하고 있음이 그 특징이다.

(2) 선행처분과 후행처분이 別個의 효과를 목적으로 하는 경우에 수인가능성이나 예측가능성을 기준으로 하자승계를 인정한 경우

여기에서 주목되는 것은 판례가 하자승계의 요건에 해당하지 않는 경우에도, 즉 선행처분과 후행처분이 독립된 처분으로서 서로 별개의 효과를 목적으로 하는 경우에도 하자승계를 인정하고 있다는 점이다. 그 대표적 사례는 개별공시지가결정과 과세처분의 하자승계 여부에 관

반면 선행처분과 후행처분이 서로 독립하여 별개의 법률효과를 목적으로 하는 때에는 선행처분에 불가쟁력이 생겨 그 효력을 다툴 수 없게 된 경우에는 선행처분의 하자가 중대하고 명백하여 당연무효인 경우를 제외하고는 선행처분의 하자를 이유로 후행처분의 효력을 다툴 수 없는 것이 원칙이다"라고 판시하고 있다(대법원 1994. 1. 25. 선고 93누8542 판결).

68) 대법원 1993. 11. 9. 선고 93누14271 판결.

69) 대법원 1996. 2. 9. 선고 95누12507 판결.

한 사건이었다. 여기에서 법원은 “개별공시지가결정은 이를 기초로 한 과세처분 등과는 별개의 독립된 처분으로서 서로 독립하여 별개의 법률효과를 목적으로 하는 것”이라고 전제하고 있다. 이러한 점은 종래의 하자승계론에 따를 경우 하자의 승계가 부인된다. 그러나 대법원은 “선행처분과 후행처분이 서로 독립하여 별개의 효과를 목적으로 하는 경우에도 선행처분의 불가쟁력이나 구속력이 그로 인하여 불이익을 입게 되는 자에게 수인한도를 넘는 가혹함을 가져오는 경우”, 즉 당사자에게 예측가능성이 없는 경우에는 이러한 구속력을 부인하고 있다. 여기에서 주목할만 점은 당해 판례가 하자승계론을 일관되게 유지하는 것인지, 아니면 규준력이론을 적용하는 것인지 여부가 모호한 표현으로 되어 있다는 것이다. 또한 수인가능성이 소위 규준력이론에서 비롯된 것인지, 아니면 독자적인 법원칙으로 주장되는 것인지도 의문이다. 종전의 대법원판례가 변경되지 않는 것을 전제로 하는 한,[70] 이러한 판례이론은 그 표현이나 내용에 있어서 문제가 없지 않다. 특히 이 판례에서는 “수인가능성” 내지 “예측가능성”이라는 기준을 사용하고 있다는 점에서 더욱 그러하다. 해당 판례는 하자승계론을 바탕으로 하면서도, 당시 학설로서 강력하게 부상하고 있던 규준력이론을 접목시킨 결과로 보인다. 다만, 규준력이론에서는 추가적 요건인 예측가능성이나 수인가능성을 적용하여 선행처분의 후행처분에 대한 규준력 내지 구속력을 차단하고 있다는 점에서 차이가 있다.

또한 대법원은 “위법한 개별공시지가결정에 대하여 그 정해진 시정절차를 통하여 시정하도록 요구하지 아니하였다는 이유로, 위법한 개별공시지가를 기초로 한 과세처분 등 후행행정처분에서 개별공시지가결정의 위법을 주장할 수 없도록 하는 것은 수인한도를 넘는 불이익을 강요하는 것으로서 국민의 재산권과 재판받을 권리를 보장한 헌법의 이념에도 부합하는 것이 아니라고 할 것이다”라고 판시하고 있다. 이 부

70) 실제 판례에는 종전의 입장을 변경하는 것에 대한 언급이 전혀 없다.

분은 앞에서 소개한 바와 같이, 독일의 연방행정법원에 의해 형식적 존속력(불가쟁력)이 발생한 건축허가 거부처분이 후행행위인 철거하명에 대한 기결력 내지 선결적 효력이 부인된 사건을 연상시킨다.[71] 이와 같이 선행처분과 후행처분이 서로 다른 별개의 효과를 목적으로 함에도 불구하고 하자승계를 인정한 배경에는, 종래의 하자승계이론이 지나치게 단순하고 형식적이라는 비판이 제기되었고, 또한 불가쟁력이 발생한 선행처분의 하자를 후행처분에서 다투어도 법적 안정성이나 제3자의 보호에 문제가 되지 않는다면 하자승계를 널리 인정하여야 한다는 견해를 따른 결과이다.[72] 이러한 판례의 입장은 서로 배경을 달리하는 이론을 접목시켜 하자승계론의 논리적 일관성을 결여하였다는 비판이 제기될 수 있다. 또한 하자승계가 부인되는 경우에도 "수인가능성" 또는 "예측가능성"이라는 기준을 통해 하자승계의 범위를 확대함으로, 법적 안정성을 위한 제도적 장치로서 '불가쟁력'을 더욱 무의미하게 만들었다. 이 문제는 반드시 하자승계론과 접목시키지 않더라도, 제소기간 그 자체 내지 예외의 문제로서 접근할 수도 있다. 이 사건과 같이 개별공시지가를 토지소유자나 이해관계인에게 개별적으로 고지하도록 되어 있는 것이 아닌 경우에, 이에 대한 취소소송의 경우 "처분이 있음을 안 날"을 기산하는 것을 달리 볼 수도 있다. 또는 예외적으로 "처분이 있은 날로부터 1년"을 기준으로 제소기간을 산정할 수도 있다. 그러나 현실적으로 개별공시지가를 다투기를 기대하기 어려워, 이러한 제소기간도 모두 경과할 가능성이 높다. 이 경우 위법한 개별공시지가를 기초로 한 과세처분을 어떻게 이해할 것인지가 문제된다. 과연 전통적인 하자승계론에 의할 경우, 개별공시지가와 과세처분이 연속된 일련의 절차로서 서로 결합하여 하나의 법률효과를 발생시키는 경우에 해당하는지 여부이다. 개별공시지가와 과세처분은 동일한 법률효과를 목적으로 하는 것은 아니다. 또한 양자가 통상적으로 하나의 연속된 절차로 보기도

---

71) BVerwGE 48, 271 ff.

72) 예컨대 卞在玉, 행정법강의(I), 355면; 박윤흔, 전게서, 422-423면.

어려운 점이 있다. 따라서 이러한 불합리한 현실의 문제를 해결하기 위해서 하자승계이론을 수정할 필요가 생긴다. 특히 이 사례와 같이 통상적으로는 선행처분과 후행처분이 동일한 법률효과를 지향하지 않을지라도, 과세처분이 부과되는 경우에 그 직접적 근거 내지 기초가 되는 개별공시지가는 서로 결합하여 동일한 효과를 목적으로 하는 일련의 연속된 절차로 볼 수도 있을 것이다.

또한 판례는 동일한 논거로 (비교)표준지공시지가결정과 수용재결에 대해서도 하자승계를 인정하고 있다. 즉 본래 표준지공시지가결정과 이를 기초로 한 수용재결 등과는 별개의 독립된 처분으로서 별개의 법률효과를 목적으로 하지만, 수인가능성 내지 예측가능성을 이유로 하자승계를 인정하였다.[73] 이 사례도 위법한 표준지공시지가결정에 근거한 수용재결을 전통적 하자승계이론에 의해 수렴할 수 있는지가 관건이다. 그 후 대법원은 수인가능성 내지 예측가능성의 요건을 엄격히 해석하면서, 당사자에게 귀책사유가 있는 경우에는 하자승계를 부인하고 있다. 특히 당사자가 개별공시지가결정에 대한 재조사청구에 따른 조정결정을 통지받고서도, 이를 기초로 한 양도소득세 부과처분 취소소송에서 다시 개별토지가격 결정의 위법을 당해 과세처분의 위법사유로 주장할 수 없다고 하여, 수인가능성이나 예측가능성을 부인하고 있다.[74] 그러나 이러한 논리는 원칙(하자승계의 부정) → 예외(수인가능성에 의한 하자승계의 인정) → 예외의 부정(원칙복귀: 하자승계 부정)이라는 과정을 거치고 있다.

73) 즉 대법원은 "위법한 표준지공시지가결정에 대하여 그 정해진 시정절차를 통하여 시정하도록 요구하지 않았다는 이유로 위법한 표준지공시지가를 기초로 한 수용재결 등 후행 행정처분에서 표준지공시지가결정의 위법을 주장할 수 없도록 하는 것은 수인한도를 넘는 불이익을 강요하는 것으로서 국민의 재산권과 재판받을 권리를 보장한 헌법의 이념에도 부합하는 것이 아니다"라고 판시하고 있다(대법원 2008. 8. 21. 선고 2007두13845 판결).

74) 대법원 1998. 3. 13. 선고 96누6059 판결.

3. 判例의 問題點 및 批判

이상의 고찰에서 하자승계이론은 어느 정도 확고한 판례이론으로서 정립되어 있다. 그러나 위에서 살펴본 바와 같이 하자(위법성)승계론과 규준력이론은 그 본질과 배경을 달리하고 있다. 따라서 판례는 하자승계론과 규준력이론을 절충하는 방법을 지양할 필요가 있다. 오히려 하자승계에 관한 판례이론을 좀 더 정치하게 구성하는 노력이 필요할 것이다. 특히 종전 판례의 내용에 변화에 생긴 것은 개별공시지가와 과세처분에 관한 사건이다. 이 사건에서 판례는 선행처분과 후행처분이 서로 별개의 독립된 효과를 목적으로 하는 경우에도, 예외적으로 수인가능성이 없는 경우에는 하자승계가 인정될 수 있다고 판시하였다. 이러한 입장은 소수설의 입장을 따른 것이다. 또한 수인가능성과 관련하여 당사자의 귀책사유가 인정되는 경우에는 다시 하자승계를 부인하고 있다. 이러한 경우에도 선행처분과 후행처분은 원래 서로 독립된 처분으로서 별개의 효과를 목적으로 하는 경우이다. 하자승계는 예외적으로 인정되는 것이며, 수인가능성 내지 예측가능성을 통해 그 예외의 예외를 다시 인정할 수 있는 지를 검토하고, 또 다시 이를 부정하는 논리는 혼란스럽고 설득력을 반감시킨다.

필자는 "수인가능성" 내지 "예측가능성"이라는 기준은 하자승계론에서 제외하는 것이 바람직하며, 종전의 하자승계이론에서 그 요건을 새로이 구성할 필요가 있다고 생각한다. 하자승계론의 본고장인 일본에서 이러한 요건을 언급하고 있지 않음에 주의할 필요가 있다. 이러한 "수인가능성" 내지 "예측가능성"이라는 요건은 규준력이론에서 선행처분의 후행처분에 대한 선결적 효력 내지 기결력을 차단함으로써, 다시 선행처분의 위법성에 대한 쟁송의 기회를 확대하기 위한 통로를 마련하고 있다. 역설적으로 법적 안정성을 강조하는 규준력이론은 추가적 요건을 통해 오히려 제소기간과 불가쟁력을 퇴색시키게 되었다. 수인가능성은 하자승계론에 어울리지 않는 의복과 같으며, 하자승계론은 이제 본연의 모습으로 되돌아가야 한다. 하자(위법성)의 승계는 선행처분의 위법(하자)을 후행처분에서 다투게 하는 것에 있다. 따라서 비록 모호한 요건이기는 하나, “일련의 절차”, “법률효과의 동일성” 등을 유연하게 해석하는 노력이 필요하다. 예컨대, 同一한 節次로 볼 수 있는 체납처분절차(독촉, 압류, 매각 및 충당)나 대집행절차(계고, 대집행영장의 통지, 실행 및 비용징수) 등의 경우에 하자승계가 인정될 수 있음은 물론이다. 또한 선행처분에 기초한 후행처분이 서로 밀접한 관련을 가지고 있고, 선행처분에 대한 쟁송의 가능성이 현실적으로 낮은 경우에는 후행처분을 발급받은 경우에 先行處分에 기초한 後行處分이 결합하여 一連의 節次를 이루고 동일한 법률효과를 목적으로 한다고 해석할 수 있을 것이다. 예컨대 개별공시지가와 과세처분, 표준지공시지가와 수용재결처분 등이 그러하다. 한편, 一說은 하자승계론의 문제점을 지적하면서, 그 해결방법으로 “내부적 관련성”이라는 기준이 필요하다고 한다. 즉 선행처분과 후행처분 사이에 내부적 관련성이 인정되는 경우에는 하자승계를 인정할 수 있다는 것이다. 예컨대 종국적인 하나의 행정목적을 달성하기 위한 중간단계나 수단에 해당하는 행정행위 사이, 또는 선행처분이 후행처분의 효력발생의 전제조건이 되는 경우(하명행위와 이에 근거한 집행행위)에는 내부적 관련성이 인정된다고 한다.[75] 그러나 이러한 견해가 스스로 인정하고 있는 바와 같이 양 행정행위 사이의 내부적 관련성을 인정할 수 있는 기준이나 징표를 일반화하기는 쉽지 않을 것으로 보인다. 생각건대 처분의 “독립성”이라는 기준은 매우 상대적이며, “절차의 연속성”, “법률효과의 동일성” 등의 기준도 그러하다. 이러한 해석은 종국적으로 법원의 해석에 달려있다. 다만, 주의할 것은 하자승계는 원칙이 아닌, 예외적 현상이라는 점이다. 한편, 일본에서는 사업인정과 수용재결에 대한 하자승계를 인정하는 것이 다수설이나, 우리 판례는

75) 류지태, 전게서, 91면.

이를 부인하고 있다.[76] 이러한 점은 위에서 언급한 요건들이 매우 상대적으로 해석될 수 있음을 보여준다. 이와 관련된 판례의 변화를 기대해 본다.

Ⅵ. 맺음말

지금까지 하자승계론에 관한 국내의 학설 및 판례, 그리고 그 이론적 배경이 되고 있는 독일 및 일본의 입법례를 살펴보았다. 하자승계론은 본연의 모습에서 다소 이탈되어 있는 느낌을 주고 있다. 이론적인 순수성을 되찾고, 본연의 하자승계론으로 복귀할 필요가 있다. 특히 판례는 개별공시지가와 과세처분에 관한 사건(대법원 93누8542사건)에서 논리적 일관성을 결여하였다. 규준력이론은 하자승계론과 그 본질을 달리한다. 하자승계론은 행정소송(취소소송)에서 선행처분의 하자를 가지고 후행처분을 다투는 것인 반면, 규준력이론은 주로 행정절차에서 행정행위의 존속력과 관련하여 논의되는 것이다. 불가쟁력이라는 요소가 매개되지 않는 한, 하자승계론과 규준력이론은 서로 교착점을 찾기 어렵다. 규준력이론은 행정행위의 존속력과 구속력, 또는 효력 등과 관련하여, 중요한 이론적 자산이며 성과이다. 행정행위의 존속력은 판결의 효력(기판력)과 구별되는 것이 지배적이며, 오늘날 그 자체로 독자적 의미를 가질 수 있다. 이에 대한 판례이론은 매우 부족한 실정이다. 존속력에 대한 의미를 정확히 되새길 경우, 舊態로 머물고 있는 공정력개념도 더 이상 존속시킬 실익이 크지 않다. 따라서 행정행위의 존속력에 관한 논의를 보다 깊이 있게 할 필요가 있으며, 규준력이론은 그러한 단초가

---

76) 즉 대법원은 "건설부장관이 택지개발계획을 승인함에 있어서 토지수용법 제15조에 의한 이해관계자의 의견을 듣지 아니하였거나, 같은 법 제16조 제1항 소정의 토지소유자에 대한 통지를 하지 아니한 하자는 중대하고 명백한 것이 아니므로 사업인정 자체가 당연무효라고 할 수 없고, 이러한 하자는 수용재결의 선행처분인 사업인정단계에서 다투어야 할 것이므로 쟁송기간이 도과한 이후에 위와 같은 하자를 이유로 수용재결의 취소를 구할 수 없다"라고 판시하고 있다(대법원 1993. 6. 29. 선고 91누2342 판결).

될 것이다. 무엇보다 규준력이론은 불가쟁력이나 제소기간 운영 등의 경시를 경고하고 있다는 점에서 높이 평가할 만하다.

第 6 章

法律의 違憲決定의 效力과 行政處分의 法的 效果

- 특히 대법원 2012. 2. 16. 선고 2010두10907 전원합의체 판결을 중심으로 -

Ⅰ. 序　論

헌법재판소에 의해 위헌으로 결정된 법률에 근거한 행정처분과 그 집행행위인 후속집행처분(체납처분)의 효력에 대해서는 여전히 학설상 미궁(迷宮)의 상태이다. 특히 조세법 분야에서 과세처분의 근거가 되었던 법률규정에 대해 위헌결정이 내려진 경우, 그 조세채권의 집행을 위한 체납처분의 효력이 문제가 되고 있다. 이와 관련하여 대법원은 2010두10907 전원합의체 판결(이하 "대상판결"이라 한다)에서 위헌결정의 효력에 위배하여 이루어진 체납처분(압류처분)이 '당연무효'라고 판시하였다.[1] 이 사건에서 Y세무서장은 1997. 10. 22. 원고 X에게 구 국세기본법 제39조 제1항 제2호 다목에 규정된 제2차 납세의무자에 해당한다는 이유로 A주식회사의 체납국세에 대한 과세처분을 하였다. 그런데 헌법재판소는 1998. 5. 28. 그 과세처분의 근거법률이 조세평등주의와 실질적 조세법률주의에 위반되고 과점주주의 재산권을 침해한다는 이유로 위헌을 결정하였다.[2] 그러나 Y세무서장은 2005. 10. 11. 이 사건 과세

1) 대법원 2012. 2. 16. 선고 2010두10907 전원합의체 판결.
2) 헌재 1998. 5. 28. 97헌가13, 판례집 10-1, 570면 이하.

처분에 따라 당시 유효하게 시행 중이던 국세징수법을 근거로 원고 X가 체납 중이던 체납액 및 결손액(가산세 포함)을 징수하기 위하여 X 명의의 예금채권을 압류하였다. 이 사건에서 원고 X는 Y세무서장의 압류처분에 대해 무효를 구하는 소를 제기하였다.

이 사건과 관련하여 다수의견은 선행처분의 효력에 관하여 전혀 언급하지 않은 채, 후속처분을 무효라고 보고 있다. 후속처분을 무효로 보는 논거로서 위헌결정 이후에 조세채권의 집행을 위한 새로운 체납처분에 착수하거나 이를 속행하는 것은 허용되기 어렵고, 위헌결정의 효력에 위배하여 이루어진 체납처분은 그 사유만으로 하자가 중대하고 객관적으로 명백하여 당연무효라는 것이다. 또한 위헌결정 전에 이미 형성된 법률관계에 기한 후속처분이라도 그것이 "새로운 위헌적 법률관계를 생성·확대하는 경우"라면 허용될 수 없다고 판시하고 있다. 이에 대해 반대의견(대법관 안대희, 대법관 신영철, 대법관 김용덕)은, 행정청이 어떠한 법률의 조항에 근거하여 행정처분을 한 후 헌법재판소가 그 조항을 위헌으로 결정하였더라도 그 행정처분이 결과적으로 법률의 근거 없이 행하여진 것으로서 후발적으로 하자가 있게 된다고 하여 무효로 볼 수 없고 취소사유에 불과하다고 보고 있다. 일반적으로 법률이 헌법에 위반된다는 사정은 헌법재판소의 위헌결정 전에는 객관적으로 명백하다고 볼 수 없어 특별한 사정이 없는 한 그러한 하자는 당연무효에 해당한다고 보기 어렵다는 것이다. 나아가 반대의견은 일정한 행정목적을 위하여 독립된 행위가 단계적으로 이루어진 경우에 선행처분에 당연무효 또는 부존재인 하자가 있는 때를 제외하고 그 하자가 후속처분에 당연히 승계된다고 볼 수 없다고 보고 있다. 특히 과세처분과 체납처분(압류처분)은 서로 별개의 독립된 행정처분으로서 선행처분이 당연무효인 경우를 제외하고 과세처분의 하자를 이유로 후속 체납처분의 효력을 다툴 수 없다고 보고 있다. 그리고 체납처분 절차의 진행을 금지하여 실질적으로 당해 과세처분의 효력을 부인하고 사실상 소멸시키는 데까지 위헌결정의 기속력 범위가 지나치게 확장되어서는 안 된다고 비판하고 있다.

지금까지 이 판례에 대하여 學界에서는 다양한 의견이 제시된 것이 사실이나,[3] 여전히 논란의 여지를 남겨 놓고 있다. 다수의견은 이 사건에서 위헌결정이 해당 법률에 근거한 처분에 어떠한 영향을 미치는지에 대하여 언급하고 있지 않을 뿐만 아니라, 위헌결정의 효력이 왜 후속집행행위까지 미칠 수 있는지에 대해서 설득력 있는 논거를 제시하지 않고 있다. 이와 관련하여 행정처분이 발급된 후 그 근거법률이 위헌으로 결정된 경우, 그 행정처분의 효력이 무효인지 취소인지 여부가 확정되어야 한다. 이 문제는 위헌결정의 소급효와 밀접한 관련을 가진다. 대상판결에서 다수의견은 위헌법률에 근거한 행정처분의 효력에 대하여 명확히 언급하지 않았는데, 이 문제는 위헌법률의 효력 및 헌법재판소법 제47조 제2항의 해석과 관련하여 헌법학계에서도 오래전부터 논쟁의 대상이 되어왔던 것이 사실이다. 이 문제를 논하기 위해서는 우선 위헌결정의 효력에 관한 논의가 선행되어야 한다. 또한 대법원의 반대의견에서 지적한 바와 같이 위헌결정의 기속력이 위헌법률에 근거한 행정처분뿐만 아니라 그 후속처분까지 미친다고 해석할 수 있는지에 대해서도 충분한 논의가 필요하다. 이러한 문제는 선행처분의 효력과도 밀접한 관련이 있다. 따라서 본고에서는 위헌결정의 효력, 선행처분과 후속집행처분의 관계 등에 관한 몇 가지 쟁점사항에 대해 지금까지의 논의를 종합하여 비판적으로 검토하고, 후속처분의 무효에 관한 구체적 논거를 제시하도록 한다. 이하에서는 위헌결정의 효력과 소급효(Ⅱ), 위헌법률에 근거한 선행처분의 법적 효과(Ⅲ), 그리고 위헌결정에 따른

3) 김용섭, "위헌법률에 근거한 과세처분의 집행 허용여부: 대법원 2012. 2. 16. 선고 2010두10907 전원합의체 판결을 중심으로", 대한변협신문 제441호(2013. 4), 13면; 서보국, "합헌적 집행법률에 근거한 압류처분의 위헌적 결과에 대한 권리구제의 직접근거로서 헌법 제107조 제2항", 행정판례연구 제18집 1호, 3면 이하; 성중탁, "선행 과세처분의 근거 법률이 위헌선고된 경우, 과세채권의 집행을 위한 후행 체납처분의 효력", 저스티스 통권 제136호(2013. 6), 228-253면; 이철환, 위헌결정에 근거한 행정처분의 집행가능성, 전북대학교 법학연구 제36집(2012. 9), 371-400면; 정호경, "행정처분 발령 후 근거법률이 위헌결정된 경우의 행정처분의 효력", 행정법연구 제17호(2007. 5), 87-110면 등.

처분의 집행행위의 효력(Ⅳ)에 대해 살펴보도록 한다.

Ⅱ. 違憲決定의 效力에 관한 論議

1. 違憲決定의 效力과 遡及效

위헌결정의 효력에 대해서는 학설이 대립하고 있다. 이와 관련하여 위헌결정에 의해 근거 법률이 처음부터 당연무효인지, 아니면 위헌결정의 효력이 원칙적으로 장래에 향하여 미친다고 보는지가 다투어지고 있다. 이 문제를 검토하기에 앞서 위헌결정의 실체적 효력이 학계에서는 여전히 논란이 되고 있는데, 독일 입법례의 영향으로 當然無效說(ipso iure Nichtigkeit)과 廢止無效說(Vernichtbarkeitslehre)[4]이 대립하고 있다. 당연무효설은 위헌결정에 의해 해당 규범이 처음부터(ex tunc) 무효라는 것을 전제로 하고 있으나, 폐지무효설은 위헌결정에 의해 장래에 향하여 규범의 廢止(Aufhebung)가 인정된다고 보고 있다. 대법원은 대상판결에서 위헌법률에 근거한 선행처분(과세처분)의 효력에 대해 명확히 언급하지 않고, 후속처분인 압류처분의 효력만 판시하였다. 종래 대법원은 행정처분이 발급된 후 그 근거법률에 대해 위헌결정이 선고되더라도 원칙적으로 그 행정처분이 당연무효가 아니라고 보고 있었다. 그러한 이유로 위 대상판결의 반대의견은 선행처분을 취소로 보고 있는 것이다. 대상판결을 정확히 검토하기 위해서는 위헌결정의 효력에 관한 논의가 선행되어야 한다. 즉 위헌결정에 의해 당해 법률을 처음부터 당연히 무효로 보아야 하는지, 아니면 헌법재판소의 위헌결정에 의해서야 비로소 규범의 효력을 장래에 대하여 無效化(Vernichtung)를 시킬 것인지에 대해 다투어지고 있다. 물론 후자의 견해에 의하는 경우에도 예외적으로(제한적으로) 위헌결정의 소급효가 인정될 수

---

4) 이를 학자에 따라 "폐지설" 또는 "취소설" 등으로 부르기도 한다. 본고에서는 "폐지무효설"이라고 표현하기로 한다.

있다. 따라서 이하에서는 위헌결정의 효력과 소급효에 관한 학설 및 판례의 입장을 검토하기로 한다.

2. 違憲決定의 效力에 관한 學說上 論議

위헌결정의 효력과 관련하여, 헌법재판소의 출범 후 헌법학계에서는 이미 다양한 논의를 전개한 바 있는데,[5] 이 문제는 "헌법재판분야에서 가장 격렬한 논쟁"[6]으로 평가받고 있다. 우리 헌법에는 違憲決定의 效力에 관한 명시적 규정이 없으나, 헌법재판소법 제47조 제1항에서는 "위헌으로 결정된 법률 또는 법률의 조항은 그 결정이 있은 날로부터 효력을 상실한다"라는 규정을 두고 있다. 전술한 바와 같이 위헌결정의 효력에 관하여 당연무효설과 폐지무효설이 첨예하게 대립하고 있다.

우선 當然無效說은 실체적 정의에 충실한 견해로서, 헌법재판소의 위헌결정에 의해 해당 법률은 무효라는 것이 확인되어 소급하여 처음부터 효력을 상실하게 된다고 보고 있다.[7] 이 경우 헌법재판소의 위헌결정은 선언적 효력을 가질 뿐, 창설적 효력을 갖지 못한다고 보고 있다.[8] 국내학설 중에는 우리 헌법이 당연무효설을 전제로 하고 있다고 보면서, 헌법재판소법 제47조 제2항도 위헌법률의 당연무효를 전제로 하여 소급효의 범위를 제한하기 위해 규정된 것이라고 이해하는 견해도 있다.[9] 또한 위헌결정의 소급효를 차단하는 것이 헌법 제103조, 제

---

5) 이에 관한 주요한 선행연구로는 계희열, "법률에 대한 위헌판결의 효력", 법률의 위헌결정과 헌법소원의 대상, 헌법재판연구 제1권(1990. 10), 173-232면; 尹眞秀, "違憲法律의 效力-憲法裁判所法 제47조 제2항의 憲法的 檢討", 憲法論叢 제1집(1990), 273-321면; 同人, "위헌인 법률에 근거한 행정처분의 당연무효 여부", 법조 제44집 제10호(1995), 147-173면.

6) 정태호, "법률에 대한 위헌결정의 소급효문제에 대한 비판적 고찰", 법률행정논총 제19집(2000. 1), 199-224면.

7) 그러나 개념상 當然無效(ipso iure Nichtigkeit)는 무효의 방식에 관한 것이고, 처음부터 효력이 없는 遡及無效(ex-tunc Nichtigkeit)는 무효의 시기에 관한 것이라는 점에서 양자는 다소 차이가 있는 것이 사실이다. 소급무효가 당연무효는 아닐 수 있으나, 당연무효란 처음부터 효력이 없음을 의미하는 것이 보통이다. 이에 대해서는 계희열, 전게논문, 175면.

8) 계희열, 전게논문, 175면.

27조 및 헌법 제10조 후단 등을 근거로 헌법에 저촉될 수 있다는 견해도 있다.[10] 그 주장의 핵심적 내용은 소급효가 없으면 위헌결정 이후에도 그 이전에 성립한 법률관계에 대해서는 위헌 법률을 적용해야 하며, 합헌적인 법률에 의한 국민의 재판청구권을 침해할 수 있고, 나아가 위헌 법률의 계속 적용시 국민의 기본권 보장의무를 침해할 수 있다는 것이다. 독일에서는 전통적으로 위헌인 법률은 처음부터 당연무효라고 보고 있으며, 이것이 현재 통설·판례의 입장이다.[11] 그러나 당연무효설은 법이론적으로는 매우 명쾌하고 實體的 正義의 실현에 기여할 수 있으나, 위헌결정에 의해 법률의 개정이나 새로운 제정이 있을 때까지 공백상태에 있게 되어 법적 안정성을 위태롭게 할 수도 있다.

이에 반해 '폐지무효설'은 법적 안정성을 강조하고 있다. 그러한 이유에서 독일에서는 통설적 견해를 비판하면서 '폐지무효설'이 유력하게 제기되고 있다.[12] 특히 독일 연방헌법재판소법의 개정논의에서 폐지무효설을 도입하기 위한 수차례 시도가 있었다.[13] 이러한 폐지무효설을 취하는 대표적인 입법례는 오스트리아의 입법례인데, 그 사상적 기원은 켈젠(Hans Kelsen)과 메르클(Merkle) 등의 段階論(Stufen-Lehre)에서 찾고 있다.[14] 그리고 독일의 학설 가운데에는 무효선언의 객관적(또는 내부적) 형성효(Gestaltungseffekt)를 강조하면서, 이러한 무효선언을 법원에 의한 규범의 폐지(Aufhebung)로 이해하는 견해도 있다.[15] 이러한 견해도 폐지무효설에 가까운 것으로 볼 수 있다. 국내에서도 폐지(무효)

---

9) 이강국, "위헌법률의 효력", 행정판례연구 제2집, 333면 이하(345면).
10) 이에 대해서는 尹眞秀, 전게논문, 311-313면.
11) Schlaich/Korioth, Das Bundesverfassungsgericht, 9. Aufl., Rn. 379 ff. 이러한 연방헌법재판소의 위헌결정은 宣言的 效力을 가진다(Maunz/Schmidt-Bleibtreu/Klein/Bethge, BVerfGG, § 79 Rn. 17 f.).
12) Schlaich/Korioth, a.a.O., Rn. 381 참조.
13) 독일 연방헌법재판소법의 제정과정에서의 상세한 논의에 대해서는 계희열, 전게논문, 208-230면 참조.
14) Ulrich Battis, in: Isensee/Kirchhof (Hrsg), Handbuch des Staatsrechts der Bundesrepublik Deutschland, Bd. XII, § 275 Rn. 40.
15) Christian Pestalozza, Verfassungsprozessrecht, 3. Aufl., § 20 Rn. 15 f.

설을 주장하는 견해가 유력하다. 즉 헌법 제113조 제1항에서 "법률의 위헌결정" 외에 무효에 관한 명시적 규정이 없고, 헌법재판소법 제45조에서 "위헌 여부만을 결정"한다고 규정하고 있으며, 헌법재판소법 제47조 제2항의 규정내용이 폐지무효설에 근거하고 있다고 주장하고 있다.[16] 또 다른 견해는 폐지(무효)론의 타당성을 주장하면서, 즉시효주의를 기조로 한 선택적 소급효론을 주장하고 있다.[17] 그 밖에 우리 헌법재판소법 제47조 제2항에 대해 고유한 해석이 필요하다고 주장하면서, 헌법재판소의 위헌결정이 법률 그 자체를 폐지하는 것이 아니라 위헌법률의 효력만을 상실시킨다고 보는 견해도 있다.[18]

3. 違憲決定의 效力에 관한 判例의 立場

헌법재판소는 원칙적으로 위헌결정의 소급효를 인정하지 않는 헌법재판소법 제47조 제2항 본문이 위헌인지 여부가 문제된 사건에서 합헌이라고 결정하면서, 폐지무효설의 입장에 서 있음을 밝히고 있다. 즉 위헌으로 선고된 법률 또는 법률의 조항이 제정 당시로 소급하여 효력을 상실하는가 아니면 장래에 향하여 효력을 상실하는가의 문제는 특단의 사정이 없는 한 헌법적합성의 문제가 아니라 立法政策의 문제라는 점을 지적하고 있다. 나아가 위헌법률의 효력과 관련하여 법적 안정성을 강조하면서, 소급무효가 아닌 폐지무효설을 인정하는 것이 위헌이 아니라고 결정하였다.[19] 다만, 헌법재판소는 법적 안정성을 위해 위헌결정의 장래효를 원칙으로 하면서도 例外的으로 부분적인 遡及效를 인

16) 홍성방, 헌법소송법, 박영사, 2015, 156면.
17) 정태호, 전게논문, 199면 이하.
18) 허완중, "한국헌법에 따른 헌법재판소법 제47조 제2항의 해석", 공법연구 제37집 제4호 (2009. 6), 245면.
19) 즉 "우리의 입법자는 헌법재판소법 제47조 제2항 본문의 규정을 통하여 형벌법규를 제외하고는 법적 안정성을 더 높이 평가하는 방안을 선택하였는바, 이에 의하여 구체적 타당성이나 평등의 원칙이 완벽하게 실현되지 않는다고 하더라도 헌법상 법치주의의 원칙의 파생인 법적 안정성 내지 신뢰보호의 원칙에 의하여 정당화된다 할 것이고, 특단의 사정이 없는 한 이로써 헌법이 침해되는 것은 아니라 할 것이다"라고 결정하고 있다(헌재 1993. 5. 13. 92헌가10 등, 판례집 5-1, 226).

정하여 실체적 정의와의 조화를 도모하고 있다.[20] 즉 헌법재판소는 ① 구체적 규범통제의 실효성 보장의 관점에서 법원의 제청이나 헌법소원 청구 등을 통하여 헌법재판소에 법률의 위헌결정을 위한 계기를 부여한 당해 사건, ② 위헌결정이 있기 전에 이와 동종의 위헌여부에 관하여 헌법재판소에 위헌제청을 하였거나 법원에 위헌제청신청을 한 경우의 당해 사건, 그리고 ③ 별도로 위헌제청신청을 아니하였지만 당해 법률 또는 법률의 조항이 재판의 전제가 되어 법원에 계속 중인 사건에 대하여는 소급효를 인정할 수 있다고 결정하였다. 나아가 ④ 당사자의 권리구제를 위한 구체적 타당성의 요청이 현저한 반면에 소급효를 인정하여도 법적 안정성을 침해할 우려가 없고 舊法에 의하여 형성된 기득권이 침해될 사안이 아닌 경우로서 소급효의 부인이 오히려 정의와 평등 등 헌법적 이념에 심히 배치되는 때에도 소급효를 인정할 수 있다고 보고 있다.[21] 특히 헌법재판소는 위헌결정의 이후에 제소된 사건(일반사건)이라도 구체적 타당성의 요청이 현저하고 소급효의 부인이 정의와 형평에 반하는 경우에는 예외적으로 소급효를 인정할 수 있다고 보고 있다.[22] 여기에서 주목할 점은 헌법재판소가 위 92헌가10 사건의 위헌결정 주문에서 예외적으로 부분적 소급효를 밝히는 것이 타당하지만, 이를 직접 밝히지 않은 경우에는 일반법원이 개별사건에서 해당 법률의 연혁·성질·보호법익 등을 검토하고 제반이익을 형량해서 합리적·합목적적으로 결정할 수밖에 없다고 보고 있다는 사실이다.

한편, 대법원은 종래 법률에 근거하여 행정처분이 발해진 후 헌법재

---

20) 한편, 대법원은 위헌결정의 효력이 위헌결정 이후에 제소된 일반사건에까지 미친다고 보고 있다(대법원 1993. 1. 15. 선고 92다12377 판결). 이에 대해 대법원 판례가 전면적 소급효를 인정하고 있다고 보는 견해도 있다(정호경, 전게논문, 105면). 이러한 대법원 입장은 개별 사건에서 위헌결정의 장래효를 원칙적으로 인정함으로써 발생하는 개인의 권리구제와 실체적 정의의 한계를 보완하고, 이를 탄력적으로 해결하기 위한 것이다. 앞으로도 구체적 타당성과 권리구제를 위해 소급효의 예외적 허용에 관한 탄력적 해석의 가능성은 여전히 열려 있다.

21) 헌재 1993. 5. 13. 92헌가10 등, 판례집 5-1, 226.

22) 헌재 1993. 5. 13. 92헌가10 등, 판례집 5-1, 226; 헌재 2013. 6. 27. 2010헌마535, 판례집 25-1, 548.

판소에 의해 그 처분의 근거가 된 법률이 위헌으로 결정되었더라도 일반적으로 법률이 헌법에 위반된다는 사정만으로 헌법재판소의 위헌결정이 있기 전에는 객관적으로 명백한 것이라고 할 수 없다고 보고 있다. 따라서 위헌결정 전에 행정처분의 근거가 되는 당해 법률이 헌법에 위반된다는 사유는 특별한 사정이 없는 한 취소소송의 사유만 될 수 있을 뿐이라고 보고 있다.[23] 또한 "위헌인 법률에 근거한 행정처분이 당연무효인지 여부는 위헌결정의 소급효와는 별개의 문제로서, 위헌결정의 소급효가 인정된다고 하여 위헌인 법률에 근거한 행정처분이 당연무효가 된다고는 할 수 없다"고 판시하고 있다. 나아가 "취소소송의 제기기간을 경과하여 확정력이 발생한 행정처분에는 위헌결정의 소급효가 미치지 않는다"고 보고 있다.[24] 대법원의 기본적인 입장은 위헌결정의 효력을 원칙적으로 장래효로 이해하면서, 예외적인 부분적 소급효를 인정하고 있음을 알 수 있다. 다만, 위헌법률에 근거한 행정처분의 효력이 위헌결정의 소급효와 별개의 문제라고 이해하는 것은 타당하지 않다. 대법원 판례는 위헌법률에 근거한 행정처분에 불가쟁력(존속력)이 발생한 경우에는 소급효를 차단하고 있는데, 법적 안정성을 중시하는 입장이라고 평가할 수 있다. 요컨대 헌법재판소와 대법원은 廢止無效說에 기초하여 원칙적으로 장래효를 인정하면서 예외적으로 소급효를 인정하고 있는 것이다.

4. 헌법재판소법 제47조 제2항의 違憲論에 대한 검토

헌법재판소법 제47조 제2항에는 "위헌으로 결정된 법률 또는 법률의 조항은 그 결정이 있는 날로부터 효력을 상실한다"라고 규정하고 있고,

23) 대법원 1994. 10. 28. 선고 92누9463 판결. 이에 대한 同旨判例로는 대법원 1994. 10. 28. 선고 93다41860 판결; 대법원 2009. 5. 14. 선고 2007두16202 판결 등.

24) 판례 및 일부문헌에서는 행정행위의 효력과 관련하여 확정력이라는 표현을 사용하고 있으나, 확정력(Rechtskraft)은 판결의 효력이라는 점에서 행정행위의 효력인 존속력(Bestandskraft)과 구별하는 것이 타당하다. 따라서 본고에서는 이를 '존속력'으로 표현하기로 한다.

이 조항의 단서에서 형벌에 관한 법률 또는 법률의 조항에 대해서는 예외적으로 소급효를 인정하고 있다. 이와 같이 헌법재판소법 제47조 제2항에서 규정하고 있는 것은 위헌결정의 효력에 관한 것인데, 헌법재판소의 위헌결정으로 해당 법률 또는 법률의 조항이 그 결정이 있은 날로부터 효력을 상실한다고 규정하고 있는 것이다. 이 규정은 앞에서 언급한 헌법재판소 및 대법원의 판례의 입장과 같이 처음부터 당연무효가 아니라 위헌결정의 장래효를 규정한 것으로 해석할 수 있다. 이와 관련하여 헌법재판소법 제47조 제2항의 해석을 둘러싸고 그 위헌을 주장하는 견해가 제기되고 있는데, 위헌으로 결정된 조항의 적용이 당해 사건에 대해서만 배제되고 그 이전의 사건에 대해서는 그 위헌조항이 적용되어 헌법상 평등원칙에 위배될 수 있다는 것이다. 또한 이 견해는 특정한 사건이 위헌법률심판을 통해 위헌으로 결정되어도 다른 사건에서는 여전히 그 법률이 적용되는 경우에 다시 위헌제청을 해야 한다고 주장한다.[25] 다만, 당연무효설을 주장하는 견해도 헌법재판소법 제47조 제2항의 憲法合致的 解釋을 강조하고 있다.[26]

우리 헌법에는 위헌결정의 효력이나 소급효에 관해 직접적인 근거 규정을 두고 있지 않다. 이러한 점은 위헌론을 제기하는 견해도 인정하고 있다. 따라서 헌법재판소법 제47조 제2항을 곧바로 위헌으로 단정하기는 어렵다. 위헌결정의 효력과 관련하여 실체적 정의를 위해 당연무효를 인정하여 처음부터 효력을 인정하지 않는 입법례를 취할 것인지, 아니면 법적 안정성을 위해 원칙적으로 장래효를 인정할 것인지 여부는 입법정책의 문제라고 볼 수 있다. 그러한 이유에서 헌법재판소도 위헌결정의 효력이 헌법적합성의 문제가 아니라 입법정책의 문제라고 보고 있는 것이다. 실제 오스트리아 입법례와 같이 폐지무효설에 입각한 입법례도 존재하고 있다. 이러한 제 사정을 고려할 때 헌법재판소법 제47조 제2항의 해석과 관련하여, 폐지무효설에 입각한 해석은 위헌으로

25) 이에 대해서는 윤진수, “위헌결정의 효력”, 314-315면 참조.
26) 이강국, 전게논문, 343-344면.

보기 어렵다. 다만, 폐지무효설의 단점을 보완해서 실체적 정의와 법적 안정성을 조화시킬 수 있는 방안을 모색할 필요가 있다. 이와 관련하여 헌법재판소가 일정한 경우에 소급효를 인정하고 있음은 전술한 바와 같다. 그러나 입법적으로 이를 명확히 규정하는 것은 바람직하나, 실제로는 구체적인 사건에 있어서 법원이 실체적 정의와 법적 안정성을 서로 형량하여 판단해야 하는 경우가 계속해서 발생할 수 있다. 그러한 이유에서 위헌결정의 소급효에 대하여 매우 유연하게 해석할 필요가 있다.

5. 小 結

헌법재판소법 제47조 제2항의 적용에 의해 위헌론이 지적하는 바와 같이 법적용의 형평과 같은 현실적인 문제점이 발생하는 것을 배제할 수는 없다. 특히 폐지무효설에 의할 경우 대상판결과 같이 근거 법률이 위헌으로 결정되어도 그 이전에 성립한 법률관계에 대해서는 취소되지 않는 한, 그 위헌인 법률을 적용해야 하는 문제점도 있다. 무엇보다 후술하는 바와 같이 위헌무효인 법률에 근거한 행정처분의 후속집행처분에 대하여 어떠한 논거로 무효를 주장할 수 있는지, 아니면 후속집행처분에 대해서도 취소소송을 통해 다시 다투어야 하는지가 문제된다. 그러나 폐지무효설을 취하더라도 예외적인 부분적 소급효를 인정함으로써 위에서 제기된 문제들은 어느 정도 해소될 수 있다. 또한 헌법재판소법 제47조 제2항의 위헌론을 주장하는 견해와 같이 법관의 독립에 관한 헌법 제103조나 재판청구권에 관한 헌법 제27조 제1항 등을 근거로 헌법재판소법 제27조 제2항을 위헌이라고 판단하기는 어렵다. 위헌결정의 효력에 대해서는 헌법에 명문의 규정이 없고, 또한 헌법재판소가 적절히 지적하고 있는 바와 같이 헌법적합성의 문제라기보다는 입법정책적 판단의 문제이다. 독일의 전통적인 당연무효론을 그대로 적용하는 경우에는 법적 안정성이 위태로울 수 있는 점도 간과할 수 없다. 실제 유럽연합(EU) 회원국의 다수가 처음부터 소급해서 무효를 인정하는 것을 제한하고 있음은 주목할 필요가 있고, 실무에서도 당연무효설과 폐지무효설이 오히려 상당히 접근하고 있다고 평가하는 견해가 유력하다.[27] 그리고 폐지무효설의 적용에 의해 제기되는 실체적 정의의 문제점은 예외적인 소급효를 통해 합리적으로 해결될 수 있을 것이다. 다만, 대법원 2010두10907 사건에서는 선행처분(과세처분)의 효력에 대해 명확히 규정하지 않아, 위에서 언급한 문제점이 여전히 상존하고 있다.

Ⅲ. 違憲法律에 근거한 先行處分의 法的效果

1. 違憲法律에 근거한 行政行爲의 瑕疵效果論

후속처분인 압류처분의 효력을 논하기 전에 위헌결정에 의해 그 이전에 발급된 '선행처분'이 어떠한 효력을 가지는지를 검토할 필요가 있다. 독일에서는 위헌법률에 근거한 행정처분의 효력에 관한 문제를 위헌법률과는 별개의 문제로 보고, 행정행위의 하자론에 따라 그 효력 여부가 결정된다. 따라서 행정행위의 하자에도 불구하고 유효하나 특정한 절차에 따른 취소의 가능성이 남아 있는 것으로 이해하고 있다.[28] 이 견해에 의하면, 위헌법률에 근거한 행정처분의 효력 문제는 결국 구체적인 사안에서 권한 있는 법관의 판단에 달려 있다. 행정행위의 무효와 취소의 구별에 관한 기준으로 종래 중대성설, 중대명백설(명백설), 조사의무설, 명백성보충요건설 등 다양한 학설이 소개되고 있다. 현재는 법규의 하자가 중대할 뿐만 아니라 명백해야 한다는 '중대명백설'이 통설적 입장이다. 판례의 주류도 중대명백설을 따르고 있다.[29] 그러나 우리 행정절차법에는 독일 행정절차법 제44조 제1항과 같은 무효에 관한 규

27) Battis, in: Isensee/Kirchhof (Hrsg), a.a.O., § 275 Rn. 51.
28) Battis, in: Isensee/Kirchhof (Hrsg), a.a.O., § 275 Rn. 43 f.
29) 대법원 1995. 7. 11. 선고 94누4615 전원합의체 판결; 대법원 1993. 12. 7. 선고 93누11432 판결; 대법원 2015. 1. 29. 선고 2012두27404 판결.

정이 없다. 따라서 무효의 판단은 전적으로 법원의 해석에 달려 있다. 법원은 명백성의 판단에 있어서 일응의 기준을 제시하고 있다. 즉 법률관계나 사실관계에 대하여 법적용을 할 수 없다는 법리가 명확함에도 불구하고 처분을 한 경우, 또는 법률관계나 사실관계가 전혀 없는 사람에게 행정처분을 한 경우는 중대하고도 명백한 하자로 판단하고 있다. 그러나 여기에도 일정한 예외를 인정하고 있어 명백성을 인정하기가 쉽지 않다. 즉 그 법률관계나 사실관계에 대하여 그 법률의 규정을 적용할 수 없다는 법리가 명백히 밝혀지지 아니하여 그 해석에 다툼의 여지가 있는 때에는 행정청이 이를 잘못 해석하여 행정처분을 하더라도 그 하자가 명백한 것은 아니라고 판시하고 있다.[30] 이러한 입장은 위헌법률에 근거하여 발급된 행정처분의 효력에 관한 판례에서도 발견할 수 있다. 즉 대법원은 행정처분의 발급 후 헌법재판소에 의해 그 처분의 근거가 된 법률이 위헌으로 결정된 경우에도 일반적으로 법률이 헌법에 위반된다는 사정이 헌법재판소에 의해 위헌결정이 있기 전에는 그 하자가 객관적으로 명백하다고 볼 수 없다고 판시하고 있다.[31] 위헌법률에 근거한 행정처분의 효력을 취소사유로 보는 입장은 대체로 확고한 편인데, 하자의 명백성 요건은 매우 엄격하다. 다만, 판례가 "특별한 사정"이라는 예외를 두고 있음은 주목된다. 여기에서 이러한 "특별한 사정"은 무효로 볼 수 있는 여지를 남겨두고 있는 것이다.

2. 先行處分의 無效可能性

후속집행처분의 무효를 도출하기 위해 선행처분의 무효가능성을 모색할 필요가 있다. 선행처분의 무효를 주장하기 위해서는 선행처분 자체의 하자효과론에 따라 무효를 도출할 수 있는 방법과 위헌결정의 효력에

---

30) 대법원 2004. 10. 15. 선고 2002다68485 판결; 대법원 2009. 9. 24. 선고 2009두2825 판결.

31) 대법원 2000. 6. 9. 선고 2000다16329 판결; 대법원 1994. 10. 28. 선고 93다41860 판결; 대법원 1994. 10. 28. 선고 92누9463 판결 등.

의해 선행처분의 무효를 인정할 수 있는 방안을 고려해 볼 수 있다.

먼저 헌법재판소는 원칙으로 중대명백설을 취하면서도, 법적 안정성과 권익구제를 고려하여 예외를 인정하고 있다. 즉 "행정처분 자체의 효력이 쟁송기간 경과 후에도 존속 중인 경우, 특히 그 처분이 위헌법률에 근거하여 내려진 것이고 그 행정처분의 목적달성을 위하여서는 후행처분이 필요한데 후행행정처분은 아직 이루어지지 않은 경우와 같이 그 행정처분을 무효로 하더라도 법적 안정성을 크게 해치지 않는 반면에 그 하자가 중대하여 그 구제가 필요한 경우에 대하여서는 그 예외를 인정하여 이를 당연무효사유로 보아서 쟁송기간 경과 후에라도 무효확인을 구할 수 있는 것이라고 봐야 할 것이다"라고 결정하였다.[32] 특히 대법원은 취득세부과처분무효확인소송에서 실무상 국민의 권리구제에 미흡하다는 비판을 받아들여, 제한적이기는 하나 소위 '명백성보충요건설'을 채택하였다.[33] 다만, 이 판례는 예외적인 판례라는 점에서 주의할 필요가 있다. 요컨대 원칙적으로 하자가 중대하고 객관적으로 명백한 경우에는 무효로 보는 것이 타당하나, 법적 안정성의 확보 및 제3자의 신뢰보호에 비하여 처분의 침해로부터 상대방을 보호할 필요가 강하게 요구되는 경우에는 예외적으로 하자가 중대하기만 하여도 무효로 보는 것이 권리보호의 요청에 부합하고 불합리한 결과를 피할 수 있다는 견해에 경청할 필요가 있다. 대상판결에서도 선행처분인 과세처분의 무효에 대해서는 그 후속집행행위로 인해 권리침해의 가능성이 여전히 존재하고 있고, 법적 안정성이나 제3자의 신뢰보호를 침해할

32) 헌재 1994. 6. 30. 선고 92헌바23, 판례집 6-1, 592-593.

33) "취득세 신고행위는 납세의무자와 과세관청 사이에 이루어지는 것으로서 취득세 신고행위의 존재를 신뢰하는 제3자의 보호가 특별히 문제되지 않아 그 신고행위를 당연무효로 보더라도 법적 안정성이 크게 저해되지 않는 반면, 과세요건 등에 관한 중대한 하자가 있고 그 법적 구제수단이 국세에 비하여 상대적으로 미비함에도 위법한 결과를 시정하지 않고 납세의무자에게 그 신고행위로 인한 불이익을 감수시키는 것이 과세행정의 안정과 그 원활한 운영의 요청을 참작하더라도 납세의무자의 권익구제 등의 측면에서 현저하게 부당하다고 볼 만한 특별한 사정이 있는 때에는 예외적으로 이와 같은 하자 있는 신고행위가 당연무효라고 함이 타당하다"(대법원 2009. 2. 12. 선고 2008두11716 판결).

우려도 적다는 점에서 하자의 명백성 부분을 완화하여 무효를 인정할 수 있다. 이와 같이 위헌결정의 소급효와 관계없이 행정처분 그 자체의 하자효과론에 따라 무효를 도출하는 것이 완전히 배제되는 것은 아니다.

선행처분의 하자를 무효로 볼 수 있는 또 다른 방안은 위헌결정의 소급효에 의한 것이다. 즉 당연무효설에 의하는 경우에는 처음부터 효력이 없음은 물론, 폐지무효설에 의하는 경우에도 위헌결정의 효력에 대해 예외적으로 부분적인 소급효를 인정하는 것이다. 이와 관련하여 위헌법률에 근거한 행정행위에 존속력(특히 불가쟁력)이 발생한 경우에도 위헌결정의 효력이 미치는지 여부가 문제될 수 있다. 독일의 입법례에서는 개인의 권리구제보다 法的 平和(Rechtsfrieden)의 우위를 택하였고, 존속력이 발생한 행정행위에 대해서는 이러한 위헌결정의 효력이 영향을 미치지 아니한다고 명시적으로 규정하고 있다(독일 헌법재판소법 제79조 제2항 참조).[34] 따라서 이에 대해서는 취소소송을 통해 다툴 수 있을 뿐이다. 이러한 점은 전통적으로 법적 안정성을 중시하는 독일의 입법례의 특성을 잘 보여주고 있다. 그러나 우리 헌법재판소법에는 이에 대한 명문의 규정이 없음에도 불구하고, 위헌결정의 (예외적) 소급효가 제한될 수 있는지가 문제된다. 이 부분에 대하여 대법원은 불가쟁력이 발생한 행정처분에는 위헌결정의 소급효가 제한된다고 판시하고 있다. 독일의 입법례와 비교하면, 우리 헌법재판소법에 위헌법률에 의한 행정처분의 효력에 대해 아무런 규정을 두지 않은 것은 중대한 입법적 흠결이다.

이와 같은 사안에서 명문의 규정이 없음에도 불구하고 우리 대법원은 전술한 바와 같이 종래 불가쟁력이 발생한 선행처분에 대해 '취소' 사유로 판단하였다. 그러나 위헌법률에 근거한 행정처분의 하자효과론에 의할 경우에도 선행처분이 예외적으로 무효가 인정될 가능성이 있을 뿐만 아니라, 위헌결정의 효력에 의해서도 선행처분이 무효가 될 수

---

34) Battis, in: Isensee/Kirchhof (Hrsg), a.a.O., § 275 Rn. 45.

있다. 특히 위헌결정의 효력과 관련하여 당연무효설에 의할 경우는 물론이고, 폐지무효설에 의하는 경우에도 일정한 경우에는 예외적으로 소급효가 인정될 수 있다. 이러한 점은 헌법재판소의 92헌가10 등 사건에서 확인할 수 있다. 대법원이 종전의 판례 입장과 같이 위헌법률에 근거한 선행처분을 취소사유로 볼 경우에는 후행처분의 효력과의 관계가 문제될 수 있다. 이 문제에 대해서는 아래에서 다시 詳論하도록 한다.

Ⅳ. 違憲法律에 근거한 處分의 後續執行行爲의 效力

1. 問題의 提起

대상판결은 당해 법률이 아니라 그 법률에 근거한 행정처분의 후속처분에 관한 것이라는 점에서 종전의 사례와 차이가 있다. 여기에서 문제가 되는 것은 후속처분(체납처분)의 근거 법률이 아니라 과세처분의 근거 법률에 대한 위헌결정의 효력이다. 즉 위헌법률에 근거한 행정처분(과세처분)의 효력이 아니라, 이에 근거한 후속집행처분인 압류처분의 효력이 문제가 되고 있다. 이러한 압류처분의 무효확인소송에서는 그 효력 여부가 검토될 필요가 있는데, 위 대법원 판결의 반대의견과 같이 위헌판결의 기속력이 위헌법률에 근거한 행정처분의 후속처분에도 미친다고 볼 수 있는지를 검토할 필요가 있다. 대법원의 다수의견은 후속처분이 위헌결정의 효력에 의해 중대하고 명백한 하자가 되어 무효라고 판시하고 있다. 그러나 선행처분에 불가쟁력이 발생하고 그 후행처분에 대해서는 원칙적으로 하자승계가 부인됨에도 불구하고 왜 위헌결정의 효력이 후행처분에 미치고 있는지에 대해 설득력 있는 논증이 부족하다. 이와 관련하여 선행연구에서 다양한 견해들이 소개되고 있는데, 이에 대해 깊이 있는 검토가 필요하다. 또한 위 대상판결에서 후행집행처분의 효력과 관련하여, 위헌인 규범에 대한 행정의 심사권 및 적용배제권이 전혀 고려되지 못하였다. 이러한 제 문제는 위헌결정의 효력, 사후적으로 위헌으로 결정된 법률에 근거한 행정처분과 그 후속집행처분의 효력 등이 연쇄적으로 관련되어 있다. 이와 관련하여 후속처분의 무효에 관한 논거를 도출할 수 있는 방안에 대해 다각적으로 검토할 필요가 있다.

2. 學說 및 判例

대상판결에서는 위헌결정의 기속력과 후속집행처분의 효력이 문제되었다. 이와 관련하여 위헌법률에 근거한 행정처분의 후속집행작용의 효력에 대해 학설이 대립하고 있다. 우선 전통적인 하자효과론과 무효의 판단기준으로서 중대명백설, 그리고 하자승계론을 바탕으로 후속집행처분의 가능성을 '긍정'하는 견해가 있다. 이 견해는 대법원 판례가 瑕疵效果論에 있어 중대명백설을 취하고 있으므로 위헌결정 전에 한 행정처분은 취소사유에 불과하고, 이와 별개의 목적으로 행하는 집행행위에는 하자승계가 인정되지 않는다고 보고 있다.[35] 이 견해는 대상판결의 반대의견에 가깝다. 이에 대해 위헌법률에 근거한 체납처분의 집행가능성을 '부정'하는 견해도 있다. 즉 "위헌결정시점 이후에는 위헌법률에 근거한 처분의 존속력을 부인하고 집행을 중지함이 타당하다"는 견해[36]가 그러하다. 이 견해는 당연무효설에 근거하여 소급무효가 되는 것을 전제로 하고 있다. 또한 "위헌결정의 소급효 인정으로 법적 안정성을 크게 해치지 않으면서 당사자의 중대한 권익구제에 유용한 경우에는 예외적으로 그 집행가능성을 부정하여야 한다"는 견해도 있다. 이 견해는 기본적으로 집행가능성을 부정하는 입장으로 볼 수 있다.[37] 다만, 대부분의 사례가 법적 안정성과 개인의 권익구제가 충돌하는 상황을 전제로 하고 있음을 간과하고 있는데, 구체적으로 어떠한 경우에 집

35) 이철환, 전게논문, 395-396면.
36) 남복현, "헌법재판소 결정의 효력에 관한 쟁점 및 해결방안", 헌법재판소결정의 효력에 관한 연구, 헌법재판연구 제7권, 283면.
37) 성중탁, 전게논문, 248-250면.

행가능성을 부정해야 하는지가 명확하지 않다. 그 밖에 합헌적인 규범을 적법하게 적용하였으나 결과적으로 위헌·위법인 처분에 해당한다고 보고, 그 권리구제의 논거로 헌법 제107조 제2항을 드는 견해도 있다.[38)]

한편, 대법원은 종전에 위헌결정 이후에 후속집행처분의 절차를 진행할 수 없다는 입장을 취하고 있었다. 즉 구 '택지소유상한에 관한 법률' 전부에 대한 위헌결정 이전에 택지초과소유부담금 부과처분과 압류처분 및 이에 기한 압류등기가 이루어지고, 위 각 처분이 확정된 경우에, 그 위헌결정 이후에 후속체납처분절차를 진행할 수 없다고 판시한 바 있다.[39)] 다만, 이 사건은 후속집행처분의 근거 법률 그 자체가 위헌결정을 받은 경우이다. 따라서 위헌법률에 근거한 처분의 후속집행행위와 관련하여, 대상판결이 그 후속집행행위의 근거 법률 그 자체에 대한 위헌결정이 없는 경우에도 그 집행행위의 효력을 무효로 판시한 것은 최초이다. 이 문제와 관련하여 헌법재판소는 재판의 전제성 판단과 관련된 것이기는 하나, 위헌법률에 근거한 행정처분의 후행처분이 아직 이루어지지 않은 경우에 그 행정처분을 무효로 하더라도 법적 안정성을 크게 해치지 않으면서 당사자의 권리구제를 위해 예외적으로 당연무효로 판단할 수 있다고 결정하였다.[40)] 이에 대해서는 쟁송제기기간을 도과하여도 무효확인을 구할 수 있다고 보고 있다. 생각건대 후속집행처분의 효력문제는 그 자체의 법적 효과보다는, 그 선행처분(과세처분)의 근거 법률의 위헌결정의 효력과 선행처분의 법적 효과에서 무효의 논거를 찾아야 한다. 또한 당연무효설이 아니라 폐지무효설에 의하는 경우에도 예외적 소급효를 인정할 수 있다. 전술한 헌법재판소의 92헌가10 결정에는 소급효의 가능성을 구체적으로 예시하고 있다. 이러한 위헌결정의 소급효에 의해 선행행위가 무효로 되는 경우에는 후속집행행

38) 서보국, 전게논문, 17-19면, 21면.
39) 대법원 2005. 4. 15. 선고 2004다58123 판결 등 참조.
40) 헌재 1994. 6. 30. 92헌바23, 판례집 6-1, 592.

위의 무효를 어렵지 않게 도출할 수 있다. 이와 같이 위헌결정의 소급효를 인정하는 경우에도 선행행위의 '존속력'은 선행처분의 무효를 인정하는 데에 가장 큰 장애가 되는 것이 사실이다.

3. 存續力이 발생한 先行處分의 效力

위헌법률에 근거한 행정처분의 집행이 허용되는지 여부에 대해서는 학설이 대립하고 있는데, 후속집행행위를 무효로 보기 위해 '존속력'이 발생한 행정처분의 효력을 검토할 필요가 있다. 이에 대해 대법원은 전술한 바와 같이 무효가 아닌 취소사유로 보고 있다. 그러나 헌법재판소법에 위헌결정의 소급효를 제한하는 명문의 규정이 없음에도 불구하고, 행정행위의 존속력을 이유로 소급효를 제한하고 있는 것은 再考의 여지가 있다. 특히 당연무효설의 입장에서는 존속력이 발생한 행정행위에 대해 위헌결정의 소급효를 제한하는 것이 필요할 수 있다. 즉 위헌결정에 의해 해당 법률은 처음부터 무효가 되고 이에 근거한 처분도 법적 근거를 상실하게 되므로 그 효력을 인정할 수 없게 된다. 그러나 당연무효설에 의할 경우 위헌결정에 의해 근거 법령은 처음부터 무효가 되어 법의 공백이 발생하므로 법적 안정성을 해칠 수 있다. 당연무효설을 주장할 경우에는 법적 안정성을 위해 예외적으로 소급효를 제한할 필요가 생긴다. 그러한 이유에서 독일 연방헌법재판소법 제79조 제2항 제1문의 규정은 불가쟁력이 발생한 결정에 대해서는 소급효를 제한하고 있다. 실체적 정의와 법적 안정성의 조화를 도모하고 있는 규정이라고 볼 수 있다.

이에 반해 우리 헌법재판소법 제47조 제2항에 규정된 위헌결정의 시기에 대해 학설상 견해가 대립하고 있으나, 판례는 원칙적으로 장래효를 인정한다고 해석하고 있다. 이러한 해석 또는 폐지무효설에 의하는 경우에는 예외적인 부분적 소급효의 가능성이 있으나, 또 다시 법적 안정성을 고려한 해석을 해야 할 이유는 없다. 즉 법적 안정성에 기초하고 있는 폐지무효설이나 장래효를 원칙으로 하는 해석을 하는 경우에도 실체적 정의와 개인의 권익구제를 위해 행정행위의 존속력에 기속될 이유는 없다. 예외적으로 소급효를 인정해서 오히려 행정행위의 무효를 도출할 수 있다. 하자의 명백성에 관한 요건을 유연하게 해석하여 예외적으로 무효를 인정하거나, 아니면 위헌결정의 예외적 소급효에 의해 행정행위의 무효를 인정할 수 있다. 이와 관련하여 대법원 판례가 위헌결정의 전면적 소급효를 인정한다고 전제하면서, 위헌결정의 소급효를 제한하는 행정처분(행정행위)의 확정력(존속력)이 근거하고 있는 법적 안정성과 이에 대응하는 행정의 법률적합성 원칙이 모두 법치국가원리에서 파생된 것으로서 서로 조화를 이루어야 한다는 주장도 유력하다.[41] 독일과 같이 불가쟁력이 발생한 행정행위에 대해 위헌결정의 소급효를 제한하는 명문의 규정이 없음에도 불구하고, 행정행위의 존속력을 이유로 위헌결정의 소급효를 제한할 이유는 없다. 행정행위의 존속효가 위헌결정의 소급효를 제한할 수 있는 필연적 논거는 될 수 없다. 무엇보다 우리나라에서 독일과 같이 강한 행정행위의 존속력이 보장된다고 단언하기 어렵다. 하자승계론이 그러한 대표적 사례이다. 이러한 하자승계론은 행정행위의 존속력(불가쟁력)을 제한하는 기능을 수행한다.

4. 瑕疵承繼論에 근거한 見解에 대한 反論

일부학설 및 대상판례의 반대의견은 하자승계론에 근거하여, 후속집행행위의 무효를 부인하고 이를 취소사유로 파악하고 있다. 하자승계는 법적 안정성보다 실체적 정의와 개인의 권익구제를 보다 우위에 두는 법리이다. 이러한 하자승계론에 의하면, 행정행위가 불가쟁력을 인정한 경우에도 일정한 경우에 선행행위의 하자를 이유로 후행행위에서 다툴 수 있다고 보고 있다. 하자승계론은 행정행위에 존속력이 발생한 경우

41) 정호경, 전게논문, 102면.

에도 — 제한된 경우이기는 하나 — 개인의 권익구제를 위해 예외적으로 행정쟁송을 허용하고 있는 것이다. 나아가 우리 판례는 선행처분과 후행처분이 서로 독립하여 별개의 법률효과를 목적으로 하는 경우에도 예외적으로 수인가능성이나 예측가능성을 이유로 하자승계를 인정하고 있다.[42]

대상판결의 반대의견은 근거 법률이 위헌이 된다는 사정만으로 당연무효가 아니라고 보고, 취소사유에 불과한 하자를 가진 선행처분(과세처분)과 별개의 처분인 후행처분(압류처분) 사이에는 하자승계가 미치지 않는다고 주장한다. 나아가 이러한 과세처분의 근거 규정에 대한 위헌결정의 기속력은 체납처분에 미치지 아니한다고 보고 있다. 그러나 이 문제는 위헌결정의 효력(특히 소급효)과 관련된 문제이며, 하자승계의 문제로 접근할 사안은 아니다. 위헌결정의 기속력은 법원뿐만 아니라 행정청에도 미친다. 여기에서 행정청은 처분청뿐만 아니라 관계 행정청을 포함한다. 따라서 위헌결정의 이후에 그 규범에 근거한 처분의 집행을 허용하는 것은 위헌결정의 기속력에 반하는 것이다. 후속집행처분을 행하는 행정청과 법원은 이러한 헌법재판소의 결정을 준수할 의무를 진다. 만약 위헌법률에 근거한 처분의 집행을 행하는 행정청에 대해 이러한 기속력을 인정하지 않으면, 후속집행행위의 위헌성에 대해 헌법소원을 다시 제기해야 해서 다투어야 한다. 따라서 후속집행행위의 하자를 취소사유로 보는 것은 타당하지 않다. 나아가 선행행위로서 과세처분이 위헌결정에 의해 소급해서 무효가 인정될 경우에는 하자승계의 문제점도 해결될 수 있다. 즉 선행행위인 과세처분에 불가쟁력이 발생한 경우에도 위헌결정에 의해 당연무효가 인정되면, 그 하자는 후행행위에 자연히 승계되어 하자를 다툴 수도 있기 때문이다.[43]

---

42) 대법원 2005. 4. 15. 선고 2004두14915 판결.
43) 대법원 1994. 1. 25. 선고 93누8542 판결.

5. 小　結

위헌법률에 근거한 처분의 후속집행행위에 대해 무효를 인정하기 위해서는 그 처분(선행행위)이 무효가 되어야 한다. 이에 대한 판단을 생략한 채 위헌결정의 기속력에 의해 후속집행행위의 무효를 인정하는 판례의 논거는 설득력이 약하다. 위헌결정은 폐지무효설에 따라 원칙적으로 장래에 향하여 무효이지만, 일정한 경우에는 예외적으로 소급효가 인정될 수 있다. 대상판결과 같이 당사자의 권리구제의 요청이 강하고, 예외적으로 소급효를 인정하여도 법적 안정성을 침해할 우려가 없는 경우에는 예외적인 소급효를 인정할 수 있다. 전술한 바와 같이 위헌결정을 위한 계기를 부여하거나 위헌제청이 되는 등 당해 사건이 아닌 경우에도 소급효를 인정할 수 있다. 헌법재판소의 92헌가10 사건에서 밝히고 있는 바와 같이, 헌법재판소가 위헌결정의 주문에서 예외적 소급효를 언급하고 있지 않는 경우에도, 법원은 개별 사건에서 해당 법률의 연혁이나 보호법익 등을 충분히 검토하고 관련된 이익의 형량을 통해 예외적 소급효를 판단할 수 있다. 대상판결에서는 이러한 점이 간과되었다.

위헌결정의 예외적 소급효가 인정되는 경우에도 존속력이 발생한 선행처분에 대해서 무효를 인정할 수 있는지는 별개의 문제이다. 독일의 입법례와 같이 당연무효설을 취하면서 존속력이 발생한 행정행위에 대해서는 위헌결정의 효력을 차단하는 명문의 규정을 둔 경우도 있다. 그러나 우리 헌법재판소법에는 이에 관한 규정이 없고, 폐지무효설에 따라 예외적으로 소급효가 인정될 수 있다는 것이 헌법재판소의 입장이다. 따라서 행정행위의 존속력은 위헌결정의 예외적 소급효를 제지할 결정적 논거가 될 수는 없다. 헌법재판소는 원칙적으로 법적 안정성을 중시하면서, 예외적으로 당사자의 권리구제를 염두에 두고 소급효를 인정하고 있는 것이다. 대상판결의 경우에 예외적으로 위헌결정의 소급효가 인정되며, 이에 따라 선행처분도 - 불가쟁력이 발생한 경우에도 - 무효가 될 수 있다고 해석해야 한다.

V. 違憲決定의 羈束力과 行政의 適用排除權

1. 後續執行處分과 違憲決定의 羈束力

후속집행행위(체납행위)의 무효가 위헌결정의 '기속력'의 결과인지에 대해서도 다투어지고 있다. 법원이 위헌결정 전에 발생한 사실에 대해 재판을 함에 있어서 해당 위헌법률을 적용하지 못하는 것은 위헌결정의 기속력으로 해석할 수 있다.[44] 그러나 후속집행처분의 근거 법률인 국세징수법이 위헌결정을 받은 것은 아니다. 그럼에도 불구하고 합헌인 법률에 근거한 체납처분이 위헌결정의 기속력을 받은 것으로 볼 수 있는지가 문제된다. 이 경우에도 법원이 선행처분의 근거 법률에 대한 위헌결정의 기속력에 의해 후행처분의 효력을 부인할 수 있는지도 검토할 필요가 있다. 우리 헌법재판소법 제47조 제1항에서는 위헌법률심판의 기속력과 관련하여, 법률의 위헌결정이 법원 기타 국가기관 및 지방자치단체를 기속한다고 규정하고 있다. 이러한 위헌결정의 기속력은 대체로 결정준수의무와 반복금지의무를 내포하고 있다.[45] 이러한 위헌결정의 기속력은 법원뿐만 아니라, 후속집행행위를 하는 행정청에 대해서도 당연히 미친다. 따라서 위헌결정 후에 진행되는 후속집행행위는 헌법재판소의 결정을 준수하고, 헌법재판소의 결정에서 문제된 심판대상뿐만 아니라 동일한 이유에 근거한 동일한 내용을 가진 공권력도 행사하거나 불행사하여서는 아니 된다. 따라서 이러한 행정처분의 집행이 위헌결정의 기속력과 무관하다고 보기는 어렵다.

---

44) 장윤기, "헌법재판소에서 위헌으로 결정된 법률의 효력", 사법행정 (1993. 6), 62면 참조.
45) 헌법재판소, 헌법재판실무제요, 제1개정증보판 (2008), 83면.

2. 行政의 審査權 및 適用排除權

후속집행행위의 행정기관에 대해서는 규범에 대한 행정의 심사권 및 적용배제권 등의 관점에서 접근할 수 있다. 독일에서는 폐지무효론이 행정의 심사권 및 적용배제권과 밀접한 관련이 있다는 견해가 유력하다.[46] 후행처분의 효력은 이러한 행정의 심사권 및 적용배제권의 관점에서 살펴볼 수 있다. 법치국가의 원리, 특히 행정의 법률적합성의 원칙에 비추어 행정은 헌법과 법률에 기속된다. 독일기본법 제20조 제3항에서는 이러한 점을 명시하고 있다. 그러나 단순히 형식적 법률에 근거한 경우뿐만 아니라 내용상 헌법에 합치되는 법률에 근거하여 행정작용을 해야 한다. 이를 위반한 하자 있는 행정행위는 사법적으로 통제되고 폐지되어야 한다. 이와 같이 실질적 법치국가원리가 강조되는 것을 정당성국가(Gerechtigkeitsstaat)라 부를 수 있다. 이와 관련하여 행정이 상위법에 위배되는 규범의 적용을 배제할 수 있는지가 문제된다. 법원은 규범의 유효성에 대한 심사를 할 수 있고, 상위법에 위배되는 경우에는 규범의 적용을 배제할 수 있으나, 행정이 헌법에 위반되는 규범을 심사하고 적용배제를 할 수 있는지에 대해서는 견해가 다투어져 왔다. 독일에서는 이를 인정하고 있다. 즉 행정의 자기통제를 근거로 행정의 심사권을 인정하거나, 당해 사건에서 문제가 된 규범의 적용배제를 인정하자는 견해가 유력하다.[47] 하지만 독일에서는 법률규정의 흠결로 인해 행정은 주위적 규범통제를 실행할 수 없고, 부수적인 적용배제권만 인정되고 있다. 그러나 이러한 부수적 적용배제권에 대해서도 학설상 다툼이 있다.[48]

대상판결에서도 후속체납처분를 집행하는 행정청은 위헌결정의 취지

---

46) Battis, in: Isensee/Kirchhof (Hrsg), a.a.O., § 275 Rn. 50.

47) Peter Gril, Normprüfungs- und Normverwerfungskompetenz der Verwaltung, JuS 2000, S. 1081.

48) 이에 대해서는 Gril, a.a.O., S. 1081.

를 존중하여 비록 후속처분의 근거 법률에 위헌의 의심이 없어도 그 체납처분의 집행으로 인해 결과적으로 위헌성을 초래할 수 있는 경우에 규범적용의 배제를 고려할 수 있다. 이러한 행정의 심사권 및 적용배제권은 과세처분을 행한 행정청에 대해서도 적용된다. 이와 관련하여 행정의 심사권 및 적용배제권을 고려하여, 위헌 법률에 근거한 과세처분에 대해 - 비록 불가변력이 발생한 경우에도 - 그 처분청은 직권취소를 할 수도 있다.

Ⅵ. 評價와 課題

대상판결은 위헌법률에 근거한 행정처분의 후속집행행위에 대해 무효를 선언한 것으로 그 후속집행행위의 근거 법률은 합헌임에도 불구하고, 선행행위의 근거 법률의 위헌결정에 의해 무효가 인정된 최초의 판결이다. 다만, 대상판결에서 後續執行行爲의 무효를 도출하는 論據는 설득력이 약하다. 다수의견이 "새로운 위헌적 법률관계를 생성・확대하는 경우"라고 보고, 후속집행행위로서 체납처분 그 자체의 하자효과론에 따라 무효를 판단한 것은 논거가 불충분하다. 다수의견이 후속집행행위의 무효를 도출하기 위해서는 먼저 先行處分의 법적 효과에 관하여 판단을 하였어야 했다. 왜냐하면 후속집행행위의 효력(무효)은 그 근거 규범인 국세징수법이 아니라 선행처분의 근거 법률에 대한 違憲決定의 效力에 의한 것이기 때문이다. 이와 관련하여 위헌결정의 예외적 소급효에 의해 선행처분이 무효가 된다는 점을 보다 명확히 논증하지 못한 것은 아쉬움으로 남는다. 종래 판례가 대상판례의 반대의견과 같이 사후적으로 근거 법률이 위헌이라고 결정된 경우에 그 근거 법률에 근거한 선행처분의 효력을 취소사유로 보았기 때문에, 이러한 판례를 그대로 두고 후속집행처분만 무효로 보는 것은 모순으로 보일 수 있다. 반대의견은 그러한 점을 지적하고 있다. 후속집행행위의 무효를 인정한 다수의견의 결론은 찬동하나, 이러한 결론에 이르기 위해서는 위헌결정의 例外的 遡及效가 인정될 수 있는지를 면밀히 검토했어야 했다. 비록 선행처분의 근거 법률에 대한 위헌법률제청이나 위헌제청신청을 하지 아니하였더라도, 이 사건은 당사자의 권리구제를 위해 구체적 타당성의 요청이 있고 법적 안정성을 침해할 우려도 없다. 위헌법률이 제청된 당해 사건이 아니더라도 과세처분의 근거 법률이 위헌 제청된 경우에는 그 결과를 기다려서 판단하는 것이 대부분이고, 위헌결정 후 납세하기를 기대하는 것은 사실상 어렵다. 따라서 이에 대해 위헌결정의 소급효를 인정하여 무효를 인정하는 것이 실체적 정의와 형평에 부합하고, 법적 불명확성을 제거하는 것이다. 이러한 문제를 근원적으로 해결하기 위해서는 독일 연방헌법재판소법 제79조 제2항 제2문과 같이 입법적으로 후속집행행위를 배제하는 규정을 마련하는 것이 보다 바람직하다. 선행행위의 무효에 대해 '명백성' 요건을 완화하거나, 탄력적으로 해석하여 선행행위의 무효를 인정할 수도 있다. 그 밖에 위헌결정에 대해 법적 안정성에 근거한 폐지무효설의 입장에 서 있는 경우에 제3자의 신뢰보호나 법적 안정성을 침해하지 않는 한, 존속력을 가진 행정처분에 대하여 위헌결정의 소급효를 제한할 이유는 없다. 결론적으로 대상판결에서 선행처분의 효력에 대해 적극적으로 석명하지 않고 후속집행행위 그 자체의 하자효과를 논한 것은 위헌결정의 효력에 관한 법리적 오해에서 연유한다. 이에 대해서는 향후 학계의 깊이 있는 논의와 판례의 진취적 발전을 기대하며, 그 성과를 통해 위헌결정에 의한 '처분'과 그 '집행'의 효력에 관한 입법적 개선방안을 마련해야 한다.

第 7 章

都市計劃決定과 司法審査基準

Ⅰ. 論議의 爭點 — 行政의 獨自領域의 座標設定

국가권력은 권력분립원칙에 따라 입법·행정 및 사법으로 구분되어 상호 견제와 균형의 원리에 따라 기능하고 있다. 입법부가 형식적 의미의 법률을 제정하면, 법집행기관인 행정부는 이에 근거하여 다양한 행정작용을 행한다. 한편, 사법부는 이러한 행정작용(특히 권력적·규제적 행정작용)이 국민의 권리나 이익을 침해하는 경우에 비로소 개입하게 되며, 실질적 법치주의의 관점에서 행정기관의 행정작용(행정처분, 행정입법 등)이 법률의 수권 하에 이루어지는지 여부를 심사한다. 즉 법원은 각 행정작용이 법률우위의 원칙, 법률유보의 원칙에 비추어 이루어졌는지 여부를 통제할 것이다. 예컨대 침익적 행정처분의 경우에 본질사항유보설에 따라 법률에 근거하여 발급되었는지, 그리고 법치국가원리의 파생원리인 비례원칙이나 평등원칙에 위배되었는지 여부를 심사하게 된다. 또한 의회입법원칙의 예외로서 행정입법(법규명령)이 제정되는 경우에, 법원은 포괄위임금지 등 위임입법의 범위와 한계를 일탈하였는지 여부를 심사한다. 다만, 현행법상으로는 추상적 규범통제가 원칙적으로 인정되지 아니하므로 이에 대해서는 부수적 심사를 통해서만 사법적 통제가 가능할 것이다.

오늘날 議會民主主義의 원리에 따라 의회의 우위가 강조되고 議會의 결정이 다른 국가권력기관의 결정보다 중요한 해석의 척도가 됨을 부인하기 어렵다. 그러나 複雜多岐한 現代行政의 특성과 권력분립원칙에 비추어 전문적·기술성을 가진 행정의 독자영역을 부인할 수 없다. 한편, 독일에서는 行政留保(Verwaltungsvorbehalt)의 사고가 강조되기도 한다.[1] 즉 권력분립주의 아래에서 입법·사법과 마찬가지로 行政[2]의 독자성이 존중되어야 한다는 것이다. 이러한 법리는 특히 행정권에 대한 사법심사에 있어서도 간과될 수 있다.[3] 그렇다고 하여 행정유보논의가 행정작용에 대한 사법심사의 전면적 배제를 의미하는 것은 아니다. 오히려 이러한 논의의 핵심은 行政과 司法 사이의 緊張關係에서 행정작용에 대한 司法的 審査强度에 있다.

행정의 독자성이 강조되는 대표적 영역은 裁量(discretion, Ermessen)이다. 이는 흔히 '行政裁量'이라고 표현된다. 재량은 西歐뿐만 아니라 北美의 행정법에서도 공히 인정되고 있다.[4] 특히 우리 행정법의 골격에 큰 영향을 준 獨逸의 학설 및 판례는 행정재량뿐만 아니라, 도시계획법 분야에서 계획행정청에 인정되는 광범한 형성의 자유로서 이른바

---

1) Wolff/Bachof/Stober, Verwaltungsrecht I, 10. Aufl., § 24 Rn. 18.

2) 특히 행정법은 "행정에 관한 법"이므로, 그 대상인 '행정'의 개념이 중요하다. 특히 실질적 의미의 행정개념과 관련하여 학설이 대립하고 있다. 독일행정법의 國父인 Otto Mayer는 실질적 의미의 행정을 "立法 및 司法을 제외한 國家나 기타 公權力主體의 活動"으로 정의하였다(Otto Mayer, Deutsches Verwaltungsrecht, Bd. I, 1923, S. 7). 독일의 학설은 이러한 Otto Mayer의 견해를 消極說(控除說)로 분류하고 있다. 그러나 일부학설은 이러한 소극적 정의에 만족하지 못하고 적극적으로 행정의 개념을 파악하려고 하였다. 예컨대 Forsthoff의 "法律의 領域과 法의 基礎 위에서의 社會的 形成", Giese의 "高權的 手段의 投入" 그리고 Ellwein의 "役務提供" 등이 그러하다. 그러나 이러한 諸 學說은 行政의 橫斷面을 보여주고 있으나, 行政의 全貌를 파악하기에는 미흡하였다. 최근 독일에서는 소위 精製된 控除說(verfeinerte Substraktionsformel)이 유력하게 주장된다. 즉 실체적 의미의 행정은 立法이나 司法이 아니고, 統治나 軍事도 아닌 國家活動이라고 주장하고, 소극적 의미의 행정개념이 행정의 임무나 목적에 따른 다양한 행정의 유형분류를 통해 보완될 수 있음을 강조하고 있다(Battis, Allgemeines Verwaltungsrecht, 3. Aufl., S. 2 f). 이는 종래 절충설에 가까운 것으로 보인다.

3) 김남진·김연태, 행정법 I, 제10판, 2006, 642면.

4) 歐美各國의 裁量에 대하여 朴正勳, "不確定槪念과 判斷餘地", 金東熙(編), 行政作用論, 2006, 252면 이하 참조.

計劃裁量(Planungsermessen)의 개념을 案出하고 있다. 이러한 계획재량은 규범구조의 측면에서 통상적인 행정재량과 성질을 달리한다고 보는 것이 독일의 지배적 견해이다. 또한 처분의 근거법규 중 구성(성립)요건에 불확정법개념을 사용함으로써 사법심사가 극히 제약되는 영역이 존재하는 바, 이를 "判斷餘地(Beurteilungsspielraum)" 내지 "評價特權" 이라고 부르고 있다. 이러한 개념은 법효과에서 문제되는 행정재량과 구별된다. 그러한 이유에서 행정재량을 法效果裁量이라고 한다. 요컨대 대표적인 行政의 獨自領域은 행정재량, 판단여지 및 계획재량으로 구분된다. 현재 국내의 다수설은 대체로 이러한 3개의 독자영역이 서로 구별되어야 한다고 주장하고 있다. 그러나 대법원 판례는 행정재량과 판단여지를 서로 구분하지 않고 이들 모두를 재량으로 보고 있다. 또한 대법원은 일련의 판례에서 계획재량의 특수성에 대해서는 인지하고 있으나, 다만 그 통제방식에 있어서 행정재량과 동일하게 접근하고 있다. 이러한 대법원판례의 입장은 1996. 11. 29.자 판결[5] 이후 일관되게 지속되고 있었다. 그러나 이러한 대법원의 입장에 대하여 학계에서는 그 동안 신랄한 비판이 수차례 제기된 바 있다.[6] 다만, 최근 울산도시계획시설결정의 취소를 다투는 사건(주심: 대법관 김영란)[7]에서 새로운 변화가 엿보인다. 즉 대법원은 종래 도시계획결정의 위법성을 '裁量'瑕疵에 의해 판단하던 종전의 입장 대신에 '衡量'瑕疵에 의해 판단하고 있다. 이러한 새로운 판례는 1980년 후반에 국내에 도입되어 답보상태에 있

5) 대법원 1996. 11. 29. 선고 96누8567 판결.

6) 拙稿, "이익충돌의 문제해결수단으로서 계획법상의 최적화명령", 공법연구 제31집 제5호, 304면; 同人, "도시계획변경결정의 위법성판단 및 사법적 통제기준", 법률신문 제3460호(2006. 5. 22), 13면.

7) 즉 "행정주체가 가지는 이와 같은 형성의 자유는 무제한적인 것이 아니라 그 행정계획에 관련되는 자들의 이익을 공익과 사익 사이에서는 물론이고 공익 상호간과 사익 상호간에도 정당하게 비교교량하여야 한다는 제한이 있는 것이고(대법원 1996. 11. 29. 선고 96누8567 판결 참조), 따라서 행정주체가 행정계획을 입안·결정함에 있어서 이익형량을 전혀 행하지 아니하거나 이익형량의 고려 대상에 마땅히 포함시켜야 할 사항을 누락한 경우 또는 이익형량을 하였으나 정당성과 객관성이 결여된 경우에는 그 행정계획결정은 衡量에 瑕疵가 있어 違法하다"(대법원 2006. 9. 8. 선고 2003두5426 판결).

던 計劃規範理論에 發展의 轉機를 마련할 수 있다는 점에서 그 의미가 자못 크다고 할 것이다. 위 대법원판례는 進取的이고 勇氣있는 決定으로서 높이 평가할 만하다.

이하에서는 이러한 새로운 변화를 염두에 두고 형량명령 등 계획규범과 관련된 제 법리를 종합적으로 재조명하고자 한다. 우선 행정의 독자영역의 구별에 기초하여 판단여지, 행정재량과 구별되는 行政計劃의 特殊性을 살펴보고(Ⅱ), 계획결정의 위법성판단척도로서 衡量命令이 어떠한 의미를 가지는지와 사법적 통제수단으로 형량명령을 위배한 형량하자의 유형, 즉 衡量瑕疵論을 보다 상세히 검토한다. 특히 衡量國家(Abwägungsstaat)로 명명되는 현대국가는 公·私 諸利益의 衝突에 있어서 조정, 즉 형량이 강조된다. 또한 대법원은 도시계획결정의 위법성을 심사함에 있어서 節次的 要件에 대해서는 엄격히 판단하고 있으나 실질적 기준에 관한 검토는 소홀하였다. 이와 관련하여 독일에서의 논의도 간략히 살펴보도록 한다(Ⅲ). 마지막으로 計劃變更과 이에 대한 信賴保護와 損害塡補 등의 문제도 함께 검토하도록 한다(Ⅳ).

Ⅱ. 行政計劃의 特殊性

1. 都市計劃決定의 法的 性質

오늘날 행정계획은 독자적인 행위형식의 하나로 다루어지는 것이 지배적이다.[8] 그러나 종래에는 도시계획결정의 법적 성질과 관련하여 行政立法(법규명령)인지 아니면 行政處分인지 여부가 다투어졌다.[9] 즉 구 도시계획법 제12조 소정의 도시계획결정에 대하여 서울고등법원은 행정입법의 성질을 인정하였으나,[10] 대법원은 이를 행정처분으로 판시한 바

---

8) 이에 대한 상세는 拙稿, "利益衝突의 問題解決手段으로서 計劃法上의 最適化命令", 공법연구 제31집 제5호, 301면 참조.
9) 石琮顯, 一般行政法(上), 제11판, 372-374면.
10) 서울고등법원 1980. 1. 29. 선고 79누416 판결.

있다.[11] 생각건대 행정계획의 법적 성질은 다양성을 전제로 하므로 획일적으로 판단될 수 없다.[12] 즉 행정계획은 특정한 법형식에 구애됨이 없이 법률, 조례, 행정처분 등으로 나타난다. 독일의 대표적인 계획도구는 建設基本計劃(Bauleitplan)이다. 여기에는 구속력이 없는 토지이용계획(Flächennutzungsplan)과 구속력 있는 建築計劃(Bebauungsplan)이 있다. 이 가운데 후자는 도시계획조례의 형식으로 제정된다(독일 건설법전 제10조 제1항). 이러한 계획도구는 지방자치단체의 계획고권을 실현하기 위한 중심적 수단이다. 또한 독일에서는 프로젝트사업을 대상으로 하는 전문계획이 計劃確定決定(Planfeststellungsbeschluss)을 통해 실현된다. 독일의 연방원거리도로, 고속전철 등은 이러한 계획도구에 의해 이루어지고 있다. 이러한 계획확정결정은 행정행위의 형식으로 발급된다(독일 연방행정절차법 제74조 제1항 제1문). 독일 행정법원법은 추상적 규범통제를 인정하고 있어 소위 도시계획조례의 형식으로 제정되는 建築計劃에 대하여 직접적인 통제가 가능하다(동법 제47조 제1항 제1호 참조).

그러나 우리의 경우에는 구체적 규범통제만 가능하고 항고소송의 대상이 행정처분으로 되어 있어 행정계획의 처분성 여부가 關鍵이 되고 있다. 현행 國土의計劃및利用에관한法律에는 '도시계획'의 유형을 규정하고 있다. 동법이 정하는 도시계획은 廣域都市計劃과 (협의의) 都市計劃으로 大別되며, 후자는 다시 都市基本計劃과 都市管理計劃으로 구성된다. 이 중 도시관리계획은 국민에 대하여 대외적 구속력을 가지며, 고시가 있은 날부터 5일을 지난 도시관리계획의 결정은 행정처분으로서의 성질을 가진다고 보는 것이 지배적인 견해이다.[13] 특히 도시관리계획의 결정에 의한 용도지역·용도구역 내에서는 행위제한이 수반되고 있으며(國土의計劃및利用에관한法律 제76조), 개발제한구역·시가화

---

11) 대법원 1982. 3. 9. 선고 80누105 판결.
12) 同旨: 김남진·김연태, 행정법 I, 323면.
13) 김남진·김연태, 행정법 II, 제8판, 467면; 김동희, 행정법 II, 제12판, 443면; 柳至泰, 행정법신론, 제9판, 2005, 953면.

조정구역의 지정 등 용도구역은 실제 토지소유자 등에게 재산권의 제약을 가져오므로 처분성을 인정하기에 충분하다. 그러나 도시기본계획은 지역적 특성 및 계획의 방향·목표에 관한 사항, 공간구조, 생활권의 설정 및 인구의 배분에 관한 사항, 토지의 이용 및 개발에 관한 사항 등을 규정하고 있는 등 미국의 Master Plan이나 독일의 土地利用計劃(Flächennutzungsplan)에 상응하는 비구속적 계획으로 처분성을 인정할 수 없다. 立法政策的으로는 독일입법례와 같이 행정(도시)계획의 법적 성질을 법령에 명시하는 것이 예측가능성, 명확성원칙 등 법치국가원리에 비추어 바람직하다.

2. 計劃規範의 本質: 計劃裁量과 行政裁量의 區分

대법원은 일련의 판례[14]에서 "도시계획법 등 관계법령에는 추상적인 행정목표와 절차만 규정되어 있을 뿐 행정계획의 내용에 대하여는 별다른 규정을 두고 있지 아니하므로 행정주체는 구체적인 행정계획을 입안·결정함에 있어서 비교적 광범위한 형성의 자유를 가진다"고 하여, 계획행정청에 計劃裁量, 즉 計劃의 形成的 自由(planerische Gestaltungsfreiheit)가 있음을 인정하고 있는 것으로 보인다. 그러나 동시에 이러한 형성의 자유가 무제한적인 것이 아니라, "행정계획에 관련되는 자들의 이익을 공익과 사익 사이에서는 물론이고 공익 상호간과 사익 상호간에도 정당하게 比較較量하여야 한다는 제한이 있다"고 하여 衡量命令(Abwägungsgebot)에 의해 이러한 형성의 자유가 제한될 수 있음을 밝히고 있다. 이러한 논의는 독일의 도시계획법 및 건축법상의 이론 및 판례를 그대로 수용한 것이다.

생각건대 위 판례의 전반부는 계획규범의 특수성을 제대로 인식하고 있다. 또한 '형량명령'이라는 명시적 표현은 사용되고 있지 않으나, 계획결정에 있어서 관련된 公·私 諸利益이 서로 '衡量'되어야 함을 강조

---

14) 대법원 1996. 11. 29. 선고 96누8567 판결; 대법원 2003. 3. 23. 선고 98두2768 판결.

하고 있다. 다만, 판례는 형량명령의 구체적인 법적 근거를 명시적으로 언급하고 있지 않다. 독일에서도 오래 전에 형량명령의 법적근거에 관해 논란이 있었으나, 연방행정법원의 초기 판례에 의하면 명시적인 법적 근거가 없어도 法治國家原理로부터 당연히 도출될 수 있다고 보았다.[15] 그러나 현행 獨逸建設法典(Baugesetzbuch) 제1조 제6항은 형량명령에 관해 명문규정을 두고 있다.

독일의 통설 및 판례는 행정재량과 계획재량을 구별하고 있다. 즉 행정재량은 조건프로그램(Konditionalprogramm)에 기초하고 있으나, 계획재량은 目的-手段의 定式, 즉 목적프로그램(Finalprogramm)에 근거하고 있다. 또한 행정재량은 包攝(Subsumtion)에 의해 재량권이 발동되나, 계획재량은 다양한 이해관계를 전제로 하므로 관계된 공·사 제 이익을 모두 형량하여야 한다. 즉 행정재량의 경우에는 포섭에 의해 일정한 사실이 구성요건에 해당하면 自動的으로(automatisch) 법효과가 발생한다. 이를 假言命題의 定式(Wenn-Dann-Schema)이라 한다. 다만, 행정재량의 경우에는 이에 대한 선택의 가능성이 열려져 있다. 이러한 경우에 행정청은 決定裁量과 選擇裁量을 행사할 수 있다.[16] 즉 도로교통법 제78조에서는 운전면허소지자가 운전 중 고의 또는 과실로 교통사고를 일으킨 때에는 지방경찰청장은 "운전면허를 취소하거나 1년의 범위 안에서 그 운전면허의 효력을 정지"시킬 수 있다고 하여, 경찰행

---

15) BVerwGE 34, 301; 45, 309; 48, 56(63); 56, 110; 61, 295. 국내문헌도 대체로 그러한 입장을 취하고 있다. 예컨대 朴鈗炘, 最新行政法講義(上), 2004, 294면; 金東熙, 행정법 I, 187면.

16) 판례는 여전히 自由裁量과 羈束裁量의 古典的인 구분에 의존하고 있다. 이러한 구분은 日本行政法學의 踏襲 내지 殘滓이다(塩野 宏, 『行政法 I』, 1996, 103면 이하 참조). 그러나 이러한 구별기준은 오늘날 일본에서도 비판되고 있다. 즉 이러한 구분은 明治憲法 아래에서 자유재량을 행정재판소의 심리대상으로부터 배제시키기 위해서 생겨난 것이다(南 博方·原田尙彦·田村悅一(編), 『行政法(1)』, 第3版 1996, 200-201면 참조). 한편, 독일의 오래된 문헌에서도 이러한 구분을 발견할 수 있으나, "자유재량"(freies Ermessen)에 대해 "법으로부터 자유로운" 재량은 허용될 수 없음을 이유로 이미 오래 전에 회의적인 견해가 제시된 바 있다(Ottmar Bühler, Die subjektiven öffentlichen Rechte, S. 21, 209). 요컨대 자유재량과 기속재량의 구분은 매우 無意味하며 時代錯誤的이다. 그러나 최근 대법원판례는 재량의 유형을 특별히 구별하지 않고, 상위개념인 "재량행위"라는 표현을 사용하고 있는 것으로 보인다.

정청에 선택재량권을 부여하고 있다. 또한 식품의약품안전청장은 식품위생법 제21조의 규정에 의한 시설기준에 적합하지 아니한 때에는 기간을 정하여 시설의 개수를 명할 수 있는 決定裁量도 가진다(식품위생법 제57조 참조).

한편, 대법원은 2005. 3. 10. 자 판결[17]에서 "용도지역지정행위나 용도지역변경행위는 전문적·기술적 판단에 기초하여 행하여지는 일종의 行政計劃으로서 裁量行爲라 할 것이지만"이라고 하여, 계획재량을 행정재량과 동일시하고 있다. 이러한 판시내용은 명백한 대법원판례의 변경은 아니라고 판단되지만, 법리적으로는 상당한 오해를 불러일으킬 수 있다. 왜냐하면 이러한 대법원판례는 계획재량의 독자성 내지 특수성을 인정한 종전의 입장에서 후퇴하여, 계획재량을 행정재량과 완전히 동일시하거나 또는 이를 포괄적 행정재량에 흡수시키는 것과 같은 인상을 줄 수 있기 때문이다.

3. 判斷餘地理論

(1) 判斷餘地理論의 基礎 및 適用領域

행정재량과 구별해야 하는 행정의 독자영역에는 判斷餘地(Beurteilungsspielraum)가 있다. 행정재량이 주로 법효과와 관련이 있다면, 판단여지는 주로 법률구성요건의 문제이다. 즉 법규정의 구성요건표지는 다양한 내용을 담고 있다. 법률에 사용된 개념을 수치로 매기면 그 내용의 명확성 정도가 스펙트럼처럼 분산되어 배열될 것이다. 다양한 구성요건표지는 이미 사물 그 자체로서 또는 법률이나 판례에 의해 어느 정도는 명확하다고 볼 수 있다. 예컨대 민법 제98조은 '물건'의 개념을 "有體物 및 電氣 기타 관리할 수 있는 自然力"이라고 규정하고 있다. 또는 "黎明이 밝아올 때", "밀폐된 곳" 등의 개념은 비록 구성요건표지에 의해서는 아니지만, 구체적 사례에 의해 명확해질 수 있다. 그 이외

17) 대법원 2005. 3. 10. 선고 2002두 5474 판결.

에도 법률에는 公益, 公共福利, 交通利益, 信賴性, 適合性 등 불확정법개념이 많이 사용되고 있는 것이 현실이다.[18)]

판단여지이론은 1955년 Otto Bachof가 창안하였고, 그 후 C. H. Ule는 이를 발전시켜 代替可能性說 또는 (相對的) 妥當性理論(Vertretbarkeitslehre)을 주장하였다.[19)] 즉 한계적 사례에서 여러 가지 해결책을 주장할 수 있을 때에, 주장할 수 있다고 여겨지는 행정청의 결정이 적법하다고 보는 이론이다. 이와 유사한 것으로 Hans J. Wolff는 評價特權說을 주장하였다. 즉 행정청은 불확정법개념이 사용되어 評價特權(Einschätzungsprärogative)이 필요한 경우, 행정청의 평가에 대해 법원이 사후집행이나 사후심사를 할 수 없다는 것이다. 독일의 압도적 다수설은 이러한 판단여지이론에 동조하고 있다.[20)] 판단여지가 적용되는 영역에는 시험평가(국가고시, 대입시험 등), 시험유사평가결정(학교의 진급결정 등), 공무원법상의 근무평정, 감정가 및 이익대표로 구성된 위원회의 평가결정, 환경법 및 경제법 분야에서의 예측결정 및 위험판단, 행정정책적 성질의 결정 등이 있다.[21)] 요컨대 불확정법개념은 재량개념이 아닌 법개념으로서 그 包攝은 원칙적으로 전면적 사법심사의 대상이 되지만 일정한 경우에 판단여지가 인정되어 사법심사가 배제되는 영역이 존재한다는 것이다.[22)]

독일기본법의 제정 이후 판단여지와 관련하여 헌법적으로 요청되는 행정에 대한 행정법원의 심사범위가 다투어졌다. 그러나 근년에는 법원이 원칙적으로 제한된 사법심사권을 가진다는 사실도 유력하게 주창된다. 이에 대하여 독일에서는 전면적 사법심사가 제약되는 판단여지에 대하여 비판적 견해도 제시된다. 즉 행정에 예외적으로 사법심사가 제

---

18) Maurer, Allgemeines Verwaltungsrecht, 15. Aufl., § 7 Rn. 27 f.

19) 용어사용과 관련하여 홍준형, 행정법총론, 제4판, 한울아카데미, 210-211면 참조.

20) Maurer, a.a.O., § 7 Rn. 31.

21) Schultz-Fielitz, Neue Kriterien für die verwaltungsgerichtliche Kontrolldichte, JZ 1993, S. 772 ff.; Schmidt-Aßmann, Die Kontrolldichte der Verwaltungsgerichte, DVBl. 1977, S. 281 ff.

22) 김도창, 일반행정법론(상), 제4전정판, 387면.

한되는 평가특권을 인정하는지 여부는 입법자 스스로 결정해야 한다는 것이다. 이를 이른바 規範的 授權論(normative Ermächtigungslehre)이라 한다.[23] 개별 법률규정이 행정청에 最終判斷權을 授權하면, 불확정법개념은 완전히 사법심사를 할 수 없는 판단여지로 받아들여질 수 있다.[24] 독일 연방행정법원은 초기에는 불확정법개념을 제한적으로나마 심사하였으나, 그 후 몇 가지 예외적인 경우를 제외하고는 판단여지를 인정하지 않고 있으며 불확정법개념을 전부심사할 수 있다고 보고 있다.[25] 이는 포괄적 사법심사를 명시한 독일기본법 제19조 제4항과 관련하여 기본권제한을 이유로 예외사항의 한계를 좁게 보고 있기 때문이다.

한편, 기본권보호와 관련하여 판단여지를 인정하는 것에 대해 비판적 견해가 제시되고 있음과 동시에 행정재량과 판단여지의 구별을 어렵게 하는 또 하나의 이유는 법률 규정 그 자체에서도 찾을 수 있다. 예컨대 구성요건측면에서는 불확정법개념이, 또한 법률효과측면에서는 裁量授權이 담겨 있는 경우가 그러하다. 이를 연결규정(Koppelungsvorschriften)이라 한다. 양자의 구별을 부인하는 견해는 사법통제의 측면에서 판단여지는 재량행위와 실질적으로 차이가 없다고 하거나,[26] 법률의 구성요건부분에 있어서 예외적으로 인정되는 재량의 한 내용에 불과한 것으로 보아 판단여지이론을 인정할 이론적 독창성이나 현실적인 필요성이 없다고 주장한다.[27] 나아가 일부견해는 요건판단과 효과결정의 일원적 구조, 즉 양자의 構造的 一元論을 주장하고 있다.[28]

---

23) 이에 대하여 金鐵容/洪準亨/宋石允, 委任立法의 限界에 관한 硏究, 憲法裁判硏究 제8권, 61면.
24) Maurer, a.a.O., § 7 Rn. 33.
25) BVerwGE 15, 207(208); 24, 60(63 f.).
26) 김동희, 행정법 I, 262면.
27) 柳至泰, 행정법신론, 76면.
28) 朴正勳, “不確定槪念과 判斷餘地”, 金東熙(編), 行政作用論, 박영사, 2006, 250면 이하.

(2) 大法院判例의 立場

우리 판례를 살펴보면, 판단여지가 적용될 수 있는 영역에 대하여 (자유)재량으로 판단하고 있다. 예컨대 대법원은 “교과서검정이 고도의 학술상, 교육상의 전문적인 판단을 요한다는 특성에 비추어보면, 교과용도서를 검정함에 있어서 법령과 심사기준에 따라서 심사위원회의 심사를 거치고, 또 검정상 판단이 사실적 기초가 없다거나 사회통념상 현저히 부당하다는 등 현저히 재량권의 범위를 일탈한 것이 아닌 이상 그 검정을 위법하다고 할 수 없다”고 하여,[29] 판단여지가 적용될 수 있는 영역을 행정재량으로 판단하고 있다. 또한 공무원임용시험과 관련된 판례에서도 “공무원 임용을 위한 면접전형에 있어서 임용신청자의 능력이나 적격성 등에 관한 판단은 면접위원의 고도의 교양과 학식, 경험에 기초한 자율적 판단에 의존하는 것으로서 오로지 면접위원의 자유재량에 속하고, 그와 같은 판단이 현저하게 재량권을 일탈 내지 남용한 것이 아니라면 이를 위법하다고 할 수 없는 것이다”고 하여, 동일한 취지의 판시를 하고 있다.[30]

(3) 小 結

대법원판례는 판단여지를 자유재량으로 판단하고 있으나, 자유재량과 기속재량의 구별 자체가 무의미하다는 점에서 판단여지를 자유재량으로 보는 것은 잘못이다. 또한 위 판례가 비록 결과적 측면에서는 판단여지를 인정한 것과 엄밀히 다르다고 보기는 어려우나, 교과서검정과 같이 전문가로 구성된 위원회의 결정에 대해 판단여지이론을 적용하는 것이 이론적으로는 보다 타당하였다고 생각된다.[31] 우리 대법원은 공무원임

29) 대법원 1992. 4. 24. 선고 91누6634 판결. 同旨判例: 대법원 1988. 11. 8. 선고 86누618 판결.

30) 대법원 1997. 11. 28. 선고 97누11911 판결. 同旨判例: 대법원 1972. 11. 28. 선고 72누164 판결; 대법원 1997. 7. 22. 선고 97다3200 판결 등 참조.

31) 同旨: 홍준형, 전게서, 215면.

용시험과 관련된 판례에서도 동일한 취지의 판시를 하고 있으나, 독일 연방행정법원은 이와 유사한 사례에서 판단여지를 인정하고 있다. 즉 청소년유해도서목록에 대한 연방심사청의 판단권한을 판단여지로 보아 사법심사의 대상에서 제외시킨 바 있음은 주지의 사실이다.[32]

Ⅲ. 都市計劃決定의 違法性判斷尺度로서 衡量命令

1. 都市計劃決定의 本質的 要素로서 衡量命令

衡量命令(Abwägungsgebot)은 "社會形成的·法治國家的 計劃의 中心的 命令"으로 이해된다.[33] 행정계획은 다양한 이익요소를 고려해야 하며, 특히 도시계획결정은 다원적인 법률관계를 형성한다. 예컨대 도시계획결정은 관련된 토지소유자 등의 재산권을 침해 내지 제약할 수 있으며, 여기에는 보상의 문제가 수반되는 것이 일반적이다. 개발제한구역의 지정으로 인해 재산권의 제약을 유발한 경우에 헌법 제23조 제3항의 손실보상조항이 적용되는지 여부가 논란이 된 바 있다. 이에 대법원은 이를 재산권의 사회적 제약으로 보아 合憲이라고 판시하였으나, 헌법재판소는 이를 憲法不合致로 결정하였다. 다수의 학자들은 대법원과 헌법재판소의 판례의 태도가 완전히 상반된 것으로 평가하지만, 그 법적 근거는 헌법 제23조 제1항 제2문 및 제2항에 기초한 재산권의 사회적 제약에 있기 때문에 대법원과 헌법재판소의 기본적인 출발점은 동일하다고 볼 수 있다.

도시계획결정은 또한 환경문제와 밀접한 관련이 있다. 環境訴訟의 里程標를 세운 새만금사건에서와 같이 대부분의 대형국책사업은 중요한 환경문제를 야기하고 있다. 그러나 계획규범에 대한 법리검토가 충분하지 않아 새만금사건을 단순히 행정처분(공유수면매립면허)의 취소

32) BVerwGE 12, 20. 이에 대한 상세는 김남진·김연태, 행정법 I, 203면.
33) Ulrich Battis, Öffentliches Baurecht und Raumordnungsrecht, S. 97.

(철회)의 문제로만 접근한 것은 대단히 유감이다. 사견으로는 이 사건을 "계획변경"의 관점에서 접근하였으면 하는 아쉬움이 남는다.[34] 이와 같이 도시계획결정은 다원적인 법률관계를 전제로 한다. 여기에는 관련된 공·사익이 모두 고려되어야 한다. 이를 흔히 "衡量命令"이라 부르고 있다. 이러한 형량명령은 위에서 언급한 바와 같이 법치국가원리로부터 당연히 도출될 수 있으나, 최근 독일에서는 제3자 보호를 위한 중요한 법적 근거가 되고 있다. 특히 도시계획결정과 관련된 제3자(인근주민)가 자신의 권리나 이익이 침해되었음을 주장하는 原告適格(Klagebefugnis, locus standi)을 인정할 수 있는지 여부와 관련하여, 독일 연방행정법원은 모든 법규범이 잠재적으로 제3자 보호규정을 가진 것으로 보기 어렵다고 판시한 바 있다. 이는 형량명령에 대한 독일연방행정법원의 초기 판례의 새로운 변화로 평가될 수 있다. 동 법원은 독일건설법전 제1조 제6항의 형량명령에 관한 규정이 제3자 보호를 위한 법적 근거로 인정될 수 있다고 판시한 바 있다. 독일에서는 제3자 보호와 관련하여 "考慮命令(Gebot der Rücksichtnahme)"의 이론을 발전시키고 있다.[35] 독일 행정소송 판례의 경향을 살펴보면, 종래에는 개인의 권리구제를 철저히 보장하기 위해 개인적 공권을 개별 법률에 근거하지 않고 바로 헌법상의 기본권조항에서 도출할 수 있다는 소위 "完全한 主觀化"(vollständige Subjektivierung)[36]의 경향이 있었으나, 최근에는 이를 제한하는 판례가 나오고 있다. 즉 독일연방행정법원은 제3자의 원고적격을 개별규정으로부터 도출하려는 노력을 경주하고 있다. 이러한 완전한 주관화는 입법자의 형성의 자유를 좁힐 수 있다는 문제점이 지적되었다.[37] 특히 計劃法上의 三角關係(계획행정청—건축주—제3자)에서 제3자

34) 졸고, "환경소송과 인인보호"-특히 새만금사건을 중심으로-, 환경법연구 제28집 제1호(2006. 5), 239면 참조.

35) 이에 대하여 拙稿, "건축법상의 고려명령과 인인보호를 위한 법적 의미", 토지공법연구 제21집(2004. 3), 445면 이하 참조.

36) 이를 "包括的 主觀化"라고 표현하기도 한다. 이에 대한 상세는 졸고, 전게논문, 445면 이하.

37) Wahl, in: Schoch/Schmidt-Aßmann/Pietzner, VwGO, Vorb. § 42 Abs. 2 Rn.

만을 보호하려는 것은 다른 사인(건축주)의 권익(기본권)보호와의 관계에서 불합리할 수 있다는 점에서 計劃法上의 共同運命體 내지 交互關係를 강조하고 있다.[38] 이러한 독일연방행정법원의 판례는 우리에게도 많은 시사점을 던져 주고 있다고 본다. 최근 대법원이 추진한 2004년 행정소송법 개정안과 관련하여 원고적격을 확대하는 주장이 일반화되고 있다. 이는 입법정책적인 판단사항이며, 아직 행정소송법이 개정되기 전에 이러한 개정안과 결부된 현행 행정소송법의 해석론으로는 지나친 감이 있다. 또한 대법원판례 가운데에는 일정한 범위(예컨대 환경영향평가의 영역) 내에서는 원고적격을 인정하고 있음은 물론, 그 범위를 벗어난 경우에도 원고가 스스로 수인할 수 없는 피해를 입었다고 입증을 하면 원고적격을 인정할 수 있다고 판시한 것도 있다.[39] 이러한 원고적격의 확대는 외관상 개인의 권익구제를 보호할 수 있는 것으로 보이지만, 강행법규상의 작위의무 도출과 사익보호를 요건으로 하는 전통적인 개인적 공권이론을 무력하게 만들 수 있으며, 역으로 환경소송의 특성상 대체로 그 입증책임이 곤란하다는 점에서 원고의 勝訴를 어렵게 만들 수도 있다.

2. 衡量瑕疵의 類型

(1) 衡量瑕疵論의 槪觀

형량명령은 도시계획결정의 위법성을 판단하는 중요한 척도가 되고 있다. 도시계획결정을 함에 있어 이러한 형량명령을 간과한 경우에는 당해 계획결정은 위법하게 된다. 즉 계획결정을 함에 있어서 형량을 전혀 하지 않거나(衡量의 不行使), 또는 형량을 해야 할 제 이익의 요소 중 일부를 누락하거나(衡量의 欠缺), 또는 그러한 제 이익의 형량을 잘

116.

38) BVerwGE 101, 364(376). 한편, 독일연방행정법원은 위에 설시된 논거를 이유로 “완전한 주관화”를 거부한 바 있다(BVerwGE 52, 122/129).

39) 대법원 2005. 3. 11. 선고 2003두13489 판결.

못한 경우(誤衡量), 그리고 형량의 결과가 비례원칙에 위반되는 경우(衡量不比例)에는 당해 계획결정은 형량하자로서 위법하게 된다. 이를 소위 衡量瑕疵論(Abwägungsfehlerlehre)이라 한다. 이러한 형량하자의 유형은 독일연방행정법원의 1969. 12. 12. 자 판결[40]에서 처음으로 등장하였다. 그 이후 이러한 형량하자의 유형은 연방행정법원의 일관된 판례의 입장이다.[41] 나아가 동 법원은 평판유리판결(Flachglas-Urteil)에서 이러한 통제수단이 형량의 과정뿐만 아니라 형량의 결과에도 적용될 수 있다고 형량하자론을 보완하고 있다. 이에 관한 독일에서의 논의를 보다 상세히 소개하면 다음과 같다.

(2) 衡量의 不行使

우선 형량의 불행사(Abwägungsausfall)가 되기 위해서는 사안에 적합한 형량을 전혀 하지 않아야 한다. 이를 "衡量의 懈怠"라고도 한다.[42] 형량의 불행사는 형량의 조사 및 편입을 하지 않는 경우에 문제가 되며,[43] 이는 衡量의 過程과 관련되어 있다.[44] Kühling은 계획행정청이 부당하게 그 자신의 결정에 기속된 것으로 느끼고 요청되는 형량을 전혀 행하지 않은 경우에 형량불행사가 존재한다고 보았다.[45] 형량불행사의 대표적 사례는 독일연방행정법원 1986. 1. 17. 자 판결[46]에서 찾을 수 있다. 동 사건은 에너지공급회사와 관련된 것으로 바이에른 주(州)의 수용법 및 에너지경제법(EnWG: Energiewirtschaftsgesetz) 제11조에서 그 법적 근거를 찾을 수 있다. 동 판결에서는, 토지수용을 하는 행정청(토지수용위원회)이 예정노선에 있어서 에너지공급배선과 관련된 사업계획안의 적법성을 심사할 수 있는지, 또한 이를 심사할 수 있다면

40) BVerwGE 34, 301(309).
41) BVerwGE 45, 309; 48, 56(63 f.); 56, 110(122 f.).
42) 김동희, 행정법 I, 187면; 정하중, 행정법총론, 제3판, 334면.
43) Hoppe, in: Hoppe/Grotefels, Öffentliches Baurecht, § 7 Rn. 95.
44) Brohm, Öffentliches Baurecht, 2. Aufl., 1999, § 13 Rn. 16.
45) J. Kühling, Fachplanungsrecht, 1988, Rn. 184.
46) BVerwGE 72, 365.

어느 범위까지 할 수 있는지가 문제되었다. 에너지경제법 제11조는 이러한 목적을 위해 收用(Enteignung)을 할 수 있다고 규정하고 있었다. 나아가 에너지감독청은 에너지경제법 제11조 제1항에 근거하여 계획된 사업안을 실현하기 위해 이해관계인의 토지의 제약이나 박탈을 결정할 수 있었다. 이 경우 에너지공급시설의 실현은 독일기본법 제14조 제3항 및 해당 주(州)의 수용법과 관련하여 행정청의 심사에 달려 있고, 행정청의 심사범위는 연방행정법원의 입장에 의하면 원칙적으로 제한이 없었다. 따라서 법원은, 계획행정청이 수용의 요건을 적절히 인지하고, 개별사례에서 이와 관련하여 사업계획안의 필요성을 위해 공익과 적법성의 원칙 등을 충분히 고려했는지 여부를 판단할 뿐이었다.47) 이러한 심사에 따라 계획행정청이 형량과 관련된 이익을 대체로 인식하지 않았거나 제대로 조사된 이익요소를 형량에 편입하지 않았다면, 이는 형량의 불행사로서 형량명령에 위배될 수 있다.48)

(3) 衡量의 欠缺

형량의 흠결(Abwägungsdefizit)은 제반 상황에 비추어 반드시 편입되어야 할 이익요소가 형량에서 누락된 경우에 발생한다. 형량의 흠결의 가장 중요한 원인은 형량요소의 완전한 총괄이 실패한 것에서 찾을 수 있다.49) 여기에서 문제가 되는 것은 형량에서 어떠한 이익요소가 고려될 수 있었는지 여부가 아니라, 구체적 상황에 비추어 어느 범위의 형량요소가 중요한가이다.50) 어떤 형량요소가 형량에 있어서 중요한지 여부의 關鍵은 “제반 상황에 비추어”(nach der Lage der Dinge)라는 개념표지의 해석에 의해 결정된다.51) 형량요소의 조사・편입에 있어서 고려되는 공・사익은 전문계획뿐만 아니라 종합계획에서 상대적으로

47) BVerwGE 72, 365(366 f.).
48) Hoppe, in: Hoppe/Grotefels, a.a.O., § 7 Rn. 97 und 114.
49) Kühling, a.a.O., Rn. 186.
50) Krautzberger, in: Battis/Krautzberger/Löhr, BauGB, § 1 Rn. 96.
51) Hoppe, in: Hoppe/Grotefels, a.a.O., § 7 Rn. 46.

넓게 이해되고 있다. 예컨대 대표적인 전문계획인 연방원거리도로의 계획에 있어서 형량에 중요한 이익요소는 이미시온방지(Immissionschutz)가 있으며,[52] 형량에 중요한 요소에는 독일기본법 제14조 제1항의 보호영역인 재산권도 포함된다.[53]

독일 연방행정법원은 都市計劃發展의 整備에 포함되는 公益의 요소를 처음부터 배제하였다면, 이는 구 연방건설법(BBauG) 제1조 제1항의 형량명령에 위배된다고 판시하였다. 동 법원은, 이러한 중요한 공익요소가 쉽게 간과될 수 없으며, 만약 이러한 요소가 누락되어 형량되었다면, 그 결정 자체는 명백히 사안에 위배될 수 있다고 강조하고 있다.[54] 이러한 논리적 결과는 계획결정의 위법성의 근거를 제공하고 있다. 형량에 있어서 중요한 요소인지 여부는 "利益의 關聯性(Betroffensein)"이다.[55] 학설은 "이익의 관련성"에 대해 "최소한도 이상", "최소한도로 등장할 개연성이 있는" 또는 "인식할 수 있는" 등으로 묘사하고 있다.[56]

(3) 誤衡量

독일 연방행정법원은 대체로 관련된 공·사익을 잘못 평가한 경우에 誤衡量(Abwägungsfehlgewichtung)이 있다고 보고 있다.[57] 또한 이를 衡量上의 評價過誤(Abwägungsfehleinschätzung)라고도 부른다.[58] 사업계획안과 관련된 公·私 諸利益들의 경중을 서로 비교형량하는 것, 즉 稱量(Gewichtung)은 계획행정청의 형성의 자유 아래에 놓여 있다. 이러한 오형량은 주로 형량의 과정(Abwägungsvorgang)에서 이루어진다.

52) BVerwGE 48, 56.
53) BVerwGE 61, 295(301 f.).
54) BVerwGE 45, 309(315).
55) BVerwGE 59, 87(98).
56) Hoppe, in: Hoppe/Grotefels, a.a.O., § 7 Rn. 65 ff.; Brohm, a.a.O., § 13 Rn. 25.
57) BVerwGE 34, 301(309).
58) Battis, Öffentliches Baurecht und Raumordnungsrecht, S. 101; 石琮顯, 전게서, 379면.

(4) 衡量不比例

형량불비례(Abwägungsdisproportionalität)는 대립·충돌하는 이익의 조정이 개별 이익의 객관적 비교형량에 대해 비례하지 않는 방식으로 행해진 경우에 성립한다.59) 이를 "衡量의 不均衡"이라고도 한다.60) 형량불비례는 충돌하는 이익의 평가과오로 인해 형량에 있어 일정한 이익의 우선과 다른 이익의 후퇴가 결과적으로 비례하지 않는 경우를 말하며, 이 경우 "객관적인 비교형량"이 매우 중요한 기준이 된다.61) 그러나 이러한 통제수단이 항상 명확한 것은 아니어서 개별 사례에서 형량의 불비례 여부가 판단되어야 한다. 그럼에도 불구하고 환경이익이 종종 다른 이익들(예컨대 교통수송의 필요성)에 비해 더 높게 평가되기도 한다.62) 형량불비례의 구체적 사례는 2000. 11. 9. 자 下級審判例63)에서 찾을 수 있다. 이 사건에서 문제가 된 것은 교통량이 많은 도로나 소음이 심한 영업지역에 직접 인접해 있는 相隣關係에서의 일반주거지역의 확정이다. 동 법원은, 지방자치단체가 새로이 만들어지는 일반주거지역에서 신청권자(계획지역에 인접한 토지소유자)의 이익이나 주거안녕의 보호도 충분히 인정하거나 평가하지 않았음을 이유로 당해 建築計劃(Bebauungsplan)을 무효로 판시하였다.

한편, 일부학설은 誤衡量과 衡量不比例를 엄격한 구별 없이 사용하기도 하지만,64) 전자는 형량의 과정(Abwägungsvorgang), 특히 이익의 비교형량의 경우에 문제가 되지만, 후자는 형량의 결과(Abwägungsergebnis)의 문제라는 점에서 구분할 수 있다. 특히 형량불비례는 결정의 하자로 볼 수 있다.65) 독일에서는 이익충돌의 갈등을 극복하기 위한

59) BVerwGE 34, 301(309); 45, 309.
60) 金東熙, 전게서, 187면.
61) Kühling, a.a.O., Rn. 230 f.
62) Hoppe, in: Hoppe/Grotefels, a.a.O., § 7 Rn. 122.
63) OVG Lüneburg, BauR 2001, S. 363 ff.
64) Koch/Hendler, Baurecht, Raumordnungs- und Landesplanungsrecht, § 17 Rn. 31 ff.; Robert Alexy, Ermessensfehler, JZ 1986, S. 711.

수단으로 最適化命令(Optimierungsgebot)이 강조되고 있다(연방이미시온방지법 제50조).[66]

3. 衡量瑕疵論에 대한 批判 및 이에 대한 反論

독일의 일부학설은 형량하자의 유형이 일견 재량하자의 유형과 유사하다고 주장하고 있다. 즉 재량하자의 유형은 裁量의 欠缺(Ermessens-nichtgebrauch), 裁量의 濫用 내지 誤用(Ermessensfehlgebrauch) 및 裁量의 踰越 내지 逸脫(Ermessensüberschreitung)로 구분되는 바, 예컨대 裁量의 欠缺(Ermessensnichtgebrauch)은 衡量의 不行使 내지 懈怠와 유사하다는 것이다.[67] 나아가 통상의 행정재량과 계획재량이 構造的으로 同族임을 주장하거나,[68] 또는 양자 사이에는 전혀 질적인 차이가 없다는 견해[69]도 제시된다. 그러나 裁量瑕疵의 三分法이 보편화된 것은 사실이지만, 이 세 가지 재량하자유형이 항상 자명하게 구분되는 것은 아니다. 왜냐하면 재량의 흠결은 재량의 남용(내지 오용)의 하위유형에 속할 수도 있기 때문이다.[70] 실제 재량의 흠결에 대한 구체적 사례를 찾기는 쉽지 않으나, 대법원은 대체로 재량의 일탈·남용 여부에 따라 행정처분의 위법성을 판단하고 있다. 독일의 통설 및 판례는 이미 언급한 바와 같이 규범구조적인 특성에 의해 계획재량을 법효과재량과 구별하고 있으며, 양자를 異種(aliud)으로 보고 있다. 특히 독일의 도시계획법 실무에 있어서 방대한 독일건설법전(BauGB)은 가장 중요한 법적 근거가 되고 있으며, 이와 관련한 방대한 판례가 축적되고 있음은

---

65) Hoppe, in: Hoppe/Grotefels, a.a.O., § 7 Rn. 94 ff.

66) Koch/Hendler, a.a.O., § 17 Rn. 31 ff. 한편, 이에 대한 상세는 졸고, "이익충돌의 문제해결수단으로서 계획법상의 최적화명령", 공법연구 제31집 제5호(2003. 6), 289면 이하 참조.

67) Koch/Hendler, a.a.O., § 17 Rn. 16.

68) G. F. Schuppert, Self-restraints der Rechtsprechung, DVBl. 1988, S. 1199.

69) H. Fouquet, Die allgemeinen materiellen Voraussetzungen der Planfeststellung, VerwArch. 1996, S. 235.

70) Battis, Allgemeines Verwaltungsrecht, S. 165.

주지의 사실이다. 또한 독일의 도시계획에 관한 대표적인 교과서 및 건설법전 주석서에서는 형량명령과 형량하자론이 소개되어 있다.[71)]

한편, 우리 대법원은 이미 살펴본 바와 같이 도시계획결정의 위법성을 판단함에 있어 도시계획의 특수성을 인식하고 있으나, 그 위법성판단에 있어서는 형량하자가 아니라 재량하자 여부에 의해 판단하고 있다. 일부학설은 이러한 대법원판례의 입장을 긍정적으로 평가하기도 하나,[72)] 해당 판례의 내용을 엄밀히 살펴보면 계획재량을 통상적인 행정재량과 혼돈하고 있거나 양자를 동일시하고 있다. 이 점은 이미 소개한 2002두5474 사건에서 더욱 분명해진다. 행정재량과 계획재량을 구별하지 않고 도시계획결정의 위법성을 재량하자론에 따라 판단함으로써 법원에 의한 사법심사의 결과가 동일하거나 유사할 수 있을지도 모른다. 즉 법원이 재량의 일탈·남용을 판단하는 경우에 비례원칙을 사용하는 것이 대부분이므로, 이를 통해 당해 계획결정의 위법성을 판단함으로써 衡量瑕疵論과 매우 유사한 斷面을 보일 수도 있다. 그러나 법리적으로는 양자가 서로 질적인 차이를 가지며 사법심사의 결론에 있어서 항상 동일하다고 단정 지을 수는 없다. 요컨대 양자는 서로 구조적 차이점을 가지며 이를 구분하는 것이 필요하다. 성질을 달리하는 유형을 동일한 카테고리에 포함시키는 것은 언어사용의 남용이다. 계획'재량'이라는 표현은 종종 "(행정)재량"의 하위유형으로 오해를 불러일으킬 수 있다. 그러한 이유에서 독일 연방행정법원은 계획재량을 특히 "計劃의 形成的 自由"(planerische Gestaltungsfreiheit)라고 표현하고 있다.[73)]

---

71) Hoppe, in: Hoppe/Grotefels, a.a.O., § 7 Rn. 94 ff.; Brohm, a.a.O., § 13 Rn. 15 ff.; Battis, in: Battis/Krautzberger/Löhr, BauGB, § 1 Rn. 100 f. 한편, 독일 건설법전 제215조는 衡量의 欠缺(Mängeln der Abwägung)을 명시적으로 규정하고 있다.

72) 石琮顯, 전게서, 378-379면. 이 견해는 판례를 최대한 善意로 해석하여 대법원이 衡量瑕疵論을 적극적으로 수용한 것으로 이해하고 있다.

73) BVerwGE 48, 56/59. Hoppe, in: Hoppe/Grotefels, a.a.O., § 2 Rn. 30.

4. 都市計劃決定의 違法性 判斷基準

(1) 都市計劃決定의 節次上 瑕疵에 관한 判斷

종래 도시계획결정의 위법성을 판단함에 있어서 대법원은 계획결정의 절차적 기준을 엄격히 심사하고 있다. 대법원은 도시계획수립에 있어서 공청회를 개최하지 아니하고 관계 법규의 소정의 입주대책을 수립하지 아니한 경우 절차상 하자로서 취소로 보았다. 그러나 대법원은 최근 절차상 하자(환경영향평가의 흠결)를 이유로 당해 계획결정(사업승인)을 위법·무효로 판단한 바 있다.[74] 즉 이 사건은 육군 모 부대가 지난 1998년 4월 강원 철원군 김화읍 도창리에 주민의견 수렴과정이나 환경영향평가 없이 박격포 훈련장 설치승인을 받아 훈련을 짓자, 이에 원고가 국방부를 상대로 당해 승인처분이 무효라며 소송을 제기하여 1심과 2심에서 각각 승소한 것이다. 대법원은 이 사건에서 "환경영향평가를 거쳐야 할 대상사업에 대하여 환경영향평가를 거치지 아니하였음에도 불구하고 승인 등 처분이 이루어진다면, 사전에 환경영향평가를 함에 있어 평가대상지역 주민들의 의견을 수렴하고 그 결과를 토대로 하여 환경부장관의 협의내용을 사업계획에 미리 반영시키는 것 자체가 원천적으로 봉쇄되는 바, 이렇게 되면 환경파괴를 미연에 방지하고 쾌적한 환경을 유지·조성하기 위하여 환경영향평가제도를 둔 입법취지를 달성할 수 없게 되는 결과를 초래할 뿐만 아니라 환경영향평가대상지역 안의 주민들의 직접적이고 개별적인 이익을 근본적으로 침해하게 되므로, 이러한 행정처분의 하자는 법규의 중요한 부분을 위반한 중대한 것이고 객관적으로 명백한 것이라고 하지 않을 수 없다"고 하여, 환경영향평가를 거지치 아니하고 내린 승인처분을 무효라고 판시하고 있다.

다른 한편, 대법원은 환경영향평가를 거친 경우에는 비록 그 환경영

---

74) 대법원 2006. 6. 30. 2005두14363 판결.

향평가의 내용이 다소 부실하다고 하더라도, 그 부실의 정도가 환경영향평가제도를 둔 입법취지를 달성할 수 없을 정도이어서 환경영향평가를 하지 아니한 것과 다를 바 없는 정도의 것이 아닌 이상, 그 부실은 당해 승인 등 처분에 재량권 일탈·남용의 위법이 있는지 여부를 판단하는 하나의 요소가 됨에 그칠 뿐, 그 부실로 인하여 당연히 당해 승인 등 처분이 위법하게 되는 것은 아니라고 판시하고 있다.[75] 독일에서도 환경영향평가는 계획결정의 비독립적 부분으로서(독일환경영향평가법 제2조),[76] 환경과 관련된 계획절차 내에서 형량의 요소로 파악될 뿐이다.[77] 또한 독일연방행정법원은 형식적 환경영향평가의 하자가 바로 형량의 하자와 동일한 의미를 가지는 것은 아니며, 환경영향평가의 요청에 위반되는 경우에 중요한 환경이익이 형량에서 고려되지 않았거나 잘못 형량된 경우에만 당해 계획(확정)결정이 취소될 수 있다고 판시하고 있다.[78]

독일에서는 전통적으로 실체법이 절차법보다 강조되었으나, 근년에 절차적 기본권이 강화되는 추세이다. 그러나 도시계획법 분야에서는 사회경제적 이유에 의해 절차상 하자가 경미한 경우, 즉 절차상 하자가 실체적 결정에 중요한 영향을 미치지 아니하는 경우에는 실체법상의 계획결정이 바로 위법이 되지 않는다는 관념이 중시되고 있다. 이와 관련하여 독일 도시계획법에서는 計劃維持의 法原則(Grundsatz der Planerhaltung)이 논의되고 있다(독일건설법전 제214조, 제215조 참조). 즉 경미한 절차상 하자로 인해 계획결정을 바로 위법으로 판단하면 그 사회경제적 비용이 크기 때문에 계획유지의 사상이 강조된다. 계획유지의 법원칙은 법적 하자를 지닌 법률행위라 할지라도 이를 될 수 있으면 유지하려고 하는 법사상에서 기원한다. 이는 법률생활의 하나의 전통으로서 법적 안정성에서 그 법적 기초를 찾을 수 있다. 계획유지원칙

75) 대법원 2006. 3. 16. 선고 2006두330 판결(새만금사건).
76) Kopp/Ramsauer, VwVfG, § 72 Rn. 35.
77) Bonk, in: Stelkens/Bonk/Sachs, VwVfG, § 72 Rn. 60.
78) BVerwGE 100, 238(347).

이 독일건설법전에 도입된 것은 1995년 연방건설교통부장관이 설치한 건설법전개정위원회의 제안에 의해서였다. 委員會의 제안은 독일건설법전 제214조 및 제215조의 규정에 의해 "輕微하게 여겨지지 않는(nicht unbeachtlich)", 지방자치단체의 建設基本計劃의 하자(흠)를 제거하는데도 기여할 수 있게 되었다. 즉 이런 건설기본계획의 하자들이 補充節次를 통해 제거될 수 있다면 이를 법률상 당연무효로 해서는 안 된다는 것이다.[79] 최근 EU계획법은 특히 공중참여절차를 강화하고 있다. 예컨대 Natura 2000 지역에서의 사업승인의 경우에 일반 공중의 청문절차를 거치도록 하고 있다. 특히 野生動植物棲息地에 관한 指針(FFH-Richtlinie: Fauna-Flora-Habitat-Richtlinie)도 강제적인 공중참여절차를 규정하고 있지는 않지만 참여를 회원국에게 맡기고 있다.[80] 그러나 최근 절차상 하자의 위법성을 강조하는 EU법의 영향으로 도시계획과 관련된 독일연방행정법원의 판례가 어떻게 변화될 지 그 歸趨가 주목된다.

(2) 都市計劃決定의 違法性判斷의 實質的 基準

도시계획결정의 위법성을 판단함에 있어 실체적 판단기준에 대해서는 연구가 충분하지 않았다. 참고적으로 독일에서는 도시계획결정의 위법성을 판단함에서 있어 실체적 기준을 강조하고 있다. 즉 계획결정의 실체적 기준으로는 計劃上의 衡量(planerische Abwägung) 이외에 實體的 强行法規(zwingende materielle Rechtssätze), 計劃正當性(Planrechtfertigung) 등이 제시되고 있다. 먼저 실체적 강행법규는 計劃準則(Planungsleitsätze)으로 불리었으나, 그 명칭의 불명확성을 이유로 연방행정법원에 의해 포기되었다.[81] 이러한 실체적 강행법규는 계획상의 형량에 의해 극복될 수 없다.[82] 또한 계획정당성은 이미 오래 전부터 계

---

79) 이에 대한 상세는 拙稿, "計劃維持의 法原則", 現代公法理論의 諸問題(천봉석종현박사 화갑기념논문집), 삼영사, 2004, 1463면 이하 참조.

80) Andreas Fisahn, Entwicklungstendenzen des Europäischen Planungsrechts, UPR 2002, S. 262 f.

81) BVerwGE 100, 370(380).

획의 형성적 자유의 실체적 한계로서 다루어진 바 있다. 사업계획(안)은 대체로 공익(공공복리)을 위한 재산권의 수용과 밀접한 관계를 가지므로, 독일기본법 제14조 제3항의 수용조항에 근거하는 계획정당성을 필요로 한다.[83] 그러나 최근 계획정당성이 計劃確定(Planfeststellung)의 독자적 성립요건인지 여부가 다투어지고 있다. 종래에는 계획정당성의 요건이 충족되어야만 計劃確定이 성립될 수 있었으나,[84] 근년에는 계획정당성은 형량의 범위 내에서만 판단될 수 있다고 보는 견해가 제시되고 있다.[85] 그러나 독일연방행정법원의 판례에 의하면 계획정당성은 도시(사업)계획의 사법적 통제와 관련하여 실체적 요건의 하나로서 여전히 중요한 역할을 하고 있다.[86]

Ⅳ. 都市計劃變更決定과 損失補償 — 計劃保障請求權

도시계획결정은 행정계획의 특성상 連續性(Kontinuität)과 可變性을 특징으로 한다. 즉 도시계획결정이 일단 내려지면 이에 대해 이해관계를 가지는 다수인은 신뢰를 하게 되고, 이를 쉽게 변경하면 法的 安定性을 해할 수 있다. 또한 도시계획결정은 장래에 발생할 수 있는 리스크(risk, Risiko)를 저감하기 위해 내려지는 것이나 사회사정의 변화에 따라 중대한 공중의 손해를 피하기 위해 이를 수정 내지 변경할 수 있다. 이는 計劃의 彈力性과 관련이 있다. 이와 같이 행정계획은 그 본질상 安定性과 流動性의 긴장관계에 서 있다.[87] 그러나 도시계획결정은 다원적인 법률관계를 전제로 하고 계획결정에 대한 신뢰가 보호할 만한 가치가 있는 경우에, 계획결정을 변경함으로써 이를 신뢰한 다수인

82) Jarass, Die materielle Voraussetzungen der Planfeststellung, DVBl. 1998, S. 1208.
83) BVerwGE 48, 56(60).
84) BVerwGE 85, 44(51); 98, 339(345).
85) Jarass, DVBl. 1998, S. 1204 f.
86) BVerwGE 45, 309(312).
87) H. Maurer, Allgemeines Verwaltungsrecht, § 16 Rn. 26.

이 손해를 입은 경우가 문제될 수 있다. 즉 계획의 취소, 변경의 경우에 計劃主體와 計劃受範者 사이에는 리스크의 분산이 요청된다.[88] 이는 計劃保障請求權(Plangewährleistungsanspruch)과 관련된 것으로 신뢰보호의 이익이 계획변경의 공익에 대하여 일방적인 우위를 가지지 않는 한 일반적으로 인정되기는 대단히 어렵다.[89] 왜냐하면 계획결정 및 변경은 대체로 중대한 공익을 위해 이루어지므로 사익과의 형량을 통해 사인에게 계획보장청구권을 인정하기는 어렵기 때문이다. 계획변경의 경우에는 대체로 손해조정(손해배상, 손실보상)의 문제로 해결할 수밖에 없다. 독일건설법전 제39조 내지 제44조는 지방자치단체의 建築計劃(Bebauungsplan)이 변경되는 일정한 경우에 대해 보상규정을 두고 있다.

한편, 신뢰보호의 원칙은 특히 행정계획의 영역에서 중요한 문제로서 부상하고 있으며, 독일에서는 행정계획 분야를 "信賴保護의 典型的 事例(Paradigma des Vertrauensschutzes)"로 평가하고 있다.[90] 최근 대법원은 도시계획결정변경에 관한 2002두5474 사건에서, 행정청이 용도지역을 자연녹지에서 규제가 보다 엄한 보전녹지로 변경 결정한 경우, 행정청이 용도지역을 자연녹지지역으로 결정한 것만으로는 그 결정 후 그 토지의 소유권을 취득한 자에게 용도지역을 종래와 같이 자연녹지지역으로 유지하거나 보전녹지지역으로 변경하지 않겠다는 취지의 공적인 견해표명을 한 것이라고 볼 수 없다고 판시하였다.[91] 판례는 당해 사안에 신뢰보호의 원칙이 적용되지 않는다고 주장하고 있으나, 필자는 행정청의 도시계획변경결정은 선행조치로 보기에 적합하며 계획변경의 공익과 원고의 신뢰이익의 형량을 통하여 판단할 문제라고 본다.[92] 나

---

88) Maurer, a.a.O.
89) Maurer, a.a.O., § 16 Rn. 29.
90) 이에 대해서는 Hermann-Josef Blanke, Vertrauensschutz im deutschen und europäischen Verwaltungsrecht, 2000, S. 278.
91) 대법원 2005. 3. 10. 선고 2002두5474 판결.
92) 拙稿, "도시계획변경결정의 위법성판단 및 사법적 통제기준", 법률신문 제3460호, 2006. 5. 22. 13면.

아가 원고는 이 사건에서 단지 행정청의 선행조치에 대한 신뢰에 기초해 토지를 매입해서 준비행위를 한 정도에 그치므로 원고의 재산권보호의 가치가 계획변경이라는 공익에 비해 우위에 있다고 보기 어렵다. 이 문제는 信頼保護原則의 限界와 관련된 것으로 보는 것이 타당하다고 생각한다.

V. 맺음말

지금까지 도시계획결정의 본질, 계획규범의 특수성 및 형량명령 등에 대하여 고찰하였다. 오늘날 법치국가원리에 비추어 행정에 대한 司法審査의 强度가 점차 높아지고 있는 것이 사실이다. 그러나 복잡다기한 현대행정의 특성상 行政의 獨自領域을 간과할 수 없다. 행정의 독자영역은 대표적으로 판단여지, 행정재량 및 계획재량(계획의 형성적 자유)으로 구분된다. 그 동안 우리 대법원은 행정재량(법효과재량)에 대한 사법적 통제와 관련하여 많은 판례를 남겼으며 이에 대한 이론적인 발전도 있었다. 그러나 통상적인 행정재량과 성질을 달리하고 규범구조적인 측면에서 서로 다른 計劃裁量의 特殊性은 충분히 고려되지 못하고 있다. 계획재량은 조건프로그램으로 된 행정재량과 달리 目的—手段의 定式 내지 目的프로그램으로 되어 있다. 또한 계획재량은 판단여지와 행정재량과 같이 요건과 효과의 일차원적인 문제가 아니라 도시계획결정과 관련된 공익과 사익, 그리고 사익과 사익 사이 등 모든 이익을 서로 衡量하는 다원적인 법률관계를 전제로 한다. 특히 衡量命令은 법치국가적 계획의 중심적 요소를 이루고 있다. 비록 명시적인 표현을 사용하고 있지는 않지만 우리 판례도 이를 인정하고 있는 것으로 보인다. 그러나 이러한 형량명령이론은 처음 도입된 1980년대의 논의수준에서 그대로 머무르고 있으며 아직까지 답보를 계속하고 있는 것으로 보인다. 이 점은 독일연방행정법원이 이와 관련하여 판례이론의 눈부신 발전을 거듭하고 있는 것과 매우 비교가 되는 점이다. 형량명령이론은 비록 독일의 학설 및 판례를 통해 도입된 것이나, 公法上 相隣關係에서 제3자 보호와 관련하여 새로운 이론적 발전을 보이고 있다. 예컨대 고려명령, 최적화명령 등의 파생원칙이 그러하다. 외국이론을 도입하는 것에는 매우 신중할 필요가 있다. 그러나 형량명령은 도시계획결정을 둘러싼 많은 현안들을 해결하는데 중요한 도구가 될 것이다. 대형국책사업과 같은 전문계획이나 도시계획분야는 복잡하고 다원적 법률관계를 전제로 하며, 개발이익과 환경이익이 서로 충돌하는 것이 보통이다. 이러한 사안은 부안방폐장사건이나 새만금사건의 경우처럼 사회적 쟁점사항이 되기도 한다. 이러한 이익충돌문제를 합리적으로 해결하는 것은 대단히 어려운 문제이다. 형량명령이론은 이와 같은 문제를 해결하는데 많은 도움을 줄 것으로 예상된다.

최근 행정절차법 개정과 관련하여 計劃確定節次(Planfeststellungs-verfahren)의 도입이 적극적으로 검토되고 있다고 한다. 1987년 행정절차법(안)을 제정할 때 계획확정제도를 도입하려는 노력이 있었으나 석연치 않은 이유로 좌절되었다. 최근 대형국책사업을 둘러싼 사회적 갈등을 보면서 이러한 법제도의 부재를 절감하게 된다. 만약 계획확정제도가 현행법에 도입되면 이와 관련된 법률분쟁이 많이 발생할 것으로 예상된다. 이에 대한 판례이론의 준비 내지 대응이 절실할 것으로 보인다.

한편, 도시계획(변경)결정의 위법성을 판단함에 있어서는 상대적으로 實質的 基準에 관한 고찰이 부족하였다. 비록 형량명령에 관한 명문규정은 없으나 적어도 법치국가원리로부터 도출될 수 있음이 인정되므로, 형량명령에 위반되는 계획결정의 위법성 여부를 형량하자의 유형에 견주어 판단하는 것은 여전히 의미 있는 일로 보인다. 그 논의의 필요성은 독일의 입법례와 방대한 판례를 언급하지 않아도 자명하다. 또한 형량하자이론은 단순히 도시계획결정의 적법성심사기준을 제공할 뿐만 아니라, 계획행정청의 결정에 있어 정당한 형량을 할 수 있는 기준을 제공하여 형량의 하자발생을 억제할 수 있다. 그 밖에 計劃正當性의 문제나 도시계획과 관련된 實體的 强行法規 등의 실질적 기준도 검토될 필요가 있다. 최근 일본에서도 이 분야에 관한 연구가 축적되어 단행본의 저서가 나올 정도로 발전하고 있다. 우리 대법원이 이 분야의 연구를 선도하여 좋은 선행판례를 제시하면, 우리 도시계획법 분야는 비약적인 발전을 가져올 수 있다고 본다.

第 8 章

計劃變更請求權의 法的 問題

- 都市計劃變更申請權의 例外的 認定에 대한 批判的 考察 -

Ⅰ. 序　　說

오늘날 행정계획을 입안·결정함에 있어서 행정주체는 비교적 광범위한 형성의 자유를 가진다는 점이 일반적으로 인정되고 있다. 이러한 광범위한 형성의 자유를 소위 '계획재량(Planungsermessen)'이라고 부르고 있다. 그러나 계획재량도 비록 '재량'이라는 용어를 사용하고 있으나, 통상적인 재량인 행정재량(법효과재량)과 구분된다는 것이 지배적 견해이다.[1] 특히 행정계획은 목적·수단의 정식 또는 목적프로그램으로 구성되어 있으며, 전문적·기술적 판단을 기초로 관련된 행정수단을 종합적이고 장기적으로 고려해야 한다. 종전의 판례는 위와 같은 행정계획의 특성과 본질을 인정하고 행정청에 계획재량이 부여되어 있음을 인정하면서도, 행정재량과 계획재량을 명확히 구별하지 못하고 있다는 인상을 주었다.[2] 그러나 대법원은 울산도시계획시설(학교)결정취소사건

1) 金南辰·金連泰, 행정법 I, 제13판, 330면; 朴鈗炘, 최신행정법론(상), 2004, 293면; 石琮顯, 일반행정법(상), 378-379면; 鄭夏重, 행정법총론, 제3판, 333-334면. 한편, 양자의 구분에 관한 명확한 입장은 유보하고 있으나, 적어도 계획재량이 행정재량에 비해 보다 '광범한 재량권'을 가진다는 점을 인정하는 견해로는 金東熙, 행정법 I, 제14판, 192면.

2) 즉 대법원은 "만약 행정주체가 행정계획을 입안·결정함에 있어서 이익형량을 전혀 행

에서, "재량권을 일탈·남용한 것으로 위법" 부분을 —비록 이유부분이기는 하나— "형량에 하자가 있어 위법"으로 판시하였다.[3] 이러한 판례의 변화는 그 동안 학계에서 지적되어 온 비판을 적극적으로 수용·반영한 것으로서, 계획재량과 형량명령의 법리를 한 단계 높인 것이다. 그 후 판례는 수정·변경된 이론을 행정계획과 관련된 사건에 적용하고 있다.[4] 위 판례에 대해 一說은 "종래의 판례와 달리 행정판례에서 이러한 중간단계의 일반 행정재량 통제원리의 적용을 포기한 것으로 보여진다"라고 평가하고 있다.[5] 이러한 입장은 오래전부터 행정재량과 계획재량의 '단절'을 강조하였던 학계의 비판적 입장을 대변하고 있는 것이다.

이러한 형량하자에 의한 도시계획결정의 위법성을 다툴 수 있는 것은 도시계획결정의 처분성이 전제된 것이다. 행정계획의 법적 성질에 대하여 학설은 입법행위설(법규명령설), 행정행위설, 개별검토설(복수성실설) 및 독자성설 등으로 구분되어 있었다.[6] 이러한 혼란은 무엇보다

하지 아니하였거나 이익형량의 고려대상에 마땅히 포함시켜야 할 중요한 사항을 누락한 경우 또는 이익형량을 하였으나 그것이 비례의 원칙에 어긋나게 된 경우에는 그 행정계획결정은 재량권을 일탈·남용한 것으로 위법하다"고 판시하여, 행정재량과 계획재량을 명확히 구분하지 못하고 있다(대법원 2005. 3. 10. 선고 2002두5474 판결 참조).

3) 즉 판례는 "행정계획이라 함은 행정에 관한 전문적·기술적 판단을 기초로 하여 도시의 건설·정비·개량 등과 같은 특정한 행정목표를 달성하기 위하여 서로 관련되는 행정수단을 종합·조정함으로써 장래의 일정한 시점에 있어서 일정한 질서를 실현하기 위한 활동기준으로 설정된 것으로서, 구 도시계획법 등 관계 법령에는 추상적인 행정목표와 절차만이 규정되어 있을 뿐 행정계획의 내용에 대하여는 별다른 규정을 두고 있지 아니하므로 행정주체는 구체적인 행정계획을 입안·결정함에 있어서 비교적 광범위한 형성의 자유를 가진다고 할 것이지만, 행정주체가 가지는 이와 같은 형성의 자유는 무제한적인 것이 아니라 그 행정계획에 관련되는 자들의 이익을 공익과 사익 사이에서는 물론이고 공익 상호간과 사익 상호간에도 정당하게 비교교량하여야 한다는 제한이 있는 것이고(대법원 1996. 11. 29. 선고 96누8567 판결 참조), 따라서 행정주체가 행정계획을 입안·결정함에 있어서 이익형량을 전혀 행하지 아니하거나 이익형량의 고려대상에 마땅히 포함시켜야 할 사항을 누락한 경우 또는 이익형량을 하였으나 정당성과 객관성이 결여된 경우에는 그 행정계획결정은 형량에 하자가 있어 위법하다"고 판시하고 있다(대법원 2006. 9. 8. 선고 2003두5426 판결).

4) 대법원 2007. 4. 12. 선고 2005두1893 판결; 대법원 2007. 1. 25. 선고 2004두12063 판결.

5) 신봉기, "한국 행정판례에 있어서 형량하자론의 도입과 평가", 행정판례연구 제13권, 2008, 145면.

'행위형식(Handlungsformen)'과 '법형식(Rechtsformen)'의 구분이 명확히 인식되지 못한 것에서 비롯한다. 그러나 오늘날 행정계획은 "현대행정의 포기할 수 없는 행위형식" 또는 "독자적인 행위형식으로서 행정계획(Planung als eigenständige Handlungsform)"[7] 등으로 인식되고 있으며, 또한 행정계획에 사용될 수 있는 법형식은 다양할 수 있다는 점에 공감하고 있다.[8] 한편, 독일에서는 주요한 행정계획의 법적 성질을 법률에 명시적으로 규율하고 있다(독일 행정절차법 제74조 제1항, 독일건설법전 제10조 제1항 참조). 이러한 입법방식은 국민의 소송형식의 선택에 있어서 예측가능성과 법적 명확성을 위해 매우 바람직하다고 볼 수 있다. 법원에서 개별 행정계획의 법적 성질을 일일이 다투고 확인하는 작업은 매우 소모적이다. 따라서 향후 도시계획법제를 정비함에 있어서 독일입법례와 같이 주요한 행정계획의 법적 성질을 개별 법률에 직접 명시하는 것을 적극적으로 검토할 필요가 있다. 대표적인 계획법령인 「국토의 계획 및 이용에 관한 법률」에도 도시계획의 법적 성질을 推斷할 수 있을 뿐, 명시적으로 규정하고 있지 않다.[9] 그 밖에 형량명령과 관련하여 형량의 과정과 결과를 구분할 것인지, 형량하자의 심사기준을 3단계(형량불행사, 형량의 흠결, 오형량) 또는 4단계(형량불행사, 형량의 흠결, 오형량, 형량불비례)[10]로 구성할 것인지 등의 문제가 남아 있다. 이론적으로는 형량의 과정과 결과를 구분하고, 형량의 결과에 해당하는 형량불비례를 포함한 4단계로 구성하는 것이 타당하다고 본다.[11]

---

6) 행정계획의 법적 성질에 관한 국내학설의 소개는 朴鈗炘, 전게서, 277면 참조.

7) Schmidt-Aßmann, Das allgemeine Verwaltungsrecht als Ordnungsidee, 2. Aufl., 6. Kap. Rn. 96 f.

8) 이에 대해서는 Köck, in: Hoffmann-Riem/Schmidt-Aßmann/Voßkuhle (Hrsg.), Grundlagen des Verwaltungsrechts, Bd. II, § 37 Rn. 30 참조.

9) 한편, 판례는 도시계획결정의 처분성을 인정하지만(대법원 1982. 3. 9. 선고 80누105 판결), 도시기본계획에 대해서는 처분성을 부인하고 있다(대법원 2002. 10. 11. 선고 2000두8226 판결).

10) 형량하자를 조사의 탈락, 형량의 탈락, 이익의 과오선정 및 형량상의 평가과오(불평등)로 구분하는 견해도 있다(石琮顯, 전게서, 379면).

11) 이에 대해서는 拙稿, "도시계획결정과 위법성판단", 韓國 公法學의 發見(송윤강구철교수화갑기념논문집), 2007, 617-622면.

이와 같은 행정계획의 특성으로 인하여 도시계획구역 내에 토지 등을 소유하고 있는 주민은 원칙적으로 행정계획의 수립청구권 또는 변경신청권을 행사할 수 없다고 보는 것이 통설·판례의 입장이다. 그러나 학계 일각에서는 예외적으로 주민에게 도시계획변경신청권을 허용해야 된다고 보는 견해가 있으며, 판례도 예외적으로 도시계획변경신청권을 인정하고 있다. 도시계획변경신청권을 인정하고 그 신청거부에 대해 취소소송을 허용하면, 당사자의 재산권보장의 확대, 행정소송의 대상확대 등의 장점을 가진다. 그러나 이러한 주장이 행정계획의 본질에 비추어 타당한지를 검토할 필요가 있다. 도시계획변경청구권의 인정은 일견 해당 청구인의 권리구제에 기여할 수 있으나, 행정계획의 본질 및 특수성, 계획행정청의 독자적 판단권 그리고 제3자(隣人)의 보호 등의 측면에서 도시계획변경신청권이 허용될 수 있는지가 문제된다. 아래에서는 도시계획변경신청거부의 처분성(Ⅱ.), 도시계획변경청구권의 허용여부(Ⅲ.) 등을 중심으로 고찰하기로 한다.

Ⅱ. 都市計劃變更申請拒否의 處分性

(1) 행정계획은 한편으로 계획수립을 통해 불확실성이라는 리스크를 줄인다는 점에서 '안정성'을 가지며, 다른 한편으로 사회사정의 변화에 따라 적합하게 변경되어야 한다는 점에서 '가변성'을 가진다. 따라서 계획'유지'와 계획'변경'은 서로 상호작용을 하고 있다고 볼 수 있다. 그러나 상대방이 행정청에 대해 계획변경을 신청한 경우에, 도시계획변경신청에 대한 '거부'를 처분으로 볼 수 있는지가 문제된다.

이와 관련하여 대법원은 "도시계획법상 주민이 행정청에 대하여 도시계획 및 그 변경에 대하여 어떤 신청을 할 수 있다는 규정이 없고, 도시계획과 같이 장기성, 종합성이 요구되는 행정계획에 있어서 그 계획이 일단 확정된 후 어떤 사정의 변동이 있다 하여 지역주민에게 일일이 그 계획의 변경을 청구할 권리를 인정해 줄 수도 없는 것이므로 그 변경 거부행위를 항고소송의 대상이 되는 행정처분에 해당한다고 볼 수 없다"고 하여, 도시계획변경신청 거부행위의 처분성을 원칙적으로 부인하고 있다. 또한 판례는 재개발사업과 관련하여서도 재개발 사업지구 내 토지 등의 소유자의 재개발사업에 관한 사업계획 변경신청에 대한 '不許通知'는 항고소송의 대상이 되는 행정처분에 해당하지 아니한다고 판시하였다.[12] 한편, 판례는 도지사가 군수의 국토이용계획변경결정 요청을 반려한 것이 국민의 구체적인 권리·의무에 직접적인 변동을 초래하는 것이 아님을 이유로 항고소송의 대상이 되는 행정처분에 해당하지 않는다고 보고 있으나,[13] 이러한 '반려행위'는 행정기관 내부의 행위이므로 그 처분성이 부인됨은 물론이다. 그러나 판례는 예외적으로 도시계획변경신청거부의 처분성을 인정한 사례가 있어, 도시계획변경청구권의 인정여부에 관하여 검토할 필요가 있다. 우선 도시계획변경신청거부의 처분성을 인정하기 위해서는 거부처분의 성립요건을 충족해야 한다.

(2) 판례는 오래 전부터 거부처분의 성립요건에 대하여 특이한 법리를 채택하고 있다. 즉 "국민의 적극적 신청행위에 대하여 행정청이 그 신청에 따른 행위를 하지 않겠다고 거부한 행위가 항고소송의 대상이 되는 행정처분에 해당하는 것이라고 하려면, 그 신청한 행위가 공권력의 행사 또는 이에 준하는 행정작용이어야 하고, 그 거부행위가 신청인의 법률관계에 어떤 변동을 일으키는 것이어야 하며, 그 국민에게 그 행위발동을 요구할 법규상 또는 조리상의 신청권이 있어야만 한다"고 판시하고 있다.[14] 즉 신청의 거부행위 모두를 처분으로 보는 것이 아니라, 거부처분이 성립되기 위해 신청을 할 '법규상' 또는 '조리상'의 권리가 있어야 한다. 그러나 '조리상'의 신청권이 무엇을 의미하는지가 분명하지 않고, 또한 매우 모호한 개념으로서 국민의 예측가능성을 침해할

12) 대법원 1999. 8. 24. 선고 97누7004 판결.
13) 대법원 2008. 5. 15. 선고 2008두2583 판결.
14) 대법원 2003. 9. 26. 선고 2003두5075 판결; 대법원 1998. 7. 10. 선고 96누14036 판결.

수도 있다. 이와 관련하여 법규상 또는 조리상의 신청권은 소송요건의 문제가 아니라, 청구의 이유 유무 또는 권익침해의 유무 판단 등 본안 판단의 문제라는 비판도 제기된다.[15] 독일에서는 거부처분에 대해 취소소송이 아니라 의무이행소송(Verpflichtungsklage)을 통해 다투고 있다(독일 행정법원법 제42조 제1항). 의무이행소송의 대상은 '행정행위의 발급'이다.[16] 거부처분에 대한 의무이행소송은 원고의 신청행위이며, 그 신청행위는 '행정행위'이어야 한다.[17] 따라서 거부처분에 대한 의무이행소송의 목적은 거부 그 자체가 아니라, 급부의 이행에 있다.[18] 또한 행정행위의 발급을 주장하는 청구권이 반드시 법률이나 공법상 계약에 근거할 것을 요구하지도 않는다.[19] 그러나 우리 행정소송법상 거부처분은 취소소송으로 다투어야 하고(행정소송법 제19조 본문, 제2조 제1호 참조), 거부처분 취소소송의 목적은 행정행위의 발급이 아니라 위법한 거부처분의 취소이다. 특히 행정소송법 제30조 제2항에는 "판결의 취지에 따라 다시 이전의 신청에 대한 처분을 하여야 한다"고 규정하고 있으나, 판결의 취지를 존중하되 반드시 원고의 신청내용과 동일한 처분을 할 필요는 없다. 예컨대 거부처분 후에 사정변경이나 법령의 개정 등의 경우에 그러하다.[20] 또한 당해 거부처분이 절차나 방법의 위법인 경우

15) 李尙圭, 행정쟁송법, 제5판, 법문사, 324면; 홍준형, 행정구제법, 제4판, 한울아카데미, 545면.

16) Hufen, Verwaltungsprozessrecht, 7. Aufl., § 15 Rn. 2. 다만, 소송의 대상은 소송물(Streitgegenstand)과 구분되어야 한다. 소송물에 대해서 "처분의 위법성 일반"으로 보는 것이 통설·판례이나, 취소소송은 주관소송이므로 필자는 처분의 위법과 그로 인한 원고의 권리침해를 내용으로 하는 원고의 법적 주장으로 보는 것이 타당하다고 생각한다. 상세한 논의를 여기에서 하는 것은 적절하지 않아, 다른 지면을 통해 이에 관한 논의를 전개하기로 한다.

17) BVerwGE 31, 301 ff.

18) Hufen, a.a.O., § 15 Rn. 4; Würtenberger, Verwaltungsprozessrecht, 2. Aufl., Rn. 319.

19) Schenke, Verwaltungsprozessrecht, 12. Aufl., Rn. 260.

20) 판례도 "행정처분의 적법 여부는 그 행정처분이 행하여진 때의 법령과 사실을 기준으로 하여 판단하는 것이므로 거부처분 후에 법령이 개정·시행된 경우에는 개정된 법령 및 허가기준을 새로운 사유로 들어 다시 이전의 신청에 대한 거부처분을 할 수 있으며 그러한 처분도 행정소송법 제30조 제2항에 규정된 재처분에 해당된다"고 보고 있다(대법원 1998. 1. 7. 선고 97두22 판결).

에, 처분청은 그 확정판결의 취지에 따라 다시 종전의 신청에 대한 거부처분을 할 수 있고, 이러한 거부처분도 재처분의무를 이행한 것으로 보고 있다.[21] 우리 행정소송법상 거부처분 취소소송은 독일의 의무이행소송과 달리 거부처분 그 자체의 취소를 목적으로 하고 있을 뿐이다.

생각건대 법규상 또는 조리상의 신청권의 유무는 원고적격의 판단, 또는 본안판단에 있어서 권리침해의 유무를 판단하는 근거가 될 수 있다는 점에서, 이러한 판례이론은 문제가 있어 보인다. 그러나 이러한 거부처분의 성립요건은 이미 확고한 대법원판례가 되어 있다. 위 판례이론에 의하면, 도시계획변경신청의 거부가 거부처분의 요건을 충족하기 위해서는 마찬가지로 당사자가 신청에 대한 법규상 또는 조리상의 신청권을 가져야 한다. 따라서 도시계획변경신청의 경우에도 이러한 거부처분의 요건이 충족되어야 하는지가 먼저 검토되어야 한다.

Ⅲ. 計劃變更請求權의 認定與否

1. 學說의 現況

행정청이 국민의 신청을 거부하는 행위를 한 경우에, 그 거부행위가 행정처분이 되기 위해서는 우선 국민에게 법규상 또는 조리상의 '신청권'(Antragsbefugnis)이 인정되어야 한다.[22] 따라서 도시계획변경에 관하여 주민에 법규상 또는 조리상의 신청권이 있는지 여부를 검토해야 한다. 이에 관하여 학설은 적극설과 소극설로 대립하고 있다.

우선 積極說은 주민에 대해 도시계획변경의 신청권을 인정할 수 있고, 그 거부를 처분으로 판단할 수 있다고 본다. 一說은 도시계획변경에 관한 신청권을 부인하게 되면 도시계획변경거부의 처분성을 인정할 수 없어 취소소송의 제기가 불가능하게 되므로, 도시계획변경 거부결정

---

21) 대법원 2005. 1. 14. 선고 2003두13045 판결.
22) 대법원 1999. 8. 24. 선고 97누7004 판결.

의 위법성 여부에 대한 재판청구권을 보장할 필요가 있다고 보고 있다.[23] 또 다른 견해는 국토계획법 제26조에서 규정하는 도시계획입안 '제안'권을 근거로 법규상 또는 조리상 신청권 등을 통해 도시계획변경 거부의 처분성을 인정할 수 있다고 본다.[24] 그리고 도시계획변경신청거부에 의해 제3자의 기본권이 침해받게 되는 경우에 예외적으로 도시계획변경거부를 인정할 수 있다는 유력한 견해도 있다.[25] 그 밖에 장기미집행 도시계획시설의 경우에 대해서 신청권을 인정할 수 있다는 견해도 있다.[26] 적극설의 주요 논거는 당사자의 권리구제를 위해 도시계획변경신청권을 인정하자는 것으로 압축될 수 있다. 이에 반해 消極說은 도시계획수립 및 변경에 있어서 일반적으로 계획행정청에 광범위한 형성의 자유가 보장되어 있으므로, 계획수립청구권 및 계획변경신청권을 허용할 수 없다고 보고 있다. 소극설이 다수설이다.[27]

계획행정청은 도시계획결정을 함에 있어 광범위한 형성여지를 가질 뿐만 아니라, 관련된 공・사 제 이익의 형량을 하여야 한다. 이러한 계획의 특성으로 인해 계획재량의 사법적 통제에는 어려움이 따른다. 따라서 행정청이 형량을 함에 있어서 형량 그 자체를 전혀 행하지 않았거나(형량의 불행사), 형량을 해야 할 관련된 제 이익의 요소 중 일부를 누락하였거나(형량의 흠결), 또는 그러한 제 이익의 형량을 잘못한 경우(오형량), 그리고 형량의 결과가 비례원칙에 위반되는 경우(형량의 불비례)에는 형량의 하자를 인정할 수 있다. 이 경우 당해 도시계획결정은 위법하게 된다.[28] 이와 같이 계획행정청에는 넓은 계획재량이 부여되어

---

23) 金政中, "도시계획변경 거부의 처분성", 裁判資料 제108집, 90-91면.

24) 김종보, 건축법의 이해, 박영사, 2008, 564면; 이선희, "도시계획입안 신청에 대한 도시계획 입안권자의 거부행위가 항고소송의 대상이 되는 행정처분에 해당하는지 여부", 대법원판례해설 제50호, 156면.

25) 김해룡, "도시계획변경청구권의 성립요건", 행정판례연구 제4집, 1999. 8, 105-116면.

26) 김종보, 전게서, 564-569면.

27) 柳海雄, 토지공법론, 제4판, 삼영사, 2004, 300면 참조.

28) 拙稿, "도시계획변경결정의 위법성판단 및 사법적 통제기준", 법률신문 제3460호 (2006. 5). 한편, 대법원은 이와 달리 형량하자의 3단계 이론에 기초하고 있다. 다만, 판례는 "이익형량을 하였으나 정당성과 객관성이 결여된 경우"라고 하여, 형량의 과정

있고, 도시계획결정은 공익과 사익, 사익과 사익 사이의 이익충돌이 내포되어 있다. 따라서 도시계획거부의 처분성을 넓게 인정하는 것은 행정청의 계획재량을 부당하게 제약할 수 있고, 개발행위를 위한 남소의 우려도 있다.[29] 그리고 도시계획변경신청권은 '계획보장청구권'(Plan-gewährleistungsanspruch)에 상응하는 것으로 볼 수 있다. 그러나 계획보장청구권은 계획변경에 의해 상대방에게 신뢰이익을 침해하는 경우에 고려되는 것이나 일반적으로 이를 인정할 수 없다고 보는 견해가 지배적이다.[30]

2. 判例의 立場

(1) 原則的 否定

대법원은 소극설의 입장에 서서 원칙적으로 국민에 행정계획의 변경신청권을 인정하지 않고, 도시계획변경신청에 대한 거부행위도 행정처분으로 보고 있지 않다. 즉 판례는 행정계획이 일단 확정된 후에는 일정한 사정변동이 있다고 하여 지역주민에게 일일이 그 계획의 변경 또는 폐지를 청구할 권리를 인정해 줄 수 없다고 하여, 행정계획의 변경신청권을 원칙적으로 부인하고 있다.[31] 특히 국토이용계획변경신청 불

에 있어서 오형량인지 아니면 형량의 결과에 있어서 형량불비례인지가 명확하지 않다.

29) 이선희, "국토이용계획변경승인신청 거부행위의 처분성 인정 여부", 대법원판례해설 제47호, 573면 이하.

30) Maurer, Allgemeines Verwaltungsrecht, 16. Aufl., § 16 Rn. 26 ff. 참조.

31) "행정청이 국민으로부터 신청을 받고서 한 거부행위가 행정처분이 되기 위하여는 국민이 행정청에 대하여 신청에 따른 행정행위를 해 줄 것을 요구할 수 있는 법규상 또는 조리상 권리가 있어야 하는 것이며, 이러한 근거 없이 한 국민의 신청을 행정청이 받아들이지 아니하고 거부한 경우에는 이로 인하여 신청인의 권리나 법적 이익에 어떤 영향을 주는 것이 아니므로 이를 행정처분이라 할 수 없는 것이고, 또한 구 도시계획법(2000. 1. 28. 법률 제6243호로 전문 개정되기 전의 것)상 주민이 행정청에 대하여 도시계획 및 그 변경에 대하여 어떤 신청을 할 수 있음에 관한 규정이 없었고 도시계획과 같이 장기성·종합성이 요구되는 행정계획에 있어서 그 계획이 일단 확정된 후에 어떤 사정의 변동이 있다고 하여 지역주민에게 일일이 그 계획의 변경 또는 폐지를 청구할 권리를 인정해 줄 수도 없었다고 할 것이다"고 판시하고 있다(대법원 2002. 11. 26. 선고 2001두1192 판결).

허처분취소사건에서, 계획변경신청권을 인정하고 있지 않다. 즉 대법원은 "국토이용관리법상 주민이 국토이용계획의 변경에 대하여 신청을 할 수 있다는 규정이 없을 뿐만 아니라, 국토건설종합계획의 효율적인 추진과 국토이용질서를 확립하기 위한 국토이용계획은 장기성, 종합성이 요구되는 행정계획이어서 그 계획이 일단 확정된 후에 어떤 사정의 변동이 있다고 하여 지역주민이나 일반 이해관계인에게 일일이 그 계획의 변경을 신청할 권리를 인정하여 줄 수 없다"고 판시하고 있다.[32] 이 사건에서 대법원은 원고의 국토이용계획변경신청과 관련하여 피고 시장 등이 보여 준 일련의 행위가 위 계획변경승인에 대한 공적 견해를 표명한 것이라고 볼 수 없다고 보고 있다. 나아가 이를 신뢰한 원고에 귀책사유가 있으므로 신뢰보호원칙에 기한 조리상 국토이용계획변경신청권을 인정할 수도 없다고 판시하고 있다.

그러나 판례는 예외적으로 일정한 경우에 도시계획변경신청을 허용하고 있다. 행정계획의 본질에 비추어 이러한 예외적 허용을 어떻게 판단해야 하는지가 문제된다. 즉 판례는 사실상 수익처분의 거부에 해당하거나 도시계획입안제안권에 근거하여 예외적으로 도시계획변경신청권을 인정하고 있다. 이하에서는 그러한 경우에 대해 살펴보도록 한다.

(2) 例外的으로 都市計劃變更申請權을 인정한 事例

(가) 국토이용계획변경신청의 거부가 사실상 수익처분의 거부에 해당하는 경우

판례는 원칙적으로 국토이용계획의 변경을 신청할 권리를 인정할 수 없다고 보고 있다. 그러나 장래 일정한 기간 내에 관계 법령이 정하는 시설 등을 갖추어 일정한 행정처분를 구하는 신청을 할 수 있는 법률상 지위에 있는 자가 한 국토이용계획변경신청이 거부되는 것은 실질적으로 당해 행정처분 자체를 거부하는 결과가 된다고 보고, 이러한 경

32) 대법원 2003. 9. 26. 선고 2003두5075 판결.

우에는 예외적으로 그 신청인에게 국토이용계획변경신청권을 인정하고 있다. 즉 구 폐기물관리법(1999. 2. 8. 법률 제5865호로 개정되기 전의 것, 이하 '폐기물관리법'이라 한다) 제26조, 같은 법 시행규칙(1999. 1. 5. 환경부령 제56호로 개정되기 전의 것) 제17조 등에 의하면 폐기물처리사업계획의 '적정통보'를 받은 자가 장래 일정한 기간 내에 관계 법령이 규정하는 시설 등을 갖추어 폐기물처리업허가신청을 한 사안에서, 이러한 법리를 적용하고 있다. 즉 원고가 폐기물처리업허가를 받기 위해서는 이 사건 부동산에 대한 용도지역을 '농림지역 또는 준농림지역'에서 '준도시지역(시설용지지구)'으로 변경하는 국토이용계획변경이 선행되어야 한다. 이 사건에서 대법원은 원고의 위 계획변경신청을 피고가 거부한다면 이는 실질적으로 원고에 대한 폐기물처리업허가신청을 불허하는 결과가 된다고 보아, 원고의 도시계획변경신청권을 인정하였다.[33)]

(나) 도시계획입안제안권에 근거한 경우

판례는 국토계획법 제26조에 따른 주민의 도시관리계획변경에 대한 입안의 거부행위가 위 규정에 따라 주민에게 법규상 신청권이 인정되기 때문에 행정처분에 해당한다고 보고 있다. 이 사건은 건축금지구역의 토지 일부를 낙찰받은 원고가 해당 부분이 포함된 도시계획시설변경의 입안제안 거부에 대해 다툰 것이다. 즉 광주광역시 ○○구 △△동 13,619.5㎡(이하 '이 사건 시설부지'라 한다)가 도시계획법상 일반주거지역에 위치하여 관계 법령에 의하여 자동차 및 중기운전학원의 건축이 금지됨에도 불구하고 그 지상에 도시계획시설로서 자동차 및 중기운전학원을 설치하도록 한 것이다. 피고의 1993. 6. 17.자 도시계획시설결정과 관련하여 1999. 2. 27. 이 사건 시설부지의 일부를 낙찰 받은

33) "장래 일정한 기간 내에 관계 법령이 규정하는 시설 등을 갖추어 일정한 행정처분을 구하는 신청을 할 수 있는 법률상 지위에 있는 자의 국토이용계획변경신청을 거부하는 것이 실질적으로 당해 행정처분 자체를 거부하는 결과가 되는 경우에는 예외적으로 그 신청인에게 국토이용계획변경을 신청할 권리가 인정된다고 봄이 상당하므로, 이러한 신청에 대한 거부행위는 항고소송의 대상이 되는 행정처분에 해당한다"(대법원 2003. 9. 23. 선고 2001두10936 판결).

원고는 그 부분의 도시계획시설폐지 등을 포함하여 도시계획시설변경입안을 제안한 2002. 1. 4. 자 신청에 대하여 피고가 2002. 1. 11. 자 회신으로 그 변경입안이 불가함을 밝혔다. 1심 및 원심은, 이 사건 거부처분은 위 입안제안신청을 도시계획입안에 반영할지 여부를 결정함에 있어서 이익형량을 전혀 하지 아니하였거나 이익형량의 고려대상에 포함시켜야 할 사항을 누락한 경우에 해당하여 재량권을 남용하였거나 그 범위를 일탈한 위법한 처분이라고 판단하였다. 그러나 대법원은 "도시계획구역 내 토지 등을 소유하고 있는 주민으로서는 입안권자에게 도시계획입안을 요구할 수 있는 법규상 또는 조리상의 신청권이 있다고 할 것이고, 이러한 신청에 대한 거부행위는 항고소송의 대상이 되는 행정처분에 해당한다"고 하여, 도시계획변경신청거부의 처분성을 인정하고 있다.[34)]

(다) 문화재보호구역의 지정해제신청에 대한 거부회신의 경우

한편, 대법원은 문화재보호구역의 지정해제신청에 대한 거부회신에 대해 처분성을 인정하고 있다. 즉 피고(경기도지사)는 1991. 10. 19. 안산시 수암동 산 26-4 일원에서 발견된 안산읍성과 관아지터를 도지정문화재로 지정·고시하고, 1992. 6. 8. 이를 보호하기 위하여 안산읍성 내부 전체 및 성곽 기단으로부터 외향 10m까지의 총 50필지 52,122㎡를 이 사건 문화재보호구역으로 지정·고시하였다. 원고들은 이 사건 문화재보호구역 내에 위치한 토지들을 소유하고 있는 자들로서, 2001. 7. 14. 및 9. 28. 재산권 행사의 제한 등을 이유로 피고에게 원고들 소유 토지를 대상으로 한 문화재보호구역 지정을 해제해 달라는 신청을 하였다. 이에 피고는 2001. 10. 5. 원고들에게 해당 지역은 안산읍성 내에 포함되는 지역으로 역사적·문화적으로 보존가치가 있을 뿐만 아니라 안산읍성 보호를 위하여 문화재보호구역 지정해제가 불가하다는 이유로 위 신청을 거부하는 이 사건 '회신'을 하였다.

---

34) 대법원 2004. 4. 28. 선고 2003두1806 판결.

이에 대해 원심은, "보호구역지정으로 인하여 재산권 행사의 제한을 받게 된 원고들은 보호구역지정처분 당시에 이를 다툴 수 있었을 것이고, 설령 그 처분이 확정된 후에 별도의 보호구역지정해제신청권을 인정한다고 하더라도 지정 이후에 특별한 사정변경이 있었다는 등의 경우에 한정하여야 할 것이지, 당초부터 지정의 필요성이 없었다는 등의 사유로도 해제신청권을 인정한다면 최초의 지정처분에 대하여 제소기간의 제한 없이 이를 다툴 수 있다는 것이 되어 행정법 관계의 안정을 해치게 될 것인 바, 원고들은 위 보호구역지정 후 안산읍성이 문화재로서의 가치를 상실하였다는 등 특별한 사정변경이 있다는 것이 아니라 단지 당초부터 그다지 보호가치가 없는 안산읍성을 문화재로 지정하였고 또 지나치게 넓은 면적을 보호구역으로 지정하는 바람에 원고들 소유의 토지가 그 구역안에 포함되어 위법하다는 것이므로, 어느 모로 보나 원고들이 주장하는 신청권을 인정할 것이 아니다"고 하여, 원고들의 신청권을 부인하였다.

그러나 대법원은 원심을 파기환송하고, 문화재보호구역 내에 있는 토지소유자 등으로서는 위 보호구역의 지정해제를 요구할 수 있는 법규상 또는 조리상의 신청권이 있고, 이러한 신청에 대한 거부행위는 항소소송의 대상이 된다고 보았다.35)

35) 즉 대법원은 "법은 문화재를 보존하여 이를 활용함으로써 국민의 문화적 생활의 향상을 도모함과 아울러 인류문화의 발전에 기여함을 목적으로 하면서도, 문화재보호구역의 지정에 따른 재산권행사의 제한을 줄이기 위하여, 행정청에게 보호구역을 지정한 경우에 일정한 기간마다 적정성 여부를 검토할 의무를 부과하고(제8조 제2항), 그 검토사항 등에 관한 사항은 문화관광부령으로 정하도록 위임하였으며, 검토 결과 보호구역의 지정이 적정하지 아니하거나 기타 특별한 사유가 있는 때에는 보호구역의 지정을 해제하거나 그 범위를 조정하여야 한다고 규정하고 있는 점(제12조 제4항), 법 제8조 제3항의 위임에 의한 법시행규칙 제3조의2 제1항은 그 적정성 여부의 검토에 있어서 당해 문화재의 보존 가치 외에도 보호구역의 지정이 재산권 행사에 미치는 영향 등을 고려하도록 규정하고 있는 점 등과 헌법상 개인의 재산권 보장의 취지에 비추어 보면, 문화재보호구역 내에 있는 토지소유자 등으로서는 위 보호구역의 지정해제를 요구할 수 있는 법규상 또는 조리상의 신청권이 있다고 할 것이고, 이러한 신청에 대한 거부행위는 항고소송의 대상이 되는 행정처분에 해당한다고 할 것이다"고 판시하고 있다(대법원 2004. 4. 27. 선고 2003두8821 판결).

3. 批判的 檢討

(1) 事實上 授益處分의 拒否에 해당하는 경우

먼저 판례는 국토이용계획변경신청을 거부하는 것이 실질적으로 수익처분의 거부에 해당하는 경우에 예외적으로 신청권을 인정하고 있다. 학설 중에도 건축허가와 같은 수익처분을 발급받기 위해서 도시계획변경이 선행되어야 하는 경우에 도시계획변경신청거부는 실질적으로 건축허가의 거부에 해당한다고 보고 있다.[36]

그러나 도시계획변경신청의 거부에 의해 수익처분이 사실상 영향을 받는다고 하더라도 수익처분과 도시계획변경처분은 법적으로 전혀 별개의 처분이다. 따라서 수익처분에 선행하는 도시계획변경신청의 요건충족 여부도 별도로 판단하여야 한다.[37] 또한 이러한 도시계획변경의 요구는 개발행위를 제한하는 도시계획의 변경 내지 해제를 의미하는 것이 대부분이다. 예컨대 개발제한구역의 지정 및 해제와 관련된 경우를 고려할 수 있다. 다만, 이러한 지역 내에서는 도시의 무질서한 확산의 방지 등을 위해 각 건축행위나 개발행위가 제한될 수밖에 없고, 수익처분거부에 대한 취소소송이 아니라 '도시계획결정' 자체에 대한 행정소송을 제기하는 것이 타당하다.

(2) 都市計劃立案提案權에 근거한 경우

또한 「국토의 계획 및 이용에 관한 법률」(이하 "국토계획법"이라 한다) 제26조 의하면, 주민은 기반시설의 설치 · 정비 또는 개량에 관한 사항, 지구단위계획구역의 지정 및 변경과 지구단위계획의 수립 및 변경에

---

36) 金政中, 전게논문, 87면.

37) 이와 관련하여 "국토이용계획변경신청권의 존부의 물음은, 대법원과는 달리 적정통보의 존재에서가 아니라, 이행조건 그 자체에서 해결의 착안점을 찾아야 한다"고 비판하는 견해도 있다. 김중권, "국토이용계획변경신청권의 예외적 인정의 문제점에 관한 소고", 행정판례연구 제10권, 2005, 47면.

관한 사항에 대해 도시계획입안을 제안할 권리를 가지고 있다. 판례는 이에 근거하여 도시계획변경신청권을 인정하고 있다.

한편, 2009. 2. 6. 개정으로 「도시 및 주거환경정비법」 제4조 제3항에 정비계획의 입안'제안'권이 도입되었다. 이와 관련하여 일부견해는 제안에 대해 정비계획에의 반영여부를 통보하도록 하고, 주택공사 등을 사업시행자로 요청하는 경우에 제안권을 인정할 필요가 있다는 이유로 입안제안권을 실체상의 권리로서 파악하고, 소송을 제기할 수 있다고 보고 있다.[38] 그러나 도시계획입안 자체가 대외적 구속력을 갖는 행정처분으로 보기 어렵고, 또한 도시계획입안의 제안 및 그 거부를 행정처분으로 보기 위해서는 그 대상이 처분이어야 한다.

이 경우에 도시계획의 입안권자와 결정권자를 공히 피고로 삼아 취소소송을 제기하자는 견해도 있으나,[39] 아직 구체화되지 않은 계획수립단계 내지 계획입안단계에서 국민의 권익침해를 이유로 행정소송의 피고로 삼는 것은 행정의 독자적 판단권을 제약하는 것으로 권력분립의 원리에 반할 우려가 있다. 이 경우에 도시계획변경신청을 허용하게 되면, 각종 계획제한에 의한 권리침해를 이유로 소를 제기하는 등 남소의 우려도 있다.

(3) 文化財保護區域의 指定解除申請에 대한 拒否回信의 경우

위 문화재보호구역의 지정해제신청거부처분취소소송사건(2003두8821)에 대하여, 대법원은 문화재보호구역의 지정 및 조정의 적정성검토에 관한 규정을 들고 있다. 즉 구 문화재보호법은 문화재를 보존하여 이를 활용함으로써 국민의 문화적 생활의 향상을 도모함과 아울러 인류문화의 발전에 기여함을 목적으로 하면서도, 문화재보호구역의 지정에 따른 재산권행사의 제한을 줄이기 위하여 행정청에게 보호구역을 지정한 경우에 일정한 기간마다 적정성 여부를 검토할 의무를 부과하고(구 문화

38) 법무법인 강산(김은유 외 6인), 재개발·재건축 법률실무, 매일경제신문사, 2009, 122면.
39) 김종보, 전게서, 570면.

재보호법 제8조 제2항), 그 검토사항 등에 관한 사항은 문화관광부령으로 정하도록 위임하였으며, 검토 결과 보호구역의 지정이 적정하지 아니하거나 기타 특별한 사유가 있는 때에는 보호구역의 지정을 해제하거나 그 범위를 조정하여야 한다고 규정하고 있다(제12조 제4항). 둘째, 구 문화재보호법 제8조 제3항의 위임에 의한 같은 법 시행규칙 제3조의2 제1항은 그 적정성 여부의 검토에 있어서 당해 문화재의 보존 가치 외에도 보호구역의 지정이 재산권 행사에 미치는 영향 등을 고려하도록 규정하고 있는 점 등과 헌법상 개인의 재산권 보장의 취지에 비추어 보면, 문화재보호구역 내에 있는 토지소유자 등에 위 보호구역의 지정해제를 요구할 수 있는 법규상 또는 조리상의 신청권이 있다고 지적하고 있다. 대법원판례가 근거로 드는 것은 ① 문화재보호구역의 지정 및 조정의 적정성 검토의무, ② 적정성 검토에 있어서 개인의 재산권행사에 미치는 영향 여부와 헌법상 재산권보장의 취지 등이다. 이 판결에 대한 평석에서 一說은 법규상 또는 조리상의 신청권을 단순히 관계법령에 명문의 근거 규정의 유무에 의해 좁게 판단할 것이 아니라, 관계 법령과 헌법원리를 종합적으로 해석하여 이루어야져야 한다고 보고, 대법원판례와 유사한 논거로 거부회신의 대상적격(처분성)을 인정하고 있다.40)

그러나 문화재청장이 문화재보호구역의 지정 및 조정을 하고, 일정한 기간마다 적정성 여부를 검토하도록 하는 것을 곧바로 문화재보호구역 지정해제의 신청권의 근거로 삼기 어렵다. 문화재보호구역의 지정 및 조정권은 문화재청장의 독자적인 판단권(계획재량)에 속한다. 또한 문화재청장의 지정 및 조정의 적정성 검토에 있어 해당 문화재의 보존가치, 보호물 또는 보호구역의 지정이 재산권 행사에 미치는 영향, 그리고 보

---

40) 송동수, "도시변경청구권과 취소소송의 소송요건: 문화재보호구역 지정해제신청에 다른 거부처분취소소송을 중심으로", 헌법판례연구 제6권, 2004. 11, 379-380면. 다만, 宋 교수는 문화재보호구역의 해제 또는 변경 역시 계획재량사항이기 때문에 그 위법성 여부는 계획재량의 통제법리의 준수 여부에 의해 판단되며, 본안판단에서 원고의 주장이 받아들여지기는 쉽지 않을 것으로 보고 있다.

호물 또는 보호구역의 주변환경을 고려하여야 하나, 그 적정성 검토는 행정행위가 아닌 '사실행위'에 해당한다. 거부처분이 인정되기 위해서는 거부행위의 대상이 행정행위이어야 한다. 거부처분의 취소판결의 '기속력'에 의해 재처분의무가 발생하며, 거부처분의 취소판결은 행정청에게 원고의 "이전의 신청에 대한 처분"을 하여야 한다고 하여(행정소송법 제30조 제2항 참조), 거부행위의 대상이 신청한 행정행위임을 암시하고 있다. 한편, 독일에서도 사실행위의 거부가 행정행위인지 여부가 다투어지나, 부정설이 유력하다.[41] 나아가 적정성 검토행위가 원고의 권리와 밀접한 관련을 가진다고 보기도 어렵다. 따라서 문화재보호구역 지정의 적정성 검토를 처분으로 보기 어려울 뿐만 아니라, 이를 근거로 문화재보호구역의 지정해제신청권을 주장할 수는 없다. 원고는 문화재보호구역의 조정이나 적정성 검토를 근거로 한 거부처분을 다툴 것이 아니라, 문화재보호구역의 지정처분의 취소를 다투어야 한다. 문화재보호구역 지정해제신청거부의 처분성을 인정하는 것은 법리적으로 타당하지 않으며, 문화재보호구역의 지정을 신뢰한 이익과 법적 안정성 등을 침해할 우려도 있다.

(4) 長期未執行 都市計劃施設의 경우

한편, 일부학설은 장기미집행 도시계획시설의 경우에 신청권을 인정할 수 있다고 보나, 장기미집행 도시계획시설의 경우는 도시계획시설부지의 매수청구(국토계획법 제47조), 도시계획시설결정의 실효(국토계획법 제48조) 및 계획제한으로 인한 손실보상청구 등의 방법에 의해 해결될 수 있다. 따라서 이를 이유로 곧바로 도시계획변경신청권을 허용할 수는 없다.

---

41) Kopp/Ramsauer, VwVfG, Anh. § 42 Rn. 40 ff.

Ⅳ. 比較法的 考察 — 獨逸의 경우

1. 計劃確定節次의 變更申請權의 認定與否

독일에서 계획유형은 실무상 고속도로·공항 등 대형국책사업을 특징으로 하는 專門計劃(Fachplanung)과 지역성을 핵심으로 하는 綜合計劃(Gesamtplanung)으로 구분된다. 전문계획의 대표적인 계획유형은 행정절차법 제72조 이하에 규정된 '計劃確定節次'이다. 계획확정절차를 통해 計劃確定決定(Planfeststellungsbeschluß)이 내려진다. 이러한 계획확정결정은 행정행위의 성질을 가진다(행정절차법 제74조 참조). 이러한 계획확정절차에는 절차보장에 관한 규정을 두고 있으며, 더불어 행정효율성과 법적 안정성을 위한 강력한 實質的 排除效(除斥效)를 인정하고 있다.[42] 이러한 계획확정절차에 있어서 제3자(인근주민)의 변경신청권이 인정될 수 있는지를 검토할 필요가 있다.

독일에서는 '행정청'의 計劃變更(Planänderung)[43]을 '신뢰보호'의 관점에서 다루고 있기는 하나(손실보상, 무하자재량행사청구권, 계획보장청구권 등),[44] 私人이 행정청에게 행정계획의 변경을 요구하는 청구권(계획변경청구권)에 관한 논의는 발견하기 어렵다. 독일건설법전은 예컨대 유해한 환경영향이 확정된 경우에 사인이 계획의 변경, 보완 및 폐지를 요구하는 청구권을 규정하고 있지 않다.[45] 한편, 당해 행정계획과 밀접한 이해관계 있는 '사업시행자'의 계획확정결정의 신청권이나 계획수립

42) Kopp/Ramsauer, a.a.O., § 73 Rn. 27 ff.

43) 독일 행정절차법 제76조에는 사업계획안의 완성 전 계획변경에 대해 규율하고 있다. 즉 "사업계획안이 완성되기 전에 확정된 계획이 변경되면, 새로운 계획확정절차를 요한다"고 규정하고 있다(제1항).

44) Winfried Brohm, Der Schutz privater Belange bei Bauplanungen Antragsbefugnis, Abwägungsgebot, Plangewährleistungsrechte, insbesondere für gewerbliche Interesse, NJW 1981, 1696; Bell, Herrmann, Die Modifikation von Planfeststellungsbeschlüssen, NVwZ 2004, 288 ff.

45) Stüer, Bau- und Fachplanungsrecht, 4. Aufl., 2009, Rn 1173.

절차 개시청구권, 또는 '제3자(인근주민)'의 계획수립절차 개시청구권 등에 관한 논의만 있을 뿐이다. 즉 사업시행자가 사업계획을 제출하는 경우에 그 계획의 '확정'을 신청할 수 있다. 계획확정의 개시신청권을 가지는 사업시행자는 형식적 신청요건을 구비하여 계획확정절차의 실시청구권을 주장할 수 있다. 그러나 제3자는 사업계획안에 대해 이의를 제기하거나 부담을 요구하거나 보상을 주장할 수 있을 뿐, 원칙적으로 계획확정절차의 실시청구권을 가지지 못한다.[46] 다만, 계획확정절차 자체의 개시를 구하는 청구권과 행정행위의 성질을 가지는 계획확정결정의 발급을 구하는 청구권은 서로 구별된다. 특히 후자는 허용될 수 없고, 단지 계획재량의 하자 없는 행사만을 요구할 수 있을 뿐이다.[47]

한편, 제3자의 計劃確定請求權(Planfeststellungsanspruch)이 인정될 수 있는지 여부에 대해서는 다툼이 있으나, 판례는 예외적인 경우에 이를 허용하고 있다. 즉 독일 연방행정법원은 제3자의 권리가 계획확정절차를 실현할 객관적 의무위반과 실체적으로 관련이 있는 경우에 한하여 이를 예외적으로 인정하고 있다.[48] 또한 학설도 이러한 계획행정청의 형성적 자유가 법적으로 준수해야 할 사항을 고려하지 못하였음이 입증되었거나, 안전조치나 시설 등을 통해 제3자의 권리나 이익에 대한 불이익이 조정될 수 있는 경우에는 '계획재량'이 축소될 수 있다고 보고 있다. 이러한 범위에서 '형식적'인 계획확정청구권이 인정될 수 있다.[49] 또한 행정행위의 성격을 가지는 행정계획(도시계획결정)에 관한 사법적 통제는 주로 형량하자 여부에 의해 판단되고 있다.[50] 요컨대 독일에서는 이미 수립된 행정계획(도시계획)의 변경을 요하는 신청권은 인정되지 않는다.

---

46) Kopp/Ramsauer, a.a.O., § 72 Rn. 41 ff.
47) 여기에 관한 상세는 Kopp/Ramsauer, a.a.O.
48) BVerwGE 85, 308/375.
49) Stelkens/Bonk/Sachs, VwVfG, § 74 Rn. 26.
50) Kopp/Schenke, VwGO, § 42 Rn. 91; BVerwGE 34, 304; 45, 314.

2. 計劃의 安定性을 確保하기 위한 制度的 裝置

(1) 計劃變更請求權과 計劃保障請求權의 交互關係

행정계획은 유동성(Flexibilität)과 안정성(Stabilität)의 긴장관계에 서 있으며, 계획변경과 계획보장은 交互關係에 있다고 볼 수 있다. 개인의 재산권보장이나 영업의 자유(직업의 자유)를 위한 계획변경청구권이 인정되기 위해서는, 상대방의 신뢰보호에 터 잡은 계획보장청구권도 보장되어야 한다. 후자는 안정성과 관련이 있는 반면, 전자는 유동성・가변성과 관련이 있다. 計劃保障請求權(Plangewährleistungsanspruch)은 계획존속청구권, 계획준수청구권, 경과규정 및 적합원조청구권 등으로 설명되고 있다. 즉 계획의 취소・변경에 대한 계획의 지속이나 유지를 그 내용으로 하는 계획수범자의 計劃存續請求權(Anspruch auf Planfortbestand) 또는 계획의 존중 내지 집행과 관련된 計劃遵守請求權(Planbefolgungsanspruch)이 인정되는지, 또는 만약 이러한 청구권이 인정되지 않는다면, 적어도 손해조정과 관련된 손해배상청구권 내지 손실보상청구권을 가지는지가 문제된다.[51] 흔히 計劃保障請求權은 손해배상청구권 내지 손실보상청구권의 문제로 접근하는 경향이 있다.[52] 일반적인 계획존속청구권은 신뢰이익이 계획변경의 필요성(공익)에 대해 압도적인 우위에 서 있지 않으면 인정되기 어렵고, 손해보전의 방식에 의해 해결될 수 있을 뿐이다.[53]

(2) 變更禁止 및 建築申請의 保留 등

그 밖에도 독일 건설법전에는 장래 확정된 도시계획조례인 지방자치단

51) Maurer, a.a.O., § 16 Rn. 28 ff.

52) F. Ossenbühl, Staatshaftungsrecht, 5. Aufl., 1998, S. 384; E. Forsthoff, Über Mittel und Methoden moderner Planung, in: J. H. Kaiser, Planung III, 1968, S. 28.

53) 金南辰・金連泰, 전게서, 334면.

체의 건축상세계획이 실현되는 것을 보장하기 위해 변경금지, 건축신청의 보류 등의 제도를 두고 있다.[54] 즉 건축상세계획의 수립, 변경, 보충 또는 폐지의 절차가 진행되는 동안에 變更禁止(Veränderungssperre)를 통해 토지의 중대한 변경, 현저한 가치상승을 초래하는 변경 또는 건축시설물의 설치·변경 및 제거는 금지되도록 하고 있다(건설법전 제14조 제1항 참조). 또한 변경금지의 요건이 충족되었음에도 변경금지를 발하지 않으면, 지방자치단체(게마인데)는 건축허가청에 개별사안에서 사업계획안에 대한 결정을 12개월까지 연기할 것을 신청할 수 있다(건설법전 제15조 제1항 참조).[55]

(3) 소위 '計劃維持의 源則'에 의한 存續效의 認定

독일에서는 실체적 위법성을 중시하고 있으므로, 행정계획에 절차상 하자가 있는 경우에도 보충적 절차를 통해 하자가 치유되거나, 일정한 경우에 절차상 하자를 고려하지 않을 수 있다(독일 건설법전 제214조 제1, 2항 참조). 이를 소위 "계획유지의 원칙"이라 한다. 특히 지방자치단체의 건축상세계획(Bebauungsplan)은 자치법규 내지 조례의 형식이며, 그 본질은 법규범이다. 따라서 건축상세계획의 하자는 취소할 수 없고, 법률상 당연히 무효이다.[56] 이와 같은 기능적 측면에서 계획유지의 원칙에 관해 논의할 필요성이 있지만, 다른 한편으로 행정계획에 충분한 절차적 정당성이 부여되어 있기 때문에 절차경제적 측면에서도 그 動因을 찾을 수 있다.[57] 이러한 계획유지의 원칙은 행정행위의 존속효(Bestandskraft)와 같은 기능을 한다고 볼 수 있으며, 계획의 안정성에 기여한다.[58]

---

54) Hoppe/Grotefels, Öffentliches Baurecht, § 10 Rn. 3.

55) Battis, Öffentliches Baurecht und Raumordnungsrecht, 5. Aufl., S. 111 ff.

56) 졸고, "계획유지의 법원칙", 現代公法理論의 諸問題(천봉석종현박사화갑기념논문집), 1463면 이하.

57) Käck, in: Hoffmann-Riem/Schmidt-Aßmann/Voßkuhle (Hrsg.), a.a.O., § 37 Rn. 112.

58) Schmidt-Aßmann, a.a.O., 6. Kap. Rn. 97.

3. 小　　結

독일에서는 계획변경청구권에 관한 직접적인 논의는 없으며, 행정청의 계획변경을 신뢰보호의 관점에서 접근할 뿐이다. 다만, 당해 행정계획과 밀접한 이해관계 있는 '사업시행자'의 계획확정결정 신청권이나 계획수립절차 개시청구권 등이 인정될 뿐이다. 사인은 행정청에 대해 계획변경청구권을 주장할 수 없고, 계획재량의 하자 없는 행사만을 요구할 수 있다. 계획변경청구권에 상응하는 계획보장청구권은 일반적으로 허용되지 않는다. 독일의 실정법이 계획의 '가변성'보다는 계획의 '안정성'을 확보하기 위한 제도적 장치를 마련해 두고 있는 점은 특기할 만하다.

V. 結　　語

계획변경신청권을 허용하는 것은 그 거부시에 취소쟁송을 가능하게 할 수 있어 신청권자에게 권리구제의 기회를 마련해 줄 수 있다. 그러나 행정계획은 전통적인 일면적 법률관계와 달리, 다각적인 법률관계(행정청 - 사업시행자 - 제3자)를 전제로 한다. 따라서 사인인 일방당사자의 계획변경을 허용하는 것은 다른 당사자에게 예기치 못한 불이익을 줄 수 있다. 또한 행정계획은 이해당사자가 많고 공익적 성격이 강하기 때문에 행정청에 독자적인 판단권이 부여되어 있어 사인의 도시계획변경신청권을 허용하는 것은 적지 않은 문제점을 가질 수 있다. 따라서 계획변경의 신청이라는 우회적 방법보다, 도시계획결정 그 자체를 다투는 것이 바람직하다. 만약 도시계획결정의 위법성을 다툴 쟁송제기기한을 도과하여 불가쟁력이 발생하면, 손해보전수단에 의해 권리구제를 도모할 수도 있다. 판례는 당사자의 권리구제를 위해 도시계획변경신청권을 예외적으로 허용하고 있으나, 이는 행정계획의 본질 및 특성에 비추어 법리적으로 타당하지 않다. 이와 같이 도시계획결정 그 자체의 하자를 다툴 수 있는 기회가 있음에도 불구하고, 쟁송기간을 도과한 후 개인의 권익침해를 이유로 도시계획결정의 수립 및 변경을 요구하는 것은 계획수립 및 변경권을 사인에 의해 좌우하게 함으로써 도시계획결정에 수반되는 공익적 요소를 간과할 수 있다. 이는 행정계획의 본질을 간과한 것으로서 행정청의 독자적 판단권을 침해하여, 결과적으로 권력분립원칙에 위배될 우려도 있다. 결론적으로 도시계획결정 그 자체의 위법성을 주장하는 것이 正道이다. 사회사정의 변화에 따라 계획변경청구권이나 계획보장청구권이 문제되어 재산권의 침해가 발생한다면, 이에 대한 손해보전(손실보상, 국가배상)의 방법을 통해 권리구제를 강구하는 것이 바람직하다.

第 9 章

計劃變更申請權의 許容에 관한 批判的 考察

- 대상판례: 대법원 2015. 3. 26. 선고 2014두42742 판결 -

Ⅰ. 事實關係

甲조합은 도시계획시설로 결정된 X시 ○○구 임야 38,728㎡ 외 3필지(이하 "이 사건 토지"라 한다)에 관하여 도시계획시설에서 해제하여 줄 것을 신청하였으나, 乙시장은 甲조합에게 도시계획시설의 해제신청권이 없음을 이유로 거부회신을 하였다.

이에 甲조합은 乙시장의 거부회신에 대한 취소소송을 제기하였다. 원심은 제1심 판결을 인용하여 乙시장의 회신이 항고소송의 대상이 되는 행정처분에 해당하지 아니한다고 판단하였다.

Ⅱ. 大法院 判決의 要旨

도시계획구역 내 토지 등을 소유하고 있는 사람과 같이 당해 도시계획시설결정에 이해관계가 있는 주민으로서는 도시시설계획의 입안권자 내지 결정권자에게 도시시설계획의 입안 내지 변경을 요구할 수 있는 법규상 또는 조리상의 신청권이 있다. 또한 이러한 신청에 대한 거부행위는 항고소송의 대상이 되는 행정처분에 해당한다.

Ⅲ. 評　　釋

1. 問題의 所在

사회적 리스크(risk)를 줄이기 위한 행정계획의 특성상 계획의 '보장'이라는 측면과 계획의 '변경'이라는 측면이 늘 긴장·대립하고 있다. 전자의 문제는 계획보장청구권의 문제이고, 후자는 계획변경청구권의 문제이다. 대법원은 종래 국민에게는 원칙적으로 행정계획의 변경청구권이 인정되지 않는다는 점을 명시적으로 판시한 바 있다. 즉 "도시계획과 같이 장기성·종합성이 요구되는 행정계획에 있어서 그 계획이 일단 확정된 후에 어떤 사정의 변동이 있다고 하여 지역주민에게 일일이 그 계획의 변경 또는 폐지를 청구할 권리를 인정해 줄 수도 없다"고 판시하였다.[1] 그럼에도 불구하고 대상판결을 비롯한 일련의 판결에서 이러한 원칙에 대한 예외적 판결이 확대되고 있어, 다소 우려스러운 점이 없지 않다. 따라서 이하에서는 이에 대한 법리적 문제점을 검토하기로 한다.

2. 計劃變更申請(請求)權의 許容 與否

계획변경신청(청구)권의 허용 여부에 대하여 학설은 대립하고 있다. 위 판례와 같이 도시계획입안의 '제안'권이나 재판청구권의 보장 등을 이유로 계획변경신청권을 인정하는 견해가 있으나, 이에 대한 반론도 유력하다. 즉 이러한 도시계획변경청구권을 허용하는 것은 계획행정청에 계획의 형성적 자유(소위 계획재량)를 보장한 계획의 법리에 모순되며, 이를 확대하는 경우에는 계획재량을 부당하게 제약하여 난개발을 허용할 우려도 있다는 견해가 유력하다.[2]

---

1) 대법원 2002. 11. 26. 선고 2001두1192 판결.

2) 이에 대한 상세는 졸고, "계획변경청구권의 법적 쟁점", 토지공법연구 제48집, 2010. 2,

한편, 대법원은 계획변경청구권을 부인하면서도, 대상판결 이전에도 주민들의 도시계획입안제안권에 근거하여 예외를 허용한 바 있다. 즉 「국토의 계획 및 이용에 관한 법률」 제26조에 따른 주민의 도시관리계획변경에 대한 입안의 거부행위가 관계 규정에 따라 법규상 신청권이 인정되어 항고소송의 대상이 되는 행정처분에 해당한다고 판시한 것이다.[3] 나아가 대법원은 도시관리계획 구역 내 토지 등을 소유하고 있는 주민의 납골시설에 대한 도시관리계획의 입안제안을 반려한 군수의 처분은 항고소송의 대상이 되는 행정처분에 해당한다고 판시하였다.[4]

판례는 위에서 언급한 사례 외에도 몇 가지 예외를 인정하고 있다. 첫째, 변경신청거부가 사실상 수익처분의 거부에 해당하는 경우에 처분성을 인정하고 있다.[5] 즉 도시이용계획변경신청을 거부하는 것이 실질적으로 당해 행정처분 자체를 거부하는 결과가 되는 경우에는 예외적으로 그 신청인에게 국토이용계획변경을 신청할 권리가 인정된다는 것이다. 둘째, 도시계획결정의 지정해제 신청에 대한 거부회신의 경우에도 동일한 취지의 판시를 하고 있다. 즉 문화재보호구역 내에 있는 토지소유자 등으로서는 위 보호구역의 지정해제를 요구할 수 있는 법규상 또는 조리상의 신청권이 있다고 판시하였다(위 2003두1806 판결). 이러한 입장은 완충녹지지정의 해제신청 거부처분 취소소송에서도 확인할 수 있다.[6] 그 밖에 위 2010두5806 판결에서는 재판의 전제도 되지 아니한 장기미집행의 도시계획시설의 경우에 대해서도 이러한 예외의 법리를 적용하여 신청권을 인정하고 있다.

계획변경신청권의 예외적 법리를 공식화하여 이를 확대하는 판례의 입장에 대해서는 법리적으로 몇 가지 문제점이 있음을 지적하지 않을 수 없다. 무엇보다 계획변경신청권을 인정하는 견해는 당사자의 권리구

49-68면 참조.

3) 대법원 2004. 4. 28. 선고 2003두1806 판결.

4) 대법원 2010. 7. 22. 선고 2010두5745 판결.

5) 대법원 2003. 9. 23. 선고 2001두10936 판결.

6) 대법원 2012. 1. 12. 선고 2010두5806 판결.

제를 전제로 논리를 전개하고 있으나, 이러한 법리를 인정하는 외국의 입법례는 거의 없다. 참고로 독일에서는 이러한 청구권을 인정하고 있지 않으며,[7] 사업시행자가 사업계획안을 제출하는 경우에 그 계획의 확정을 신청할 수 있을 뿐이다. 우선 대상판결에서 보는 바와 같이 이해관계인을 포함한 주민은 도시·군관리계획의 입안권을 갖고 있지 않으며, 단지 '제안권'만 가지고 있다(「국토의 계획 및 이용에 관한 법률」 제26조 참조). 이러한 도시·군관리계획의 입안을 제안받은 자는 그 처리 결과를 제안자에게 알려야 하지만(동조 제2항), 이러한 제안권 자체가 구속력을 갖는 것은 아니다. 위에서 보는 바와 같이 지방자치단체의 도시관리계획의 입안권을 제약하는 해석은 지방자치단체의 計劃高權(Planungshoheit)을 중대하게 제약할 수도 있다. 여기에서 말하는 도시계획의 '입안권'과 '결정권'은 계획행정청의 형성적 자유(Gestaltungsfreiheit)에 관한 것이다. 계획변경청구권에 상응하는 계획보장청구권도 일반적으로 허용될 수 없고, 이에 대한 손해전보만 가능하다고 보는 것이 학계의 지배적 견해이다.

둘째, 계획의 '신청권'은 계획의 '청구권'과 구별되어야 한다. 특히 판례는 거부처분의 신청권, 즉 법규상 또는 조리상의 신청권의 논리를 사용하고 있다. 그러나 이러한 신청권의 개념은 학계에서 '원고적격' 내지 '본안문제'와 혼동의 우려가 있다는 견해가 유력하다. 따라서 이러한 신청권을 근거로 계획변경청구권을 인정하는 것은 논리의 飛躍이다. 계획변경'신청'권의 용어도 엄밀한 의미에서 적절하지 않고, 이러한 용어에서 개인의 주관적 공권을 인정하기 어렵다.

요컨대 위에서 설시된 예외에 관한 판례들의 입장은 구체적 타당성을 앞세운 다소 무리한 해석이라고 생각한다. 이러한 예외의 법리를 인정하기 위해서는 보다 면밀한 재검토가 필요하다. 특히 위 완충녹지지정의 해제신청 거부처분 취소소송에서는 거부회신의 위법성을 판단하면서 '형량명령'의 법리를 적용하고 있다(위 대법원 2010두5806 판결). 이

---

7) Stüer, Bau- und Fachplanungsrecht, 4. Aufl., 2009, Rn. 1173.

러한 해석은 형량명령의 법리에 관한 오해이며, 법리적으로도 타당하지 않다.

3. 結　論

계획변경신청권의 예외를 확대하여 인정하는 판례이론은 무리한 법리의 적용이며 모순이다. 당사자의 권리구제를 위한 판례의 논증은 위에서 언급한 바와 같이 공익적 논거나 행정계획의 법리, 그리고 지방자치단체의 계획고권 등에 비추어 설득력이 약하다. 또한 계획변경청구권을 허용하는 것은 계획행정청의 형성적 자유나 지방자치단체의 계획고권을 중대하게 제약할 수 있다. 생각건대 쟁송제기기간이 도과하지 않는 한, 도시계획결정 그 자체를 다툴 수 있음은 물론이다. 그러나 계획변경의 문제는 실제 '불가쟁력'이 발생한 경우가 대부분이므로, 다른 방식으로 권리구제를 강구해야 할 것이다. 예컨대 확정된 도시계획결정을 실행하지 않는 경우에 실효의 법리나 손실보상 등의 논거로 접근하는 것이 타당하다. 이러한 점은 대상 판결에서도 언급하고 있는 바와 같이, 「국토의 계획 및 이용에 관한 법률」에서는 도시·군계획시설부지의 매수청구권(제47조), 도시·군계획시설결정의 실효(제48조) 등에 관한 규정을 두고 있다. 특히 장기미집행의 도시계획시설에 대해서는 이러한 조항을 충분히 적용하여 당사자의 권리구제에 기여할 수 있다. 독일의 아스만(Schmidt-Aßmann) 교수는 "행정법의 개혁은 처음부터 행정법의 도그마틱(Dogmatik)"이라고 주장한 바 있다.[8] 이러한 행정법의 도그마틱은 대부분 '행정작용론' 내지 '행위형식론'과 밀접한 관련을 가지고 있고, 행정계획은 특수한 행정작용의 하나이다. 대법원은 동아시아의 국가 중에서 가장 진취적으로 행정계획의 법리를 수용하여 발전시켰고, 지금까지 상당한 이론적 발전을 거둔 바 있다. 향후 행정계획에 관한 보다 精緻하고 발전된 법리를 담은 대법원 판례의 변화를 기대해 본다.

---

8) Schmidt-Aßmann, Verwaltungsrechtliche Dogmatik, 2013, S. 3.

第 10 章

利益衝突의 問題解決手段으로서 計劃法上의 最適化命令

- 특히 獨逸의 建築, 計劃 및 環境法에 있어서의 論議를 중심으로 -

Ⅰ. 머리말

다원화된 현대사회에서 대규모공공사업(Großprojekt), 예컨대 신공항·고속전철·고속도로 및 폐기물처리시설 등과 관련하여, 종종 사익간 또는 공익간 그리고 사익과 공익사이에서 권리 및 이익충돌이 발생하고 있다. 이러한 이익갈등을 해결하기 위한 수단으로서 독일에서는 오래 전부터 衡量命令(Abwägungsgebot)이 건축·계획 및 환경법분야에서 중요한 역할을 하여 왔다. 이와 관련하여 독일의 건축 및 계획법분야에 있어서의 대표적 학자인 호페(W. Hoppe) 교수는 일찍이 이러한 형량을 모든 "計劃의 本質的 要素"로 파악하였다.[1] 이러한 의미에서 현대국가는 국가의 고권적 계획과 관련하여 "형량국가(Abwägungsstaat)"라고 부르기도 한다.[2] 특히 오늘날 많은 대형프로젝트사업은 국가의 계

---

1) W. Hoppe, Die Bedeutung von Optimierungsgeboten im Planungsrecht, DVBl. 1992, S. 853.

2) Thomas Würtenberger, Rechtliche Optimierungsgebote und Rahmensetzugen für das Verwaltungshandeln?, VVDStRL 58 (1999), S. 141.

획행정을 통하여 실현되고 있다. 이러한 현상은 서구선진국의 문제에 국한되지 아니하고, 급속한 산업발달을 통한 눈부신 경제성장을 이룩한 한국의 경우에도 나타나고 있다.

이러한 대형프로젝트사업은 현실적으로 많은 이익갈등 중에서, 특히 국토계획행정에 있어서 계획정당성(Planrechtfertigung)의 공익과 환경보호의 이익이 상호충돌하고 있고, 이러한 이익갈등문제는 또한 중요한 사회적 문제로 대두하고 있다. 최근 한국에서도 '새만금 간척사업'을 둘러싸고, 개발이익과 환경이익이 첨예하게 대립하고 있다. 그러나 이러한 현실적인 문제점에도 불구하고, 한국의 법제에서는 이에 대한 법적 근거가 여전히 미흡한 것이 사실이다. 이에 반해 독일에서는 이러한 논의와 관련하여 각 개별법에서 — 예컨대 聯邦遠距離道路法(FStrG) 제17조 제1항 제2문, 建設法典(BauGB) 제1조 제6항 그리고 기타 특별법 등에서 — 형량명령을 이미 명문으로 규정하고 있고, 연방행정법원의 수많은 판결들을 통해 그 이론을 체계화한 바 있다. 이러한 형량명령은 이미 한국에서도 1980년대를 전후해서 소개되었고,[3] 그 이후 이와 관련된 다수의 논문들이 계속해서 형량명령을 논하고 있다.[4] 그럼에도 불구하고 이러한 새로운 이론적 발전이 대법원판례에 적극적으로 반영되어 있지 않은 것 또한 사실이다. 특히 한국에서는 독일연방행정법원의 판결[5]에 근거하여 이러한 형량명령이 실정법의 규정과 상관없이 단순히 法治國家的 計劃의 본질에서 도출되어지는 점만이 지나치게

---

3) 金南辰, 계획재량과 형량명령, 月刊考試, 1986. 12; 同人, 행정법의 기본문제, 1994, 293면 이하; 徐元宇, 계획재량에 대한 법적 통제(I, II, III), 月刊考試 1981. 8, 57면 이하; 石琮顯, 계획재량과 형량명령, 考試界 1980. 10, 33면 이하; 辛奉起, 계획재량과 형량이론에 대한 재검토, 考試硏究, 1989. 12, 174면 이하.

4) 김연태, 계획결정에 있어서 형량에 대한 사법적 통제, 桂禧悅博士華甲記念論文集(1995), 684면 이하; 同人, 독일 폐기물법상의 계획확정에 있어서 형량명령과 그 위반에 대한 제3자보호, 안암법학 제3집(1995), 307면 이하; 강현호, 형량과정과 형량결과의 법적 의미, 공법연구, 제26집 제1호, 245면 이하. 특히 계획법에 있어서의 형량명령의 의미를 강조하고 소개하는 문헌으로는 김현준, 계획법에서의 형량명령, 공법연구 제30집 제2호, 357면 이하.

5) Vgl. BVerwGE 41, 67 ff.; 51, 111/112.

강조되어 왔다.[6)] 그러나 연방행정법원은 1998. 9. 24. 자 판결[7)]에서, 신청권자는 대체로 公益 이외의 제3자의 권리를 해하지 않는 한, 計劃의 許可發給請求權을 가질 수 있다고 하였다. 이는 형성의 자유 없는 계획은 그 자체 모순이므로, 신청권자에게는 다만 계획의 형성자유를 하자없이 행사해 줄 것을 요구하는 청구권만을 가진다는 종전의 견해[8)]와 일치하지 않는다. 또한 독일에서는 건축법상의 隣人保護와 관련하여 考慮命令(Gebot der Rücksichtnahme)이 문제되고 있다. 즉 도로건설 등으로 유해한 환경영향이 야기되고 隣人에게 불편이나 피해를 주는 경우에 건축허가를 거부할 수 있는 지가 그러한 예이다. 고려명령은 주관적 측면과 객관적 측면으로 나누어 고찰할 수 있지만, 제3자 보호적 효과는 주로 객관적 측면과 관련이 있다. 연방행정법원은 실체적 공건축법의 모든 규범이 잠재적으로 제3자 보호적인 것은 아니라고 판시하였다.[9)] 즉 동법원의 판례에 의하면 私益保護性은 규범의 文言(Wortlaut der Normen)에서 나온다는 것이다.[10)] 이것은 개별 해당규범의 법해석을 통하여 도출할 수 있음을 의미한다.

이러한 형량명령의 실현과 관련하여 복잡다단한 이해관계의 조정을 위한 도구개념으로 最適化命令(Optimierungsgebot)이 독일에서는 이미 오래 전부터 논의되어 오고 있고, 연방이미시온방지법 제50조(§ 50 BImSchG)에서는 이를 구체적으로 명문화하고 있다. 또한 이 계획법에 있어서의 최적화명령은 오늘날 이익조정의 중요한 해결수단으로서 그 역할을 하고 있다. 이와 더불어 여기에 대한 비판적인 견해가 제시되고 있기에 이에 대한 연구와 분석을 통하여 한국법제에의 적용가능성을 검토하고자 한다.

---

6) 康鉉浩, 전게논문, 247면.
7) BVerwGE 107, 215.
8) BVerwGE 34, 301/304; 45, 309/313; 48, 56/59; 56, 110/116; 97, 142/150.
9) BVerwG, Urt. v. 19. 09. 1986 — 4C 8.84 —.
10) BVerwG, DVBl. 1987, S. 476 f.

Ⅱ. 獨逸에서의 最適化命令에 대한 理論的 論議

1. 最適化命令의 理論的 展開와 內容

(1) 最適化命令의 沿革 및 發展

최적화명령의 사상적 기원은 18세기경 비례성원리[11]에 근거한 최적화(Optimierung)의 사고에서 찾을 수 있다. 이러한 비례성원리는 원래 危險防止(Gefahrenabwehr)와 관련하여 특히 警察·秩序法 분야에서 유래된 것으로서, 현재는 행정법상의 일반법원칙을 넘어 헌법해석원리로서의 위치를 차지하고 있음은 주지의 사실이다. 그러나 뷔르텐베르거(Thomas Würtenberger) 교수는 법적 최적화의 원리를 법학적 담론의 범위를 넘어 철학적 범주에서 그 근거를 찾고 있는 바, I. Kant의 합리주의가 그 사상적 준거가 될 수 있다고 한다. 왜냐하면 I. Kant의 법개념은 일방의 자유가 타방의 자유에 의해 제한될 수 있고, 양자가 또한 병존할 수 있음을 전제하고 있기 때문이다.[12] 이러한 사고는 오늘날 헌법해석의 원리인 實際的 調和의 原理(Prinzip praktischer Konkordanz)[13]나 比例的 整列의 公式에서도 발견할 수 있다.

---

11) 比例性原理와 관련하여 독일에서는 이미 방대한 문헌이 소개되어 있다. M. Ch. Jakobs에 따르면 比例性原理 중에서 「比例的인(verhältnismäßig)」이라는 개념은 1802년 출간된 Günther Heinrich von Berg의 獨逸警察法總攬 제2판(ders., Handbuch des Teutschen Policeyrechts, 2. Aufl. 1802, 89 f.)에서 법률적으로 처음 사용되어졌다고 한다. 이에 대해서는 M. Ch. Jakobs, Der Grundsatz der Verhältnismäßigkeit, S. 2 ff.

12) Würtenberger, a.a.O.(Fn. 2), S. 148. m.w.N.

13) "實際的 調和(praktische Konkordanz)"라는 표현은 독일 연방헌법재판소 1993년 10월 19일자 판결에서 처음 등장하였고 (BVerfGE 89, 214 (232); BVerfG, EuGRZ 1993, S. 582), 그 이후 憲法裁判所의 判例와 K. Hesse에 의해 헌법해석원리로 발전하였다. 實際的 調和의 原理에 대한 상세는 K. Hesse, Grundzüge des Verfassungsrechts der Bundesrepublik Deutschland, 20. Aufl., 1995, S. 28. 국내문헌으로는 桂禧悅, 헌법학(상), 박영사, 1995, 75면 이하.

(2) 最適化命令의 意義 및 法的 根據

(가) 最適化命令의 意義 및 類似槪念區分

독일 연방행정법원은 1985년 3월 22일자 判決[14]에서 이른바 計劃準則(Planungsleitsätze)과 最適化命令을 엄격히 구별하고 있다. 즉 계획준칙은 "강제적 법적 규율(zwingende rechtliche Regelungen)" 내지 "강제적 법적 지침"으로서 엄격한 명령이나 금지를 담고 있는 것을 말한다. 따라서 이러한 판례의 해석에 따르면 계획행정청에게는 形成의 自由가 보장되어 있지 않고, 따라서 계획상의 형량을 통해서 극복될 수 없는 것으로 파악되고 있다.[15] 또한 종래 이러한 계획준칙의 대표적인 사례로 獨逸聯邦遠距離道路法 제1조 제3항 제1문이 거론되었었다. 同規定에 의하면, 연방고속도로는 동일한 높이의 교차로를 가져서는 안된다는 것이다. 이 규정은 법률상 계획준칙으로서 계획수립자에게 형성여지를 부여하지 않고, 계획상의 형량(Abwägung)에 의해서 극복될 수 없는 것으로 파악하였다. 따라서 이는 반드시 준수되어져야 한다고 보았다. 그러나 연방행정법원은 1985년 3월 22일자 판결에서 이러한 항소심의 판결을 파기환송하면서, 이러한 규정은 법률상 계획준칙에 속하는 것이 아니라, "가능한 한 장애 없이(möglichst störungsfrei)"라는 표현이 의미하는 바와 같이 최적화명령과 관련이 있음을 명백히 하였다.[16] 그 동안 계획준칙이라는 표현은 종종 용어상의 혼란을 가져왔기 때문에 학설에 의해 많은 비판을 받아 왔고, 연방행정법원은 이를 반영하여 종래에 사용하던 계획준칙이라는 용어를 명백히 포기하기에 이르렀다. 현재는 '계획준칙'이라는 표현 대신 '强制的 法的 規律'이라는 용어를 사용하고 있다.[17]

---

14) BVerwG, Urt. v. 22. 03 1985 — 4C 15.83 —.

15) R. Bartlsperger, DVBl. 1996, S. 4.

16) Hoppe, DVBl. 1992, S. 853; BVerwGE 71, 163 ff.

17) BVerwGE 100, 370 (380); BVerwG, NVwZ 1996, 1011 (1014); BVerwG, NVwZ-RR 1998, 292 (295); 여기에 대한 상세는 Bender/Sparwasser/Engel,

원래 이른바 계획준칙과 형량명령(최적화명령)은 규범이론적으로 보면 法則(Regeln)과 原理(Prinzipien)의 구분에 근거하고 있다. 양자는 規範(Normen)이라는 상위개념에 포함될 수 있지만, 또한 서로 구별된다. 양자의 구분이 낯선 것은 아니다. 그럼에도 불구하고 양자의 개념구분에 대하여서는 논란과 불명확성이 오랫동안 지배해왔다. 종래의 견해에 따르면 양자는 일반성(Generalität)에 따라 구분되어졌다. 이에 따르면 '원리'는 상대적으로 높은 일반성정도를 가진 규범인 반면, '법칙'은 상대적으로 낮은 일반성정도를 가진 규범을 의미한다. 따라서 법칙은 예외를 허용하지 않는 決定的 根據(definitive Gründe)를 의미하고, 원리는 一見 妥當한 根據(prima facie-Gründe)를 뜻한다고 보았다. 이에 반하여 R. Alexy는 이러한 구분이 단순히 量的인 것이 아니라, 質的인 차이가 있음을 강조한다. 그의 구분에 따르면 원리는 상대적으로 법적·사실적 가능성을 적절하고, 또한 가능한 한 최대한 실현하는 것을 의미한다. 따라서 원리는 최적화명령을 의미한다. 이에 반해 법칙은 항상 이행되어야 하거나 또는 그렇지 않은 규범을 말한다. 따라서 이러한 경우에는 요구하는 것을 반드시 해야 하는 명령을 말한다.[18] 즉 원리는 일정한 이익을 위해 다른 이익이 후퇴할 수 있는 것을 의미하고, 양자가 서로 적절한 위치에서 서로 조화를 이루는 최적점을 찾을 수 있다. 이러한 의미에서 강제적 법적 지침으로서의 이른바 계획준칙은 더 이상 계획형성자에게 목적지침으로서 기능하지 못한다. 요컨대 강제적 법률지침으로서의 이른바 계획준칙과 구별되는 最適化命令은 "일정한 이익을 가능한 한 最大한 고려하는 것을 요하는 命令" 내지 "可能한 最善·最大의 目標達成"[19] 등으로 파악될 수 있다.

Umweltrecht, Kapitel 3, Rn. 158; Fouquet, VerwArch. 1996, S. 232; Jarass, DVBl. 1998, S. 1205; Bartlsperger, DVBl. 1996, S. 4.

18) 양자의 구분에 관한 상세한 논의에 대해서는 Alexy, Theorie der Grundrechte, 1996, 3. Aufl., S. 72 ff. (90 ff.)

19) Bielenberg, Einige Vollzugsproblem des neuen Baugesetzbuches, ZfBR 1988, 55 f.

(나) 最適化命令의 法的 根據

계획상의 형량의 영역 내에서 다른 이익을 위해 하나의 이익이 제한될 수 있다는 관점에서 최적화명령이 논해지고 있다. 최적화명령은 또한 헌법차원의 比例性原理에서 도출될 수 있다. 왜냐하면 형량명령의 헌법적 근거는 주로 광의의 비례성원리의 제3단계 요소에 해당하는 상당성(Angemessenheit), 즉 협의의 비례성원리에 근거하고 있기 때문이다. 또한 자유권의 최적화정렬의 합리적 실현인 최적화명령은 독일기본법 제19조 제4항에 근거한 法治國家原理에서도 도출될 수 있다.[20] 이는 권리구제의 소송법적 측면에서 파악될 수 있는 바, 오늘날 국민의 권리구제와 관련하여 그 의미가 점점 중요해지고 있다.

독일에서는 최적화명령의 법적 근거를 각 개별법분야에서 찾을 수 있다. 그 대표적인 사례로 독일의 연방이미시온방지법(BImSchG) 제50조를 들 수 있다. 그 밖에 연방원거리도로법 제1조 제1항 제1문에도 이러한 최적화명령을 암시하는 구절이 있었으나, 1990년 8월 8일 개정으로 현재는 이 구절이 삭제되었다. 현재는 獨逸의 建設法典 제1a조 제1항, 聯邦土壤保全法(BBodSchG) 제1조 등에서 찾고 있다. 이러한 법규정을 통해 최적화명령은 우선 형량명령의 지배하에 있고, 일정한 이익의 稱量(Gewichtung)을 하는 과정에서 주로 문제가 된다. 또한 최적화명령은 대립하고 있는 이익의 조정을 위해 필요한 것이지, 誤衡量(Fehlgewichtung)의 경우에 그 통제척도로서 작용하는 것은 아니다.

(3) 最適化命令의 憲法上의 規範構造와 具體的 法分野에서의 樣態

(가) 基本權의 衝突의 경우 憲法解釋原則으로서의 最適化

일정한 사인의 기본권(건축의 자유, 언론출판의 자유)을 실현하기 위해 국가의 高權力을 통해 — 특히 허가나 특허를 통해 — 다른 사인의 기

20) Würtenberger, a.a.O., S. 149 f.

본권(쾌적한 환경에서 살 권리, 신체적 불가침권, 재산권 및 인격권 등)을 침해하는 경우가 있다. 이러한 삼각관계는 전형적인 기본권의 제3자 보호의 문제로서 다루어지고 있다. 이와 같이 기본권제한을 규정하는 경우에도 충돌하는 자유를 제한하고 정렬하는 형량(Abwägung)이 필요하다. 이러한 국가의 고권력을 매개로 한 사인간의 기본권이 충돌하는 경우 헌법해석원칙으로서 비례성원리가 오랫동안 적용되어 왔다. 이러한 비례성원리는 독일에서도 — 학설 및 판례에서 — 현재 지배적 견해로서 광범위하게 적용되고 있다. 광의의 비례성원리, 즉 過剩禁止의 原則(Übermaßverbot)은 適合性(Geeignetheit), 必要性(Erforderlichkeit) 내지 최소침해의 원칙 및 相當性(Angemessenheit) 내지 협의의 비례성원리로 구성되어 있다. 나아가 연방헌법재판소의 판례에 의해 발달된 實際的 調和의 原理(Grundsatz praktischer Konkordanz)[21]는 이익형량의 한계를 극복하기 위해 등장하였던 바, 이러한 헌법해석원리는 기본권이 충돌하는 경우 최적화명령의 구체적 실현으로 파악될 수 있다. 그 동안 한국에서는 이러한 比例性原理와 衡量命令의 관계에 대하여 깊은 논의가 없었다. 또한 실제적 조화의 원리 역시 부분적으로 헤세(Konrad Hesse)의 이론을 소개하고 있고, 형량명령이 비례성원리의 제3단계 요소로서 파악된다는 점만 지적되고 있을 뿐이다. 그 이유는 그 동안 한국의 특별행정법분야에 대한 연구가 심도 있게 다루어지지 않은 점에 기인한다. 따라서 건축행정법분야와 공간정서행정법분야에 대한 연구가 절실히 필요한 이유가 바로 여기에 있다. 계획규범에 대한 연구는 피상적으로 법적 성질의 규명에 안주하여서는 아니되고,[22] 오히려 이러한

---

21) BVerfGE 83, 130/143.

22) 그동안 행정계획의 法的 性質의 규명에 몰두해 온 것은 바로 行政計劃의 法形式을 立法者가 명확히 규정하지 못하고, 개인의 권리구제와 관련하여 현행 행정소송법상의 訴訟類型의 限界에서 비롯된 것임을 지적하고 싶다. 참고적으로 독일의 건설법전 제10조는 지방자치단체의 建築詳細計劃 내지 建築計劃(Bebauungsplan)이 自治法規(Satzung)로서, 그리고 독일행정절차법 제74조 제1항과 관련하여 聯邦遠距離道路法 제17조의 計劃確定節次(Planfeststellungsverfahren)에 의한 計劃確定決定(Planfeststellungsbeschluss)이 행정행위로 결정된다는 것을 명문으로 인정하고 있다. 따라서 독일에서는 계획의 법적 성질은 입법적으로 해결되어 있다.

개별법분야와 유기적으로 연결하여 이루어져야 한다. 현안문제와 관련하여서도 독일법제와 비교하면 한국의 계획법제는 큰 차이가 현존함을 직시하여야 한다. 물론 형량명령이 비례성원리와 법치국가원리에 그 헌법적 근거를 두고 있음은 자명하다. 그러나 이를 넘어 구체적인 법분야에서는 기본권충돌 이외에 각종 사익과 공익이 서로 충돌하는 多元的 法律關係(mehrpolige Rechtsverhältnisse)에서 중요한 기능을 하고 있음을 간과할 수 없다. 독일의 개별 건축 및 계획법에서 이러한 형량명령을 명시적으로 규정하는 것은 그러한 연유이다. 이하에서는 개별법에 있어서의 형량명령을 고찰하도록 한다.

(나) 環境, 建築 및 計劃法上의 最適化命令

최적화명령은 기본권충돌의 경우와 달리 특별행정법, 특히 건축법이나 환경법에서 사익과 공익이 상호 충돌하는 경우에 이를 해결하는 수단으로서 고려된다. 무엇보다 이익충돌의 경우 뤼트판결(Lüth-Urteil)[23]에서 보듯이 단순한 利益衡量이나 法益較量을 통해서 하나의 이익에 절대적 우위를 인정하기는 쉽지 않다. 따라서 원칙적으로 충돌·대립하는 이익은 抽象的·一般的으로 同位에 있고, 구체적 상황에 따라 이를 판단하는 상대적 우위개념이 오늘날 설득력을 가진다.[24] 그러한 의미에서 최적화명령이 오늘날 중요한 기능을 차지한다고 볼 수 있다.[25] 특히 뷔르텐베르거(Th. Würtenberger)는 행정법상의 최적화명령이 다양한 規範的 調整力을 가지고 있다고 보았다.[26] 환경행정법이나 경제행정법에서는 그 규제수단이 위험방지에 대한 전통적인 명령, 금지 또는 허가유보를 통한 규율에 국한되지 않기 때문이다. 이 분야에서는 법기술적으로 사용되어진 불확정법개념들이 대체로 규범구체화행정규칙이나 또

---

23) BVerfGE 7, 198.
24) Koch/Hendler, Baurecht, Raumordnungs- und Landesplanungsrecht, 3. Aufl., 2001, S. 234 f.
25) 이러한 추상적 상대적 우위개념의 구분에 관해서는 Hoppe, DVBl. 1992, S. 858.
26) Würtenberger, a.a.O., S. 147.

는 법규명령 등을 통해 규범적으로 보다 명확하게 된다. 이러한 것은 특히 규범적 환경기술기준들에 대한 집행의 안정성, 법적 명확성 그리고 포괄적 사법통제를 가능하게 하는 것이다. 따라서 계획법분야에서는 條件的 調整의 모델은 거부되어진다.[27] 일부학설은 계획규범의 목적프로그램화(finale Programmierung)를 부인하기도 하지만,[28] 包攝과 衡量의 구분이 전제되는 한, 계획규범에 있어서의 이러한 목적프로그램의 성격이 인정되어야 함은 자명하다. 따라서 이른바 계획재량(계획의 형성자유)은 法效果裁量이나 判斷餘地와는 異種(ein aliud)이다. 그러나 계획의 형성자유는 완전히 법으로부터 자유로운 것이 아니라, 法的으로 羈束되어 있고, 법의 테두리 내에서 보호되는 형성의 자유이다. 따라서 이를 위반한 계획의 형성자유는 형량하자를 통해 사법심사의 통제를 받을 수 있다.

최적화명령의 대표적인 법적 근거로서 이구동성으로 지적되는 조항이 연방이미시온방지법 제50조이다. 연방이미시온방지법 제50조에 따르면 계획수립단계에서부터 이익조정과 환경보호의 이익이 고려되어야 함을 규정하고 있다. 同法 제50조에서는 "空間的으로 중요한 計劃 및 處分의 경우에 일정한 용도를 정한 大地가 서로 整列되어, 有害한 環境影響과 단지 또는 주로 居住에 사용되는 지역 내지 기타 保護가 필요한 지역에 대한 유럽연합지침 96/82/EG 제3조 제5호의 의미에서의 重大한 事故에 의해 영업분야에서 발생한 影響을 可能한 한 피하여야 한다"고 규정하고 있다. 여기에서 "가능한 한(soweit wie möglich)"이라는 구절이 최적화명령을 시사하고 있다고 보는 것이 일반적이다.

연방이미시온방지법 제50조는 무엇보다 이미시온방지와 관련된 계획원칙을 담고 있다. 즉 "有害한 環境影響(schädliche Umwelteinwirkungen)의 방지를 위한 기본적인 요청"[29]을 규정하고 있다. 연방헌법재판소의

27) Würtenberger, a.a.O., S. 152.
28) Di Fabio, Die Struktur von Planungsnormen, in: FS für Hoppe, 2000, S. 75 ff.
29) BT-Drucks. 7/179, S. 46.

견해에 의하면 최적화명령이란 "내용상 더 이상 계획자에 대해 목적지침으로서 이러한 목적설정이 公計劃의 경우에 다른 목적과의 갈등에 있어 적어도 부분적으로 후퇴할 수 있다는 것을 담거나 인식할 수 있어야 함을 의미한다"고 한다.[30] 이러한 의미에서 최적화명령이란 계획의 형성자유에 대한 한계를 설정하는 것이라고 볼 수 있다.[31] 그러나 이것은 최적화명령이 환경보호이익을 다른 법익에 대하여 항상 절대적 우위에 둔다는 것을 의미하는 것은 아니라, 정당한 형량의 의무가 부여되어 있음을 뜻한다.[32] 따라서 이것은 서로 대립하고 충돌하는 이익사이를 고려하는 경우에, 그 목적의 "가능한 最善·最大의 實現(best- und größtmögliche Realisierung)"을 의미하고, 반드시 무조건적인 그 "最大限의 실현(Realisierung des Maximums)"을 뜻하는 것은 아니다.

연방행정법원은 그밖에 계획법상의 최적화명령에 대한 사례로서 연방원거리도로법 제1조 제1항 제1문에서 규정하고 있는 도로건설에 있어서의 "가능한 最大한의 장애 없는 교통기능(ein möglichst weitgehend störungsfreier Verkehr)"의 보장을 위한 연방원거리도로법상의 계획지침,[33] 積極的 交通騷音防止에 대한 연방이미시온방지법 제41조 제1항[34] 및 자연보호법상의 회피가능한 침해의 최소화에 대한 요청을 규정하고 있는 舊 연방자연보호법(BNatSchG) 제8조 제2항 및 제3항[35] 등을 예시하고 있다.[36]

---

30) BVerwGE 47, 144 (Parkplatz Hagenbeck); 71, 163/165 = NJW 1986, 82.
31) Ronellenfitsch, NVwZ 1999, S. 584.
32) Vgl. BVerwGE 48, 56; 참고문헌에 대한 상세는 Schulze-Fielitz, in: Koch/Scheuing (Hrsg.), GK- BImSchG, § 50 Rn. 32.
33) BVerwGE 71, 163 ff.
34) BVerwG, Urt. v. 13. 7. 1989 — 4 NB 20/89 —; BVerwGE 71, 163/165.
35) BVerwG, NVwZ 1991, 69/70; BVerwGE 85, 348/362.
36) 최적화명령에 대한 연방행정법원의 판례에 대한 상세는 Bartlsperger, DVBl. 1996, S. 7.

2. 獨逸에서의 學說上 論議

최적화명령과 관련하여 독일의 대표적인 이론들을 소개하면 다음과 같다.

(1) Werner Hoppe 敎授의 見解

최적화명령은 독일연방행정법원의 판례를 통해서 발전되었고, 이를 이론적으로 체계화한 사람은 대표적으로 독일 뮌스터(Münster) 대학의 공법교수였던 호페(W. Hoppe)이다. 전술한 바와 같이 그는 최적화명령을 "可能한 最善·最大의 目標達成」(best- und größtmögliche Zielerreichung)"이라고 파악하였고, 이 경우에 이익의 최적화라는 것이 그 最大化(Maximierung)를 포함하는 것으로 이해하였다. 그럼에도 불구하고 이러한 이익의 최적화는 무조건적인 최대화의 실현을 의미하는 것은 아님을 지적하고 있다.[37] 특히 호페(W. Hoppe) 교수는 최적화명령과 관련하여 계획의 구체적인 형량과정과 결과에 이르는 절차를 단계별로 상세히 분류하여 이를 설명하고 있다. 즉 그의 분류에 따르면 ① 資料調査 및 編入段階時의 최적화명령, ② 稱量時의 최적화명령, ③ 利益調整時의 최적화명령으로 구분하여 형량의 단계별로 최적화명령을 상세히 설명하고 있다.[38]

(2) Richard Bartlsperger 敎授의 見解

바틀스페르거(Bartlsperger) 교수는 최적화의 개념은 법학 이외의 영역에서도 이미 사용되어졌다고 지적하면서,[39] 법학분야에 있어서 최적화의

---

37) Hoppe/Grotefels, Öffentliches Baurecht, § 7 Rn. 32.

38) W. Hoppe, DVBl. 1992, S. 853 ff.

39) 구체적 사건에서 또는 구체적 사건을 위한 最適의 決定(optimale Entscheidung)에 관한 이론으로 보았고, 이는 實踐的 理性(praktische Vernunft)과 밀접한 관련이 있다. 여기에 대해서는 Gosepath, Aufgeklärtes Eigeninteresse - Eine Theorie theoretischer und praktischer Rationalität, 1992, S. 117.

개념을 「추상적으로 同位의 목적 내지 법적 목적설정의 구체적인 형량과정에서 합목적적인 결정을 찾거나 또는 규범의 근거를 발견하는 과정」으로 파악하고 있다. 그는 최적화명령이 구체적인 사례에 있어서 衡量과 동의어로 사용된다고 본다.[40] 그는 이러한 최적화가 결정의 절대적 또는 상대적 規則適合性(Regelhaftigkeit) 내지 規範合理性(Normrationalität)과 대립되는 개념으로 보고 있다. 이는 대체로 전통적인 規範合理性과 合目的性(Zweckrationalität)의 구분에 기초하고 있다.[41] 이러한 구분은 法原理(Rechtsprinzipien)와 法規則(Rechtsregeln)의 구별과 대체로 일치하고 있다.

바틀스페르거(Bartlsperger) 교수는 이러한 최적화의 특성을 고려한다면 합목적적인 구체적 형량을 전제로 하는 계획법분야에서 최적화명령은 매우 중요한 역할을 하므로, 이를 "計劃法上의 最適化命令(planungsrechtliche Optimierungsgebot)"이라고 칭하는 것이 보다 적절하다고 지적하고 있다.[42] 이러한 이유에서 최적화명령을 "법률상의 계획준칙(gesetzliche Planungsleitsätze)"과 구분하여야 한다고 주장한다. 왜냐하면 법률상의 계획준칙은 포섭의 과정을 통해 일정한 요건이 충족되면 반드시 일정한 법효과를 가져오기 때문에 最適化의 餘地가 없다는 것이다. 그는 연방행정법원의 판결을 예시하면서, 이러한 의미에서 법률상 강한 구속적 효력을 가진 규정이란 '內部的'인 것으로 확정된 강제적 목적규정이 아니라, 다른 법률에서 계획에 대해서 강제적 법적 구속에 대한 법적 근거를 제시하고 있는 '外部的'인 강제규정을 담고 있다고 한다. 이러한 강제규정은 실체법적으로 전혀 계획이나 계획법으로 여겨질 수 없는 것이라고 보고 있다. 바틀스페르거(Bartlsperger) 교수는 그러한 의미에서 실체법적이고 특별한 계획법상의 규범화라는 의미

---

40) R. Bartlsperger, DVBl. 1996, S. 2.

41) 이에 대하여 Gosepath, a.a.O., S. 33 ff.; Alexy, Theorie der juristischen Argumentation, 2. Aufl., 1991, S. 34, 38, 363; 그밖에 상세한 문헌소개는 R. Bartlsperger, a.a.O., S. 2.

42) Bartlsperger, a.a.O., S. 2.

에서의 계획준칙이라는 용어는 더 이상 사용될 수 없고, 적절하지 않다고 지적하고 있다.[43] 바틀스페르거(Bartlsperger) 교수는 독일 연방행정법원이 사용하고 있는 최적화의 개념을 합목적적 결정과 관련된 목적 내지 법적 목적설정과 다를 바 없다고 본다. 이러한 최적화는 결코 추상적 우위나 最大化(Maximierung)를 의미하는 것이 아니고, 단지 충돌하는 다른 최적화명령과의 구체적 조정과정에서의 最適化(Optimierung)를 뜻한다고 본다.[44]

(3) Thomas Würtenberger 教授의 見解

뷔르텐베르거(Th. Würtenberger) 교수는 최근 獨逸公法學會誌(VVDStRL)에 최적화명령과 관련하여 풍부한 법적 근거와 폭넓은 시각을 보여주는 논문을 발표하였다. 여기에서 그는 最適化命令의 사상적 기원과 발달사, 그리고 문제가 되는 분야에 대하여 적절히 지적하고 있다. 무엇보다 헌법해석원리로서의 최적화와 행정법분야에서의 특수한 최적화명령을 서로 구별하여 설명하고 있다.[45]

뷔르텐베르거(Würtenberger) 교수는 나아가 행정의 목적설정은, 또한 2가지 관점에서 민주적 그리고 (연방적) 法治國家的 조정모델에 상응하여야 한다고 한다. 우선 행정에게는 民主的으로 정당화된 목적 및 행동프로그램이 부여되어야 한다. 이러한 목적지향성은 기본권 제한적인 계획이나 허가를 하는 경우 헌법에 의하여 부여된 자유로운 행정의 형성재량을 저지한다.[46] 둘째, 民主的 脫中央集權(地方分權)型(demokratische Dezentralisation)의 原理法的 調整을 실현한다. 이는 행정의 결정이 의회가 결정한 목표를 지향하여야 하고, 市民이나 公衆의 參與를 통해 현실에 적합한 전환을 하여야 함을 의미한다.[47]

---

43) Bartlsperger, a.a.O., S. 4.
44) Bartlsperger, DVBl. 1996, S. 6.
45) Würtenberger, a.a.O., S. 139 ff.
46) Würtenberger, a.a.O., S. 153.
47) Würtenberger, a.a.O., S. 153.

뷔르텐베르거(Würtenberger) 교수는 최적화명령과 관련하여 몇 가지 문제점을 지적하고 있다. 우선 효과관련성과 예상의 불확실성때문에 전문감정가에 의한 조언이 필요하다고 한다. 따라서 행정청은 모든 주장이 가능한 학문적 지식에 근거한 미래평가와 시나리오를 가지고 작업하여야 한다.48) 둘째, 형량을 통한 법원리의 最適化는 가치평가를 하기가 쉽지 않다고 지적한다. 우위를 평가할 수 있는 척도나 준거가 없고, 단지 일반적인 優劣의 法則(Vorrangregeln)이 존재하고 있다는 것이다. 예컨대 독일기본법 제20a조가 환경보호를 國家目的條項(Staatszielbestimmung)으로 명시하고 있지만,49) 독일의 지배적 견해에 따르면 다른 형량과 관련된 원리에 대하여 상대적 우위를 점하고 있지는 못하다고 한다.50) 그 밖에 법률에 의한 최적화명령의 예로서 거론되는 獨逸建設法典 제1a조와 관련한 同法 제1조 제5항 제1문에서도 마찬가지로 환경보호의 이익을 지방자치단체의 건설기본계획(Bauleitplan)에 의해 최적화할 것을 규정하고 있으나, 그 평가문제는 여전히 해결되지 못하고 있다.51) 셋째, 최적화명령이 상황기속성과 개별사례기속성을 특징으로 한다는 것이다. 따라서 계획 및 허가의 경우에 명확한 법적 준거가 없고, 다만 개별상황적이고 구체적 사례에 기속된 법구체성만을 가지고 있다.52) 마지막으로 최적화명령은 인간의 능력을 과대평가하고 있으며, 최적화결정에 대한 보장을 해주지 못한다고 지적한다. 이러한 의미에서 최적화결정은 僞裝된 合理性(Scheinrationalität)이라고 보고 있다.53)

(4) Robert Alexy 教授의 見解

독일 킬(Kiel) 大學의 알렉시(Alexy) 교수는 최적화명령의 개념정의와

---

48) Würtenberger, a.a.O., S. 154 f.
49) M. Kloepfer, DVBl. 1996, S. 74.
50) Würtenberger, a.a.O., S. 155 f.
51) Würtenberger, a.a.O., S. 156.
52) Würtenberger, a.a.O., S. 157.
53) Würtenberger, a.a.O., S. 158.

관련하여 그의 敎授資格請求論文(Habilitation) "基本權理論(Theorie der Grundrechte)"에서 이를 명쾌하게 설명하고 있다. 알렉시(Alexy) 교수는 미국의 법철학자인 드워킨(Ronald Dworkin)의 이론[54]을 借用하여 최적화명령을 설명하고 있다. 전술한 바와 같이 그는 먼저 法則(Regeln)과 原理(Prinzipien)를 구분하고 있다. 즉 여기에서 말하는 法則이란 반드시 준수되어야 되는 강제성 있는 것을 의미하고, 반면에 原理는 충돌하는 이익의 상호절충이 가능하며 특정한 이익의 보호를 위해 다른 이익이 후퇴할 수 있음을 의미한다. 이러한 구분에 의하면 原理는 最適化命令을 뜻한다고 한다.[55] 다만 알렉시(Alexy) 교수의 이론은 그의 논문제목이 시사하는 바와 같이 基本權衝突을 전제로 이론구성을 하고 있는 바, 환경 및 건축법에서 말하는 최적화명령을 포괄하고 있다고는 생각되지 않는다. 이러한 분야에서는 기본권충돌보다 더 복잡하게 얽힌 다원적인 법률관계가 존재할 수 있기 때문이다.

Ⅲ. 獨逸 聯邦行政法院의 判例

연방행정법원은 1985년 3월 22일자 판결에서 최적화명령과 관련된 대표적인 판례를 남겼다.[56] 이 사건은 B16번 연방원거리도로의 新路線에 의하여 원고의 농지를 양분하여 횡단하게 되었던 바, 원고는 노선의 신설에 대한 계획확정결정의 취소를 구하는 소를 제기하였다. 원고는 제1심에서는 패소하였고, 항소심에서는 승소하였다. 항소법원은 計劃確定決定이 연방원거리도로법상의 법률상 계획준칙에 위반함을 이유로 계획확정결정의 取消를 결정하였다. 그러나 연방행정법원은 이 사건의 법적 근거가 되는 연방원거리도로법 제17조 제1항 제1문과 관련하여, 抗訴審이 採石場의 폭발을 통해 종종 생기는 교통중단의 許可를 이른

54) R. Dworkin, Talking Rights Seriously, 1999, S. 22 ff.
55) R. Alexy, Theorie der Grundrechte, S. 74 ff.
56) BVerwGE 71, 163.

바 법률상 계획준칙의 위반으로서 봄으로써, 형량명령의 범위와 정도를 오해하고 있다고 보고 있다.

나아가 연방행정법원은 최적화명령에 대한 대표적인 판례인 이 판결에서 항소심이 적절히 본 바와 같이, 도로계획은 형량명령이 법적인 한계를 준수하였는지 뿐만 아니라, 또한 다른 방식으로 법적인 구속력, 즉 이른바 법률상 계획준칙이 존재하는지를 심사하여야 한다. 연방행정법원은 연방원거리도로의 건설에 대한 이른바 법률상 계획준칙이 公計劃의 경우에 엄격한 고려를 요구하고 있으며, 계획적 형량을 통해서 극복할 수 없는 규정이라고 보고 있다. 同法院은 종래 법률상 계획준칙으로 여겨지던 연방원거리도로법 제1조 제3항 제1문의 규정을 계획상의 최적화명령이라고 판시하였다.

Ⅳ. 國內의 論議狀況 및 判例의 立場

1. 學說上 論議 및 現況

형량명령의 이론적 논의를 私法分野에서 사용되는 이익형량(Interessen-abwägung) 내지 법익교량(Güterabwägung)의 원칙과 혼동하거나 헌법상의 비례성원리에 국한시키는 견해는 형량명령의 본질과 계획규범의 특성을 잘못 이해하고 있는 것이다. 최적화명령은 헌법의 비례성원리 내지 법치국가원리에서 연원하고 있지만, 환경 및 건축법 등 개별법 분야에서 중요한 역할을 수행하고 있음은 이미 설명한 바와 같다. 그러한 의미에서 "計劃法上의 最適化命令"이라는 점을 강조하고 있는 바틀스페르거(Bartlsperger) 교수의 견해에 주목할 필요가 있다. 이하에서는 한국의 학설에서 다루어지고 있는 계획규범과 형량명령에 대한 내용과 그 쟁점을 다루고자 한다.

(1) 獨自的인 行政의 行爲形式으로서의 行政計劃

1980년대를 즈음하여 한국에 도입된 형량명령에 대한 논의가 보다 심도 있게 진행되지 못하고 있는 원인 중의 하나는 무엇보다 행정의 독자적인 行爲形式으로서의 행정계획의 본질 내지 계획규범의 특수성을 제대로 이해하지 못하는 데에서 비롯한다. 특히 주목할 만한 것은 행정계획의 독자적인 행위형식을 인정하는 데 대한 소극적 태도[57]이다. 이것은 바로 行爲形式(Handlungsform)과 法形式(Rechtsform)을 명확히 구별하지 못하는 데서 비롯된 것이다.[58] 독일의 대표적인 행정법교과서는 행정계획이 독자적인 행정의 작용 내지 행위형식임을 인정하고 있으며,[59] 일반행정법에서 상세히 설명하고 있음은 물론이다. 이러한 이유에서 "行政의 行爲形式에는 定員(numerus klausus)이 있을 수 없다"라는 法諺이 이를 설득력 있게 설명해주고 있다. 복잡다원화된 현대행정을 엄격하게 제한된 고전적 행위형식의 카테고리에 담으려는 것은[60] 無理이다. 오히려 계획은 특정한 법형식에 구애됨이 없이 다양한 법형식의 옷을 입고 그 모습을 드러내는 것이 특징이다. 독일행정법은 개별법분야에서 계획의 법형식을 구체적으로, 그리고 다양하게 명시하고

---

57) 金重權, 行政의 作用形式의 體系에 관한 小考, 公法硏究 제30집 제4호, 317면 이하; 이 견해가 근거로 제시하는 독일문헌으로는 Maurer, Allgemeines Verwaltungsrecht, 12. Aufl., § 16 Rn. 13. 특히 이 견해는 국내문헌이 대부분 행정계획을 독립된 작용형식의 하나로 보는데 대하여 명시적이든 묵시적이든 부정적이라고 평가하고 있다. 그러나 다수의 국내문헌은 오히려 행정계획을 現代行政에 있어서 필요한 行政의 作用形式의 하나로서 다루고 있다. 金南辰, 행정법 I, 2003, 328면 이하; 金東熙, 행정법 I, 1997, 157면 이하; 金性洙, 일반행정법, 2001, 363면 이하; 柳至泰, 행정법신론, 1998, 254면 이하; 鄭夏重, 행정법총론, 2002, 318면 이하.

58) Battis, Allgemeines Verwaltungsrecht, 3. Aufl., S. 258.

59) Wolff/Bachof/Stober, Verwaltungsrecht I, 10. Aufl., § 56 Rn. 1 ff.; Forsthoff, Lehrbuch des Verwaltungsrechts, Bd. I, 10. Aufl., S. 303; Battis, Allgemeines Verwaltungsrecht, 3. Aufl., S. 258.

60) 그러한 입장을 견지하는 대표적인 견해는 Ossenbühl, Welche normativen Anforderungen stellt der Verfassungsgrundsatz des demokratischen Rechtsstaates an die planende staatliche Tätigkeit, dargestellt am Beispiel der Entwicklungsplan?, Gutachten B zum 50. DJT, 1972, S. 45 f.

있다는 점에서 이 점은 분명하다.[61] 예컨대 독일 건설법전 제10조 제1항에서는 지방자치단체의 건축계획(Bebauungsplan)을 자치법규(Satzung)로 결정한다는 점을 명시하고 있다. 이와 달리 독일 연방행정절차법에서 규정하고 있는 계획확정절차에서 계획행정청은 행정행위로서의 법적 성격을 가지는 계획확정결정을 내릴 수 있다(독일 행정절차법 제74조 제1항 제1문). 이에 따라 시민의 권리구제수단이 달라지게 된다. 즉 위법한 계획확정결정의 경우에는 독일 행정법원법 제42조 제1항에 근거해서 취소소송이나 의무이행소송 등을 통해 권리구제를 받을 수 있다. 이에 반해 위법한 건축계획(Bebauungsplan)에 대해서는 독일 행정법원법 제47조 제1항 제1호에 근거하여 추상적 규범통제절차에 따라 다툴 수 있다. 따라서 행정계획의 법적 성질의 규명에만 지나치게 집착하는 것은 바람직하지 않다. 이는 그 권리구제와 관련하여 중요성을 가짐에도 불구하고, 법적 근거의 不備라는 법현실에서 유래하는 한계임을 주의해야 한다. 행정계획은 현대행정에 있어서 대단히 중요한 행정작용의 하나이다. 독일에서는 행정계획과 관련된 수많은 연방행정법원의 판례가 쌓여 있고, 지금까지도 계속해서 새로운 판례들이 나오고 있다. 이러한 사실이 무엇을 의미하는지는 자명하다.

(2) 法律的 根據 없는 衡量命令과 主觀的 公權

독일의 경우와 달리 한국 건축법제에서는 형량명령의 법적 근거를 찾기가 쉽지 않다.[62] 이러한 점은 이미 여러 학자들의 논문에 의하여 지적된 바 있다. 그러나 형량명령 그 자체가 계획행정청의 형성의 자유를 곧바로 통제하는 수단으로 작용하는 것은 아니다. 독일 건설법전 제1조 제6항에서 규정하고 있는 형량명령은 다만 지방자치단체의 건설기본계획(Bauleitpläne)을 수립하는 경우에 공·사익을 형량하여야 함을

61) 계획의 다양한 법형식에 대해서는 Bull, Allgemeines Verwaltungsrecht, 5. Aufl., § 9 Rn. 503 ff.

62) 김현준, 전게논문, 369면.

규정하고 있을 뿐이다. 이러한 형량이 하자가 있는 경우에는 위법하게 되는데, 독일 연방행정법원의 판례와 학설에 의해 발달된 衡量瑕疵論에 따르면 대체로 衡量의 不行使, 衡量의 欠缺 내지 不全, 誤衡量 및 衡量의 不比例로 분류될 수 있다. 이와 같이 형량하자에 대한 사법심사를 통해서 계획행정청의 광범위한 형성의 자유가 사법적으로 통제된다. 그러나 이러한 형량하자를 통한 司法的 統制 이외에 개인이 자신의 主觀的 公權을 근거로 소를 제기하기 위해서는 형식적 법률에 근거한 법적 근거가 필요하다.[63] 종래 국내학계는 형량명령이 법치국가원리에서 기인한다는 점만 지나치게 강조함으로써,[64] 형량명령에 대한 법적 근거에 대한 필요성을 간과하였다. 최근 점차 이러한 문제에 대한 인식을 가지는 것은 다행이나,[65] 그 이유나 배경은 행정구제와 관련하여서임은 자명하다.

(3) 利益衡量의 원칙과 具體化된 형량명령으로서의 最適化命令의 不區分

종래 법익이 충돌하는 경우에, 사법의 영역뿐만 아니라 공법의 영역에서도 이익형량 내지 법익교량의 원칙이 광범위하게 적용되어 온 것이 사실이다.[66] 이익형량의 원칙은 價值優劣秩序(Wertrangordnung)를

---

63) 都市計劃과 관련하여 종전까지 적용되어 오던 「都市計劃法」이 全文改正되어 2000. 1. 28. 公布되고 2000. 7. 1. 시행할 예정이었으나, 建設交通部에서 이 법과 「國土利用管理法」을 폐지하고, 지난 2002. 2. 4. 「國土의計劃및利用에관한法律」을 제정・공포하였다. 이에 따라 「國土의計劃및利用에관한法律」은 2003. 1. 1. 부터 施行 중에 있다. 同法은 종래 二元化되어 있던 국토이용체계를 單一化하고 있다. 同法은 또한 「국토의 이용・개발 및 보전을 위한 계획의 수립 및 집행 등에 관하여 필요한 사항을 정함으로써 공공복리의 증진과 국민의 삶의 질을 향상하게 함」을 그 目的으로 하고 있다. 그러나 同法의 이러한 입법목적에도 불구하고, 衡量命令에 대한 법적 근거가 여전히 누락되어 있고, 計劃行政을 통한 제3자의 권리보호에 관한 법적 문제는 여전히 불완전하게 남아 있다.

64) 金東熙, 행정법 I, 1997, 164면; 朴鈗炘, 최신행정법강의(상), 1996, 280면.

65) 김현준, 전게논문, 369면.

66) 利益衡量(Interessenabwägung)은 法益較量(Güterabwägung) 내지 價值衡量(Wertabwägung)과 동의어로 사용되고 있다. 이에 대하여 상세는 Schlink, Abwägung im Verfassungsrecht, 1976, S. 129; P. Häberle, Die Wesensgehaltgarantie des Art. 19 Abs. 2 Grundgesetz, 1983, S. 31 ff. 헌법에 있어서 이익형량의 원칙은 의사의 자

전제로 하여, 그 優劣規則(Vorrangregel)에 따라 서로 대립하는 이익 중 하나의 이익이 우선되면 다른 이익은 전면적으로 배제된다.[67] 그러나 이러한 이익형량 내지 법익교량의 원칙에 대해서는 이미 독일의 학설에 의해 懷疑[68] 내지 批判[69]이 제기된 바 있고, 더 이상 이익충돌의 해결기준이 될 수 없다. 그 이유는 이익형량 내지 법익교량의 원칙이 지금까지 명백하고 구체적인 優劣(Vorrang) 내지 優先(Präferenz)의 기준을 제시하지 못하였기 때문이다. 반면에 최적화명령은 일방적으로 하나의 이익을 우선시키기 위하여 다른 이익을 전면적으로 배제시키는 것이 아니라, 대립·충돌하는 양법익이 어느 정도 후퇴를 해서 이익조정의 조화점을 찾을 수 있다. 本稿에서 최적화명령을 헌법해석원리의 하나인 실제적 조화의 원리와 관련해서 고찰하는 것도 이러한 취지에서이다. 따라서 일부문헌에서 이익형량 내지 법익교량의 원칙과 형량명령을 동일시하는 것은 문제가 있다고 생각한다.[70]

2. 大法院判例의 分析

(1) 衡量命令과 衡量瑕疵論에 대한 誤解

대법원 1996. 11. 29. 자 판결[71]은 이른바 계획재량(계획의 형성자유)과 형량명령에 관한 대표적인 판례이다. 이 판결은 무엇보다 행정계획의 특성과 개념정의에 대한 내용 등을 담고 있고, 그 동안 주로 행정재

유(Meinungsfreiheit)와 관련하여 연방헌법재판소의 뤼트판결(Rüth-Urteil)에서 비롯되었다. 여기에 대해서는 BVerfGE 7, 198.

67) K. Larenz, Methodenlehre der Rechtswissenschaft, 6. Aufl., 1991, S. 404.

68) W. Jellinek, VVDStRL 4 (1928), S. 82 f.

69) F. Müller, Juristische Methodik, 1997, S. 71 f.

70) 康鉉浩, 형량과정과 형량결과의 법적의미, 公法硏究 제26집 제1호, 247면. 이와 달리 형량명령(Abwägungsgebot)이라는 용어 대신에 이익형량의 원칙으로 파악하는 견해로는 吳峻根, 이익형량의 원칙의 실제적 적용방안, 公法硏究 제29집 제3호, 64면 이하. 그러나 이익형량과 형량명령은 본질을 달리 하고 있음을 주의해야 한다. 계획 및 건축법상의 형량명량을 헌법의 해석원칙과 관련하여 이해해야 하는 이유도 여기에 있다.

71) 대판 1996. 11. 29, 96누8567.

량(법효과재량)에만 의존했던 것과는 달리, 도시계획법과 관련하여 계획규범과 형량명령에 대한 중요한 시사점을 던져 주었다. 특히 대법원은 동판결에서 "행정주체가 구체적인 행정계획을 입안·결정함에 있어서 비교적 광범위한 形成의 自由를 가진다"고 하여, 계획규범의 본질 중의 하나인 계획상 "형성의 자유"라는 표현을 직접 사용하고 있다. 나아가 이러한 광범한 계획의 형성자유가 무제한적인 것이 아니라, 일정한 한계를 가진다는 점을 인식하고 있다. 이와 같이 대법원은 계획규범의 특수성을 인정하고 있다는 점에서 높이 평가할 만하다. 무엇보다 이 결정은 독일 연방행정법원의 판례이론을 도입한 것으로서 대법원판례의 進一步함을 엿볼 수 있다. 일련의 대법원판례에 대한 긍정적 평가도 있다.[72] 그러나 대법원이 계획행정청의 형성적 자유에 대한 사법통제와 관련하여 형량명령에 대한 진지한 論究를 포기하고 종래의 이익형량의 원칙을 통해서 또는 재량하자론에 따라 판례이론을 구성하는 것은 논리적 일관성을 결한 것이다. 이러한 판례는 대법원의 이후 판결에도 영향을 미치고 있다.[73] 따라서 대법원은 다시 한번 이러한 형량명령에 대한 再檢討를 해야 한다. 무엇보다 외국의 법제나 이론을 도입함에 있어서 보다 철저한 연구검토와 검증을 통해 한국법제에 대한 적용가능성을 진지하게 논하여야 한다. 외국의 법제는 보다 精緻하고 오랜 시간을 통해 자기 법제에 걸맞게 체계화된 만큼 우리의 경우에도 이러한 外國理論의 단순한 利殖이 아니라 韓國의 法制에 적합한 법리를 구성하는 것이 필요하다.

(2) 規範構造的인 관점에서 包攝과 衡量의 구별필요성

한국의 행정법이 과거에 비해 눈부신 발전을 거듭하고 있음에도 불구하고, 규범이론적인 논의에 있어서는 아직도 踏步狀態에 있다. 특히 대

72) 吳峻根, 전게논문, 74면 이하.
73) 대판 1997. 6. 24, 96누1313; 대판 1997. 9. 26, 96누10096; 대판 1998. 4. 24, 97누1501; 대판 2000. 3. 23, 98두2768.

법원판례는 계획규범을 도입함에 있어서 目的프로그램(Zweckprogramm)으로서의 성격을 인정하고 있음에도 불구하고, 규범이론적인 측면에서 여전히 包攝과 衡量의 엄격한 구별을 간과하고 있다. 또한 형량하자의 유형은 일견 裁量瑕疵論(Ermessensfehlerlehre)과 유사하다. 이러한 점을 강조하는 견해는 이른바 계획재량과 행정재량의 구별을 부인하는 입장에 서 있다.[74] 그러나 이러한 주장을 하고 있는 알렉시(Alexy) 교수도 다양한 재량하자의 유형을 구분하고 있음에도 불구하고, 기본적으로 포섭과 형량이 규범이론적으로 다름을 인정하고 있다.[75] 이러한 구분이 전제된다면, 당연히 행정의 법효과재량과 계획의 형성의 자유, 이른바 계획재량은 서로 구별되어야 함을 알 수 있다. 단지 양적 차이만 있음을 주장하는 Alexy교수의 주장은 自家撞着임을 알 수 있다. 따라서 일련의 대법원판결이 이른바 계획재량을 인정하고 있음에도 불구하고, 이를 재량하자론에 따라 사안을 해결하고 있음은 논리적인 모순이다.

V. 맺음말

형량명령과 관련하여 이익충돌의 경우에 고려되는 最適化命令을 통해서, 독일에서 전개되고 있는 계획규범과 형량명령의 본질을 살펴보았다. 이상의 논의를 통해 요약할 수 있는 것은, 일련의 大法院判例에서 보여주는 계획규범의 도그마에 대한 잘못된 이해는 再考되어야 한다는 것이다. 또한 一部學說이 利益衡量 내지 法益較量의 원칙을 통해 계획 및 건축법에 있어서의 형량명령을 이해하는 것은 헌법해석의 원칙과 관련해서 타당하지 못하다. 이러한 점은 독일에서도 이미 비판이 되어졌음에 주의해야 한다. 그러한 의미에서 독일에서는 이익형량의 원칙

74) 이러한 견해로는 Koch/Hendler, Baurecht, Raumordnungs- und Landesplanungsrecht, § 17 Rn. 16.
75) R. Alexy, JZ 1986, S. 711 f.

대신에 비례성원리가 공법분야에서 폭넓게 적용되고 있다. 그러나 독일 학자의 지적처럼,76) 實際的 調和의 原理에 기초하고 있는 最適化思考(Optimierungsgedanke)가 전통적인 比例性原理에서 곧바로 도출되어질 수 있을지는 여전히 의문으로 남는다. 마지막으로 고권적 계획활동을 통한 개인의 권리침해에 대해 主觀的 公權을 인정하기 위해서는 형량명령에 대한 法的 根據가 필요함을 강조하고 싶다.

76) 이에 대해서는 W. Heun, Funktionell-rechtliche Schranken der Verfassungsgerichtsbarkeit, 1992, S. 63 ff.

第11章

計劃維持의 法原則

Ⅰ. 問題의 所在 - 計劃維持와 計劃變更의 緊張關係

서울행정법원 행정3부는 2013년 7월 15일 소위 "새만금간척종합개발사업"(이하 '새만금간척사업'이라 한다)[1]과 관련하여 전북 새만금지역 주민과 환경운동연합 등이 지난달 국무총리와 농림부장관 등을 상대로 낸 집행정지신청에 대하여, 사업의 실현가능성이 없음을 이유로 이를 받아들여 방조제와 관련된 일체의 공사중지를 결정하였다.[2] 행정소송법 제23조 제1항은 원칙적으로 집행부정지의 원칙을 취하고 있으나, 동조 제2항에서는 일정한 조건하에 예외적으로 집행정지를 허용하고 있다. 즉 "취소소송이 제기된 경우에 처분등이나 그 집행 또는 절차의 속행으로 인하여 생길 회복하기 어려운 손해를 예방하기 위하여 긴급한 필요가 있다고 인정할 때에는 본안이 계속되고 있는 법원은 당사자의 신

1) 새만금간척사업은 1987년 대통령선거 당시 노태우 후보의 정치적 공약사업에서 그 시발점을 찾을 수 있다. 즉 이 사업은 국토확정, 산업용지 및 농지조성, 치수 등의 목적으로 당시 농림수산부에서 舊농촌근대화촉진법 제92조, 제93조 및 제96조와 공유수면매립법 제4조에 근거하여 계획된 대규모간척사업이다. 구체적인 사업내용을 살펴보면, 1991년부터 2011년까지(외곽시설: 1991년~2004년, 내부개답: 2004년~2011년) 전라북도 김제시·군산시·부안군의 1도 2시 1군 19읍·면·동을 사업구역으로 하여, 군산시·김제시·부안군에 인접한 하구해력 40,100ha를 막아 28,300ha의 토지와 11,800ha의 담수호를 조성하는 것을 목적으로 하고 있다.

2) 2003. 7. 16. 자 동아일보.

청 또는 직권에 의하여 처분등의 효력이나 그 집행 또는 절차의 속행의 전부 또는 일부의 정지를 결정할 수 있다". 이에 따라 '새만금간척사업'은 잠정중단상태에 직면하게 되었다. 이와 관련하여 전국자치단체 가운데 유일하게 혐오시설인 방사성폐기물처리장의 유치를 신청하였던 전라북도 부안군은 동 사업이 중단되면 그 유치를 철회할 수 있음을 시사하였다. 현재 새만금간척사업은 本案訴訟에 대한 판결을 눈앞에 두고 있으며, 본안판결은 무엇보다 환경영향평가서에 수질예측·사업의 경제성·사업목적 부분 등에 중대한 하자가 있다. 이에 근거하여 행한 이 사건 각 처분이 중대·명백한 하자로 인하여 당연무효이고, 또한 국무총리와 농림부장관이 한 정부조치계획 및 그에 대한 세부실천계획의 취소 등을 그 내용으로 하고 있다. 당해 처분은 이미 제소기간이 지나 不可爭力이 발생한 상태이므로, 당해 처분의 중대·명백한 하자로 인한 당해 처분의 무효를 주장하고 있다.

동 사건과 관련하여, 이미 2000년 5월에 환경단체인 녹색연합 주도로 초등학생과 중학생 176명이 미래세대의 환경권을 근거로 서울행정법원에 「새만금간척사업」에 대한 취소소송을 제기했다. 그러나 서울행정법원은 소송을 제기한 당사자들이 법적 요건을 갖추지 못했으며, 이 사건 취소소송은 당해 처분이 있은 후 1년 이내에 제기해야 함에도 불구하고 9년이 지난 뒤 제기된 만큼 訴訟의 適格性을 갖추지 못했다고 하여 각하결정을 내린 바 있다. 또한 환경단체회원 등은 2001년 8월 국무총리의 새만금간척사업에 대한 정부조치계획·지시사항시달, 농림부장관의 후속 세부실천계획 및 새만금간척사업 공사재개행위의 취소를 요구하는 행정소송과 함께 헌법재판소에 헌법소원을 제기하였었다. 그러나 헌법재판소는 국무총리의 정부조치계획 등은 단순히 중단됐던 「새만금간척사업」의 공사재개명령에 불과한 것으로서 헌법소원의 대상인 공권력의 행사에 해당하지 않는다고 하여 이를 却下하였다.[3] 한편 참여

3) 헌재 2003. 1. 30. 선고 2001헌마579 결정(전원재판부).

정부는 새만금간척사업의 원래의 목적인 농지확보가 어렵다는 사실을 인식하고, 그 용도변경의 가능성을 시사하였다.[4] 이와 같이 새만금간척사업은 오랜 시일이 소요되는 대형국책사업으로서, 환경보전이익과 개발이익이 서로 첨예하게 대립하고 있는 대표적 사례이다. 이 사업은 장차 환경 및 계획법분야에 있어서 하나의 里程標(roadmap)를 제시할 수 있는 중요한 사건임에 분명하다. 다만, 아쉬운 것은 계획규범에 근거한 법적 논리가 아니라, 政治的인 이해타산과 輿論에 의해 문제접근을 하고 있다는 것이다.

계획은 安定性(Stabilität)과 彈力性(Flexibilität)의 양면성을 가지고 있다. 따라서 행정계획은 종종 計劃維持(Planerhaltung)와 計劃變更(Planänderung)의 긴장관계에 서 있다고 볼 수 있다.[5] 대형국책사업의 경우, 계획변경은 計劃受範者의 계획형성 및 존속에 대한 신뢰보호를 침해할 가능성이 있다. 이러한 문제는 計劃保障請求權과 관련하여 논의될 수 있다.[6] 즉 계획변경과 이에 대한 신뢰보호의 문제에 있어서는 대체로 損害賠償 또는 損失補償請求權이 고려될 수 있다.[7] 계획은 장기간의 시간과 많은 비용이 소요되는 특징을 가지므로, 이러한 계획변경의 문제는 일반 영업허가나 건축허가처럼 쉽게 다룰 수 없는 계획의 특수성이 존재한다. 따라서 高權的 計劃作用을 둘러싼 이익충돌의 경우에 항상 신중하게 문제접근을 하여야 한다. 이러한 이유에서 새만금간척사업의 문제를 단순히 '행정행위의 취소 또는 철회'의 문제로 이해하고 접근하는 것은 행정계획의 본질 내지 특수성을 간과한 것이라고 볼 수 있다. 행정계획은 다양한 법형식을 통해 구현된다. 예컨대 행정행위 형식의 계획결정(예: 독일 행정절차법 제74조 제1항 제1문의 계획확정결정)이

---

4) 이러한 점에서 동 사업은 計劃正當性(Planrechtfertigung)의 요소를 많은 부분 상실하고 있음은 부인하기 어렵다. 이러한 계획정당성은 독일학설에 의하면 계획의 통제와 관련하여 실체법적 요소로 파악되고 있다.

5) H. Maurer, Allgemeines Verwaltungsrecht, 14. Aufl., 2002, § 16 Rn. 26.

6) 여기에 대해서는 졸고, "행정계획과 법치국가원리", 한독법학 제14호(2003. 11), 161면 이하.

7) F. Ossenbühl, Staatshaftungsrecht, 5. Aufl., 1998, S. 384.

라 하더라도, 이 결정은 통상적인 영업허가나 시설허가와 달리 (계획)형성적 기능을 가지고 있다. 따라서 새만금간척사업과 같이 대형프로젝트와 관련된 사업은 행정계획을 통해서 실현되어야지, 一次元的인 이익충돌의 경우와 같이 공유수면매립면허의 취소·철회결정의 문제에 국한되는 것은 바람직하지 않다. 이는 현행제도상의 결함에서 비롯된다고 볼 수 있다. 현재 많은 大型國策事業이 제대로 시행되지 못하고 漂流하고 있는 것이 그러한 단적인 예이다. 이러한 문제는 입법적으로 해결되는 것이 가장 바람직하다. 그 해결책 중의 하나가 독일 행정절차법 제72조 이하 및 개별전문법에서 규정되어 있는 計劃確定節次(Planfeststellungsverfahren)의 導入이다.[8] 이와 관련하여 이미 1987년 행정절차법안에서 소위 '行政計劃의 確定節次'를 적극적으로 입법화하려고 시도한 바 있었다.[9] 이러한 계획확정의 제도는 독일에서 이미 오래 전부터 대규모국책사업 등과 관련하여 專門計劃의 중요한 실현수단으로서 기능하여 왔고, 현재에도 매우 중요한 역할을 수행하고 있다.[10] 행정절차법 개정논의에서 제외된 가장 중요한 이유 중의 하나는 행정계획의 다차원성·다면성으로 인하여 통일적인 법적 정비가 어렵다는 것이다.[11] 그러나 행정계획에 대한 논의는 이미 1980년대에 선구적인 선

8) 이 제도에 대해서는 이미 많은 학자들이 독일의 계획확정절차에 대하여 소개한 바 있다. 金南辰, "서독의 행정절차법", 공법연구 제11집, 125면 이하; 同人, 행정법의 기본문제, 제4판, 1994, 337면 이하; 同人, 행정절차의 연구, 中央大學校 法學研究所, 1987, 40면 이하; 金鐵容, "계획확정절차의 도입문제", 행정법연구, 1999 상반기, 제4호, 1면 이하; 金海龍, "계획확정절차에 관한 소고", 現代公法의 諸問題, 如山 韓昌奎博士華甲記念論文集, 1993, 400면 이하; 石琮顯, "서독의 연방행정절차법상의 계획확정절차", 現代公法의 理論(牧村金道昶博士華甲記念論文集), 1982, 412면이하; 同人, "한국과 서독실정법상의 계획확정절차에 관한 연구", 檀國大論文集 제22집, 1998, 163면 이하; 吳峻根, 다중영향시설 설치계획의 확정절차에 관한 법제정비방안, 한국법제연구원, 1997. 12.; 洪準亨·金性洙·金裕煥, 행정절차법제정연구, 법문사, 1996, 41면 이하 등.

9) 그러나 1987년 행정절차법안의 行政計劃의 確定節次와 독일행정절차법 제72조 이하에서 규정하고 있는 計劃確定節次(Planfeststellung)의 異同에 대해서는 법안의 成案過程에서도 논란이 있었다. 金海龍, 전게논문, 402면 이하.

10) 이 제도의 연혁은 W. Blümel, Die Entwicklung des Rechtsinstituts der Planfeststellung, in: Planung, FS für Hoppe, S. 5 f.

11) 金鐵容, "행정절차법의 특색과 내용", 考試界, 1997. 2., 19면.

행연구가 있었고,[12] 그 이후에도 계획확정제도의 도입필요성을 주장하는 견해가 계속해서 제시되어 왔다.[13] 현재 당면하고 있는 문제상황을 지켜보면서, 이러한 계획확정제도의 필요성을 더욱 절감한다.

한편 국가 등 행정주체의 고권적 계획작용의 경우에 대체로 계획형성자에게 광범위한 形成의 自由(Gestaltungsfreiheit)가 보장되어 있기 때문에, 형량명령에 근거하여[14] 형량하자가 있는 경우에 한하여 그 위법성을 판단할 수 있다. 따라서 이러한 계획규범 및 형량명령의 특수성이 간과되어서는 아니 된다. 비록 형량명령에 대한 법적 근거가 명확히 규정되어 있지 않지만, 현재 法治國家的 計劃의 本質에서 도출될 수 있다고 보는 견해가 일반적이다. 그 밖에 대법원은 행정계획에 관한 일련의 판결을 하였음도 주지의 사실이다.[15] 계획변경과 계획유지는 상호 밀접한 관계에 있다. 계획법에 대한 역사가 오래되지 않은 탓에, 계획유지의 문제에 대하여 다소 소홀히 여겨온 것이 사실이다. 이는 절차상 하자에 대하여 비교적 엄격한 태도를 보이고 있는 대법원의 태도와도 무관해 보이지는 않는다.[16]

비교법적인 관점에서 독일은 이 분야에서 상당한 進展을 보이고 있다. 독일의 사례는 우리의 당면문제를 해결하는 데에 어느 정도 도움을 줄 수 있다고 생각한다. 특히 獨逸 建設法典 제215a조는 하자있는 建設基本計劃에 대하여 "補充的 節次(ergänzendes Verfahren)"를 통한

---

12) 金南辰, "계획재량과 형량명령", 月刊考試, 1986. 12., 149면 이하; 同人, 행정법의 기본문제, 제4판, 293면 이하; 徐元宇, "계획재량에 대한 법적통제", 月刊考試, 1981. 8-10; 石琮顯, "행정계획과 계획고권", 考試研究, 1980. 6., 108면 이하; 同人, "계획법상의 공간규제절차", 考試界, 1980. 10., 33면 이하; 同人, "행정계획과 계획재량", 考試研究, 1981. 7., 101면 이하.

13) 金道昶, "행정절차법 제정의 의의와 앞으로의 과제", 法制研究, 통권 제13호(1997), 10면: 李尙圭, "행정절차법의 내용과 문제점", 人權과 正義, 1997. 1., 62면; 同人, "행정절차법의 특색과 내용", 考試研究, 1997. 2., 25면; 洪準亨, "'96 행정절차법시안의 내용과 문제점", 人權과 正義, 1996. 6., 94면 이하 참조; 同人, "행정절차법의 문제점", 考試研究, 1997. 2., 42면.

14) 이러한 관점의 문제점과 형량명령에 대한 법적 근거의 필요성에 대해서는 拙稿, "이익충돌의 문제해결수단으로서 계획법상의 최적화명령", 公法研究 제31집 제5호, 302-303면.

15) 이러한 대법원판례에 대한 비판은 拙稿, 전게논문, 304-305면.

16) 대법원 1990. 1. 23. 선고 87누947 판결; 대법원 1991. 7. 9. 선고 91누971 판결 등.

계획유지에 관한 규정을 두고 있다. 이것은 계획을 실시하기 이전에 이미 충분한 事前節次(청문 내지 공청회)를 거쳤고, 이에 대하여 異議申請이나 不服 등을 할 수 있는 기회를 충분히 제공하였다. 따라서 계획변경을 하기보다는 계획유지를 통해 사회경제적인 비용을 줄이고 공공복리를 증진하는 것이 타당하다는 점에 그 제도적 의의를 두고 있다. 계획유지의 원칙은 이러한 실정법적 규정을 근거로 해서 이미 독일의 건축 및 계획법분야에서 진지한 논의가 있었고, 우리의 당면한 과제를 해결하는 데에도 시사하는 바가 적지 않으리라 생각된다. 천문학적 예산을 들여 시행된 행정계획의 결정과 시행이 너무 쉽게 행정행위의 취소나 철회의 문제로서 처리되는 것은 계획규범의 본질을 간과하고 있는 것이며, 사회경제적인 측면에서도 바람직하지 않다. 이러한 관점에서 독일 연방이미시온방지법 제50조의 최적화명령[17)]은 이익충돌에 대한 좋은 해결책을 던져 줄 수 있다. 同條項은 환경보전의 이익을 어느 정도 적극적으로 고려하면서, 대립·충돌하고 있는 개발이익과의 최적화를 추구할 수 있다는 점에서 시사하는 바가 크다. 따라서 이 문제에 대하여 좀더 진지한 法理論的인 論究를 통하여 環境親和的이면서도 개발이익과 조화를 추구할 수 있는 합리적인 대안의 제시가 절실하다. 이하에서는 이러한 문제의식을 가지고 독일의 건축 및 계획법에서 논의되고 있는 계획유지의 원칙을 상세히 고찰하도록 한다.

---

17) 최적화명령은 헌법차원에서는 비례성원칙에서 도출될 수 있지만, 형량명령에 있어 특히 충돌·대립하는 관련된 법익의 稱量(Gewichtung)을 함에 있어 중요한 역할을 하고 있으며, 하나의 이익을 전면적으로 배제하는 것이 아니라, 대립하는 양이익의 調和點 내지 最適點을 추구한다는 점에서 장점을 가진다. 여기에 대해서는 拙稿, "이익충돌의 문제해결수단으로서 계획법상의 최적화명령", 公法硏究 제31집 제5호, 289면 이하.

Ⅱ. 計劃維持原則의 本質 및 制度的 機能

1. 計劃維持原則의 制度的 本質 및 沿革

계획유지원칙은 법적 하자(흠)를 지닌 법률행위라 할지라도 이를 될 수 있으면 유지하려고 하는 법사상에서 유래한다. 이것은 법률생활의 하나의 전통으로서, 법적 안정성의 측면에서 그 기초를 찾을 수 있다. 계획유지원칙이 건설법전에 도입된 것은 1995년 연방건설교통부장관이 설치한 건설법전 개정위원회의 제안에 의해서였다.[18] 동 위원회의 제안은 독일 건설법전 제214조 및 제215조의 규정에 의해서 不考慮되지 않는, 즉 경미하게 여겨지지 않는 建設基本計劃(Bauleitpläne)의 하자(흠)를 제거하는 데도 기여할 수 있게 되었다. 건설기본계획의 하자들이 補充的 節次를 통해 제거될 수 있는 한, 법률상 당연히 무효가 되어서는 아니 된다는 것이다. 또한 補充的 節次를 통해 이러한 하자가 제거될 때까지는 이 건설기본계획은 아무런 법적 효과를 발할 수 없다는 것이다. 즉, 비록 하자(흠)있는 건설기본계획이라고 할지라도 이를 가능한 한 유지시키려고 하는 同委員會의 제안은 계획유지의 법원칙을 중요한 構造 및 衡量原則(Struktur- und Abwägungsprinzip)으로서 이를 하나의 明白한 原則으로 보려는 全委員의 일치된 인식에 기초하고 있었다.[19] 이와 같이 대체로 다원적인 법률관계를 전제로 하는 계획결정의 경우에는 이러한 계획유지의 원칙을 인정할 제도적 의의는 충분하다. 그러한 점에서 행정계획의 수립 및 시행에 있어서 사전절차로서의 청문이나 공청회의 중요성이 강조되고 있다. 특히 독일의 계획확정절차에

---

18) 同委員會는 위원장에 Otto Schlichter 교수, 부위원장에 Werner Hoppe 변호사, Ulrich Battis 교수, Winfried Dahlke 부국장, Klaus-Peter Dolde 교수 겸 변호사 및 Jost Pietzcker 교수 등 이 분야의 전문가들로 구성되어 있었다.

19) Hoppe, Rechtsgrundsatz der Planerhaltung als Struktur- und Abwägungsprinzip, DVBl. 1996, S. 12 f.

서는 이와 관련하여 異議申請이나 討議期間(Erörterungstermin)[20] 등의 사전절차가 충분히 보장되어 있고, 또한 소정의 기간 내에 이의신청을 하지 않으면 實體的 排除效(materielle Präklusion)가 인정된다고 보는 것이 지배적 견해이다(독일 행정절차법 제73조 제4항 제3문).[21] 따라서 기간을 지체한 이의신청은 행정절차에 있어서 뿐만 아니라 소송절차에서도 완전히 제외된다. 이를 통하여 계획의 신속화·촉진화를 통한 행정의 효율성을 달성할 수 있게 된다. 근년에 들어와서 독일에서는 計劃의 簡素化[22]와 迅速化[23] 등이 강조되고 있다.[24]

2. 計劃維持原則의 必要性 및 思想的 背景

독일에서는 종래 지방자치단체의 건설기본계획이 빈번하게 하자(흠)를 드러냄으로써, 1979년에만도 Köln 市에서는 조례(자치법규) 형식의 건축계획(Bebauungsplan) 가운데 95~97%가 무효였다고 한다. 이러한 문제점을 인식한 독일 연방행정법원은 소위 법원의 "하자(흠)사냥"(Jagd nach Fehlern)을 제한할 필요성을 인식하였다. 同法院은 下級審에 대해 이러한 취지의 경고를 하였음은 물론이고, 建設法典의 입법자에게도

---

20) 이러한 토의기간은 제3자에 대해서 구두변론의 특별한 형식으로서 매우 중요한 역할을 하고 있다. Allesch/Häußler, in: Obermayer, VwVfG, § 73 Rn. 119.

21) Ronellenfitsch, in: Marschall/Schroeter/Kastner, FStrG, § 17 Rn. 89; Dürr, in: Knack (Hrsg.), VwVfG, 7. Aufl., § 73 Rn. 67; Bonk, in: Stelkens/Bonk/Sachs (Hrsg.), VwVfG, 5. Aufl., § 73 Rn. 77; Kopp/Ramsauer, VwVfG, 7. Aufl., § 73 Rn. 80 ff.; vgl. BVerwG, DÖV 1996, S. 608. 따라서 이를 독일의 일부문헌(Ule/Laubinger, Verwaltungsverfahrensrecht, 2. Aufl., 1986, S. 262)을 근거로 形式的 排除效(제외효)라고 소개하고 있는 견해(홍준형·김성수·김유환, 행정절차법제정연구, 44면)도 있으나, 계획확정제도의 본질 및 제도적 기능 그리고 계획의 신속화·효율화의 취지 등에 비추어 實體的 排除效로 보는 것이 타당하며, 또한 독일의 다수설이다. Allesch/Häußler, in: Obermayer, VwVfG, § 73 Rn. 109; Brandt, NVwZ 1997, S. 23.

22) 이와 관련하여 소위 計劃簡素化法(Planungsvereinfachungsgesetz v. 17. 12. 1993, BGBl. I S. 2123)이 제정되어 있다.

23) 이와 관련하여 許可節次促進法(Genehmigungsverfahrensbeschleunigungsgesetz v. 12. 9. 1996, BGBl. I S. 1354)이 제정되어 있다.

24) Hoppe, DVBl. 1996, S. 13. m. w. N.

이른바 건설법전 제214조 및 제215조의 하자치유에 관한 규정을 제정해 줄 것을 요청하였다. 물론 전통적으로 실체법 위주의 대륙법계(특히 독일)에서는 절차법 위주의 영미법계와 달리 절차법상의 하자를 상대적으로 중하게 여기지 않아 왔다. 연방행정절차법 제45조 및 제46조에서는 경미한 절차상 하자의 治癒에 대한 규정을, 同法 제47조에서는 하자(흠)있는 행정행위의 轉換(Umdeutung)을 규정하고 있다.[25] 또한 연방행정절차법 제45조 제2항은 하자의 치유시점을 개정전에는 "사전절차의 종료시 또는 행정소송의 제기시까지"라고 규정하고 있었으나, 許可節次促進法(GenBeschlG: Gesetz zur Beschleunigung von Genehmigungsverfahren)을 통하여 "행정소송절차의 종료시까지" 그 사후추완이 가능하도록 개정되었다.[26] 이와 같이 일반행정절차법은 절차상 하자의 치유·전환에 관한 상세한 규정을 두고 있다. 또한 이러한 행정절차법의 일반규정 이외에 별도로 건설법전 제214조 및 제215조에서는 절차상 하자의 완화에 대한 특별규정을 두고 있는데, 이는 지방자치단체의 건설기본계획이 計劃維持의 法原則에 기초하고 있음을 알 수 있다. 이는 행정계획(특히 건설기본계획)의 특수성을 반영하고 있는 것이다.

計劃維持의 法原則에 대한 고려는 무효도그마(Nichtigkeitsdogma)에서 출발한다. 즉 무효도그마에 의하면 瑕疵있는 規範, 즉 法規範 형식의 計劃(법률, 법규명령 및 조례 등)은 법률상 당연히 무효(ipso iure nichtig)가 된다. 위법한 법규범은 행정행위와 달리 취소가능성을 다툴 수 없고 법률상 당연히 무효가 되고, 따라서 그 무효는 원칙적으로 법원에서 기간의 제한 없이 주장할 수 있다.[27] 이러한 도그마를 문제화하지 않기 위해서 분명히 해야될 것은 비록 기한의 제한 없이 주장할 수 있는 무효라는 법효과를 지닌 무효도그마가 헌법상의 요청이나 헌법원칙은 아니라 할지라도, 이러한 무효도그마에서 헌법상 중대한 내용이

---

25) 물론 최근에는 여기에 대한 반성으로 절차적 민주주의가 강조되고 있다.
26) 이에 대한 상세는 吳峻根, 독일연방행정절차법의 변혁, 한국법제연구원, 1997. 10, 27면 이하.
27) W. Brohm, Öffentliches Baurecht, 1999, § 8 Rn. 13.

발견될 수 있다는 점이다. 이는 근본적인 헌법적 진술을 통해 지지되어진다. 이러한 명령 내지 요청은 독일기본법 제28조 제1항의 法治國家的 要請에 귀착된다. 무효도그마를 둘러싸고 行政의 法律適合性과 法的 安定性이 서로 충돌하는 경우에, 양 법익 내지 헌법원리 사이의 實際的 調和(praktischer Konkordanz)가 고려될 수 있다. 즉 무효도그마를 담고 있는 모든 국가권력의 法的 羈束의 原理와 무효도그마의 제한과 관련된 法的 安定性이라는 법치국가적 요소 사이의 조화가 요구된다고 볼 수 있다.[28]

헌법원리의 관점에서 보더라도, 社會國家原理와 民主主義原理는 계획의 기본권실현적 요소를 제외하고는 이러한 무효의 하자효과(무효도그마)와 상반되고 있음을 알 수 있다. 우선 社會國家原理는 분야별 · 인적, 그리고 시간적 자원의 보호를 포함한 국가작용의 효율성을 헌법적 가치로서 重視하고 있다. 또한 지방자치단체가 도시계획의 형성이라는 헌법적 과제와 토지관련규정을 가능한 한 효과적으로 수행할 수 있다는 것을 확실히 할 것을 요청하고 있다. 한편 民主主義原理는 건설기본계획의 안정성에 대한 고유한 헌법적 관점으로서, 지방자치단체의 중요한 결정은 민주적 정당성을 얻은 기관(예: 지방의회 등)을 통해 규율될 것을 요구하고 있다는 것이다. 이러한 조건하에서 민주적으로 선출된 자치단체기관의 행위능력의 보장은 사실적 · 사회적 영향의 가능성이라는 점에서 민주주의원리의 보장영역에 속한다. 따라서 법적으로 유지할 수 있는 규정을 만드는 것은 평균적인 자치단체대표에 대하여도 실제적으로 가능하여야 한다는 것이다.[29] 이와 같이 사회국가원리나 민주주의원리의 관점에서도 하자 있는 법규범 형식의 계획을 법률상 당연무효로 하기보다는, 이를 가능한 한 유지하는 것이 타당함을 보여주고 있다.

계획유지의 법원칙은 하자있는 법률행위라 할지라도 가능한 한 유지

28) Hoppe, DVBl. 1996, S. 13.
29) Hoppe, a.a.O., S. 18.

되어야 한다는 중요한 법사상이다. 이러한 명백한 원칙에서 법적 하자 있는 계획의 존속을 전부 또는 일부 유지하기 위해서는 법률이나 판례법을 통해 감독관청이나 사법적 통제가 근거하고 있는 실체법적 하자 효과의 규정이 발달하여 왔다고 볼 수 있다. 法維持의 原則(Prinzip der Rechtserhaltung)은 이와 같이 계획유지의 법원칙을 통해서 구체화되었다.30)

Ⅲ. 計劃維持思想의 正當性根據

계획유지에 대한 정당화의 근거는 계획유지에 관한 법규정에 대한 고찰에서 비롯된다. 우선 유효한 계획이 성립하기 위한 중요한 요소에 무엇이 속하는가에 대한 물음에서 그 첫 번째 정당성근거를 도출할 수 있다. 특히 독일 건설법전 제214조는 이러한 사고에 기초하고 있다. 즉 동조 제1항은 절차법적 관점에서 유효한 건설기본계획(Bauleitplan)을 위해 포기할 수 없는 성립요건을 규정하고 있다. 그러나 각 호의 단서 규정에서는 건설기본계획의 절차규정의 위반, 즉 절차 및 형식상 하자는 계획의 유효성(타당성)을 인정하기 위해 고려하고 있지 않음이 규정되어 있다. 또한 동조 제2항은 건설기본계획의 유효를 위해 경미한 내용상 하자를 명시하고 있다. 이와 같이 비교적 포괄적으로 절차상 하자에 대한 완화규정을 두고 있다.31)

두 번째 정당화사유는 一般公衆이 이미 계획확정절차의 참여를 통하여 더 큰 타당성 내지 정당성의 보장을 할 수 있었다는 점에서 찾을 수 있다. 즉 일반공중과 이해관계인의 절차참여는 계획관청에게 결정에 중요한 사실을 포괄적으로 전할 수 있다. 이러한 관점에서 행정절차는

30) Hoppe, a.a.O., S. 13.

31) G. Gaentzsch, Aktuelle Fragen zur Planerhaltung bei Bauleitplänen und Planfeststellungen in der Rechtsprechung des Bundesverwaltungsgerichts, UPR 2001, S. 202.

사전적 권리구제의 기능을 한다고 볼 수 있다. 이는 잠재적인 이해관계인의 協力責任(Mitwirkungslast)을 의미한다. 계획절차에서 충분히 자신의 권리와 이익을 위해 이의신청을 할 수 있음에도 불구하고, 이를 하지 않은 자는 사후에 이의를 제기할 수 없다는 것이다. 연방행정법원은 이미 이러한 관점에서 사안에 접근하였다. 즉 이해관계인이 제시하여야 할 주장을 계획관청에 알릴 수 있었음에도 불구하고 이를 통지하지 않아 계획관청이 일정한 私益을 간과하여 형량과정에 고려하지 않은 경우, 형량과정에 있어서의 하자가 있는지 여부가 문제되었었다. 이 사건에서 연방행정법원은 형량하자가 없다고 판시하였다.[32] 독일의 입법자는 이러한 사고를 이미 독일건설법전 제4조 제3항 제3문에서 명문으로 규정하고 있다. 즉 공익담당자의 입장이나 견해표명이 동법 제1조 제6항에 따라 형량에 고려되어야 하지만, 그 공익담당자가 일정한 기간 내에 이를 주장하지 않아 뒤늦게 제시된 이익이 게마인데(Gemeinde)에게 통지되지 않았거나, 또는 형량의 적법성을 위하여 중요하지 않다면 이는 고려되지 않는다고 규정하고 있다. 독일행정절차법 제73조 제4항 제3문은 "이의신청기간의 경과로 모든 이의신청은 특별한 사법상의 채무명의에 근거하지 않으면 배제된다"라고 규정하고 있다. 이는 계획확정절차의 實體的 排除效(materielle Präklusion)를 규정하고 있다. 입법자는 만약 이행하지 않으면 법적 손해를 가져오는 협력책임을 계획의 이해관계인에게 계획이 성립한 후에도 부과하고 있다. 독일건설법전 제215조에 따르면 게마인데에 대하여 일정한 하자가 소정의 기간 내에 주장되지 않았다면, 그 하자는 고려되지 않는다고 규정하고 있다. 즉 절차상 하자는 1년, 형량의 하자는 7년 이내에 주장하지 않으면 안 된다. 즉 게마인데는 상당한 기간 내에 그 하자를 주장할 지 아니면 자신의 計劃高權에 근거하여 다른 방식으로 사용할 지에 대하여 결정할 수 있다.[33]

---

32) BVerwGE 59, 87/104.
33) G. Gaentzsch, a.a.O., S. 202.

세 번째의 정당성원인은, 계획결정의 결과 또는 원고의 법적 관련성에 대하여 이러한 경미한 하자는 인과관계가 없다는 것이다. 이러한 착안점은 건설기본계획에 대해서는 독일건설법전 제214조 제3항 제2문에서, 그리고 계획확정절차에 기초하는 專門計劃에 대해서는 독일행정절차법 제75조 제1a항 제1문에서 나온다. 즉 형량의 하자가 그 자체로 명백하고, 형량의 결과에 영향을 주는 경우에만 중대하다는 것이다.[34] 그 밖에 계획유지를 인정하는 정당성근거를 損害塡補의 制限에서 찾기도 한다.[35] 이는 필요한 책임의 정도나 한계를 넘어선다는 것에 대해서는 보상을 할 수 없다는 것을 의미한다.

Ⅳ. 計劃維持의 原則에 대한 具體的인 事例

1. 建設基本計劃에 있어서의 補充的 節次

독일 건설법전 제214조 제2항의 경미한 형량하자가 計劃補充(Planergänzung)을 통해 제거되면, 계획유지의 법사상에 따라 건축이 무효가 되지 않아야 된다. 이러한 계획보충은 개별이익이 불충분하게 고려된 하자(흠)를 제거할 수 있다면, 필요한 계획이 확정된 것에 대한 보충을 통해 건축계획을 변경하는 것이다. 따라서 내용 그 자체의 변경은 고려되지 아니한다. 건설법전 개정위원회도 이러한 계획보충이 계획변경으로 오해되어서는 아니 되며, 이러한 계획보충은 보완적인 절차를 통해 단순히 하자를 제거하는 것임을 강조하고 있다. 이와 관련하여 동 위원회는 計劃補充과 補充的 節次를 구별하고 있다. 전자의 경우에 계획이 확정된 것에 대한 보충을 말하는 반면, 후자의 경우에는 계획이 변경되지 않는 것뿐만 아니라 내용상 변경될 수 있는 것도 포함한다. 그러나 호페(W. Hoppe) 辯護士는 節次法上 要請의 一體性과 統一的 基本原

34) G. Gaentzsch, a.a.O.
35) G. Gaentzsch, a.a.O.

則의 관점에서 建築計劃(Bebauungsplan)의 경우에 계획보충과 보충적 절차를 구별하지 않는 것이 바람직하다고 보고 있다.[36)]

同委員會는 계획유지의 원칙의 계속적 발전을 위해 건설법전 제215a조의 도입을 결정하였다.[37)] 그러나 동조는 보충적 절차라는 표제어하에 제안당시의 규정에 약간의 문구수정을 통해 현재는 다음과 같이 규정하고 있다.

(1) 제214조와 제215조에 의해 不考慮되지 않고 補充的 節次를 통해서 제거될 수 있는 조례(자치법규)의 하자(흠)는 무효가 되지 않는다. 補充的 節次를 통해 하자가 제거될 때까지 그 조례(자치법규)는 법률효과를 발생하지 않는다.

(2) 제214조 제1호에서 정하는 규정 또는 기타 州法에 따른 절차 및 형식상 하자의 위반의 경우에 大地利用計劃 또는 조례(자치법규)는 또한 遡及效를 가지고 새로이 발효될 수 있다.

2. 計劃確定節次에 있어서의 補充的 節次

계획확정절차에 대한 통제는 실체적 통제와 형식적 통제로 구분될 수 있다. 실체적 통제에는 計劃正當性, 計劃上 衡量 및 實體的 强行法規(소위 計劃準則) 등이, 형식적 통제에는 사전절차 등 節次上의 規定이 있다.[38)] 이러한 계획절차와 관련하여 절차적 통제가 강조된다.[39)] 이러한 사전절차의 보장은 계획유지의 정당성근거 중의 하나이기도 하다.

---

36) W. Hoppe, DVBl. 1996, S. 19.

37) 당시 제안된 제215a조는 다음과 같이 규정되어 있었다. 즉 (1) 게마인데는 제214조 제1호의 규정의 위반으로 발생하는 하자(흠) 또는 기타 州法에 따른 절차 및 형식상 하자를 제거할 수 있다. 이 경우 게마인데는 大地利用計劃 또는 조례(자치법규)를 그 이후의 절차의 반복을 통해서 새로이 발할 수 있다. 대지이용계획과 조례(자치법규)는 또한 遡及效를 가지고 새로이 발효될 수 있다. (2) 제214조, 제215조에 의해 경미하지 않거나 또는 補充的 節次를 통해서 제거될 수 없는 기타 建設基本計劃의 瑕疵는 무효가 되지 않는다. 補充的 節次를 통한 하자가 제거될 때까지 건설기본계획은 법률효과를 발하지 않는다.

38) 이에 대하여 拙稿, "도로계획과 교통임밋시온", 토지공법연구 제18집, 519-522면.

39) 金南辰, 행정법의 기본문제, 제4판, 340면 이하.

그러나 계획확정절차에서도 절차상 하자규정을 완화하여, 보충적 절차를 통하여 계획상의 절차상 하자를 제거할 수 있다. 이러한 보충적 절차는 주로 瑕疵效果의 制限(Fehlerfolgenbegrenzung)에 귀속시킬 수 있고, 그 목적은 개별적 상황에서의 하자의 중대성의 정도에 따라 적당한 제재를 가함으로써 그 法律行爲의 存續力(Bestandskraft)을 강화시키는 데에 있다. 계획보충은 계획간소화법의 제정과 더불어 개정 행정절차법 제75조 제1a항에 도입되었다. 즉 "사업계획안에 관련된 공·사익의 衡量時의 瑕疵는 그것이 明白하고 형량의 결과에 영향을 미쳤다면 重大하다. 형량시 중대한 하자는 計劃補充이나 또는 補充的 節次를 통해 제거되지 않는 경우에만 계획확정결정이나 계획허가가 取消된다"라고 규정하고 있다. 그 밖에 각 개별전문법에서도 이를 규정하고 있다.[40] 특히 연방원거리도로법 제17조 제6c항 제2문에서는 절차 및 형식규정의 위반은 계획보충이나 또는 보충적 절차를 통해서 제거될 수 없는 경우에 계획확정결정이 취소된다고 규정하여, 이러한 계획유지의 법사상이 뚜렷하게 투영되어 있음을 알 수 있다.

계획확정절차상의 計劃補充(Planergänzung)은 "判例의 創造物"[41]이라고 보고 있다. 연방행정법원은 1978년 프랑크푸르트(Frankfurt)공항의 "서편 이륙활주로"에 대한 계획확정결정에 있어서, 계획확정관청이 정원확대에 수반하는 소음에 대하여 修正負擔의 성격을 가지는 保護措置 내지 騷音防止負擔(Lärmschutzauflage) 등을 통해 충분히 이익조정을 하지 않았었다. 同法院은 이를 심사하면서 計劃補充이라는 새로운 법제도를 발전시켰다. 연방행정법원은 이 사건에서 "계획확정결정에 있어서 (소음)방지부담의 명령을 하지 않은 것은 계획의 전체적 구상이 본질적인 부분과 관련이 없고 계획과 관련된 이해관계의 그물망이 장

40) 예컨대 항공교통법 제10조 제8항 제2문(§ 10 Abs. 8 S. 2 Luftverkehrsgesetz), 연방수도로법 제19조 제4항 제2문(§ 19 Abs. 4 S. 2 Bundeswasserstraßengesetz) 등이 그러하다.

41) P. Henke, Das ergänzende Verfahren im Planfeststellungsrecht, UPR 1999, S. 51.

차 다른 이익을 해치지 않고 事後追完될 수 있다면, 계획확정결정의 객관적 위법성에 상응하는 것은 관계인의 계획취소청구권이 아니라, 계획보충청구권뿐이다"라고 판시하였다.[42] 이 판결은 그 이후 계획보충과 관련된 다른 판례에도 영향을 미치고 있다. 이 판결 이전에는 필요한 소음방지시설에 대한 명령이 없는 경우에 법원이 그 계획확정결정이 위법하다고 보았을 뿐이다. 나아가 원고에게 자신의 소원의 범위 내에서 계획확정의 취소청구권이 인정되었고, 그 대신 보호조치를 통한 계획확정의 보충을 요구하는 義務履行訴訟을 제기할 수 있었다.[43] 그러나 프랑크푸르트공항 판결 이후에 원고는 원칙적으로 필요한 계획보충을 할 때까지 원칙적으로 계획확정결정의 위법성확인과 집행불가능성만 요구할 수 있게 되었다.[44] 이와 같이 계획보충은 주로 交通路法(Verkehrswegerecht)의 분야에서 발달하였다. 즉 제3자의 보호나 일반공중의 이익의 보호를 위하여 추가적으로 필요한 보호조치를 통하여 계획의 취소나 폐지 대신 계획의 확정에 대한 보충이 가능하다. 이러한 계획보충은 행정행위로서의 성질을 가지며, 원래의 계획결정에 대한 변경내용을 담고 있다.[45]

한편, 補充的 節次(ergänzendes Verfahren)는 주로 중대한 형량하자의 경우에 독일 行政節次法 제75조 제1a항 제1문 및 專門法上의 이에 상응하는 規定(예: 연방원거리도로법 제17조 제6c항 제1문)을 통하여 그 하자를 치유할 수 있다. 이러한 보충적 절차는 원래의 계획결정을 변경하는 것을 포함한다. 한편 보충적 절차는 계획보충과 달리 聯邦參議院(Bundesrat)에서 기원하고 있다. 즉 연방참의원은 연방정부의 計劃簡素化法의 법률초안에 대한 의견표명에서, 계획보충에 대한 판례를 입법화하는 것에 동의하지 않고 그 대신 보충적 절차의 도입을 추천하였다.

42) BVerwGE 56, 110.
43) BVerwGE 48, 56/70; BVerwG, Urt. v. 21. 05. 1976 —4C 80.74—.
44) H. Sendler, Plan-und Normerhaltung vor Gericht, in: FS für Hoppe, S. 1015.
45) Jarass, Aktuelle Probleme des Planfeststellungsrechts, DVBl. 1997, S. 801.

이 제안은 연방정부뿐만 아니라, 연방하원의 교통위원회도 전폭적인 동의를 하였고, 보충적 절차에 대한 법률규정은 그 밖의 특별한 논쟁 없이 입법화가 되어 1993. 12. 24. 計劃簡素化法과 더불어 발효되었다. 이러한 새로운 법제도의 도입에 깔려 있는 기본사상은 계획결정에 대하여 존속력을 강화하는 것을 돕는데 있었다. 다수의 다른 법률에서 입증된 바 있는 이러한 생각은 "計劃維持의 原則"이라는 표제어 하에 "解釋學의 入口"를 발견할 수 있게 되었다. 이 개념은 1994년에 前 聯邦行政法院長이었던 젠들러(Horst Sendler) 教授에 의해서 처음 사용되어 졌고,[46] 호페(Werner Hoppe) 교수에 의해 상세히 연구되어졌다.[47] 그러나 계획보충과 보충적 절차는 공히 법원에 의한 계획결정의 폐지를 제한하는 성격을 가진다. 즉 양자는 형식 및 절차상 하자의 경우에 이러한 규정이 존재하면, 법원은 계획확정결정을 폐지할 수 없고 위법을 선언할 수 있을 뿐이다. 따라서 계획보충이나 보충적 절차를 시행할 지 또는 완전히 새로운 행정계획절차를 실행할 지 여부는 전적으로 계획관청에 남아 있다고 볼 수 있다.[48]

V. 計劃維持의 法源則에 대한 批判 및 評價

계획유지의 규정은 1976년 聯邦建設法(Bundesbaugesetz)의 제1차 개정으로 도입되어, 그 이후 계속적인 발전을 거듭하고 있다.[49] 초창기에는 각 행정법원 및 상급행정법원의 지나친 계획무효화 판결에 대하여 이러한 규정을 부여하는 것은 종종 법체계에 위배된다는 비판을 받기도 하였다. 특히 바틀스페르거(R. Bartlsperger) 教授는 계획유지의

46) Sendler, in: Kormann (Hrsg.), Aktuelle Fragen der Planfeststellung, 1994, S. 28 ff.
47) Hoppe, Erste Überlegungen zu einem „Grundsatz der Planerhaltung", in: FS Schlichter (1995), S. 87 ff.
48) Jarass, a.a.O., S. 800 f.
49) G. Gaentzsch, a.a.O., S. 202.

원칙이 행정의 법률적합성의 원칙에 위배되는 것은 아닌가 하는 의문을 강하게 제기하였다.[50] 한편 이러한 경미한 하자의 치유에 관한 규정은 "節次를 통한 正當化" 내지 "節次를 통한 基本權保護"의 관점에서도 신랄하게 비판되었다.[51] 로넬렌피치(Michael Ronellenfitsch) 敎授는 이러한 맥락에서 "節次를 통한 基本權保護"가 수십 년 동안 강조되어 왔고, 행정에 대한 行政裁判性이 교육적 임무를 감지한 이후에, 하자의 치유에 관한 규정은 "파라다임의 轉換(Paradigmenwechsel)"을 의미한다고 보았다.[52] 批判家들은 무엇보다 "시민권의 해체"라는 점을 지적하면서, 이를 신랄하게 비판하였다.[53] 그러나 계획은 전통적인 행정법영역에 속하는 경찰행정법과 같이 一次元的인 法律關係가 아니다. 계획결정과 같은 복잡한 행정결정은 다원적인 법률관계를 형성하고 있다. 특히 행정계획과 환경문제에 있어서는 전형적인 三角關係가 형성된다. 즉 國家(計劃官廳), 事業施行者(事業許可申請權者), 그리고 제3자(近隣者) 사이에 다원적인 법률관계가 형성된다. 여기에서는 계획허가의 주체로서의 국가와 환경문제를 야기하는 허가신청권자로서의 사업시행자의 행동의 자유(건축의 자유) 그리고 제3자의 환경침해로부터의 재산권이나 자유의 보호 등이 문제된다. 특히 독일 지방자치단체의 建築計劃(Bebauungsplan)은 기본법 제14조 제1항 제2문의 內容制限規定(Inhalts- und Schranken-bestimmungen)으로서, 사용권과 관련된 토지소유권을 새로이 형성할 수 있다. 한편 연방행정법원은 건축계획의 재산권 분산적 효력이라고 표현하고 있다. 前 聯邦行政法院長이었던 갠츠쉬(Günter Gaentzsch)는 행정계획과 같이 고도의 복잡한 행정결정의 경우에, 모든 하자가 계획의 효력에 영향을 미치는 것은 아니라고 보고 있다. 또한 이를 일정한 기준에 따라 구별하는 것이 법체계에 위배되지 않고, 오히려 법체계에

50) Bartlsperger, Planungsrechtliche Optimierungsgebote, DVBl. 1996, S. 1 ff.
51) 여기에 대해서는 M. Ronellenfitsch, Rechtsfolgen fehlerhafter Planung, NVwZ 1999, S. 583 ff.
52) Ronellenfitsch, a.a.O., S. 587.
53) Berkemann, DVBl. 1998, S. 446 ff.

적합하며 요청되는 것이라고 주장하고 있다.[54] 행정결정의 경우에 고려되어야 할 모든 법규범이 결정의 실체적 타당성의 보장에 대하여 동일한 의미를 가지는 것은 아니며, 입법자는 계획관계자의 권리보장에 대하여 동일한 의미를 갖지 않고 계획의 수립시에 일정한 규칙을 준수하였는지에 대해서만 관심을 가진다고 보고 있다. 왜냐하면 입법자는 단지 시민에게 행정결정에 대한 절차참여를 활성화시킴으로써 사안결정의 수용을 촉진할 뿐이기 때문이다. 나아가 행정규범은 일반 행정재량과 달리 계획행정청에게 부여된 형성적 자유를 통하여 실현되고, 이는 개인의 권리보호에 국한되기보다는 더 중요한 공공의 이익이나 공적 과제의 실현을 위하여 목표를 설정하는 특징을 가지고 있다. 목적프로그램, 즉 目的・手段의 定式으로 이루어져 있다. 따라서 행정계획의 위법성에 대한 사법심사는 衡量瑕疵論을 통하여 그 형량상 하자가 있는 경우에 제한되어야 한다.[55] 이것은 행정계획의 결정에 대한 사법심사를 단순히 영업허가나 건축허가의 취소・철회의 문제로 해결되어서는 안된다는 것을 보여주고 있다.

Ⅵ. 計劃補充 내지 補充的 節次의 許容要件 및 그 限界

독일에서는 계획보충 내지 보충적 절차의 허용여부와 관련하여 그 한계를 설정하여야 한다는 것이 학설 및 판례의 일치된 의견이었다. 이와 관련하여 독일 연방행정법원은 계획 전체를 처음부터 문제로 삼을 정도의 그러한 종류나 정도의 하자의 경우에는 보충적 절차가 고려되지 아니한다고 보았다.[56] 이러한 취지에서 학설도 대체로 "계획의 전체적 구상"이나 "형량의 기본골격"과 관련되는 경우에는 이러한 보충적 절차가 허용되지 아니한다고 보고 있다.[57] 따라서 계획보충 내지 보충

54) G. Gaentzsch, a.a.O., S. 202.
55) 反對見解: Ronellenfitsch, a.a.O., S. 590.
56) BVerwGE 100, 370/373.

적 절차는 계획결정의 본질적인 내용의 변경을 가져와서, 확정된 사업계획안(Vorhaben)과 다른 것이라고 일컬어져서는 아니 된다. 이러한 경우에는 새로운 계획확정절차가 실행되어져야 한다. 예를 들어 완전히 새로운 노선지정과 같은 것이 그러하다.[58] 이는 계획결정의 統一性의 要請(Gebot der Einheitlichkeit)이라고 볼 수 있다. 계획형량은 미래지향적 목표설정과 이에 관련된 이익충돌에 대한 조정의 과정이다. 따라서 이러한 형량을 통해 계획결정을 둘러싼 복잡한 이익충돌을 해결해 줄 수 있다. 계획을 통해서 야기된 모든 문제들은 이러한 단일적이고 통일적인 결정을 통해 극복되어야 한다는 점에서 이러한 통일성의 요청과 일맥상통한다고 볼 수 있다.

Ⅶ. 맺음말

지금까지 계획유지의 법원칙에 대한 이론적 논의를 고찰하여 보았다. 현대사회는 복잡다양한 이익이 서로 충돌하는 다원적 법률관계가 중심을 이루고 있다. 이러한 이익충돌의 경우, 일정한 이익에 절대적 우위를 두기는 쉽지 않다. 그러한 의미에서 이익충돌의 조정수단으로서 환경법익을 보다 적극적으로 고려할 수 있는 最適化命令 등도 이러한 문제에 대하여 그 해결의 실마리를 제공해 줄 수 있다고 생각한다. 비용편익분석이나 이익형량의 원칙은 하나의 이익을 다른 이익에 대하여 절대적 우위에 둠으로써, 다른 이익이 전면적으로 배제되는 愚를 범할 수 있다. 따라서 당면한 새만금간척사업의 경우와 같이, 대형국책사업을 마치 영업허가의 취소·철회의 경우처럼 다루는 것은 사회경제적 관점에서 바람직하지 않다고 생각한다. 독일의 경우에는 이러한 대형프로젝트사업은 전문계획으로서의 성격을 가지며, 대체로 독일 행정절차법이나 개별전문법에 규정된 계획확정절차를 통해 충분한 사전절차(이

57) Henke, a.a.O., S. 54. m. w. N.
58) Jarass, a.a.O., S. 802.

해관계인의 이의신청이나 토의기간 등)를 거치고 있으며, 만약 이러한 기간 내에 이의신청을 제기하지 않으면 實體的 排除效가 적용되어, 행정절차뿐만 아니라 사법절차에서도 더 이상 다툴 수 없게 된다. 이것은 계획유지의 법사상에 대한 하나의 정당성을 부여해 주고 있음은 물론, 법적 안정성에도 기여할 수 있음은 이미 위에서 살펴보았다. 또한 계획확정결정이 나면 여기에는 集中效・許可效・形成效 등 특별한 법적 효과를 가져다주며, 이를 통하여 절차의 신속화・효율화 등을 기할 수 있는 장점을 가질 수 있다. 많은 이해관계가 실타래처럼 얽혀 있는 고권적 계획작용은 대체로 장기간의 시간이 소요될 뿐만 아니라, 천문학적인 예산을 필요로 한다. 따라서 계획의 수립 및 시행절차에 있어 관련되는 공・사익에 대한 정당한 형량이 이루어져야 하고, 또한 이해관계인에게 보장된 사전절차를 통하여 그들의 의견이 적절하게 반영되는 것이 결과적으로는 사회경제적 이익에 부합하는 길이라고 생각한다. 대체로 국가계획의 경우에 그 출발점은 정치적 판단에서 비롯한다. 이러한 정치적 판단은 통상적으로 국가유도계획 내지 정치계획의 형식으로 표출된다. 그러나 이러한 정치계획은 미래예견적이며 일정한 방향을 제시하는 정책적 결정으로서 이를 위해서는 여러 가지 구체적인 사업시행계획이 필요하다. 이러한 단계적인 계획의 절차 등이 입법적으로 보다 정비되어, 대형국책사업의 시행과 그 완공을 눈앞에 두고서 소모적 논쟁으로 흘러가는 것을 차단해야 할 것이다. 이와 같이 대부분의 국책사업은 정치적 고려에서 출발하지만, 장차 이러한 문제들이 계속해서 법적 분쟁을 야기할 가능성이 높다. 따라서 이러한 문제들을 풀기 위해서는 우선 입법적으로 보다 보완・정비된 행정계획에 대한 법제도가 요구된다. 특히 독일의 경우에는 학설상 신랄한 비판이 있었음에도 불구하고, 계획유지에 대한 문제를 입법적으로 해결하였음은 주목할 만한 사실이다. 그러나 이에 상응하는 규정이 없는 우리의 경우에 이러한 계획유지의 원칙을 어떻게 정립해 나갈 수 있을 지는 여전히 어려운 과제로 남아 있다. 한편 현행법에는 기본적으로 계획 및 건축법분야에 있어서 가장 주춧돌이 되는 형량명령에 대한 법적 규정도 찾기가 쉽지 않다. 이것은 법치국가적 관점에서 — 특히 소송법적 측면에서 — 제3자의 권리구제가 미흡하다는 것을 의미한다. 즉 제3자(隣人)의 주관적 공권을 인정할 구체적인 법적 근거가 없다. 이와 같이 행정계획의 사전절차의 보장은 이해관계인의 권리구제를 위해서도 중요하지만, 이후 그 계획의 존속에 대한 신뢰보호 등도 법적 안정성을 위해서 대단히 중요하다. 행정계획을 둘러싼 이익충돌의 문제는 대체로 계획수범자의 계획의 실행·존속에 대한 신뢰보호, 개발을 통한 경제적 가치창출과 환경보전이익의 대립·충돌에 관한 것들이다. 이러한 대립·충돌하고 있는 법익들은 어느 하나도 포기할 수 없는 것들이다. 따라서 이익조정의 최적화를 통해 합리적 대안을 찾는 노력이 절실히 필요하다.

第 12 章

行政契約의 懸案과 爭點

Ⅰ. 序　　說

최근 대법원 판례 중에는 행정행위와 공법계약의 구분이 쟁점이 되는 사건이 주목을 끌고 있다. 대법원은 정보화지원사업의 참여제한처분에 관한 무효확인소송에서, 협약의 해지 및 그에 따른 환수통보가 행정처분에 해당하지 아니한다고 판시하고 있다.[1] 이 사건에서 중소기업기술정보진흥원장은 A주식회사와 중소기업 정보화지원사업 지원대상인 사업의 지원에 관한 협약을 체결하였는데, 협약이 A회사에 책임이 있는 사업실패로 해지 되었다는 이유로 협약에서 정한 대로 지급받은 정부지원금을 반환할 것을 통보하였다. 이 사건의 원심은 환수통보가 항고소송의 대상이 되는 처분에 해당한다고 판단하였으나, 상고심은 환수통보가 행정처분으로 판단한 원심에 대해 파기자판을 하였다. 이러한 대법원 판례의 입장은 2단계 두뇌한국(BK)21 사업처분의 취소를 다투는 사건[2]에서도 그대로 유지되고 있다. 즉 재단법인인 한국연구재단은 B대학교 총장에게 연구개발비의 부당집행을 이유로 '해양생물유래 고부가식품 · 향장 · 한약 기초소재개발 인력양성사업에 대한 2단계 두뇌

1) 대법원 2015. 8. 27. 선고 2015두41449 판결.
2) 대법원 2014. 12. 11. 선고 2012두28704 판결.

한국(BK)21 사업' 협약을 해지하고 해당 연구팀장 甲에 대한 국가연구개발사업의 3년간 참여제한 등을 명하는 통보를 하였다. 또한 한국연구재단은 B대학교 총장에게 협약을 해지하면서 甲에 대한 대학자체의 징계 요구를 통보하였다. 이에 甲이 협약 해지통보의 취소를 다투는 소송을 제기한 것이다. 이 사건에서 대법원은 연구팀장 甲에 대한 대학자체의 징계요구는 법률상 구속력이 없는 '권유' 또는 사실상의 '통지'에 해당하므로 항고소송의 대상이 행정처분에 해당하지 않는다고 판시하였다. 다만, 대법원은 다른 사건에서 입주계약해지의 통보에 대해 행정처분으로 인정한 사례도 있다.[3] 즉 산업집적활성화 및 공장설립에 관한 법률에 다른 입주계약의 해지는 행정청이 관리권자로부터 관리업무를 위탁받은 피고(한국산업단지공단)가 우월적 지위에서 원고에게 일정한 법률적 효과를 발생하게 하는 것으로 행정처분에 해당한다고 보고 있다. 이와 같이 협약해지의 '통보'에 대해서도 견해가 다른 판례가 나오고 있어 논란이 되고 있다. 그 밖에 대법원은 한국환경산업기술원장이 협약을 체결한 C주식회사 등에게 한 연구개발 중단조치와 연구비 집행중지 조치는 행정처분에 해당한다는 판시하였다.[4]

한편, 대법원은 서울특별시가 강원도 양양군수를 피고로 하여 건축협의 취소처분의 취소를 구하는 사건에서, 구 건축법 제29조 제1항에서 정한 '건축협의'의 취소가 행정처분에 해당한다는 판시하고 있다.[5] 또한 지방자치단체인 서울특별시가 항고소송의 원고가 될 수 있음을 인정하고 있다. 지방자치단체의 원고적격에 관하여 학설상 견해가 대립하고 있다. 지방자치단체의 기관은 법인격이 없고 독일 행정법원법 제63조 제2호와 같은 명문의 규정이 없는 한, 당사자능력이나 원고적격을 인정할 수 없다.[6] 더구나 이 사건은 위법한 감독처분을 다투거나 자치권 침

---

3) 대법원 2011. 6. 30. 선고 2010두23859 판결. 다만, 원심은 이 사건 입주계약에 대하여 공법상의 계약으로 판단하였다(서울고등법원 2010. 9. 28. 선고 2009누32439 판결).
4) 대법원 2015. 12. 24. 선고 2015두264 판결.
5) 대법원 2014. 2. 27. 선고 2012두22980 판결.
6) 졸고, "항고소송에 있어서 국가기관의 원고적격", 저스티스 제10호(2014. 2), 358-359

해의 문제가 아니다. 또한 이 사건에서 원고적격의 문제보다는 건축협의의 취소가 행정처분에 해당하는지가 보다 중요하다. 독일에서도 기관 사이의 분쟁에 있어서 소송형식을 두고 견해의 대립이 있다. 특히 지방자치법상 기관 사이의 소송에 있어서 취소소송이나 의무이행소송이 인정되지 않는 이유는 원고적격의 문제보다 대상적격의 문제 때문이다.[7] 이 사건에서 건축협의의 취소를 행정처분으로 보고, 지방자치단체의 원고적격에 대해서는 충분한 논거를 제시하지 않은 판례의 입장에 대해서는 의문이다.

이와 같은 상황에서 쟁송법상 처분 개념을 어느 범위까지 확대할 것인지에 대해 의문이 든다. 공법상 계약의 영역까지 확대하여 소위 행정처분의 용량을 무제한 확대하여 항고소송 위주로 운영하는 것이 적정한지에 대해서는 재고의 여지가 있다. 또한 쟁송법상 처분개념을 확정하는 것이 선행될 필요가 있는데, 대법원 판례는 아직 쟁송법상 처분의 개념적 징표를 명확히 설시하고 있지 않다. 이러한 개념적 징표를 논구하지 않은 상태에서 그 카테고리를 확대하는 것은 행정작용의 체계과 도그마틱의 발전에 장애가 될 수 있다. 따라서 행정계약과 행정처분(행정행위)의 구분에 관한 문제를 논하기 전에 행정계약과 당사자소송의 활성화를 위해 행정계약의 본질과 특성에 관해 상세한 고찰이 요망된다.

Ⅱ. 行政契約의 特性

1. 行政契約의 機能

오늘날 행정계약의 형식은 歐洲의 국가에서도 매우 보편적으로 사용되고 있다. 프랑스에서는 행정행위로 볼 수 있는 공기업특허나 공물사용특허 등에 대해서도 행정계약(contrat administratif)으로 파악하고 있

면 참조.

7) 이에 대해서는 졸고, 전게논문, 345-346면 참조.

고, 공·사법의 구별이 없는 英美에서도 표준조항(standard terms and conditions)을 통해 정부계약(government contract)의 형식이 활발하게 사용되고 있다.[8] 독일에서는 오랫동안 논란이 있었다. 오토 마이어(Otto Mayer)는 계약은 사법의 영역이고, 공법의 영역에서 대등한 당사자를 전제로 하는 국가의 계약은 불가하다고 보았다.[9] 즉 "국가는 계약하지 않는다(Der Staat paktiert nicht)"라는 사고가 지배하였다. 이러한 오토 마이어의 사상은 오랫동안 독일 행정법에 영향을 주었으나, 19세기부터 뢰닝(Loening), 슈텡엘(Stengel) 등을 비롯한 일부 학자들뿐만 아니라 실무에서도 그 필요성이 인정되었다. 그 후 1976년 행정절차법에 비로소 행정계약을 명문으로 규정하게 되었다.[10] 그러나 이미 1966년 행정절차법 초안에 계약규정이 포함되어 있었고, 연방행정법원도 행정계약의 필요성을 적극적으로 인정하고 있었다.[11] 행정계약의 허용성 여부에 대해서는 독일의 학계에서도 상당한 논란이 있었다. 이에 대해 여전히 부정적인 견해도 있으나,[12] 그 허용성 문제는 입법자에 의해 종결되었다고 평가하는 견해가 유력하다.[13] 오늘날 독일에서는 사회급부나 공과금, 도시계획 등의 분야에서 행정계약이 많이 활용되고 있다.[14] 나아가 대량행정(Massenverwaltung)에도 공법계약이 사용되고

---

8) 김도창, 일반행정법론(상), 제4전정판, 513면; 이상규, 신행정법론(상), 신판, 470-471면 등 참조.

9) Otto Mayer, Zur Lehre vom öffentlichen Vertrage, AöR, Bd. 3 (1888), S. 3 (42); Bauer, in: Hoffmann-Riem/Schmidt-Aßmann/Voßkuhle (Hrsg.), Grundlagen des Verwaltungsrechts, Bd. II, § 36 Rn. 1, m.w.N.

10) 독일 행정계약의 연혁과 발전에 대해서는 H. Maurer, Allgemeines Verwaltungsrecht, 18. Aufl., § 14 Rn. 21.

11) BVerwGE 23, 213; Maurer, a.a.O., § 14 Rn. 22 f.

12) 이에 대한 상세는 Bleckmann, Verfassungsrechtliche Probleme des Verwaltungsvertrages, NVwZ 1990, S. 604 ff. 참조. 여기에서 Bleckmann 교수는 공법계약을 반대하는 논거로서 제3자의 기본권 침해나 계약당사자인 사인의 기본권 침해 등 법치국가적 보장이 침해받고, 공익실현이 위태롭게 될 수 있으며, 나아가 평등원칙이 침해될 수 있다는 점을 제시하고 있다.

13) Battis, Allgemeines Verwaltungsrecht, 3. Aufl., S. 211.

14) K. Hoffmann, Städtebauliche Verträge und Vergaberecht, LKV 2008, S. 487 ff.; M. Burgi, Der Verwaltungsvertrag im Vergaberecht, NZBau 2002, S. 57 ff.

있다. 즉 사회보장행정에서 일자리를 구하는 사람들을 위해 미리 취업능력이 있는 원호대상자와 필요한 급부(이행)의 편입에 대해 협약해야 하는 것을 정하는 경우가 있다. 이러한 계약을 소위 편입계약(Eingliederungsvereinbarung)이라고 한다.[15] 그럼에도 불구하고 행정법학에서 행정행위가 주된 지위를 차지하고 있고, 행정계약은 실무에 있어서 그림자와 같은 존재(Schattendasein)로 보고 있다.[16]

근래에 행정법학의 구조변화와 더불어 행정계약은 점차 중요한 행정작용의 하나로 인식되고 있다. 또한 행정계약은 행정행위가 파악하는 영역에 제한되지 아니하고 이를 넘어서 확대되는 추세이다.[17] 이러한 행정계약은 입법적 흠결의 경우에도 활용가능성이 있어 행정의 탄력성이나 효율성에 크게 기여할 수 있다고 보는 것이 일반적이다.[18] 오늘날 협력적 행정이 강조되고 있으며, 행정계약은 합의적 도구로서 중요한 의미를 가진다.[19] 그러한 의미에서 행정계약은 협력적 행정에 있어서 중요한 '법형식'의 하나로 이해되고 있다.[20] 예컨대 공사협력 내지 민관협력(PPP)의 분야에서 대부분 계약의 형식으로 이루어지고 있는 것도 그러한 이유에서 연유한다.[21]

2. 行政契約의 類型

우리나라 행정절차법에는 행정계약을 규정하고 있지 않아, 행정계약의 유형에 관한 논의가 충분히 전개되고 있지 않다. 이에 반해 독일 행

15) Bauer, in: Hoffmann-Riem/Schmidt-Aßmann/Voßkuhle (Hrsg.), a.a.O., Bd. II, § 36 Rn. 37.
16) Battis, a.a.O., S. 211.
17) Maurer, a.a.O., § 14 Rn. 1.
18) 박균성, 신행정법론(상), 제15판, 480면.
19) Schmidt-Aßmann, Das allgemeine Verwaltungsrecht als Ordnungsidee, 2. Aufl., 2006, S. 341.
20) Schmidt-Aßmann, a.a.O., S. 342.
21) Bauer, in: Hoffmann-Riem/Schmidt-Aßmann/Voßkuhle, a.a.O., Bd. II, § 36 Rn. 42; 김해룡, "행정계약의 법리와 그 활용을 위한 법제개선 연구", 토지공법연구 제48집 (2010. 2), 429면 이하 등.

정절차법 제54조 이하에서는 공법상 계약에 관한 명문의 규정을 두고 있다. 엄밀히 말하자면 행정계약은 개념상 공법상 계약과 구별된다. 국제법상 계약이나 헌법상 계약도 공법상 계약에 포함될 수 있다. 행정계약은 공법적 성격뿐만 아니라 사법적 성격을 모두 가진다.[22]

독일의 입법례를 중심으로 행정계약의 유형을 고찰하면 다음과 같다. 우선 행정계약을 체결하는 당사자의 관계를 기준으로 대등계약(Koordinationsrechtliche Verträge)과 종속계약(Subordinationsrechtliche Verträge)으로 구분된다. 대등계약은 원칙적으로 동등한 계약당사자 사이에 체결되는 계약이며, 종속계약은 주종관계에 있는 당사자 사이의 계약이다. 전자에는 지방자치단체(Gemeinde) 사이의 구역 변경에 관한 계약이 속한다.[23] 후자에 속하는 대표적 사례는 독일 건설법전 제11조의 도시계획계약(städtebauliche Verträge)이다. 또한 개발계약(Erschließungsverträge)이나 수용 및 손실보상의 협의에 관한 보상계약(Entschädigungsverträge) 등 독일 건설법전에는 계약에 관한 규정이 적지 않다(독일 건설법전 제124조, 제110조). 나아가 경찰청과 경찰의무자 사이에 경찰의무의 이행에 관한 계약도 종속계약에 속한다.

민사법에서 인정되는 것으로 규율대상에 따라 의무이행계약(Verpflichtungsverträge)과 처분계약(Verfügungsverträge)으로 구분된다. 의무이행계약은 특정한 이행에 관하여 합의하는 것인 반면, 처분계약은 계약상의 이행을 하면서도 법률이나 기타 근거에 따른 의무이행을 하고 직접적인 권리변경을 수반하는 것이다.[24]

한편, 독일 행정절차법에는 특별한 유형으로 화해계약(Vergleichsverträge)과 교환계약(Austauschverträge)을 규정하고 있다(독일 행정절차법 제55조 및 제56조). 전자는 사안이나 법상태를 합리적으로 판단할 경우 현존하는 불확실성을 양보를 통해 제거하는 계약이고, 후자는 반

22) Schmidt-Aßmann, a.a.O., S. 342.
23) 이에 대한 상세는 Maurer, a.a.O., § 14 Rn. 12.
24) Maurer, a.a.O., § 14 Rn. 14.

대급부의 의무이행을 내용으로 하는 계약이다.[25] 그 밖에 "행정계약에는 定員(numerus clausus)이 없다"[26]는 표현처럼 점차 새로운 유형의 계약이 등장하고 있다. 근래에는 협력계약(Kooperationsvertrag)이 강조되고 있고, 이를 행정절차법에 도입하려는 시도가 있는 것이 사실이다. 이러한 협력계약은 행정과 사기업이 공적 과제의 수행을 위해 협력하는 것을 내용으로 하며, 이러한 협력계약은 기능적 민영화에 주로 사용되고 있다.[27] 나아가 도시계획계약이나 주택건설과 관련된 계약 등도 협력계약으로 보고 있다.[28]

3. 行政契約의 限界

독일의 연방 및 주(란트) 행정절차법에 공법상 계약이 도입될 때까지 그 합헌성 여부는 독일 학계에서 치열하게 다투어진 바 있다.[29] 행정계약의 한계 내지 문제점으로는 행정의 법률적합성 원칙을 들 수 있다. 행정행위의 공백을 메워주거나 근거가 없는 경우에 행정목적을 달성할 수 있는 등 행정의 탄력성과 효율성을 도모하는 것은 행정계약의 장점으로 볼 수 있으나, 법적 근거나 불명확성 등은 법치국가원리의 관점에서 한계를 보여 주고 있다. 공법상 계약으로 행정행위를 갈음할 수 있는지가 다투어지고 있다. 독일에서는 대등계약이 행정행위에 의해 대체될 수 없다고 보고 있다.[30] 이와 관련하여 국내학설 중에는 협의에 의한 행정이 타당하지 않고 공권력적으로 규율되어야 할 영역에서는 법적 근거가 없는 한 부정적으로 해석하는 견해가 유력하다.[31] 예컨대 조

25) Maurer, a.a.O., § 14 Rn. 15 ff.
26) Maurer, a.a.O., § 14 Rn. 15.
27) 이에 대해서는 Maurer, a.a.O., § 14 Rn. 17a.
28) Battis, a.a.O., S. 211.
29) Bleckmann, a.a.O., S. 601 ff. 한편, 독일 행정절차법 제59조의 위헌성 논쟁에 관한 상세한 소개는 정하중, "법치행정의 원리와 공법상 계약", 서강법학 제11권 1호(2009. 6), 191면 이하 참조.
30) Maurer, a.a.O., § 14 Rn. 12.
31) 박균성, 전게서(상), 481면.

세법의 경우에는 법률적합성의 원칙(조세법률주의)이나 평등원칙 등이 엄격히 적용되어야 할 것이다.[32] 이 견해는 기속행위의 경우에는 공법상 계약이 인정될 여지가 적고, 재량권의 범위 내에서 가능하다고 보고 있다.[33] 소위 우위의 원칙(Vorrangprinzip)에 따라 행정은 적법성 원칙에 기속되고 법률에서 확정된 활동여지를 계약상의 합의를 통해 확대해서는 아니 된다.[34]

Ⅲ. 公法上 契約과 行政行爲의 區分

1. 問題의 所在

근래에 공법상 계약과 행정처분의 구별이 문제가 되고 있다. 冒頭에 언급한 바와 같이 협약의 해지와 이에 따른 환수통보나 후속조치 기타 징계요구 등의 법적 성질이 다투어지고 있다. 한국산업단지공단과의 입주계약 해지를 처분으로 본 경우도 있으나, 근래에는 협약해지의 '통보'나 그 후속조치 등에 대하여 항고소송의 대상이 되는 행정처분에 해당하지 아니한다고 보고 있다. 그러나 또 다른 사건에서 건축협의의 취소에 대해서는 처분을 인정하고 있어, 공법상 계약과 행정처분(행정행위)의 구분이 더욱 어려워지고 있는 것이 사실이다. 판례는 대체로 행정청이 대등한 당사자의 지위에서 하는 의사표시인지, 아니면 행정청이 우월한 지위에서 행하는 공권력의 행사인지에 따라 판단하고 있다. 그러나 그 구별기준이 명확하다고 보기 어렵다. 실제 행정처분의 기준에 대해서도 명확히 설시하고 있지 않아, 처분성 판단도 여전히 迷路의 상태이다. 쟁송법상의 처분개념을 확대하는 경우에도 그 개념적 표지를 확립하거나 그 핵심적 요소를 검토하는 것이 필요하다.

공법상 계약은 同意가 필요한 行政行爲(zustimmungsbedürftiger Ver-

32) Wolff/Bachof/Stober, Verwaltungsrecht, 10. Aufl., 1994, § 54 Rn. 7.
33) 박균성, 전게서(상), 481면.
34) Maurer, a.a.O., § 14 Rn. 25.

waltungsakt)나 協力이 필요한 行政行爲(mitwirkungsbedürftiger Verwaltungsakt), 또는 부관이 붙은 행정행위와 구별하는 것이 현실적으로 쉽지 않다. 예컨대 공무원의 임명은 동의가 필요한 행정행위로 분류할 수 있지만, 임기제 공무원의 경우에는 공법상 계약을 체결하는 것이 대부분이다. 도로점용허가의 경우에도 도로점용료납부와 같은 부관(부담)을 붙일 수도 있고, 도로사용에 관한 공법상 계약을 체결할 수도 있다. 공법상 계약과 행정행위의 구분과 관련하여 판례의 내용을 검토하기로 한다.

2. 判例의 檢討

최근 대법원은 일련의 사건에서 행정청과의 협약에서 파생되는 환수통보나 징계요구 등에 후속조치에 대해 행정처분을 부인하거나, 공법상 계약에 따라 행정청이 대등한 당사자의 지위에서 하는 의사표시로 파악하고 있다. 2단계 BK21 사업처분취소를 다투는 사건(2012두28704)에서 해당 사업의 협약을 해지하고 연구팀장에 대한 대학 자체의 징계를 요구한 것에 대해 법률상 구속력이 없는 권유 또는 사실상의 통지로 파악하고 있다. 나아가 정보화지원사업참여제한처분무효확인을 구하는 사건(2015두41449)에서는 중소기업기술정보진흥원장이 주관연구기관과의 협약을 해지하고 이에 따라 정부지원금의 반환을 요구하는 환수통보에 대해 행정처분에 해당하지 아니하고, 공법상 계약에 따른 의사표시로 파악하고 있다. 이러한 판례는 종전의 판례와 다른 입장을 보이고 있다. 예컨대 지식경제부장관으로부터 국가산업단지의 관리업무를 위탁받은 공법인인 한국산업단지공단이 Y주식회사와 입주계약을 체결한 후 계약해지를 통보하였는데, 대법원은 이러한 해지통보를 행정처분으로 판단하였다(2010두23859). 그러나 해당 판례에서 논거로 드는 것은 입주계약의 해지 후에 일정한 하명(사업중지)을 위반하는 경우에 부과되는 벌금이나 이행강제금 등이며, 해지통보 그 자체의 법률상 효과라고 보기 어렵다. 실제 공법상 계약에서 정한 의무를 이행하지 않는 경우에 개별법에서 행정강제를 규정하는 경우도 적지 않다.[35]

전술한 바와 같이 대법원은 지방자치단체 사이의 건축협약 취소를 행정처분으로 판단하고 있다. 그러나 건축협의의 법적 근거가 되는 구 건축법 제29조 제1항에서는 국가나 지방자치단체 등이 건축물을 건축하려는 경우 등에는 건출물의 소재지를 관할하는 허가권자인 지방자치단체의 장과 건축협의를 하도록 하고 있다. 또한 동조 제2항에서는 이러한 건축협의가 있는 경우에는 허가의제를 인정하고 있다. 그러나 의제조항에 의해 건축협의가 있어 건축허가로 간주되더라도 건축협의 자체가 건축허가는 아니다. 또한 이 사건에서 서울특별시와 강원도 양양군수 사이에 건축협의는 대등한 당사자의 지위에서 이루어진 공법상 계약으로 보아야 한다. 따라서 이 사건 '취소'는 계약 체결 전인 경우에 해당하므로 계약체결상의 과실(culpa in contrahendo)의 법리를 적용하는 것이 타당하다.[36] 또한 계약이 체결된 경우에는 계약의 해지에 관한 법리를 적용할 수 있다. 또는 건축허가의 의제효를 주장하는 경우에는 의제된 행정행위의 취소를 주장해야 한다. 이에 관한 논증을 매개하지 않고 곧바로 건축협의 취소를 행정처분으로 판단한 것은 논리의 飛躍일 뿐만 아니라 無理한 주장이다.

3. 區別基準

공법상 계약과 행정행위의 구별은 쉽지 않다. 그러나 공법상 계약에 있어서는 그 법률효과가 양 당사자 사이에 의사의 합치에 따라 발생하지만, 행정행위의 경우에는 법률의 규정에 따른 행정주체의 일방적 규율에 의해 발생한다는 점에서 차이가 있다.[37] 공법상 계약과 행정행위의 구별에 있어서는 당사자의 의사가 중요하다. 예컨대 공법상 계약에

35) 박균성, 전게서(상), 476면.
36) 이에 대해서는 Wolff/Bachof/Stober, a.a.O., § 55 Rn. 49 참조.
37) Maurer, a.a.O., § 14 Rn. 18.

있어서 상대방의 의사는 존재요건에 해당하지만, 행정행위에 있어서는 적법요건에 해당한다고 보는 견해가 유력하다.[38)]

이와 관련하여 독일에서는 행정행위와 공법상 계약의 구별기준으로, '명칭'이나 '표시', 규율성립의 절차나 그 밖의 상황 등을 모두 고려해야 한다는 견해가 유력하다.[39)] 독일 연방행정법원도 이러한 입장에 서 있다.[40)] 실제 행정행위의 경우에는 처분서의 형식이나 내용 등이 중요한 근거가 된다. 예컨대 처분의 법적 근거나 이유, 불복절차 등을 제시하는 경우가 그러하다. 반면 공법상 계약에는 계약의 형식을 띠거나 계약서의 양식을 갖춘 경우가 적지 않을 것이며, 계약의 불이행시 해지조항 등을 담고 있을 수 있다. 한편, 일부학설은 공법상 계약과 행정행위의 차이점을 법률상 수권의 존재여부, 하자의 효과 및 쟁송형식, 그리고 법적·사실적 상황변경시 철회가능성 여부 등에서 찾고 있다.[41)] 그러나 법률상 수권의 존부에 대해서 학설상 다툼이 있으며, 법적 또는 사실적 상황변경시에 공법상 계약의 해지가 가능하다는 점에서 여전히 구별의 어려움은 남는다.

근래에 대법원 판례에서 협약을 공법상 계약으로 적극적으로 판단한 것은 매우 적절하다고 판단된다. 종래 항고소송의 대상인 처분이 기준을 구체적으로 설시하지 않으면서, 항고소송 확대론의 일환으로 모든 행정작용을 적극적으로 행정처분으로 보는 경우가 없지 않았다. 이러한 해석은 오히려 행정법 도그마틱의 근간을 이루는 행정작용론의 체계와 유형구분을 뒤흔드는 결과를 초래하며, 쟁송법상 처분개념의 핵심적 지주인 행정행위의 독자성을 위협할 수도 있다. 대법원 2010두23859 사건에서 입주계약의 해지를 행정처분으로 본 것은 그러한 점에서 이론적으로 타당하지 않다.

---

38) Maurer, a.a.O., § 14 Rn. 19.
39) Kopp/Ramsauer, VwVfG, Kommentar, 13. Aufl., § 54 Rn. 22.
40) BVerwGE 60, 210.
41) 박균성, 전게서(상), 478면.

Ⅳ. 公法上 契約과 私法上 契約의 區分

행정과제의 민영화(Privatisierung) 내지 사화(私化)로 인하여 공법과 사법이 교착하고 있는 것이 현실이다. 이러한 현상은 공법과 사법의 구별을 매우 어렵게 하고 있다. 공법상 계약과 사법상 계약을 구별함에 있어서 근거 법률이 매우 중요하다. 독일에서는 계약당사자의 법적 지위는 중요하지 않고, 계약의 대상에 따라 양자를 구별하고 있다. 이를 '대상설(Gegenstandstheorie)'이라고 하며, 또한 현재 독일 학계의 다수설이다.[42] 실무에서는 '소송물(Streitgegenstand)'을 기준으로 하며, 부당이득반환청구권이나 손실보상청구권, 국가배상청구권 등을 私權으로 이해하여 민사소송으로 다루고 있다. 그러나 이러한 입장은 점차 변하고 있다. 위에서 열거한 청구권들의 경우에도 대부분 소송물의 전제가 되는 '법률관계'는 공법관계임에 분명하다. 근래에 법무부 행정소송법의 개정안에서는 이러한 청구권들을 공법상 권리로 보고 당사자소송으로 다투어야 한다는 점을 명확히 한 바 있다.[43] 또한 판례에서도 구 하천법 부칙조항에 의한 하천구역 편입에 대한 보상금소송,[44] 주거이전비보상에 관한 소송,[45] 부가가치세로 인한 환급세액청구[46] 등에 대해 공법상 당사자소송을 인정하고 있다.

한편, 대법원은 사업시행자와 소유권 사이의 '협의취득'을 사법상 계약으로 보고 있다.[47] 이러한 입장은 「공익사업을 위한 토지 등의 취득 및 보상에 관한 법률」이 제정되기 전부터 유지되어 오던 입장이다.[48]

---

42) Battis, a.a.O., S. 213; Maurer, a.a.O., § 14 Rn. 10; Erichsen, in: Erichsen/Ehlers(Hrsg.), Allgemeines Verwaltungsrecht, 12. Aufl., § 24 Rn. 2.

43) 이에 대해서는 졸고, "공법상 당사자소송의 발전과 과제", 행정판례연구 제19집 1호(2014), 279면 참조.

44) 대법원 2006. 5. 18. 선고 2004다6207 판결.

45) 대법원 2008. 5. 29. 선고 2007다8129 판결.

46) 대법원 2013. 3. 21. 선고 2011다95564 전원합의체 판결.

47) 대법원 2012. 2. 23. 선고 2010다91206 판결.

그러나 사업시행자는 국토교통부장관으로부터 사업인정을 받아 수용권을 부여받은 것이다. 이러한 수용권을 부여받은 경우에 한하여 사업시행자는 소유권나 이해관계인과 보상협의를 하고, 이러한 협의가 이루어지는 경우에 협의취득을 하게 되는 것이다. 그 원인은 사업인정이라는 공권력행사(처분)에 의한 것이다. 사업인정 전후에 협의가 모두 가능하나, 사업인정 이후에는 공권적 성격이 보다 確然하다고 볼 수 있다. 따라서 적어도 사업인정 이후에 이루어지는 협의취득은 공무수탁사인인 사업시행자와 사인 사이에 체결되는 공법상 계약이라고 보아야 한다.[49]

V. 行政契約論의 改善課題

지금까지 행정계약의 현안과 쟁점을 중심으로 고찰하여 보았다. 행정계약론의 발전을 위해서는 행정절차법에 행정계약에 관한 일반규정을 도입해야 한다. 여기에 행정계약의 개념뿐만 아니라 대표적인 행정계약의 유형을 규정하고, 행정계약에 관한 이론적 논의를 전개시킬 필요가 있다. 또한 근래에 들어와서 공법상 계약과 행정처분(행정행위)의 구분이 실무상 현안이 되고 있다. 판례는 행정처분의 기준뿐만 아니라 공법상 계약과의 구별기준도 명확히 제시하고 있지 않다. 행정주체와 사인 사이, 또는 행정주체(또는 행정기관) 사이에 체결되는 '협약'은 대체로 공법상 계약으로 파악하는 것이 타당하다. 그럼에도 불구하고 협약은 물론, 이러한 협약에 의해 파생되는 후속조치에 대해서도 쟁송법상 처분개념에 포함시키는 것은 처분개념의 과부하를 초래하는 것이다. 이러한 처분개념의 확대는 오히려 항고소송의 확대론과 일맥상통하는 것인데, 협약과 그 후속조치를 처분개념에 무리하게 포함시키는 것은 행정

---

48) 대법원 2000. 9. 8. 선고 99다26924 판결; 대법원 1998. 5. 22. 선고 98다2242, 2259 판결.

49) 이에 대해서는 졸고, "잔여지수용청구의 소송법적 쟁점", 인권과정의 제397호(2009. 9), 30-31면; 졸저, 행정구제의 기본원리, 제1전정판, 301-302면 참조.

법 도그마틱을 위태롭게 하는 것이다. 처분 개념에 모든 행정작용을 용해시킨다는 것은 불가능한 일이며, 항고소송만으로 완결된 공법상 권리구제를 도모할 수도 없다. 행정법학의 구조변화가 급속히 전개되면서 다양한 행위형식의 등장은 불가피하다. 또한 이러한 다양한 행정작용에 상응하는 소송형식을 발전시키는 것은 행정소송의 개혁에 있어서 매우 중요한 과제이다. 작금에 행정소송법의 개정논의는 정체되어 낙후된 상황이며, 의무이행소송이나 예방적 금지소송 등 새로운 행정소송의 유형이 도입되지 못하고 있음은 매우 안타까운 일이다. 주관적 권리구제제도로서 항고소송과 공법상 당사자소송의 이원적 구조는 당분간 유지될 수밖에 없는 상황으로 보인다. 그러나 입법정책적으로는 고전적인 공법상 당사자소송을 대체할 수 있는 이행소송과 확인소송을 더욱 발전시키는 것이 바람직하다. 일본 행정사건소송법에서 확인소송을 도입하고 있는 점도 주목할 사실이다. 새로운 시대에 적합한, 그리고 보다 진취적인 행정소송의 개혁이 절실히 요구된다.

第 13 章

條例制定權의 對象 및 規律範圍

- 대상판결: 대법원 2007. 12. 13. 선고 2006추52 판결 -

【事件의 概要】

1. 피고(제주특별자치도의회)가 2006. 4. 20. '제주특별자치도 여객자동차 운수사업에 관한 조례안'(이하 '이 사건 조례안'이라 한다)을 의결하여 제주특별자치도지사에게 이송하였고, 제주특별자치도지사가 원고(건설교통부장관)의 재의요구지시에 따라 이 사건 조례안의 일부 내용이 법령에 위반된다는 등의 이유로 피고에게 재의를 요구하였으나, 피고는 2006. 6. 20. 이 사건 조례안을 원안대로 재의결함으로써 이 사건 조례안이 확정되었다.

2. 이 사건 조례안은 「제주특별자치도 설치 및 국제자유도시 조성을 위한 특별법(이하 '제주특별법'이라 한다)」과 시행일을 같이 하고 있는 바 {제주특별법 부칙(2006. 2. 21.) 제1조, 이 사건 조례안 부칙 제1항}, 제주특별법 제324조의 규정에서 위임된 사항의 시행에 필요한 사항을 규정함을 목적으로 제정되었다(이 사건 조례안 제1조).

3. 이 사건 조례안은 자동차대여사업에 관하여 「여객자동차 운수사업법」 및 그 시행규칙과 일부 내용을 달리하고 있는 바, 자동차대여사업의 등록기준을 강화하고(제36조), 일시적인 초과수요를 이유로 주사무소 및 영업소를 달리하여 하는 영업의 허용기간 및 대여사업용 자동차의

편도이용으로 인하여 주사무소 또는 영업소를 달리하여 반환된 차량에 대한 주차 및 영업의 허용기간을 단축하며(제37조 제3항), 제주특별자치도 이외의 곳에 등록된 자동차대여사업자 및 대여사업용 자동차에 대하여 제주특별자치도 내에서의 영업을 금지하고(제37조 제4항), 대여약관을 신고·변경신고하려는 자에 대하여 요금 원가계산 및 그 밖에 요금액의 산출기초를 기재한 서류(이하 '요금산출기초'라고 한다)를 첨부할 의무를 부과하며(제40조), 기존에 자동차대여사업을 제주도에 등록한 자에 대하여 이 사건 조례안에 의한 등록기준을 2007. 12. 31.까지 갖추도록 요구하고(부칙 제2항), 건설교통부 및 다른 시·도에 자동차대여사업등록을 하고 제주도 안에 영업소를 설치하여 영업을 하는 사업자에 대하여 이 사건 조례에 의한 등록기준을 갖추어 2007. 12. 31.까지 제주특별자치도지사에게 등록하도록 요구하는(부칙 제3항) 등이 그 주요 내용이다.

【對象判決의 要旨】

1. 지방자치법 제22조, 제9조 제1항, 구 지방자치법(2007. 5. 11. 법률 제8423호로 전문 개정되기 전의 것) 제9조 제1항, 제15조, 행정규제기본법 제4조 제3항에 의하면 지방자치단체는 그 고유사무인 자치사무와 개별법령에 의하여 지방자치단체에 위임된 단체위임사무에 관하여 자치조례를 제정할 수 있지만 그 경우라도 주민의 권리제한 또는 의무부과에 관한 사항이나 벌칙은 법률의 위임이 있어야 하며, 기관위임사무에 관하여 제정되는 이른바 위임조례는 개별법령에서 일정한 사항을 조례로 정하도록 위임하고 있는 경우에 한하여 제정할 수 있으므로, 주민의 권리제한 또는 의무부과에 관한 사항이나 벌칙에 해당하는 조례를 제정할 경우에는 그 조례의 성질을 묻지 아니하고 법률의 위임이 있어야 하고 그러한 위임 없이 제정된 조례는 효력이 없다.

2. 지방자치단체의 조례는 그것이 자치조례에 해당하는 것이라도 법령에 위반되지 않는 범위 안에서만 제정할 수 있어서 법령에 위반되는

조례는 그 효력이 없지만 {지방자치법 제22조 및 위 구 지방자치법(2007. 5. 11. 법률 제8423호로 전문 개정되기 전의 것) 제15조}, 조례가 규율하는 특정사항에 관하여 그것을 규율하는 국가의 법령이 이미 존재하는 경우에도 조례가 법령과 별도의 목적에 기하여 규율함을 의도하는 것으로서 그 적용에 의하여 법령의 규정이 의도하는 목적과 효과를 전혀 저해하는 바가 없는 때 또는 양자가 동일한 목적에서 출발한 것이라고 할지라도 국가의 법령이 반드시 그 규정에 의하여 전국에 걸쳐 일률적으로 동일한 내용을 규율하려는 취지가 아니고 각 지방자치단체가 그 지방의 실정에 맞게 별도로 규율하는 것을 용인하는 취지라고 해석되는 때에는 그 조례가 국가의 법령에 위배되는 것은 아니라고 보아야 한다.

3. 제주특별자치도에서 자동차대여사업을 하고자 하는 사람의 영업활동을 제한하는 내용의 '제주특별자치도 여객자동차 운수사업에 관한 조례안' 제37조 제3항과 제4항은 그 수권규정인 '제주특별자치도 설치 및 국제자유도시 조성을 위한 특별법' 제324조 제2항이 조례로 정할 수 있도록 한 사항에 해당하지 아니하여 법률의 위임 없이 국민의 권리제한 또는 의무부과에 관한 사항을 규정한 것으로 무효라고 판시하고 있다.

4. 조례안재의결 무효확인소송에서의 심리대상은 지방의회에 재의를 요구할 당시 이의사항으로 지적되어 재의결에서 심의의 대상이 된 것에 국한된다.

Ⅰ. 問題의 提起

대상판결은 조례제정권의 범위와 한계에 관하여 종래의 입장을 되풀이하여 따르고 있는 것으로 보인다. 여기에서 대법원은 법률과 조례의 관계에 대하여 법률유보의 원칙과 법률우위의 원칙을 명확히 구분하고 있지 않으나, 두 가지 의미를 모두 포함하는 것으로 해석하고 있다. 즉 헌법 제117조 제1항의 "법령의 범위 안에서"의 의미가 법률우위의 원칙이외에, 법률유보의 원칙이 적용될 수 있음을 시사하는 것이다. 대법원은 또한 지방자치법 제22조 단서(구 지방자치법 제15조 단서)의 합헌론을 전제로 판례이론을 구성하고 있다. 즉 대상판결은 “제주특별자치도에서 자동차대여사업을 하고자 하는 사람의 영업활동을 제한하는 내용의 ‘제주특별자치도 여객자동차 운수사업에 관한 조례안’ 제37조 제3항과 제4항은 그 수권규정인 ‘제주특별자치도 설치 및 국제자유도시 조성을 위한 특별법’ 제324조 제2항이 조례로 정할 수 있도록 한 사항에 해당하지 아니하여 법률의 위임 없이 국민의 권리제한 또는 의무부과에 관한 사항을 규정한 것으로 무효”라고 판시하고 있다. 한편, 지방자치법 제22조(구 지방자치법 제15조) 단서의 위헌론의 주장도 유력하다. 이러한 문제에 대한 올바른 접근을 위해서는 지방자치의 본질에 대한 이해가 선행되어야 한다.

대상판결은 지방자치의 본질에 대해 명확히 언급하고 있지 않고, 지방자치법 제22조, 제9조 제1항 등에 근거하여 조례제정의 대상사무와 규율범위를 판단하고 있다. 특히 조례제정의 대상과 관련하여 자치조례와 위임조례의 구분에 기초하고 있으나, 지방자치단체의 사무구분의 모호성 및 위임조례의 허용가능성 등이 새로이 검토될 필요가 있다. 또한 규율범위와 관련하여서는 조례제정권과 입법형성권(법률제정권)의 충돌·경합이 발생할 수 있다. 즉 조례로 규율하고자 하는 특정사항에 대하여 해당 법률이 이미 존재하는 경우에 이를 허용할 수 있는지 여부가 문제된다. 일본에서는 이미 오래 전에 소위 “(國家)法律先占論”에 의해 부인하는 견해가 강하였다. 이러한 법률선점론의 타당성 여부와 일본의 최근 동향에 대해서도 검토할 필요가 있다. 대상판결은 “조례가 규율하는 특정사항에 관하여 그것을 규율하는 국가의 법령이 이미 존재하는 경우에도 조례가 법령과 별도의 목적에 기하여 규율함을 의도하는 것으로서 그 적용에 의하여 법령의 규정이 의도하는 목적과 효과를 전혀 저해하는 바가 없는 때 또는 양자가 동일한 목적에서 출발한 것이라고 할지라도 국가의 법령이 반드시 그 규정에 의하여 전국에 걸쳐 일률적으로 동일한 내용을 규율하려는 취지가 아니고 각 지방자치단체가 그 지방의 실정에 맞게 별도로 규율하는 것을 용인하는 취지라고 해석되는 때에는 그 조례가 국가의 법령에 위배되는 것은 아니라고 보아야 한다"고 판시하여, 조례제정이 허용되는 예외적 사례를 두 가지 제시하고 있다. 그러나 조례제정과 법률우위의 문제를 정확히 이해하기 위해서는 개별유형별로 좀 더 구체적이고 상세하게 검토할 필요가 있다.

이하에서는 지방자치의 본질과 자치권의 보장(Ⅱ), 조례제정의 대상사무(Ⅲ), 그리고 조례제정권의 규율범위(Ⅳ)의 순서로 고찰하도록 한다. 또한 지방자치제도의 이론 및 판례에 적지 않은 영향을 준 일본과 독일의 학설 및 판례의 내용에 대해서 살펴보고(Ⅴ), 대상판결의 문제점에 대해 분석하도록 한다.

Ⅱ. 地方自治의 本質과 自治權의 保障

1. 地方自治의 本質 및 法的 性格

지방자치의 본질에 대하여 固有權說(獨立說), 新固有權說 및 自治委任說(傳來說) 등이 서로 대립하고 있다. 固有權說은 국가존립 이전부터 지방자치단체가 가지는 고유한 권리, 즉 先國家的(前國家的) 권리를 지방자치권으로 보는 견해이다. 新固有權說(기본권유사권설)은 개인이 자연권으로서 기본권을 향유하는 것과 유사하게 지방자치단체도 기본권유사의 고유한 권리를 갖는다는 견해이다.[1] 이는 고유권설이 가지는 비논리성을 극복하면서 지방자치단체에 폭넓은 자치권의 확보를 위한 논리이다. 自治委任說은 이에 반하여 국가만이 통치권을 가지며, 지방자치권은 국가로부터 나온다는 견해이다. 그 밖에 지방자치단체의 자치입법권은 헌법에 의해 직접 보장된, 즉 헌법에 의한 고유한 입법권으로 이

1) 김철수, 헌법학개론, 박영사, 2005, 1287면.

해하는 견해도 있다.[2)]

국가·사회 이원론을 전제로 지방자치단체를 국가와 대립되는 사회영역에 속하는 별개의 것으로 보는 固有權說에 대하여, 國家·社會의 對立的 二元論은 민주주의원리에 부적합하다는 비판이 제기되고 있다.[3)] 이러한 견해는 후술하는 바와 같이 대체로 지방자치의 법적 성격을 주관적 공권뿐만 아니라 객관적인 법으로 이해하고 있다. 생각건대 자치권(특히 자치입법권)도 國法體系의 일부로 이해되어야 한다는 점에서 고유권설은 오늘날 타당하다고 보기 어렵고, 新固有權說은 단순한 假說에 불과하다. 또한 자치권(자치입법권)을 헌법에 의한 고유한 입법권으로 보는 견해는 자치입법권이 순수한 입법행위로 보기 어려울 뿐만 아니라 집행작용의 일부로서의 성격을 동시에 가진다는 점에서 타당하지 않다. 따라서 통설인 自治委任說에 찬동하기로 한다.[4)] 특히 자치입법권의 보장과 관련하여 현행헌법 제117조 제1항에서는 지방자치단체에게 법령의 범위 안에서 자치에 관한 규정을 제정할 수 있다고 하여, 자치권이 지방자치단체의 고유한 권한이 아니라 국가로부터 전래된 권한임을 간접적으로 인정하고 있다. 이와 같이 지방자치단체는 국가의 일부로 이해되며, 행정주체로서의 지방자치단체는 독일기본법 제20조 제3항의 執行權(Exekutivrecht)에 귀속된다는 것이 독일의 다수설이다.[5)]

헌법에서 보장하고 있는 지방자치제의 법적 성격과 관련하여, 自治固有權說 또는 基本權保障說에 의하면 지방자치단체는 국가의 기원과는 별개의 자연적 창조물이며 지방자치단체의 자치권은 개인이 국가에 대

---

2) 이기우·하승수, 지방자치법, 2007, 313면.

3) 허 영, 한국헌법론, 전정3판, 박영사, 2007, 789면. 이 견해는 國家와 社會의 對立的 二元論 대신에 交叉關係的 二元論을 주장하고 있다. 즉 국가와 사회의 기능적인 차이는 인정하면서도, 서로 공감대적 가치의 형성과 실현에 함께 기여하는 기능적 상호교차관계에 있기 때문에 對立的 二元論이 아닌 交叉關係的 二元論이 타당하다고 본다.

4) 김동희, 행정법 II, 제13판, 78면; 홍정선, 행정법원론(하), 2008, 63면.

5) 특히 게마인데의회(Gemeinderat)는 의회(Parlament)가 아니라고 보고 있다. 이에 대한 상세는 Schmidt-Aßmann, in: Schmidt-Aßmann(Hg.), Besonderes Verwaltungsrecht, 11. Aufl., Rn. 95 참조.

하여 가지는 천부적 자연권과 같은 기본권의 일종이라고 본다. 制度的保障說은 Carl Schmitt가 주장하는 바와 같이 지방자치제는 역사적·전통적으로 형성된 제도의 일종으로 그 본질적 내용을 입법에 의해 폐지하거나 유명무실하게 하여서는 아니 된다고 본다. 이러한 견해가 오늘날 지배적인 견해이다.[6] 그러나 최근에는 지방자치가 자유권과 무관한 제도적 보장에 그치는 것이 아니라 오히려 기본권실현과 불가분의 관계에 있는 헌법상의 객관적 가치질서에 속한다고 보는 견해가 유력하다.[7]

한편, 독일에서도 전통적으로 제도적 보장설이 지배적인 견해이었으나,[8] 최근에 지방자치가 객관법적인 성격뿐만 아니라 주관적 권리로서의 성격을 동시에 가진다는 견해가 유력하게 대두하고 있다.[9] 그러나 독일기본법 제28조 제2항은 기본권이 아니며, 구조적으로 기본권에 유사하다고 주장하고 있으므로,[10] 이러한 주장은 소위 "新固有權說"에 가까운 것으로 보인다. 이러한 경우에 주관적 공권은 개인(시민)이 국가에 대한 것이 아니라, 지방자치단체가 입법자에 대한 것이라는 점에서 주의할 필요가 있다.

생각건대 기본권보장설 내지 자치고유권설은 지방자치의 제도적 보장적 측면을 간과하고 있으며, 지방자치단체에 주관적 공권이 보장되었다는 것은 제도적 보장의 반사적 이익(Rechtsreflex)에 불과하다는 점에서 제도적 보장설이 타당하다. 물론, 제도적 보장설은 立法權者에게 지방자치제도를 폐지하는 것을 제외하고 광범위한 입법형성권을 부여한다는 점이 문제점으로 지적될 수 있다. 우리 헌법재판소도 제도보장설의

---

6) 권영성, 헌법학원론, 법문사, 2005, 239면; 홍정선, 지방자치법학, 제2판, 31면; 이기우·하승수, 전게서, 47면 이하.
7) 許 營, 전게서, 792-793면.
8) Maunz in: Maunz/Dürig, GG, Art. 28, Rn. 45; Nierhaus, in: Sachs(Hrsg.), GG, Art. 28 Rn. 33; BVerfGE 8, 359.
9) Maurer, Allgemeines Verwaltungsrecht, § 23 Rn. 6; ders., DVBl. 1995, 1037; Jarass/Pieroth, GG, Art. 28 Rn. 11.
10) Pieroth, in: Jarass/Pieroth, GG, Art. 28 Rn. 11.

입장에 서 있는 것으로 보인다.[11)]

한편, 지방자치의 주관적 공권성을 인정하는 견해는 독일기본법 제93조 제1항 4b호를 근거로, 입법자가 기본법 제28조 제2항을 위반하는 경우에 헌법소원을 제기할 수 있다는 점을 지적하고 있다.[12)] 그러나 우리 헌법 및 헌법재판소법에는 이러한 규정이 없다. 또한 우리 헌법재판소는 지방자치단체가 기본권의 향유주체가 아니므로 헌법소원을 제기할 수 없다고 판시한 바 있다. 즉 "기본권을 침해받은 자는 헌법소원을 청구할 수 있다는 것은 곧 기본권의 주체라야만 헌법소원을 청구할 수 있고, 기본권의 주체가 아닌 자는 헌법소원을 청구할 수 없다는 것을 의미하는 것이다 … 따라서 지방자치단체나 그 기관인 지방자치단체의 장은 기본권의 주체가 아니며 이 사건 심판청구인인 제주도의 장인 청구인은 헌법청구인으로서의 자격이 없다"고 결정하였다.[13)]

2. 自治高權의 保障 및 具體的 內容

(1) 地方自治團體의 自治權의 保障

헌법 제117조 제1항에서는 "지방자치단체는 주민의 복리에 관한 사무를 처리하고 재산을 관리하며, 법령의 범위 안에서 자치에 관한 규정을 제정할 수 있다"고 규정하고 있다. 이는 자치행정권·재정자주권 및 자치입법권 등을 보장하고 있는 것이다. 즉 지방자치단체는 주민의 복리에 관한 사무(고유사무)를 자기책임 아래 독자적으로 처리할 수 있는 자치행정권, 지방자치단체의 '재산을 관리'하며 법령의 범위 안에서 자

11) 헌법재판소는 "지방자치제도는 민주정치의 요체이며 현대의 다원적 복합사회가 요구하는 정치적 다원주의를 실현시키기 위한 제도적 장치로서 지방의 공동관심사를 자율적으로 처결함과 동시에 주민이 자치역량을 배양하여 국민주권주의와 자유민주주의 이념구현에 이바지함을 목적으로 하는 제도"이며(헌재 1991. 3. 11. 91헌마21), 지방자치가 헌법에 의해 제도적으로 보장되어 있으므로 "지방자치의 본질적 내용인 핵심영역은 어떠한 경우라도 입법 기타 중앙정부의 침해로부터 보호되어야 한다"고 결정하였다(헌재 1998. 4. 30. 96헌바62, 판례집 10-1, 380, 385 참조).

12) Jarass/Pieroth, GG, Art. 28 Rn. 11.

13) 헌재 1997. 12. 24. 96헌마365.

치활동에 필요한 재정고권과 조세고권을 행사할 수 있는 자치재정권(재정자주권) 그리고 법령의 범위 안에서 자치규정을 제정할 수 있는 자치입법권 등을 가지고 있다. 그러나 이는 예시적 규정에 불과하고, 헌법은 보다 포괄적인 자치권을 보장하고 있다.

한편, 독일에서는 지방자치에 대한 헌법적 근거를 기본법 제28조 제2항 제1문에서 찾을 수 있다. 즉 "지방자치단체에게는 지역 공동체의 모든 사무를 법률의 범위 내에서 자신의 책임하에 규율할 권리가 보장되어야 한다"고 규정하여, 지방자치단체에 自己責任性뿐만 아니라, 全權限性을 보장하고 있다고 보고 있다. 즉 헌법이나 법률이 국가나 기타 공공단체의 사무로서 유보하지 않는 한, 지방자치단체는 지방의 공공사무에 대한 포괄적인 자치권을 가짐을 의미한다. 이러한 활동의 전면성을 소위 全權限性 내지 全權能性(Allzuständigkeit)이라고 한다. 특히 독일기본법 제28조 제2항 제1문의 "地域共同體의 모든 事務"는 바로 전권한성을 뜻한다. 이러한 전권한성의 내용으로는 자치입법권·자주조직권·자치행정권·자치재정권을 들 수 있다. 또한 자치사무에 관하여 지방자치단체는 국가의 지시·감독을 받음이 없이 법의 테두리 안에서 자주적으로 처리하고, 이에 대하여 책임을 지는 自己責任性(Eigenverantwortlichkeit)을 가진다. 이러한 독일입법례의 영향으로 우리 지방자치제도에도 전권한성의 원칙과 자기책임성의 원칙이 적용되는 것으로 보고 있다.[14]

(2) 自治權의 具體化와 法的 救濟

이미 언급한 바와 같이 지방자치는 制度的 保障으로서의 성격을 가지고 있을 뿐, 헌법 제117조 제1항은 기본권이나 기본권유사적 권리를 보장하고 있지 않다.[15] 다만, 지방자치제도의 반사적 효과로서 기본권 실현과 밀접한 관련을 가질 뿐이다. 특히 지방자치단체 또는 그 기관은 원칙적으로 기본권의 향유주체가 아니므로 헌법소원을 제기할 수도 없

14) 홍정선, 지방자치법학, 35면 이하; 김남진·김연태, 행정법 II, 제12판, 73-74면.
15) Nierhaus, in: Sachs(Hrsg.), GG, Art. 28 Rn. 34.

다. 헌법재판소는 "기본권의 보장에 관한 각 헌법규정의 해석상 국민(또는 국민과 유사한 지위에 있는 외국인과 私法人)만이 기본권의 주체라 할 것이고, 국가나 국가기관 또는 국가조직의 일부나 公法人은 基本權의 受範者이지 기본권의 주체로서 그 소지자가 아니고 오히려 국민의 기본권을 보호 내지 실행해야 할 '책임'과 '의무'를 지니고 있는 지위에 있을 뿐이므로, 공법인인 지방자치단체의 의결기관인 청구인의회(서울특별시의회)는 기본권의 주체가 될 수 없고 따라서 헌법소원을 제기할 수 있는 적격이 없다"[16]라고 결정하여, 심판청구를 부적법각하 하였다. 다만, 공법인은 원칙적으로 기본권의 주체가 될 수 없으나, 예외적으로 인정되는 경우가 있다. 헌법재판소는 국공립대학(서울대학교)이 대학의 자율의 주체가 될 수 있음을 인정하였다.[17] 그 외에도 국영방송이 방송의 자유와 관련하여 기본권의 주체가 인정될 수 있다는 견해가 있다.[18]

또한 입법권자는 입법형성권을 통하여 지방자치의 구체적 내용을 형성 또는 제한할 수 있지만, 지방자치제도 그 자체를 폐지하거나 그 본질적 내용을 공허하게 만들어서는 아니 된다.[19] 이와 같이 자치(입법)권은 무제한적으로 보장되는 것이 아니라, "법률의 범위 내에서(im Rahmen des Gesetzes)" 보장되는 것이다. 여기에서 "법률의 범위 내에서"의 의미에 대하여 의견대립이 있다. 후술하는 바와 같이 자치권에 있어서도 행정의 법률적합성 원칙의 양축을 지탱하는 법률우위의 원칙은 물론, 법률유보의 원칙이 적용된다고 해석해야 한다. 다만, 조례제정에 어느 정도 범위에서 법률유보의 원칙이 적용되는지 여부가 쟁점이다.

---

16) 헌재 1998. 3. 26. 96헌마345.
17) 헌재 1992. 10. 1. 92헌마68 등.
18) Jarass/Pieroth, GG, Art. 19 Rn. 21; 계희열, 헌법학(중), 70-71면.
19) 헌재 1998. 4. 30. 96헌바62 참조.

Ⅲ. 條例制定의 對象事務

조례제정의 대상은 자치단체의 사무, 즉 자치사무(고유사무)와 단체위임사무에 한정되어야 한다. 또한 지방자치단체가 조례로 정하는 것은 지방의 공공사무이므로 국가사무는 원칙적으로 규율대상에서 제외된다(지방자치법 제11조). 다만, 기관위임사무가 조례제정의 대상인지 여부가 문제된다. 이에 대하여 기관위임사무는 조례제정대상이 아니라고 보았다.[20] 종전의 대법원도 이러한 점을 분명히 밝힌 바 있다. 즉 "지방자치단체가 조례를 제정할 수 있는 사항은 지방자치단체의 고유사무인 자치사무와 개별법령에 의하여 자치단체에 위임된 이른바 단체위임사무에 한하고, 국가사무로서 지방자치단체의 장에 위임된 이른바 기관위임사무에 관한 사항은 조례제정의 범위 밖이라고 할 것이다"고 판시하였다.[21] 그 후 대법원은 기관위임사무에 관하여 제정되는 소위 "위임조례"에 대해서도 개별법령에서 일정한 사항을 조례로 정하도록 위임하고 있는 경우에 한하여 제정할 수 있다고 판시하고 있다.[22] 위 대상판결에서도 이러한 점을 발견할 수 있으며, 이러한 입장을 따르는 견해도 있다.[23]

우선 대법원은 자치조례(자치사무와 단체위임사무)와 위임조례(기관위임사무)로 구분하여 자치조례는 원칙적으로 제정할 수 있지만 주민의 권리제한 또는 의무부과에 관한 사항이나 벌칙은 법률의 위임이 있어야 한다.[24] 위임조례의 경우에도 개별법령에서 일정한 사항을 조례로

---

20) 李尙圭, 新行政法論(下), 新版, 178면.

21) 대법원 1992. 7. 28. 선고 92추31 판결.

22) 대법원 1999. 9. 17. 선고 99추30 판결; 대법원 2000. 5. 30. 선고 99추85 판결; 대법원 2000. 11. 24. 선고 2000추29 판결 등.

23) 金東熙, 行政法 II, 81면.

24) 위임조례의 개념을 기관위임사무에 한하지 아니하고 자치사무나 단체위임사무에 대하여도 그 사무처리의 요건이나 기준, 절차 등에 대해 국가가 지방자치단체에 조례로 정할 것을 위임하는 경우을 포함하여 이해할 수 있다. 이러한 견해는 조례를 단지 '法令

정하도록 위임하고 있는 경우에 한하여 제정할 수 있다고 하여 조례제정의 범위를 '위임조례'로 확대하고 있다. 그러나 기관위임사무은 지방자치단체의 국가기관으로의 전락, 책임소재의 불명확성 등 여러 가지 문제점을 드러내고 있음은 물론, 위임조례의 개념 그 자체도 타당하다고 보기 어렵다. 이러한 위임조례는 법규명령(위임명령)의 성질을 가진다는 지적과 같이,[25] 조례의 본질에 비추어 이러한 유형을 인정하는 것은 합당하지 아니한다. 독일에서는 자치사무(고유사무 이외에 단체위임사무는 포함될 수 있음)는 조례로 정하고, (기관)위임사무는 법규명령으로 정한다는 견해가 유력하다.[26] 또한 일본에서도 2000년 4월에 地方分權一括法의 제정에 의해 기관위임사무를 폐지되고, 法定受託事務로 대체된 바 있다. 또한 단체위임사무도 자치사무에 편입되어, 자치사무에는 공공사무(고유사무)와 단체위임사무 및 행정사무가 속한다. 일본에서는 非자치사무인 기관위임사무에는 국회의원의 선거에 관한 사무, 호적 및 주민등록에 관한 사무 등이 속한다.[27] 따라서 위임조례의 허용 여부에 대해서는 신중한 검토가 요구된다.

Ⅳ. 條例制定權의 規律範圍

1. 條例制定과 法令優位原則

조례는 법령(법률과 법규명령)을 위반하여서는 아니되고, 법령의 범위

의 委任 要否'에 의하여 구별하는 委任條例와 職權條例의 유형구분에 기초하고 있다. 그러나 위에서 언급한 대법원판례를 비롯하여, 대부분의 학설은 자치단체의 사무 여부에 따른 地方自治와 委任自治의 유형구분에 근거하고 있다(예컨대 金南辰·金連泰, 전게서, 114면; 鄭夏重, 행정법각론, 법문사, 2005, 97면; 이기우·하승수, 전게서, 314면). 본고에서는 후자의 입장에 서서, 위임조례의 개념을 기관위임사무에 제한하여 이해하도록 한다.

25) 김남진·김연태, 행정법 II, 114면; 박윤흔, 최신행정법강의(하), 126면. 다만, 위임조례에 대하여 법규명령과 같은 정도의 법령의 위임요건이 필요한지에 대해서는 다툼이 있다.

26) Maurer, a.a.O., § 4 Rn. 24.

27) 이에 대한 상세는 大川政三/大森誠司/江川雅司/池田浩史/久保田昭治, 日本の財政, 新訂版, 創成社, 19면.

내에서 제정되어야 한다(헌법 제117조 1항, 지방자치법 22조). 또한 기초자치단체는 廣域自治團體 條例에 위배되어서는 아니 된다(광역자치단체 조례우위의 원칙). 즉 市·郡 및 自治區의 조례는 市·道의 條例에 위반하여서는 아니된다(지방자치법 제24조). 조례도 자치입법이기는 하나, 국법체계의 일부로서 헌법이나 법률에 위배되어서는 아니 된다. 헌법 제117조 제1항의 "법령의 범위안에서"란 적어도 조례에 대한 법령의 우위를 의미하는 것이다. 그러나 "법령의 범위안에서"를 매우 엄격하게 해석하는 경우에는 소위 "國家法律先占論"에 따라 조례의 규율내용이 국가의 법률의 규율과 모순·저촉되거나, 법률이 정한 기준 이상의 사항을 내용을 하는 경우에는 위법이 될 수 있다.[28] 최근 일본에서는 이러한 傳統的인 國家法律先占論에 대한 비판이 제기되고 있으며, 조례제정권의 범위를 탄력적으로 해석하는 경향이 있다. 우리 대법원도 이와 유사한 입장을 보이고 있다. 즉 "조례가 규율하는 특정사항에 관하여 그것을 규율하는 국가의 법령이 이미 존재하는 경우에도 조례가 법령과 별도의 목적에 기하여 규율함으로 의도하는 것으로서 그 적용에 의하여 법령의 규정이 의도하는 목적과 효과를 전혀 저해하는 바가 없는 때, 또는 양자가 동일한 목적에서 출발한 것이라고 할지라도 국가의 법령이 반드시 그 규정에 의하여 전국에 걸쳐 일률적으로 동일한 내용을 규율하려는 취지가 아니고 각 지방자치단체가 그 지방의 실정에 맞게 별도로 규율하는 것을 용인하는 취지라고 해석되는 때에는 그 조례가 국가의 법령에 위반되는 것은 아니라고 보아야 할 것이다"라고 판시하고 있다.[29]

---

28) 朴鈗炘, 전게서, 128-129면.

29) 대법원 2007. 12. 13. 선고 2006추52 판결, 同旨判例: 대법원 1997. 4. 25. 선고 96추244 판결; 대법원 2006. 10. 12. 선고 2006추38 판결.

2. 條例制定權과 立法形成權의 關係

(1) 爭點의 所在

위에서 언급한 바와 같이 법령우위의 원칙상 자치조례는 법령에 위반되지 않는 범위 안에서 제정되어야 하므로, 법령에 위반되는 조례는 효력이 없다. 그러나 조례가 규율하고자 하는 특정한 사항에 대하여 법령이 이미 존재하는 경우에 법령과 조례의 모순·저촉이 발생할 수 있다. 이는 조례제정권과 입법형성권의 관계에 관한 문제이다.

이와 관련하여 대법원은 대상판결에서 조례가 규율하는 특정사항에 관하여 국가의 법령이 이미 존재하는 경우에도 조례가 법령과 별도의 목적에 기하여 규율하여 그 적용에 의하여 법령의 규정이 의도하는 목적과 효과를 전혀 저해하는 바가 없는 경우, 또는 조례와 법령이 동일한 목적으로 규율하더라도 국가의 법령이 반드시 전국에 걸쳐 일률적으로 동일한 내용을 규율하려는 취지가 아니어서 각 지방자치단체가 그 지방의 실정에 맞게 별도로 규율하는 것을 용인하는 취지라고 해석되는 때에는 그 조례가 국가의 법령에 위배되는 것은 아니라고 판시하고 있다.

종래 일본에서는 엄격한 法律先占論(소위 "古典的 法律先占論")에 따라 법률이 명시적이거나 묵시적으로 대상으로 정한 사항에 대해 동일한 목적의 조례를 제정하는 것은 허용되지 아니한다는 견해가 지배적이었다. 나아가 법률이 조례보다 뒤에 제정되는 경우에도 법률이 우선한다는 "法律專占論"도 등장하였다.[30] 그러나 일본에서도 일정한 경우에 조례가 제정될 수 있는 경우를 허용하여 탄력적으로 운영하는 경향을 보이고 있다. 이하에서는 대법원판례와 일본에서 소개되는 사례를 중심으로 조례제정권과 입법형성권이 충돌하는 경우를 유형별로 살펴보도록 한다.

---

30) 상세는 宇賀克也, 地方自治法概說, 第2版, 136頁.

(2) 條例와 法令이 競合·衝突하는 具體的 事例

(가) 法令과 다른 目的으로 條例로 規律하는 경우

대상 판례도 국가의 법령이 이미 존재하는 경우에도 조례가 법령과 별도의 목적에 기하여 규율함으로 의도하는 것으로 그 적용에 의하여 법령의 규정이 의도하는 목적과 효과를 전혀 저해하는 바가 없는 때에는 조례가 국가의 법령에 위배되지 아니한다고 보고 있다. 즉 조례가 국가의 법령에 위반되는지 여부는 양자의 대상사항과 규정문언을 비교하고, 그 취지 · 목적 · 내용 및 효과를 비교하여 양자 사이에 모순이나 저촉이 되는 것인지 여부를 결정해야 한다. 따라서 조례가 법령과 다른 목적에 기초하여 규율하는 경우에는 그 적용에 있어 법령의 규정이 의도하는 목적과 효과 등을 저해하는 것이 아니면 당해 조례는 위법하지 않다.[31]

(나) 國家의 法令과 同一한 目的이나 條例가 法令보다 嚴格하게 規律하는 경우

국가의 법령에 기초하여 규제를 하려는 사항에 대하여 당해법령과 동일한 목적이나 법령보다 더 엄하게 규율하는 조례가 문제된다(소위 "초과조례"의 문제). 예컨대 환경법령이 오염물질의 배출허용기준을 "4ppm 이내"로 정한 경우에, 조례가 "3ppm 이내"로 정하는 것이 허용되는지 여부가 문제된다. 실제 1969년 일본의 東京都 公害防止條例가 법령보다 규제가 강한 조항을 두어 논란이 되었으나, 그 후에는 공해방지와 관련된 법률이 이러한 조례를 명문으로 허용하는 규정을 두기도 하였다. 다만, 이러한 경우에도 필요이상의 엄격한 규제가 비례의 원칙에 위반되는지 여부를 검토하여 위법 · 무효를 판단하여야 한다.[32] 이러한 일본학설의 영향으로 국내학설 가운데에도 법률의 기준을 전국차원

31) 宇賀克也, 上揭書, 137頁.
32) 宇賀克也, 上揭書, 138-139頁.

의 최저기준으로 이해하는 경우에는 지역의 특성에 따라 법령이 정한 기준보다 높은 배출허용기준을 채택한 것으로 해석할 수 있다고 주장한다.[33)]

한편, 우리 대법원판례 가운데에는 법령이 정한 기준보다 높은 수준의 기준을 정한 조례는 무효라고 판시한 경우도 있다. 즉 차고지확보제도를 규정한 조례안이 법률의 위임근거는 있으나, 그 내용이 자동차등록기준 및 차고지 확보기준에 관한 상위법령의 제한범위를 초과하여 무효라고 판시하였다.[34)]

한편 法令에서 일정 규모 이상을 정하고 있는 경우에 條例로서 그 기준이하를 규율하는 경우도 이러한 유형에 속하는 것으로 볼 수 있다. 예컨대 국토계획법령이 2,000평방 미터 이상에 대해서만 토지거래에 신고제를 규정한 경우, 지방자치단체가 조례로서 2,000평방 미터 미만의 소규모의 토지에 대해서도 신고제를 도입하는 것이 문제된다. 일본에서는 원칙적으로 이러한 조례를 금지하지는 않지만, 이에 대해 그 自肅을 요구하는 법률을 제정한 바 있다.[35)]

(다) 條例가 법령과 同一한 목적으로 제정되는 경우에도 해당 地域의 실정에 맞게 對象을 달리 規律하는 경우

국가의 법령과 동일한 목적으로 규제하는 경우에도 조례로서 법령의 규제항목과 별도의 항목을 포함하여 규율하는 경우가 문제된다(소위 "추가조례"의 문제). 예컨대 법령은 이산화질소(NO2)를 규제하는 경우에 조례가 이산화탄소(CO2)를 규제항목에 신설하는 경우가 그러하다. 일본에서는 이러한 경우에 국가의 법령은 배타적·포괄적으로 규제하여 국가 차원의 최저기준(national minimum)을 정하는 것으로 이해하고, 지방자치단체의 필요에 따라 규제항목을 추가하는 것이 허용된다고 보고

---

33) 朴鈗炘, 전게서, 128면; 金南辰·金連泰, 전게서, 115면.
34) 대법원 1997. 4. 25. 선고 96추251 판결.
35) 宇賀克也, 上掲書, 149頁.

있다.[36] 대상판결도 "양자가 동일한 목적에서 출발한 것이라고 할지라도 국가의 법령이 반드시 그 규정에 의하여 전국에 걸쳐 일률적으로 동일한 내용을 규율하려는 취지가 아니고 각 지방자치단체가 그 지방의 실정에 맞게 별도로 규율하는" 경우가 법령에 위반되지 아니한다고 판시하고 있다.

(라) 給付行政에 있어서 條例가 法令보다 그 적용기준을 확대하여 규율하는 경우

예컨대 법령이 65세 이상의 자에 대해서만 기초노령연금을 급부할 것을 규정하는 경우에 지방자치단체(서울시 강남구)가 60세 이상 65세 미만의 자에게도 기초노령연금을 지급하는 것을 조례로 제정하려는 경우가 여기에 해당한다. 일부학설은 이를 授益超過條例라고 하고 있는데, 법령에 위반되지 않는다고 보고 있다.[37] 이와 관련하여 우리 판례도 일정한 자활보호대상자에 대한 생계비 지원을 규정한 조례안이 상위법령인 생활보호법에 위배되는지 여부가 문제된 사건에서, 위법하지 아니하다고 판단하고 있다. 즉 당해 조례안이 법령과 그 목적 및 취지를 같이 하나 보호대상자 선정의 기준 및 방법, 보호의 내용을 법령과 달리 규정함과 동시에 법령과 별도로 생계비를 지원하는 것을 그 내용으로 하는 점이 차이가 있으나, 생활보호법이 의도하는 목적과 효과를 저해할 우려가 없으며 각 지방자치단체가 그 지방의 실정에 맞게 별도로 생활보호를 실시하는 것을 용인하는 취지이므로 생활보호법의 규정과 모순·저촉되지 아니한다고 판시하고 있다.[38]

---

36) 宇賀克也, 上掲書, 140頁.
37) 朴均省, 行政法論(下), 제5판, 151면.
38) 대법원 1997. 4. 25. 선고 96추244 판결.

3. 法律留保의 原則과 自治立法權의 保障

(1) 地方自治法 제22조 但書의 違憲論에 대하여

조례의 제정에 반드시 법령의 수권이 있어야 되는 것은 아니다.39) 문제는 조례제정에 있어 어느 정도의 범위에서 법률유보의 원칙이 적용되는지에 대하여 행정입법의 경우와 같이 개별·구체적일 필요는 없고 포괄적인 위임이 가능한지 여부이다.40) 특히 헌법 제117조는 지방자치단체가 조례를 "법령의 범위 안에서" 제정할 수 있다고 정하고 있는데 반하여, 地方自治法은 제22조 단서에 "주민의 권리제한 또는 의무부과에 관한 사항"에는 법률의 위임이 있어야 한다고 정하고 있어 위헌 여부가 다투어지고 있다.

違憲說은 법률의 위임이 없이도 자치사무에 관하여 정할 수 있음에도 법률유보의 적용을 받아 헌법이 부여한 조례제정권을 지나치게 제약하고 있다고 주장한다. 즉 조례는 법규명령과 달리 민주적 정당성을 부여받은 지방의회에 의해 제정되었다는 점과 헌법 제117조 제1항에 의하면 지방자치단체에 대하여 포괄적인 자치권이 부여되어 있음에도 불구하고 이를 제한하는 것은 위헌이라는 것이다.41) 이에 대하여 合憲說은 지방자치법 제22조 단서는 단지 헌법상의 법률유보원칙의 최소한도 내지 확인규정에 불과하며, 헌법 제117조도 기본권제한에 관한 법률유보조항인 헌법 제37조 제2항에 따라 제한된다고 본다.42) 또한 헌법 제117조의 "법령의 범위 안에서"의 의미는 사안에 따라서 "법령의 위임에 의하여"라고 해석할 수 있다고 주장한다.43) 그 밖에 구 지방자치

39) 同旨見解: 金南辰·金連泰, 전게서, 113면.

40) 헌재 1995. 4. 20. 92헌바264 등.

41) 서원우, "조례제정권의 헌법적 보장", 전환기의 행정법이론, 1997, 245면 이하; 김남진, "조례제정권의 범위", 고시연구, 1997. 9, 20면 참조; 박윤흔, 전게서, 130-131면; 김철용, 행정법 II, 97면.

42) 김동희, 전게서, 85면; 홍정선, 전게서, 140면; 박균성, 전게서, 145면.

43) 洪井善, 지방자치법학, 213면.

법 제15조 단서와 관련하여 지방자치단체의 사무가 위임사무이든 자치사무이든 불문하고 특정영역에 대하여 법률유보원칙의 적용에 의해 법령이 직접 규율하고 있는 때에는 조례를 독자적으로 규정하여 법령과 충돌되거나 경합되는 내용을 마련할 수는 없으나, 법령에 의한 규율이 없는 때에는 지방자치단체가 법령의 위임이 없이도 직접 규율을 할 수 있다고 해석하는 한 憲法合致的인 解釋이 가능하다고 보는 견해도 있다.[44]

(2) 判例의 立場

조례는 집행권의 일부에 속하고 있으나, 법규명령과 마찬가지로 헌법 제75조와 제95조에 같은 포괄위임금지의 원칙을 엄격히 적용하기 어렵다. 그러한 이유에서 지방자치단체에게는 법규명령과 달리 포괄적인 자치권이 부여되어 있다고 본다. 따라서 조례의 제정에 항상 법률의 수권이 있어야 하는 것은 아니다. 우리 대법원은 그 내용이 주민의 권리·의무에 관한 사항이나 벌칙에 관한 것이 아닌 한, 법률의 위임이 없더라도 조례를 제정할 수 있다고 보고 있다.[45] 또 다른 판결에서 "지방자치법 제15조는 원칙적으로 헌법 제117조 제1항의 규정과 같이 지방자치단체의 자치입법권을 보장하면서, 그 단서에서 국민의 권리제한·의무부과에 관한 사항을 규정하는 조례의 중대성에 비추어 입법정책적 고려에서 법률의 위임을 요구한다고 규정하고 있는 바, 이는 기본권 제한에 대하여 법률유보원칙을 선언한 헌법 제37조 제2항의 취지에 부합하므로 조례제정에 있어서 위와 같은 경우에 법률의 위임근거를 요구하는 것이 위헌성이 있다고 할 수 없다"고 판시하여, 합헌설의 입장을 재확인하고 있다.[46] 우리 헌법재판소 역시 부천시담배자동판매기설치금지조례 제4조 등의 위헌확인 결정에서 "이 사건조례들은 담배소매업을

44) 류지태, 행정법신론, 제9판, 769면.
45) 대법원 1970. 2. 10. 선고 69다2121 판결; 대법원 1992. 6. 23. 선고 92추17 판결.
46) 대법원 1995. 5. 12. 선고 94추28 판결.

영위하는 주민들에게 자판기설치를 제한하는 것을 내용으로 하고 있으므로 주민의 직업선택의 자유 특히 직업수행의 자유를 제한하는 것이 되어 (구) 지방자치법 제15조 단서 소정의 주민의 권리 의무에 관한 사항을 규율하는 조례라고 할 수 있으므로 지방자치단체가 이러한 조례를 제정함에 있어서는 법률의 위임을 필요로 한다"고 하여, 합헌설의 입장에 서 있다.[47]

(3) 評 價

생각건대, 지방자치법 제22조 단서는 헌법 제37조 제2항을 특별히 강조 내지 확인하는 규정에 지나지 않는다는 점에서 위헌으로 보기에는 지나친 감이 있다. 다만, 지방자치법 제22조 단서는 다소 불필요한 조항이기는 하나, 기본권제한과 관련된 판단에 있어서 최소한의 보장을 위한 규정이기도 한다. 물론 조례가 기본권을 제한하는 경우에 이론적으로는 본질사항유보설에 따라 판단할 수 있다.[48] 위헌론은 자치권의 보장을 강조하는 입장에서 지방자치법 제22조 단서조항의 엄격한 적용이 자치권을 제약할 수 있다고 우려하고 있다. 특히 자치입법권의 경우에 법규명령과 달리 포괄적 위임이 가능하다는 점에서 이러한 위헌론은 설득력을 가진다. 대상판결의 경우에도 법률유보의 원칙을 엄격히 적용한 결과, 조례제정권의 범위를 지나치게 제약하고 있다는 인상을 주고 있다. 오히려 조례제정권의 범위를 두텁게 보호하여 조례제정을 허용하되, 기본권제한과 관련하여서는 비례의 원칙(과잉금지의 원칙)에 의해 조례의 위법성을 판단할 수 있다고 보인다. 실제 독일에서는 조례가 기본권(특히 영업의 자유 내지 직업의 자유, 재산권 등)을 제한하는 경

47) 헌재 1995. 4. 20. 92헌바264 등.

48) 그러한 이유에서 지방자치법 제22조(구 지방자치법 제15조) 단서조항의 합헌론을 주장하면서도, 조례에 의한 권리침해의 정도와 유형에 따라 법률유보의 의미는 구체적으로 판단할 수밖에 없는 문제이므로 지방자치법 제22조 단서조항을 폐지하고 법률유보이론의 일반적 문제로 다루는 것이 타당하다는 견해(조성규, "직접민주주의와 조례제정권의 한계", 행정판례연구 XI, 363면)가 설득력을 가진다.

우에, 비례의 원칙(과잉금지의 원칙)에 의해 위법·무효를 판단하고 있다.[49] 또한 합헌론이 법률유보의 원칙을 최소한도 정도로 이해하는 것에 비해, 판례는 너무 엄격하게 법률유보의 원칙을 적용하고 있다. 이러한 해석은 지방자치단체의 자치입법권(조례제정권)의 범위를 크게 제약할 수 있는 것으로 보인다.

V. 比較法的 考察

1. 日本의 自治立法權

(1) 地方自治의 本質 및 憲法的 根據

일본에서도 지방자치(특히 단체자치)의 근거에 대해 고유권설과 전래설이 대립하고 있으나, 제2차 세계대전 후에는 제도적 보장이론이 유력설이 되고 있다. 이러한 제도적 보장의 의미에 대해서도 의견대립이 있으나, 지방자치의 제도적 보장을 두 가지 의미로 이해하는 견해가 유력하다. 첫째, 지방자치는 헌법이전에 자연권으로서 존재한 것이 아니므로 고유권설을 부인하는 의미이며, 따라서 헌법개정에 의해서 지방자치제도를 폐지하는 것이 가능하다는 것이다. 둘째, 헌법의 보장을 물려받은 것이므로 법률에 의해 지방자치의 본질적 내용을 부정하는 것은 위헌으로 허용되지 않는다는 의미를 가진다.[50]

물론 일본헌법에도 지방자치에 관한 직접적인 근거규정을 두고 있다. 즉 일본헌법 제92조에서는 "地方公共團體의 組織 및 運營에 관한 사항은 地方自治의 本旨에 기하여 法律에서 이것을 정한다"고 규정하고 있으며, 제94조에서는 "地方公共團體는 그 財產을 관리하며, 事務를 처리하거나 行政을 집행하는 권능을 가지고 法律의 範圍 내에서 조례를 제정할 수 있다"고 규정하고 있다. 특히 일본헌법 제94조는 우리 헌

---

49) BVerfGE 33, 125, 157 ff.; Maurer, a.a.O., § 4 Rn. 23.
50) 상세는 宇賀克也, 上揭書, 2-5頁.

법 제117조 제1항과 대단히 유사하다. 조직고권에 관한 일본헌법 제92조는 국회가 제정한 법률에 의해서 인정된다는 점에서 일응 자기모순으로 보일 수 있다. 그러나 헌법초안에 의하면 법률의 범위내에서 조직고권을 가진다는 것은 자치법규(憲章)를 제정하는 지방공공단체의 권리를 박탈할 수 없음을 의미한다고 한다.[51]

(2) 條例制定權의 範圍와 限界

(가) 概 說

일본에서는 조례를 委任條例와 自主條例로 구분하고 있다. 일본헌법 제94조에서는 "地方公共團體는 그 財産을 관리하며, 事務를 처리하거나 行政을 집행하는 권능을 가지고 法律의 範圍內에서 조례를 제정할 수 있다"고 규정하고 있다. 일본의 다수설은 "法律의 範圍內"에서란 일반적으로 "법률에 위반되지 않는 한에서"라는 의미로 이해하고 있다.[52] 이러한 해석이 단지 법률우위의 원칙만을 인정한다는 의미인지는 분명하지 않다. 이와 관련하여 양자의 표현이 완전히 동일한 것은 아니나 대체로 동일한 의미를 가진 것으로 보고 있다. 즉 지방공공단체는 委任條例는 물론, 법률에 위반되지 않는 한에서 법률의 위임이 없는 自主條例(固有條例)를 제정할 수 있다는 것이다. 이와 관련하여 私人의 자유나 재산을 침해하는 조례의 경우에 법률유보가 요구되는지가 문제되고 있다.[53] 일본헌법 제29조 제2항에서도 재산권의 내용이 공공복리에 적합하게 하되, 이를 법률로 정한다고 규정하고 있다. 재산거래는 전국적으로 행하며 地方分權一括法에 의한 개정 전의 지방자치법에서도 동산이나 부동산의 거래 등에 대한 법률유보조항을 두고 있었다(구 지방자치법 제2조 제3항 제18호 등). 따라서 조례에 의한 재산권규제에 대해서는 소극적인 견해가 유력하였으나,[54] 재해방지의 필요가 있는 경우에는

---

51) 宇賀克也, 上揭書, 6頁.
52) 鹽野 宏, 行政法 III, 제3판, 168頁; 大石 眞, 憲法講義 I, 2007, 230頁.
53) 상세는 宇賀克也, 上揭書, 134-135頁.

재산권을 조례로서 규제하는 것이 합헌이라는 日本 最高裁判所의 판결[55] 이후 이에 찬동하는 견해가 등장하고 있다.[56]

(나) 自主條例의 制定範圍와 限界

地方分權一括法에 의한 개정 전에는 지방공공단체의 자주조례제정권은 自治事務(단체사무)에 대해서만 가능하였고, 機關委任事務에 대해서는 인정되지 않았다. 그러나 동법의 개정 후에는 지방자치법 제14조 제1항에서 "보통지방공공단체는 법령에 위반하지 않는 한 제2조 제2항의 사무에 관해 조례를 제정할 수 있다"고 규정하고 있다. 또한 지방자치법 제2조 제2항의 사무란 "지역에 관한 사무 및 그 밖의 사무로서 법률 또는 이에 근거한 政令에 의하여 처리하는 것 또는 政令이 명하는 것"이라고 규정하고 있다. 여기에서 "지역에 관한 사무"란 自治事務를 의미하며, 法定受託事務를 포함하는 것으로 이해되고 있다. 따라서 일본에서는 지방분권의 개혁에 의해 자주조례제정권의 범위는 확대되었다고 평가할 수 있다.[57]

또한 조례로 특정사항을 규율하고자 하는 경우에, 이미 법률이 규정하고 있는 경우에는 不可하다는 소위 古典的 法律先占論이 지배적이었다. 그러나 최근 이를 완화하여 조례제정의 가능성을 인정하는 견해가 유력해지고 있다. 예컨대 법령과 다른 목적으로 제정하는 경우 이외에 법령보다 더 엄하게 규율하는 경우, 조례가 법령이 정한 적용기준을 완화하여 급부를 확대하는 것을 규율하는 경우, 법령이 정하는 일정규모 이하에 대해 규율하는 경우 등에도 조례제정을 허용하여 탄력적으로 해석하고 있다.[58]

---

54) 否定하는 判例는 大阪高判昭和 36・6・26 判時 276号 33頁 참조.
55) 最大判昭和 38・6・26 刑集 17券 5号 521頁, 百選 25 事件.
56) 宇賀克也, 上揭書, 143頁.
57) 宇賀克也, 上揭書, 135頁.
58) 상세는 宇賀克也, 上揭書, 138-141頁.

(다) 判例의 立場

판례도 德島市 公安條例事件에 관한 最高裁判所의 판결[59] 이후 소위 고전적 법률선점론을 부정하고 있다. 이 사건에서 법원은 법률과 다른 목적으로 규제하기 위한 조례를 제정하는 것이 가능하다고 판시하였다. 이 경우 조례가 국가의 법령과 대상사항, 규정문언, 그 취지·목적·내용 및 효과를 비교하여 양자 사이에 모순이나 저촉이 있는지 여부를 검토해야 한다. 이를 통해 조례가 국가법령과 병존하는 것이 인정된다고 보고 있다.[60] 나아가 조례가 법령과 다른 목적에 기하여 규율하는 의도를 가진 경우에도, 그 적용에 의해 법령의 규정이 의도하는 목적이나 효과 등을 저해하지 않는 때에는 당해 조례가 위법하지 아니하다고 보고 있다.[61]

(3) 評 價

일본에서는 지방분권의 추진에 의해 조례제정의 범위가 점차 확대되고 있으며, 법률과 조례의 모순·저촉이 발생하는 경우에도 조례제정의 허용을 완화하고 있음을 알 수 있다. 특히 헌법 제94조에 규정된 "法律의 範圍內"에 관한 해석을 "법률에 위반되지 않는 한에서"라는 소극적인 의미로 이해하는 것이 통설이나, 이 규정이 법률우위의 원칙에 제한되는지 여부는 의문이다. 일본 지방자치법 제14조 제2항에서는 "보통지방공공단체는 의무를 부과하거나 권리를 제한하는 것은 법령에 특별히 정하는 경우를 제외하고는 조례에 의해야 한다"고 규정하고 있다. 일본 입법례에서는 우리 지방자치법과 달리 엄격한 법률유보원칙을 요구하고 있지는 않는 것으로 보인다. 그리고 사인의 자유나 재산을 제약하는 조례도 점차 허용하는 추세인 점을 보면, 법률유보의 원칙을 엄격히 요구

59) 最大判昭和 50·9·10 刑集 29券 8号 489頁, 百選 28 事件.
60) 大石 眞, 上揭書, 230頁.
61) 宇賀克也, 上揭書, 137頁.

하는 것으로 보이지 않는다. 또한 조례와 법률의 충돌에 있어서도 완화된 해석을 통해 조례제정의 가능성을 넓히고 있다고 볼 수 있다.

2. 獨逸의 自治立法權

(1) 自治高權의 保障과 自治立法權의 根據

독일에서는 지방자치에 대한 헌법적 근거를 기본법 제28조 제2항 제1문에서 찾을 수 있다. 여기에서 "지방자치단체에게는 지역 공동체의 모든 사무를 법률의 범위 내에서 자신의 책임 하에 규율할 권리가 보장되어야 한다"고 규정하여, 지방자치단체에 全權限性(Allzuständigkeit)과 自己責任性(Eigenverantwortlichkeit)을 보장하고 있다고 보고 있다는 것이 지배적인 견해이다.[62] 즉 헌법이나 법률이 국가나 기타 공공단체의 사무로서 유보하지 않는 한, 지방자치단체는 지역공동체의 모든 사무에 대한 포괄적인 자치권을 가진다(전권한성의 원칙). 또한 지방자치단체는 자치사무에 대해 국가의 지시나 감독을 받지 않고, 법의 테두리 안에서 자주적으로 처리하고, 이에 대해 책임을 진다(자기책임성의 원칙). 따라서 지방자치단체는 전형적인 지방자치단체의 사무에 대해 自治高權(Gemeindehoheit)이 보장되어 있고, 조직고권(Organisationshoheit)·지역고권(Gebietshoheit)·인사고권(Personalhoheit)·재정고권(Finanzhoheit), 계획고권(Planungshoheit) 등 포괄적인 자치권을 가지고 있다.[63] 특히 지방자치단체는 예산제도에 따라 자신의 책임으로 세입·세출을 유지하는 지방자치단체의 권능을 財政高權(Finanzhoheit)이라고 한다. 특히 독일기본법 제28조 제2항 제3문 전문에서는 "지방자치권의 보장이 재정상 자기책임(finanziellen Eigenverantwortung)의 기초도 포함한다"라고 규정하고 있다. 이 조항은 지방자치단체의 자치권을 강화하기 위해

---

62) K. Hesse, Grundzüge des Verfassungsrechts der Bundesrepublik Deutschland, 20. Aufl., 1995, Rn. 465; Jarass/Pieroth, GG, Art. 28 Rn. 12 ff. 참조.

63) Jarass/Pieroth, GG, Art. 28 Rn. 13.

1994. 10. 27. 제42차 헌법개정법률에 의해 도입되었다.[64] 또한 재정상 자기책임의 기초에는 (영업)소득세율과 관련된 税收權(Hebesatzrecht)을 가진 게마인데에 귀속되는 경제력과 관련된 税源이 속하고 있음을 규율하고 있다(기본법 제28조 제2항 제3문 후문).[65] 이러한 재정고권은 지방자치법에 있어서 본질적인 구성부분으로 이해되고 있다.[66] 州(란트)의 헌법에도 재정고권에 관한 규정을 둔 경우도 있다. 예컨대 노르트라인-베스트팔렌(Nordrhein-Westfalen) 州의 헌법 제79조에서는 "게마인데는 자신의 임무수행을 위해 자신의 세원을 개발할 권리를 가진다. 란트는 입법시에 이러한 청구권을 고려하고, 재정상의 운영능력의 범위내에서 관할 게마인데를 초월하는 재정상 조정을 보장할 의무가 있다"라고 규정하고 있다. 또한 독일건설법전(BauGB) 제2조 제1항 제1문에서도 "건설기본계획(Bauleitpläne)은 게마인데(Gemeinde)가 自己責任하에 설정하여야 한다"라고 규정하여, 일반법률의 차원에서도 계획고권을 명확히 규정하고 있다. 요컨대 독일의 지방자치제도는 헌법에 근거를 두고 있음은 물론, 개별 법령에서도 자치보장의 내용이 구체화되고 있음을 알 수 있다.

(2) 條例制定權의 範圍와 限界

자치법규(Satzung)의 하나인 지방자치단체의 조례는, 국가에 편입된 공법인이 "법률이 대여한 자치의 범위내에서(im Rahmen der ihnen gesetzlich verliehenen Autonomie)" 제정하는 법규범이라는 점에서, 국법체계의 일부로 이해되는 것이 독일의 지배적 견해이다.[67] 조례는 한편으로는 법규범(Rechtsnorm)에 속하나, 다른 한편으로는 집행권의 일

64) Nierhaus, in: Sachs(Hrsg.), Art. 28 Rn. 68; Scholz, in: Maurz/Dürig, GG, Art. 28, Rn. 84a.

65) 이 조항은 1997. 10. 20. 헌법 개정에 의해 도입되었다.

66) Knemeyer, Bayerisches Kommunalrecht, 9. Aufl., Rdn .112.

67) Ossenbühl, in: Erichsen/Ehlers(Hrsg.), Allgemeines Verwaltungsrechts, § 7 Rn. 60.

부로 이해되고 있다.[68]

조례는 법규명령과 마찬가지로 법률에 淵源하는 실질적 의미의 법률에 속한다. 그러나 법규명령은 입법자의 부담을 경감한다는 의미에서 權力分散(Dekonzentration)의 의미를 가지는 반면, 조례는 脫중앙집권적인 법제정으로서 地方分權(Dezentralisation)의 의미를 가진다는 점에서 구별된다.[69] 한편, 독일기본권 제28조 제2항에 규정된 "법률의 범위내에서(im Rahmen des Gesetzes)"의 의미는 그 개념의 불명확성이 지적되기는 하나 법률우위의 원칙 이외에 법률유보의 원칙도 인정하고 있는 것으로 보인다.[70] 다만, 어느 정도의 범위에서 법률우위의 원칙과 법률유보의 원칙이 적용되는지가 문제되나, 기본법 제80조 제1항에 규정된 법규명령의 요건을 조례에 그대로 적용할 수 없다는 것이 독일연방헌법재판소의 입장이다.[71] 지방자치단체의 조례제정권(Satzungsgewalt)은 지방자치단체 자신의 사무와 관련하여 대단히 포괄적이며,[72] 민주적으로 선출된 기관이 조례제정권을 가진다. 따라서 법규명령과 달리 조례제정에는 원칙적으로 특별한 법률상 수권을 요하지 않는다.[73] 다만, 특별한 법률상 수권이 없이 사인의 기본권을 침해하는 조례를 제정할 수 있는지가 문제된다. 이 경우 국가의 법령과 자치법규(조례)가 경합하는 裏面에는 일반적 공익(Gemeinwohl)과 특정이익(집단이익)이 있으며, 입법자는 일반적 공익의 보호자이므로 기본권과 관련된 중요한 결정을 스스로 하여야 한다는 것이 유력한 견해이다(소위 "본질사항유보설").[74] 독일 연방헌법재판소는 專門醫 인정의 요건과 관련하여 기본법 제12조의 기본권침해의 문제를 비례원칙에 기초한 단계이론에 따라 판단하였

68) Maurer, a.a.O., § 13 Rn. 2.
69) Ossenbühl, in: Erichsen/Ehlers (Hrsg.), a.a.O., § 7 Rn. 62 f.
70) Nierhaus, in: Sachs (Hrsg.), GG, Art. 28 Rn. 46.
71) BVerfGE 12, 319; 21, 54, 62; 32, 346, 360f; 33, 124, 157 ff.
72) Wolff/Bachof/Stober, Verwaltungsrecht I, 10. Aufl., § 25 Rn. 49.
73) Maurer, a.a.O., § 4 Rn. 22.
74) Maurer, a.a.O., § 4 Rn. 23; Ossenbühl, in: Erichsen/Ehlers (Hrsg.), a.a.O., § 6 Rn. 66.

고,[75] 지위를 형성하는 규범의 제정권은 입법자에게 유보되어 있음을 결정한 바 있다.[76]

Ⅵ. 結 論

대상판결은 종전의 판례와 마찬가지로 지방자치의 본질에 대한 선행적 고찰이 없이 접근하고 있다. 또한 조례제정의 규율대상에 대해서도 자치사무와 위임사무를 구별하여 자치사무에 대해서는 원칙적으로 조례제정의 대상으로 삼되 권리제한 또는 의무부과나 벌칙에 해당하는 경우에는 위임을 요하고 있다. 위임조례의 경우에도 개별법령에서 일정한 사항을 조례로 정하도록 위임하고 있는 경우에 한하여 제정할 수 있다고 보고 있다. 즉 대법원은 권리제한 또는 의무부과에 관한 사항이나 벌칙에 해당하는 조례에는 법률의 수권을 요한다고 하여, 지방자치법 제22조 단서에 근거하여 법률유보의 원칙을 적용하고 있다. 다만, 위임사무를 조례제정의 대상으로 삼을 수 있는지는 의문이다. 조례제정권의 범위를 확대한다는 논지에 따르면 一應 수긍할 수 있으나, 조례제정의 본질상 기관위임사무는 여기에서 배제하는 것이 타당하다. 자치사무에 대해서는 조례로 정하고, 위임사항은 법규명령에서 정한다는 독일학자의 주장도 경청할 가치가 있으며, 일본에서 기관위임사무를 폐지하고 法定受託事務로 대체되고 있음에도 주목할 필요가 있다. 따라서 조례제정의 대상으로 기관위임사무를 포함시키는 것은 타당하지 않으며, 소위 위임조례의 개념 자체도 조례의 본질에 반한다는 점에서 인정하기 어렵다.

또한 판례는 조례제정의 규율범위와 관련하여, 법률우위의 원칙과 법률유보의 원칙을 명확히 구별하지 않고 있다. 물론 소극적 의미의 법률

75) BVerfGE 33, 125, 157 ff.

76) Ossenbühl, in: Erichsen/Ehlers(Hrsg.), a.a.O., § 6 Rn. 66; Wolfgang Ziegler, Die Verkündung von Satzungen und Rechtsverordnungen der Gemeinden, 1976.

우위의 원칙과 적극적 의미의 법률유보의 원칙이 단절되어 있는 것은 아니며, 양 원칙은 행정의 법률적합성의 원칙과 관련하여 銅錢의 兩面과 같다. 조례와 법령이 충돌하는 구체적 사례에서 보는 바와 같이 국가의 법령보다 엄한 기준을 적용하는 경우에는 법률우위의 원칙보다 법률유보의 원칙이 적용되기 쉽다. 따라서 양자는 서로 필요불가결의 관계에 서 있다.

다만, 헌법 제117조 제1항, 지방자치법 제22조 등을 근거로 법률유보의 원칙 외에 법률유보의 원칙도 인정하고 있어, 대상판결은 이러한 법률유보의 원칙을 적용하고 있다. 그러나 위헌론이 경고하는 바와 같이 자치(입법)권의 제약을 가져와서는 아니된다. 또한 대상판결은 법률우위의 원칙을 언급하여, 조례제정의 예외사유를 설시하면서 그 범위를 확대할 가능성이 있음을 언급하고 있다. 그러나 정작 당해 사안에서는 이러한 법률우위의 원칙을 충분히 고려하지 않고, 곧바로 엄격한 법률유보의 원칙을 적용하고 있는 것으로 보인다. 즉 조례와 법률의 관계에서 법령우위의 원칙을 적용함에 있어, 대상판결은 예외적으로 조례제정이 허용되는 경우를 언급하고 있다. 즉 조례가 "법령과 별도의 목적에 기하여 규율함을 의도하는 것으로서 그 적용에 의하여 법령의 규정이 의도하는 목적과 효과를 전혀 저해하는 바가 없는 때" 또는 "양자가 동일한 목적에서 출발한 것이라고 할지라도 국가의 법령이 반드시 그 규정에 의하여 전국에 걸쳐 일률적으로 동일한 내용을 규율하려는 취지가 아니고 각 지방자치단체가 그 지방의 실질에 맞게 별도로 규율하는 경우"에는 국가의 법령에 위배되지 않는다고 하여, 예외적인 조례제정의 가능성을 열어 놓고 있다. 그러나 대법원은 이러한 법률우위의 문제를 검토하지 않고 지방자치법 제22조 단서에 의해 판단하고 있다. 즉 대상판결에서는 제주특별자치도 이외의 곳에 등록된 자동차대여사업자 및 대여사업용 자동차에 대하여 제주특별자치도 내에서의 영업을 금지하는 조례안 제37조 제4항과, 건설교통부 및 다른 시·도에 자동차대여사업등록을 하고 제주도 안에 영업소를 설치하여 영업을 하는 사업자에 대하여 이 사건 조례에 의한 등록기준을 갖추어 2007. 12. 31.까지 제주특별자치도지사에게 등록하도록 요구하는 부칙 제3항이 헌법 제15조에서 보장하는 영업장소의 제한을 받지 아니하고 자유롭게 영업할 자유를 제한하는 내용이므로, 지방자치법 제22조 단서에 따라 법률의 위임이 있어야 비로소 유효하게 된다고 보고 있다. 그러나 여객자동차 운송사업의 면허에 관한 건설교통부장관의 권한이 제주특별자치도지사의 권한으로 이양되고, 자동차대여사업에 관한 여객자동차 운수사업법 규정에서 건설교통부령으로 정하도록 한 사항의 대부분을 道 조례로 정하고 있는 濟州特別法 제324조 제1항, 제2항의 규정은 비록 영업구역에 관한 명확한 근거규정을 마련하지 않았다고 하더라도, 조례제정의 포괄적 위임은 이루어진 것으로 해석할 수도 있다. 지방자치단체의 조례는 '포괄적'인 자치권으로서의 성격을 가지며, 법규명령과 달리 엄격한 위임정도(구체성과 명확성)를 요구할 수 없다. 따라서 당해 사안에서는 기본권제한(헌법 제15조)을 염두에 두고, 너무 엄격하게 법률유보의 원칙을 적용한 것으로 보인다. 오히려 독일의 판례에서와 보는 바와 같이 지방자치단체의 조례제정의 가능성을 인정하면서도, 기본권제한과 관련된 판단에서는 비례의 원칙(과잉금지의 원칙)에 근거하여 위법성을 판단하는 것이 자치입법권을 존중하면서 입법형성권과의 조화를 꾀하는 해석이라고 판단된다. 또한 일본에서는 조례가 국가법령보다 엄하게 규율하는 소위 초과조례의 경우에도 비교적 관대하게 이를 허용하고 있는 점은 주목할 만한 점이라고 본다.

第 3 編

私人의 公行政

第 1 章

私人의 行政課題 參與와 公務委託

- 특히 公務委託의 範圍와 限界를 중심으로 -

Ⅰ. 들어가며

現代國家가 탄생한 후 공행정은 대부분 국가에 소속된 행정청에 의해 이루어져 왔으나, 오늘날에는 규제완화, 민영화 및 脫中央集權化(분권화) 등의 영향으로 행정주체가 다른 공공단체 또는 私人에게 공무를 위탁하는 경우가 더욱 증가하고 있다.[1] 특히 이러한 사인을 강학상 "公務受託私人"(Beliehene)이라고 부르고 있다. 사인에게 국가·지방자치단체 등 행정주체의 사무를 위탁하는 것은 행정주체의 부담을 경감하기 위한 권력분산의 요청, 재정조달 및 전문·기술적 지식의 필요성 등에 기인한다.[2] 이와 같이 공무를 위탁받은 사인 또는 사기업이 행정과제를 수행하는 현상은 경제행정법, 경찰행정법, 토지행정법, 국가배상법 및 환경행정법 및 안전기술법 등 다양한 분야에서 나타나고 있다. 그러한 영향으로 공무수탁사인의 문제는 점차 익숙한 법풍경이 되고 있으며, 이에 대한 법적 논의가 필요해지고 있다. 그럼에도 불구하고 종전까지 국내학계에서는 공무수탁사인에 관한 연구가 충분하지 않았다. 그

1) Maurer, Allgemeines Verwaltungsrecht, 16. Aufl., § 23 Rn. 56.
2) Wolff/Bachof/Stober, Verwaltungsrecht, Bd. 3, 5. Aufl., § 90 Rn. 2.

러나 최근에 들어와서 다시 이에 관한 관심이 높아지고 있음은 다행스러운 일이다.[3] 이러한 많은 선행연구에도 불구하고, 공무위탁의 법적 문제는 여전히 學說의 迷宮이며, 실무적으로도 여전히 중요하다. 우리 판례에서도 '공무수탁사인'이라는 용어를 직접 사용한 경우는 거의 없다.[4] 공법과 사법이 이원화된 법체계에서 공무수탁사인의 문제는 이론적으로 낯선 법현상일 수도 있는데, 사인에 공무를 위탁하는 현상은 歐洲에서 이미 오랜 역사적 배경을 가지고 있는 것으로 보인다. 독일에서는 이미 19세기 초반부터 공무수탁사인(Beliehene)이라는 개념을 사용하고 있었다. 공무수탁사인의 개념을 최초로 정립한 독일의 학자는 Otto Mayer였다. 그는 자신의 著書인 『독일행정법(Deutsches Verwaltungsrecht)』에서 공무위탁(Beleihung)을 자세히 소개하였고,[5] 공무위탁의 적용영역으로 公路, 橋梁, 철도 및 전차 등을 소개하고 있다.[6] Otto Mayer가 파악한 공무위탁의 범위는 실로 방대하다고 볼 수 있다.[7] 그는 자신의 저서에서 公務受託私人(Beliehene)이라는 개념 외에, 공무를 위탁받은

---

3) 정하중, "민간에 의한 공행정수행", 행정법의 이론과 실제, 법문사, 23-49면; 이원우, "정부기능의 민영화를 위한 법적 수단에 대한 고찰: 사인에 의한 공행정의 법적 수단에 대한 체계적 연구", 행정법연구 제3호(1998), 108면 이하; 신보성, "사인에의 행정권한 위임의 법적 고찰", 법조 통권 526호(2000), 73면 이하; 홍준형, "사인에 의한 행정임무의 수행", 공법연구 제39집 제2호, 629-650면 등.

4) 아직 대법원 판례에서도 '공무수탁사인'이라는 용어를 직접 사용한 경우는 거의 없는 것으로 보인다. 다만, 하급심판례에서 이를 사용한 경우가 있다. 즉 서울고등법원은 재건축조합의 법적 성격과 관련된 사건에서, "이 사건 소는 집합건물의소유및관리에관한 법률과 주택건설촉진법에 의하여 규율되고 있는 재건축조합에 관한 것으로서 공무수탁사인으로서 행정기관의 성격을 갖는 도시재개발법상의 재개발조합과는 다르므로, 민사소송으로서 재건축조합 및 시공회사를 상대로 부당이득의 반환이나 불법행위에 기한 손해배상을 구할 수 있다"라고 판시한 바 있다(서울고등법원 2003. 12. 24. 선고 2001나58131 판결 참조).

5) Otto Mayer, Deutsches Verwaltungsrecht, Bd. 2, 2. Aufl. 1917, S. 431 ff.; 3. Aufl. 1924, S. 243 ff.(이하 인용은 제3판에 의한다).

6) Otto Mayer, a.a.O., S. 245ff.

7) 그러나 Otto Mayer가 언급한 일부 사례는 오늘날 "특허기업"에 해당하는 것도 있는데, 오늘날 논의되는 공무수탁사인과 다소 차이가 있다(정하중, 전게서, 27-28면 참조). 실제 Otto Mayer는 "행정행위의 성질을 가지는 權限附與(Verleihung)나 特許(Konzession)를 통해 공무수탁사인에게 법적 권한을 부여하고 자신의 이름으로 공행정의 일부를 행사하도록 하는 것"이라고 이해하고 있었다(Otto Mayer, a.a.O., S. 242).

기업(공기업 포함), "公務受託企業(beliehener Unternehmer)"의 문제를 상세히 다루었다.[8] 1970년대에 들어와서 독일의 공법학계는 "私人에 의한 公行政(öffentliches Verwaltung durch Private)", "사인의 행정과제 참여(Beteiligung Privater an Verwaltungsaufgaben)", 그리고 "공무수탁기업" 등의 문제를 본격적으로 다루기 시작하였다.[9] 그 후 사인의 행정과제 참여, 민영화 등이 확산되고, 공법과 사법의 영역이 혼재하는 경향을 보였다. 이러한 현상을 혹자는 "公法과 私法의 交錯", "公法의 私化(Privatisierung)" 등으로 표현하고 있다.[10]

최근에 들어와서 우리 사회에도 사인(사기업)이나 법인·단체 등이 행정권한을 위임·위탁받아 행정과제를 수행하면서, 이에 대한 명확한 법적 근거 없이 국민의 권리·의무를 직접 제한하거나 침해하는 경우가 적지 않다. 예컨대 사업시행자인 민간기업이 공용수용권을 행사하는 경우, 공기업이 대집행권한을 위임받은 이를 행사하는 경우 등이 그러하다. 이로 인해 피해를 입은 국민들은 누구를 상대로 손실보상이나 국가배상을 청구하여야 하는지, 또는 행정소송을 제기할 경우 누구를 피고로, 그리고 어떠한 소송형식으로 제기해야 하는지 등이 실무상 문제될 수 있다. 따라서 이하에서는 공무위탁의 개념적 기초(Ⅱ.), 공무수탁사인의 법적 지위(Ⅲ.), 공무위탁의 적용영역(Ⅳ.) 및 공무위탁의 범위와 한계(Ⅴ.), 그리고 공무위탁과 법률유보(Ⅵ.) 등을 차례대로 살펴보기로 한다.

---

8) Otto Mayer, a.a.O., S. 256ff.

9) Ferdinand Kopp, Der beliehene Unternehmer, DVBl. 1970, S. 724ff.; Dagtoglou, Die Beteiligung Privater an Verwaltungsaufgaben, DÖV 1970, S. 532ff.; Reuß, Öffentliche Verwaltung durch Private, DVBl. 1976, S. 927ff.; Steiner, Öffentliche Verwaltung durch Private, DÖV 1970, S. 526ff. 특히 前 연방헌법재판소 재판관 Steiner 교수는 동일한 주제를 가지고 자신의 正教授資格論文(Habilitationsschrift)으로 발표한 바 있다(Udo Steiner, Öffentliche Verwaltungs durch Private: Allgemeine Lehren, Hamburg 1975).

10) Walter Leisner, "Privatisierung" des Öffentlichen Rechts, S. 34 ff.; 졸고, "생존배려영역에서의 민관협력과 공법적 문제", 환경법연구 제32권 2호(2010. 8), 250면 참조.

Ⅱ. 公務委託의 概念的 基礎

1. 公務委託의 概念, 根據 및 特徵

공무수탁사인이란, 사인(Privatpersonen)이 행정주체로부터 "자신의 이름으로 특정한 행정과제를 독자적으로 수행할 수 있는 권한을 이전받은" 경우를 말한다.[11] 이와 같이 공무수탁사인은 公務委託(Beleihung)[12]을 전제로 한다. 한편, 사인이 행정과제를 수행하는 방식에는 다양한 유형이 있다. 그러나 이러한 유형들은 학자에 따라 달리 이해되고 있어, 종종 혼란이 생기기도 한다. 따라서 공무수탁사인을 본격적으로 검토하기에 앞서, 공무위탁의 개념을 명확히 할 필요가 있다. 이와 관련하여 우선 '위임'과 '위탁'이 구별되어야 한다. 통상적으로 권한의 '위임'은 대체로 직접적인 지휘·감독관계에 있는 보조기관 또는 하급행정기관에 행하는 것인 반면, '위탁'은 이러한 지휘계통에 있지 않는 다른 행정기관이나 법인·단체 또는 그 기관이나 사인 등이 행하는 것이 보통이다.

위임과 위탁에 관한 법적 근거는 우선 정부조직법 제6조에서 찾을 수 있다. 委任과 관련하여, 정부조직법 제6조 제1항 제1문에서 "행정기

---

11) Maurer, a.a.O. 한편, 국내학설 중에는 공무수탁사인을 "행정사무수탁사인"(김철용, 행정법 I, 제12판, 81면), 또는 "공권수탁사인"(김동희, 행정법 I, 제18판, 81면) 등으로 부르기도 한다. 한편, 사인에게 '권한'을 부여한다는 점을 강조하여, 이를 '公權受託私人'이라고 부르는 견해도 의미 있다. 다만, '公權'이라는 개념은 상대적이어서 다소 오해의 소지가 있을 수 있고, 실제 위탁받은 것은 權利(Recht)가 아니라 權限(Kompetenz)의 일부에 제한된다는 점에서 문제가 있다. 또한 실제에 있어서 權限과 任務(내지 課題)는 서로 구별하기 어려운 점이 있고, 단순히 권한의 이전이라는 형식적 측면보다는 행정과제의 수행이라는 기능적·목적적 측면도 중요한 의미를 가진다. 따라서 本稿에서는 일반적으로 사용되는 '公務受託私人'이라는 용어를 그대로 사용하기로 한다.

12) 강학상 "공무수탁사인"에 해당하는 "Beliehene"의 의미를 보다 정확히 이해할 필요가 있다. 그 동사형인 "Beleihen"은 역사적으로는 "封土나 官職 등을 주다"는 의미를 가지고 있었으나, 오늘날에는 법적으로 "私人에게 행정행위나 권력적 조치 등을 행할 수 있는 高權力(Hoheitsrecht)을 부여한다"는 의미를 가진다(Ziekow, Öffentliches Wirtschaftsrecht, § 4 Rn. 32 참조). 이와 같이 공무위탁은 행정과제의 수행을 위해 고권적 권한의 이전을 전제로 한다고 볼 수 있다.

관은 법령으로 정하는 바에 따라 그 소관사무의 일부를 보조기관 또는 하급행정기관에 위임"한다고 규정하고 있어, 권한의 위임이 주로 보조기관이나 하급행정기관에 대해 이루어진다는 점에 관하여는 논란의 여지가 없다. 다만, 정부조직법 제6조 제1항 제1문 후단부에서는 "다른 행정기관·지방자치단체 또는 그 기관에 위탁 또는 위임을 할 수 있다"고 규정하고 있다(정부조직법 제6조 제1항 참조). 여기에서 '위임' 또는 '위탁'을 누구에게 하는지가 분명하지 않다. 그러나 국가사무를 지방자치단체 또는 그 기관에 '위임'을 하는 법리는 이미 확립되어 있다. 지방자치단체에 위임하는 경우를 '단체위임사무', 지방자치단체의 기관에 위임하는 경우를 '기관위임사무'라고 부르는 것이 그러하다.[13] 따라서 위탁은 "다른 행정기관에" 하는 경우로 제한하여 해석될 수 있다. 이러한 점은 행정권한의 위임 및 위탁에 관한 규정(대통령령 제23370호, 2011. 12. 13. 일부개정)에서 보다 분명히 알 수 있다. 즉 동 규정 제2조에 의하면, "법률에 규정된 행정기관의 장의 권한 중 일부를 그 보조기관 또는 하급행정기관의 장이나 지방자치단체의 장에게 맡겨 그의 권한과 책임 아래 행사하도록 하는 것"을 委任으로, "법률에 규정된 행정기관의 장의 권한 중 일부를 다른 행정기관의 장에게 맡겨 그의 권한과 책임 아래 행사하도록 하는 것"을 委託으로 정의하고 있다. 한편, 독일의 일부견해는 "특정한 행정기관이 자신이 소속한 행정주체의 기관이 아니라, 다른 행정주체의 기관으로서 그 임무를 수행하는 경우"를 기관위임(Organleihe)으로 정의하고 있다.[14] 그 구체적 사례로 郡守(Landrat)가 대부분의 주(란트)에서는 郡(Landkreis)의 기관으로서의 지위를 가지면서도, 국가의 과제를 수행하는 경우에는 국가의 행정청으로서의 지위도 가지는 경우가 소개되고 있다. 따라서 위 기관위임의 정의에서 말하는 "다른 행정주체"는 주로 지방자치단체를 가리키는 것으로

---

13) 한편, 통상적인 '위임사무'는 단체위임사무이며, 국가사무의 대부분을 기관위임사무로 이루어지는 것은 민주주의원리에 비추어 여러 가지 문제점이 있다고 지적하는 견해도 있다(홍정선, 新지방자치법, 476면, 482-483면 참조).

14) Maurer, a.a.O., § 21 Rn. 54.

볼 수 있다.[15] 이러한 점은 우리 시·도지사나 시장 등이 지방자치단체의 기관일 뿐만 아니라, 국가사무를 위임받아 처리하는 경우에는 국가기관으로서의 지위를 가지는 것과 마찬가지라고 볼 수 있다. 우리 판례도 지방자치단체장의 이중적 지위를 인정하고 있다.[16] 요컨대 위탁은 특정한 행정기관이 직접적인 지휘·감독관계에 있지 않는 다른 행정기관, 법인·단체 또는 그 기관, 그리고 사인에 권한의 일부를 이전하여 그들 자신의 이름으로 특정한 공적 과제를 독자적으로 수행하도록 하는 것을 말한다.

2. 公務受託의 主體(公務受託人)

(1) 사인에 대한 공무의 '委託'에 관한 법적 근거는 정부조직법 제6조 제3항에서 찾을 수 있다. 여기에서 "행정기관은 법령으로 정하는 바에 따라 그 소관사무 중 국민의 권리·의무에 직접 관계되지 아니하는 사무를 지방자치단체가 아닌 법인·단체 또는 그 기관이나 개인에게 위탁할 수 있다"라고 하여, 위탁사무의 성질 및 범위, 수탁기관을 정하고 있다. 그 공무위탁의 수탁자로서 "법인·단체 또는 그 기관이나 개인"을 열거하고 있다. 여기에서 말하는 '법인'이 私法人에 제한되는 것인지, 아니면 지방자치단체 외의 기타 공공단체나 공법인도 포함하는지가 명확하지 않다. 다만, 행정권한의 위임 및 위탁에 관한 규정 제1조 목적조항에서 "정부조직법 제6조 제3항 및 그 밖의 법령에 따라 행정간여의 범위를 축소하여 민간의 자율적인 행정 참여의 기회를 확대하기 위하여" 제정되었음을 밝히고 있다. 또한 동 규정 제2조 제3호에서

15) Wolff/Bachof/Stober, a.a.O., § 95 Rn. 30. 한편, 국내학설 가운데에는 기관위임을 "국가 또는 광역지방자치단체의 사무가 광역지방자치단체 또는 기초지방자치단체가 아니라 광역지방자치단체 또는 기초지방자치단체의 기관에 위임되는 것"이라고 이해하면서, 독일의 기관위임(Organleihe)과 일치시키는 견해가 있다(홍정선, 新지방자치법, 482면).

16) 즉 대법원은 "시장은 지방자치단체의 장인 동시에 (구)지방자치법 제102조·제103조에 의한 국가위임사무를 집행하는 관계에 있어서는 국가기관이다"라고 하여, 시장의 이중적 지위를 인정하고 있다(대법원 1968. 4. 16. 선고 68다295 판결).

는 "법률에 규정된 행정기관의 사무 중 일부를 지방자치단체가 아닌 법인·단체 또는 그 기관이나 개인에게 맡겨 그의 명의로 그의 책임 아래 행사하도록 하는 것"을 '민간위탁'으로 정의하고 있을 뿐이다.

생각건대 행정권한의 위임 및 위탁에 관한 규정에서 비록 '민간'위탁이란 표현을 사용하고 있으나, 정부조직법 제6조 제3항에서는 민영교도소의 설치·운영에 관한 법률 제3조와 같이 "공공단체 외의 법인·단체 또는 그 기관이나 개인"이라고 규정하고 있지 않다. 따라서 정부조직법 제6조 제3항의 '법인'을 '사법인'에 제한하는 것은 필연적이지 않다. 이를 사법인에 제한하는 것으로 해석할 경우, 지방자치단체 이외의 '공공단체'에 대한 위탁에 관한 근거규정을 찾을 수 없게 된다. 공법인과 사법인에 적용되는 법리와 소송형식 등은 서로 구별되지만, 실제에 있어서 양자의 구별은 용이하지 않은 점이 있다. 따라서 '법인'에는 사기업인 '특허기업'은 물론이고, 국가·지방자치단체 및 그에 의해 설립된 법인이 직접 사회공공의 이익을 위하여 경영하는 기업인 '공기업'도 포함될 수 있다.[17] 이러한 공기업은 대부분 공법인인 경우가 적지 않다. 일찍이 Otto Mayer는 자신의 著書 이외에 또 다른 문헌들에서 "公務受託公企業(beliehener öffentlicher Unternehmer)"이나 "權限附與를 받은 公企業(verliehener öffentlicher Unternehmer)" 등의 표현을 사용하고 있다.[18] 이러한 사실은 사인뿐만 아니라 기업(공기업 포함)에 공무를 위탁하는 경우가 적지 않음을 보여주는 것이다.

(2) 또한 정부조직법 제6조 제3항의 '단체'에는 "(법)인격 없는 사단" 또는 "권리능력 없는 사단"을 포함한다고 해석할 수 있다. 이와 관련하여 공무수탁사인은 자연인, 사법인 그리고 법인격 없는 단체도 될 수

---

17) 한편, 독일에서도 법령에 公企業(öffentliche Unternehmen) 개념에 관한 명확한 정의규정이 없어 논란이 되나, 공기업의 개념표지가 기준이 되고 있다. 이에 따르면, 공기업은 조직상 독립된 단위이어야 하고, 경제적 활동을 대상으로 하여야 하며, 공적인 손이 기업의 주체이거나 이에 대해 영향력을 행사할 수 있어야 한다고 보고 있다(이에 대해서는 Ziekow, a.a.O., § 21 Rn. 5 ff. 참조).

18) 이에 대한 문헌 및 상세한 내용은 Steiner, a.a.O., S. 527 참조.

있다는 견해도 있다.[19] 반면, 독일에서는 공무수탁사인을 私法上의 主體로서 '자연인'이나 '법인'으로 보는 것이 압도적 다수설이다.[20] 따라서 공법인, 법인격 없는 단체나 사단 등에 대해 공무를 위탁하는 경우를 모두 공무수탁사인으로 부르는 것은 적절하지 않다. 공무수탁사인은 사인이나 사법인에 제한된다고 볼 수 있다. 물론 공법인이나 법인격 없는 단체에 대한 공무위탁은 가능하나, 이론적으로나 권리구제의 측면에서 법인격 없는 '단체'나 그 '기관'에 대해 고권적 권한을 위탁하는 것은 재고할 필요가 있다. 다만, 우리나라에서는 위탁의 범위를 원칙적으로 단순 사실행위나 행정사무 등에 제한하고 있음을 감안할 필요가 있다(정부조직법 제6조 제3항, 행정권한의 위임 및 위탁에 관한 규정 제11조 제1항 참조). 따라서 국민의 권리·의무에 영향을 미칠 수 있는 권력적 행정에 관한 권한을 공무수탁사인에게 위탁하는 경우에 고권적 권한의 범위와 한계, 배상책임의 주체, 행정소송의 피고 및 소송형식 등과 관련하여 어려운 문제가 발생할 수 있기 때문에, 개별 법률의 특별규정이 필요하다.

3. 獨立的 行政補助人의 登場과 새로운 法的 問題

(1) 公務受託私人과 行政補助人의 傳統的 區別基準

공무수탁사인은 行政補助人(Verwaltungshelfer)과 구별된다. 종래 행정보조인은 대체로 행정주체를 위해 동원되기는 하나 독립적으로 활동하지 않는다는 점에서, 공무수탁사인과 차이가 있다고 보았다. 이러한 행정보조인은 보조기관으로서, 자신의 이름이 아닌, 행정청의 명령과 지시에 따라 행정과제를 수행할 뿐이다.[21] 따라서 행정보조인은 행정의 연장된 팔로서 소위 道具理論(Werkzeugtheorie)이 적용될 수 있고, 행

19) 박균성, 행정법론(상), 제11판, 91면.
20) Wolff/Bachof/Stober, a.a.O., § 90 Rn. 4; Maurer, a.a.O., § 21 Rn. 11.
21) Ziekow, a.a.O., § 4 Rn. 34.

정의 감독에 기속된다.[22] 행정보조인의 경우에 공무수탁사인과 달리 위탁행위가 필요하지 않다.[23] 행정보조인의 구체적 사례로는 교통사고이나 긴급한 재난 등의 발생시 수신호나 교통정리 등을 하는 補助警察(Hilfspolizisten), 학교의 등·하교시 교통안내인(Schülerlotse),[24] 주·정차 위반차량을 견인하기 위해 경찰공무원에 의해 동원되는 사설견인업체 등이 있다.[25] 종래 행정보조인은 독일에서도 학계의 주목을 크게 받지 못하였으나, 최근에는 법이론적 변화와 새로운 유형의 등장으로 인해 관심이 점차 높아지고 있다.[26]

(2) 獨立的 行政補助人의 登場과 새로운 基準의 必要性

행정보조인은 非獨立性을 특징으로 하였으나, 오늘날에는 獨立的인 行政補助人이 등장하고 있다. 예컨대 폐기물 또는 폐수를 처리하는 사기업, 사설감시인, 독립적으로 활동하는 견인업체 등이 여기에 속한다.[27] 이러한 '독립적' 행정보조인의 등장은 도구이론의 적용을 수정해야 하였는데, 私法으로의 逃避(Flucht ins Privatrecht)를 통해 공법관계로부터 벗어나는 것을 차단하기 위해 소위 "修正된 道具理論"도 등장하였다.[28] 나아가 독립적 행정보조인은 공무수탁사인과의 구별을 더욱 어렵게 하고 있다. 최근 유력설에 의하면, 행정보조인은 "결정적"으

22) Wolff/Bachof/Stober, a.a.O., § 90 Rn. 1.
23) Ossenbühl, Staatshaftungsrecht, 5. Aufl., S. 18.
24) OLG Köln, NJW 1968, 655.
25) Wolff/Bachof/Stober, a.a.O., § 90a Rn. 11. 이러한 행정보조인들은 원칙적으로 행정내부법의 영역에서만 활동할 뿐, 제3자에 대한 법률관계에서 직접적인 외부적 효과를 발생하는 행정행위 기타 고권적 행위를 할 수 없다. 다만, 사설견인업체는 경우에 따라 개인에 대하여 직접적으로, 그리고 독립적으로 활동하는 경우가 있는데, 이러한 점이 독일에서는 논란이 되고 있다.
26) 이와 관련하여 Stober 교수는 행정보조에 대하여 독자적인 節을 할애한 이유를 본론에 들어가기 전에 설명하고 있는데, 그 이유로서 "행정보조가 점차 별로 중요하지 않은 법형상의 그림자에서 나와서, 최근에는 주목할 만한 跳躍과 법이론적 변화를 경험하고 있기 때문이다"라고 설명하고 있다(Wolff/Bachof/Stober, a.a.O., § 90a).
27) Wolff/Bachof/Stober, a.a.O., § 90a Rn. 15 ff. 가령 사설견인업체가 '공적인 손'과 私法上 勤務契約을 맺고, 경찰법상 견인조치를 집행(시행)하는 경우가 그러하다.
28) Wolff/Bachof/Stober, a.a.O., § 90a Rn. 13.

로 활동하지 못하고, 단지 "준비적" 또는 "집행적(시행적)"으로만 활동한다는 점에서 공무수탁사인과 구별된다고 한다.[29] 이 견해의 진의를 정확히 파악하기는 쉽지 않다. 다만, 독립적 행정보조인은 집행행위를 함에 있어서 어느 정도 독립적으로 활동할 수는 있으나, 위탁행위에 의해 최종적 결정권한이 이전되는 것은 아니라는 점에서 공무수탁사인과 차이가 있다. 한편, 사설견인업체가 행정보조인으로만 활동하는 것은 아니다. 이러한 경우에는 당해 사설업체가 고권적으로 활동하거나 공무를 수행한다고 볼 수 없으며,[30] 법률유보의 원칙이 적용된다고 보기 어렵다.

(3) 代行과 行政補助人의 區別에 관한 批判

이와 관련하여 국내학설은 행정보조인의 구체적 사례로서 불법주차 자동차의 견인을 대행하거나(도로교통법 제36조), 생활폐기물의 수집·운반·처리를 대행하는 경우(폐기물관리법 제13조 제2항)를 들고 있다.[31] 그러나 위탁과 代行을 구별하는 견해[32]가 있다. 이 견해에 의하면 대행은 권한행사가 사실상 대행기관에 이전되나, 법상의 처분권이 이전되는 것은 아니라는 점에서 (협의의) 위탁과 구별된다고 한다. 또한 대행을 권한의 대리와 유사한 것으로 이해하면서, 대행권이 법령에 규정되어 있는 것이 보통이고 피대행기관과의 관계를 명시하지 않고 대행을 행한다는 점에서 구별된다고 본다. 그리고 대행을 보조위탁(행정보조인)과 구별하고 있다. 한편, 독일에서도 행정대행(Verwaltungssubstitution)을 공무위탁과 행정보조의 중간단계로서 보는 견해가 있으나,[33] 독자적

29) Wolff/Bachof/Stober, a.a.O., § 90a Rn. 21.
30) LG München, NJW 1978, 48 f.; Wolff/Bachof/Stober, a.a.O., § 90a Rdn 12. m.w.N.
31) 朴鈗炘, 최신행정법강의(상), 개정29판, 122면; 鄭夏重, 전게서, 35면.
32) 朴均省, "공무수탁자의 법적 지위와 손해배상책임", 행정판례연구 제15집 1호, 160면.
33) 이 경우 행정대행은 행정주체가 행정과제의 수행을 포기하는 경우에 한편으로는 국가과제의 수행을, 다른 한편으로는 단순고권적 집행업무를 독자적으로 한다고 보고 있다(이에 대한 상세한 문헌에 대해서는 Wolff/Bachof/Stober, a.a.O., § 90a Rn. 23 참조).

인 영역으로 인정되기 위해서는 보다 깊이 있는 논의가 필요해 보인다. 무엇보다 독립적인 행정보조인이 인정될 경우 대행의 독자적 위상은 점점 좁아질 수 있다.

실정법에서도 '대행'이라는 표현을 자주 접하게 되는데, 강학상 어떤 의미를 가지는지에 대해서는 개별적으로 검토할 필요가 있다. 주차위반 차량의 견인은 경찰서장이나 특별시장 · 광역시장 · 제주특별자치도지사 또는 시장 · 군수(이하 "시장 등"이라 한다) 등 행정청의 권한이다. 그러나 도로교통법 제35조 제1항에 따라 견인 · 보관 및 반환 업무의 전부 또는 일부를 그에 필요한 인력 · 시설 · 장비 등 자격요건을 갖춘 법인 · 단체 또는 개인으로 하여금 이를 대행하게 할 수도 있다. 다만, 사설견인업체가 주 · 정차 위반차량을 견인하면서 개인의 권리나 자유에 대한 제한을 가할 수 있는 고권적 조치를 취할 수 있다. 차의 견인 · 보관 및 반환 업무를 대행하게 하는 경우에 경찰서장이나 시장 등은 그 업무의 수행에 필요한 조치와 교육을 명할 수 있다고 규정하고 있다(도로교통법 제35조 제2항 참조). 따라서 이러한 대행의 경우에는 대체로 행정청의 지시와 감독을 받고 비독립적으로 행정과제를 수행할 수도 있으나, 일정한 경우에는 사법상 계약을 통해 어느 정도 독립적으로 견인조치를 할 수도 있다. 또한 도로교통법 시행령 제16조 및 제17조에는 대행법인 등의 요건을 엄격히 정하고 있으며, 일정한 시정명령을 위반한 경우에 경찰서장이나 시장 등은 업무를 정지시킬 수 있다고 규정하고 있다. 이와 같이 주차위반차량의 견인에 관한 권한은 여전히 경찰서장이나 시장 등에 속한다. 주차위반차량의 견인을 대행하는 법인 등은 — 비독립적이든 또는 독립적이든 — 견인에 관한 집행행위를 하며, 행정청의 감독을 받고 있다. 따라서 주차위반차량의 견인을 대행하는 법인 등은 '행정보조인'에 해당한다고 보는 것이 타당하다.

또한 폐기물관리법에 의하면, 특별자치도지사, 시장 · 군수 · 구청장은 관할 구역에서 배출되는 생활폐기물을 처리하여야 하며, 해당 지방자치단체의 조례로 정하는 바에 따라 대통령령으로 정하는 자에게 생활폐기물의 처리를 대행하게 할 수 있다(제14조 제1항 및 제2항). 지방자치단체의 장은 생활폐기물의 처리대행자에 대해서는 일정한 감독권(영업정지, 과징금부과 등)을 행사할 수 있고, 생활폐기물의 처리대행자에 대해서는 시행령에 위임하고 있다. 생활폐기물의 처리대행자는 고권적 권한을 행사하지 않는다는 점에서 공무수탁사인으로 볼 수 없으며, 일종의 행정보조인으로 보는 것이 타당하다고 생각한다.

4. 公義務負擔私人으로서 源泉徵收義務者

공무수탁사인은 법령에 의해 부과된 일정한 의무를 수행하고 고권적 권한을 행사할 수 없는 公義務負擔私人(Inpflichtnahme Privater)과 구별된다. 그 구체적 사례로 위기상황을 위해 최소한의 석유를 비축하는 것과 같이 특정한 물건을 보관할 의무를 정하는 것, 행정청의 경제정책결정 부담을 덜기 위해 특정한 데이터작성의 의무를 부과하는 것 등을 들고 있다.[34] 석유 및 석유대체연료 사업법 제17조 제1항 각 호에서 석유정제업자, 원유 및 대통령령으로 정하는 석유제품을 수출입하는 석유수출입업자 등을 석유비축의무자를 규정하고 있다. 이러한 석유비축의무도 위기상황을 고려하여 법령에 의해 일정한 의무를 부과하는 것이라는 점에서 그 의무자를 공의무부담사인으로 볼 수 있다. 공무수탁사인과 공의무부담사인의 구별에 대해서는 異論이 없다.

다만, 소득세법상의 원천징수의무자가 공무수탁사인에 해당하는지가 문제된 사안에서, 대법원은 원천징수행위가 공권력의 행사로서 행정처분에 해당하지 아니한다고 판시하였다.[35] 판례가 소득세법상의 원천징

---

34) Ziekow, a.a.O., § 4 Rn. 36 f.; Wolff/Bachof/Stober, a.a.O., § 90a Rn. 64 f. 이와 달리 행정청의 명령과 지시에 따라 개인정보의 작성이나 처리 등을 하는 경우에는 행정보조인에 해당한다.

35) 대법원은 “원천징수하는 소득세에 있어서는 납세의무자의 신고나 과세관청의 부과결정이 없이 법령이 정하는 바에 따라 그 세액이 자동적으로 확정되고, 원천징수의무자는 소득세법 제142조 및 제143조의 규정에 의하여 이와 같이 자동적으로 확정되는 세액을 수급자로부터 징수하여 과세관청에 납부하여야 할 의무를 부담하고 있으므로, 원천징수의무자가 비록 과세관청과 같은 행정청이더라도 그의 원천징수행위는 법령에서 규정된

수의무자가 행정청일 수 있음을 밝히고 있다는 점에서 공무수탁사인으로 보고 있다는 주장이 있을 수 있다. 그러나 다수설은 원천징수의무자가 공권력을 행사하는 주체가 아니라 단순히 법령에 의해 부과된 의무를 이행하고 있다고 보아 '공의무부담사인'으로 보고 있다.36) 이를 행정보조인으로 보는 견해도 있다.37) 그러나 원천징수의무자가 행하는 원천징수행위는 행정청의 명령이나 지시에 따라 행하는 것이 아니라 법령에 의해 행한다는 점에서, 원천징수의무자는 공의무부담사인으로 보는 것이 타당하다.

Ⅲ. 公務受託私人의 法的 地位

공무수탁사인은 사법상 자연인 또는 법인이며, 독립적으로 자신의 책임 하에 특정한 행정과제를 수행한다.38) 그러한 이유에서 독일에서는 종래 공무수탁사인을 고권적 권한이 부여되는 경우에 行政主體(Verwaltungsträger)의 하나로 다루었다.39) 그러나 최근에 독일에서는 공무수탁사인을 행정주체로 보는 견해에서 탈피하여 '행정기관'으로 파악하는 견해가 유력해지고 있다.40) 즉 공무수탁사인은 독립적 고권력의 주체로서 외부적 효과를 가지는 행정행위를 발급하거나 고권적 조치 등을 취할 수 있다는 점에서, '行政機關' 내지 '行政廳'의 하나로 다루어지고 있다.41) 독일 행정절차법 제1조 제4항에는 "공행정의 과제를 행하

징수 및 납부의무를 이행하기 위한 것에 불과한 것이지, 공권력의 행사로서의 행정처분을 한 경우에 해당되지 아니한다"라고 판시한 바 있다(대법원 1990. 3. 23. 선고 89누4789 판결).

36) 박윤흔, 전게서, 120-121면.

37) 박균성, 전게서, 91-92면.

38) Maurer, a.a.O., § 21 Rn. 11.

39) Wolff/Bachof/Stober, a.a.O., § 90 Rn. 4; Maurer, a.a.O., § 23 Rn. 56 참조. 공무수탁사인의 예로는 선박의 船長, 항공기의 機長, 狩獵監視人(연방수렵법 제25조), 食肉檢査官(BVerwGE 29, 166) 등이 소개되고 있다.

40) Ulrich Stelkens, Die Stellung des Beliehnen innerhalb der Verwaltungsorganisation - dargestellt am Beispiel der Beleihung nach § 44 III BHO/LHO, NVwZ 2004, S. 304 ff.

는 모든 지위"라고 규정하고 있으며, 조직적 의미에서의 행정청(시장, 국·공립대학의 학장 등) 외에 외부관계에서 행정행위나 고권적 개별조치를 행하는 모든 기관, 즉 기능적 의미의 행정청도 포함하고 있다. 후자에는 연방대통령, 연방의회 의장, 법원 등이 속한다.

국내학설도 종래 공무수탁사인을 행정주체의 지위를 가진다고 보는 것이 보통이었으나,[42] 근년에는 행정주체뿐만 아니라 행정기관의 지위를 가진다는 점이 강조되고 있다.[43] 사견으로도 공무수탁사인을 반드시 행정주체에 제한해야 할 이유는 없다.[44] 따라서 공무수탁사인은 경우에 따라 행정주체의 지위를 가지거나, 또는 행정기관의 지위를 가질 수도 있다. 특히 우리 행정절차법은 행정청을 "행정에 관한 의사를 결정하여 표시하는 국가 또는 지방자치단체의 기관 기타 법령 또는 자치법규에 의하여 행정권한을 가지고 있거나 위임 또는 위탁받은 공공단체나 그 기관 또는 사인"이라고 정의하고 있다(동법 제2조 제1항 참조). 여기에서 '사인'은 공무수탁사인을 의미한다는 점에서 '행정기관(행정청)'으로 해

---

41) Maurer, a.a.O., § 23 Rn. 59; Stelkens, a.a.O., S. 305.

42) 金南辰, 行政法의 基本問題, 新版, 635-636면; 박윤흔, 전게서, 120-121면; 김동희, 전게서, 81면. 한편, 대법원은 비록 공무수탁사인이라는 표현을 사용하고 있지 않으나, 도시 및 주거환경정비법상의 주택재건축정비사업조합의 법적 지위를 행정주체(공법인)로 보고 있다. 즉 "행정청이 도시정비법 등 관련 법령에 근거하여 행하는 조합설립인가처분은 단순히 사인들의 조합설립행위에 대한 보충행위로서의 성질을 갖는 것에 그치는 것이 아니라 법령상 요건을 갖출 경우 도시정비법상 주택재건축사업을 시행할 수 있는 권한을 갖는 행정주체(공법인)로서의 지위를 부여하는 일종의 설권적 처분의 성격을 갖는다고 보아야 한다"라고 판시하고 있다(대법원 2009. 9. 24. 선고 2008다60568 판결).

43) 박균성, 전게서, 90면.

44) 한편, 筆者가 발표한 논문을 근거로 공무수탁사인을 행정주체로 분류하고 있음을 지적하는 견해도 있다(金重權, "공무수탁사인의 행정주체적 지위의 문제점에 관한 小考", 法律新聞 제3989호, 2011. 12. 5.자). 그러나 筆者는 해당 논문에서 공무수탁사인이 행정주체뿐만 아니라, 행정기관(행정청)의 지위를 가질 수 있음을 밝히고 있다. 즉 "국내학설은 공무수탁사인에 대해 행정주체로 보는 것이 일반적이며, 독일에서도 공무수탁사인을 행정주체로 보는 견해가 지배적이다. 그러나 우리 행정절차법은 행정청을 '행정청에 관한 의사를 결정하여 표시하는 국가 또는 지방자치단체의 기관 기타 법령 또는 자치법규에 의하여 행정권한을 가지고 있거나 위임 또는 위탁받은 공공단체나 그 기관 또는 사인'이라고 정의하고 있어, 공무수탁사인을 행정주체가 아닌 행정청(행정기관)으로 파악할 수 있다"라고 기술하고 있다(졸고, "행정대집행과 국가배상책임", 행정판례연구 제15집 1호, 2010. 6. 197면).

석하여도 전혀 무리가 따르지 아니한다. 이 경우 공무수탁사인을 피고로 하여 항고소송을 제기할 수 있음은 물론이다. 요컨대 공무수탁사인은 행정주체 또는 행정기관으로서의 지위를 가지며, 나아가 후술하는 바와 같이 국가배상법에서는 기능적 의미의 '공무원'에 해당하기도 한다.

Ⅳ. 公務委託의 適用領域

1. 問題의 所在

공무수탁사인의 적용영역은 초기에 경찰행정법이나 경제행정법 등이었으나, 오늘날에는 환경법이나 안전법 등 새로운 분야로 확대되는 경향을 보이고 있다.[45] 특히 1970년대에 들어와서 '민영화'가 歐洲各國으로 확산되었고, 국가의 과제를 민간부문에게 위탁하는 일이 증가하였다.[46] 이러한 위탁은 공행정의 脫中央集權(권력분산), 행정주체의 부담경감, 그리고 전문지식 및 기술에 있어서 우위를 가진 민간주도의 행정과제 수행, 재정조달의 요청 등의 목적으로 확산되고 있는데, 위탁을 통한 권력분산은 완전한 민영화의 대안으로서의 의미를 가진다고 한다.[47] 그러나 개별적 적용영역에서의 공무위탁은 다양한 모습으로 등장하고 있으며, 법적으로 쉽지 않은 문제를 던져 주고 있다. 특히 공무수탁사인의 법적 지위와 권한범위의 획정, 국가배상책임의 상대방, 그리고 행정소송의 피고적격 등이 문제가 되고 있다. 이하에서는 공무위탁과 손해전보, 그리고 개별영역에서 문제가 되고 있는 공무위탁의 법적 문제를 살펴보기로 한다.

---

45) 이에 대해서는 Groß, Die Verwaltungsorganisation als Teil organisierter Staatlichkeit, in: Hoffmann-Riem/Schmidt-Aßmann/Voßkuhle (Hrsg.), Grundlagen des Verwaltungsrechts, Bd. I, § 13 Rn. 89 참조.

46) 당시 美國에서도 新自由主義의 영향으로 민영화의 바람이 불기 시작하였고, 국가의 기능을 민간부문에 위임하여 공적 과제를 수행하는 일이 증가하고 있었다(Steiner, a.a.O., S. 528).

47) Stober, Allgemeines Wirtschaftsverwaltungsrecht, 15. Aufl., S. 274.

2. 公務委託과 損害塡補

(1) 私人에 의한 公用收用과 損失補償

사인(사기업)이 사업시행자로서 토지수용을 하는 경우가 여기에 해당한다. 종전에 개인의 사유재산권을 박탈하는 수용권은 국가에 전속되어 있었으나(국가수용권설), 오늘날에는 사업시행자에 의한 수용이 일반적이다. 특히 공용수용의 절차와 손실보상을 규정하고 있는 일반법인 「공익사업을 위한 토지 등의 취득 및 보상에 관한 법률」(이하 "공익사업법"이라 한다)에는 잔여지 등의 매수 및 수용청구 등을 제외하고, 재결신청권은 사업시행자에 전속되어 있다고 볼 수 있다(공익사업법 제74조, 제28조 참조).[48)]

근년에는 사인(사기업)에 의한 공용수용이 증가하고 있어, 그 위헌 여부가 관심의 대상이 되고 있다. 그 위헌성은 사인(사기업)을 '위한' 수용의 허용여부와 관련된 것이다. 즉 사인(사기업)에 의한 공용수용 그 자체가 위헌인지도 논란이 되지만, 사인을 '위한' 공용수용의 문제가 보다 쟁점이 되고 있다.[49)] 오늘날 사인에 의한 공용수용은 헌법에서 이를 직접 금지하는 규정을 두고 있지 않고 개별 법률에 근거를 두고 있기 때문에, 그 자체를 위헌으로 단정하기는 어렵다. 그러나 적어도 '공공필요성' 내지 '공익성'의 판단을 일반적인 수용의 경우보다 엄격히 판단할 필요가 있다. 또한 사인에게 중대한 기본권의 하나인 재산권을 수용할

---

48) 다만, 토지소유자 및 관계인은 사업인정고시가 있은 후 협의가 성립되지 아니한 때에 서면으로 사업시행자에게 재결의 신청을 청구할 수 있을 뿐이다. 물론 이 경우 사업시행자는 이러한 청구가 있은 날부터 60일 이내에 재결을 신청하여야 하고, 이 기간을 경과하여 재결을 신청하는 때에는 소송촉진 등에 관한 특례법 제3조의 규정에 의한 법정이율을 적용하여 산정한 금액을 관할 토지수용위원회에서 재결한 보상금에 가산하여 지급하는 등 일정한 제한을 받고 있다(공익사업법 제30조 참조).

49) 사인에 의한 공용수용이 위헌인지 여부가 문제가 된 사건은 산업입지 및 개발에 관한 법률 제11조 제1항 등 위헌소원사건(헌재 2009. 9. 24. 2007헌바114, 판례집 21-2(상), 562), 국토의 계획 및 이용에 관한 법률 제2조 제6호 등 위헌소원 등 사건(헌재 2011. 6. 30. 2008헌바166 등, 판례집 23-1(하), 288)이 있다.

수 있는 권한을 부여하는 것은 대단히 신중할 필요가 있다. 예컨대 기업개발도시특별법 제10조에는 국토해양부장관이 제4조에 따라 개발구역의 지정을 제안한 민간기업 등을 개발사업의 시행자로 지정하도록 규정하고 있다. 하지만, 이 법률의 규율대상인 '기업도시'에는 반드시 공익성만 담보하고 있다고 보기 어려운, 관광·레저·문화 위주의 '관광레저형 기업도시'도 포함하고 있다(제2조 제1호 다목). 이러한 수용은 지역경제의 활성화, 일자리 창출 등의 미명하에, 난개발과 환경파괴, 지역주민의 생활기반의 붕괴 등의 문제를 야기할 수 있다.

(2) 公務委託과 國家賠償法上의 公務員

국가배상법상의 공무원은 광의로 파악되기 때문에, 공무수탁사인도 여기에 포함된다. 우리 판례도 "국가배상법 제2조에서 말하는 공무원은 국가공무원법 또는 지방공무원법에서 말하는 공무원의 신분을 가진 자에 한하지 않고 널리 공무를 위탁받아 실질적으로 공무에 종사하고 있는 자도 포함된다"라고 하여,[50] 공무수탁사인을 국가배상법상 공무원에 포함시키고 있다. 이와 관련하여 주목할 사건 중의 하나는 관계 법령에 의해 대집행권한을 위탁받은 한국토지공사가 국가공무원법 제2조의 '공무원'에 해당하는지가 문제된 경우이다.[51] 한국토지공사는 구 「한국토지공사법」(2007. 4. 6. 법률 제8340호로 개정되기 전의 것)에 의하여 정부가 자본금의 전액을 출자하여 설립한 公法人이다. 한국토지공사는 공익사업법 제89조 제1항, 구 한국토지공사법 제22조 제6호 및 동법 시행령 제40조의3 제1항의 규정에 의하여 본래 시·도지사나 시장·군수·구청장의 업무에 속하는 대집행권한을 위탁받고, 행정대집행의 실행과 관련하여 사기업인 S산업개발(주)과 철거도급계약을 체결하면서 토지소유자 등에게 손해를 야기하였다. 이 사건의 원심은 한국토지공사를 대집행권한을 위탁받은 자로서 그 위탁범위 내에서 공무원이 될 수 있다

50) 대법원 1970. 11. 24. 선고 70다2253 판결.
51) 대법원 2010. 1. 28. 선고 2007다82950, 82967 판결.

고 보았다. 그러나 상고심인 대법원은 도급계약을 맺은 S산업개발와 그 직원, 그리고 한국토지공사의 직원에 대해서는 국가배상법상 '공무원'의 지위를 인정하였다. 그러나 한국토지공사는 관계 법령에 의해 대집행권한을 위탁받은 행정주체의 지위를 가질 뿐 지방자치단체 등의 기관으로서 국가배상법상 공무원에 해당하지 아니한다고 판시하였다.

엄밀히 말하자면, 한국토지공사는 공무수탁사인이 아니라, 정부조직법 제6조 제3항 및 행정권한의 위임 및 위탁에 관한 규정 제2조 제3호 등의 '법인'에 해당한다고 볼 수 있다. Otto Mayer가 언급한 공무를 위탁받은 공기업, 즉 公務受託公企業(beliehener öffentlicher Unternehmer)에 해당하며, 「공공기관의 운영에 관한 법률」의 적용을 받는다(동법 제4조). 다만, 당해 사건에서 대집행의 법률관계가 문제되고 있다. 행정대집행법 제2조에 의하면 대집행의 주체는 '행정청'이므로, 한국토지공사는 대집행의 법률관계에서 행정청의 지위를 대신한다고 볼 수는 있다. 판례에서 한국토지공사를 국가배상법상의 공무원으로 판단하지 않은 것은 적절하였다. 다만, 사기업과 그 직원을 공무원으로 파악하고 있으나, 그 이유가 명확하지 않다. 이와 관련하여 향후 독일의 도구이론(Werkzeug-theorie)을 참고할 필요가 있다. 대집행과 관련하여 자유로운 의사에 따라 철거도급계약을 한 사기업과 그 직원을 공무수탁사인이나 행정보조인으로 보기 어렵다.[52] 독일의 국가책임법에서는 공무원개념을 기능적으로 파악하고 있으며, 독일의 학설 및 판례도 공무수탁사인 외에 행정보조인이나 사기업도 '도구이론'을 매개하여 포함시키고 있다. 즉 행정보조인이나 사기업은 '공적인 손'의 도구로서 기능한다는 것이다.[53] 한편, 2009. 10. 21. 국가배상법 제2조를 개정함에 있어서 공무원 개념 외에 '공무를 위탁받은 사인'이라는 개념을 별도로 규정하고 있다. 공무수탁사인도 국가배상법상 공무원개념에 포함될 수 있음을 강조한 것은

52) 이 점은 주차위반차량의 견인을 대행하는 것에 대하여 위탁의 근거를 마련하고 있는 도로교통법 제36조의 규정과 차이가 있다.

53) 이에 대해서는 졸고, "행정대집행과 국가배상책임", 206-207면 참조.

이해할 수 있으나, 이론적으로 행정보조인이나 사기업 등을 국가배상법상 공무원개념에 포함시키는 것을 더욱 어렵게 하였다.

3. 個別法領域에서의 公務委託

(1) 警察行政法(危險防止法)

독일에서는 경찰행정법의 영역에서 항해 중 경찰책임자로서의 지위를 가지는 선장, 항공기의 안전과 관련하여 소정의 위험방지의 임무를 수행하는 機長 등을 공무수탁사인으로 보고 있다.[54] 특히 독일 항공안전법(Luftsicherheitsgesetz) 제12조 제1항[55]에는 항공기 탑승 중의 안전과 질서의 유지에 대해 공무를 위탁하고 있음을 규정하고 있다. 또한 기장은 항공기 운항 중의 현존하는 위험에 대해 필요한 조치를 취할 수 있고, 이 경우 비례의 원칙을 준수하도록 규정하고 있다(같은 조 제2항). 또한 차량의 정기검사를 행하는 기술감독협회(TÜV)의 기술자[56]도 도로교통법상 위험방지를 위해 高權的 권력(허가, 승인 등)을 행사한다고 볼 수 있다.[57] 또한 독일에서는 교통단속의 임무 및 이에 따른 범칙

---

54) Wolff/Bachof/Stober, a.a.O., § 90 Rn. 8. 다만, Stober 교수는 선장, 기장 등 공무수탁사인을 경제행정법의 분야에서 다루고 있다. 공무수탁사인의 행정과제가 주로 위험방지(Gefahrenabwehr) 내지 질서기능(Ordnungsfunktion)과 관련된다는 점에서 本稿에서는 기능적 관점에서 경찰행정의 분야에서 다루기로 한다.

55) 獨逸 航空安全法 제12조(責任 있는 機長의 任務와 權限)
① 책임 있는 機長은 공무수탁사인으로서 항공기 운항 중에 안전과 질서의 유지를 보살펴야 한다. 제2항 및 기타 적용되는 법률의 기준에 따라 필요한 조치를 취할 권한을 가진다.
② 책임 있는 機長은 개별 사례에서 항공기의 탑승객이나 항공기 자체를 위해 현존하는 위험을 방지하기 위해 필요한 조치를 취할 수 있다. 이 경우 비례의 원칙(제4조)을 준수하여야 한다. 특히 기장은 다음 각 호의 것을 할 수 있다.
1. 사람의 신원을 확인하는 것
2. 사물을 압류하는 것
3. 사람이나 물건을 수색하는 것
4. 기장이나 제3자를 공격하거나 물건이 손상되었다는 가정이 사실로 인정될 경우에 사람을 포박하는 것

③~⑤ 생략

56) BVerfG, NJW 1987, 2501; Deutsche Flugsicherungs GmbH(VG Frankfurt/M, NVwZ 1995, S. 410).

금의 부과권한 등을 사기업에 위탁하는 것을 논의한 바 있는데, 이러한 고권적 권한을 사인에게 위탁할 경우에 헌법 또는 법률의 수권이 필요하다는 견해가 유력하다.[58] 그러나 국가의 위험방지 임무를 사인이나 사기업(보안업체)에게 위탁하는 것에 대해 여전히 논란이 있는 것이 사실이다.[59]

우리 사법경찰관리의 직무를 수행할 자와 그 직무범위에 관한 법률 제7조에는 일정한 解船의 선장이나 해원, 항공기의 기장이나 승무원 등이 법령이 정하는 바에 따라 일정한 경찰사무를 수행할 수 있는데, 국내다수설은 이들을 공무수탁사인으로 보고 있다. 다만, 법문에는 위임이나 위탁에 관한 명시적 규정이 없으나, 법률에서 사법경찰관 또는 사법경찰리의 직무를 수행한다고 규정하고 있어 위험방지의 권한을 부여하고 있다고 볼 수 있다. 그러나 독일 항공안전법 제12조 제1항에 비하여 매우 포괄적인 규정이며, 법령에서 고권적 권한을 사인에 위탁하는 경우에는 구체적으로 열거하는 것이 바람직하다.

그 밖에 근년에는 국가의 사무에 속하는 교정행정의 임무를 사인(사기업)에게 위탁하는 경향을 보이고 있다. 이와 관련하여 민영교도소의 설치·운영에 관한 법률 제3조에서 "법무부장관은 필요하다고 인정하면 이 법에서 정하는 바에 따라 교정업무를 공공단체 외의 법인·단체 또는 그 기관이나 개인에게 위탁할 수 있다"라고 규정하고 있다. 다만, 여기에서는 수탁자가 "공공단체 외의 법인·단체 또는 그 기관이나 개인"이라고 규정하여, 민간위탁임을 명확히 하고 있다.

(2) 經濟行政法

공무수탁사인은 경제행정법의 영역에서도 등장하고 있다. 예컨대 에

---

57) Schulze-Fielitz, in: Hoffmann-Riem/Schmidt-Aßmann/Voßkuhle (Hrsg.), Grundlagen des Verwaltungsrechts, § 12 Rn. 106.

58) 이러한 논의에 대해서는 Scholz, Verkehrsüberwachung durch Private?, NJW 1997, S. 14 ff.

59) Wolff/Bachof/Stober, a.a.O., § 90 Rn. 7.

너지공급시설의 운영이나 사설 철도회사 및 여객수송 등의 운영을 사기업에 위탁하는 경우가 그러하다. 이러한 영역은 생존배려와 관련된 영역으로서 국가가 책임을 부담해야 하나, 국가의 부담경감이나 공공서비스의 효율성제고 등을 위해 행정과제를 사기업에 위임하거나 위탁하는 경우로 볼 수 있다.[60] 다만, 생존배려와 관련된 보편적 공공서비스의 제공은 국가의 임무이지만, 이러한 시원적 공적 과제를 (기능적) 민영화, 즉 공적인 손(öffentliche Hand)과 私人이 서로 협력을 통해 수행하는 것을 긍정적으로 보는 견해도 유력하다.[61]

(3) 公物法

공물법의 영역에서도 공무위탁이 문제가 되고 있다. 한국자산관리공사는 국유재산법 제42조 제1항, 같은 법 시행령 제38조 제3항 등에 근거하여, 일반재산의 관리·처분에 관한 사무를 위탁받을 수 있다. 한국자산관리공사는 「금융회사부실자산 등의 효율적 처리 및 한국자산관리공사의 설립에 관한 법률」에 근거하여 설립된 공법인으로 볼 수 있는데, 종전부터 국유재산법 제72조 및 같은 법 시행령 제71조에 근거하여 국민의 기본권(특히 재산권)을 중대하게 침해하거나 제한할 수 있는 변상금부과처분을 행사하고 있다. 그러나 국유재산법 제72조 제1항에는 변상금부과의 처분권이 있는 자를 "중앙관서의 장등"이라고 규정하고 있고, 같은 법 제2조에는 "중앙관서의 장등"을 정의하고 있을 뿐이다. 국유재산법 제2조 제11호에는 "중앙관서의 장등"을 "국가재정법 제6조에 따른 중앙관서의 장과 제42조 제1항에 따라 일반재산의 관리·처분에 관한 사무를 위임·위탁받은 자"라고 규정하고 있다. 여기에서 중요한 것은 "일반재산의 관리·처분에 관한 사무를 위임·위탁받은 자"도 당연히 변상금 부과처분을 할 권한을 가지는가 하는 문제이다. 국유재

60) Steiner, a.a.O., S. 527 ff.

61) Bausback, Public Private Partnerships im deutschen Öffentlichen Recht und im Europarecht, DÖV 2006, S. 904.

산법 제42조 제1항에는 한국자산관리공사를 직접 명시하고 있지 않고, "특별법에 따라 설립된 법인으로서 대통령령으로 정하는 자"에게 위탁할 수 있음을 규정하고 있다. 이에 따라 국유재산법 시행령 제38조 제2항에는 일반재산의 관리·처분에 관한 사무를 한국자산관리공사에 위탁할 수 있는 근거조항을 마련하고 있다. 그러나 여기에서도 일반재산의 관리·처분에 관한 권한만 규정할 뿐, 변상금 부과처분에 관하여 언급하고 있지 않다. 변상금의 부과에 관하여는 국유재산법 시행령 제71조에서 규정하고 있으나, 변상금부과금액이나 부과절차 등에 관하여 규정할 뿐이다. 변상금 부과권자에 관하여는 국유재산법 제72조와 마찬가지로 "중앙관서의 장등"이라고만 규정하고 있다. 행정제재에 관한 권한을 관계 법조항의 우회적인 해석에 의하여 겨우 도출하고, 공물의 관리·처분권이 인정되면 행정제재권(변상금부과처분)도 당연히 인정된다고 해석하는 것은 論理의 飛躍이다. 공물의 관리·처분권은 '관리작용'에 속하는 반면, 변상금부과처분은 '권력작용'에 해당한다. 이와 같이 국유재산법 및 같은 법 시행령에 근거하여 변상금처분의 부과권한이 한국자산관리공사에 위임·위탁될 수 있다고 해석하는 것은 매우 무리한 해석이다.

가사 국유재산법 제72조, 제2조 제11호(정의규정) 및 제42조 제1항, 그리고 같은 법 시행령 제38조 제3항을 변상금 부과처분의 근거로 인정한다고 하더라도, 국유재산법 시행령 제38조 제3항 제7호에는 "그 밖에 일반재산의 효율적 관리·처분을 위하여 총괄청이 지정하는 재산"의 관리·처분에 관한 권한을 '위탁'하여야 한다고 규정하고 있다. 즉 이에 대한 '개별적'인 위탁행위가 있어야 한다. 변상금부과처분은 제재적 성격을 가지는 행정처분으로서, 국민의 재산과 자유를 중대하게 침해할 수 있다. 또한 이러한 사항은 기본권의 실현에 있어서 본질적인(wesentlich) 사항으로서 법률에서 직접 규율하는 것이 바람직하며(법률유보의 원칙), 이를 법률하위규범에 위임하는 경우에도 명확성의 원칙이 준수될 필요가 있다(이에 대해서는 VI에서 상술한다).

(4) 環境行政法

근년에 들어와서 비용절감과 정책결정자의 부담경감, 사회의 내인적 잠재성의 활성화를 통한 효율적인 공적 과제의 수행 등을 이유로 환경행정의 분야에서 민영화 내지 私化(Privatisierung)가 논해지고 있다.[62] 환경법의 영역에서는 대체로 환경감사(Environmental Audit, Umweltaudit), 폐기물의 처리에 관한 행정과제의 위탁, 오래된 자동차의 폐기에 대한 감정 등을 공무수탁사인의 사례로 보고 있다.[63] 특히 환경감사제도는 歐洲에서 환경보전을 위한 규제수단으로서 등장하였는데, 기업이 자기책임과 통제 하에 환경의 질을 자발적으로 개선하고 평가·심사하는 것을 말한다. 이러한 환경감사제도도 환경보전의 과제를 민간기업에 위탁하는 사례로 볼 수 있다. 나아가 방사성폐기물의 운반·저장·처리 및 처분 등 방사성폐기물 관리업무의 일부를 원자력안전법 제54조에 따른 업무대행자, 방사성폐기물 관리업무와 관련된 기술능력·인력 및 재무능력 등 지식경제부령으로 정하는 기준에 맞는 자에게 위탁할 수 있다(방사성폐기물관리법 제25조). 이러한 사인도 공무수탁사인으로 볼 수 있다.

V. 公務委託의 範圍와 限界

1. 權力的 行政作用과 公務委託

사인에 고권적 권한을 위탁하는 것이 허용되는지가 문제된다. 이와 관련하여 정부조직법 제6조 제3항, 행정권한의 위임 및 위탁에 관한 규정 제11조 제1항 등에 의할 경우, 국민의 권리·의무와 직접 관계되는 사항을 사인에게 위탁하는 것이 허용될 수 없는지가 문제된다. 이에 대

62) Sparwasser/Engel/Voßkuhle (Hrsg.), Umweltrecht, 5. Aufl., § 3 Rn. 45 f.
63) Wolff/Bachof/Stober, a.a.O., § 90 Rn. 9; Sparwasser/Engel/Voßkuhle (Hrsg.), a.a.O., § 3 Rn. 48.

해 "특별한 법률의 규정이 있는 경우에는 헌법 및 조리상 인정되는 한계 내에서 국민의 권리의무와 직접 관계되는 사무도 대상으로 할 수 있다"는 견해[64]가 있다. 또 다른 견해는 국민의 기본권과 관련된 민간위탁의 경우(예컨대 민영교도소)에도, 별도의 법령상의 근거가 있어야 한다고 보고 있다.[65]

그러나 우리 실정법에는 독일의 입법례와 달리, 위탁의 범위를 단순고권행위에 제한하는 규정을 두고 있다(정부조직법 제6조 제3항, 행정권한의 위임 및 위탁에 관한 규정 제11조 제3항, 지방자치법 제95조 제3항 참조). 정부조직법 제6조 제3항에는 공무위탁을 '단순고권작용'에 제한하는 규정을 두고 있는 것이다. 즉 민간위탁은 그 소관 사무 중 조사·검사·검정·관리 사무 등 국민의 권리·의무와 직접 관계되지 아니하는 것이어야 하는데, 행정권한의 위임 및 위탁에 관한 규정 제11조 제1항에는 그 구체적인 대상을 열거하고 있다. 여기에는 단순 사실행위인 행정작용, 공익성보다 능률성이 현저히 요청되는 사무, 특수한 전문지식 및 기술이 필요한 사무 그 밖에 국민 생활과 직결된 단순 행정사무가 해당한다. 그 밖에 지방자치단체의 장도 조례나 규칙으로 정하는 바에 따라 소관사무 중 일부를 사인에게 위탁할 수 있다. 이 경우 지방자치단체의 장은 조례나 규칙으로 정하는 바에 따라 그 권한에 속하는 사무 중 조사·검사·검정·관리업무 등 주민의 권리·의무와 직접 관련되지 아니하는 사무를 법인·단체 또는 그 기관이나 개인에게 위탁할 수 있다(지방자치법 제104조 제3항).

한편, 위탁에 관한 일반규정인 정부조직법 제6조 제3항에 의하여, 사인에 고권적 권한을 위탁하는 것이 불가한지가 문제된다. 참고로 독일에서는 공무수탁사인에 위탁하는 권한에는 單純高權的인(schlicht-hoheitlich) 행정에 관한 권한뿐만 아니라, 權力的인(obrigkeitlich) 행정에 관

64) 박균성, 전게논문, 165면.
65) 김대인, 행정계약법의 이해(서울대학교 법학연구소 법학연구총서 9), 경인문화사, 343면.

한 권한도 포함하고 있다고 보는 견해가 유력하다.[66] 권력적 행정에 관한 권한에는 대체로 행정처분이나 (권력적) 사실행위 등이 포함됨은 물론이다. 생각건대 정부조직법 제6조 제3항의 규정에도 불구하고, 이론적으로 공무수탁사인에 대한 공무위탁의 범위는 단순사무행위에 제한되지 아니한다. 그러나 위탁의 범위에 관한 정부조직법 제6조 제3항은 일반법에 해당한다고 볼 수 있으므로, 위탁에 관한 '특례규정'이 없는 한 고권적 권한의 위탁은 허용되기 어렵다. 즉 권력적 행정에 관한 권한의 위탁은 국민의 기본권을 침해할 가능성이 높으므로 법률유보의 원칙이 엄격히 적용되어야 한다. 따라서 이에 관한 위탁은 반드시 개별 법률에 근거규정을 가지고 있어야 하며, 개별적인 위탁행위가 필요하다. 또한 行政組織法定主義에 비추어 권한을 전면적으로, 또는 권한의 중요한 부분을 위탁하여서는 아니 되며, 법령의 근거 하에 권한의 일부에 대해서만 위탁이 이루어져야 한다. 그러한 이유에서 독일에서도 이러한 공무위탁이 개별 법률의 근거 없이 허용될 수 없고, 항상 개별적 행정과제에 제한된다고 보는 견해가 유력하다.[67]

나아가 국민의 권리·의무에 직접 관계되는 사항을 위탁받은 사인의 권한행사는 '비례의 원칙' 내지 '과잉금지의 원칙'을 준수할 필요가 있다. 가능한 한 개별 법률에 이를 명시하는 것이 바람직하나(독일 항공안전법 제12조 참조), 이러한 명문의 규정이 없더라도 법치국가의 원리, 헌법 제37조 제2항 등에 근거하여 이를 적용할 수 있다. 사인에 의한 수용권 행사는 법리적으로 헌법 제23조 제3항에서 적법성(법률상 수권), 공익성(공공필요성) 및 비례성(비례의 원칙) 등에 의해 통제가 가능하다.[68] 한국토지주택공사법 제19조 제3항 제8호에는 국토교통부장관 또

66) Wolff/Bachof/Stober, a.a.O., § 90 Rn. 14.
67) Ziekow, a.a.O., § 4 Rn. 32.
68) 대법원 판례도 공익성이나 비례성을 통해 수용권의 한계를 판단한 바 있다(대법원 1987. 9. 8. 선고 87누395 판결; 대법원 2005. 11. 10. 선고 2003두7507 판결). 특히 사업시행자(학교법인)가 사업인정을 받은 후에도, 그 사업이 공용수용을 할 만한 공익성을 상실하거나 사업인정에 관련된 자들의 이익이 현저히 비례의 원칙에 어긋나게 된 경우 등에는 수용권을 행사할 수 없다고 판시한 바 있다(대법원 2011. 1. 27. 선고

는 지방자치단체의 장이 공사가 행하는 사업에 관한 권한 중 공익사업법 제89조 제1항에 따른 대집행권한을 여전히 위탁하고 있다. 이러한 대집행권한은 국민의 자유와 권리에 직접적인 영향을 미친다는 점에서 그 실행에 있어서 비례의 원칙을 준수하여야 한다.

2. 規範制定權限의 委託可能性

한편, 독일에서는 사인에 規範制定權限을 위탁하는 것이 허용될 수 있는지가 논의되고 있다. 이와 관련하여 공무수탁사인에게 법제정권한을 위탁할 수 있다는 견해가 있다. 즉 "공무수탁을 받은 사인에게 規範制定權限(Normsetzungsbefugnisse)을 부여하는 것도 공무수탁사인의 법리와 하등 상충되지 아니 한다"[69]라는 주장이 그러하다. 이 견해는 공무수탁사인이 제정할 수 있는 일반·추상적 규범의 사례로 '고시'를 들고 있다. 한편, 독일기본법 제80조 제1항 제4문을 근거로 사인(공무수탁사인)에게 규범제정권을 이전하는 것을 적극적으로 검토하는 견해가 있으나,[70] 다수설은 사인에게 규범제정권을 재위임하는 것이 허용되지 않는다고 보고 있다.[71] 실제 독일에서는 이미 오랜 전에 사인에 법제정권한 내지 규범제정권을 이전하는 것이 논의된 바 있다. 그 구체적 사례로 賃金協約(Tarifvertrag)에 따른 일반구속선언을 들고 있다.[72] 임금협약의 一般拘束宣言(allgemeinverbindlichkeitserklärung)은 행정행위인지 법규범인지 여부가 논란이 되었으나, 연방행정법원의 판례는 독특한 법규범으로 보고 있다.[73] 이와 같이 독일에서는 특수한 법규범을 전

2009두1051 판결).

69) 홍준형, 전게논문, 640면.

70) Becker, Kooperative und konsensuale Strukturen in der Normsetzung, S. 390 ff.

71) 이에 대한 내용 및 문헌은 Jarass/Pieroth, GG, Kommentar, 10. Aufl., Art. 80 Rn. 19 참조.

72) 예컨대 Kopp, a.a.O., S. 928. 한편, 임금협약의 일반구속선언이 행정행위인지 법규범인지 논란이 되었으나, 판례는 "국가의 법제정과 자치규율 사이의 고유한 유형의 법제정"으로서 독특한 법규범으로 보고 있다(Maurer, a.a.O., § 9 Rn. 21).

73) BVerfGE 44, 332/338 ff.

제로 논의하고 있다. 우리나라의 '고시'는 다양한 법형식이 존재하나, 행정규칙의 경우에도 예외적으로 법규적 효력이 인정될 뿐이다(소위 법령보충적 행정규칙). 따라서 이를 법규범의 사례로 소개하는 것은 타당하지 않다. 그러한 이유에서 독일의 특수한 논의를 바탕으로 사인에게 규범제정권을 부여하는 것은 권력분립주의와 법치국가원리에 비추어 신중할 필요가 있다고 생각한다.

Ⅵ. 公務委託과 法律留保

사인에 의한 공행정은 국민의 권리·의무에 여러 가지 제약을 가져올 수 있기 때문에 사인에 대한 권한위탁의 범위와 그 통제는 매우 중요하다. 독일에서는 공무위탁이 법률유보(Gesetzesvorbehalt)의 원칙하에 놓여 있다고 보는 견해가 유력하다.[74] 이러한 법률유보를 소위 組織法的 또는 制度的 法律留保(organisationsrechtliche oder institutionelle Gesetzesvorbehalte)[75]라고 한다. 이러한 공무위탁을 위해서는 위탁행위(Beleihungsakt)가 있어야 한다. 먼저 위탁행위는 법규범의 형식으로 할 수 있다. 즉 직접 법률에 의하거나 법률에 근거한 법규명령으로 위탁을 할 수 있다.[76] 그리고 행정행위나 '계약'에 의해서 공무위탁이 이루어질 수도 있다.[77] 이 경우 위탁계약을 공법계약으로 보아야 할지, 아니면 사법계약으로 보아야 할지 등이 소송형식과 관련하여 문제된다.

---

74) Wolff/Bachof/Stober, a.a.O., § 90 Rn. 44.

75) Reinmer, Vorbehalt des Gesetzes, in: Hoffmann-Riem/Schmidt-Aßmann/Voßkuhle (Hrsg.), Grundlagen des Verwaltungsrechts, Bd. 1, § 9 Rn. 37; Kiefer, Die Beleihung: (K)ein unbekanntes Wesen?, NVwZ 2011, S. 1300.

76) Kopp/Ramsauer, VwVfG, Kommentar, 13. Aufl., § 1 Rn. 60. 다만, 독일에서는 위탁행위를 自治法規(Satzung)에 근거해서 하는 것이 허용되는지가 논란이 되고 있는데, 압도적 다수는 이를 거부하고 있다. 그러나 우리 지방자치법에서는 -후술하는 바와 같이- 단순고권행위에 한하여, 조례나 규칙이 정하는 바에 따라 위탁할 수 있도록 규정하고 있다(지방자치법 제104조 제3항).

77) 예컨대 민영교도소의 운영과 관련하여, 법무부장관과 수탁자(사인)는 교정업무의 위탁에 관한 계약을 체결하여야 한다(민영교도소 등의 설치·운영에 관한 법률 제4조 참조).

실무상 공법계약인지 사법계약인지 등을 판단하기는 않지만, 독일에서는 계약의 '대상'에 따라 판단하는 견해가 유력하다. 즉 계약의 내용이 공법상 규범의 집행에 기여하거나(수용절차에 있어서 협의매수[78]), 계약에서 규율하고 있는 내용이 공법상의 권리·의무에 관한 것일 경우, 또는 행정행위나 기타 고권적 조치를 발급하는 것을 내용으로 하는 경우에는 공법상 계약으로 볼 수 있다는 것이다.[79] 독일에서는 위탁행위를 공법계약으로 보고 있다.[80] 이와 같이 기본권의 실현에 있어서 본질적인 부분과 관련된 내용을 사인에게 위탁하는 경우에는 직접 법률에 의하거나 법률에 근거하여 이루어져야 한다. 즉 공무수탁사인은 그 권한을 행사함에 있어서 헌법 및 행정법의 구속을 모두 받고 있다.[81]

한편, 공무를 위탁받아 위법한 직무행위를 하고 상대방에게 손해를 발생시킨 '私法人'은 공무수탁사인으로서 국가배상법 제2조의 적용을 받는다. 그러나 공무를 위탁받은 사법인은 — 민사상 불법행위책임은 별론으로 하고 — 국가배상법상 배상책임의 주체가 될 수 없다. 반면, 공무를 위탁받은 公法人(공공단체)도 국가배상법 제2조의 적용을 받을 수 있는지가 문제이다. 생각건대 공법인은 공무수탁사인이 아니며, 국가배상법 제2조의 공무원에 해당한다고 보기 어렵다. 다만, 공무를 위탁받은 공법인은 배상책임의 주체가 될 뿐이다. 이러한 논의의 실익은 배상책임의 주체 인정, 경과실 면책가능성 등에 있다. 나아가 국가배상법 제2조에는 '국가'와 '地方自治團體'에 대해서만 규정하고 있는데, 이는 '국가'와 '公共團體'를 규정하고 있는 헌법 제29조와 차이가 있다. 따라서 공무를 위탁받은 공공단체 또는 그 소속 직원이 위법한 행정작

78) 우리 대법원판례는 구 公共用地의取得및損失補償에관한特例法의 협의취득절차를 사법상 계약으로 이해하고 있을 뿐(대법원 2004. 9. 24. 선고 2002다68713 판결), 현행 공익사업법 아래에서는 이러한 협의매수의 법적 성질에 대해 판단한 바 없다. 사업인정 및 고시 이후에는 공법적 규제가 수반된다는 점에서, 적어도 사업인정 이후의 협의매수는 공법상 계약으로 보는 것이 타당하다.

79) 이에 대해서는 Maurer, a.a.O., § 14 Rn. 11.

80) Kopp/Ramsauer, a.a.O., § 1 Rn. 60.

81) Groß, in: Hoffmann-Riem/Schmidt-Aßmann/Voßkuhle (Hrsg.), a.a.O., § 13 Rn. 90.

용을 통해 손해를 발생시킨 경우에 국가배상법 제2조의 유추적용을 할 것인지, 아니면 민사소송으로 제기하여야 할 것인지에 대하여 다툼이 있을 수 있다. 유력설은 공무수탁사인의 위법한 직무행위로 인해 발생한 손해에 대하여 국가배상법의 유추적용을 할 수 있다고 주장한다.[82] 입법론으로는 국가배상법의 개정을 통해 지방자치단체 외의 공공단체도 포함시키는 것이 바람직하다.

사인에 대한 공무위탁에는 법률유보의 원칙이 적용되고, 법률에 근거한 법규명령에 의하여 공무위탁이 이루질 수 있다. 이 경우 법률은 법규명령에 공무위탁과 관련된 내용을 수권함에 있어서 명확성의 원칙 내지 포괄위임금지의 원칙에 위배되지 않도록 주의해야 한다. 특히 권력적 행정에 관한 내용을 위임하는 경우에는 더욱 그러하다(예컨대 수용권이나 행정강제권 및 제재처분권 등). 이와 관련하여 헌법재판소는 일관되게 "법률에서 구체적으로 범위를 정하여 위임받은 사항이라 함은 법률에 이미 하위법령으로 규정될 내용 및 범위의 기본사항이 구체적으로 규정되어 있어서 누구라도 당해 법률로부터 하위법령에 규정될 내용의 대강을 예측할 수 있어야 한다"고 결정하고 있다.[83] 또한 헌법재판소는 헌법 제75조의 의미를 "법률의 명확성원칙이 행정입법에 관하여 구체화된 특별규정"[84]으로 보고 있다. 오늘날 '명확성'의 의미는 매우 多義的으로 사용되고 있다. 법치국가원리에 파생된 명확성의 요청은 형식적 법률뿐만 아니라, 법집행을 하는 행정청의 '행정작용'(법규명령, 행정행위 등)에도 적용된다. 여기에서 말하는 '명확성원칙'은 법규명령과 관련하여 "수권의 내용, 목적 및 범위"를 명확히 규정해야 한다는 내용으로서, 독일 기본법 제80조에서 유래하고 있다고 볼 수 있다. 헌법 제75조는 본래 시행령(대통령령)의 제정범위에 관한 규정이나, 그 시행령의 규율 내용, 즉 "구체적으로 범위를 정하여 위임받은 사항"의 해

82) 박균성, 전게서, 94-95면.
83) 헌재 2012. 7. 26. 2009헌바328; 헌재 2002. 6. 27. 2000헌가10; 헌재 1995. 11. 30. 91헌바1 등.
84) 헌재 1999. 4. 29. 94헌바37 등.

석에 있어서 수권법률과 위임을 받은 시행령의 관계가 문제된다. 이 경우 포괄위임 여부를 심사함에 있어서 수권법률과 시행령 사이에는 입법권의 위임, 즉 수권에 있어서 '명확성'의 요청이 필요하다. 그러한 의미에서의 명확성원칙은 법규명령과 관련하여 특별히 규정된 것으로 볼 수 있으며, 法律留保의 원칙과 밀접한 관련을 가진다. 요컨대 공무위탁이 법규명령에 근거하여 이루어지고, 사인이 법규명령에 근거한 공권적 조치를 행하는 경우에 당해 법규명령이 명확성원칙 내지 포괄위임금지의 원칙을 위배하였는지 여부를 면밀히 검토할 필요가 있다. 이러한 경우에 명확성원칙의 심사강도는 높아진다고 볼 수 있다.

한편, 대기환경보전법 제87조 제2항에는 환경부장관이 대통령령으로 정하는 바에 따라 동법에 따른 업무의 일부를 관계 전문기관에 위탁할 수 있다고 규정하고 있다. 동법 시행령 제66조 제1항에는 환국환경관리공단에 위탁할 수 있는 소정의 업무를 규정하고 있다. 여기에는 단순사실행위가 대부분이다. 예컨대 측정망 설치 및 대기오염도의 상시측정, 전산망운영 및 기술지원, 인증이나 검사 생략, 결함확인검사 및 서류의 접수 등이 그러하다. 그러나 대기환경보전법 시행령 제66조 제1항 제2호에는 토지 등의 수용 및 사용에 관한 권한도 위탁하도록 규정하고 있다. 특히 토지의 수용권은 개인의 권리를 중대하게 제한할 수 있는 권력적 행정에 관한 권한이다. 다만, 여기에서는 이러한 권한이 포괄적으로 위임되어 있지 않고, "제1호에 따라 위탁된 업무와 관련된 것만 해당한다"라는 제한규정을 두고 있다. 이와 같이 권력적 행정에 관한 권한을 위탁하는 경우에는 법률로서 그 범위를 구체적이고 명확하게 확정하여 법규명령에 위임할 필요가 있다.

Ⅶ. 맺음말

지금까지 공무수탁사인을 중심으로 사인에 의한 공행정의 문제를 살펴보았다. 공무수탁사인의 문제는 주로 그 법적 지위, 배상책임의 주체,

사인(사기업)에 의한 공용수용의 남용, 그리고 행정소송의 형식과 피고적격 등과 관련하여 논란이 되고 있음을 알 수 있다. 특히 공무수탁사인은 경제행정법, 환경법 및 안전법 등 각 다양한 분야에서 나타나고 있으며, 사인의 행정과제 참여는 국가의 행정부담의 경감, 전문·기술성 및 재정상의 이유 등으로 인하여 더욱 증가할 것으로 보인다. 그러나 최근에 들어와서 법인·단체나 그 기관, 또는 사인 등이 행정권한(특히 고권적 권한)을 위탁받아 행정과제를 수행하면서 개인의 권리나 자유를 중대하게 침해하는 경우가 적지 않다. 예컨대 공무수탁사인이 수용권이나 대집행권한, 그리고 행정제재처분 등을 행사하는 경우가 그러하다. 특히 공무위탁은 법률유보의 관점에서 접근해야 한다. 국민의 권리·의무에 직접 관계되는 경우, 즉 공무수탁사인 또는 공무수탁기업에 고권적 권한을 위탁하는 경우에는 더욱 그러하다. 공무위탁을 법규범에 근거하는 경우, 즉 직접 법률에 의하거나 또는 법률의 위임에 의하여 법규명령으로 하는 경우에는 해당 법령에서 위탁의 범위를 명확히 규정하고 있어야 한다. 행정기관이 사인에게 권력적 행정에 관한 권한을 위탁하면서 법규명령에 포괄적인 근거를 두는 경우에 명확성원칙의 위배 여부를 적극적으로 검토할 필요가 있다. 또한 행정행위나 공법계약으로 위탁행위를 하는 경우에는 그 권한범위나 한계 등이 명확히 설시될 필요가 있다. 이러한 요건을 구비하지 않은 행정행위는 무권한의 행위가 될 수 있다. 나아가 공무수탁사인이 이러한 위탁받은 고권적 권한을 행사하는 경우에는 법률에 근거하여야 함은 물론, 비례의 원칙을 준수하여야 한다. 그 밖에 사인에 의한 공용수용의 경우에는 공익성 요건을 엄격히 판단할 필요가 있다.

第2章

民官協力(PPP)에 의한 公的 課題 遂行의 法的 爭點

- 특히 獨逸 및 유럽연합(EU)에서의 論議를 중심으로 -

Ⅰ. 序說 - 民官協力의 行政法的 位相

최근 정부는 제3차 "공공기관 선진화 계획"을 발표하면서, 지역난방공사·한국전력기술·한전KPS 등의 지분을 일부매각하고, 대한주택보증·인천종합에너지·88관광개발 등 7곳을 민영화하겠다고 공언하였다.[1] 주요 선진국에서는 이미 脫官僚主義, 公企業의 民營化[2] 그리고

1) 조선일보 2008. 10. 11. 자 참조. 그러나 우리나라의 공기업 민영화의 역사는 1950년대로 거슬러 올라 간다. 이원우 교수는 민영화의 연혁을 5단계로 구분하면서, 1950년대 歸屬財産拂下에 의한 방식을 제1단계 민영화조치로 보고 있다. 제2단계 민영화는 1980년대 초 경제구조개편을 촉진하기 위한 4개 시중은행을 비롯한 주요 공기업의 민영화조치, 제3단계 민영화는 1987년 공기업민영화추진위원회에 의한 11개의 대규모 주요공기업의 민영화조치 그리고 제4단계 민영화(1993년)는 1998년까지 58개 공기업의 민영화와 10개 공기업의 통폐합한다는 계획이었다. 실제 1994년 8월 3일에는 「사회간접자본시설에 대한 민간자본유치촉진법」(소위 민자유치법)이 제정되었고, 1998년 전면개정을 통해 「사회간접자본시설에 대한 민간투자법」(소위 민간투자법)으로 변경되었다. 현재 「사회간접자본시설에 대한 민간투자법」은 2005. 1. 27. 「사회기반시설에 대한 민간투자법」으로 변경되었다. 제5단계 민영화는 1998년 참여정부에 들어와서 추진되었으며, 포항제철, 한국중공업, 대한송유관 등 8개 기업이 완전민영화되었다. 상세는 이원우, "공기업 민영화와 공공성확보를 위한 제도개혁의 과제", 공법연구 제31집 제1호, 29-34면 참조.

2) 공기업 민영화와 관련하여 公企業의經營構造改善및民營化에 관한法律이 1997. 8. 28 법

規制緩和(deregulation, Deregulierung) 등이 중요한 정책현안이 되고 있다.[3]

전통적으로 공익실현을 지향하는 행정법상의 임무는 국가・지방자치단체 등 행정주체의 몫이었다. 그러나 민간위임이나 위탁의 형식으로 공행정의 임무를 사인(사기업)을 통해 수행하는 경우가 점차 늘고 있다. 전통적인 공행정의 임무가 사경제주체와의 협력을 통해, 또는 私法의 형식으로 수행되는 이유는 사경제주체의 특별한 노하우(Know-how)의 활용가능성, 비용절약에 의한 행정임무수행의 효율성제고 및 재정이 부족한 시기의 대안적 재정지원 등에서 찾고 있다.[4] 국가・지방자치단체 등 행정주체와 민간주체 사이의 協力에 의한 公行政遂行으로 파악할 수 있다. 이러한 민관협력은 경제행정이외에 환경법의 분야에서도 중요한 모델이 되고 있다. 즉, 국가와 민간주체(특히 사경제주체)에 의한 환경문제의 해결을 강조하는 協力의 原則(Kooperationsprinzip)은 환경법의 3대 원칙의 하나로 다루어지고 있다.[5] 그러나 공적 과제의 하나인 생존배려의 문제를 국가(지방자치단체 포함)가 아닌 민간주체에게 전가하는 것이 허용되는지는 중요한 헌법적 문제일 수 있다.

그러나 민관협력에 관한 법적 검토는 여전히 충분하지 않은 것으로 보인다. 독일에서는 민관협력의 법적 접근을 "벽에 푸딩을 못박으려는"(einen Pudding an die Wand zu nageln) 것으로 酷評하는 견해도 있다.[6] 다만, 행정법의 영역에서 私人에 의한 공행정의 수행은 완전히

률 제5379호로 제정되어 있다. 동법은 "국민경제에 중요한 영향을 미치는 대규모 공기업의 민영화를 추진함에 있어서 우선 정부의 규제를 축소하고 전문경영인에 의한 책임경영체제를 도입하여 경영의 효율성를 제고하는 한편, 경제력의 집중이나 특정인에 의한 당해 공기업의 지배를 방지할 수 있도록 주식소유를 분산하는 제도적 장치를 마련함으로써 국민경제의 균형있는 발전과 건전한 기업문화의 창달에 이바지하기 위해" 제정되었다. 동법의 적용대상기업은 한국담배인삼공사, 한국전기통신공사, 한국가스공사, 인천국제공항공사, 한국공항공사가 있다. 한편, 공기업민영화를 체계적으로 추진하기 위하여 기획예산처에 공기업민영화추진위원회가 설치되었고, 위원장은 기획예산처장관이 맡고 있었다(「공기업민영화추진위원회규정(대통령훈령 제81호)」 제1조, 제3조 2항 참조).

3) R. Stober, Allgemeines Wirtschaftsverwaltungsrecht, 15. Aufl., § 3 III 2.

4) W. Bausback, a.a.O., S. 902.

5) 졸고, "환경법상의 협동의 원칙", 환경법연구 제28권 제1호(2006. 5), 239면 이하.

낯선 행위형식이 아니다. 公務受託私人(Beliehene) 또는 行政補助人(Verwaltungshelfer)에 의한 행정작용 등과 같이 사인에 의한 공행정작용은 오래전부터 행해져 왔으며, 사업시행자가 공용수용의 주체가 되어 수용을 하는 경우가 그러한 경우에 해당한다. '私法'형식의 행정과제의 수행[7]도 형식적으로는 國庫活動(Fiskus)에 해당하지만, 내용적으로는 완전한 사적 자치가 지배하는 것이 아니라 공법적 규제가 常存하고 있다고 볼 수 있다. 이와 같이 私法形式의 行政作用도 공법적 규율이나 기속이 미치는 범위 내에서는 공법의 영역이라는 것이 行政私法(Verwaltungsprivatrecht)의 핵심이다.[8] 이러한 행정사법이론은 볼프(Hans J. Wolff)에 의해 창안되었다.[9] 다만, 행정사법의 적용범위가 어느 정도에 미치는지에 대해서는 여전히 다툼이 있다.

한편, 민간위임·위탁, 민영화, 민관협력 등의 개념이 혼용되고 있어, 법적 개념의 파악에 어려움이 가중되고 있다. 따라서 本稿에서는 독일에서 논의되는 민관협력에 관한 개념, 유형 및 법적 쟁점과 한계 등에 관한 논의와 그 현황을 파악하고(Ⅱ.), 유럽공동체법상의 경제질서와 자유화, 그리고 유럽연합에서의 민영화(특히 민관협력)에 관한 논의를 소개한다(Ⅲ). 이를 바탕으로 향후 법적 과제와 전망을 고찰하도록 한다(Ⅳ).

---

6) 이에 관한 문헌소개는 W. Bausback, Public Private Partnerships im deutschen Öffentlichen Recht und im Europarecht, DÖV 2006, S. 907 참조.

7) Ehlers, Verwaltung in Privatrechtsform, Berlin 1984 참조.

8) 李鳴九, "私法行政作用과 行政私法", 現代公法論叢(日巖卞在玉博士華甲記念), 1994, 463면 이하. 그러한 의미에서 행정사법의 특징을 "私法規範이 공법규정에 의해 보충, 중첩, 수정되는 것"으로 이해하는 견해도 유력하다(김중권, 행정법기본연구 I, 법문사, 2008, 36면 참조).

9) Wolff/Bachof, Verwaltungsrecht I, 9. Aufl., S. 108 f.

Ⅱ. 獨逸에서의 民官協力의 論議와 現況

1. 民官協力의 槪念, 類型 및 適用分野

(1) 民間委託, 民營化 그리고 民官協力

민간위임·위탁, 민영화, 민관협력 등 다양한 용어가 사용되고 있어, 민관협력의 개념파악이 쉽지 않다. 아래에서는 민간위탁, 민영화 그리고 민관협력의 순서로 고찰하기로 한다.

우선 民間委託이란 행정기관의 사무의 일부를 지방자치단체가 아닌 법인·단체 또는 그 기관이나 개인에 대해 위임하는 경우를 말한다. 즉 민간위임이나 민간위탁은 사인에게 행정사무를 위임·위탁하는 것을 말한다. 정부조직법 제6조 제3항은 민간위탁사무의 적용영역을 "소관사무 중 조사·검사·검정·관리업무 등 국민의 권리·의무와 직접 관계되지 아니하는 사무"라고 규정하고 있다. 한편, 「행정권한의 위임 및 위탁에 관한 규정」 제11조는 민간위탁사무의 기준으로 단순사실행위인 행정작용, 공익성보다 능률성이 현저히 요청되는 사무, 특수한 전문지식 및 기술을 요하는 사무 및 기타 국민생활과 직결된 사무로 규정하고 있다. 즉 민간위탁사무는 대체로 단순행정업무 내지 민간의 독창성·전문성이 요구되는 기술적 사무에 한하여 이루어진다. 따라서 국민의 권익에 직접 영향을 미치는 사항은 민간위탁사무에서 배제되는 것이 바람직하다. 이미 상수도, 사회복지시설 등의 분야에서는 민간위탁이 이루어지고 있다. 한편, 최근 민영교도소의 설치와 관련하여 「民營矯導所등의設置·運營에관한法律」이 제정되어 있다. 여기에서 민영교도소의 운영주체인 교정법인을 "법무부장관으로부터 교정업무를 포괄적으로 위임받아 교도소·소년교도소 또는 구치소 및 그 지소를 설치·운영하는 법인"이라고 정의하고 있다. 민간위탁은 대체로 법령의 근거에 의해 이루어지나, 개별법령에 근거가 없는 경우에 정부조직법 제6조

제1항이나 제3항의 포괄적인 규정에 근거하여 위임 또는 민간위탁이 가능한지 여부가 논란이 된다.10) 판례는 정부조직법 제6조를 위임의 일반적 근거규정으로 보아 권한의 위임이 가능하다고 보고 있다.11)

民營化(privatisation, Privatisierung)의 개념은 매우 多義的이다.12) 독일에서의 민영화개념은 현대화논쟁에서 규제완화와 관련하여 도입된 개념이다.13) 독일학자들은 민영화를 "공적과제나 그 수행을 사적 영역 또는 사권의 주체에게 전면적 또는 부분적으로 이전하는 것"14) 등으로 정의하고 있다. 그러나 사경제주체에게 이전하는 대상이 무엇인지가 문제된다. 민영화는 처음에 교통(도로건설, 철도)이나 우편 등 인프라분야에서 적용되었으나, 점차 지방자치단체의 생존배려나 의료·보험, 그리고 기술안전법상의 감독임무나 교정행정에까지 확산되고 있다.15)

독일에서 민영화는 형식적 민영화, 실질적 민영화 그리고 그 중간단계인 기능적 민영화로 구분하는 것이 일반적이다.16) 우선 형식적 민영화와 실질적 민영화의 구분이 필요하다. 私法上의 '조직'을 활용하여 공적과제를 수행하는 형식적 민영화와 달리, 실질적 민영화는 公的인 손이 私法의 형식과 조직뿐만 아니라, 공적 임무 자체를 사경제주체에게

10) 이상의 논의에 대한 소개는 박윤흔, 최신행정법강의(하), 41면 참조.

11) 대법원 1990. 6. 26. 88누12158 판결; 대법원 1990. 2. 27. 선고 89누5287 판결.

12) 행정학에서는 공기업의 민영화를 공기업을 완전히 민간에 매각하는 경우뿐만 아니라, 정부가 보유하는 주식의 일부를 민간에 매각하는 경우도 포함하고 있다(예컨대 兪 焄, 公企業論, 제5정증보판, 법문사, 487면 참조). 이러한 민영화개념은 주식의 소유를 기준으로 하고 있을 뿐만 아니라, 대단히 포괄적이다. 우리나라에서는 이러한 법적인 민영화개념보다는 주식소유와 매각에 의한 분류방식이 보편적인 것으로 보인다.

13) Voßkuhle, in: Hoffmann-Riem/Schmidt-Aßmann/Voßkuhle (Hrsg.), Grundlagen des Verwaltungsrechts, Bd. I, § 1 Rn. 58 참조.

14) Jan Ziekow, Öffentliches Wirtschaftsrecht, 2007, § 8 Rn. 1.

15) Voßkuhle, in: Hoffmann-Riem/Schmidt-Aßmann/Voßkuhle (Hrsg.), a.a.O., § 1 Rn. 59.

16) 이에 대하여 일부견해는 실질적 민영화와 형식적 민영화의 구분을 전제로, 후자에는 조직민영화와 행위형식민영화(Handlungsformprivatisierung)가 속하며, 전자에는 임무민영화 외에 재산권민영화, 기능민영화, 임무담당민영화 등이 속한다고 보고 있다. 이러한 분류방식은 민영화개념의 이원적 접근법에 기초하고 있으며, 기능민영화(민관협력)을 실질적 민영화에 포함시키는 특징을 보이고 있다. 이에 대한 상세는 李元雨, 전게논문, 24면.

완전히 넘겨주는 것을 의미한다. 즉 형식적 민영화는 공적과제를 수행하는 조직의 민영화를 의미하는 반면, 실질적 민영화는 임무 그 자체의 이전을 그 내용으로 하고 있다.[17)]

形式的 民營化는 組織民營化(Organisationsprivatisierung)를 의미한다. 즉 공적 과제의 임무수행과 책임은 여전히 公的인 손(öffentliche Hand)[18)]에 맡겨져 있지만, 행정주체 자신의 회사(예컨대 유한회사, 주식회사)에 의해 임무를 수행하는 형태이다. 公的인 손이 100% 투자한 '私法'형식의 회사에 공적과제의 임무를 맡기는 경우가 여기에 해당한다.[19)] 예컨대 지방자치단체가 직접 운영하는 병원을 지방자치단체의 소유인 유한회사(GmbH)에 넘기는 경우가 그러하다. 이 경우 자기회사(Eigenbetrieb)는 법적으로 비독립적이나, 조직적·재정적으로는 지방자치단체의 독립재산(Sondervermögen)이다.[20)] 요컨대 형식적 민영화는 조직만을 私法의 형식을 빌려 수행하는 방식으로 볼 수 있다.

반면, 實質的 民營化란 任務民營化(Aufgabenprivatisierung)를 의미하는 것으로서, 사적 영역에 공적 과제의 임무 자체를 완전히 이전하는 방식이다. 즉 私法의 형식과 조직 외에 공적 과제의 수행이나 책임도 사경제주체에게 완전히 넘겨준다. 실질적 민영화의 경우에 공적주체의 책임하에 있던 공적 과제는 사경제주체의 책임으로 넘어가게 된다. 의무의 이전은 더 이상 "공법적"인 문제가 아닌, 사경제주체의 자기책임의 문제임을 의미한다.[21)]

---

17) 한편 민영화는 행정기업(또는 정부기업)의 형태→자기기업의 형태→공사형태→주식회사형태→완전민영화(주식매각)의 단계로 진행된다고 한다(李元雨, 전게논문, 42-43면 참조).

18) "公的인 손(öffentliche Hand)"은 공법상 사단법인 내지 公共組合의 총체를 의미한다.

19) 국가·지방자치단체가 자본의 전액을 투자한 特殊法人企業도 이러한 형태에 가까운 것으로 볼 수 있다. 즉 특수법인기업의 경우에 당해 사업의 실질적 경영주체는 국가 또는 지방자치단체이나 행정조직의 엄격성을 배제하고 경영의 능률성을 제고하기 위해 특수법인의 형태로 사업을 경영하고 있다.

20) Rolf Stober, a.a.O. (FN 3), § 7 Rn. 9.

21) Torsten Schmidt, Liberalisierung, Privatisierung und Regulierung der Wasserversorgung, LKV 2008, S. 193.

機能的 民營化는 형식적 민영화와 실질적 민영화의 중간단계를 말하며, 민관협력은 기능적 민영화의 한 유형으로 이해되고 있다.[22] 예컨대 교환계약의 형식에 의해 행정주체와 사경제주체가 지분을 나누어 가지는 公私合同企業(gemischtwirtschaftliche Gesellschaft)[23]의 형태로서 사인에 의해 공적과제의 임무를 수행하지만, 保障責任(Gewährleistungs-verantwortung)은 여전히 국가가 부담한다. 기능적 민영화는 공적과제 그 자체가 사인에 이전하는 것이 아니라, 제3자에게 행정보조자로서 과제수행을 대행시키는 형식이다.[24] 기능적 민영화의 구체적 사례로는 독일의 循環管理및廢棄物法(KrW-/AbfG) 제16조, 水管理法(WHG) 제18a조 제2a항 등이 제시된다.[25] 한편, 국가 또는 지방자치단체와 민간의 공동출자에 의한 법인인 소위 '제3섹터(the third sector)'가 논의되고 있으며, 공사합동기업(또는 민관합동법인)이 대체로 여기에 속한다.[26] 그러나 제3섹터의 개념은 정부부문과 민간부문이 공동출자한 주식회사뿐만 아니라 민법상 사단법인과 재단법인을 포함하는 넓은 개념이라는 점에서 다소 차이가 있다.[27]

한편, 民官協力(PPP: Public Private Partnerships)[28]에 관한 명확한

---

22) Ziekow, a.a.O, § 8 Rn. 5 ff.

23) 대체로 정부지분을 51% 까지 유지하는 것으로, 후술하는 민관협력의 '협력모델'이 그러하다. 정부도 공기업 선진화 제3차 계획을 발표하면서, 한국지역난방공사에 대해 상장을 통해 지분 매각을 하되 정부지분은 51% 이상 유지하기로 한 바 있다(조선일보 2008. 10. 11. 자). 한편, 현행 「사회기반시설에 대한 민간투자법」제2조 제12호에 "민간합동법인"을 "공공부문과 민간부문이 공동으로 출자하여 설립하는 법인으로 제7호의 규정에 의한 사업시행자"로 정의하고 있다.

24) Torsten Schmidt, a.a.O., S. 193; Bauer, DÖV 1998, S. 89 (90).

25) Ziekow, a.a.O, § 8 Rn. 5; Bausback, a.a.O., S. 904.

26) 李元雨, 전게논문, 33면.

27) 兪 珺, 전게서, 79-82면 참조.

28) 일반적으로 영미에서는 민관협력(Public Private Partnerships)을 복수로 사용하고 있으나, 단수사용(Public Private Partnership)을 제안하는 견해가 있다. Ziekow, Die Erfahrungen und die Strategien von Public Private Partnerships(PPP) in Deutschland, 2008년 전문가초청포럼(5), 한국법제연구원, 2008. 10. 1. 발표문 참조. 한편, 일본에서는 '民官協力'이라는 용어 대신 '公私協働'이라 부르고, "행정주체의 사무로서 실시되거나 행정주체의 사무로서도 실시되어야 하는 일정한 사항을 민간사업자가 그 실시를 담당하고, 따라서 행정목적의 실현에 기여하는 것"이라고 이해하고 있다. 小

법적 정의는 없어, 독일에서도 민관협력의 개념에 대해 다소 논란이 있다. 독일에서 민관협력은 대체로 "公的인 손과 私人이 협력하는 특별한 경우"[29] 또는 "공행정과 사경제주체(사기업) 사이의 협력적 작업의 다양한 가능성"[30] 등으로 이해되고 있다. 민관협력은 장기간에 설정되고 공동의 목적으로 특징되는 프로젝트의 영역에서, 행정주체와 사경제주체가 계약에 기초하여 책임과 리스크(Risiko)를 분산하는 방식으로 협력하는 것을 특징으로 한다. 이 경우 사경제주체는 공적 과제의 수행을 위해 중요한 기여를 한다.

이상의 고찰에서 민간위탁은 대체로 행정임무와 책임 등을 사적 주체에 이전하는 정도가 가장 경미하며, 단순행정이나 기술적 사무에 제한된다는 점에서 민영화와 차이가 있다. 또한 민간위탁도 사인(사기업)에 공적 과제를 대행시킨다는 점에 기능적 민영화에 가까운 측면이 없지 않다. "행정임무담당만의 민영화"의 의미가 다소 불명확해 보이나, 민간위탁계약을 행정임무담당만의 민영화와 관련된 계약으로 축소한 것으로 보아, 광의의 민관협력계약의 개념에 포함시키는 견해도 대체로 동일한 입장으로 보인다.[31] 다만, 형식적 민영화는 공적 과제의 임무수행과 책임을 여전히 공적인 손에 맡기면서, 단지 임무수행만 '私法'형식으로 된 자기회사에 의해 수행한다는 점에서 민간위탁과 구분된다.

민영화개념의 다양성으로 인해 국내에서는 민관협력, 민간위탁 등의 개념구분에 다소 혼선이 있는 것으로 보인다. 한편, "민영화란 조직의 변경을 의미하며, 민간위탁이란 기능의 이전을 의미"하는 것으로 이해하는 견해도 있다.[32] 그러나 민영화개념의 다양성에 비추어보면, 민영화를 "조직의 변경"의 의미로 제한하여 이해하는 것은 형식적 민영화

早川光郎, 公私協働(PPP)おめぐる日本法の現状と論点, 한국공법연구 제144회 학술발표회 발표문, 73면 이하.

29) Ziekow, 전게발표문, 6면 참조.

30) Bausback, a.a.O., S. 901 ff.

31) 김대인, "행정기능의 민영화와 관련된 행정계약-민관협력계약과 민간위탁계약을 중심으로-", 행정법연구 제14호(2005년 하반기), 360-361면.

32) 김민호, "공공서비스의 민간위탁과 공기업의 민영화", 토지공법연구 제25집, 268면 이하.

외에 실질적 민영화개념을 포함시키지 못하게 된다.

(2) 民官協力의 類型

민관협력의 개념정의를 위한 시도에도 불구하고, 민관협력의 유형은 실무상 다양하게 나타나고 있다. 여기에서는 운영자모델, 특허모델 및 협력모델로 분류하여 살펴보도록 한다.[33]

첫 번째 유형은 공적 과제의 달성을 위해 사인에게 건설, 계획, 재정 그리고 시설의 운영을 위탁하는 운영자모델(Betreibermodelle)이다.[34] 이 경우에 이용자는 공적 기관에 사용료를 지급하지만, 법률관계는 운영자인 사경제주체가 아닌 공권력의 주체와의 사이에 이루어진다. 독일의 화물차통행세 시스템(LKW-Maut-System)이 여기에 해당한다.

두 번째 유형은 특허모델(Konzessionsmodelle)이다. 즉 공적 과제의 영역에 있어서 특정한 급부제공을 위한 권리를 사인에게 부여하고 법률관계도 이용자와 제공자인 사인 사이에 이루어진다. 독일 로스톡(Rostock)에 위치한 건설회사(Warnowquering GmbH)가 그 대표적인 경우이다. 우리의 경우에는 '특허기업'이 여기에 해당한다.[35]

마지막 유형은 협력모델(Kooperationsmodelle)로서 公的인 손과 사인 사이에 제휴하여 공동으로 급부를 제공하는 것이다. 공사협동기업의 형태가 대체로 여기에 속하며, 구체적 사례로는 헤센(Hessen) 주의 휜펠

33) Bausback, a.a.O., S. 902 참조.

34) 경영자모델보다 완화된 형태의 참여가 보장되는 모델로는 운영(경영)책임자모델(Betriebsführermodelle)이 있다. 이러한 모델은 공적 과제의 주체가 공공서비스제공시설의 소유권자로서, 자신의 비용으로 시설을 설립하고 재정지원을 하며, 이용자와 서비스공급계약을 체결한다. Torsten Schmidt, a.a.O., S. 198.

35) 종래 지배적 견해는 '수익성' 내지 '기업성'을 강조하여, 공기업을 "국가 또는 공공단체가 직접적으로 사회공공의 이익을 위하여 경영하는 기업"(李尙圭, 新行政法論(下), 신판, 377면) 또는 "국가·지방자치단체가 직접 사회공공의 이익을 위하여 행하는 비권력적 사업 중에서 일정한 영리성 또는 기업성을 가지는 사업"(김동희, 행정법 II, 제14판, 289면) 등으로 이해하고(최협의의 공기업개념), 특허기업을 공기업개념에 포함시키는 견해가 지배적이었다. 그러나 최근 사기업인 특허기업과 공기업을 구분하는 견해가 유력하다(김남진·김연태, 행정법 II, 제12판, 404면; 석종현, 일반행정법론(하), 제11판, 352면; 홍정선, 행정법원론(하), 2008, 541면).

트(Hünfeld)의 교도소 운영을 들 수 있다.

(3) 民官協力의 適用分野와 進行現況

민관협력이 적용되는 분야로는 교통인프라(도로 · 공항 등), 공공시설의 건축(예컨대 학교 · 관공서 · 도서관 · 병원 · 교도소 · 스포츠시설 등) 등이 여기에 해당한다. 그 밖에도 국방(兵站), 전자정부(e-Government), 교육 및 과학분야, 사회복지분야, 내적 안전 분야(경찰과 민간부분의 협력)[36] 등도 민관협력의 분야로 고려되고 있다. 특히 연방고속도로의 건설에 있어서 민간자본의 지원도 민관협력이 적용된 사례로 볼 수 있다. 독일에서는 遠距離道路建設民間財政支援法(Fernstraßenbauprivatfinanzierungsgesetz)이 제정되어 있다.[37]

한편, 독일에서는 1993년과 1994년의 개혁에 의해 聯邦鐵道廳(Bundesbahn)와 聯邦郵政局(Bundespost)이 주식회사의 형태로 전환되어 연방행정의 영역에서 배제되었으며, 독일 민영화의 대표적 사례가 되고 있다.[38] 연방철도와 연방우편은 형식적 민영화는 달성되었으며, 부분적으로 실질적 민영화가 달성 중에 있다고 한다.[39]

2. 民官協力의 法的爭點

(1) 公的課題로서의 生存配慮와 民官協力

민관협력은 침해행정보다 대체로 공적 과제의 수행과 밀접한 관련을 가지는 급부행정과 밀접한 관련을 가진다. 민관협력은 '生存配慮'(Da-

---

36) 경찰과 민간주체의 협력에 의한 경찰작용, 사인에 의한 경찰작용 등에 대해서는 졸고, "效率的인 警察執行을 위한 새로운 作用形式의 活用에 관한 硏究", 治安論叢 제22집, 71면 이하 참조.

37) BGBl. I S. 98.

38) P. Badura, Wirtschaftsverfassung und Wirtschaftsverwaltung, 2. Aufl., 2005, Rn. 138 f. 특히 연방우정국(Bundespost)은 종래 營造物(Anstalt)로 취급되었으며, 이용관계도 공법적 성질을 가진 것으로 보았다.

39) H. Maurer, Allgemeines Verwaltungsrecht, 16. Aufl., § 22 Rn. 40.

seinsvorsorge)[40]에 근거하고 있으며, 생존배려는 社會國家原理에 기초하고 있다. 국민의 생존배려의 차원에서 제공되는 공공서비스를 국가가 아닌 사인(사기업)이 수행할 수 있는지, 사인에 의해 제공되는 경우에도 보편적인 공공서비스의 제공이 보장될 수 있는지가 문제된다. 그러나 독일의 유력설은 공적인 손과 사인의 협력의 법질서가 서로 적대적 관계에 서 있지 않으며, 시원적인 공적 과제에 속하는 생존배려 역시 과제수행의 민영화와 배치되는 것은 아니라고 본다.[41] 예컨대 수도사업을 지방자치단체가 자기회사를 설립하여 공적 성격의 수도공급시설을 통해 운영하는 것이 그러하다(조직민영화).[42]

급부행정의 영역을 민관협력에 의해 수행한다고 하여도 궁극적인 보장책임은 국가·지방자치단체 등 행정주체에 귀속한다. 이와 관련하여 최근 독일에서는 소위 '保障國家(Gewährleistungsstaat)'가 강조되고 있다.[43] 즉 공적인 손은 민영화 또는 민간화(Zivilisation)의 각 상황에 상응하는 개인의 기본적 수요를 만족시키고, 그 급부를 강제적으로 행하여서는 아니 된다는 것을 보장해야 한다. 따라서 실질적 민영화가 이루어진다고 하여도, 헌법에 의해 부여된 공적 과제의 수행에 대한 국가의 궁극적 책임이 부인될 수 없다.[44] 또한 국가는 여전히 공정한 경쟁질서의 확립, 소비자보호 및 가격규제 등에서 자신의 역할을 수행할 수 있다.[45]

최근 독일에서는 민관협력을 촉진하기 위한 근거법률을 마련하였다. 즉 2005. 9. 8. 발효된 소위 民官協力促進法(ÖPP-Beschleunigungsgesetz)[46]

---

40) 生存配慮의 개념은 E. Forsthoff에 의해 법률적 개념으로 浮刻되었다. F. Ossenbühl, Vorsorge als Rechtsprinzip im Gesundheits-, Arbeits- und Umweltschutz, NVwZ 1986, S. 162.

41) Bausback, a.a.O., S. 904 참조.

42) Torsten Schmidt, a.a.O., S. 193.

43) 독일에서도 "보장국가"의 개념에 대한 비판적 견해가 있으나(Püttner, VVDStRL 64(2005), 276 f.(277)), 민영화와 관련하여 보장책임이 간과될 수 없다. 이에 관한 논의의 상세한 내용은 Bausback, a.a.O., S. 904 참조.

44) 李元雨, 전게논문, 39면.

45) 李元雨, 전게논문, 50면 이하.

이 제정되어, 민관협력의 신속화에 拍車를 가하고 있다.[47] 동법은 민관협력의 장애요소를 제거하고 민관협력의 기본조건을 개선하기 위한 내용들을 담고 있다. 또한 독일에서의 민관협력은 공적 과제 및 역무(서비스)의 민영화와 달리 제3의 길을 걷고 있으며, 재정부족을 타개하기 위한 절약의 잠재성과 효율성의 제고 등에서 그 필요성이 강조되고 있다.[48]

(2) 契約에 基礎한 民官協力

민관협력이라는 새로운 행위형식을 기존의 행위형식과 어떻게 접목시켜야 하는지가 논의되고 있다. 더불어 실질적 법치주의의 관점에서 권리구제의 방식, 특히 행정쟁송의 형식을 선택하는 것이 중요한 과제일 수 있다. 기본적으로 공법관계와 사법관계의 구분에 관한 문제가 선행되어야 하겠지만, 대체로 공법과 사법이 서로 혼재하는 영역도 존재할 수 있다. 이에 대한 법적 판단은 쉽지 않을 것이다. 독일에서도 민관협력이 시민의 권리구제에 영향을 미치고 있음에 주목할 필요가 있다. 특히 Peine교수는 민영화의 한계와 관련하여, 법적 명확성 및 권리구제의 미흡 등 법치주의의 관점에서 비판을 제기하고 있다.[49]

국가와 사경제주체 사이의 협력은 주로 '계약'의 형식으로 이루어지고 있다. 그러한 이유에서 독일에서도 민관협력은 공법계약과 밀접한 관련을 가지는 행위형식이며(독일 행정절차법 제54조 이하 참조),[50] "계

46) BGBl I, S. 2676. 한편, 民官協力促進法의 공식적인 법률명은 "民官協力의 法律上 基本條件의 改善과 民官協力의 轉換의 促進을 위한 法律"(Gesetz zur Beschleunigung der Umsetzung von Öffentlich Privaten Partnerschaften und zur Verbesserung gesetzlicher Rahmenbedingungen für Öffentlich Private Partnerschaften)이다.

47) 상세한 입법경과에 대해서는 Fleckenstein, Abbau von Hemmnissen für Public Private Partnership: Das ÖPP-Beschleunigungsgesetz, DVBl. 2006, S. 75 ff.

48) 이에 대해서는 Bauer, in: Hoffmann-Riem/Schmidt-Aßmann/Voßkuhle (Hrsg.), Grundlagen des Verwaltungsrechts, Bd. II, § 36 Rn. 44.

49) Peine, Grenzen der Privatisierung - verwaltungsrechtliche Aspekte, DÖV 1997, S. 356.

50) M. Reicherzer, Die gesetzliche Verankerung von Public-Private-Partnerships, DÖV 2005, S. 603 ff.

약에 기초한 민관협력(PPP auf Vertragsbasis)"이라고 부르기도 한다.[51] 그러나 민관협력은 독일 행정절차법에 규율된 계약(예컨대 교환계약이나 화해계약 등)과는 구분된다. 이와 관련하여 독일 행정절차법의 개정논의에서 민관협력에 대한 독자적인 계약유형, 소위 "協力契約"(Kooperationsverträge)을 도입하는 것이 적극 검토되고 있다.[52] 이와 같이 민관협력은 協力契約과 밀접한 관련을 가지며,[53] 도시계획법의 분야에서 공법계약은 공법과 사법의 협력적 수단으로 적극적으로 활용되고 있다. 예컨대 독일 건설법전 제11조의 都市計劃契約(Städtebauliche Verträge)이나 지방자치단체의 都市計劃財政支援(Städtebauförderung)[54] 등에 있어서 민관협력 등이 그러하다.

국가와 시민 사이의 전통적인 공법관계는 일방적·권력적 행정작용이 주류를 이루어 왔으나, 오늘날 협력적 또는 합의적 행정작용의 필요성이 강조되고 있는 것이 사실이다. 환경법상의 자기제한협정과 같은 협상(또는 협의)에 의한 비공식적 행정작용이 그러하다.[55] 행정법의 基底를 이루는 행정의 법률적합성의 원칙도 협력적 행정작용을 배제하지 않으며, 새로운 형식의 공법계약이 허용될 수 있다는 것이 독일의 유력한 견해이다.[56] 실제 독일 연방헌법재판소는 2002. 2. 29.자 결정[57]에서 연방정부와 에너지회사 사이의 원자력에 관한 합의를 비공식적 행정작용으로 헌법상 원칙적으로 허용되는 것으로 보았다.[58]

---

51) R. Stober, Privatisierung öffentlicher Aufgaben, NJW 2008, S. 2307. 한편, 민관협력은 "契約에 기초한 民官協力"과 "制度化된 民官協力"(institutionalisierte PPP)으로 구분되기도 한다.

52) Kopp/Ramsauer, VwVfG, 9. Aufl., § 54 Rn. 8a; Reicherzer, a.a.O., S. 603.

53) Bauer, in: Hoffmann-Riem/Schmidt-Aßmann/Voßkuhle (Hrsg.), a.a.O., § 36 Rn. 45.

54) 이에 대해서는 Battis/Kersten, LKV 2006, S. 442 ff.

55) Joachim Becker, Rechtsrahmen für Public Private Partnership - Regelungsbedarf für neue Kooperationsformen zwischen Verwaltung und Privaten?, ZRP 2002, S. 305.

56) Bonk, Fortentwicklung des öffentlich-rechtlichen Vertrags unter besonderer Berücksichtigung der Public Private Partnerships, DVBl. 2004, S. 141 ff.(149).

57) BVerfG, NVwZ 2002, S. 585.

(3) 民官協力과 國家賠償請求

독일에서는 私法形式의 行政作用에 대해 國家賠償이 가능한지가 문제된다. 우선 독일 기본법 제34조 제1항에서는 "직무수행을 함에 있어 제3자에 대해 부과된 직무의무를 위반하면, 그 책임은 원칙적으로 국가 또는 소속 공공단체에 있다"고 규정하고 있다. 또한 독일 민법 제839조 제1항에서는 "공무원이 고의 또는 과실로 제3자에 대해 부과된 직무의무를 위반하면, 그 공무원은 제3자에 대해 발생한 손해를 배상하여야 한다."고 규정하고 있다.[59] 여기에서 말하는 '공무원'은 국가책임법상의 공무원으로서 기능적 개념으로 이해되며, 國法上의 공무원(공무원법상의 공무원개념)[60]과는 구분된다.[61] 기능적 공무원개념은 "공적 과제의 수행"여부가 관건이다. 따라서 사인이 공적 과제를 수행하는 경우에 공무원개념에 포함될 수 있다. 문제가 되는 것은 공무수탁사인, 행정보조인, 또는 사기업에 의한 공적 과제의 수행 등에 의해 상대방에게 손해가 발생한 경우이다. 공무수탁사인은 직접 법률이나 법률에 근거한 행정행위나 행정계약 등에 의하여 독립된 권한을 가지고 자신의 명의로 공적 과제를 수행한다. 따라서 공무수탁사인은 위임된 권한의 범위 내에서 高權力(Hoheitsgewalt)을 행사하며, 그러한 한도 내에서 공적 과제를 수행하는 공무원의 지위를 가진다고 볼 수 있다.[62] 예컨대 독일에서도 공무수탁사인으로 인정되는, 차량의 기술안전검사를 위해 私法上 조직된 기관(TÜV)이 여기에 해당하는지가 격렬하게 다투어진 바 있다.[63] 위탁을 책임법상 공적인 영역으로 포함시킬 수 있는지가 문제되는데, 적어도 사인의 행위를 고권적 기능영역에 귀속시킬 수 있어야 한다. 이

---

58) Bonk, a.a.O., S. 143.

59) 주지하는 바와 같이 1981년 제정된 독일 국가책임법(Staatshaftungsgesetz)은 헌법상 입법권한의 문제로 연방헌법재판소에 의해 위헌결정을 받았다(BVerfGE 61, 149).

60) 국법상의 공무원개념은 공무원법상의 법적 지위를 획득해야 한다.

61) Maurer, a.a.O., § 26 Rn. 14.

62) Detterbeck/Windthorst/Sproll, Staatshaftungsrecht, 2000, § 9 Rn. 14.

63) 이에 대한 상세한 논의는 Ossenbühl, Staatshaftungsrecht, S. 15 ff.

에 대한 귀속기준은 여전히 다투어지고 있다.[64]

또한 행정보조인도 공적 과제를 수행하나, 그 수행은 단지 보조적일 뿐이다. 또한 형식적인 위임이나 위탁행위가 존재하지 않는다. 즉 행정보조인은 자신의 이름으로 국가의 과제를 수행하지 못하고, 단지 보충적 기능을 수행할 뿐이다. 그러나 통학시의 학생교통안내인(Schülerlotsen)이 학생들을 도로에서 발생하는 교통안전의 위험으로부터 보호하는 임무를 수행하는 것이 고권적 활동에 포함되는지가 문제된 사건에서, 하급심은 이를 긍정하였다.[65]

특히 문제가 되는 것은 私企業에 의한 공적 과제수행에 따른 國家責任의 문제이다. 이 문제에 대해서는 독일에서도 여전히 논란이 있는 것으로 보인다. 독립된 사기업이 국가임무가 수행하는 경우에 국가책임의 문제가 개입될 수 있는지가 문제된다. 국가의 위탁으로 연방고속도로를 건설하는 건설회사가 인근주민에 粉塵公害를 야기한 경우,[66] 지방자치단체(Gemeinde)의 위임을 받은 건축회사가 市廣場을 건설하면서 인근 미용실에 피해를 준 경우,[67] 또는 시(市)의 위임을 받아 건축공사 중 지반침하로 인해 인근주민에게 피해를 준 경우[68] 등이 문제된 바 있다.[69]

3. 民官協力의 限界

독일에서는 공적 과제로서의 生存配慮의 영역(지하철, 에너지공급, 수

---

64) Detterbeck/Windthorst/Sproll, a.a.O., § 9 Rn. 15.

65) OLG Kölin, NJW 1968, 655. 한편, 우리 대법원도 지방자치단체가 교통할아버지 봉사활동 계획을 수립한 후 관할 동장으로 하여금 '교통할아버지'를 선정하게 하여 어린이 보호, 교통안내, 거리질서 확립 등의 공무를 위탁하여 집행하게 하던 중 '교통할아버지'로 선정된 노인이 위탁받은 업무 범위를 넘어 교차로 중앙에서 교통정리를 하다가 교통사고를 발생시킨 경우, 지방자치단체가 국가배상법 제2조 소정의 배상책임을 부담한다고 인정한 바 있다(대법원 2001. 1. 5. 선고 98다39060 판결).

66) BGHZ 48, 98 (103).

67) BGHZ 70, 212 (216).

68) BGH, NJW 1980, 1679.

69) 이에 대한 상세한 내용은 Ossenbühl,, Staatshaftungsrecht, S. 20 ff.

도사업 등)을 민영화, 또는 민관협력에 의해 수행하는 것이 헌법적으로 허용되는지, 모든 민영화에 헌법변경적인 법률이 필요한지 등이 논의되고 있다. 국가의 통일적인 법집행과 정책결정이 요구되는 국가권력의 독점영역인 國防, 재정, 司法, 외교 및 내무 등은 민영화될 수 없는 영역이다.[70] 그러나 국가・지방자치단체 등 행정주체의 과제수행의 방식은 행정주체의 형성의 여지에 맡겨져 있으며, 독일기본법에 명시적으로 민영화(민관협력)를 금지하는 규정을 두고 있지 않다는 점에서 민관협력의 허용성을 쉽사리 부인할 수 없다. 폐기물의 관리・처리 등의 임무를 국가의 책임하에 수행할 수 있으나, 헌법에 의해 이를 강제하고 있지는 않다.[71]

실제 독일기본법 제83조 이하의 行政獨占(Verwaltungsmonopol)에 관한 규정은 민영화의 허용을 방해하고 있었다. 그 후 헌법개정에 의해 전통적인 국가임무를 私法의 형식으로 수행하는 것이 헌법적으로 가능하게 되었다. 예컨대 철도, 우편 그리고 항공안전 등이 그러하다. 독일기본법 제87d조에서는 항공교통행정이 연방 자신의 행정에 의해 수행되지만, '公法' 또는 '私法'의 형식으로 할 것인지는 연방법률이 정하도록 하고 있다. 또한 연방철도도 사경제기업이 私法의 형식으로 할 수 있음을 규정하고 있으며(독일기본법 제87e조 제3항), 우편의 경우에도 민영화에 관한 헌법적 근거를 마련하고 있다(독일기본법 제87f조 제2조 제1문 참조).

그리고 민영화(민관협력)는 위에서 언급한 사회국가원리 이외에도 法治國家原理(행정의 법률적합성 원칙)과 관련하여 문제가 제기될 수 있다. 이러한 민영화에도 法律留保의 原則이 적용되는지가 논의되고 있다. 민영화 또는 민관협력은 주로 침해행정의 영역보다 급부행정과 관련하여 이루어지고 있으며, 급부행정과 법률유보의 문제가 여기에서도 제기

70) Bonk, a.a.O., S. 146; 이종영, "공공업무 민영화의 법적 한계", 법학논문집 제24집 제1호(중앙대학교 법학연구소), 303면.

71) Thomas Mayen, Privatisierung öffentlicher Aufgaben, DÖV 2001, S. 112.

된다. 全部留保說(Totalvorbehalt)을 취하지 않는 한, 급부행정의 영역에 법률유보의 원칙을 엄격히 적용하기는 어려운 것으로 보인다. 그러나 本質事項留保說(Wesentlichkeitstheorie)에 의하면 기본권 실현에 있어서 본질적이고 중요한 부분에 대해서는 법률유보의 원칙이 준수될 필요가 있다. 즉 원칙적이고 중요한 결정, 생존적 의미를 가지는 문제, 또는 기본적으로 보호되는 생활영역과 관련된 경우 등에는 법률상 수권이 필요하다.[72] 법률상 수권이 없는 경우에도 非高權的인 임무(예컨대 학교건물, 공공건물, 교도소건물의 건축・보수 등)의 민관협력은 충분히 허용될 수 있으며, 지시로부터 자유로운 의무적인 임무를 민관협력에 의해 수행하는 경우도 법률상 수권이 필요하지 않을 것이다.[73] 그 밖에 權力分立의 原則은 특정한 공적 과제의 민영화와 어떤 관련을 가지기 어렵다. 또한 독일기본법 제20조 제2항 제2문에서는 집행권을 "특별한 기관"에 의해 행사하도록 하고 있으나, 민영화는 이러한 집행부의 조직형식에 중대한 물음을 던져 줄 수 있다.[74]

Ⅲ. 유럽공동체법상의 自由化와 民官協力

1. 유럽공동체법상의 經濟秩序와 民營化

유럽공동체법은 회원국의 민영화과정에 대해서도 영향을 주고 있다. 민영화와 관련된 유럽공동체법상의 법적 근거로는 EC조약 제295조를 들 수 있다. 여기에서는 회원국의 재산질서를 보장하고 있다. 유럽공동체법은 일견 민영화의 문제와 관련하여 중립적 입장을 취하고 있으며, 민영화는 결국 회원국의 국내법과 밀접한 관련을 가진다고 볼 수 있다.

---

72) Schmidt, a.a.O., S. 196.
73) Ziekow, Die Erfahrungen und die Strategien von Public Private Partnerships (PPP) in Deutschland, 2008년 전문가초청포럼(5), 한국법제연구원, 2008. 10. 1. 발표문, 9면.
74) Peine, a.a.O., S. 356.

그러나 회원국의 경제질서는 회원국법에 의해 결정되지만, 유럽공동체법의 규범내용에 위반되어서는 아니 된다. 유럽연합 회원국의 민영화도 예외가 아니다. 실제 철도·통신 및 우편 등 독일의 민영화과정에서 유럽공동체법, 특히 제2차 법원인 지침 내지 준칙(directive, Richtlinie)은 적지 않은 영향을 주었다. 그리고 제1차 법원인 EC조약도 "자유경쟁이 있는(보장된) 열린 시장경제"(Grundsatz einer offenen Marktwirtschaft mit freiem Wettbewerb)의 원칙을 지향하고 있다(EC조약 제4조 제1항, 제98조 등 참조). 유럽공동체법이 회원국법에 대해 우위를 차지하고 있기 때문에, EC조약은 회원국의 경제헌법에 대해 중립적이지 않다는 견해도 유력하다.[75] 또한 유럽공동체법상의 시장경제의 원칙의 적용을 배제하는 예외적인 경우는 경쟁조건의 개선과 같은 특별한 정당화를 필요로 한다.[76]

유럽공동체법은 회원국에 특정한 과제의 민영화 의무를 부과하지는 못한다. 왜냐하면 EC조약 제86조 및 제31조에서 공기업 및 독점기업의 존재를 명시적으로 규정하고 있기 때문이다.[77] 독일에서 公企業(öffentliche Unternehmen) 개념은 대체로 "사실적·법적으로 독립한 기관의 통일체인 경제주체가 공적인 손"인 경우를 말한다. 이러한 개념은 유럽공동체나 유럽집행이사회의 지침에 근거하고 있는 것으로 보고 있다.[78] EC조약 제16조에 의하면, 공동체와 회원국은 EC조약의 적용범위의 각 권한의 범위 내에서 一般經濟利益의 給付(Dienste von allgemeinem wirtschaftlichem Interesse), 즉 유럽공동체의 공공서비스[79]가

---

75) Wolfgang Weiß, Europarecht und Privatisierung, AöR 128 (2003), S. 91 ff.

76) Thomas Oppermann, Europarecht, 3. Aufl., § 13 Rn. 3.

77) Wolfgang Weiß, a.a.O., S. 93.

78) Stober, Allgemeines Wirtschaftsverwaltungsrecht (FN 3), § 24 II 1.

79) EC조약 제16조 및 제86조에 규정되어 있는 "일반경제이익의 급부(서비스)"(Dienste von allgemeinem wirtschaftlichem Interesse)란 유럽공동체의 공공서비스(gemeinwirtschaftliche Dienste)를 의미한다. 즉 시장과 관련된 모든 활동으로서 공익실현과 회원국에 의한 특별한 공익의무와 관련될 수 있는 것을 의미한다. 예컨대 에너지공급, 교통제공, 통신 및 우편서비스, 수도공급, 폐기물처리 등이 여기에 속한다고 볼 수 있다. 이에 관한 상세는 Pernice/Wernicke, in: Grabitz/Hilf (Hrsg.), Das

기능한 것에 대한 원칙과 조건을 만들어 그 임무를 수행할 수 있도록 배려해야 한다. 그러나 "일반경제이익"의 개념은 생존배려의 개념과 반드시 일치하는 것은 아니며, 공익구속의 성질을 가지는 특정한 공통성(Gemeinsamkeiten)을 의미하는 것이다.[80] 즉 "일반경제이익"은 시장과 관련된 모든 활동을 의미하며, 내·외적 안전의 문제나 司法行政 등 시장과 관련이 없는 활동은 단지 생존배려와 관련해서 논의될 수 있을 뿐이다.[81] 그러나 유럽공동체법은 회원국의 민영화에 動因을 제공하고 있으며, EC조약 제86조 제1항은 독점의 제거를 통해 실질적 민영화에 직접 영향을 주고 있다. 특히 EC조약 제86조 제1항은 "회원국은 공기업 및 특별한 또는 독점적 권리가 보장된 기업과 관련하여, 동 조약과 특히 제12조 및 제81조 내지 제89조에 대해 모순되는 조치를 취하거나 유지해서는 아니 된다"라고 하여, 공기업에 관한 특별규정을 두고 있다. 이러한 영역에 대해서는 유럽공동체법이 전적으로 적용될 수 있다.[82] 그리고 EC조약에서 직접 완전한 민영화의무를 부과할 수는 없으나, 완전한 실질적 민영화로 이르는 법적 의무를 발전시킬 수는 있다고 보고 있다.[83]

2. 自由競爭原則과 民官協力

유럽집행위원회는 민관협력을 인프라의 건축, 수리, 운영 및 유지 또는 공공서비스의 제공준비 등을 위한 공적 기관과 사인 사이의 다양한 형식의 협력을 의미하는 것으로 보고 있다. 이와 관련하여 유럽집행위원회는 민관협력의 설정·조달 및 참여 등에 관한 綠書[84]와 白書를 발

Recht der Europäischen Union, 2005, Art. 16 EGV, Rn. 2 참조.

80) Stober, a.a.O., § 24 III 1.

81) Pernice/Wernicke, in: Grabitz/Hilf (Hrsg.), a.a.O., Rn. 2.

82) Wolfgang Weiß, a.a.O., S. 95.

83) Wolfgang Weiß, a.a.O., S. 131 f.

84) Kommission, Grünbuch zu öffentlich-privaten Partnerschaften v. 30. 4. 2004, KOM (2004), 327 참조.

간하였다. 여기에는 일반적 경제이익을 실현하기 위한 지도원칙을 언급하고 있다. 즉 EU시민에 친근한 규율을 위한 보충성원칙의 고려, 효과적인 기본급부의 접근 보장을 위한 보편적 서비스의 제공의무, 고도의 질적·서비스 제공적 보호수준, 소비자 및 이용자권리의 보호, 평가의 모니터링 등을 규정하고 있다.[85)]

이러한 사인을 통한 공적 과제의 수행은 패러다임(paradigm)의 변화를 의미한다. 이러한 변화는 역내시장의 창출이라는 유럽공동체의 목적, 그리고 직·간접적인 유럽공동체법상의 민영화의 動因 등에 의해 더욱 강화되고 있다. 특히 민영화는 유럽연합 내에서의 사경제주체 사이의 경쟁의 창출, 즉 "자유경쟁이 있는 열린 시장경제"라는 공동체의 목적과 밀접한 관련을 가지고 있다. 여기에서 말하는 "자유경쟁이 있는(mit freiem Wettbewerb)"이라는 표현은 대단히 이상적인 표현기술로서, 특정한 시장이나 시민경제에서 이러한 자유경쟁이 완벽히 보장된다고 단언하기는 어렵다. 다만, 자유경쟁의 보장은 역내시장에서 경쟁이 왜곡되거나 변질되는 것을 방지하는 체계를 구축하는 경쟁정책을 보장한다는 것을 의미한다.[86)] 또한 "열린 시장경제(offene Marktwirtschaft)"란 역내시장에 경쟁원리를 실현하여, 외부적으로 제3국에 대해 원칙적으로 개방되어야 한다는 것을 말한다.[87)] 이와 같이 유럽연합에서의 민영화(특히 민관협력)의 논의는 경쟁의 자유화 내지 자유경쟁의 원칙 등에 반하지 아니하나, 그에 대한 판단은 매우 복잡하고 어려운 일이다. 그러나 유럽공동체법상 민영화가 허용된다고 하여도, 공동체법이 생존배려의 영역에 대해 자유화의 목적까지 부여하고 있는 것은 아니다.[88)] 자유화(Liberalisierung)는 경제적 개념으로서 시장의 관점에서 공적 또는 사적 활동을 의미하며, 시장제한적인 장애요소를 제거하고 자유경쟁을 보장하는 것을 주요한 내용으로 하고 있다. 따라서 자유화는 독점적 구

85) 상세는 Stober, a.a.O., § 24 III 1 참조.
86) Bandilla, in: Grabitz/Hilf (Hrsg.), a.a.O., Art. 4 EGV, Rn. 8.
87) Bandilla, in: Grabitz/Hilf (Hrsg.), a.a.O., Art. 4 EGV, Rn. 9.
88) Bausback, a.a.O., S. 904.

조를 제거하여 시장에서의 경쟁을 보장하는 시장개방의 의미를 함축하고 있다.[89] 그러나 이러한 자유경쟁이 생존배려와 관련된 공공서비스의 영역에서도 반드시 보장되어야 하는 것은 아니다.

또한 유럽공동체법에 있어서 공행정주체는 원칙적으로 공적 과제를 자신의 행정·기술 및 기타 수단을 활용하여 스스로 수행해야 하는 한편, 受任者는 시장자유의 원칙과 이에 기초하여 구성된 유럽법상 行政調達法의 의미를 고려해야 한다. 즉 민관협력에 대한 공적 위탁자(지역단체)의 위임 내지 위탁은 공적 과제로서 行政調達法에 근거하여야 하며, 그 과제수행에 대한 최종책임은 국가에 귀속된다.[90] 사인의 공행정의 참여에 대해 어느 정도의 수위를 내부거래(In-house-Geschäft)로 보아야 하는지가 문제된다. 이에 대해 학설은 5% 내지 10%, 또는 49.9%까지를 내부거래로 보는 등 다양하다. 이와 관련하여 유럽사법재판소(EuGH)는 할레(Halle)市 사건[91]에서 공사합동기업의 위임이 사적 참여의 비율과 상관없이 어떠한 경우에도 내부거래로 볼 수 없다고 결정하였다. 이 결정에서 크라이스(Kreis)로부터 독립된 市가 폐기물처리의 조직과 운영을 100% 市 소유인 폐기물처리 유한회사에 맡기는 경우에는 조달과 상관없는 내부거래이나, 폐기물처리 유한회사가 지분을 나눈 私企業(공동회사)이 참여하는 경우에는 달리 판단될 수 있음을 밝히고 있다.[92] 기업에 대한 회원국의 보조금지급은 유럽공동체법상 원칙적으로 금지되고 있다(EC조약 제87조 제1항 참조). 그러나 一般經濟利益(allgemeine wirtschaftliche Interesse)의 급부를 위탁받은 공기업이 특별한 과제의 수행을 위해 필요한 경우에는 보조금지급이 예외적으로 허용될 수 있다(EC조약 제86조 제2항 참조). 공기업에 대해 또는 필요한 경우에 따라 지급되는 보조금은 특별한 과제와 결부된 손해와 상호 조정하는 것을 전제로 하여 허용된다.[93] 다만, 유럽의 보조금법(Beihilferecht)

89) Schmidt, a.a.O., S. 194.
90) I. Seidel, in: Dauses, Handbuch des EU-Wirtschaftsrechts, 2008, Rn. 115.
91) EuGH, Urt. v. 11. 1. 2005, Rs. C-26/03.
92) 이에 대한 상세한 내용은 Bausback, a.a.O., S. 905.

과 관련하여 주목할 만한 것은 회원국인 독일의 베를린 은행조합을 위해 발급된 구조개혁보조금의 승인이다. 유럽집행위원회는 독일정부가 2007년까지 베를린 은행조합을 민영화할 것을 내용으로 하여 발급한 負擔(Auflage)을 허용하였다.[94] 그러나 공행정주체가 생존배려의 영역을 자기회사의 형태로 운영하는 경우에 발생하는 경비를 충당을 하지 못하여도 공동체법상의 보조금법이 적용되지 않는다는 견해도 유력하다.[95]

Ⅳ. 評價와 課題

1960년대 초부터 독일에서는 다른 주요선진국과 마찬가지로 規制緩和 내지 脫規制(Deregulierung), 現代化(Modernisierung)와 작은 정부(schlanker Staat) 등의 일환으로 민영화에 관한 논의가 진행되어 왔다. 특히 생존배려의 영역에서의 기능적 민영화, 즉 민관협력도 적극적으로 검토되고 있다. 또한 민관협력의 신속화를 위해 제정된 民官協力促進法(ÖPP-Beschleunigungsgesetz)은 민관협력과 관련된 법률의 개정을 규정하고 있으며, 그 입법적 근거를 마련하고 있다는 점에서 중요한 의미를 가진다. 그리고 최근 독일에서는 행정절차법에 행정주체와 민간주체의 협력을 위한 '협력계약'을 도입하는 것도 검토되고 있다. 나아가 유럽공동체법상의 經濟秩序가 민영화와 조화를 이룰 수 있는지, 생존배려의 영역에서 自由競爭이 보장될 수 있는지 등이 논의되고 있다. 그 밖에 기업에 대한 유럽공동체의 보조금지급이 원칙적으로 금지되나, 예외적으로 허용되거나 정당화되는 경우가 있는지, 또는 위법한 보조금지

93) Weiß, a.a.O., S. 117.

94) Soltész/Bielesz, Privatisierungen im Licht des Europäischen Beihilferechts-Von der Kommission gerne gesehen- aber nicht um jeden Preis, EuZW 2004, S. 391 ff. 한편, 오스트리아에서도 Burgenland은행(Hypobank Burgenland AG)의 금융구조개혁을 위한 민영화가 문제되었다. 상세는 Thomas Jaeger, Gemeinschatsrechtliche Problem einer Privatisierung, EuZW 2007, S. 499.

95) Bausback, a.a.O., S. 906.

급에 의한 민영화강제가 허용되는지 등이 문제되고 있다.

한편, 우리의 現實을 反芻해보면, 민영화(특히 민관협력)가 중요한 현안이 되고 있음에도 불구하고, 이에 관한 법적 연구는 충분하지 않다. 또한 실정법상 민영화에 대한 법적 개념을 찾아보기 힘들며, 민영화와 관련된 법제정비는 미흡하다. 나아가 법이론적으로 이러한 민영화가 헌법적 또는 행정법적으로 허용되는지, 또는 그 한계는 무엇인지 등의 문제가 깊이 있게 논의되어야 한다. 예컨대 민영화논의가 우리 헌법상 경제질서와 조화를 이루는지, 法治國家原理와 관련하여 민영화에 대해 법률유보의 원칙을 엄격히 적용할 수 있는지, 또는 생존배려의 영역을 민영화하는 경우에 社會國家原理와 모순되는 것은 아닌지 등이 문제되고 있다. 그리고 재정이 어려워진 지방자치단체가 수행하는 수도사업을 국가가 사실상 강제적으로 민영화시키는 것이 헌법상 보장된 地方自治團體의 自治權을 약화 내지 위태롭게 하는 것은 아닌지 등의 어려운 문제가 남아 있다. 실제 수도법 제22조에는 수도사업의 민간자본의 유치에 관한 규정을 두어, 「사회기반시설에 대한 민간투자법」으로 정하는 바에 따라 水道事業에 드는 비용의 전부 또는 일부에 민간자본을 도입할 수 있음을 규정하고 있다. 이제 민영화는 행정법의 영역에서 더 이상 낯선 존재가 아니며, 법의 테두리 내에서 허용될 수 있는지 여부가 검토되어야 한다. 이미 민영화에 관한 본격적인 논의가 진행되기 이전에도 민간위탁이나 私法의 형식 등에 의한 私人의 行政參與가 활발히 이루어져 왔고, 민관협력은 사회기반시설과 관련된 인프라(Infrastruktur)의 영역 외에 생존배려의 영역에서도 이루어지고 있다. 나아가 전통적인 국가권력의 독점영역인 경찰분야에서도 공적인 손과 사경제주체 사이의 협력이 이루어지고 있다. 특히 矯正行政의 영역이 그 대표적 사례이며, 이를 소위 '民警協力(Police-Public-Partnership)'이라 부르기도 한다. 이와 같이 민관협력의 적용분야는 광범위하며 擴大一路에 있다.

요컨대 민관협력에 관한 논의의 출발점은 민영화개념의 법적 시도에 있다. 지금까지 우리의 민영화논의는 주식의 소유형태를 기준으로 한 형식적 논의에 머물고 있었다. 그러나 위에서 언급한 바와 같이 민영화 개념은 다양하며, 그 법적 논의를 위해서는 이러한 개념에 관한 고찰이 선행되어 실정법에 반영되어야 한다. 즉 현행법(예컨대 「사회기반시설에 대한 민간투자법」) 또는 신법(예컨대 '특별법')에 민영화의 개념을 적극적으로 규정할 필요가 있다. 또한 우리 행정절차법에는 '公法契約'에 관한 규정이 없다. 그럼에도 불구하고 공법계약의 허용성에 대해서는 대체로 찬성하는 입장이 다수이다. 그러나 민관협력은 공법계약과 밀접한 관련을 가지며, 기존의 공법계약에 관한 논의가 민관협력을 모두 포용할 수 있는지 여부도 진지하게 검토되어야 한다. 공법계약은 더 이상 행정법의 庶子(Stiefkind)로 취급되어서는 아니 되며, 法의 範疇 내에서 논의되어야 한다. 또한 협력적 행정작용의 명확한 법적 규율을 위해서는 행정절차법의 개정을 통해 새로운 도구에 관한 적극적인 검토가 필요하다.

第 3 章

建築申告制度의 法的 問題

— 簡素化制度의 改善方案을 위한 摸索을 中心으로 —

Ⅰ. 들어가며

정부는 일자리 창출과 공생발전을 위해 "국민중심 원칙허용 인허가제도"를 도입하였고, 규제개혁의 일환으로 종래의 원칙금지 · 예외허용의 규제체계를 원칙허용 · 예외금지의 방식으로 전환하는 것을 추진하고 있다. 즉 이러한 정책은 2010. 6. 26. 공정한 사회를 위한 국민중심 원칙허용 인허가제도 선진화 방안 국가경쟁력강화위원회 제23차 회의에서 보고되어 원칙허용 전환안 총 143건에 대해 확정안을 마련하였고, 이 가운데에서 14건은 정부입법절차를 완료하였다고 한다.[1] 이러한 변화는 규제완화와 국가경쟁력의 제고라는 점에서 긍정적인 측면이 없는 것은 아니나, 행정규제의 근간이 되는 인 · 허가제도에 적지 않은 영향을 줄 수 있다는 점에서 신중한 접근을 필요로 한다. 이와 관련하여 액화석유가스충전사업의 허가를 2011년부터 원칙허용 전환 대상 인 · 허가에 포함시키기로 하였다고 하는데, 엘피지(LPG)충전소허가처분취소에 관한 판례[2]를 근거로 하여 "원칙허용으로 전환시 허가가 금지되는

1) 법제처, 일자리 창출과 공생발전을 위한 국민중심 원칙허용 인허가제도 도입, 2011. 10, 8-12면 참조.

사항으로 명시되어 있지 않는 한 훈령 등으로 업체 수를 제한하거나, 인근 주민들의 반대를 이유로 액화석유가스충전사업 허가를 거부할 수 없다"고 한다.[3] 그러나 위 판례는 허가의 본질에 관한 것도 아니며, 원칙허용을 위한 설득력 있는 논거도 되지 않는다. 이러한 정부의 정책추진은 자칫 행정청의 규제를 완화함으로써 진입규제의 벽을 낮추는 효과가 있을지 모르나, 환경・안전 및 보건 등과 관련된 분야에서는 신중히 고려할 필요가 있다.

특히 규제완화의 전형적인 사례에 속하는 '신고'제도와 관련하여, 우리 실정법은 과도한 인・허가규정을 두고 있으며, 최근에 판시된 일련의 대법원판례들은 신고제도의 본질에 역행할 우려도 있다. 또한 근자에 내려진 신고에 관한 일련의 대법원판례들은 기존의 논의와 상치하는 부분이 적지 않고, 앞으로 구체적 사건에서 국민의 일상생활에 대해서도 새로운 변화를 예고하고 있다. 또한 신고는 사인의 공법행위의 하나로서 이를 수리하는지 여부에 따라 법적 성질을 달리 보는 것이 종래의 통설・판례의 입장이다. 이러한 신고의 경우에도 실체적 건축법규의 위반여부와 관련하여 억제적 금지가 가능한지 등이 문제된다. 본고에서는 신고제도에 관하여 종전의 논의와 달리 판시한 일련의 대법원 판결들에 대하여, 그 법리적 문제점과 향후 개선방안을 검토하고자 한다. 즉 실무에서는 신고를 수리의 요부에 따라 자기완결적 신고(수리를 요하지 않는 신고)와 행정요건적 신고(수리를 요하는 신고)로 구분하는 것이 보통이었다.[4] 건축신고는 종래 수리를 요하지 않는 신고로서, 행정

2) 즉 대법원은 "액화석유가스충전사업의 허가에 있어 인근 주민들이 반대한다는 사정만으로 특별한 사정이 없는 한 액화석유가스의안전및사업관리법시행령 제3조 제1항 제2호 소정의 공공의 안전과 이익을 저해한다고 볼 수 없을 것이고, 또한 위 전라남도 고시에서 그 허가시 여론을 검토하도록 한 취지는 사회통념상 액화석유가스의 폭발 또는 화재로 인하여 위해우려의 부담을 안게 되는 일정구역 내의 주민들의 의견을 반영하여 이를 허가 여부를 결정함에 있어 참작하고자 함에 있는 것이므로 합리적인 근거에서 나온 것이 아닌 인근 주민들의 반대를 이유로 허가를 거부할 수 없다"고 판시하였다(대법원 1992. 5. 8. 선고 91누13274 판결).

3) 법제처, 앞의 자료, 6면.

4) 신고의 유형구분 및 문제점에 대해서는 후술하도록 한다.

청의 수리 여부와는 상관없이 건축을 개시할 수 있었다. 이러한 입장의 효시가 되는 판례는 대법원 67누71판결이다. 즉 대법원은 "행정청의 수리라는 별단의 조처를 기다리거나 또는 행정청의 허가처분을 받음이 없이 당연히 건축을 할 수 있다"라고 판시하였고,[5] 이러한 입장은 그 후 일련의 대법원판례에서 그대로 유지되었다.[6] 그러나 대법원은 2008두167 전원합의체 판결에서 행정청의 건축신고 반려행위 또는 수리거부를 항고소송의 대상이 되는 처분으로 판시하였다.[7] 이 판결은 신고의 반려만을 거부처분으로 보았을 뿐, 당해 건축신고가 '수리를 요하는 신고'인지 여부를 명확히 하지 않았다. 그 후 대법원은 2010두14954 전원합의체 판결에서 인·허가의제의 효과를 수반하는 건축신고가 소위 '수리를 요하는 신고'에 해당한다고 판시하였다. 위 2008두167 사건에서는 대법관 전원일치로 건축신고의 반려행위를 처분으로 보았으나, 2010두14954 사건에서는 다수의견과 반대의견의 攻防이 치열하였다. 후자의 경우에 반대의견은 신고의 본질이 무엇인지에 관하여 근본적인 문제를 제기하였고, 신고와 허가의 구별이 無用해 질 수 있음을 우려하였다. 위 2008두167 판결이 나온 후 학계에서도 뜨거운 관심과 반응을 보여 주었으나,[8] 신고제도에 관한 법적 문제들은 여전히 解消되지 못하고 남아 있는 것이 현실이다.[9] 그 근본적인 이유는 이러한 문제들이 법해

---

5) 대법원 1967. 9. 19. 선고 67누71 판결.

6) 대법원 2000. 9. 5. 선고 99두8800 판결; 1998. 9. 22. 선고 98두10189 판결; 1995. 3. 14. 선고 94누9962 판결 등.

7) 대법원 2010. 11. 18. 선고 2008두167 전원합의체 판결.

8) 김남진, "건축신고반려행위의 법적 성질", 법률신문 제3910호(2010. 11. 18.자); 김중권, "申告制와 관련한 코페르니쿠스적 轉換에 관한 小考", 법률신문 제3894호 (2010. 12. 6.자); 홍준형, "사인의 공법행위로서 신고에 대한 고찰: 자기완결적 신고와 수리를 요하는 신고에 관한 대법원판례를 중심으로", 공법연구 제40집 제4호, 2012. 6, 333면 이하.

9) 특히 김중권 교수는 "이로써 이제까지 스테레오타입일 정도로 견지하여 온 건축신고반려(수리거부)의 비처분성 및 무의성은 마침내 終焉을 고하게 되었다"고 하여, 대법원판례의 변화된 입장을 환영하였으나(김중권, 전게논문 참조), 그 후 2010두14954 판결이 나온 후 다른 평석에서, "평소 여러 지면에서 수리를 요하는 신고를 사이비 신고제로 여겨 그것이 문자 그대로 정말 수리되어야 하며, 그것의 수리가 신고제를 둘러싼 난맥의 종결임을 강조하여 온 필자로선, 대상판결을 접하여 2010.11.18.의 전원합의체판결의 드러나지 않은 본의를 완전히 그리고 심각하게 오해하였다"고 述懷하고 있다(同人,

석학에 의해서 해결될 수 있는 범주를 넘어서고 있어 반드시 입법적 개선작업이 수반되어야 하기 때문이다. 따라서 이하에서는 신고제도(특히 건축신고)의 특징과 본질, 신고의 유형구분의 문제점, 그리고 건축감독권의 심사범위 등을 고찰하고, 제도적 개선방안을 제안하기로 한다.

Ⅱ. 建築申告의 特性

1. 禁止의 類型

종래 신고제도의 본질을 정확히 이해하기 보다는 '受理'의 要否의 판단에 의해 도식적으로 신고의 특징을 파악함으로써, 근본적인 문제해결보다는 혼란만 자초하였다. 특히 '수리를 요하는 신고' 유형의 存置는 수리를 매개로 하여 허가와 신고의 구별을 더욱 어렵게 하고 있다. 위에서 소개한 최근 변경된 전원합의체 대법원판례들도 역시 동일선상에서 있다고 볼 수 있다. 이러한 판례들이 등장한 배경에 대해서는 후술하기로 하고, 여기에서는 우선 허가와 신고의 구별을 위해 다양한 금지의 유형을 검토하기로 한다.

행정법학에서 말하는 금지에는 許可留保附 豫防的 禁止(präventives Verbot mit Erlaubnisvorbehalt), 免除留保附 抑制的 禁止, 그리고 申告留保附 禁止 등 다양한 방식이 존재할 수 있다.[10] 우선 전통적인 '허가'제도는 소정의 법률요건을 충족한 경우에 '예방적 금지'를 해제하여 일반적인 행위의 자유(건축의 자유나 영업의 자유 등)를 회복시키는 것이다. 입법자는 단지 일정한 행위를 금지할 뿐, 법률상 요건의 충족 여부에 대해서는 행정청이 先取的으로, 또한 적극적으로 행하는 것이 보통이다. 그러한 의미에서 허가를 독일에서는 단순한 統制許可(Kontroll-

"Quo vadis-申告制?", 법률신문 제3916호). 그러나 이러한 일련의 판결들로 인한 學界의 混線과 誤解는 여기에서 끝나지 않고, 또 다른 판결에서도 그대로 이어지고 있다.

10) Ehlers, in: Erichsen/Ehlers(Hrsg.), Allgemeines Verwaltungsrecht, 12. Aufl., § 1 Rn. 36.

erlaubnis)라고 부르고 있다.[11] 건축허가(Baugenehmigung), 영업허가 등이 가장 대표적인 사례이다. 물론 실정법상으로는 면허・인허・인가・승인 등 다양한 용어가 사용되고 있는 것이 사실이다. 이와 달리 예외적 승인(Ausnahmebewilligung)은 사회적으로 유해하거나 허용되지 않는 일반적 행위를 금지시킨 후 예외적인 경우에 면제시켜주는 것인데, 이러한 금지를 免除留保附 抑制的 禁止(repressives Verbot mit Befeiungsvorbehalt)라고 한다.[12] 그러나 申告留保附 禁止(Verbot mit Anzeigevorbehalt)의 경우에는 계획된 활동 내지 사법적 활동을 사전에 행정청에게 신고하게 되면 허용되나, 그 사업계획안에 대한 적법성 심사를 할 수 있다. 또한 행정청은 경우에 따라서 금지하명을 발할 수도 있다(독일 집회법 제14조 제1항, 영업법 제14조 제1항 등 참조).[13]

2. 節次簡素化를 위한 類似制度

건축신고는 '節次簡素化'를 위한 제도의 하나로서 소개되고 있는 것이 보통이다.[14] 행정의 절차간소화를 위한 제도에는 신고절차 이외에 허가면제절차, 허가의제, 인・허가의제, 집중효, 그리고 간소화된 허가절차 등이 있다. 이러한 유사한 간소화제도들은 오히려 건축신고의 본질을 제대로 파악하는 데에 어려움을 던져 주었고, 신고제도가 그 본연의 자리를 제대로 잡지 못한 根源을 제공한 부분도 있다. 따라서 신고제도와 유사한 간소화제도들을 살펴보고, 건축신고의 특징과 본질을 파악하기로 한다.

우선 許可免除節次(Genehmigungsfreistellungsverfahren)란 가장 완화된 형태의 절차간소화제도이며, 開始統制(Eröffnungskontrolle)에 해당하는 '예방적 금지' 그 자체를 해체한다는 의미를 가진다.[15] 실제

---

11) Maurer, Allgemeines Verwaltungsrecht, 16. Aufl., § 9 Rn. 51.
12) Maurer, a.a.O., § 9 Rn. 55.
13) Maurer, a.a.O., § 9 Rn. 54; Ehlers, in: Erichsen/Ehlers (Hrsg.), a.a.O., § 1 Rn. 36.
14) 예컨대 졸고, "건축신고와 인인소송", 법조 통권 645호 (2010. 6), 257면.

독일에서는 건축신고를 대체하여 주(란트) 건축법령에 허가면제절차를 규정하는 경향을 보이고 있다.[16] 또한 簡素化된 建築許可節次(vereinfachtes Genehmigungsverfahren)는 허가절차 그 자체를 면제하는 것이 아니라는 점에서 통상의 건축허가와 유사하지만, 건축감독청의 심사범위가 제한된다는 점에서 구별된다.[17] 건축감독청의 심사범위가 제한된다는 점에서 '수리를 요하는 신고'와 유사한 측면을 보이고 있으나, 건축허가 그 자체가 면제되지 않는다는 점에서 건축허가와의 '결별'을 의미하는 '신고절차'나 '허가면제절차'와 구별된다.[18] 다만, 간소화된 건축허가절차를 의제적 건축허가와 연결하는 경우도 있다. 즉 간소화된 허가절차에서 일정한 기간의 경과에 의해 허가가 발급된 것으로 의제되기도 한다.[19]

한편, 건축법 제14조 제1항에 의하면 같은 조항 각호에 대하여 건축신고를 하는 경우에는 건축허가가 의제되며, 같은 조항 제2항에 의하면 건축법 제11조 제5항의 건축허가의 인허가의제조항을 준용하게 된다. 즉 건축법 제11조 제5항에 의하면, 건축허가 등을 받은 경우 같은 조 제1호 내지 제21호의 허가 등을 받거나 신고를 한 것으로 보며, 공장건

---

15) 한편, 이러한 독일건축법의 특징을 "豫防的 統制의 解體(Abbau präventiver Kontrolle)"라고 보는 견해도 있다(예컨대 Hoffman-Riem, in: Hoffman-Riem/Schmidt-Aßmann/Voßkuhle (Hrsg.), Grundlagen des Verwaltungsrechts, Bd. II, § 33 Rn. 55 참조).

16) 헤센 주 건축법 제55조, 노르트라인 베스트팔렌 주 건축법 제65조 이하, 바이에른 주 건축법 제58조 등 참조. 이에 대한 상세는 졸고, "인 · 허가의제의 법적 문제", 청파법학 제5호 (2011), 200면 참조.

17) 예컨대 헤센 주 건축법 제57조, 바이에른 주 건축법 제59조 등에는 간소화된 건축허가를 규정하고 있는데, 건축감독청의 심사범위가 제한적으로 열거하고 있다. 여기에서는 건축상세계획의 확정 등 건설법전, 사업계획안에서 고려하고 있는 기타 공법상 규정 등을 심사하고 있다.

18) 일찍이 Ortloff는 건축절차의 신속화를 위해 독일 주(란트)의 건축법령에 도입된 제도들(예컨대 1994. 6.1. 바이에른 주 건축법 제70조에 도입된 '허가면제절차')에 대하여 "건축허가와의 결별(Abschied von der Baugenehmigung)"로 보면서, 이러한 제도들에 대하여 건축허가의 의미축소, 신속화효과의 부족 등을 이유로 비판하고 있다(Ortloff, Abschied von der Baugenehmigung: Beginn beschleunigten Bauens?, NVwZ 1995, S. 112 ff.).

19) 이에 대해서는 Ortloff, a.a.O., S. 117 f.

축물의 경우에는 「산업집적활성화 및 공장설립에 관한 법률」 제13조의 2와 제14조에 따라 관련 법률의 인·허가 등을 받은 것으로 본다. 따라서 건축법에 의하면 건축신고는 건축허가의 의제와 관계 법령의 인·허가의제라고 하는 이중허가의제의 효과를 갖는다. 건축신고는 간이한 신고절차를 통해 건축개시를 용이하게 하는 것을 목적으로 한다. 그러나 건축법 제14조의 건축신고는 절차간소화라는 본래의 취지를 넘어서 허가의제 및 관계 법령의 인허가의제 등 강한 실체법적 효력을 부여하고 있는 것은 입법적으로 재고되어야 한다.

국내의 학설 가운데에는 이러한 인·허가의제를 독일의 집중효와 동일한 것으로 보는 견해가 있으나,[20] 양자는 성질을 달리하는 것으로 서로 구별되어야 한다. 집중효와 인·허가의제가 절차간소화를 위한 제도라는 점에서 유사한 기능을 갖는 것은 사실이다. 그러나 독일의 集中效(Konzentrationswirkung)제도는 행정절차법이나 개별법령 등에 규정된 형식적 절차인 '계획확정절차'에서 計劃確定決定의 특수한 효력[21]의 하나로서 인정되고 있다. 이러한 집중효는 절차, 관할 또는 처분권한 등의 통합 내지 집중을 의미할 뿐, 관련 법령 등이 준수할 사항을 모두 대체한다는 의미가 아니다.[22] 즉 '절차'나 '관할'의 통합을 의미하는 形式的 集中效(formelle Konzentrationswirkung)를 말한다.[23] 이러한 견해가 독일의 통설 및 판례[24]의 입장이다. 그러한 이유에서 代替效(Ersetzungs- oder Substitutionswirkung), 免除效(Befreiungswirkung) 내지 統合效(Einheitswirkung) 등으로 부르기도 한다.[25]

---

20) 최정일, "판례·해석례 및 행정심판재결례에 비추어 본 한국에서의 인허가의제제도와 독일에서의 행정계획결정의 집중효제도에 관한 소고", 행정판례연구 제15-2집, 박영사, 2010, 37면 이하; 김재협, "공법상 신고에 관한 고찰: 건축법상 건축신고를 중심으로", 특별법연구 제6권, 100면; 유승남, "건축법상 건축신고의 법률적 성질", 행정소송실무연구(제2권), 서울고등법원, 407면 등.

21) 계획확정결정에는 집중효 이외에 형성효, 수인효, 허가효 및 사전수용적 효과 등이 인정되고 있다.

22) 이에 대해서는 졸고, 전게논문(각주 16), 202-203면.

23) Kopp/Ramsauer, VwVfG, Kommentar, 13. Aufl., § 75 Rn. 16.

24) BVerwGE 85, 44/46.

한편, 하급심판례 가운데에도, 건축신고가 인・허가의제의 효과를 가질 수 있음을 이유로 소위 집중효가 발생한다고 보고 있다. 즉 서울행정법원은 "일반적으로 건축법상의 건축신고는 행정청의 수리를 요하지 아니하여 그 신고가 행정청에 도달된 때에 효력을 발생하는 것이고, 만일 행정청이 실체적 사유에 기하여 그 신고수리를 거부하였다고 하더라도 그 거부처분이 신고인의 법률상 지위에 직접적으로 아무런 법률적 변동을 일으키지 아니하므로 항고소송의 대상이 되는 행정처분은 아니다. 다만, 건축신고시 건축법 제14조 제1항, 제11조 제5항에 따라 이른바 건축법상의 집중효(건축허가 내지 신고로 인하여 건축법 제11조 제5항 각 호에 정한 허가 또는 인가 등을 받은 것으로 의제하는 효력을 말한다)가 발생하는 경우에는 그 건축신고는 행정청의 수리를 요하는 신고로 봄이 타당하고, 따라서 그 신고를 거부하는 행위는 항고소송의 대상이 되는 처분이다"라고 판시하고 있다.[26] 건축법상 이중허가의제의 효과가 인정된다고 하여, 필자는 다른 문헌에서 건축신고에 대하여 집중효를 인정하는 것은 "集中效 있는 建築申告"라는 奇怪한 結論에 도달할 수 있음을 지적한 바 있다.[27] 집중효가 유래한 독일에서도 건축신고에 집중효를 인정한 전례가 없음은 물론이며, 외국의 법리를 판례에 도입할 경우에는 보다 신중한 접근이 필요하다.

우리나라의 인・허가의제와 독일에서 인정되는 許可擬制(Genehmi-

---

25) Stelkens/Bonk/Sachs, Verwaltungsverfahrensgesetz, Kommentar, 6. Aufl., § 75 Rn. 10.

26) 서울행법 2009. 4. 9. 선고 2009구합1693 판결.

27) 졸고, 전게논문(각주 16), 203면. 실제 이를 "집중효 있는 건축신고"라고 부르고, 수리를 요하는 신고로 보는 견해도 있다(최계영, "건축신고와 인・허가의제", 행정법연구 제25호, 179면). 그러나 건축신고에 집중효를 인정하는 것은 집중효의 법리와 본질을 잘못 이해한 것이며, 우리나라의 인・허가의제와 독일의 집중효제도는 서로 구별되어야 한다. 따라서 인・허가의제의 효과가 인정되는 건축신고에 대하여, 집중효 있는 신고로 보고, 이를 '수리를 요하는 신고'로 판단하는 것은 법리적으로 문제가 있다. 이러한 견해는 후술하는 바와 같이 인허가의제의 효과가 수반되는 건축신고를 수리를 요하는 신고로 판단한 대법원 2010두14954 전원합의체 판결에 영향을 미쳤다고 볼 수 있다. 그러나 건축신고의 본질과 허가와 신고의 구별 등에 대하여 위 전원합의판결의 반대의견에서 강한 반론이 제기되었음은 주지의 사실이다.

gungsfiktion)는 개념상 서로 구별될 필요가 있다. 독일에서 허가의제는 허가신청을 한 후 일정한 기간 내에 행정청의 명시적 거부가 없으면, 그 기간의 경과 후 법률에 의해 허가가 발급된 것으로 의제하는 것이다. 독일 행정절차법 제42a조에는 '허가의제'가 명문화되어 있는데,[28] 이 조항은 2008. 12. 11. 행정절차법의 개정에 의해 도입된 것이다.[29] 반면, 우리나라의 인・허가의제는 위에서 설시한 바와 같이 일정한 허가를 얻은 후 다른 관계 법령의 인허가가 의제되고 있다. 건축법에 있어서도 건축허가를 신청한 후 행정청의 거부처분이나 응답이 없는 경우에 건축허가가 의제되는데, 이를 擬制的 建築許可(fingierte Baugenehmigung)이라고 부른다. 독일에서는 건축법상 허가절차의 신속화를 위해, 주 건축법령에 일정한 기간을 설정하고 있다.[30]

3. 建築申告制度의 特徵

건축신고는 '신고유보부 금지'를 설정하고 신고에 의해 독일의 경우에는 소정의 기간이 경과한 후에 금지가 해제된다는 점에서, 건축개시

---

28) 독일 행정절차법 제42a조(허가의제)
① 신청한 허가는 법령에 의해 명하거나 신청이 충분히 명확한 경우에, 결정을 위해 확정된 기간의 경과후 발급된 것으로 본다(허가의제). 권리구제절차 및 행정행위의 존속효에 관한 규정은 마찬가지로 적용된다.
② 다른 법령에 특별히 정한 바가 없는 한, 제1항 제1문의 기간은 3개월로 한다. 이 기간은 완전한 신청서가 제출된 때로부터 시작한다. 사안의 곤란으로 인한 것이 정당할 경우에는 1회에 한하여 적절히 연장될 수 있다. 그 기간의 연장은 이유를 제시하고 적시에 통지되어야 한다.
③ 신청이 있는 경우에는 제41조 제1항에 따라 행정행위가 통지되었어야 할 자에게 허가의제의 개시를 서면으로 증명할 수 있다.

29) Uechtritz, Die allgemeine verwaltungsverfahrensrechtliche Genehmigungsfiktion des § 42a VwVfG, DVBl. 2010, S. 684 ff. 그러나 '허가의제'에 관한 규정은 이미 1960년에 제정된 구 연방건설법(BBauG) 제19조 제4항에서 찾을 수 있고, 허가의제 내지 의제적 행정행위에 관한 논의는 오래 전부터 진행되어 왔다. 다만, 허가의제에 대해서는 권력분립의 원칙을 근거로 비판을 하는 견해도 있다(J. Caspar, Der fiktive Verwaltungsakt: Zur Systematisierung eines aktuellen verwaltungsrechtlichen Instituts, AöR 125(2000), S. 149 f.; 이에 대한 상세는 拙稿, 전게논문(각주 16), 207면 참조).

30) 이에 대한 상세한 내용은 Martini, Baurechtsvereinfachung und Nachbarschutz, DVBl. 2001, S. 1489 참조.

를 예방적 금지의 형식으로 통제하는 '건축허가'와 명확히 구별된다. 건축허가에 있어서는 행정청이 일정한 경우에 예방적 금지를 해제하여 일반적인 행동의 자유를 회복하나, 건축신고에 있어서는 사인(건축주)이 행정청에 신고를 함으로써 금지를 해제하게 된다는 점에서 차이가 있다. 또한 건축신고는 간소화절차의 하나로서, 건축행위의 개시통제에 해당하는 "예방적 금지"를 배제하고 있다는 점에서 특징을 가진다. 또한 '허가면제절차'는 예방적 금지의 해체라는 점에서 신고제도와 동일하나, 건축신고는 시간의 경과에 의하여 건축금지의 형식적 한계를 탈락시킬 수 있다는 점에서 차이가 있다.[31] 즉 허가면제절차와 신고제도는 적어도 그 본질에 있어서 서로 구별된다.

Ⅲ. 比較法的 考察

1. 獨 逸

현재 독일에서는 일부 주를 제외하고는 건축신고절차를 명시한 건축법령을 찾아보기가 힘들다(예컨대 브란덴부르크 州 건축법 제58조). 독일의 주 건축법령을 살펴보면, 건축허가절차와 간소화된 건축허가절차만 두거나(노르트라인 베스트팔렌 州, 자알란트 州, 바덴 뷔르템베르크 州),[32] 또는 건축허가절차와 간소화된 건축허가절차 이외에 허가면제절차를 함께 규정하는 경우(바이에른 州, 헤센 州, 베를린 등)가 대부분이다. 이와 같이 대부분의 독일 주(란트) 건축법령에는 '건축신고(Bauanzeige)' 제도를 폐지하고, 경미한 건축사항에 대해서는 '간소화된 건축허가'로 규

31) Ortloff는 1994. 6. 1. 바이에른 주 건축법 제70조에 도입된 '허가면제절차'를 신고절차와 동일시하였다. 이에 대하여 다른 견해는 신고절차가 시간의 경과에 의해 건축금지의 형식적 한계를 탈락시킬 수 있다는 점에서 허가절차와 근본적으로 구별된다고 비판하고 있다(Jäde, Nochmals: Abschied von der Baugenehmigung: Beginn beschleunigten Bauens?, NVwZ 1995, S. 672 ff. 참조).

32) 다만, 바덴 뷔르템베르크 州 건축법에는 신고절차에 가까운 '통보절차(Kenntnis)'를 두고 있다(동법 제51조 참조).

정하거나, 또는 허가를 요하지 않는 '건축허가면제절차'를 대체하고 있다.[33)]

건축신고제도를 두고 있는 독일 브란덴부르크 주의 건축법에도 건축신고에 관한 규정을 두고 있는데, 높이가 5m 이하인 주거용 건물(부속된 설치 공간, 차고 및 부속시설, 그리고 온실 포함)의 설치나 변경의 경우에 당사자의 신청에 의하여 신고가 허용되고 있다(동법 제58조 제1항). 우리 건축법 제14조 제1항에 의하면, 건축신고의 대상은 대체로 소규모의 건축물이다. 즉 바닥면적의 합계가 85제곱미터 이내의 증축·개축 또는 재축, 「국토의 계획 및 이용에 관한 법률」에 따른 관리지역, 농림지역 또는 자연환경보전지역에서 연면적이 200제곱미터 미만이고 3층 미만인 건축물의 건축(다만, 「국토의 계획 및 이용에 관한 법률」 제51조 제3항에 따른 지구단위계획구역에서의 건축은 제외), 연면적이 200제곱미터 미만이고 3층 미만인 건축물의 대수선, 주요구조부의 해체가 없는 등 대통령령으로 정하는 대수선, 그 밖에 소규모 건축물로서 대통령령으로 정하는 건축물의 건축이다. 또한 "그 밖에 소규모 건축물로서 대통령령으로 정하는 건축물"이란 연면적의 합계가 100제곱미터 이하인 건축물, 건축물의 높이를 3미터 이하의 범위에서 증축하는 건축물을 말한다. 다만, 독일의 건축신고제도를 살펴보면, 건축감독청이 소정의 기간 내에 이를 확정하여야 하고(제58조 제2항 참조), 이를 경과한 후에는 건축개시를 할 수 있도록 하고 있다. 즉 행정청에 신고서를 제출한 후 1개월 동안 행정청에 의해 거부되지 않으면, 1개월이 경과한 후 건축을 개시할 수 있다(같은 조 제3항 제1문). 이 경우에 행정청의 '수리'가 요구되지 않음은 물론이다.

---

33) 건축신고제도는 과거 舊 동독의 일부 주의 건축법령에 규정되어 있었으나, 지금은 허가면제절차로 변경되었다(작센 州의 舊 건축법 제62a조, 튀링엔 州의 舊 건축법 제62b조 등). 이에 대해서는 拙稿, 전게논문(각주 14), 258면.

2. 日　　本

우리나라에서 논의되는 신고제도는 기실은 일본의 입법례로부터 적지 않은 영향을 받았다. 일본에서는 '신고'라는 용어 대신 '계출(屆出)'이라는 용어를 사용하고 있다. 이러한 '屆出'이라는 용어도 다의적이지만, "일정한 사항을 통지하는 행위",[34] "단순히 사실을 행정청에게 통지하는 사인측의 일방적 행위"라고 보고 있다.[35] 일본 行政手續法의 대상이 되는 신고(屆出)는 수리 거부를 요하지 않는 신고, 즉 우리의 학설에서 말하는 수리를 요하지 않는 신고 또는 자기완결적 신고만을 의미한다. 이러한 점은 우리 행정절차법의 규정과 동일하다고 볼 수 있다. 또한 일본 행정수속법에는 행정청이 그 내용적 요건에 대한 심사권한을 갖지 못하는 것으로 되어 있다(제2조 제7호 참조).[36] 이러한 일본의 입법례는 수리를 요하지 않는 신고에 대해 실질적 심사권을 행사할 수 없다고 해석하는 우리의 학설 및 판례에 직접적 영향을 미치고 있다. 그러나 자기완결적 신고를 포함한 신고에 대해 실질적 심사권을 배제할 이유는 없다. 이 점은 독일의 입법례와 차이가 있다. 또한 신고서가 형식요건을 갖추지 못한 경우에는 법령상 신고의무를 불이행한 것이 되고, 그 구제방식에 있어서도 불수리처분 내지 거부처분에 대한 취소소송이 아니라, 申告(屆出)의 存否에 관한 소송이어야 한다고 보고 있다.[37]

---

34) 小早川光郎, 行政法(上), 法律學講座雙書, 320면.
35) 鹽野 宏, 行政法 I, 第四版, 285면.
36) 鹽野 宏, 前揭書, 285면.
37) 鹽野 宏, 前揭書, 286면.

Ⅳ. '受理' 與否에 의한 類型區分의 問題點

1. 申告類型에 관한 區別基準

(1) 學 說

신고의 유형에 대하여 대체로 '수리를 요하는 신고'와 '수리를 요하지 않는 신고'로 구분하는 것이 보통이다.[38] 후자는 본연의 신고로서 "자기완결적 신고" 내지 "자체완성적 신고"라고 부르고, 전자를 "행정요건적 신고"라고 부른다. 그 밖에 화재신고나 교통사고의 신고 등 아무런 법적 효과의 발생을 가져 오지 않는 "정보제공적 신고"를 소개하는 견해도 있다.[39] 일부학설은 정보제공적 신고와 금지해제적 신고로 구분하기도 한다.[40] 그러나 실무에서는 수리 여부에 따라 '수리를 요하는 신고'와 '수리를 요하지 않는 신고'로 구분하는 것이 보통이다. 양자를 구별하는 기준과 관련하여 여전히 학설상 논란이 있는 것이 사실이고, 인·허가의제의 효과를 수반하는 건축신고를 소위 '수리를 요하는 신고'로 판단한 대법원 2010두14954 전원합의체 판결은 그러한 논란의 중심에 서 있다고 볼 수 있다. 과연 '수리를 요하는 신고'가 무엇인지, 그리고 무엇을 기준으로 양자를 구별할 것인지가 문제된다. 이미 위에서 살펴본 바와 같이 신고는 수리나 수리거부(반려)를 그 요건으로 하지 않는다는 점에서 수리를 요하지 않는 신고가 본래적 의미의 신고라고 볼 수 있고, 행정절차법 제40조에도 이를 규정하고 있을 뿐이다.[41]

---

38) 필자는 이미 다른 문헌에서 "수리의 유무에 의한 신고의 유형구분은 그 기준이 대단히 모호하고, 결국 법원의 해석에 달려 있다"라고, 그 구별기준의 문제점을 비판한 바 있다(拙稿, 전게논문(각주 14), 262면).

39) 정하중, 행정법총론, 제3판, 222면.

40) 김중권, 행정법기본연구 I, 법문사, 132-135면.

41) 행정절차법상 신고에 관한 규정은 "법령상 형식적 요건을 갖추어 제출한 경우에 법령상 신고의무가 이행되므로 당해 조항은 불필요한 것이라고 볼 수 있지만, 행정관행상 신고의 수리 거부나 반려 등이 있는 경우가 적지 않아 잘못된 관행을 시정하기 위해 둔 것으로" 보는 견해도 있다(김동희, 행정법 I, 제18판, 397면).

따라서 논의의 핵심은 수리를 요하는지 여부에 따른 신고유형의 구별에 있으며, 이하에서는 이에 관한 학설을 살펴보기로 한다.

학설 가운데에는 자체완성적 공법행위로서의 신고와 행정요건적 공법행위로서의 신고가 있다고 보고, 전자를 "본래적 의미의 신고" 내지 "狹義의 신고"라 부르고, 양자를 포함하는 개념으로 "廣義의 신고"라고 이해하는 견해도 있다.[42] 다만, 이 견해는 수리를 요하는 신고를 '등록'으로 보고 있다.[43] 또한 수리의 요부에 의해 양자를 구분하면서, '수리를 요하는 신고'를 '변형적'인 신고로 보고, 신고가 "인·허가나 등록에서의 신청과 같은 성질을 가진 경우" 등이 여기에 속한다고 보는 견해도 있다.[44]

한편, 판례의 분석을 통하여, 양자의 구별기준을 소개하는 견해도 있다. 예컨대 "수리 여부에 관한 결정권으로서 행정청의 실질적 심사권이 없는 경우, 동일한 법률에서 신고제와 허가제를 병렬적으로 규정하는 경우, 그리고 실체적 요건을 구비하지 못하고 행정청의 일정한 조치를 규정한 경우 등에는 자기완결적 신고로 보고, 실체적 통제의 필요성이 큰 경우나 법령상 행정청이 효력에 영향을 미칠 수 있도록 되어 있는 경우 등에는 수리를 요하는 신고로 보고 있다"는 견해가 있다.[45] 다만, 이 견해는 판례의 분석을 상세히 하고 있으나, 양자의 구별기준을 명확히 제시하고 있지는 않다. 여기에서 판례상의 일반기준과 관련하여, "자기완결적 신고와 수리를 요하는 신고는 원칙적으로 근거 법령의 문언·체제·형식에 따라 구별되어야 할 것이다"라고 언급하고 있다. 이러한 분석에 근거하여, 협의절차의 경유, 의제되는 인·허가의 요건에 대한 사전심사 등을 이유로 소위 "집중효 있는 건축신고"만을 수리를 요하는 신고로 보고 있다.[46] 또한 비록 "통일적이고 절대적인 기준"은

42) 홍정선, 행정법원론(상), 제20판, 192면.
43) 홍정선, 전게서, 338면.
44) 김남진·김연태, 행정법 I, 제16판, 139면.
45) 최계영, 전게논문, 174-176면.
46) 최계영, 전게논문, 179면.

존재하지 않는다고 전제하면서도, 적어도 "관계 법령의 규율취지와 내용, 방식 등을 종합적으로 파악하여" 판단을 내려야 한다는 견해도 있다.[47] 다만, 이 견해는 앞에서 소개한 "근거 법령의 문언·체제·형식에 따라" 수리를 요하는 신고와 자기완결적 신고를 구별하는 견해와 유사한 것으로 보인다.

나아가 신고요건의 내용을 기준으로 자기완결적 신고와 수리를 요하는 신고를 구분하는 견해도 있다. 즉 "신고요건이 형식적 요건만 있는 경우에는 자기완결적 신고로 보고, 형식적 요건 외에 실질적 요건도 있는 경우에는 수리를 요하는 신고로" 보고 있다.[48] 그러나 이 견해는 자기완결적 신고로 인·허가가 의제되는 경우에는 그 실질적 요건을 심사해야 한다는 이유로 수리를 요하는 신고로 보아야 한다고 주장한다. 또 다른 견해는 양자의 구별기준을 명확히 제시하고 있지 않지만, "신고의 수리에 있어서 행정청의 실질적 심사권이 인정되는 경우에, 당해 수리행위는 내용상 허가 내지 특허의 성격을 가진다"고 지적하고 있다. 이러한 견해는 수리를 요하는 신고를 '허가' 내지 '특허'로 보고 있다.[49]

(2) 判例의 立場

지금까지 대법원판례 가운데에서 수리를 요하는 신고를 인정한 경우는 많지 않았다. 일련의 판례에서 체육시설업의 신고수리를 거부한 것이 항고소송의 대상이 되는지가 문제되었고, 대법원은 이를 긍정한 바 있다.[50] 특히 「체육시설의 설치이용에 관한 법률」에 따른 골프연습장업의 신고요건을 갖춘 자가 연습장을 설치하려는 건물이 무허가 건물인 경우에도 적법한 신고를 할 수 있는지가 문제된 사건에서, 대법원은 체육시설업신고서의 반려를 항고소송의 대상으로 인정한 바 있다.[51] 그러

47) 홍준형, 전게논문, 337-338면.
48) 박균성, 전게서, 105면.
49) 김동희, 전게서, 397면.
50) 대법원 1991. 7. 12. 선고 90누8350 판결; 대법원 1993. 4. 27. 선고 93누1374 판결; 대법원 1996. 2. 27. 선고 94누6062 판결.

나 이 사건에서 해당 체육시설업의 신고를 '수리를 요하는 신고'라고 명확히 언급하고 있지 않으나, 신고반려의 처분성을 인정하는 것 이외에 다른 법령의 실체적 요건에 관한 심사도 할 수 있다고 판단하였음은 주목할 만하다.

또한 판례는 유효기간의 기간점을 '수리한 날'로 정한 것, 공익상 필요에 의해 행한 행정청의 조치에 위반한 경우 교부한 신고필증을 회수하도록 한 것 등을 근거로 구 수산업법 제44조 소정의 어업신고를 '수리를 요하는 신고'로 보았다.[52] 법령에서 수리에 관한 일응의 기준을 제시하고 행정통제의 가능성을 시사(示唆)하는 경우에는 수리를 요하는 신고로 보고 있다.

위 두 사건을 비교하면, 행정청이 사실상 실체적 요건에 관한 심사의 필요성이 있는 경우에는 신고의 반려 내지 수리거부에 대해 처분성을 인정하고 있으나, 체육시설업의 경우에는 수리를 요하는 신고로 판단하였는지 여부가 명확하지 않다.[53] 이와 관련하여 수리를 요하는 신고에 관한 판단과 수리거부(반려)의 처분성을 인정하는 것이 불가분의 관계

51) 즉 대법원은 "구 건축법(1991.5.31. 법률 제4381호로 전문 개정되기 전의 것)과 체육시설의설치·이용에관한법률은 입법목적, 규정사항, 적용범위 등을 서로 달리하고 있어서 골프연습장의 설치에 관하여 체육시설의설치·이용에관한법률이 건축법에 우선하여 배타적으로 적용되는 관계에 있다고 해석되지 아니하므로 체육시설의설치·이용에관한법률에 따른 골프연습장의 신고요건을 갖춘 자라 할지라도 골프연습장을 설치하려는 건물이 건축법상 무허가 건물이라면 적법한 신고를 할 수 없다"라고 판시하고 있다(대법원 1993. 4. 27. 선고 93누1374 판결).

52) 즉 대법원은 "어업의 신고에 관하여 유효기간을 설정하면서 그 기산점을 '수리한 날'로 규정하고, 나아가 필요한 경우에는 그 유효기간을 단축할 수 있도록까지 하고 있는 수산업법 제44조 제2항의 규정 취지 및 어업의 신고를 한 자가 공익상 필요에 의하여 한 행정청의 조치에 위반한 경우에 어업의 신고를 수리한 때에 교부한 어업신고필증을 회수하도록 하고 있는 구 수산업법시행령(1996.12.31. 대통령령 제15241호로 개정되기 전의 것) 제33조 제1항의 규정 취지에 비추어 보면, 수산업법 제44조 소정의 어업의 신고는 행정청의 수리에 의하여 비로소 그 효과가 발생하는 이른바 '수리를 요하는 신고'라고 할 것이고, 따라서 설사 관할관청이 어업신고를 수리하면서 공유수면매립구역을 조업구역에서 제외한 것이 위법하다고 하더라도, 그 제외된 구역에 관하여 관할관청의 적법한 수리가 없었던 것이 분명한 이상 그 구역에 관하여는 같은 법 제44조 소정의 적법한 어업신고가 있는 것으로 볼 수 없다"라고 판시하였다(대법원 2000. 5. 26. 선고 99다37382 판결).

53) 이를 '수리를 요하는 신고'로 보는 견해로는 최계영, 전게논문, 176면.

에 있는 것인지에 대하여, 의문을 가지지 않을 수 없다. 다만, 이 점에 대해서는 이후의 판례를 좀 더 살펴보면서 논의하기로 한다.

최근 대법원이 주민등록전입신고수리거부의 처분성을 인정하면서, 그 심사범위를 劃定하고 있음은 주목된다. 이 사건은 무허가 건축물을 실제로 생활의 근거지로 삼아 10년 이상 거주해 온 사람이 주민등록전입신고를 한 사건에서, 해당 행정청이 투기나 이주대책 요구 등을 방지할 목적으로 해당 주민등록전입신고를 거부한 경우이다. 이 사건에서 대법원은 "주민등록지는 공법관계뿐만 아니라 주민의 일상생활에도 중요한 영향을 미치기 때문에 시장 등은 주민등록전입신고의 수리 여부를 심사할 수 있는 권한이 있다"고 판단하고 있다. 또한 그 수리여부에 대한 심사범위는 "주민등록법의 입법 목적의 범위 내에서 제한적으로 이루어져야" 한다고 보고 있다.[54] 다만, 대법원은 주민등록지의 공법상 중요성에 비추어 전입신고자의 실제거주지와 일치해야 하는 점, 구 주민등록법 제10조 제2항에 의해 이중등록이 금지된다는 점, 그리고 같은 법 제17조의2에 의해 허위신고의 경우에 정정 또는 말소할 수 있는 권한을 가지고 있는 점 등을 근거로 신고의 심사권 내지 감독권(통제권)을 인정하고 있다.

한편, 종전의 판례는 건축신고와 관련하여, "건축을 하고자 하는 자는 적법한 요건을 갖춘 신고만 하면 행정청의 수리처분이라는 별단의 조치를 기다리거나 또한 행정청의 허가처분을 받음이 없이 당연히 건축을 할 수 있다"고 판시하고 있다.[55] 이에 대해 학설은 '수리를 요하지 않는 신고'로 분류하였다. 그러나 건축신고불허의 취소를 구하는 사건(2008두167 전원합의체 판결)에서, 종전 판례들의 입장을 변경하여 건축신고 반려행위를 처분으로 판단하였다. 즉 대법원은 "이와 같이 건축

---

54) 대법원 2009. 6. 18. 선고 2008두10997 전원합의체 판결.

55) 대법원 1967. 9. 19. 선고 67누71 판결. 同旨判例: 대법원 1995. 3. 14. 선고 94누9962 판결, 대법원 1997. 4. 25. 선고 97누3187 판결, 대법원 1998. 9. 22. 선고 98두10189 판결, 대법원 1999. 10. 22. 선고 98두18435 판결, 대법원 2000. 9. 5. 선고 99두8800 판결.

주 등은 신고제하에서도 건축신고가 반려될 경우 당해 건축물의 건축을 개시하면 시정명령, 이행강제금, 벌금의 대상이 되거나 당해 건축물을 사용하여 행할 행위의 허가가 거부될 우려가 있어 불안정한 지위에 놓이게 된다. 따라서 건축신고 반려행위가 이루어진 단계에서 당사자로 하여금 반려행위의 적법성을 다투어 그 법적 불안을 해소한 다음 건축행위에 나아가도록 함으로써 장차 있을지도 모르는 위험에서 미리 벗어날 수 있도록 길을 열어 주고, 위법한 건축물의 양산과 그 철거를 둘러싼 분쟁을 조기에 근본적으로 해결할 수 있게 하는 것이 법치행정의 원리에 부합한다. 그러므로 건축신고 반려행위는 항고소송의 대상이 된다고 보는 것이 옳다"라고 판시하고 있다.[56] 이 판결이 탄생하게 된 배경에는 위 판례에서 설시된 이유도 있지만, 현실적으로 공익상 불합리한 사정이 있는 경우에도 행정청이 건축개시단계에서 어떠한 감독권도 행사하기 어려웠다는 점, 또한 건축신고를 자기완결적 신고로 이해할 경우 이해관계 있는 제3자가 아무런 행정구제를 강구하기 어려운 점 등도 있다. 그러나 이 판례에는 건축신고 그 자체가 수리를 요하는 신고인지 여부에 대해서는 명확히 설시하고 있지 않다. 당시의 상황에서 건축신고 반려행위에 대한 건축감독권 및 사법심사의 보장을 위한 현실적인 이유가 주된 것이었고, 신고 그 자체의 성질을 규명하는 것은 부차적이었다고도 볼 수 있다.

그러나 대법원은 2010두14954 전원합의체 판결에서 인·허가의제의 효과를 수반하는 건축신고에 대하여 수리를 요하는 신고로 판단하면서,[57] 「국토의 계획 및 이용에 관한 법률」의 개발행위허가로 의제되는

56) 대법원 2010. 11. 18. 선고 2008두167 전원합의체 판결.

57) 즉 대법원은 "건축법에서 인·허가의제 제도를 둔 취지는, 인·허가의제사항과 관련하여 건축허가 또는 건축신고의 관할 행정청으로 그 창구를 단일화하고 절차를 간소화하며 비용과 시간을 절감함으로써 국민의 권익을 보호하려는 것이지, 인·허가의제사항 관련 법률에 따른 각각의 인·허가 요건에 관한 일체의 심사를 배제하려는 것으로 보기는 어렵다. 왜냐하면, 건축법과 인·허가의제사항 관련 법률은 각기 고유한 목적이 있고, 건축신고와 인·허가의제사항도 각각 별개의 제도적 취지가 있으며 그 요건 또한 달리하기 때문이다. 나아가 인·허가의제사항 관련 법률에 규정된 요건 중 상당수는 공익에 관한 것으로서 행정청의 전문적이고 종합적인 심사가 요구되는데, 만약 건축신고

건축신고가 개발행위허가의 기준을 충족하지 못한 경우에는 행정청이 수리를 거부할 수 있다고 판단하고 있다. 이 사건에서 판례가 일반적인 건축신고와 인·허가의제의 효과를 가지는 건축신고의 성질을 구별하고 있는 점은 특기할 만하다. 즉 대법원은 "일반적인 건축신고와 달리, 특별한 사정이 없는 한 행정청이 그 실체적 요건에 관한 심사를 한 후 수리하여야 이른바 '수리를 요하는 신고'라고" 판단하고 있다. 인·허가의제의 효과를 수반하는 건축신고에 대해서는 수리를 요하는 신고로 보면서, 일반적인 건축신고에 대해서는 이를 부인하고 있다. 일반적인 건축신고의 경우에도 신고의 반려를 처분으로 판단하였는데, 이러한 판례의 입장에 따르면 수리거부나 반려의 처분을 동일하게 인정함에도 통상적인 건축신고는 '수리를 요하지 않는 신고'로 해석할 수도 있다.

그러한 점은 원격평생교육신고서반려처분취소사건[58]에서 더욱 두드러진다. 즉 정보통신매체를 이용하여 학습비를 받고 불특정다수인에게 원격평생교육을 실시하기 위해 구 평생교육법 제22조 등에서 정한 형식적 요건을 구비하여 신고한 사건에서, 관할 행정청은 교육 내용이 의료법에 저촉될 우려가 있다는 등의 사유로 위 신고를 반려하였다. 대법원은 관할 행정청이 실체적 이유를 들어 신고수리를 거부할 수 없다고 판단하면서, 형식적 심사범위에 속하지 않는 사항을 수리거부사유로 삼고 처분사유 등을 이유로 해당 처분을 위법으로 판단하였다. 이 사건에서 대법원은 "행정청으로서는 신고서 기재사항에 흠결이 없고 정해진

만으로 인·허가의제사항에 관한 일체의 요건 심사가 배제된다고 한다면, 중대한 공익상의 침해나 이해관계인의 피해를 야기하고 관련 법률에서 인·허가 제도를 통하여 사인의 행위를 사전에 감독하고자 하는 규율체계 전반을 무너뜨릴 우려가 있다. 또한 무엇보다도 건축신고를 하려는 자는 인·허가의제사항 관련 법령에서 제출하도록 의무화하고 있는 신청서와 구비서류를 제출하여야 하는데, 이는 건축신고를 수리하는 행정청으로 하여금 인·허가의제사항 관련 법률에 규정된 요건에 관하여도 심사를 하도록 하기 위한 것으로 볼 수밖에 없다. 따라서 인·허가의제 효과를 수반하는 건축신고는 일반적인 건축신고와는 달리, 특별한 사정이 없는 한 행정청이 그 실체적 요건에 관한 심사를 한 후 수리하여야 하는 이른바 '수리를 요하는 신고'로 보는 것이 옳다"라고 판시하고 있다(대법원 2011. 1. 20. 선고 2010두14954 전원합의체 판결).

58) 대법원 2011. 7. 28. 선고 2005두11784 판결.

서류가 구비된 때에는 이를 수리하여야 하고"라고 판시하고 있는데, 여기에서 말하는 '수리'의 의미가 무엇인지 명확하지 않다. 이를 종전의 판례의 입장에 따라 "수리를 요하지 않는 신고"로 보는 경우에 그 수리를 단순히 사실행위로 볼 수 있다. 그러나 이 부분을 단순히 신고의 수리에 있어서 심사범위를 정한 것으로 이해하여 "수리를 요하는 신고"에 있어서의 수리, 즉 소위 準法律行爲的 行政行爲로 볼 수도 있다. 이 사건에서 보는 바와 같이, 수리나 수리거부의 법적 성질만을 가지고 신고의 유형을 판단하는 것은 더욱 혼란스럽고 불명확하다.

2. '受理를 요하는 申告'의 問題點

이상에서 살펴본 바와 같이 학설 및 판례는 모두 수리를 요하는 신고와 자기완결적 신고의 구별기준을 명확히 제시하고 있지 않다. 특히 수리를 요하는 신고는 본래적 의미의 신고와 차이가 있다는 지적들이 적지 않다. 따라서 이하에서는 수리를 요하는 신고의 문제점을 상세히 고찰하기로 한다.

학설 가운데에는 '수리를 요하는 신고'를 비판적으로 보는 견해도 유력하다.[59] 또한 수리를 요하는 신고를 '허가제'와 동일하게 이해하는 견해도 적지 않다. 예컨대 "행위요건적 신고는 실질적으로 허가제와 큰 차이 없이 운용되고 있다"[60]라는 표현이 그러하다. 또한 수리를 요하는 신고를 등록으로 보는 견해는 행정청의 수리가 있어야 금지가 해제되고, 등록에 있어서 요건심사는 형식적 심사라는 점에서 실질적 심사를 요건으로 하는 허가제와 구별된다고 보고 있다.[61]

한편, 대법원은 2010두14954 전원합의체 판결에서 인·허가의제의

---

59) 김중권, 전게서, 154-155면. 김 교수는 다른 논문에서 "受理를 요하는 신고"는 도그마적으로 수리되어야 한다는 의미에서 "修理를 요하는 신고"로 酷評하고 있다(同人, "이른바 '수리를 요하는 신고'의 문제점에 관한 소고", 행정판례연구 제8권, 2003, 63면 이하).

60) 정하중, 전게서, 222면.

61) 홍정선, 전게서, 338-339면.

효과를 수반하는 건축신고를 소위 '수리를 요하는 신고'로 판단하였으나, 건축신고에 의제의 효과를 부여하는 입법례는 보기 드물고 본연의 '허가의제'와도 차이가 있다. 나아가 인·허가의제를 계획확정결정의 특수한 효력의 하나인 집중효로 보고 건축신고에 집중효를 인정하는 것은 더욱 기괴한 논리이다. 이러한 인·허가의제는 또한 독일의 허가의제와도 차이가 있음을 알 수 있다. 수리를 요하는 신고는 수리 또는 수리반려라는 형식으로 여전히 개시통제를 할 수 있다는 점에서, 허가와의 차이가 상대적이라고 볼 수 있다. 위 2010두14954 판결의 반대의견(대법관 박시환, 대법관 이홍훈)은 다수의견이 허가와 신고의 구별을 무의미하게 될 수 있음을 인식하지 못하고 있다고 비판하고 있다. 즉 "수리란 타인의 행위를 유효한 행위로 받아들이는 수동적 의사행위를 말하는 것이고, 이는 허가와 명확히 구별되는 것이다. 그런데 다수의견에 의하면, 행정청이 인허가의제조항에 따른 국토의 계획 및 이용에 관한 법률상 개발행위허가 요건 등을 갖추었는지 여부에 관하여 심사를 한 다음, 그 허가요건을 갖추지 못하였음을 이유로 들어 형식상으로만 수리거부를 하는 것이 되고, 사실상으로는 허가와 아무런 차이가 없게 된다는 비판을 피할 수 없다"라고 지적하고 있다. 이러한 반대의견에 의하면, '수리를 요하는 신고'는 허가와의 구별을 어렵게 하고, 본래의 신고제도와도 거리가 있다고 보고 있다. 생각건대 수리를 요하는 신고는 기본적으로 수리와 반려행위에 의해 허가와 마찬가지로 개시통제를 한다는 점에서, 신고에서 제외하여 간소화된 허가절차제도로 변경하는 것을 고려할 필요가 있다.

3. 檢 討

지금까지 수리를 요하는 신고와 자기완결적 신고의 구별기준에 관한 학설 및 판례의 입장을 검토하였다. 그러나 종래 학설 및 판례는 신고제도의 본질을 정확히 이해하기 보다는 '受理'의 要否에 의해 양자를 구분하는 도식적인 판단을 하여 왔다. 다수의 학설은 수리를 요하는 신고와 자기완결적 신고를 구분하고 있다. 이러한 견해들은 대체로 근거법령의 목적, 규정내용이나 형식 등을 근거로 하여 판단하는 견해와 심사권의 범위를 가지고 판단하는 견해로 구분할 수 있다. 前說은 실무에서 주로 적용하는 방법이지만, 대체로 법원의 판단에 좌우되는 문제점이 있다. 이러한 견해들은 해석론을 전제로 하거나, 법령 개정 등을 통해 근본적인 해결이 가능하다고 보고 있다. 실제 판례들도 양자의 구별에 관한 명쾌한 기준을 보여주지 않고 있다. 반면, 後說은 행정청이 형식적 심사권만 가지는 경우에는 자기완결적 신고로, 실질적 심사권을 가지는 경우에는 수리를 요하는 신고로 보고 있다. 그러나 실질적 심사권과 형식적 심사권의 구별도 분명하지 않을 뿐만 아니라, 신고의 심사권의 범위 자체에 대한 오해도 있는 것이 사실이다. 따라서 이하에서는 신고와 심사권의 범위에 대해서 詳論하기로 한다.

V. 建築申告에 대한 審査權의 範圍

1. 問題의 所在

심사권의 범위와 신고의 유형구분의 불일치를 보여주는 판례들이 등장하고 있으며, 건축신고에 대한 심사권의 범위가 어디까지 미치는지가 문제되고 있다. 우선 형식적 심사와 실체적 심사라는 개념이 명확하지 못하고 혼선을 야기하고 있다는 비판[62)]이 있다. 이와 관련하여 일설은 형식상의 요건이라 함은 "신고서만으로 확인되는 요건"을 의미한다고 보면서도, "시설기준 등 실질적 요건이 포함된 경우" 등과 같이 그 실질적 요건을 신고서류만으로 심사하는 경우에도 자기완결적 신고라고 보고 있다.[63)] 형식적 심사와 실질적 심사의 구분이 명확한 것은 아니지

---

62) 예컨대 박해식, "주민등록 전입신고 수리 여부에 대한 심사범위와 대상", 행정판례연구 제15-2집, 2010, 238-240면 참조.

63) 박균성, 전게서, 105면.

만, 대체로 양자는 다음과 같이 구별될 수 있다. 즉 형식적 심사권이란 대체로 행정청이 신고서 및 부속서류 등에 기재된 사항의 요건이나 형식 등을 누락하여 신고서를 제출하는 경우에 이를 심사하는 권한을 말한다. 반면, 실질적 심사권이란 제출한 서류의 주장내용이 실체적 법규의 내용, 즉 신고의 실질적 요건을 위반하는 경우를 말한다고 볼 수 있다. 다만, 실질적 심사권이 인정되는 경우에도 근거 법령 외에 관계 법령 등에도 확대될 수 있는지가 문제된다.

2. 學說 및 判例

한편, 판례는 신고의 유형에 관한 판단은 대체로 유보하면서, 수리거부나 반려를 적극적으로 처분으로 보는 경향을 보여주고 있다. 즉 대법원은 위에서 소개한 주민등록전입신고수리거부처분 취소사건(2008두10997 전원합의체 판결)에서 "시장 등은 주민등록전입신고의 수리 여부를 심사할 수 있는 권한"을 인정하고 있어서 실제 전입신고를 '수리를 요하는 신고'로 판단하였다고 볼 수 있다.[64] 이에 대해 해당 판례의 입장을 "수리를 요하는 신고로 오해할 우려가 있다"라고 지적하는 反論도 있다.[65] 다만, 이 경우에 심사범위를 주민등록법상 "전입신고자가 30일 이상 생활의 근거로 거주할 목적으로 거주지를 옮기는지 여부만으로 제한된다"고 보고 있다. 즉 대법원은 전입신고자가 거주 이외의 다른 목적을 가졌는지, 무허가 건축물의 관리, 전입신고의 수리에 의한 지방자치단체에 미치는 영향 등 주민등록법이 아닌 다른 법률에 의하여 규율되어야 할 사항에 대해서는 주민등록전입신고의 수리를 심사하는 단계에서는 배제된다고 판시하였다.

또한 대법원은 원격평생교육신고서반려처분취소사건(2005두11784 사

64) 강상욱, "주민등록 전입신고의 요건", 대법원판례해설 제80호(2009 상반기), 52면.

65) 박해석, 전게논문, 261면. 한편, 전입신고와 유사한 사례의 하나인 '혼인신고'의 경우에 중혼이나 연령 등 일정한 요건을 충족하지 못할 수도 있다. 이에 대해서는 실체적 심사를 해야 할 필요성이 있다. 이러한 경우에 일본에서는 혼인신고의 수리를 처분으로 보고 있다(鹽野 宏, 前揭書, 261면 참조).

건)에서도 신고수리의 거부를 처분으로 보면서 행정청의 심사범위를 형식적 심사로 제한하고 있다. 이와 같이 판례는 신고의 유형에 관한 판단은 회피하면서, 수리거부나 반려에 대해서는 처분을 인정하고 있다고 볼 수 있다. 이러한 판례의 경향은 종전에 수리거부나 반려 등에 의해 자기완결적 신고와 수리를 요하는 신고로 구분하는 것에서 벗어나고 있다는 것을 보여주고 있다. 이러한 점은 위에서 소개한 대법원의 건축신고불허처분취소사건(2008두167 전원합의체 판결) 이후부터 나타나고 있다.

이미 앞에서 살펴본 바와 같이 국내의 학설은 자기완결적 신고와 수리를 요하는 신고에 대한 명확한 구별기준을 제시하고 있지 않으며, 이러한 구별이 무의미함을 알 수 있다. 또한 일련의 판례는 향후 심사권의 범위가 양자를 구별하는 절대적 기준이 될 수 없음을 시시하고 있는데, 이 문제는 신고의 심사권에 관한 잘못된 법리에서 비롯하고 있다. 따라서 심사권의 범위와 신고유형을 결부시키는 것은 타당하지 않다. 나아가 일련의 판례에서 수리의 유형 구분과 반려의 처분성 인정 여부는 서로 구별될 수 있음을 보여주고 있다고 판단된다. 신고제도는 다소 전근대적인 개시통제의 방식으로 보이며, 건축신고의 본질을 정확히 파악하기 위해서는 심사권의 문제를 제대로 이해하는 것이 선행되어야 한다.

앞에서 소개한 바와 같이 대법원은 2008두167 전원합의체 판결에서, 건축신고의 반려행위에 대한 사법적 통제를 강조하고 있다. 특히 건축신고로 인해 이해관계 있는 제3자의 권리구제수단은 대단히 불완전하고 미흡한 실정이다. 그 밖에 종래 건축신고를 수리를 요하지 않는 신고로 이해함으로써, 실체법규를 위반하거나 공익상의 요청으로 건축개시를 중단시켜야 되는 경우에도 행정청은 감독권을 사전에 행사할 수 없었다.[66] 그러나 위 사건에서는 신고반려의 처분성을 인정하는 것에

66) 이와 관련하여 필자는 다른 지면에서 건축신고의 문제점으로 건축감독권 행사의 차단, 건축신고에 대한 사법적 통제수단의 봉쇄 등을 지적한 바 있다(졸고, 전게논문(각주 14), 275-276면).

초점을 두었을 뿐, 신고의 유형에 관한 판단을 분명히 하지 않았다. 이 판례를 필두로 하여 향후 법원은 신고의 법적 성질이나 유형을 논하기보다, 신고의 본질과 특성을 염두에 두고 심사권 및 사법적 통제에 관한 문제를 보다 적극적으로 검토할 필요가 있다.

3. 批 判

독일의 주 건축법령 중 건축신고의 흔적이 남아 있는 것은 독일의 입법례에서 소개한 브란덴부르크 州 건축법 제58조라고 볼 수 있다. 여기에서는 건축신고 후 일정한 기간(1개월)을 설정하고 행정청의 심사권을 유보하고 있다. 물론 이러한 심사권에는 형식적 심사권뿐만 아니라 실체적 심사권도 포함된다. 행정청은 브란덴부르크 주 건축법 제58조 제1항의 건축신고의 요건의 구비여부, 건축신고서 및 부속서류, 증빙자료가 완전하거나 정확하지 않은 경우, 그리고 독일 건설법전 제14조 또는 제15조의 요건을 충족하지 못한 경우에는 건축개시를 거부할 수 있다(동법 제58조 제3항). 이러한 건축개시의 거부에 대해서는 이의신청과 항고소송을 제기할 수 있으나, 집행정지효는 가지지 못한다(제58조 제4항 제2문). 이와 같이 소정의 기간 내에 건축신고에 대한 형식적·실질적 요건을 모두 포함한 심사권을 유보하고 있다. 즉 신고제도는 금지의 본질 및 특성에서 허가와 구별되지만, 여전히 실질적 심사권 및 금지명령의 발령권이 유보되어 있다고 보아야 한다.

또한 일부견해와 같이 주민등록전입신고수리거부처분 취소사건(2008두10997 전원합의체 판결)에서 전입신고를 수리를 요하는 신고 또는 자기완결적 신고로 접근하는 것은 큰 논의의 실익이 없다. 최근 대법원 판례는 신고의 유형을 확정하기보다, 국민의 권익구제를 위해 반려에 대한 처분성을 인정하는지 여부에 초점을 두고 있다. 독일에서는 건축신고의 반려에 대해 명문의 규정을 두어, 행정청이 건축개시의 거부권을 행사할 수 있도록 하고 있다. 그 근거는 이론적으로도 설명될 수 있다. 즉 건축신고의 경우에 예방적 금지와는 작별을 고하였으나 건축감독청이 여전히 '억제적 금지'에 기속되어 있다는 견해가 그러하다.[67]

한편, 판례는 심사권의 범위에 대하여 대체로 제한적으로 이해하고 있다. 그 이유는 이에 대한 명확한 법률규정이 없기 때문에, 그러한 판단을 한 것으로 보인다. 특히 대법원 2010두14954 전원합의체 판결에서 다수의견은 인허가의제의 효과를 수반하는 건축신고에 대해서는 실체적 요건에 관한 심사가 가능하다고 보았으나, 반대의견은 신고와 허가의 구별에 초점을 두고 신고에 대한 심사권을 형식적 심사에 제한하고 있다. 위에서 소개한 바와 같이 신고와 허가는 금지의 형식에 있어서 서로 다를 뿐, 신고의 경우에도 건축감독권의 행사 내지 심사권은 여전히 유보되어 있다고 보는 것이 타당하다.[68]

Ⅵ. 制度的 改善方案

우리 건축법에는 신고에 허가의제는 물론, 관계 법령의 인·허가의제까지 부여하고 있는데, 위에서 살펴본 바와 같이 신고의 본질이나 법리에 부합하지 않게 신고에 과도한 효력을 부여하고 있다. 이러한 신고제도는 해석론에 의해 결코 해결될 수 없고, 관계 법령의 대폭적인 검토가 요구된다고 볼 수 있다. 다만, 독일의 건축법에는 일정한 기간 동안 심사권의 유보를 통해 건축개시를 통제할 수 있는 반면, 우리의 경우에는 종래 건축주의 건축신고에 의해 곧바로 건축을 개시할 수 있었다. 그러나 변경된 전원합의체 판결에 의하면, 건축신고에 대한 반려처분이 허용될 수 있게 되어, 사실상 건축허가와 마찬가지로 건축개시를 통제할 수 있게 되었다. 허가와 신고가 서로 상대화될 우려도 있으며, 규제

67) 예컨대 Martini, a.a.O., S. 1491.

68) 한편, 김중권 교수는 위 전원합의체 판결의 평석에서, "신고에서 행정청의 실질적 심사가 필요하다 하더라도, 그것을 바로 행정청의 심사의무로 설정하여선 아니 된다"라고 지적하고 있다(同人, "Quo vadis-申告制?", 법률신문 제3916호 참조).

완화의 취지로 도입된 신고제도의 취지가 퇴색될 수 있는 등의 문제점은 여전히 남아 있다. 또한 반려처분을 언제까지 할 수 있는지는 전적으로 행정청의 재량에 달려 있다(반려처분의 시간적 한계). 따라서 규제완화와 절차의 간소화를 위해 도입된 신고제도 본연의 모습을 되찾기 위해서는 과도한 의제규정을 배제하고, 건축법에 일정한 숙려기간을 규정할 필요가 있다. 이 기간은 규제완화의 입법적 취지에 비추어 비교적 단기(1월 내외)로 설정하는 것이 바람직하다. 이 기간 동안에 행정청은 단지 심사권을 유보하고 있다고 볼 수 있으며, 신청서 및 부속서류 등의 요건은 물론 실체적 요건도 심사할 수 있다. 이러한 심사가능성은 여전히 행정청에 유보되어 있고, 경우에 따라서는 적극적으로 실질적 요건을 심사할 수 있다. 형식적 요건은 구비한 신청서가 중대한 공익을 현저히 해하거나, 근거 법령, 또는 경우에 따라서는 관계 법령의 실체적 요건을 명백히 위반한 경우에, 행정공무원이 해당 신고서가 형식적 요건을 충족하였음을 이유로 이를 수리한다는 것은 법치행정의 원리에 반한다.

최근 일련의 대법원판례들은 신고의 유형구분에 천착하기보다, 수리거부 또는 반려행위의 처분성을 적극적으로 검토하고 있다. 이러한 접근은 '수리' 형식의 무의미성과 곤란성을 보여주는 것이며, 양자의 명확한 기준을 설정하기도 어렵다는 것을 의미한다. 또한 심사권의 유무나 범위 등을 기준으로 신고의 유형을 결정하는 것도 타당하지 않다. 또한 수리를 요하는 신고와 자기완결적 신고의 구분은 더 이상 유용한 기준이 아니다. 신고의 전형적 모형은 행정절차법에 규정된 자기완결적 신고이다. 이 제도는 일본 행정수속법의 영향을 받은 것이며, 독일 행정절차법에는 신고에 관한 규정이 없다. 이미 행정절차법에 도입된 자기완결적 신고를 검토해서, 신고제도의 본래적 기능을 회복시킬 필요가 있다. 예컨대 신고절차에 일정한 기간(숙려기간)을 설정하고, 이 기간 동안에 당해 행정청이 심사권 내지 감독권을 행사하지 않는 경우에 신고의 효력이 발생하도록 하는 것이다. 이러한 신고에 의해 신고유보부

금지는 해제되고, 사인은 일정한 행위를 개시할 수 있게 된다. 이러한 숙려기간 동안에 행정청의 감독권은 행사될 수 있지만(예컨대 개시거부나 중지 등), 특별한 사정이 없는 한 유보되어 있다. 이러한 신고제도에는 행정청의 '수리'가 요구되지 않는다. 이러한 신고에 대한 형식적 또는 실체적 심사를 통해 행정청이 개시거부나 중지를 하는 경우가 있을 수 있다. 이러한 개시거부는 신고에 대한 소극적인 거부를 의미하는 것이 아니라, 행정청이 감독권의 행사를 통해 적극적으로 일정한 행위의 개시를 중지할 것을 요구하는 것이다. 종래 이러한 수리거부나 반려에 대해 처분성을 인정해야 하는지가 논란이 되었음은 주지의 사실이다. 사견으로는 국민의 권익구제와 법적 명확성을 위해 이러한 행정청의 개시거부나 중지명령 등에 대한 행정쟁송의 수단(행정심판, 취소소송 등)을 법령에 명시하는 것이 바람직하다. 독일의 입법례가 그러한 좋은 사례이다.

신고절차에 관한 일반법인 행정절차법에서 신고제도를 정비하는 방안이 실현되기 어려운 경우에, 우선 건축법에 규정된 건축신고에 대해 위에서 소개한 개선방안을 시험적으로 운영해 보는 것도 권장할 만하다. 다만, 독일의 입법례에서 고찰한 바와 같이, 건축신고제도는 허가면제절차나 간소화된 건축허가절차로 대체되고 있는 실정이다. 이러한 외국의 사례를 연구하여, 새로운 간소화제도를 적극적으로 도입할 필요가 있다. 건축허가와 건축신고라는 이원적 체계는 이미 진부한 제도이며, 전 근대적인 규제방식이다. 건축신고는 이름만 '신고'일 뿐, 반려행위나 수리거부를 통해 허가와 마찬가지로 운용되어 사실상 개시통제가 가능하다고 볼 수 있다. 따라서 수리를 요하지 않는 신고는 '허가면제절차'로 개편될 필요가 있고, 이를 유지할 경우에는 '신고'를 본연의 모습으로 환원시킬 필요가 있다. 한편, '수리를 요하는 신고'는 기형적인 제도로서, 개시통제가 필요한 경우에 '간소화된 허가제도'로 변경하는 것도 고려할 수 있다. 특히 序頭에 언급한 바와 같이 법제처는 原則許容·例外禁止를 내용으로 하는 규제방식을 추진하고 있는데, 경미한 절차를 내용으로 것들은 점차 '허가면제절차'로 전환하도록 해야 한다.

찾·아·보·기

[著者略歷]

高麗大 法大 및 同 大學院 卒業
독일 뮌스터(Münster) 대학교(法學碩士)
독일 훔볼트(Humboldt) 대학교(法學博士)

憲法裁判所 憲法研究員
大法院 裁判研究官(전문계약직)
미국 버클리(UC Berkeley) 로스쿨 방문학자
국회입법지원위원(제6기, 제7기)
법제처 법제자문관
국회입법조사처 조사분석지원위원
진실·화해를위한과거사정리위원회 행정심판위원회 위원
사법시험·행정고시(5급 공채)·입법고시 등 시험위원
독일학술교류처(DAAD) 연차장학생(2000-2003)
한국공법학회 신진학술상 수상(2007년)

現 淑明女子大學校 法科大學 敎授

>>> 著書

行政救濟의 基本原理 (行政法研究 1), 第1全訂版, 法文社, 2015
李 源(主編), 『韓國的行政复议和行政訴訟』, 中國政法大學出版社, 2015 (編著)
行政救濟의 基本原理 (行政法研究 1), 法文社, 2013 (2014년 대한민국학술원 우수학술도서)
유타 림바흐(著)/정남철(譯), 『독일연방헌법재판소』, 고려대학교출판부, 2007 (譯書)

現代行政의 作用形式

2016년 8월 24일 초판 인쇄
2016년 8월 30일 초판 발행

저 자 鄭 南 哲
발행인 배 효 선
발행처 도서출판 法 文 社

주 소 10881 경기도 파주시 회동길 37-29
등 록 1957년 12월 12일 / 제2-76호 (윤)
전 화 (031)955-6500~6 FAX (031)955-6525
E-mail (영업) bms@bobmunsa.co.kr
(편집) edit66@bobmunsa.co.kr
홈페이지 http://www.bobmunsa.co.kr
조 판 법 문 사 전 산 실

정가 33,000원 ISBN 978-89-18-09059-7